Library of Marxism Studies, Volume 2

马克思主义研究论库

第二辑

比较研究
当代俄罗斯哲学与中国马克思主义哲学

A Comparative Research
Contemporary Russian Philosophy and Contemporary Chinese Marxism Philosophy

郑忆石 著

中国人民大学出版社
·北京·

马克思主义研究论库
编委会名单

主编
庄福龄　罗国杰　靳　诺

委员（以姓氏拼音排序）
艾四林　陈先达　程恩富
顾海良　顾钰民　郭建宁
韩　震　郝立新　贺耀敏
侯惠勤　鲁克俭　梅荣政
秦　宣　石仲泉　吴易风
张雷声　郑杭生

出版说明

马克思主义是我们立党立国的根本指导思想,是我们认识世界、改造世界的强大理论武器,加强和推进马克思主义理论研究和建设,具有十分重要的意义。当前,随着中国特色社会主义伟大实践深入推进,新情况、新问题层出不穷,迫切需要我们紧密结合我国国情和时代特征大力推进理论创新,在实践中检验真理、发展真理,研究新情况,分析新矛盾,解决新问题,用发展着的马克思主义指导新的实践。时代变迁呼唤理论创新,实践发展推动理论创新。当代中国的学者,特别是马克思主义学者,要想适应时代要求乃至引领思想潮流,就必须始终以高度的理论自觉与理论自信,不断推进马克思主义中国化、时代化、大众化,不断赋予马克思主义新的生机和活力,使马克思主义焕发出强大的生命力、创造力、感召力,放射出更加灿烂的真理光芒。

为深入推进马克思主义理论研究、马克思主义中国化研究,中国人民大学出版社组织策划了"马克思主义研究论库"丛书。作为一个开放性的论库,该套丛书计划在若干年内集中推出一批国内外有影响的马克思主义研究高端学术著作,通过大批马克思主义研究性著作的出版,回应时代变化提出的新挑战,抓住实践发展提出的新课题,推进国内马克思主义研究,促进国内哲学社会科学的繁荣发展。

我们希望"马克思主义研究论库"的出版,能够受到广大读者的欢迎,为推动国内马克思主义研究和教学作出更大贡献。

中国人民大学出版社

序　言

　　从繁荣到衰落、从崛起到解体、从变幻莫测到迷雾重重、从世人惊叹到扼腕叹息，20世纪的人类历史上，没有哪个国家有着苏联这样跌宕的经历和起伏的命运。它给世人留下了无尽的话题，也为思想家们提供了思索一个曾经的超级大国何以如此的空间和余地。

　　从1987年进入中国人民大学哲学系读研究生，师从20世纪50年代留苏归来的张懋泽教授研究列宁哲学算起，我与苏联哲学结缘已30年。尽管当时的国内学界对列宁哲学乃至苏联哲学的评价尚在"正统"的范围内，但是受改革开放以来欧风美雨的影响，学界已经出现了质疑之声。随着苏联解体"原因何在"成为学界研究者们的恒常话题，随着海量研究成果的面世，从哲学角度介入这一话题已是水到渠成之事。然而，在浩如烟海的研究成果中，我却没有发现对苏联哲学和当代俄罗斯哲学与当代中国马克思主义哲学[①]之间的共性和差异、产生原因、理论后果、未来发展趋势等问题的比较分析研究。不弄清这些问题，我们就仍然不能从苏联解体的历史教训中获得深层次的启迪。但是，真正着手这一研究，对我仍然有一个过程。

　　1991年，苏联解体，震惊世界。一时间，国际范围内的"社会主义崩溃论""马克思主义消亡论"甚嚣尘上。身为马克思主义哲学的专职教师，"社会主义的出路在何方？"自然成为我学术研究的关注点。当

[①] 本书中的"当代俄罗斯哲学"指苏联解体后的俄罗斯哲学，"当代中国马克思主义哲学"指改革开放以来的中国马克思主义哲学。

时西方兴起而国内关注不多的民主社会主义，似乎让一些人看到了希望。于是，我尝试着研究这一理论，并于1994年出版了第一部学术专著《民主社会主义思潮评析》。此书在对比分析民主社会主义与西方历史上各种社会主义思潮中，通过揭示"民主"与"人道"之间的内在机理，对中国发展道路与民主社会主义之路的关系展开了思考。在撰写此书过程中，再次间接地触及苏联哲学。

马克思主义的理论是世界性的，对它的深入理解需要一种国际视野和当下视域。马克思主义哲学何以会随着苏联解体而在俄罗斯遭遇全面败落，在全球范围内面临空前危机，显然不是限于社会主义国家的理论范围能够说明的。于是，随后我将研究重点转向了西方马克思主义。在研究中，我发现结构主义马克思主义的代表阿尔都塞对20世纪60年代以后苏联哲学中盛行用人道主义界说马克思主义的分析和评价颇有见地。当时国内学界也流行着将马克思主义彻底人道主义化的趋势。中国马克思主义哲学是否会重蹈苏联马克思主义哲学的覆辙？如何才能避免这种状况的发生？对这类"宏大"问题，我当时还谈不上任何深入思考，直到2000年我受聘为教育部重点研究基地"俄罗斯中心"的兼职研究员，并于2001年赴中山大学参加"苏俄哲学研讨会"，有幸认识了国内学界研究苏联哲学和当代俄罗斯哲学的专家，才对苏联哲学和当代俄罗斯哲学产生了研究兴趣。苏联解体后，马克思主义哲学在全球范围内面临着空前的危机。以传播马克思主义哲学为业的我，在教学课堂上能深切地感受到这种危机。于是，在2001年完成了学术专著《阿尔都塞哲学研究》之后，我便将研究重心转向了苏联哲学和当代俄罗斯哲学，并相继发表了多篇论文。这些文章先后被《新华文摘》等刊物转载，更增加了我对比分析当代俄罗斯哲学与当代中国马克思主义哲学的信心。

然而，当代俄罗斯哲学与当代中国马克思主义哲学，其研究对象的层次和范围明显不同。两者是否具有可比性，如何展开这一比较，便成为我的比较研究首先必须面对的问题。

在我看来，就形式而言，两者似乎缺乏可比性。然而，哲学是一个民族精神高度的标杆，正如恩格斯所言："一个民族要想站在科学的最高峰，就一刻也不能没有理论思维"[①]。因此，一个社会，只要还

---

① ［德］恩格斯：《自然辩证法》，见《马克思恩格斯文集》，第9卷，437页，北京，人民出版社，2009。

序言

有为数不少的人在研究哲学，就说明社会仍然需要哲学，哲学也仍然有生存的位置。自20世纪90年代以来，中俄两国尽管社会转型差异巨大，但追赶世界现代化的目标却是相同的，中国的"中国梦"和俄罗斯的"强国梦"都表明了各自对于国家富强、民族复兴的强烈愿望。目标的实现需要理论引导，因此，两国始终没有放弃对"要等黄昏到来，才会起飞"的"密纳发的猫头鹰"①——哲学的选择。在21世纪的俄罗斯，哲学重新引起了官方的重视；在21世纪的中国，马克思主义哲学获得了国家财政的大力扶持。因此，尽管两国在选择理论引导的价值取向上已经迥然不同，但是，社会发展需要理论引导这一事实，以及在历史与现实中两国国情、史情的诸多相似性又表明，俄罗斯与中国在当代的哲学发展轨迹中必有一定的相关性可循。理论的历史地平线上已经初现对两国哲学进行比较分析的曙光，问题在于自己能否把握住机遇。

苏联哲学已经退出了历史舞台，当代俄罗斯哲学也曾在一个时期如"风中烛、瓦上霜"，进行这种比较分析，价值几何，意义安在，这是我的研究中又一个必须回答的问题。

无疑，苏联哲学走向了解体，当代俄罗斯哲学也一度遭遇"滑铁卢"。但是，中俄两国在历史与现实国情中的诸多相似性、意识形态的诸多接近点、社会转型中的诸多新问题、对未来发展道路探索的诸多共同性，又让我坚信"以人为镜，可以明得失"②。改革开放以来，中国马克思主义哲学研究在伴随社会转型和思想解放的时代潮流中获得国家支持而长足发展的同时，又随着全球化和市场化的挑战而面临只要微观不要宏观、强化异质抛弃基质、理论与实践脱节、中国问题缺位、工具化倾向、语词包装过度等问题。中国马克思主义哲学研究中存在的问题让我感到，通过对比苏联哲学和当代俄罗斯哲学与中国马克思主义哲学的现实轨迹去认清中国马克思主义哲学未来发展之路，是十分必要的。随着对苏联马克思主义哲学的历史和当代俄罗斯哲学研究现状了解的增多，我更加认识到"以俄为镜"并以此为基础展开当代俄罗斯哲学与当代中国马克思主义哲学的比较性研究，无论对今日中国的改革开放坚持正确的理论引导还是对深化和拓展马克思主义哲学的理论视域，都是有

---

① ［德］黑格尔：《法哲学原理》，范扬、张企泰译，"序言"14页，北京，商务印书馆，1961。

② 《旧唐书·魏徵传》。

价值的。

理论之树欲常青，须不断呼吸时代之氧。21世纪以来，学界对苏联哲学和当代俄罗斯哲学的关注已经更多地转向当代俄罗斯哲学。因此，如何紧扣当代俄罗斯哲学与当代中国马克思主义哲学，对各自的研究现状、特点、存在问题做出全方位的描述和辨析，是研究中需要着重解决的问题。

然而，现实从历史中来。要认识当代俄罗斯哲学，就必须返回到它的既往。俄罗斯哲学[①]由于强烈的地域性、与文学的纠结缠绕、富于直觉而缺乏思辨、浓厚的"弥赛亚"意识、受苏联哲学的"株连"，以及既不具有中国哲学的悠久性又不具有西方哲学的思辨性等原因，在世界哲学之林中算不上参天大树，至多只是一棵待长之木。因此，它不受世界哲学的青睐，在中国学界的研究中也只是"小众"。但是，在学界同仁30多年的坚守下，中国的苏联哲学和当代俄罗斯哲学研究仍然取得了不菲的成果。至于30多年来学界的当代中国马克思主义哲学研究，无论对其历史的追根溯源还是对其现状的归结概括，都是"火树银花不夜天"[②]。这一切，在为我的比较研究提供极为丰厚的理论资源的同时，也为我比较研究的顺利展开奠定了坚实的基础。

正确的方法是自由出入研究之境的通路。既避免重归传统的论证窠臼又避免陷入唯西方话语"马首是瞻"的叙事模式，在清理与吸取苏联哲学教益的同时客观地分析和评价苏联哲学，避免已经发生或可能发生的认识之弊，这些都是通过比较研究而实现借他山之石以"为我所用"的关键。

苏联解体后，苏联哲学因其教条化的论证方式被彻底解构而消失了。因此，"以苏解马"似已成为过去式。但是，若仔细考察中国学界这些年来的马克思主义哲学研究，就仍然可见"原理＋例子"的苏式论证痕迹。更重要的是，当下中国马克思主义哲学研究中一种过分倚重西

---

① 从时间上看，俄国哲学指1917年十月革命之前的哲学，苏联哲学指1917年十月革命后至1991年苏联解体前的哲学，当代俄罗斯哲学指1991年苏联解体后的哲学。（参见万长松：《俄苏哲学是马克思主义哲学研究绕不过去的大山》，载《科学网》，2015-09-02）但鉴于十月革命后流亡到西方的一些俄国知识分子如 Н. А. 别尔嘉耶夫、Л. 舍斯托夫等在著作中谈到俄国哲学时常以"俄罗斯"一词表述，为阐述方便，本书中的"俄罗斯哲学"包括了"俄国哲学"与"当代俄罗斯哲学"。

② 柳亚子：《浣溪沙》。

方马克思主义以及各种后马克思主义的注解之风正呈蔓延之势。甚至对于苏联哲学,这种理论倾向都完全按照"以西解马"的逻辑给予一种"非历史性"的批判。这种对西方解读模式的倚重,很有可能将国内马克思主义哲学的学术研究引入一种"习古斋院"式的极端路径。然而,对于一种在历史上存在了70多年的苏联哲学,一种迄今仍然富有生命力的俄罗斯哲学,我们如果试图用一把"超历史的""一般历史哲学理论"的"万能钥匙"① 去解锁,那么就不可能制服它们,也不可能真正了解和客观评价它们。因此,套用某种固定范式或研究逻辑去解读研究对象,不仅无助于正确认识研究对象,而且会走向被批判对象曾经陷入的误区。有鉴于此,我的研究力求运用唯物史观的方法,在将两者的理论发展逻辑置于国际、国内社会发展大环境中的同时,从纵向逻辑与横向分析、客观描述与主观评价、事实评价与价值评价等相统一的角度,描述两者在视域与现状、基质与异质、功能与路径、方法与特性等方面的相似和差异;阐明两者在国家意识、全球意识、文化意识等问题上的价值取向、表现方式、实现路径的相似和差异;论证坚持微观视角与宏观视域、理论基质与研究异质、走进现实与走进理论、理论功能与实践功能的统一,对当代中国马克思主义哲学实现学术之责与社会之责的必要性;揭示正确处理守土与向洋、继往与开新、批判与继承的关系,对当代中国马克思主义哲学拓展其研究视域、繁荣其研究生态、深化其研究层次的重要性。

呈现在读者面前的这本书,是我30年学术习得的一个总结。在我看来,无论当代俄罗斯哲学还是当代中国马克思主义哲学,它们都是需要研究者们继续挖掘的富矿。而且,厘清两者之间的关系仍然是当代中国马克思主义哲学研究中有价值且需要继续关注的主题。就此而言,我期待拙著能够抛砖引玉。

---

① [德]马克思:《给〈祖国纪事〉杂志编辑部的信》,见《马克思恩格斯文集》,第3卷,467页,北京,人民出版社,2009。

目 录

导 论 ·· 1
    一、哲学在苏联和俄罗斯：何以遭遇滑铁卢 ························ 3
    二、哲学在俄罗斯和中国：研究图景概览 ···························· 6
    三、苏联哲学和当代俄罗斯哲学：给我们留下什么 ················ 14
    四、纵横结合：比较方法简述 ·· 19
    五、整体结构与研究特点 ··· 20

第一章　当代俄罗斯哲学：生成之源 ······························ 22
  第一节　何时与何处：当代俄罗斯哲学的源头 ····················· 24
    一、从何时来 ·· 25
    二、从何处来 ·· 26
  第二节　苏联马克思主义哲学：剪不断的源头 ····················· 48
    一、选择与理解：马克思主义哲学与俄国社会 ····················· 48
    二、马克思主义哲学：东渐俄国的历史进程 ························ 63
    三、列宁哲学：马克思主义哲学俄国化之果 ························ 75

第二章　裂变与归真：20世纪80年代末90年代初的中俄哲学 ··· 85
  第一节　解体与衰落：剧变时期的苏联哲学 ························ 85
    一、苏联哲学：双重性的马克思主义哲学 ·························· 86
    二、裂变：苏联哲学的解体 ··· 104
    三、戾换：苏联解体之际的俄罗斯哲学 ··························· 116
  第二节　回归与归真：中国马克思主义哲学的新历程 ··········· 123

　　　　一、简单回望：前近30年的中国马克思主义哲学 ……… 124
　　　　二、回归与归真：改革开放之初的中国马克思主义
　　　　　　哲学 ………………………………………………… 127
　　　　三、总体风貌：成果初显的整体性构建 …………………… 146
　　第三节　俄罗斯哲学与中国马克思主义哲学的比较 ………… 153
　　　　一、放弃与坚守：功能认知之异 …………………………… 154
　　　　二、萧条与繁荣：研究生态之异 …………………………… 155
　　　　三、"两极"与"中介"：研究视域之异 …………………… 156
　　　　四、差异之因：反思的浅与深 ……………………………… 157

第三章　复苏与特色：20世纪90年代的中俄哲学 …………… 160
　　第一节　反思与重建：20世纪90年代中期的俄罗斯哲学 …… 160
　　　　一、越过情感的反思与审视 ………………………………… 161
　　　　二、反思指向与暴露的问题 ………………………………… 168
　　　　三、重建：研究现状与研究视域 …………………………… 180
　　第二节　创新与特色：20世纪90年代的中国马克思主义
　　　　　　哲学 ………………………………………………… 201
　　　　一、直面现实：创新之径的选择 …………………………… 201
　　　　二、走向生活：应用哲学研究景观 ………………………… 207
　　　　三、重思马克思：推进理论与变革传统 …………………… 216
　　　　四、转变与借鉴：研究范式与研究方法 …………………… 222
　　第三节　俄罗斯哲学与中国马克思主义哲学的比较 ………… 233
　　　　一、抛弃与需要：指导思想之异 …………………………… 233
　　　　二、表象与实质：研究生态之同异 ………………………… 237
　　　　三、西化与融合：研究方法之同异 ………………………… 241

第四章　复兴与自信：21世纪的中俄哲学 …………………… 243
　　第一节　复兴与多元：21世纪的俄罗斯哲学 ………………… 243
　　　　一、复兴与回归：21世纪俄罗斯哲学的价值取向 ………… 244
　　　　二、活跃与宽松：多元研究氛围 …………………………… 253
　　　　三、范围与内容：多元研究现状 …………………………… 263
　　　　四、边缘与重识：多元的马克思主义哲学研究 …………… 268
　　第二节　自信与繁荣：21世纪的中国马克思主义哲学 ……… 291
　　　　一、路径分化：繁荣的研究景象 …………………………… 292

二、展示自信：中国特色社会主义的哲学研究 ………… 324
　　三、突出地位：设置马克思主义理论一级学科 ………… 333
　　四、走向深处：研究经验总结 …………………………… 338
第三节　俄罗斯哲学与中国马克思主义哲学的比较 ………… 341
　　一、需要何种核心价值：指导思想之同异 ……………… 342
　　二、"出世"中更强"入世"性：功能指向之同异 …… 348
　　三、"开放"与"怀旧"并行：理论视域之同异 ……… 351
　　四、科学性中更浓的人文性：理论特质之同异 ………… 355

第五章　主题变奏与贯穿主题："国家意识"比较 ………… 359
　第一节　国家意识：哲学研究的指导与引领 ………………… 359
　　一、何谓国家意识 ………………………………………… 360
　　二、国家意识的实质何在 ………………………………… 361
　第二节　西化、复古、多元：当代俄罗斯哲学 ……………… 364
　　一、教科书之争表明什么 ………………………………… 364
　　二、放弃还是重拾：国家意识上的矛盾心态 …………… 371
　　三、苏联哲学国家意识的启示 …………………………… 377
　第三节　坚持、发展、创新：当代中国马克思主义哲学 …… 379
　　一、具体化的国家意识 …………………………………… 379
　　二、何以不放弃国家意识 ………………………………… 381
　　三、以国家意识夯实创新之基 …………………………… 390

第六章　两极跳跃与借鉴包容："全球意识"比较 ………… 401
　第一节　全球意识：哲学研究的学术视野 …………………… 401
　　一、何谓全球意识 ………………………………………… 402
　　二、全球意识何以必要 …………………………………… 403
　第二节　高热、降温、复原：当代俄罗斯哲学 ……………… 406
　　一、历史上的俄罗斯：因袭已久的心向西方 …………… 406
　　二、从关门到开窗：苏联哲学有限的全球意识 ………… 415
　　三、从狂热到理性：当全球意识遭遇现实 ……………… 418
　　四、苏联哲学和当代俄罗斯哲学全球意识的启示 ……… 422
　第三节　借鉴、包容、开放：当代中国马克思主义哲学 …… 423
　　一、历史上的中国：被动开门的师夷之长 ……………… 424
　　二、被缚与松绑：全球意识的曲折历程 ………………… 429

三、借鉴、包容、开放：全球意识的凸显……………………432
第七章　断裂复古与传承创新："文化意识"比较……………………441
　第一节　文化意识：哲学研究的知识谱系……………………442
　　　一、何谓文化意识……………………442
　　　二、文化意识何以必要……………………445
　第二节　断裂与复兴：当代俄罗斯哲学……………………448
　　　一、直接传承：宗教哲学中的民族文化传统……………………449
　　　二、变异传承：苏联哲学中的民族文化传统……………………460
　　　三、断裂、复古、复兴：当代俄罗斯哲学的文化意识……………466
　　　四、苏联哲学和当代俄罗斯哲学文化意识的启示……………473
　第三节　传承与创新：当代中国马克思主义哲学……………………475
　　　一、互为表里的中国传统哲学与传统文化……………………475
　　　二、传承与缺憾：改革开放前的中国马克思主义哲学……………481
　　　三、传承与创新：改革开放后的中国马克思主义哲学……………490
　　　四、当代俄罗斯哲学与当代中国马克思主义哲学：
　　　　　文化意识比较归结……………………507

第八章　当代中国马克思主义哲学：问题与思考……………………509
　第一节　面临的挑战……………………509
　　　一、国际范围的挑战……………………509
　　　二、国内现实的挑战……………………512
　第二节　问题思考……………………517
　　　一、研究视域的"重微轻宏"……………………517
　　　二、研究意识的"价值中立化"……………………522
　　　三、"两张皮"现象与"中国问题"缺失……………………524
　　　四、市场化、工具化倾向……………………526
　　　五、"两极跳"现象……………………531
　　　六、过度的语词包装……………………532
　第三节　对策思考……………………533
　　　一、宏观视域与微观辨析……………………533
　　　二、理论基质与研究异质……………………538
　　　三、学术诉求与现实关照……………………543
　　　四、扩大包容与批判反思……………………546

五、增强实用性与防止工具化 …………………………… 549
　　六、理论自信与中国风格 ………………………………… 552
结　语 ……………………………………………………………… 556
后　记 ……………………………………………………………… 564

Contents

Introduction ·· 1
   1. Philosophy in Soviet and Russia: Why did it
      Encounter with Waterloo ·· 3
   2. Philosophy in Russia and China: An Overview
      of Researching ·· 6
   3. The Legacy of Soviet Philosophy and Contemporary
      Russian Philosophy ·· 14
   4. An Interleaving Combination: A Description
      of Comparative Modes ·· 19
   5. Integral Structures and Research Features ·················· 20
**Chapter One Contemporary Russian Philosophy: Sources
  of Generation** ·· 22
  Section One When and Where: Sources of Contemporary
    Russian Philosophy ·· 24
    1. When did it Date from ·· 25
    2. Where did it Come from ·· 26
  Section Two Marxist Philosophy of Soviet: Uncuttable Sources ······ 48
    1. Choice and Understanding: Marxist Philosophy
       and Russian Society ·· 48
    2. Marxist Philosophy: The Development of Oriental

　　　　Spreading Russia ·· 63
　　3. Lenin's Philosophy: The Result of Russianization
　　　　of Marxist Philosophy ·· 75
**Chapter Two Fission and Back to the Truth: Chinese and Russian
Philosophy from the End of 1980s to the Beginning of 1990s** ······ 85
　Section One Collapse and Disintegration: Soviet Philosophy
　　during the Upheaval ·· 85
　　1. Soviet Philosophy: Dualism of Marxist Philosophy ·········· 86
　　2. Fission: Collapse of Soviet Philosophy ····················· 104
　　3. Transition: Russian Philosophy at the Edge of Collapse ····· 116
　Section Two Return and Back to the Truth: A New Journey
　　of Chinese Marxist Philosophy ····································· 123
　　1. A Brief Respect: The First nearly 30 Years
　　　　of Chinese Marxist Philosophy ······························· 124
　　2. Return and Back to the Truth: Chinese Marxist Philosophy
　　　　at the Beginning of Reformation and Opening ············· 127
　　3. The Whole View: Early Results of Constructive
　　　　Integrity ·· 146
　Section Three Comparisons between Russian Philosophy
　　and Chinese Marxism Philosophy ································· 153
　　1. Abandon and Persistence: Differences
　　　　of Functional Recognitions ···································· 154
　　2. Depression and Prosperity: Differences
　　　　of Research Environments ····································· 155
　　3. The Poles and Intermediaries: Differences
　　　　of Research Perspectives ······································ 156
　　4. Reasons for Differences: Shallow and Deep Reflection ······ 157
**Chapter Three Revival and Characteristics: Chinese and Russian
Philosophy in 1990s** ·· 160
　Section One Reflection and Reconstruction: Russian Philosophy
　　in the Mid-1990s ··· 160
　　1. Reflection and Overview beyond Passion ····················· 161

Contents

   2. Problems Oriented and Exposed by Reflection 168
   3. Reconstruction: Research Status Quo and
      Research Perspectives 180

Section Two Creations and Characteristics: Chinese Marxist Philosophy in 1990s 201
   1. Face to Reality: Choices of the Way of Creation 201
   2. Going to the Life: A Research View of Applied
      Philosophy 207
   3. A Reflection on Marx: To Promote the Theory
      and Change the Tradition 216
   4. Transition and Mirror: Research Paradigms
      and Research Modes 222

Section Three Comparisons between Russian Philosophy and Chinese Marxism Philosophy 233
   1. Abandon and Request: Differences of Guiding Ideologies 233
   2. Appearance and Substance: Similarities and Differences
      of Research Environments 237
   3. Westernization and Combination: Similarities and Differences
      of Research Approaches 241

Chapter Four Revival and Confidence: Chinese and Russian Philosophy in the 21th Century 243

Section One Revival and Multi-Culture: Russian Philosophy in the 21thCentury 243
   1. Revival and Return: Value Orientation
      in the 21th Century 244
   2. Activity and Leniency: A Multicultural
      Research Environment 253
   3. Scope and Content: Multicultural Research
      Status Quo 263
   4. Edge and Recognitions: Multicultural Research
      of Marxist Philosophy 268

Section Two Confidence and Prosperity: Chinese Marxist
Philosophy in the 21ᵗʰ Century ·················· 291
1. Differentiation of Approaches: A Flourishing View
   of Research ·················· 292
2. Presentation of Confidence: Philosophical Research
   of Socialism with Chinese Characteristics ·················· 324
3. Prominent Position: Setting up First-class Subject
   of Marxist Theory ·················· 333
4. Going into the Depths: A Summary
   of Research Experiences ·················· 338

Section Three Comparisons between Russian Philosophy
and Chinese Marxism Philosophy ·················· 341
1. Which Core-Values to be Need: Similarities and Differences
   of Guiding Ideologies ·················· 342
2. Reality Over Supramundane: Similarities and Differences
   of Functional Recognitions ·················· 348
3. Opening and Nostalgia: Similarities and Differences
   of Theoretical Views ·················· 351
4. Humanism Over Scientism: Similarities and Differences
   of Theoretical Characteristics ·················· 355

Chapter Five A Changing Theme and Consistent Theme: Comparisons of "State Ideology" ·················· 359

Section One State Ideology: Guiding and Leading Functions
of Philosophical Research ·················· 359
1. What is State Ideology ·················· 360
2. What is the Essence of State Ideology ·················· 361

Section Two Westernization, Revivalism and Pluralism:
Contemporary Russian Philosophy ·················· 364
1. What did the Debates of Textbook Suggest ·················· 364
2. Abandon or Recapture: An Ambivalence of State
   Ideology ·················· 371
3. Enlightenments of State Ideology of Soviet Philosophy ·················· 377

Contents

Section Three Insistence, Development and Creation:
Contemporary Chinese Philosophy ········ 379
1. Materialization of State Ideology ········ 379
2. Why don't Abandon State Ideology ········ 381
3. To Consolidate the Foundation of Creation
   with State Ideology ········ 390

Chapter Six Polar Jump and Drawing on Tolerances:
Comparisons of "Global Ideology" ········ 401
Section One Global Ideology: Academic Perspectives
of Philosophical Research ········ 401
1. What is Global Ideology ········ 402
2. Why the Global Ideology is Necessary ········ 403

Section Two High Heat, Cooling Down and Recovery:
Contemporary Russian Philosophy ········ 406
1. Historical Russia: Towards West after
   Long Time Struggles ········ 406
2. From Closing to Opening: Limits of Global Ideology
   of Soviet Philosophy ········ 415
3. From Craze to Reason: When Global Ideology
   Encounters with Reality ········ 418
4. The Enlightenments of Global Ideology
   of Soviet and Contemporary Russian Philosophy ········ 422

Section Three Mirror, Tolerance and Opening: Contemporary
Chinese Marxist Philosophy ········ 423
1. Historical China: A Passive Opening ········ 424
2. Tied and Loosed: Tortuous Developments
   of Global Ideology ········ 429
3. Mirror, Tolerance and Opening: An Emergence
   of Global Ideology ········ 432

Chapter Seven Fractured Revival and Inherited Creation:
Comparisons of "Cultural Ideology" ········ 441
Section One Cultural Ideology: An Intellectual Genealogy
of Philosophical Research ········ 442

1. What is Cultural Ideology ……………………………… 442
　　2. Why Cultural Ideology is Necessary ………………… 445
Section Two Fission and Revival: Contemporary Russian
Philosophy ………………………………………………… 448
　　1. Directive Heritage: Traditions of National Culture
　　　of Religion Philosophy ………………………………… 449
　　2. Variant Heritage: Traditions of National Culture
　　　of Russian Philosophy ………………………………… 460
　　3. Fission, Revival and Renaissance: Cultural Ideologies
　　　of Contemporary Russian Philosophy ………………… 466
　　4. The Enlightenments of Cultural Ideology of Soviet
　　　and Contemporary Russian Philosophy ……………… 473
Section Three Heritage and Creation: Contemporary
Chinese Marxist Philosophy ……………………………… 475
　　1. Exterior-interior Relationships between Chinese
　　　Traditional Philosophy and Cultures ………………… 475
　　2. Heritage and Imperfection: Chinese Marxist Philosophy
　　　before the Reformation and Opening ………………… 481
　　3. Heritage and Creation: Chinese Marxist Philosophy
　　　after the Reformation and Opening …………………… 490
　　4. Contemporary Russian Philosophy and Chinese Marxism
　　　Philosophy: A Comparative Conclusion of Cultural
　　　Ideology ………………………………………………… 507

**Chapter Eight Contemporary Chinese Marxist Philosophy:
Problems and Reflections** ……………………………… 509
Section One Challenges ……………………………………… 509
　　1. International Challenges ……………………………… 509
　　2. Challenges from the Domestic Realities ……………… 512
Section Two Reflection on Problems ……………………… 517
　　1. Microscopic Perspectives overweight Macroscopic Perspectives
　　　of Research View ……………………………………… 517
　　2. Value Neutralism of Research Ideologies …………… 522

   3. The Phenomenon of Two-dimension and Pretended no Chinese Problems ·· 524
   4. The Trends of Marketization and Instrumentalization ············ 526
   5. The Phenomenon of Polar Jump ································ 531
   6. Excessively Packaged Words ···································· 532
Section Three Reflection on Strategies ································ 533
   1. Macroscopic Perspectives and Microscopic Analyses ······ 533
   2. Theoretical Essence and Research Heterogeneity ············ 538
   3. Questing for Academics and Reality Concern ·················· 543
   4. Expanding Tolerances and Critical Reflections ················ 546
   5. Intensifying Practicability and Preventing from Instrumentalization ·· 549
   6. Theoretical Confidence and Chinese Style ···················· 552
Conclusion ·· 556

Postscript ·· 564

导　论

20世纪后期，两个互为邻居的大国——俄罗斯①与中国，无论发展方向、方式还是发展速度、目标，先后都发生了巨大差异的社会转型。② 这一转型带给两国主流意识形态的最大后果便是，作为俄罗斯前身的超级大国苏联在分崩离析中主流意识形态马克思主义哲学的全面败落，作为发展中国家的中国在改革开放中对主流意识形态马克思主义哲学③的坚持和推进。

21世纪以来，俄罗斯与中国各自走上了迥异的发展之途。俄罗斯在将社会转型与整个制度变迁融为一体之时，走上了一条朝"西方所认同的价值观念方向发展，即政治民主化与经济市场化"④之路。中国则

---

① 本书在"俄国""苏联""俄罗斯"三个概念的使用上遵循如下原则：苏联成立前，统称俄国；苏联成立到苏联解体，统称苏联；之后，统称俄罗斯。在没有具体时间的情况下，"俄罗斯"和"俄国"随行文流畅而混合使用。

② 在方向上，有放弃还是坚持社会主义之别。在方式上，有剧变还是改革之别。在速度上，有激进还是渐进之别。在目标上，有趋向西方认同的政治民主化、经济市场化、价值观西化与中国特色社会主义的政治、经济、思想文化之别。

③ 当代中国的主流意识形态即马克思主义，它是当代中国国家意识的核心。在马克思主义的理论整体中，马克思主义哲学作为其基本组成部分，既是马克思主义的理论基础，又是其理论引领。在此意义上，马克思主义哲学既是"主流意识形态"的题中之义，也是马克思主义和国家意识的理论核心。由于本书的研究领域主要限于哲学，所以，这里的"主流意识形态"主要指马克思主义哲学。

④ 陆南泉等主编：《苏东剧变之后：对119个问题的思考》上，"序二"3页，北京，新华出版社，2012。

继续沿着社会主义的方向，走上了一条集时代需要与符合自己国情为一体的创新之路。当代俄罗斯哲学在经历了苏联解体后阴晴不定、涨落起伏的多变历程后，其研究内容、研究主题、研究思路、研究方法皆发生了根本的变化，实现了哲学的功能、地位、属性、形态和本质的转型。当代中国马克思主义哲学则在伴随改革开放的风雨历程中，同样经历了哲学的转变。当代俄罗斯哲学的转型与当代中国马克思主义哲学的转变，本质上是各自社会转型的映照与结果。如今，无论俄罗斯还是中国，哲学发展各自都呈现出既独特别样又多姿多彩的景观。

如同经过30多年改革开放历练洗礼的中国，在坚持中国特色社会主义中取得举世瞩目成就的同时，又随着改革开放中新问题的出现而表明了深化改革的必要性一样，30多年中国马克思主义哲学的研究，在得到国家支持而获得长足发展并取得累累硕果的同时，又随着全球化和市场化的挑战而面临着范式创新与中国化等诸多问题。挑战和问题的存在，表明了"以俄为镜"对于当代中国坚持主流意识形态的意义，表明了在当代俄罗斯哲学与当代中国马克思主义哲学之间的比较研究对于深化和拓展中国马克思主义哲学的价值。

如何联系当代中国马克思主义哲学的基本问题，在历时态与共时态纵横交贯的视野中，梳理当代俄罗斯哲学与当代中国马克思主义哲学研究的理路，在厘清各自理论的发展脉络中对比分析两者的差异性与共通性？如何在反思当代俄罗斯哲学被边缘化的教训中，挖掘其问题转换的深层机制，探索其未来走向与可能发生的问题，为处于转型中的当代中国马克思主义哲学寻求创新路径？如何直面全球化时代马克思主义哲学面临的困境、挑战和问题，在总结当代俄罗斯哲学与当代中国马克思主义哲学各自发展的经验教训中，寻求推动中国马克思主义哲学作为国家意识形态支撑的对策？……这一切都促使我们不得不认真清理和深入思考在当代俄罗斯哲学与当代中国马克思主义哲学的发展历程中，那些曾经的波澜起伏、艰难曲折，那些曾经的功过得失、是非曲直，那些导致这一切的原因，那些正在面对或将要面对的机遇、挑战、困难和问题。

基于此，在"导论"中旨在说明五个问题：第一，比较分析当代俄罗斯哲学与当代中国马克思主义哲学的必要性和价值。第二，国内外当代俄罗斯哲学、当代中国马克思主义哲学的研究现状。第三，表现形式相异的苏联哲学和当代俄罗斯哲学有何实质的相似性？当代中国马克思主义哲学能够从中获得怎样的启示？第四，将采用哪些研究方法，在厘清相关概念、把握问题实质的基础上，实现对当代俄罗斯哲学与当代中国马克思主义哲学之间关系的比较分析？第五，研究的整体结构和分析论证的特色。

一、哲学在苏联和俄罗斯：何以遭遇滑铁卢

当代中国仍然坚持以马克思主义哲学作为意识形态和核心价值体系的理论指导，因此，要说明比较当代俄罗斯哲学与当代中国马克思主义哲学的必要性，首先需要简要说明马克思主义哲学在20世纪后半期的苏联和当今俄罗斯的命运，以及何以如此的原因。

从十月革命至国家解体，苏联时期的马克思主义哲学，其遭遇可谓从天堂到地狱。之所以如此，是因为它同国家政治高度亲密而具有强烈的意识形态性，以至"党的主要领导人的更替、政治路线、甚至政策的每一变化往往都会影响到哲学的发展"[①]。因此，当历史既为苏联选择马克思主义哲学作为国家行为的理论指导提供了契机，使其得以在国家政权的极力扶持下从不同领域展开研究并获得理论发展的系统化、体系化的同时，又为其沦为政治工具而最终解体埋下了隐患。这一弊病在斯大林时期表现得尤为突出。之所以强调这一点，是因为苏联马克思主义哲学在长达70年的时间里并非铁板一块。若全面考察该阶段的马克思主义哲学，则可发现20世纪六七十年代以后，在"高度统一"水流下涌动的是哲学研究多元化的暗流，马克思主义哲学因此有了意识形态和真实形态的"双重面孔"，一些哲学家则在"顺从和反抗"的煎熬中顽强发声，以表达对学术领域中政治专制的抗议。[②] 然而，在斯大林时期，苏联哲学将阐释和发展马克思主义哲学视为领袖的专利，其研究内容蜕变为对马克思主义经典著作的断章取义，其研究领域限定于诠释和论证领袖的言论，其价值取向则是重唯物性轻辩证性、重客体性轻主体性、重科学性轻人文性、重理性反

[①] 贾泽林等编著：《苏联当代哲学（1945—1982）》，3页，北京，人民出版社，1986。

[②] 参见[英]雷切尔·沃克：《震撼世界的六年：戈尔巴乔夫的改革怎样葬送了苏联》，张金鉴译，59~62页，北京，改革出版社，1999。

非理性等，这些都是不争的事实。在处理马克思主义哲学与具体科学、西方哲学、传统哲学的关系上，苏联哲学或者成为凌驾于后者的太上皇，或者一路骂去、彻底决绝，其最终结果便是哲学中的斯大林思想至上、斯大林主义唯真，斯大林言论成为评判学术论争的唯一标准。①

苏联解体后的最初几年，俄罗斯社会一度陷入了空前的混乱和危机。这些混乱和危机体现在哲学上便是整个社会对哲学的评判陷入了完全以主观好恶为准则的情感漩涡：极度厌恶和彻底否定苏联哲学，斥其为专制集权的工具、霸道与奴性的怪胎；满怀深情并全面肯定西方哲学和俄罗斯宗教哲学，视其为引导俄罗斯走向光明的救主和福音，以研究它们为时髦并投入大量的人力、物力、财力。② 20世纪90年代中期以后，这种状况随着社会由动荡向稳定的过渡而有所改变。学界无论对苏联哲学、马克思主义哲学还是对西方哲学、俄罗斯传统哲学，都不再简单地否定或肯定。对苏联哲学，有人肯定它是"独特、完整的苏联文明"的一部分，其基本观点和基本方法影响了众多学科，尤其是其中的非正统派哲学家在特殊年代仍然坚守了独立思考之责。对马克思主义哲学，有学者从理论与实践两个层面，从其与俄罗斯现代化、全球化问题的结合中，重新做出了理解和评价。对西方

---

① 当斯大林在对红色教授学院支部委员会的谈话中将德波林学派定义为"孟什维克化的唯心主义"时，学术争论就转瞬演化为政治批判，苏联哲学界迅速掀起了大规模批判德波林学派的运动。当斯大林出于构造"辩证唯物主义和历史唯物主义"理论体系的需要，将列宁的《哲学笔记》视为《唯物主义和经验批判主义》的"思想实验室"，并刻意拔高后者的理论地位时，与苏联哲学对《哲学笔记》的研究形成鲜明对比的是研究《唯物主义和经验批判主义》的大量论著的出版，以及称其为"马克思主义发展的顶峰"的评价。当1949年斯大林七十诞辰时，"《哲学问题》以整整一期共344页的篇幅刊载论斯大林哲学思想的文章"（黄楠森、庄福龄、林利总主编，林利、张念丰、余源培主编：《马克思主义哲学史》，第5卷，377～378页，北京，北京出版社，1996），为了突出斯大林对辩证法的贡献，许多文章甚至断言，只有斯大林"才第一次对辩证唯物主义和历史唯物主义给予全面的、深刻的、系统的论述和发展"（同上书，378页）。

② 苏联解体后，俄罗斯在短时间内就翻译、出版了大量俄罗斯传统哲学尤其是宗教哲学、西方哲学的原著，并对之进行讲授，展开争辩，发表评论。俄罗斯哲学研究力求在立场、观点、方法、体系构建、语言模式等方面与俄罗斯传统哲学和现代西方哲学接轨。（Пивоваров. Ю. С. О социологии России И других вопросах / Ю. С. Пивоваров А. Д. Некипелов // Россия и современный мир. -1998. -No4）

哲学，有学者指出它毕竟是异于俄罗斯国情的文明产物，因此任何照搬都会使俄罗斯哲学患上"特殊夜盲症"①，甚至导致重蹈苏联哲学的覆辙。对俄罗斯传统哲学，有学者指出它具有填补当下俄罗斯精神空场的正面价值与愚昧落后的负面价值的双重性，认为任何不加分析的简单肯定和随意夸大都势必造成新的社会精神危机。② 21世纪以来，随着经济的止跌、政治的稳定，俄罗斯传统哲学重新受到了官方和社会的关注而呈现复兴之态。多元化的意识主流使学界将哲学研究视为纯学术行为而拒斥统一的意识形态，故而马克思主义哲学只能作为多元学术研究之河中的一朵浪花，不再具有任何特殊地位。无"任何禁区"的当代俄罗斯哲学的研究特点是对古今中外各种哲学思潮、观点、方法的包容性；其研究范围突破了先前的理论禁区而开辟出一些新的研究领域，如为苏联哲学所拒绝的俄罗斯宗教哲学，与历史哲学相应的欧亚主义、俄罗斯思想，集哲学理论与现实问题于一体的政治哲学、经济哲学、文化哲学，等等。

如同中国的改革开放需要了解我们邻居俄罗斯在20多年社会转型中的经验教训一样，中国的马克思主义哲学研究需要了解我们邻居俄罗斯的社会意识在20多年中是如何随着社会政治制度的改变而变化的，即苏联解体后的20世纪90年代，俄罗斯如何在叶利钦执政的8年里，在破除了高度集中的斯大林政治体制，结束了集权垄断、党政合一，建立以总统制、多党制、议会制、三权分立为特征的政治体制中，实现了与之相应的多元化、自由化。与之相应的是：西方哲学、宗教哲学如何在20世纪90年代的哲学解体中迅速成为哲学中的时尚，又如何随着经济结构改革的受阻而逐步式微？在去意识形态化中，马克思主义哲学如何在多元化、自由化中被边缘化，被抛弃？在21世纪普京执政时期，俄罗斯的意识形态又如何随着国家权力的调整、政局的稳定而与政治上出现的中央集权化趋势相一致，而恢复了似乎具有一元引导特色的"新

---

① Кара-Мурза А. А Духовный кризис в России: есть ли выход? // Вопросы философии. -1996.-№5.

② 对此，俄罗斯当代宗教哲学研究者Л. Л. 盖坚科指出：И. А. 别尔嘉耶夫哲学的特点是否认人类现实存在的浪漫主义。我们如果不想重复20世纪苏联的悲剧，就应当以冷静的和现实主义的态度来阅读И. А. 别尔嘉耶夫，不要受其乌托邦主义、最高纲领主义、极端主义的诱惑，也不要被人的神化所迷惑。

俄罗斯思想"①? 认识这一具有集中统一色彩的治国理念、这一貌似一元的"新俄罗斯思想"强调的实质是什么?② 它是否在表明俄罗斯对一元化意识形态的矛盾心态:既具有明显的权威主义色彩,又强调民主化、多元化对俄罗斯社会的重要性? 政治民主化在意识形态领域的反映便是,在多元化、自由化的社会氛围中,马克思主义及其哲学虽然重新为人们所关注,但仍然被排斥在主流意识形态之外。

20 多年来当代俄罗斯哲学的变化起伏,无疑为我们通过比较分析从而看清中国马克思主义哲学的未来之路,提供了他山之石。

二、哲学在俄罗斯和中国:研究图景概览

今日俄罗斯与昔日苏联,尽管无论社会制度还是思想观念都似有天渊之别,但两者之间割不断的历史联系又决定了当代俄罗斯哲学在探索未来发展之路时不得不面对苏联哲学。中国马克思主义哲学与苏联哲学,曾经的"师生关系"让我们在总结历史的经验教训时也不得不重新思考苏联哲学。因此,研究和评价苏联哲学,便首先成为我们比较研究当代俄罗斯哲学与当代中国马克思主义哲学中一道绕不过去的坎。

(一)对苏联哲学的研究

1. 当代俄罗斯的苏联哲学研究

当代俄罗斯的苏联哲学研究,可以被分为两个阶段:20 世纪 80 年代末—90 年代中期前后的批判反思阶段和 21 世纪的反思重解阶段。

其一,20 世纪 80 年代末—90 年代中期前后的批判反思阶段。20 世纪 80 年代中期戈尔巴乔夫执政以后,苏联逐步刮起"改革"

---

① "新俄罗斯思想",即爱国主义、强国意识、国家观念、社会团结。(参见《普京文集——文章和讲话选集》,7~10 页,北京,中国社会科学出版社,2002)

② 对此,普京认为,它是"一个合成体,它把全人类共同的价值观与经过时间考验的俄罗斯传统价值观,尤其与经过 20 世纪波澜壮阔的 100 年考验的价值观有机地结合在一起"(《普京文集——文章和讲话选集》,10 页)。普京根据俄罗斯的特定条件指出,它绝非斯大林时期的类似马克思主义哲学的一统天下的"一元",而是与建立强有力的国家政权体系但又反对极权制度相适应的"可控民主"之表现形态。(参见陆南泉等主编:《苏东剧变之后:对 119 个问题的思考》上,"序二"6~7 页)

之风。① 这股风吹进了哲学领域，推动了学界对既往苏联哲学弊端的批判反思。其标志性成果便是编写和出版了《哲学导论》②与《认识论》③。尽管两书的内容仍然遵循了马克思主义哲学的基本理论，但却突破了既往的政治禁忌和既有的理论框架④，表明苏联哲学界已经开始了对既往哲学的反思批判。苏联解体之初，整体上被卷入社会讨伐苏联狂潮的俄罗斯哲学界，对苏联哲学的基本态度是否定与抛弃。尽管学界仍存有"理性"分析与评价苏联哲学和马克思主义哲学之声，但这却不得不被巨大的讨伐声浪所淹没。因此，此时的俄罗斯哲学界基本谈不上对苏联哲学的反思批判。20世纪90年代中期前后，俄罗斯哲学界以"批判派"著称的少数学者⑤开

---

① 戈尔巴乔夫执政六年，其改革经历了四个阶段：第一阶段为经济体制改革阶段（1985年3月至1988年6月）；第二阶段为政治领域改革阶段（1988年6月至1990年年初），以苏共第十九次全国代表大会为标志，改革从经济领域转向政治领域，社会出现了混乱和动荡；第三阶段为政治斗争激化阶段（1990年年初至1991年"8·19"事件发生前），1990年苏共中央二月全会接受苏联社会多党并存的现实，苏共由党内意见分歧发展为组织上的分裂，激进民主派开始左右苏联政局；第四阶段为苏联解体阶段（1991年"8·19"事件至1991年年底），戈尔巴乔夫宣布改革失败，取消苏共，苏联发生剧变而不再存在。（参见陆南泉等主编：《苏联兴亡史论》，38页，北京，人民出版社，2004）

② 苏联科学院院士 И. Т. 弗罗洛夫主编，苏联科学院哲学研究所和有关单位的哲学家协作撰写，共上下两卷，1989年年底出版，被苏联国民教育委员会审定为高等学校教科书。

③ 苏联科学院院士、《哲学问题》杂志主编 В. А. 列克托尔斯基和苏联科学院院士 Т. И. 奥伊则尔曼共同主编，共4卷——《马克思主义以前的认识论》《认识的社会——文化本性》《认识是一个历史过程》《对社会现实的认识》，但截至1991年只出版了前两卷。

④ 《哲学导论》"突破了以往教科书的'板块'式体系，把人及其与外部世界的关系作为哲学基本问题，认为有史以来的各种哲学流派、哲学体系、马克思主义哲学的全部原理都是围绕这一问题而展开和发展的"（[苏联]弗罗洛夫主编：《哲学导论》上，贾泽林等译，"中译本出版说明"，北京，北京师范大学出版社，2011）。《认识论》既对列宁关于认识、反映、真理等的论述表示了尊重，又力求站在现代知识的高度，在注意吸取国外的认识论和认知科学研究成果中，使其研究与世界接轨。

⑤ 如 Т. И. 奥伊则尔曼（Ойзерман, Т. И., 著名苏联哲学家，1953年任国立莫斯科大学哲学系教授、外国哲学史教研室主任，1965年起任《哲学问题》杂志编委，1966年当选为苏联科学院通讯院士，1981年当选为苏联科学院院士，1984年起任哲学研究所哲学史部主任，曾任苏联哲学协会副主席。出版个人专著和论文集38部，是苏联公认的马克思主义哲学权威。1991年起发表一系列反思马克思主义的论文，在俄罗斯哲学界产生了重大影响。主要研究哲学史、哲学史方法论、认识论、科学方法论）、В. М. 梅茹耶夫（Межуев, В. М., 1962年起在苏联和现在的俄罗斯科学院哲学研究所任职，当代俄罗斯著名的马克思主义文化哲学家）、В. С. 斯焦宾 [Степин, В. С., 著名俄罗斯哲学家，1988年至2006年任苏联（及现在的俄罗斯）科学院哲学研究所所长，1994年当选为科学院院士，2000年任俄罗斯哲学学会会长。主要研究认识论、科学方法论、文化哲学和科学史]、В. С. 谢苗诺夫 [Семенов, В. С., 苏联科学院社会学研究所副所长，当代俄罗斯社会哲学家，1977—1987年任《哲学问题》杂志主编，主编有论文集《卡尔·马克思与现代哲学》(1999)]，等等。

始强调客观评价马克思主义哲学对于创建俄罗斯新哲学和新文明的必要性，并从政治需要与学术的角度开始对苏联哲学和马克思主义哲学做出相关的分析及评价，以表明对此的反思批判态度。

其二，反思重解阶段。21世纪以来，俄罗斯哲学在走出绝对否定苏联哲学和马克思主义哲学的极端中，对苏联哲学和马克思主义哲学开始从前一阶段的立足于"批判"的反思转向反思的深化与拓展：深入分析苏联哲学政治化、意识形态化的社会根源和认识论根源，深入分析马克思恩格斯哲学思想与列宁哲学思想的差异，重新评价苏联教科书式马克思主义哲学的利弊，重新认识和评价与苏联哲学息息相关的诸如修正主义、十月革命、社会主义理论和实践等现实问题，并得出了新的结论。在反思的基础上，俄罗斯哲学界还对马克思主义哲学进行了新的研究，内容主要涉及马克思主义哲学的文本解读、基本理论探讨、研究范围的扩大，等等。

2. 中国的苏联哲学研究

中国的苏联哲学研究，若以改革开放划界，基本可分为两个阶段：20世纪50—60年代的学习阶段和20世纪80年代至今的研究阶段。

其一，20世纪50—60年代初的学习阶段。这一阶段的中国马克思主义哲学，对苏联哲学基本上是学习而谈不上研究。新中国成立后，苏联马克思主义哲学大规模地进入了中国学者的理论视野。作为"先生"的苏联哲学，为中国马克思主义哲学提供了理论资源，而且对培育中国马克思主义哲学理论家起到了特殊的作用（当然，这种作用是正面与反面兼具）。当时作为"学生"的中国马克思主义哲学，其学习苏联哲学的渠道主要有两条：一是新中国成立初期苏联哲学家的来华讲授，二是20世纪50年代末留苏学生归国后在高校、科研单位的传播[1]和研究[2]。这种学习和研究随着20世纪60年代中苏关系的破裂戛然而止。

其二，20世纪80年代至今的研究阶段。改革开放以来，中国马

---

[1] 高校"马克思主义哲学原理""哲学史"等课程的讲授，就采用了Ф.В.康斯坦丁诺夫主编的《马克思主义哲学原理》（1959年第1版、1962年第2版）、М.А.敦尼克等主编的《哲学史》（1958年版）等相关教材。

[2] 翻译并汇集成册出版了苏联哲学家的学术论文集，即《哲学研究》编辑部编辑的《苏联哲学资料选辑》（1~26辑）（上海人民出版社，1963—1966）。

克思主义哲学进入了苏联哲学研究的新阶段。20世纪80—90年代，苏联哲学开始成为一门独立学科：苏联哲学研究被列入国家社科基金规划项目①；成立了全国苏联东欧哲学研究会（1987），每两年举办一次全国性的苏联哲学研讨会②；相关高校和科研单位③设立了苏联哲学的硕士点、博士点并开始招生；有了一批专门从事苏联哲学研究的人员，产生了一批研究成果。苏联解体后的20世纪90年代至今，随着对苏东剧变的反思，国内苏联哲学研究队伍又有所壮大，除了老一辈专家，还有青年研究者不断加入。总体而言，改革开放以来我国的苏联哲学研究大致形成了两种路向：（1）客观展示类。这类研究多在苏联解体前。它以客观阐述苏联哲学的研究现状、主要内容、基本理论为主，在综合分析苏联哲学中呈现苏联哲学的全貌。④（2）评价反思类。这类研究集中于苏联解体后。它在全面叙述、重点阐释苏联哲学相关理论的同时，将苏联哲学的研究重点置于对其政治化与教条化的特征、实质、原因等的分析评价和反思批判上，从历史背景、社会制度、社会心理、理论范式等方面做出了有分量的分析和评价。⑤ 在2007年的"全国第十一届俄

---

① "七五"规划重点项目的研究成果，即贾泽林等于1991年完稿并结题验收的《80年代的苏联哲学（1980—1989）》。"八五"规划的重点项目研究成果，即贾泽林等于1996年完稿并结题验收的《苏联哲学的演变（1917—1991）》。（参见贾泽林等：《二十世纪九十年代的俄罗斯哲学》，"序言"1页，北京，商务印书馆，2008）

② 第一届1985年在广西南宁，第二届1987年在中山大学（在这届研讨会上，正式成立了全国苏联东欧哲学研究会），第三届1989年在湖南大庸（今张家界）。苏联解体后停办了三届。此后，以"苏俄哲学研讨会"或"俄罗斯哲学研讨会"冠名举办的研讨会有：第七届1997年在浙江宁波，第八届1999年在中国人民大学，第九届2001年在中山大学，第十届2005年在湘潭大学，第十一届2007年在苏州大学，第十二届2009年在黑龙江大学，第十三届2011年在北京师范大学，第十四届2013年在华东师范大学，第十五届2015年在苏州大学，第十六届2017年在上海对外经贸大学。

③ 主要有：中国社会科学院、北京大学、中国人民大学、中山大学，等等。

④ 这方面的代表作有：贾泽林等编著的《苏联当代哲学（1945—1982）》（人民出版社，1986）、马积华的《前苏联社会哲学若干问题透视（1980—1989）》（上海社会科学院出版社，1993）、安启念的《苏联哲学70年》（重庆出版社，1990）、李尚德主编的《苏联社会哲学研究》（中山大学出版社，1994），等等。

⑤ 这方面的代表论述有：安启念的《东方国家的社会跳跃与文化滞后——俄罗斯文化与列宁主义问题》（中国人民大学出版社，1994）、李尚德的《评价与争议——斯大林哲学体系研究》（广东人民出版社，1998）、王东的《马克思学新奠基——马克思哲学新解读的方法论导言》（北京大学出版社，2006）的第二章、贾泽林等的《二十世纪九十年代的俄罗斯哲学》（商务印书馆，2008）的第一章、李尚德编著的《20世纪马克思主义哲学在苏联》（社会科学文献出版社，2009），等等。

罗斯哲学研讨会"上，中俄学者更是将包括 Г. В. 普列汉诺夫哲学、列宁哲学、斯大林哲学、苏联其他学者的哲学思想等在内的苏联哲学遗产，作为深度反思苏联哲学的主要议题之一。当然，这种划分不是绝对的。事实上，无论哪种研究路向，都既有客观阐述又有评价反思。① 只是相对而言，两者各有其侧重点。

学者们的上述研究成果，为我们理解何以当代俄罗斯哲学界走过了从情感发泄到理性反思的心路历程，为我们分析何以苏联哲学和当代俄罗斯哲学有着如此巨大的差异，以及如何从它们各自的利弊得失中获得经验教训，提供了深入思考的余地。

（二）对当代俄罗斯哲学的研究

1. 当代俄罗斯哲学界的研究

发生在20世纪90年代的俄罗斯社会转型，在给整个社会带来全方位剧变的同时，也使其哲学的研究方向、研究思路、研究方法发生了根本性逆转，并对俄罗斯的社会思潮与社会心理产生了极其深远的影响。根据当代俄罗斯哲学与苏联马克思主义哲学之间错综复杂而又相互缠绕的密切关联，当代俄罗斯哲学界的马克思主义哲学研究，可基本归结为三个方面：

其一，着力于对苏联哲学的反思与批判，认为马克思主义哲学的困境源于其被教条化和意识形态化。对此，Т. И. 奥伊则尔曼直指，当下俄罗斯的马克思主义哲学被边缘化与隐性化源于苏联时期过度的乌托邦化和教条化②；В. С. 斯焦宾认为，苏联哲学整体上处于教条主义的阴影下，而马克思主义哲学在苏联充当了特殊的宗教角色③；В. В. 米洛诺夫

---

① 苏联解体之前，国内学界就有对苏联哲学之政治化、教条化的相关分析，如贾泽林等在《苏联当代哲学（1945—1982）》一书中就明确指出："苏联哲学并不像人们想象的那样是'铁板一块'和'绝对一统'"，而始终是"哲学斗争和政治斗争，错综交织，紧密相联"（4页）。尽管斯大林去世后，苏联哲学有了相对宽松的学术环境，"发展马克思列宁主义的权力已不再被认为只能属于某个大人物个人，但是当时的苏共主要领导人（Н. С. 赫鲁晓夫及苏共中央意识形态工作负责人 Л. Ф. 伊利切夫等），毫无疑问也给整个理论发展和理论工作打上了他们个人的烙印"（33页），这一点，无论当时的赫鲁晓夫还是后来的勃列日涅夫，皆没能摆脱这种历史宿命。（参见49页）

② Ойзерман Т. И. Принципиальные основы самокритики марксизма // Свободная мысль. -1993. -No 7. -1994. -No 11.

③ Степен В. С. Российская философия сегодня: проблемы настоящего и оценки прошлого // Вопросы философии. -1997. -No 5.

强调，被意识形态化了的马克思主义哲学，其社会形态理论被当作了可以解释一切的理论[①]；В. М. 梅茹耶夫则指出，苏联长期以来对马克思主义的教条化理解，使作为官方意识形态的马克思主义被看作唯一正确的科学理论，而各门社会科学只有以它的名义才能获得自身的生存权[②]。

其二，主张从多元化角度，以人道主义、历史哲学、文化哲学等理论，去补充、修正马克思主义哲学。Т. И. 奥伊则尔曼强调，马克思主义哲学应通过修正主义道路来拯救自身（2005）；А. В. 布兹加林[③]强调，"人道主义历史哲学"是马克思主义的精神实质，应当在恢复这一精神实质的基础上，重新确立马克思主义的当代形象，使之与教条主义的马克思主义、新斯大林主义的马克思主义相区别（2002）；В. М. 梅茹耶夫认为，回归马克思主义不可避免，但马克思学说"是作为整个人类历史基础的文化史"[④]，应当从文化史角度诠释马克思文本以复兴马克思主义（2013）；К. 普查利纳认为，应当通过人道化和多元化去复兴深陷危机的马克思主义（2008）；等等。

其三，探寻俄罗斯哲学的走向问题。上述研究虽然深刻地反思与批判了苏联哲学的政治化、教条化、乌托邦化，对当代俄罗斯回归马克思主义提出了各自的见解，但在总体上却缺乏对马克思主义哲学与俄罗斯哲学之间渊源流变和转换问题的清理，在俄罗斯社会转型之后马克思主义哲学的定位与发展态势等问题也缺乏深入系统的分析。基于此，一些俄罗斯哲学家在从社会转型切入俄罗斯哲学的基本内容、基本特征、本质属性的研究中，尝试在与俄国传统哲学、现代西方哲学的对比分析中，探寻当代俄罗斯哲学的未来。一些俄罗斯哲学家则在批判以 Е. Т. 盖达尔为首的新西化主义中，在与中国改革开放的对比中，阐释俄罗斯哲学的走向问题。

2. 当代中国马克思主义哲学界的研究

当代中国马克思主义哲学，在改革开放中获得了长足发展，实现了

[①] 参见［俄］弗·瓦·米洛诺夫：《马克思哲学遗产在当代俄罗斯的地位与作用》，车玉玲译，李尚德校译，载《社会科学辑刊》，2006（1）。

[②] 参见［俄］В. М. 梅茹耶夫：《我理解的马克思》，林艳梅、张静译，6 页，北京，人民出版社，2013。

[③] А. В. 布兹加林（Еузтапин, А. В.），莫斯科大学教授。

[④] В. М. 梅茹耶夫：《我理解的马克思》，林艳梅、张静译，"绪论" 4 页。

比较研究：当代俄罗斯哲学与中国马克思主义哲学

从体系意识到问题意识，从对热点问题、焦点问题的研究到对各种问题开放式研究的转换。中国马克思主义哲学在实现理论创新的同时，极其关注当代俄罗斯哲学的发展趋势与研究进展，它成为国内学者新的研究对象。这一研究有三种基本路向：

其一，着重关注当代俄罗斯哲学的重点与热点问题。这类研究比较直接客观地展示了当代俄罗斯哲学的现状，并从总体上把握了当代俄罗斯哲学的概貌与特征，如：王靖华提出了当前俄罗斯哲学的12个热点问题[1]，李尚德全面展示了今日俄罗斯哲学的概貌[2]，张百春概括了当代俄罗斯哲学研究的十大领域、基本问题与主要现状[3]，贾泽林等阐述了20世纪90年代俄罗斯哲学中最有代表性的领域和最引人注目的问题[4]，李尚德介绍了苏联解体后马克思主义哲学的命运及当代形态[5]，郑忆石概述了20世纪90年代俄罗斯哲学的主要思潮及转型中面临的问题[6]，等等。此外，当代俄罗斯马克思主义的研究现状近年来成为学界较为关注的领域，如：张静梳理了当代俄罗斯马克思主义研究的四大流派[7]，安启念、李尚德、卢晓坤等概括了当代俄罗斯马克思主义的研究现状、研究成果、问题视域[8]，等等。

其二，从社会转型切入对俄罗斯哲学的内容形式、基本特征、本质属性的研究，并尝试在与新时期中国马克思主义哲学的对比分析中，探寻俄罗斯哲学的未来走向，如：贾泽林、郑忆石等在相关论文中阐释了俄罗斯哲学的基本视域与主要特征；安启念探讨了当代俄罗斯哲学的基

---

[1] 参见王靖华：《当前俄罗斯哲学研究的12个热点》，载《国外社会科学文摘》，1995(8)。
[2] 参见李尚德：《今日俄罗斯哲学》，载《现代哲学》，1999(3)。
[3] 参见张百春：《当代俄国哲学研究的十大领域及其主要问题》，载《国外社会科学》，1999(3)。
[4] 参见贾泽林等：《二十世纪九十年代的俄罗斯哲学》。
[5] 参见李尚德编著：《20世纪马克思主义哲学在苏联》，第十章。
[6] 参见冯绍雷、相兰欣主编：《转型中的俄罗斯社会与文化》，第十五章，上海，上海人民出版社，2005。
[7] 参见张静：《当代俄罗斯马克思主义研究的四大流派》，载《俄罗斯中亚东欧研究》，2010(4)。
[8] 参见复旦大学国外马克思主义与国外思潮国家创新基地、复旦大学当代国外马克思主义研究中心、复旦大学哲学学院：《国外马克思主义研究报告2006—2012》，北京，人民出版社，2006—2012。

本态势、主要问题、思潮纷争与全球化时代俄罗斯哲学的走向①;李尚德等展望了21世纪俄罗斯哲学的前景②;贾泽林等从阐述1992年至1999年当代俄罗斯哲学的代表性领域和为俄罗斯学界关注的问题中,预见俄罗斯哲学在21世纪的前景③;等等。

其三,从当代俄罗斯哲学的研究热点入手,对具体的领域、问题、人物进行个案研究。近20年来,国内学界在当代俄罗斯哲学研究中,涌现出一批颇具实力的中青年学者,他们在俄罗斯传统宗教哲学、政治哲学、文化哲学、历史哲学、人的哲学、科技哲学等领域认真爬梳和潜心研究,出版了一批颇具功力的论著。④

中国马克思主义哲学界与当代俄罗斯学界,众说纷纭的苏联哲学评价、林林总总的当代俄罗斯哲学研究成果,为我们从宏观视角比较当代俄罗斯哲学与当代中国马克思主义哲学提供了丰富的资料。当代中国社会的开放环境,则为我们充分利用俄罗斯学者的最新研究成果以开展这一研究提供了可能。进入21世纪以来,哲学在当代俄罗斯的东山再起,改革开放30多年中国马克思主义哲学研究的斐然成就,又为我们通过比较两者的发展路径、研究生态、理论成果、理论实质,以探寻和发现走好中国特色马克思主义哲学发展之路,提供了机遇。

因此,如何充分利用中俄学者的研究成果,在对当代俄罗斯哲学与当代中国马克思主义哲学的比较分析中发现问题的实质所在,尤其是如何从这些问题中发现马克思主义哲学在当代俄罗斯被边缘化和去意识形

---

① 参见安启念:《俄罗斯向何处去:苏联解体后的俄罗斯哲学》,北京,中国人民大学出版社,2003。
② 参见李尚德:《俄罗斯哲学研究之管见》,载《社会科学辑刊》,2005(2)。李尚德编著的《20世纪马克思主义哲学在苏联》中部分章节也涉及相关内容。
③ 参见贾泽林等:《二十世纪九十年代的俄罗斯哲学》。
④ 如张百春的《当代东正教神学思想:俄罗斯东正教神学》(三联书店,2000)、马寅卯的《陀思妥耶夫斯基》(中华书局,2004)、万长松的《俄罗斯技术哲学研究》(东北大学出版社,2004)、徐凤林的《俄罗斯宗教哲学》(北京大学出版社,2006)和《索洛维约夫哲学》(商务印书馆,2007)、杨昌宇和陈福胜的《俄罗斯社会转型与宪政之路——文化哲学的视角》(社会科学文献出版社,2009)、姚颖的《马克思人学思想的现代解读:弗罗洛夫人道主义思想研究》(中央编译出版社,2009)、伍宇星的《欧亚主义:历史哲学研究》(学苑出版社,2011)、车玉玲的《遭遇虚无与回到崇高:白银时代的俄罗斯宗教哲学》(中国社会科学出版社,2012)、周来顺的《现代性危机及其精神救赎:别尔嘉耶夫历史哲学思想研究》(人民出版社,2016),等等。

态化，对于中国发展马克思主义哲学究竟具有何种警示与借鉴意义，就成为我们进行这种比较研究的核心问题。

三、苏联哲学和当代俄罗斯哲学：给我们留下什么

马克思主义哲学虽然在苏联遭遇了"滑铁卢"，但它却为人们提供了千载难逢的历史机遇：如何观察和思考一种"哲学"在一国从产生、形成、繁荣到终结，即如何从无到有，又如何从有到无的全部过程？如何认识和评价那些在自己历史中长期存在过的哲学？一种"哲学"在该国终结后，其未来哲学将怎样存在和发展？是推倒重来、从零开始？还是扬弃并举、承创并重？那些在自己历史中"静默"甚至一度消亡的哲学学说，能否成为新哲学的基础？或在新的环境中复兴？对上述问题的思考于世界哲学而言，是绕不过去的坎。因此，研究苏联哲学至今仍然有非凡的意义。

马克思主义哲学在苏联的落败，在当代俄罗斯的遇冷，迫使我们思考如何才能守住马克思主义哲学理论阵地的问题。苏联哲学和当代俄罗斯哲学，虽然表现形式犹如地轴的两极有天渊之别，但不同形式的背后有无相似性？中国马克思主义哲学能从中获得怎样的教益和启示？能否从这些教益和启示中认清中国马克思主义哲学的未来发展方向？这些问题，对中国马克思主义哲学而言，是比较研究当代俄罗斯哲学和当代中国马克思主义哲学中最为根本的问题。因此，我们的比较研究，将在梳理包括苏联哲学在内的当代俄罗斯哲学与当代中国马克思主义哲学的研究脉络、研究成果的基础上，围绕下述问题展开。

（一）哲学研究的理论引领：一元还是多元

苏联哲学和当代俄罗斯哲学，两者各自走着集中与分散、统一与分化、一元与多元两条截然相反的路径。因为行政强权的支撑，苏联哲学在成为政治附属品的同时，成了为政治服务的意识形态工具，从而既丧失了自身学术的独立性，又起着扼杀政治民主、学术民主、社会民主的帮凶作用。当代俄罗斯哲学反感苏联哲学的政治实用性，认为哲学不应当具有意识形态属性，不能将它当作"统一"和"规范"思想、理论、民意的工具，主张哲学生存和发展的土壤是自由、民主、多元的政治氛围与社会环境。在这一共识下，当代俄罗斯哲学高度赞扬西方的"文明冲突论""历史终结论"，认为这是自身走出迷途、摆脱阴影的航标和路

灯。在实际研究中，当代俄罗斯哲学则努力远离政治，告别意识形态，反对任何统一的评价标准，在研究的范围、层次、视角、内容、形式等诸方面，实践着多元化、自由化的全方位转移。苏联哲学已经为将哲学与政治意识形态相等同的做法，付出了退出历史舞台的代价。当代俄罗斯哲学在解除政治紧箍咒，实现由专制向民主、捆绑向松绑的转变之时，又一度陷入了无秩序、无中心、无体系、无统一评价标准的困惑。

作为思辨性的理论，哲学无疑不能与政治混为一谈。然而，作为时代发展的反映和社会现实折射的理论，哲学又不能不发挥其"解释世界"和"改造世界"的功能，从而使其学理性、思辨性的研究不可能完全摆脱政治的"纠缠"。作为体系化的世界观，哲学无疑不能等同于意识形态。然而，无法摆脱现实"干扰"这一事实，又决定了哲学不能不具有意识形态性，决定了当它面对社会的伦理道德、精神意识的问题时，不能不负有重建主流意识形态或主体价值体系的使命。因此，尽管哲学的发展离不开开放、自由、民主的社会环境，但开放不等于放弃主流价值，更不能由此为某些社会势力所用，沦为威胁和危害社会稳定，甚至制造社会混乱、酿成社会危机的工具。

进入21世纪后的俄罗斯哲学，在饱受"自由、多元"之苦后，不断勉力消除这一曾经给俄罗斯哲学带来严重伤害的危险因素。然而，"冰冻三尺非一日之寒"。迄今为止，当代俄罗斯哲学中泛滥的各种思潮、对一些早有定论的理论的任意曲解，对传统文化的随意界说，表明了哲学研究中的"自由、民主、多元"一旦走向自由主义、极端民主主义、多元主义，其对哲学研究本身的伤害就并不亚于教条主义的危害。究其本质，它不过是一种变形的教条主义，即从一个极端走向另一极端的"非此即彼"思维方式的再现。

因此，如何吸取苏联马克思主义哲学"被两极化"的教训，如何在保证思想独立、精神自由的同时，又能为社会文明的健康发展提供有效的智力支撑和精神指导，便是坚持以马克思主义为国家意识核心的当代中国马克思主义哲学必须严肃面对、认真思考和深入研究的问题。

比较当代俄罗斯哲学与当代中国马克思主义哲学在以上问题上的差异，分析导致差异之缘由，有助于我们在看到成绩、增强自信的同时发现自己的问题，从而更深刻地认识到：坚持理论研究的基质与异质的辩证统一，对当代中国马克思主义哲学而言，无论延续理论生命力还是扩大理论影响力，都是何等必要。

(二) 哲学的理论功能：入世还是出世

苏联哲学和当代俄罗斯哲学，两者都曾纠结于以下问题：哲学的功能究竟为何？哲学是否应当干预现实？哲学怎样才能找到干预现实的正确途径？而这些又涉及如何认识哲学理论本质的问题。苏联哲学因其反思批判的缺位，在沦为现实合理性的单纯辩护工具中演化成了"宗教律令"，从而无论在哲学的理论功能还是在其社会功能的发挥上，都陷入了困境。当代俄罗斯哲学一方面反感苏联哲学的教条化、形式化，反感将哲学变为君临现实或现实尾巴的做法，在抛弃将哲学作为科学的传统观念的同时，得出了哲学是智慧而非知识、是超现实的精神追求而非现实的运用工具、应当"出世"而非"入世"的结论。另外，当代俄罗斯哲学又在继续钟情于宗教哲学的神秘性、西方哲学的形上性等超验的东西，将精神的自我完善作为哲学唯一目标的同时，强调了哲学的工具实用性。苏联哲学固然有着巨大局限，但它在使哲学系统化、规范化方面的建树却有目共睹。由于对多元化的偏爱和受西方后现代思潮的影响，当代俄罗斯哲学反感哲学研究的系统化、规范化，厌恶理性主义而追捧非理性主义。

然而，哲学具有理论功能又离不开概念范畴体系的建构，离不开理性思辨的方式。哲学的实践功能只有在理论功能的转换中才能得以实现。哲学这种兼具理论功能与实践功能的双重性，是"出世性"（成为时代的先导）和"入世性"（干预现实）的双重价值的体现。因此，如何通过反思苏联哲学而对哲学本质、功能有不同理解，如何将哲学的理论研究与现实实践有效结合，有效实现哲学的深化理论与指导现实的双重功能，便是坚持以马克思主义为国家意识核心的当代中国马克思主义哲学必须严肃面对、认真思考和深入研究的问题。

比较当代俄罗斯哲学和当代中国马克思主义哲学在以上问题上的异同，分析导致异同的根源，有助于我们在自满于付出的同时发现自己的不足，从而更加清醒地意识到：坚持哲学理论与现实实践的结合，对中国马克思主义哲学而言，无论强化理论功能还是发挥实践功能，都是何等重要。

(三) 哲学的研究路径：封闭还是开放

苏联哲学和当代俄罗斯哲学，两者各自经历了封闭与开放的发展历程。苏联哲学因其政治化、教条化，将自己封闭在"一国"和"当下"，既拒绝研究西方哲学（除了马克思主义哲学），又拒绝接触俄罗斯的传统哲学和传统文化。封闭性使苏联哲学在"战无不胜"中最终不战自败。苏联马克思主义哲学的败落表明，哲学的发展离不开在继承和吸取历史的与当代的文明成果基础上的创新。当代俄罗斯哲学在打破苏联哲学的封闭性，破除哲学的"孤立主义"[1]中，视"开放"为哲学发展的正途，强调面对历史传统和当今世界对于哲学研究的极端重要性。因此，它不仅关注自己的传统哲学、宗教哲学，而且尤为关注当代西方哲学，许多哲学家甚至将能否应用当代西方哲学的理论范式、语言系统于哲学研究，视为衡量俄罗斯哲学能否走向世界的标准。

无疑，哲学作为人类文明的结晶是先贤思想成果的总括，作为时代精神的体现又在反映当下重大问题中推进。为此，它必须既继承历史遗产，又推陈出新。苏联哲学因其封闭性而最终走向衰亡，当代俄罗斯哲学则在转型中实现了哲学的开放。但是，这种开放的走向，如果仅将西方的哲学和文化视为唯一坦途，或是只以传统哲学作为唯一根基[2]，则将不可避免地陷入新的理论误区。因此，如何反思苏俄哲学对哲学发展路径的不同选择，如何将对马克思主义哲学的坚守与对民族传统文化的继承、对西方先进文化的吸取有效结合起来，便是坚持以马克思主义为国家意识核心的当代中国马克思主义哲学必须严肃面对、认真思考和深入研究的问题。

比较当代俄罗斯哲学与当代中国马克思主义哲学在以上问题上的区别，分析导致区别的缘由，有助于我们在理性思考的同时发现自己的差距，从而更加明确地认识到：正确处理守土与向洋、继往与开新、批判与继承的关系，对中国马克思主义哲学而言，无论研究视域的拓展还是研究生态的繁荣，都是极其必要的。

（四）哲学的理论内蕴：科学还是人文

苏联哲学在将马克思主义哲学体系化的过程中，通过提出概念、范畴并梳理和论证相关理论，凸显了马克思主义哲学客观性、必然性、规律性的一面，因而苏联马克思主义哲学的主流是：重科学性理性，轻人

---

[1] Степен В. С. Российская философия сегодня: проблемы настоящего и оценки прошлого// Вопросы философии.-1997.-No5.

[2] 例如，今日俄罗斯学界的"西化派"与"传统派"各自的主张。

文性非理性。当代俄罗斯哲学反感苏联哲学的"唯科学性"和"唯理性",要求哲学社会科学研究"从科学的束缚中解放出来,在自身中寻找标准、方法",这个标准就是"人本身"①。但"人"的根本不是其得以生存的基础、前提、条件等外在世界,以及客观性、必然性、规律性对人的制约,而是不能用理性规范和判定人对自由等精神价值的追求。于是,在消解苏联哲学的客观性、科学性、理性中,当代俄罗斯哲学热衷于人本主义、人格主义、非理性主义。

然而,科学与人文、理性与非理性的融合,是当代哲学发展的基本趋势。哲学是对"在者"本质的反思性追问。这个"在者"当然包括"人"。但哲学对人之所"在"的思考和追问,须以世界的客观性、必然性、规律性为前提和条件,否则不可能真正认识和实现人的价值、追求、目的。反之,哲学对世界之"在"的反思性寻求,如果不反映人的目的、活动、价值需求,则其追问就会缺失内在的指向性、发展激情、源泉和动力。可见,哲学内在地蕴含科学性与人文性的统一。因此,如何看待苏联哲学和当代俄罗斯哲学对哲学内涵的不同理解,如何将马克思主义哲学的科学性与人文性有机统一起来,便是坚持以马克思主义为国家意识核心的当代中国马克思主义哲学必须严肃面对、认真思考和深入研究的问题。

比较当代俄罗斯哲学和中国马克思主义哲学在以上问题上的不同,分析导致不同的缘由,有助于我们在辩证思考的同时发现自己的问题,从而更加明确地认识到:正确处理科学性与人文性、理性与非理性的关系,对中国马克思主义哲学而言,无论理论本质的深化还是理论内涵的丰富,都是十分必要的。

苏联哲学解体了,俄罗斯哲学还在继续。历史和现实在让我们感叹两者给今日中国的马克思主义哲学研究留下了太多思考空间和探索余地的同时,也让我们不得不反思那曾经"独领风骚"苏联 70 年之久的马克思主义哲学,何以在国家剧变中走向了被边缘化乃至覆灭的沉痛教训,探求如何才能守土有责,在坚持中发展马克思主义哲学;让我们不得不分析今日俄罗斯哲学,如何在多元中走上一条民族哲学复兴的艰难之旅,探索我们如何才能在与时俱进中,结合民族精神和时代精神,找

---

① 张百春:《文化学研究在俄罗斯》,载《国外社会科学》,1998(6)。

到马克思主义哲学中国化的有效路径。

四、纵横结合：比较方法简述

中俄两国哲学发展的现实，已经使比较当代俄罗斯哲学与当代中国马克思主义哲学具有了可能。但是，运用何种方法观察两者之异同，从而避免已经发生或可能发生的认识之弊端，寻求两者会通之路的可能，拓展我们的理论视野和人类认识视域，便是我们能否通过比较而实现借他山之石"为我所用"、能否担当起当代中国马克思主义哲学的学术之责与社会之责的关键。为此，本书采取以下研究方法：

其一，历史生成与逻辑生成的结合。本书的比较对象是当代俄罗斯哲学与当代中国马克思主义哲学。但"当代"由过去走来。因此，描绘现在需要洞悉过去，以便明了当代俄罗斯哲学与当代中国马克思主义哲学今天何以如此的原因。有鉴于此，将当代俄罗斯哲学与当代中国马克思主义哲学的逻辑演进历程，置于其生成的思想源流和社会历史变迁的过程中，在追溯当代俄罗斯哲学与当代中国马克思主义哲学得以形成的理论脉络中，探讨马克思主义哲学在当代俄罗斯与当代中国的发展历史，在逻辑分析的基础上厘清各自的演进历程，使比较分析获得清晰的理论前提，就是本书的首要目的。由此，"出入历史"与"出入理论"，在历史生成与逻辑生成的互动中展开比较分析，是本书采用的第一个基本研究方法。

其二，哲学比较与社会现实的互动。理论源自现实，哲学折射时代。因此，探寻当代俄罗斯哲学与当代中国马克思主义哲学何以"似曾相识"又"独自徘徊"的原因，需要"走入哲学"与"走出哲学"的结合。具体而言，就是比较分析的每一步，都既要联系当代俄罗斯哲学与当代中国马克思主义哲学所处的时代背景，社会向两个国家的哲学提出的要求，各自哲学面临的现实问题；又要分析两国的哲学是以怎样的方式回答这些问题以满足社会的需要以及满足需要的程度，是以何种方式实现哲学的使命和职责的。如此，才能对作为特定文化内核的哲学，何以在当代俄罗斯和当代中国有着如此复杂而丰富的历史内涵与现实境遇，做出客观的分析和实事求是的评价。因此，"源于哲学"（以哲学为轴心）而"高于哲学"（回到社会生活的"问题"中展开哲学理论的比较研究），是本书采用的另一个基本研究方法。

其三，理论阐释与价值评价的融合。本书的比较范围，基本限于当代俄罗斯哲学与当代中国马克思主义哲学，比较内容则主要围绕这一时期两国哲学发展的概貌展开，并综合运用历史追溯与逻辑归纳、走入哲学与走出哲学、具体分析与整体比较相结合的方法，使研究得以深入。但是，"点燃过去"是为了"照亮未来"，"出入哲学"是为了服务当下，"微观与宏观"的透视是为了寻求意义和价值所在。而意义和价值又是主观与客观、理想与现实、应有与现有的统一。于是，通过客观的理论阐释进行比较，通过比较看清，当代俄罗斯哲学与当代中国马克思主义哲学如何实现了既符合社会发展的客观趋势，又在这种发展中发展了自身；在对两国哲学做出这种历史还原的纵深分析和现实展现的横向比较中，以同样客观的态度，分析比较两国哲学各自的合理性与局限性，在尽可能避免好坏、是非的极端评价中做出自己的判断和评价，以便为当代中国马克思主义哲学认识自己在世界哲学大格局中的现实地位与未来走向，提供新的视角，便成为本书的目标之一。因此，"客观描述"（对两国哲学当代发展现状的描写阐述）与"主观评价"（贯穿于以三个大阶段为核心的"客观描述"中的相应评价，以及以"国家意识""全球意识""文化意识"为核心而展开对两者的整体评价）的融合，是本书采用的又一个基本研究方法。

五、整体结构与研究特点

本书分为"导论"、八大章和"结语"，力求保持各部分之间的逻辑连贯性与结构一致性，以便使主题明确、重点突出、层次分明，从而较为全面、深入地把握研究对象和具体内容。"导论"提出了研究的中心议题、中俄学者已有的研究成果、对苏联哲学历史际遇的忧思和研究方法。第一章从学理层面着重梳理当代俄罗斯哲学的前世今生，探究当代俄罗斯哲学遭遇"滑铁卢"之因。第二章至第四章侧重于从理论发展的历史与现实两个层面，以三个历史阶段为核心，结合中俄两国各自的社会现实，详尽梳理和阐释当代俄罗斯哲学与当代中国马克思主义哲学的研究现状、存在问题，并分别从研究的导向、视域、功能、方法、生态、本质等角度，具体、细致地对比分析了两者之间的同一和差异。第五章至第七章结合俄罗斯和中国的社会历史与现实，从国家意识、全球意识、文化意识三个典型性的观念领域，着力探讨当代俄罗斯哲学与当代中国马克思主义哲学的相似和相异。第八章再次回到现实层面，针对当代俄罗斯哲学发展的经验教训与当代中国马克思主义哲学面临的挑战和问题，从学术视域、价值导向、研究方法、主体自觉等方面提出应对之策。"结语"部分概略回顾了本书的主要内容和重要观点，提出了研究的限度与待深化的问题。

整体上看，本书具有以下特点：

其一，研究对象的明确性。本研究将研究对象限定在"当代"即20世纪80年代至今的30多年，改变了以往学界的中俄哲学比较研究在俄罗斯方面基本以列宁斯大林时期为主的状况。同时，紧扣中俄两国的社会制度、政治经济结构、文化观念、社会心理，对比分析两者哲学的研究现状、发展逻辑、存在问题，揭示形成两者差异的原因，从而使研究具有更强的时代感和针对性。

其二，考察视域的全景性。本书从社会剧变、思想资源、现实诉求、研究范式等多个方面，从各自哲学与政治、历史、文学的联系以及与世界哲学尤其是西方哲学的关系等角度，对比分析两者在不同发展阶段的总体格局及其各类具体问题，并以国家意识、全球意识、文化意识等不同的"总问题"为核心，从历史与现实相统一的维度，分别对两者在上述问题上的相似性与相异性进行了综合性的对比分析。

其三，注重逻辑前提的阐释。本书通过集中追溯和详尽梳理俄罗斯哲学的历史起源、主要理论，评价苏联哲学的是非功过，为深入理解当代俄罗斯哲学奠定了扎实的理论基础。同时，主要章节的对比分析都有对当代俄罗斯哲学与当代中国马克思主义哲学各自理论源脉的相关追溯，这也为研究主题的对比分析提供了可靠的理解基础。

第一章　当代俄罗斯哲学：生成之源

在讨论当代俄罗斯哲学"从何而来"之前，我们首先面临的是"有无俄罗斯哲学"的问题。对此，19世纪的俄国哲学家曾经有过激烈的争论，并由此形成了两种不同的观点。

"有论"[①]中，一些人认为，由于俄罗斯的民族特性和文化特性，任何西方哲学都不可能在俄罗斯生根、开花、结果。[②]因此，在俄罗斯存在着一种具有独特性的、被置于西方哲学对立面并具有俄罗斯民族特性的哲学[③]，虽然它在18世纪因受西方的影响而对教会的态度出现了共济主义，但其系统发展仍然是在19世纪，"独立的哲学思想在19世纪的俄罗斯开始形成，其起点是与斯拉夫主义者伊万·基列耶

[①] 以 И.В. 基列耶夫斯基（Киреевский, И.В., 俄国早期宗教哲学家，斯拉夫主义奠基者）、А.С. 霍米亚科夫（Хомяков, А.С., 俄国早期宗教哲学家、作家、诗人、政论家，斯拉夫主义奠基者）、К.С. 阿克萨科夫（Аксаков, К.С., 俄国早期黑格尔主义者、历史和语言研究者，斯拉夫主义奠基者）、Н.О. 洛斯基（Лосский, Н.О., 俄国哲学史家、宗教哲学家）、С.Л. 弗兰克（Франк, С.Л., 俄国宗教哲学家、伦理学家、社会哲学家）、А.Ф. 洛谢夫（Лосеф, А.Ф., 俄苏美学家、逻辑学家、语言学家）等为代表。

[②] 对此，И.В. 基列耶夫斯基在谈到俄罗斯哲学时就坚持认为，"德国哲学不可能在我们这里扎根。我们的哲学应当从我们的生活中发展起来，应当从当前的问题中，从我们人民和个人生活的主导利益中创造出来"（转引自徐凤林：《俄罗斯宗教哲学》，1页）。

[③] И.В. 基列耶夫斯基的《论哲学中新原则的必要性和可能性》、Н.О. 洛斯基的《俄罗斯哲学的特点》、С.Л. 弗兰克的《俄罗斯哲学的本质和主题》、А.Ф. 洛谢夫的《俄罗斯哲学》、Б.П. 维舍斯拉夫采夫的《俄罗斯哲学中永恒的东西》等，无不强调俄罗斯哲学的特殊性。[参见马寅卯：《何为俄罗斯哲学？》，载《哲学动态》，2006（9）]

第一章　当代俄罗斯哲学：生成之源

夫斯基、霍米亚科夫的名字联系在一起的。他们的哲学试图在对基督教进行俄国式的解释的基础上推翻德国式的哲学思维方式，这种俄国式的解释是以东正教父的著作为依据的，是作为俄罗斯精神生活的民族特性之结果而产生的"①。另一些人②则在强调，俄罗斯哲学与西方哲学具有诸如理性思维与直觉思维、理性人与神性人、智慧反思与自由人格的区别，这直接表明了俄罗斯哲学的存在。

"无论"③认为，俄罗斯历史上并不存在一种打上民族标签的所谓"俄罗斯哲学"，必须警惕极端民族主义的危害。在反驳将孤立的民族文化视为人类社会统一性的最高形式的"文化历史类型论"时，В. С. 索洛维约夫强调，人类是"一个整体，一个大的集合体或社会机体，各个民族就是它的有生命的诸部分。从这个角度看，任何一个民族显然都不可能自在地、自助地和自为地生存；而每个民族的生活都不过是对人类共同生活的某种参与"④。因此，那种将俄罗斯文化视为完全不同于欧洲的、最高的、最完善的文化历史类型的观点，不过是试图以文化历史类型的多样性取代人类的统一性，是以这些类型的孤立发展取代世界历史的普遍性。这一点，同样适用于哲学。哲学不过是"完整知识"，其内在本质是经验主义、理性主义和神秘主义的统一，其外在延伸是科学、哲学和神学的统一，因而其也是真、善、美的统一⑤，因此，任何可以被称作哲学的东西都不受民族性的束缚，是具有普遍性和自由性的科学。俄罗斯因其民族的局限性与片面性，在文化的纯人类领域（包括科学、艺术、文学作品和哲学）没有"伟大的未来"⑥，若有什么能够表明"俄罗斯性"的"哲学"，那将不是哲学。

19世纪俄国哲学家关于"有无俄罗斯哲学"的争论，随着20世纪俄国宗教哲学的成熟，随着苏联哲学的产生，似乎画上了句号。如今的

---

① ［俄］Н. О. 洛斯基：《俄国哲学史》，贾泽林等译，6～7页，杭州，浙江人民出版社，1999。

② 如 Н. А. 别尔嘉耶夫（Бердяев, Н. А.，俄国著名思想家、宗教哲学家）、Л. 舍斯托夫（Щестов, Л.，俄国著名思想家、宗教哲学家）等。

③ 以 В. С. 索洛维约夫（Соловьев, В. С.，俄国著名思想家、宗教哲学家、诗人、政论作家）为代表。

④ ［俄］Вл. 索洛维约夫等：《俄罗斯思想》，贾泽林、李树柏译，160页，杭州，浙江人民出版社，2000。

⑤ 参见徐凤林：《俄罗斯宗教哲学》，112页。

⑥ ［俄］Н. О. 洛斯基：《俄国哲学史》，贾泽林等译，165页。

俄罗斯学者，无论研究何种哲学，都承认19世纪的俄国宗教哲学和20世纪的苏联哲学属于俄罗斯哲学。

在我国，研究者们在诸如"什么是俄罗斯哲学？""是否存在独创性的俄罗斯哲学？""是'俄罗斯哲学'还是'哲学在俄罗斯'？"等问题上，同样存在着争论。对此，有学者从哲学史研究的方法论角度提出，从文化学与一般哲学的两个维度考察是否存在俄罗斯哲学以及它属于何种哲学的问题。该观点认为，一种理论当存在某种统一的哲学本质，即对不同民族和不同时代都具有学科划分、生命体验、抽象思维这三种共同性意义时，就可以称为"哲学"。俄罗斯历史上无疑存在着这种理论，因此存在着"俄罗斯哲学"。从哲学维度考察俄罗斯哲学，必须看到它虽然产生较晚且体系不发达，但却表达了具有人类普遍性的生命理念，因而它是一般哲学；从文化维度考察俄罗斯哲学，必须承认它具有自己民族文化的特点，因而它是一种特定的哲学形态。[①] 学界对于苏联解体后的当代俄罗斯哲学，则有"后苏联哲学""后俄罗斯哲学""苏俄哲学""俄苏哲学"等不同称谓。对此，有学者强调应当尊重当代俄罗斯哲学家的意见，因为他们[②]一致将此总称为"俄罗斯哲学"或"俄国哲学"，而对不同时期的俄罗斯哲学，则在其前面冠以"时期"，如"苏联时期马克思主义哲学"。[③]

第一节 何时与何处：当代俄罗斯哲学的源头

"有无俄罗斯哲学"争论中的相异观点，从一个侧面表明了俄罗斯哲学的复杂性。这种复杂性既与其产生的时间有关，又与其源头有关。以此考察当代俄罗斯哲学，我们首先面对的是：它"从何时来"，即产

---

① 参见徐凤林：《俄罗斯哲学研究的两个维度》，载《浙江学刊》，2007 (5)。
② 如 B. C. 斯焦宾、B. A. 列克托尔斯基（Лекторский, В. А., 苏联和当代俄罗斯哲学家，曾是苏联科学院院士；1958年任《哲学问题》杂志编委，1969年任苏联科学院哲学研究所认识论研究部主任，1988—2010年任《哲学问题》杂志主编；主要研究认识论和系统理论）、В. В. 米洛诺夫（Миронов, В. В., 国立莫斯科大学第一副校长、哲学系主任）、М. А. 马斯林（Маслин, М. А., 国立莫斯科大学哲学系教授，国立莫斯科大学哲学系俄罗斯哲学史教研室主任）等。
③ 参见李尚德：《俄罗斯哲学研究之管见》，载《社会科学辑刊》，2005 (2)。

生时间的问题；它"从何处来"，即理论渊源问题。

一、从何时来

与俄国学者在"有无俄罗斯哲学"上的争论相似，对俄罗斯哲学的产生时间，俄罗斯学界观点各异。

对此，俄国的宗教哲学家们往往将俄罗斯哲学的开端界定在19世纪初，即俄国宗教哲学形成之际。如著名的俄国宗教哲学家 Н. О. 洛斯基认为，"俄罗斯哲学直到19世纪才开始发展，而那时俄罗斯国家已有上千年的历史了"[①]。流亡法国的俄国神学家、东正教大祭司、巴黎东正教神学院教授瓦·瓦·津科夫斯基在出版于1948—1950年的两卷本《俄国哲学史》中，同样将俄罗斯哲学的起点定为18世纪初，认为"直到18世纪以前我们在俄国找不到任何带有哲学性质的独立著作或草稿，从这个意义上说俄国哲学史只应当从18世纪起开始研究"[②]。同样流亡于西方的俄国著名宗教哲学家 Н. А. 别尔嘉耶夫则认为，俄国从彼得大帝开始才"完全进入了批判时代"，"出现了更具独立性和更深刻的思想流派"和面向西方的知识分子。[③] 因此，俄罗斯哲学产生于18世纪彼得大帝的改革之际。

一些俄国的西方主义者则乐于将西方主义的开创者、近代俄国历史哲学家 П. Я. 恰达耶夫视为俄罗斯哲学的开创者。在他们看来，П. Я. 恰达耶夫第一个明确提出了"俄国与欧洲"的命题，并将西欧视为"文明的理智和自觉的意志"的理想典范，他从历史哲学的视域思考俄国社会，并提出俄国与欧洲、东方与西方、俄国未来之路等问题，从而引发斯拉夫主义与西方主义的争论，开创了俄罗斯哲学。

然而，更多的俄罗斯学者则不满足于俄罗斯哲学如此短暂的历史，将其起源追溯到俄国文明的起源时期。例如，俄国东正教神学家加夫里尔在出版于1839—1840年的《俄罗斯哲学史》中提出，俄罗斯哲学史应从10世纪写起。这一观点在一些当代俄罗斯学者那里得到了认同，

---

① [俄] Н. О. 洛斯基:《俄国哲学史》，贾泽林等译，2页。
② [俄] 瓦·瓦·津科夫斯基:《俄国哲学史》上卷，张冰译，2页，北京，人民出版社，2013。
③ 参见[俄] 尼·别尔嘉耶夫:《俄罗斯思想：十九世纪末至二十世纪初俄罗斯思想的主要问题》，雷永生、邱守娟译，15~16页，北京，三联书店，1995。

例如，俄罗斯科学院的 M. H. 格罗莫夫、A. A. 科兹洛夫等就在文章中指出，作为文化现象和思想史的俄罗斯哲学，形成于 9—17 世纪。国立莫斯科大学哲学系教授 M. A. 马斯林则在 2006 年出版的《俄罗斯哲学史》中提出，俄罗斯哲学的开端在 11 世纪。[①]

源头上时间的不确定性，与俄罗斯哲学和文学、政治、历史、宗教的混杂纠缠而难以描述有关，也与其哲学语言的缺失从而难以表达和评价有关。历史上的俄罗斯哲学只能通过文学的、宗教的甚至艺术的语言或方式来言说，这不过表明了俄罗斯哲学的不成熟，它还没能在与其他学科的分离中获得自己独立生存的权利。只是随着近代俄罗斯宗教哲学的形成，这种状况才有了根本性的改观。

二、从何处来

就像俄罗斯无论怎样变化，都摆脱不了时空之手的"操控"一样，当代俄罗斯哲学无论怎样变幻莫测、纷繁杂乱，都依然有源可溯、有根可寻。考察当代俄罗斯哲学，我们还要面对的是：它"从何处来"，即理论源头问题。[②]

（一）斯拉夫主义与西方主义：俄罗斯哲学的基本源头

当代俄罗斯哲学的"源"与"根"，首先来自19世纪以来俄国文化中的斯拉夫主义与西方主义。

在俄罗斯文化的历史中，曾经长期存在着"斯拉夫主义"与"西方主义"之争。19—20世纪之初，随着俄国社会的动荡、国家制度和文化制度的空前危机，"俄罗斯向何处去"这一古老而常在的问题，更是在激起俄国知识分子强烈关注的同时，引发了激烈的争论，因此，虽然"斯拉夫主义者和西方主义者的争论是关于俄罗斯的命运和俄罗斯在世界上的使命的争论。具有历史形态的两个派别逐渐过时了，甚至可以认为是被克服了，但是问题本身却保留下来了。在20世纪它在新的形式下又被重新提出"[③]。

[①] 参见马寅卯：《何为俄罗斯哲学？》，载《哲学动态》，2006（9）。
[②] 这里所说的俄罗斯哲学源流，指当代俄罗斯哲学的来源，它包括近代与现代。
[③] ［俄］尼·别尔嘉耶夫：《俄罗斯思想：十九世纪末至二十世纪初俄罗斯思想的主要问题》，雷永生、邱守娟译，37页。

第一章　当代俄罗斯哲学：生成之源

斯拉夫主义者①注重俄国的特殊性，强调从俄国的历史与传统出发分析和认识俄国社会的问题，认为俄国文化及历史道路具有区别于西方的独特性。他们试图通过重新解释俄罗斯的历史，将俄罗斯置于世界舞台的中心，主张俄国民族的伟大历史使命是回到彼得大帝之前的俄国，以寻找俄罗斯的出路。

西方主义者②注重人类的共性，强调从全人类历史发展的普遍性原则出发分析和认识俄国社会的问题，认为西欧由于一系列条件，成了人类历史前进过程中最具活力和推动力的地区，西方文明最大的优越性在于尊重人的个性，将"人性的人格"视为"高于历史、高于社会、高于人类"③。不自由的社会不可能有自由的个性，而俄国的历史运动与西方文明的大方向是吻合的，因此，所有国家、民族（包括俄国和俄罗斯民族）都应该向西方学习，掌握它的经验，按照历史规律和逻辑将自己纳入世界历史。显然，西方主义者理解的人类共性，主要归结为欧洲的特性。

和斯拉夫主义者与西方主义者之争相应，斯拉夫主义与西方主义对近代俄罗斯哲学的形成所产生的影响是显而易见的。

就斯拉夫主义作为俄罗斯哲学的源头而言，尽管俄罗斯哲学的历史上有过"有无俄罗斯哲学"之争，尽管自彼得大帝改革以来，俄国的思想文化长期深受西方哲学的影响，但在19世纪30—40年代，俄国思想界关于俄国的未来之路是"向西"还是"向自己"的争论，在催生斯拉

---

① 其成员多来自贵族知识分子、地主、僧侣。代表人物有：И. В. 基列耶夫斯基（其著作《19 世纪》是斯拉夫主义的纲领性文件）、А. С. 霍米亚科夫（其著作《世界史论丛》和《过去和现在》是斯拉夫主义的纲领性文件）、К. С. 阿克萨科夫（其著作《论俄罗斯的基本原则》是斯拉夫主义的纲领性文件）、Ю. Ф. 萨马林（Самарин, Ю. Ф., 俄国东正教思想家，对人类学问题有过详尽阐释）、А. Н. 科舍列夫、В. А. 瓦卢耶夫、В. И. 拉曼斯基，等等。

② 其成员主要是一些有影响的教授、作家以及贵族、地主、大商人。代表人物有：П. Я. 恰达耶夫（Чаадаев, М. Я.，19世纪初叶俄国具有进步哲学观点和政治思想的代表人物之一，作家、宗教哲学家）、В. Г. 别林斯基（Белинский, В. Г.，19世纪俄国著名文学评论家、政论家）、А. И. 赫尔岑（Герцен, А. И.，俄国著名作家、哲学家、革命家）、К. Д. 卡维林（Кавиин, К. Д.，俄国历史学家、法学家、政论家、实证主义哲学家）、Н. В. 斯坦凯维奇（Стакевич, Н. В.，1831年就读于国立莫斯科大学时组建"斯坦凯维奇小组"，"西方主义"运动的产生严格意义上与该小组活动相联系），等等。

③ [英] 以赛亚·柏林：《俄国思想家》，彭淮栋译，203 页，南京，译林出版社，2001。

夫主义①与西方主义②两大思潮的同时，也催生了一个"真正具有自觉意识和民族特点的俄罗斯哲学"③——俄罗斯宗教哲学——的诞生。对此，当代俄罗斯学者认为，俄罗斯宗教哲学的集大成者 Н. А. 别尔嘉耶夫早就明确指出"斯拉夫派创造了独特的东正教哲学"④，而俄罗斯宗教哲学本身就显示着斯拉夫主义与俄罗斯宗教哲学之间不可分割的联系。⑤对此，那些对俄罗斯哲学的独立性颇具怀疑倾向的学者也认为，"斯拉夫主义的问题，是唯一独创性的俄罗斯哲学问题"⑥。

---

① 斯拉夫主义的哲学思想，以精神整体性反对西方唯理主义、以东正教聚合性对抗西方个人主义；其社会政治理想，保持村社和地方会议的君主制，社会的和谐发展和有机统一；其经济思想，既赞同自由劳动，又维护村社土地占有制。Н. А. 别尔嘉耶夫在谈到斯拉夫主义是"一种意识和创造的共同体"时认为，早期的斯拉夫主义者是人文科学者，其中扮演核心和关键角色的是 А. С. 霍米亚科夫，"霍米亚科夫没有关于专制制度的宗教上的概念，他对政权之源泉的理解是民主主义的，他是神权政治国家和政教合一制度的反对者"（[俄] 尼·别尔嘉耶夫：《俄罗斯思想：十九世纪末至二十世纪初俄罗斯思想的主要问题》，雷永生、邱守娟译，49 页），"斯拉夫主义的神学否定教会的权威，并借霍米亚科夫之口呼喊空前的自由"（同上书，50 页）。А. С. 霍米亚科夫关于"聚合性统一体"是建立在爱的基础上的、自由与统一（统一不是强迫而是自由，自由不是一盘散沙而是多样性中的统一）的有机结合的思想，关于"自由"在人的生活和历史中的重要价值的思想，受到 Н. А. 别尔嘉耶夫的高度评价并对其产生了很大影响。这一点，在 Н. А. 别尔嘉耶夫的《精神王国与恺撒王国》《精神与实在》《自由的哲学》《论人的奴役与自由》等著作中皆有体现。后期斯拉夫主义者则多为自然科学家、现实主义者、经验主义者，他们几乎完全丧失了早期斯拉夫主义的普遍主义诉求，成了泛斯拉夫主义的鼓吹者或民族利己主义的辩护者。

② 在西方主义者中，П. Я. 恰达耶夫是使西方主义具有历史哲学性质的创立者，他"在 1829 年致 Е. к. Дм. 的著名哲学通信（刊载于《望远镜》杂志）中阐述了他的历史哲学思想。这是俄罗斯独立的创新的思想萌芽"（[俄] 尼·别尔嘉耶夫：《俄罗斯思想：十九世纪末至二十世纪初俄罗斯思想的主要问题》，雷永生、邱守娟译，33 页）。但其观点不同于 19 世纪 40 年代广泛流传的西方主义。后者的公认领袖是 В. Г. 别林斯基，А. И. 赫尔岑则在其中占有重要地位。А. И. 赫尔岑既不满意斯拉夫主义的天命论，也不赞同西方主义为了将来牺牲现在的社会进步论，在运用费希特、谢林、黑格尔的哲学思想分析欧洲和俄罗斯的社会现实，总结斯拉夫主义和西方主义的争论时，得出了"俄罗斯属于欧洲文明，但它不会像斯拉夫派在论战中所确认的那样注定要走罗马—日耳曼民族所走的道路，重复他们所经历的社会形式，俄罗斯也可以有自己更有前景的'欧洲文明'模式"（伍宇星：《欧亚主义：历史哲学研究》，88 页）的观点。

③ 徐凤林：《俄罗斯宗教哲学》，"前言"1 页。

④ Безлепкин Н. И. Философия языка в России. -Санкт-Петербург., 2002. -С. 21.

⑤ 如上面提到的早期俄罗斯斯拉夫主义者 И. В. 基列耶夫斯基、А. С. 霍米亚科夫等，本身就是早期俄罗斯宗教哲学家。

⑥ Шпет Г. Г. Очерки развития русской философии // Сочинения. -М., 1989.

第一章 当代俄罗斯哲学：生成之源

斯拉夫主义关于"哲学对俄罗斯来说不应仅仅是对西方的借鉴，而是本民族精神文化的必要因素"[①]的观点，关于通过借鉴早期基督教神学和俄罗斯传统文化、借鉴哲学史和神学史的知识来在哲学上阐发对世界、对人的基本看法的观点，关于应当从人的完整存在（生命的有机性、精神的完整性）出发来构筑一般的哲学理论的观点，关于俄罗斯民族、文化、历史独特性的理论，以及它力图通过寻求俄罗斯民族的独特性来缓解俄罗斯民族的身份危机，通过确立俄罗斯民族在世界历史中的地位来实现俄国的世界使命意识（即强烈的"弥赛亚"意识）的理想自觉和实践努力，成为具有独立哲学形态的俄罗斯宗教哲学的来源。[②]而且，当它将"信仰"赋予俄罗斯哲学，并将其作为俄罗斯哲学的要素，当它强调俄罗斯的独特性和民族担当，当它区别俄罗斯文化与西欧文化并批判西方哲学，当它从人的内在价值、精神世界、道德义务等论证人的生存意义和使命，当它提出了至今仍为学界所关注的语言哲学问题[③]时，它便在提出和探讨至今仍为俄罗斯人所关注的本体论、认识论、历史观、人类学中，将自己的影响扩展到整个近代俄国思想界，并从近代延伸到当代。因此，"斯拉夫主义在俄罗斯思想史上的重要性和影响怎么强调也不过分，民粹主义、马克思主义、宗教哲学、自由主义、保守主义、欧亚主义等都可以在那里找到自己的源头。从这种意义上说，它一直是一种活的思想，它从未从俄国的思想舞台上真正消失"[④]。

就西方主义作为俄罗斯哲学的源头而言，尽管斯拉夫主义自19世纪30年代以来风靡俄国，但一些自18世纪初彼得大帝改革之始就受"欧风美雨"吹拂浸染的俄国人，始终没有失去对西方文明、文化的热

[①] 徐凤林：《俄罗斯宗教哲学》，"前言"1页。

[②] 即便是对俄罗斯哲学的独立性颇具怀疑倾向的 Г. Г. 施佩特（Шпет, Г. Г.，俄国现代哲学家、胡塞尔主义者，出版和发表了大量有关哲学史尤其是有关18世纪哲学史及俄国哲学史的著作与论文），也在1922年的《俄国哲学发展概论》一书中提出，"斯拉夫主义的问题，是唯一独创性的俄罗斯哲学问题"（转引自徐凤林：《俄罗斯宗教哲学》，"前言"1页）。

[③] И. В. 基列耶夫斯基、А. С. 霍米亚科夫关于语言的本质与属性的观点，К. С. 阿克萨科夫关于语言与民族自我意识的一致性、语言是民族自我意识的反映形式、民族的自我认同、人的自我认知的价值的理论，都涉及了哲学。

[④] 马寅卯：《俄罗斯哲学》，载《世界哲学》，2005（5）。

情。于是，在与斯拉夫主义的激烈争论中①，西方的思想之火，在点燃俄罗斯宗教哲学的柴薪之时，对俄罗斯哲学的影响也从近代延伸到了当代。

西方主义关于"观念是自由的、理性的""有意识的个性"的观点，关于历史是人创造的，历史的动力是人，人的尊严和价值、个体的全面发展、人的自我实现，是历史进步的必要保障的观点，关于在个人与国家的关系问题上，将国家看作个人解放和发展的条件的观点②，关于哲学是"关于人的特殊科学"③，是用理性的思考、知性的思维唤起埋失于泥沼与污秽中的人性尊严意识，是发展"人性人格"④的观点，关于"人"是"不可再生和独一无二"的，具有多样性、多种面

---

① 斯拉夫主义从它产生的那天起，就遭到了它的对立面西方主义的尖锐批评。П. Я. 恰达耶夫作为高举批判之旗的第一人，在《哲学书简》中，通过批判俄国政治的黑暗、政府的无能、社会的无望、文化的无根，在引发斯拉夫主义和西方主义的形成并展开激烈辩论中，表明了其对俄罗斯未来之路的观点：按照彼得大帝当年为俄罗斯"划定的道路"即向西方学习之路前行。因为"他把我们完全转交给了西方……并将西方所有的历史交给我们作为历史，将西方所有的未来交给我们作为未来"，因此，俄罗斯人必须"以我们内在力量的自由爆发、以民族意识的热情高涨来把握我们肩负的使命"（[俄]恰达耶夫：《箴言集》，刘文飞译，139页，昆明，云南人民出版社，1999)。于是，П. Я. 恰达耶夫在提出俄罗斯的历史地位和历史命运的同时，也表明了他的西方主义基本立场。这种批评在现代俄罗斯哲学的奠基人 В. С. 索洛维约夫那里，则几乎是毁灭性的。他在批判西方哲学缺陷、指出其危机缘于"知性思维"，断言它标志着作为一种**纯理论性抽象认识意义上的哲学，已经终结其发展，并且永不复返地转入过去的世界"**（[俄] Вл. 索洛维约夫：《西方哲学的危机》，李树柏译，3页，杭州，浙江人民出版社，2000）时，又通过清理和总结西方哲学的发展史，在吸取和借鉴其积极因素中，运用西方哲学的理性形式，阐述和表达了其"万物统一"的哲学（包括哲学与人自身的统一，存在与万物的统一，科学、哲学与神学的统一，理论哲学与实践哲学的统一，真、善、美的统一）、历史哲学、道德哲学、艺术哲学，从而在俄罗斯哲学史上建立了第一个大全式理论体系的同时，也使俄罗斯哲学具有了包括一般哲学所有问题的视域，并赋予了"基督教的永恒内容新的理性形式"（Соловьев В. С. Письма. В 3ТОМах. Т. 3. -Спб. , 1911. -С. 89）。这无疑是对斯拉夫主义囿于狭隘的民族特性，以及仅以内在精神和信仰为基础构建哲学的一种批判。

② К. Д. 卡维林就认为，"俄罗斯—斯拉夫部落的历史使命和日耳曼部落不同。后者的任务是把历史性的人发展成为一种人性的人，而我们则不得不去创造人"（Кавелин К. Д. Взгляд на юрилический быт Древней Руси. , М. , 1981. -С. 23）。

③ В. И. 涅斯缅洛夫语。（Несмелов В. И. Наука о человеке. В 3ТОМах. Т. 2. -Казань, 1994. -С. 121）В. И. 涅斯缅洛夫（Несмелов, В. И.），俄国宗教哲学家，1924 年以前为喀山神学院教授，主要以基督教的基本直觉探讨哲学、人类学问题。

④ В. Г. 别林斯基语。参见 [英] 以赛亚·柏林：《俄国思想家》，彭淮栋译，206 页。

孔的"存在"① 的观点，关于"俄国的得救，不在神秘主义，不在唯美主义，也不在虔诚信教，而在教育、文明与人性文化的成就里"② 的观点，关于俄罗斯哲学只是在俄国西方化、哲学从西方传入并与俄国传统文化形成综合后才产生的观点，虽然没有产生具有独立形态的哲学，甚至"在创造哲学方面没有什么成就"③，但是，它的相关思想，却在引发俄国思想家思考民族特殊性与人类普遍性、社会发展道路的独特性与一般性的关系问题，并在俄国思想史上第一次将人格、个体置于突出位置时，影响和启发了19世纪的俄国思想家，为从历史维度与人的价值维度思考和探讨俄国社会、俄国哲学的发展之路提供了启迪。这种启迪也影响了当代俄罗斯哲学家，促使他们探索俄罗斯哲学的未来发展，构建"新俄罗斯思想""新欧亚主义"。

（二）西方哲学：俄罗斯哲学的直接源头

西方哲学对俄罗斯哲学形成的影响，从学者对俄罗斯哲学产生的时间界定便可见一斑。

尽管19世纪中期以来俄国传统哲学家对俄罗斯哲学产生的时间存在很大的认知差异，但无论何种时间界定，都没有超越或摆脱与西方哲学的干系，而这也从一个侧面表明了俄罗斯哲学中的西方哲学源头。

因此，如同当代俄罗斯学者在探讨真正的俄罗斯哲学起始时间时总是将其归于19世纪中期，他们同样认为严格意义上的俄罗斯哲学只是在西方哲学的影响下才真正具有了独立的形态。④

---

① Л. П. 卡尔萨文语。（Карсавин Л. П. Религиозно-философские сочинения. В 3ТО-МaX. Т. 2., М., 1992. -С. 19) Л. П. 卡尔萨文（Карсавин, Л. П.），俄国宗教哲学家，1922年以前在彼得堡大学历史教研室任教，以库萨的尼古拉哲学为依据建立绝对者观念基础上的哲学体系。1922年被苏维埃政府驱逐出国。

② [英] 以赛亚·柏林：《俄国思想家》，彭淮栋译，209页。

③ [俄] С. 霍鲁日：《俄国哲学的主要观念》，张百春译，载《俄罗斯文艺》，2010（2）。

④ 对此，一些当代俄罗斯学者指出，俄罗斯的东方基督教话语的主要原则，即宗教经验的主导地位和作用，导致它追求"个人与神的个性联系和个性交往"，因而就其本质而言，是经验的而不是哲学的、是直观的而不是理智的。因此，"在俄国，东方基督教话语并没有产生出哲学。相反，这里的哲学是从西方来的。在西方化之后，哲学立即就从西方传入俄国。俄国的哲学只是在俄罗斯综合之后才产生。这个综合是在西方化文化的基础上出现的。相应地，作为其组成部分的哲学也是在西方已有的形式和方法上发展起来的。因此，俄国哲学一开始就被纳入西方哲学的传统框架之内"[[俄] С.С. 霍鲁日：《俄国哲学的产生》，张百春译，载《俄罗斯文艺》，2010（1）]。

比较研究：当代俄罗斯哲学与中国马克思主义哲学

狭义的、具有独创性的俄罗斯哲学形成于19世纪初。但是，这种具有"独创性"的俄罗斯哲学刻有西方哲学的印记。对此，可以上溯到10世纪东正教从拜占庭帝国传入俄国之时。此时，接受东正教的俄国人同时接触到了古希腊哲学，并在古希腊拜占庭东正教文化的影响下创造了具有俄国特色的诗歌、绘画、音乐。18世纪上半叶彼得大帝的改革，一方面，在开辟西方文明向俄国开放、俄国通向西方之路的同时，也开启了西方哲学进入俄国之门；另一方面，在改革俄国教会，削弱东正教思想的控制，使西方启蒙思想、世俗化潮流影响俄国思想界的同时，也为西方哲学的传播（先是法国哲学，继之德国哲学）从而催生俄罗斯哲学，创造了条件。到了18世纪中叶的叶卡捷琳娜二世实行开明专制时代，俄国与德国的关系开始密切起来，俄国人对德国哲学的兴趣日益浓厚，思想界先后出现了"谢林派"与"黑格尔派"。19世纪三四十年代俄国著名的斯拉夫主义者与西方主义者的大争论，尽管问题视域是俄国的社会、政治、历史、传统，但却是影响深远的、具有哲学高度的理论反思。这场"反思"中涉及的思想、观念（个性、自由、人权、人道等）乃至话语（统一、差异、直觉、理性等），无不带有西方哲学的痕迹①，是近代西方哲学、西方文化主要精神原则的体现。

在西方哲学对俄罗斯哲学的影响中，西欧启蒙思想首当其冲。18世纪的俄国人"非常乐于接受西方的哲学文化。西方哲学理念对俄国的深入渗透（主要是法兰西，但也包括德意志和英国）很早就已开始了"②，而当 H. A. 别尔嘉耶夫得出"俄国真正的哲学思维的激情将在法国哲学的影响下产生"③ 的结论时，更是直接表明了启蒙学派对俄罗斯哲学来源起着举足轻重的作用。

---

① 即便是斯拉夫主义者也深受这种西方哲学的影响。例如，以 A. C. 霍米亚科夫为代表的早期斯拉夫主义者，因受教于谢林、黑格尔等人的德国唯心主义哲学，其思想中蕴含的自由、人道等普遍主义理念就明显具有西方哲学的自由主义、人道主义因素，他们所捍卫的"个人的绝对道德意义和人权因素"，虽然"在本质上是基督教因素和全人类因素，但在历史发展方面主要是西欧因素"（[俄]索洛维约夫：《俄罗斯与欧洲》，徐凤林译，196~197页，石家庄，河北教育出版社，2002）。
② [俄]瓦·瓦·津科夫斯基：《俄国哲学史》上卷，张冰译，63~64页。
③ [俄]尼·别尔嘉耶夫：《俄罗斯思想：十九世纪末至二十世纪初俄罗斯思想的主要问题》，雷永生、邱守娟译，30页。

第一章 当代俄罗斯哲学：生成之源

俄国人仅用一个伏尔泰的名字就表征了一种特定鲜明的理论派别和思想情绪——俄国的伏尔泰主义，启蒙学派对俄罗斯哲学的影响之大，从中便可见一斑。这种影响，首先体现在法国文学作品尤其是伏尔泰的文学作品中，那些讽刺迷信，否定奇迹，崇拜理性，崇尚自然，怀疑、嘲讽、抨击社会制度的思想，让俄国人感到伏尔泰的名字就是一面旗帜，他本人则是"新思想的代表"。这些思想启发了俄国思想家强烈的批判意识，使他们在这面旗帜下，"集合了所有对'古风旧习'——日常生活的、思想意识的和宗教神学上的——持无情批判而且常常甚至是鄙夷至极态度的人们，有的人无情嘲弄披着传统外衣的一切；有的人力主最勇敢无畏的革故鼎新举措。而对乌托邦的兴致就是这样逐渐在不分青红皂白否认过去的基础上发展起来的"①。启蒙学派关于社会的进步是社会机体受内在力量推动的人性进化和提高过程，是真理、道德、自由、幸福的扩展过程的思想，关于历史的前进归根结底由人类理智决定，受语言、文字、教育、思想等文化因素推动的观点，在启迪俄国启蒙思想家形成相关社会进步思想②的同时，也启发俄国哲学家形成了关于"进步"的思想。B. C. 索洛维约夫将进步视为具有自己的意志、思想和个性内容的主体活动，认为人类借助科学、艺术和社会制度改善自己的生活，是作为精神存在物的人类力图在现实生活中实现绝对完美的表现，进步"与其说这是在自然界中所进行和实现的有因果制约性的运动，不如说是一种具有人文精神的目的论循环"③。H. A. 别尔嘉耶夫"以上帝的名义号召允许人的精神自由地创造性地发展"的思想，关于"历史过程是以善为一方与以恶的非理性自由为一方的斗争构成的戏剧"的思想，尽管是以上帝的名义说话，但却通过"个性自由"揭示了人类进步的基本内涵和最高标准④，从而启发俄国哲学家形成了关于"发展"的理念。B. C. 索洛维约夫将"发展"作为自己哲学的基本概念之一，指出"发展概念从本世纪开始就不仅进入科学，而且进入日常思维"，所谓"发展"，一是在变化过程中每时每刻都成为某种东西；二是

---

① ［俄］瓦·瓦·津科夫斯基：《俄国哲学史》上卷，张冰译，65 页。
② 例如，19 世纪的俄国民粹主义关于社会进步的观念就认为，各民族的社会组织形式，都经历了从低级向高级的前进运动，人类依靠教育、科学、文化和工业的发展可以达到普遍幸福。
③ 徐凤林：《索洛维约夫哲学》，203 页。
④ 参见 ［俄］H. O. 洛斯基：《俄国哲学史》，贾泽林等译，311 页。

发展的每一个点都带来以前没有的新东西。① Н. А. 别尔嘉耶夫则在要求"宗教意识应当承认人类不仅有尘世的,而且有宇宙的意义",肯定"尘世人类历史的一切事实都具有唯一和不可重现的重要意义;每个人的尘世生命都是绝对存在的瞬间,别样的瞬间不能献给拯救事业"② 时,表明了历史发展不过是人的个性自由发展的基本思想。这些思想、理念中体现出的主体性、人文主义精神,无不是西欧启蒙思想的俄国映现。

在西方哲学对俄罗斯哲学的影响中,德国古典哲学色彩甚浓。在谈到俄罗斯哲学的源头时,Н. А. 别尔嘉耶夫指出,"康德、费希特、谢林、黑格尔等人的德国唯心主义对于俄罗斯思想具有决定性的意义。俄罗斯的创造性思维起初是在德国唯心主义和浪漫主义氛围中初露衷曲"③ 的。Н. А. 别尔嘉耶夫的断言,无疑是对德国古典哲学作为俄罗斯哲学源头的中肯表述。

康德关于实践理性是"自由"的保障,善良意志的体现是"责任"的道德伦理学的思想④,在触发俄国知识分子的道义良知、社会责任感、奉献精神⑤的同时,也触发和推动着俄国哲学的伦理学探讨。从 Л. Н. 托尔斯泰⑥的"非暴力伦理学"⑦ 到 В. С. 索洛维约夫的道德哲学⑧、

---

① 参见徐凤林:《索洛维约夫哲学》,199 页。
② [俄] 别尔嘉耶夫:《自由的哲学》,董友译,143 页,上海,学林出版社,1999。
③ [俄] 尼·别尔嘉耶夫:《俄罗斯思想:十九世纪末至二十世纪初俄罗斯思想的主要问题》,雷永生、邱守娟译,30 页。
④ 参见 [德] 康德:《道德形而上学原理》,苗力田译,上海,上海人民出版社,1986。
⑤ "道德、道德评价以及道德动机,在俄国知识阶层的心目中占据着尤为特殊的位置。如果可以用一个词来评定我们知识阶层的思想倾向的话,我们应该将之称为道德说教。"([俄] 基斯嘉柯夫斯基等:《路标集》,彭甄、曾予平译,161 页,昆明,云南人民出版社,1999)俄国知识分子不仅有道德的"说教",而且付诸实践和行动,这从 19 世纪以来俄国知识分子热衷投身各种社会运动中可见。
⑥ Л. Н. 托尔斯泰(Толстой, Л. Н.),既是俄国的伟大作家,也是道德大师,提出以《福音书》学说为基础的非暴力伦理学,其道德观念体现在多部杰出的长篇小说和许多论述作品中。
⑦ Л. Н. 托尔斯泰从非对抗的根据、律法、在现实中难以实现的原因等角度探讨的"非暴力伦理学",尽管以基督教学说为基础,但其中体现的至上道德原则却有明显的康德伦理学"痕迹"。
⑧ В. С. 索洛维约夫的《善的证明——道德哲学》,被誉为俄罗斯哲学史上"系统地和完全独立地考察道德哲学基本原理的第一次尝试"(徐凤林:《俄罗斯宗教哲学》,126 页)。该书从善的结构和方程、道德的神性目标和人性基础、生命的道德意义等维度论证主题,得出了"道德哲学的对象是善的概念;道德哲学作为一门哲学学科,它的任务就是阐明由经验所唤起的理性在善的概念中所思考的一切,同时对我们所面临的主要问题——关于我们生命的应有内容或意义问题——做出正确的回答"(同上书,129 页)的结论。

第一章　当代俄罗斯哲学：生成之源

Н. А. 别尔嘉耶夫的自由精神哲学①，俄罗斯道德哲学、伦理问题探讨中对生命价值的重视、对至善意义的追寻、对自由精神的崇尚，无不打上了康德哲学的烙印。

　　谢林在"自然哲学"中发挥的形而上学观念，即将自然当作活的生物去认识的观念，成为19世纪初的自然哲学家们研究科学与自然问题的认识论基础。被视为在俄罗斯哲学思想发展史上具有"十分重大"意义的谢林学派成员 Д. 韦兰斯基②，就是本着谢林学说的精神研究科学与自然问题的。他一概接受谢林关于世界灵魂、自然中的极限原则、世界的有机构成和普遍性学说；认为谢林的自然哲学，为将科学视为"不在于经验主义地'拥抱个别物体'而是要寻求自然的一般统一性"，提供了认识论体系；认为谢林关于绝对精神具有能动创造力的思想，为将自然视为具有创造精神的人类发挥其作用的一件作品，为将时间、空间、物质视为无限永恒的现象，提供了理论视角。③

　　谢林关于"自然整体"是能动的"世界精神"，其能动性和对立统一性是精神的属性的"自然哲学"，关于艺术直观所把握的对象是绝对同一，在艺术直观中达到主观与客观、自由与必然的"艺术哲学"，关于哲学上的绝对同一不是别的，正如基督教神学所说的上帝，上帝不是非人格的概念或本质，而是创造性的、有人格的存在，积极的哲学必须斥于意志，而肯定"神"的存在就必须以意志所要求的信仰为基础的"天启哲学"④ 等思想，无论对俄国民粹主义者"批判思维的个体"思想的形成并极力付诸行动⑤，还是对俄罗斯宗教哲学的产生，其影响都是明显的。由年轻人于1823年在莫斯科成立的文学、哲学小组"爱智社"，就在抛弃启蒙运动以来流行的法国唯物主义的同时，将注意力转

---

①　"自由"是基于"个性"的"伦理学和精神上的范畴"，它"根植于生存的内部，即根植于精神世界，自由的世界"，要求区分"表面的我"和"深刻的我"，不为过分地被社会化、理性化、文明化了的"表面的我""客体的我"所左右，在面对内在的、真实的、生命深处的、主体的"我"时，向善去恶。（参见［俄］尼古拉·别尔嘉耶夫：《论人的奴役与自由》，张百春译，25～26页，北京，中国城市出版社，2002）
②　Д. 韦兰斯基（Вераский, Д.），俄国自然科学哲学家，被视为当时俄国哲学界谢林学派的领袖人物。
③　参见［俄］瓦·瓦·津科夫斯基：《俄国哲学史》上卷，张冰译，116页。
④　全增嘏主编：《西方哲学史》下册，166页，上海，上海人民出版社，1985。
⑤　1823—1825年，一批谢林哲学的爱好者加入了"哲学协会"，他们多是"十二月党人"的支持者。

向了当时俄国知识界还很陌生的德国唯心主义。在所有德国哲学家中，他们最为看重的是谢林①，谢林吸引了斯拉夫主义者，斯拉夫主义的早期代表 И. В. 基列耶夫斯基、А. С. 霍米亚科夫都曾是"爱智社"的成员。"正是斯拉夫主义者意识到，哲学对俄罗斯来说不应仅仅是对西方的借鉴，而是本民族精神文化的必要因素。基列耶夫斯基明确提出要在与西方理性主义不同的'独特的东正教思维'基础上建立独创的俄罗斯哲学"②，即俄罗斯宗教哲学。在俄罗斯宗教哲学中，"神人性"和上帝的内在性，是哲学家们的生命体验之果，也是他们思考人的生存、命运的思想依据和基本前提。这一点，从 И. В. 基列耶夫斯基"哲学新原理"的重要特点在于理性从属于信仰、精神完整性与信仰具有内在统一，到 А. С. 霍米亚科夫强调"聚合性"中的自由是向神的自由；从 В. С. 索洛维约夫只有以上帝的存在、创造，上帝对世界的构想为根据，世界存在才具有意义或合理性的"万物统一"观，到 С. Л. 弗兰克关于人的精神性之所以是真实存在，是因为人性中内在地包含神性；从 Н. А. 别尔嘉耶夫关于最高价值的人性、精神、自由、创造、爱，根本不是自然人性所具有的而是来自神，最高人性是神性的"人格"定义，到"宗教哲学是伟大的和最后的斗争，为的是争取原初的自由和包含在这种自由中的神的'至善'"③……19世纪几乎所有俄国宗教哲学家的思想中，都有谢林哲学的身影。也正因此，Н. А. 别尔嘉耶夫才宣称"我们的第一批哲学家都是谢林的追随者，他们迷恋他的自然哲学和美学"④。

尽管黑格尔哲学对俄罗斯哲学的影响稍晚于谢林哲学，但黑格尔哲学对整个俄国思想界的影响却胜过谢林哲学。对此，Н. А. 别尔嘉耶夫

---

① "爱智社"的组织者 В. Ф. 奥陀耶夫斯基（Отоъевский, В. Ф., 俄国文学家，对神秘主义、自然哲学、伦理学、人类学、历史学皆有研究），曾在《第二夜》一书中描述了谢林哲学对当时俄罗斯年轻人的震撼：对于他们，19世纪初期的谢林正像15世纪的克里斯托弗·哥伦布——他没有找到他要找的，他也没能实现最初的渴望，可是，他却为人们开辟出一片未知世界，指给后人一个前进的方向。于是，大家纷纷扑向这片遥远而神奇的乐土。（Отоъеский В. Ф. Русские ночи. -М., 1975）

② 徐凤林：《俄罗斯宗教哲学》，"前言" 1~2 页。

③ [俄] 舍斯托夫：《雅典和耶路撒冷》，徐凤林译，22 页，杭州，浙江人民出版社，2000。

④ [俄] 尼·别尔嘉耶夫：《俄罗斯思想：十九世纪末至二十世纪初俄罗斯思想的主要问题》，雷永生、邱守娟译，30 页。

第一章　当代俄罗斯哲学：生成之源

指出，黑格尔被俄罗斯人视为"人类思想的顶峰"，人们认为"在他那里可以找到对世界所有问题的解决。他影响了俄罗斯哲学的、宗教的、社会的思想。他的影响就如同柏拉图对教父哲学的影响和亚里士多德对经院哲学的影响"，因此，在 H. A. 别尔嘉耶夫看来，"黑格尔在俄国完成了空前的业绩，其哲学的巨大影响一直保持到俄国的共产主义"①。

黑格尔哲学之光究竟在近代俄罗斯哲学的身上有何折射？我们仅从备受近代俄罗斯哲学关注的真理、自由、实践等问题中，便可管窥。

何为"真理"？这个在宽松社会环境中可以随意思索、自由探讨的问题，当它遭遇沙皇尼古拉一世专制统治的现实时，对俄国学者而言便成为颇为不易的事情。然而，当黑格尔将真理置于绝对精神羽翼之下，又坚决反对貌似对立的独断论与怀疑论两种真理观，当黑格尔基于"真理是全体，但全体只是通过自身发展而达于完满的那种本质"②的立场，得出真理既不停留于开端的原点，也不终止于孤零的结果，而在于自身的矛盾运动过程，过程中的每个环节都是达到真理的必要环节之论时，黑格尔关于真理是全面的、发展的、具体的思想，让俄国民粹主义思想家看到的便是世界历史"普世真理"中蕴含的俄国民族发展道路独特性的"具体真理"。在吸取黑格尔哲学关于"绝对精神"的发展体现了具有世界历史意义的民族，每一个国家和民族都是世界历史发展中的不同阶段的思想，并用以论证俄国历史和文化的独特性及其发展的合理性中，民粹主义思想家以俄罗斯民族发展道路的"具体真理"扬弃了黑格尔绝对精神的"抽象真理"。至于俄罗斯的宗教哲学，虽然哲学家们偏好具体性，善于以生动真理追求目标，惯于以直觉方式关注终极，从而淡漠甚至反感黑格尔以极端思辨方式表述的真理观；但是，黑格尔关于真理是全面的、具体的观点，又不能不使他们意识到：作为人心向往的"真理"，非单纯的"人间"或纯粹的"天堂"，因而既不应投降物欲，也不可仅仅寄予神

---

① ［俄］尼·别尔嘉耶夫：《俄罗斯思想：十九世纪末至二十世纪初俄罗斯思想的主要问题》，雷永生、邱守娟译，71 页。
② ［德］黑格尔：《精神现象学》上卷，贺麟、王玖兴译，12 页，北京，商务印书馆，1979。

圣，而应兼具神性与人性、庙堂与世俗、哲学与社会学的二重性。И. В. 基列耶夫斯基的"活真理"、В. С. 索洛维约夫的"完整知识"、С. Л. 弗兰克的"活知识"、Н. О. 洛斯基的"具体观念实在论"、П. А. 弗罗连斯基①的"具体形而上学"……俄罗斯宗教哲学家们的一系列"具体真理"观，无一不在展示这种双重意蕴中显现了黑格尔哲学的辩证真理之光。

"求真"为何？为了摆脱现世的奴役，为了获得精神自由和心灵解放，即"向善"。近代俄国社会的黑暗和专制，使思想者和哲学家对"自由"的渴望与追求，变得超乎寻常的强烈和迫切，甚至将之视为生存之需。尽管惯于以浪漫主义方式思考生存问题的俄国人并不推崇黑格尔以理性方式表述的自由观，但是，当黑格尔将"自由"视为精神的本质，世界历史发展的基础、动力、目的，具有改变世界的无限可能性时，黑格尔对"自由"的高扬便激起了崇尚自由的俄国思想者和哲学家的高度共鸣。当黑格尔进而将自由观贯穿社会历史领域，高度评价法国大革命宣扬了国民理想而超越了人的自私本性，强调了人为高尚的精神生活应当抛弃利己主义，使私利从属公利时，黑格尔这一极具浪漫气息的自由观，便在不简单地以物质、神性为"自由"的最高表现中，刺激了俄国民粹主义思想家的理想主义热望和对美好现实的曼妙追求：绕过西方工业文明，在教化农民和完善村社公有制中踏上共产主义的人间路。无疑，"自由"是近代俄罗斯宗教哲学的探讨主题。然而，如果说黑格尔基于主观认识论、以思辨理性为基础的自由观，与俄罗斯宗教哲学基于个体生存论、以透视内在生命为核心的自由观格格不入，那么黑格尔自由观中的浪漫色彩，将自由奉为"理性神"而给予俄罗斯宗教哲学的影响和启示，则在高扬"自由"的精神价值中，为后者批判西方科技理性对人的压抑，并将自由视为如 Ф. М. 陀思妥耶夫斯基"心灵的地下室"，即将自由视为人的心灵深处无可消除的永恒需要和梦想，自由即人按照自己的意志生活，如 В. С. 索洛维约夫的"人身自由"即超越人本身，将自由建立在开启人内心的神性存在中，提供了"批判的武器"。至于 Н. А. 别尔嘉耶夫，尽管他并不赞同黑格尔的理性自由观，

---

① П. А. 弗罗连斯基（Флоренский, П. А.），俄国宗教哲学家，曾任国立莫斯科大学神学院教授、司祭，主张万物统一的形而上学。十月革命后神学院被关闭，供职于莫斯科电力工业总局，研究电场和介质问题。

批评黑格尔让客观精神主宰了人，将理性变成了神，使"自由变成了必然"，因而受制于理性的"自由"归根到底是不自由；但是，他又肯定黑格尔对主体的高扬，为人类摆脱奴役、获得自由指出了方向。Н. А. 别尔嘉耶夫的"自由精神哲学"，尽管强调自由是基于"个性"的伦理学范畴，根植于精神世界，是面对生命深处主体的"我"而向善去恶，但这一思想却与黑格尔的人类意志活动的原动力是人类的需要、本能、兴趣和热情，人们从主观需要出发进行活动时便是自由的实现等观点，异曲同工。

止于纯粹思想范围的认识社会、透视人生，不可能抵达真知至善的彼岸，行动、实践才是唯一出路。这一点已经成为近代俄国思想家的共识。然而，何处才有"抵真达善"之路？康德囿于伦理道德领域，以应有要求现有、理想套用现实之路显然行不通。黑格尔哲学关于运用辩证思维方法解决思维与存在、理想与现实关系的思想，则在引发俄国西方主义和斯拉夫主义的思想家改变俄国现实强烈渴望的同时，也引发了他们对黑格尔哲学的强烈兴趣。

不同于谢林哲学对俄国的影响较多集中于斯拉夫主义者以及由此形成的俄罗斯宗教哲学，黑格尔哲学对俄国的影响则较多地体现在西方主义者中，"如果说谢林的名字和浪漫主义联系在一起，那么黑格尔的崇拜者则多是冷静理性的现实主义者"[1]。黑格尔关于理想注定会变成现实，思维可以转化为存在，并从客观唯心主义出发强调辩证思维方法对解决思维与存在、理想与现实之矛盾的思想[2]，在引发俄国西方主义思想家"从政治、哲学层面上接受了黑格尔主义"[3]，从而先保守地解读（М. А. 巴枯宁[4]虽然对现实极为不满，但又认为既然

---

[1] 叶丽娜：《德国古典哲学与俄国的思想觉醒》，载《俄罗斯文艺》，2008（2）。

[2] 对此，恩格斯指出："按照黑格尔的思维方法的一切规则，凡是现实的都是合乎理性的这个命题，就变为另一个命题：凡是现存的，都一定要灭亡。"（[德] 恩格斯：《路德维希·费尔巴哈和德国古典哲学的终结》，见《马克思恩格斯文集》，第4卷，269页，北京，人民出版社，2009）

[3] Francis Haskell, *Roots of Revolution, A History of the Populist and Socialist Movement in Nineteenth Century Russia*, first published in English in 1960, printed in Great Britain, p. 12.

[4] М. А. 巴枯宁（Бакунин, М. А.），主张依靠农民和流氓无产者自发暴动，在24小时内废除一切国家，建立个人绝对自由的无政府社会，反对任何纪律和权威以及无产阶级革命与无产阶级专政。他与蒲鲁东被并称为19世纪无政府主义的鼻祖。

专制社会已经是"现实",那就说明它是合理的;В. Г. 别林斯基也在多篇文章中主张与社会现实妥协、调和),继而激进地反映(М. А. 巴枯宁和 В. Г. 别林斯基后来转而认为:黑格尔所说的"现实"可能指虚妄的表象而非实在,因而也并非"合理";В. Г. 别林斯基抛弃了黑格尔的法哲学,指责其君主立宪的国家理想极其"狭隘";А. И. 赫尔岑更是坚持以行动改变现实以符合人们的理想,强调黑格尔哲学是"革命的代数学")。因此,尽管这些早期的俄国黑格尔分子(М. А. 巴枯宁、В. Г. 别林斯基、А. И. 赫尔岑)几乎根本不触及黑格尔哲学的一般论点,而是主要关注历史哲学的问题,但他们对"个性问题"的关注却将人们的思想引导至历史存在的界限之外,促使俄国人提出了一些带有一般哲学性质的问题。至于作为西方主义者的俄罗斯宗教哲学集大成者 В. С. 索洛维约夫,其关于"理论哲学与实践哲学的统一"的"完整知识"理论,揭示了西方哲学"把人仅仅作为认识主体,同时把人之外的世界作为认识客体"[1] 的片面性,通过这种揭示,В. С. 索洛维约夫在看到西方哲学仅仅具有理论性质,只包括认识主体的"实有"而缺乏实践主体的"应有"(如西方哲学的巨擘黑格尔"凡是合理的都是现实的"的命题,就因没有"任何应有的东西"而无法通过个人活动,在追求真理和实现善良的过程中真正抵达求真向善之路)中,通过其"完整知识"理论,将黑格尔限于理性的实践功能转化为通过"意志"来实现知与行、思与动的实践功能。在此意义上,黑格尔哲学对俄国哲学的影响,无疑是客观存在的。

尽管黑格尔哲学主要影响了俄国的西方主义者,但它同样对斯拉夫主义者产生了影响。表面上看,斯拉夫主义者强调俄罗斯历史、民族、文化的独特性,似乎与黑格尔哲学无关,但他们用来论证俄罗斯独特发展道路的理论根据却似乎与黑格尔哲学的"绝对精神"难逃干系。黑格尔哲学认为,"绝对精神"的发展体现在具有世界历史意义的民族中,而每一个国家和民族都不可能脱离世界历史,因而都是其发展中的不同阶段。斯拉夫主义者正是吸取了黑格尔哲学的这个观点,来论证俄罗斯历史、民族、文化的独特性,及

---

[1] 徐凤林:《俄罗斯宗教哲学》,118 页。

第一章 当代俄罗斯哲学：生成之源

其存在、发展的合理性和正当性，从而使与斯拉夫主义如影随形的俄罗斯宗教哲学同样没能摆脱黑格尔哲学的"纠缠"。这一点，我们在前面谈到关于俄罗斯宗教哲学的真理、自由观点时，已经涉及了。

因此，人们强调俄罗斯哲学的独特性时，并不意味着可以割断它与西方哲学的联系，更不意味着它自认高于或超越西方哲学。相反，"正是俄罗斯人自己不无骄傲地把他们的斯科沃罗达比作俄罗斯的苏格拉底，把别尔嘉耶夫比作俄罗斯的黑格尔。不仅如此，18世纪俄国的共济会是和法国启蒙运动的影响分不开的，19世纪30—50年代的斯拉夫主义不过是对黑格尔和谢林哲学的反动，19世纪末20世纪初俄罗斯宗教哲学的复兴又很容易让我们想到西方的中世纪或文艺复兴，十月革命后的苏联哲学不过是马克思主义的俄国化"[①]。这一表述，可谓高度概括了俄罗斯哲学与西方哲学的关系。当代俄罗斯哲学中的西方化倾向——"新欧亚主义"——颇受青睐，不过是西方哲学与俄罗斯哲学缠绵关系的当代延续。

（三）西方文化：俄罗斯哲学的间接源头

西方文化对俄罗斯哲学形成所产生的影响，虽然不似西方哲学那般直接明显，但仍然不可忽略。[②] 其中，除了西欧启蒙思想，还有法国空想社会主义、德法浪漫主义，甚至可以追溯到彼得大帝改革之前。正是作为俄国近邻的西欧17世纪出现的科学进步、文化繁荣，在为落后的俄国社会带来教育、科学知识、文学、世俗精神等文化进步的同时，也促进了其社会意识的进步，"动摇了早先形成的政治和社会理论"[③]。彼得

[①] 马寅卯：《何为俄罗斯哲学？》，载《哲学动态》，2006（9）。

[②] 近代以来，俄国社会上层和知识分子与西方文化有着"剪不断"的关系。彼得大帝和叶卡捷琳娜二世之所以发动改革，一个重要的原因就是，他们本身深受西方文化的影响。彼得曾经作为留学生在英、法、荷等国学习，叶卡捷琳娜二世本就是生长在德国的俄国人，在成为沙皇后仍自称是伏尔泰的女弟子，因而他们对俄罗斯的落后和如何改革有着较为深刻的认识。至于俄国第一个知识分子 А. Н. 拉吉舍夫（Радищев, А. Н.，18世纪俄国杰出思想家、作家、革命民主主义者，俄国社会激进主义的鼻祖）、第一个社会主义者 А. И. 赫尔岑、第一个集理论与实践于一体的马克思主义者列宁、十二月党人、19世纪70年代社会革命的主角民粹党人，都是在西方文化的影响下成长起来的。

[③] ［俄］М. Р. 泽齐娜、Л. В. 科什曼、В. С. 舒利金：《俄罗斯文化史》，刘文飞、苏玲译，83页，上海，上海译文出版社，2005。

大帝的改革①使俄国进而接触西欧的科学、文化，使其文化生活发生重大转折并对其未来的文化命运产生深远影响②，从而在强化俄国社会西化的同时，也"促进了人道主义和唯理论的学说与观点对俄罗斯文明社会的渗透"③。在这一时期，西欧许多自然科学和哲学的巨匠④及其著作，"在俄罗斯已为人知晓"，即便是"专制制度的意识形态也开始利用那些由17世纪至18世纪初早期资产阶级政治思想所产生出的'自然法'、'社会契约说'等唯理论思想"⑤。西方文化的影响使彼得大帝时代俄国社会的文化、心理、意识的发展"迈出了重要的一步"，即"对于人的个性及其社会中的地位有了新的认识。人不再仅仅被视为罪恶之源（教会始终坚持这一点），而开始被当作一个能动的个性，其价值首先被确定为造福于祖国。如今使一个人能在社会上占据可敬地位的，已不是财富和祖先的名望，而是智慧、勇敢和个人的品质"⑥。

　　西方文化对俄国社会文化心理的影响不能不反映到哲学中。这一点，从西方主义与斯拉夫主义的争论，到B.C.索洛维约夫的综合，再到20世纪初的俄罗斯宗教哲学以及后来的流亡俄罗斯哲学所形成的独特的俄罗斯传统哲学，对个性、精神、自由、生命意义、人道主义的关照中体现出的人文性，即可得到证明。

　　（四）宗教哲学：俄罗斯哲学的主要源头

　　俄罗斯宗教哲学形成于19世纪初，成熟于19世纪末20世纪初。彼时的俄国知识分子倾力于宗教、文化、政治、社会观念的更新，在通

---

①　为了改变俄罗斯文化、教育的落后状况，彼得大帝在18世纪初采取了下列重要措施：(1) 兴办各种培养专门人才的学校，使教育的控制权从教会转入世俗政权。(2) 改革文字，方便了书籍的印刷出版和人们的日常阅读书写。(3) 改革历法，使之与欧洲统一。(4) 出版1 000多种西方著作，内容涉及军事、造船、建筑、数学、历史等方面。(5) 建立文化设施，如1702年创建第一座公共剧院，1718年建立第一个博物馆、图书馆，1724年成立俄国科学院，培养出科学泰斗М. В. 罗蒙诺索夫。

②　对此，国立莫斯科大学史学教授们指出："彼得改革不具有深刻的社会变革性质，它维护的是贵族阶级的利益，最终导致了人民处境的恶化和农奴制压迫的加强。但是，这些改革活跃了封建制度内部业已存在的潜能，并借此促进了国家的经济和文化发展。"［俄］М. Р. 泽齐娜、Л. В. 科什曼、В. С. 舒利金：《俄罗斯文化史》，刘文飞、苏玲译，101～102页）

③　同上书，107页。

④　如哥白尼、伽利略、牛顿、笛卡尔、霍布斯、普芬道夫、莱布尼茨，等等。

⑤　［俄］М. Р. 泽齐娜、Л. В. 科什曼、В. С. 舒利金：《俄罗斯文化史》，刘文飞、苏玲译，108页。

⑥　同上书，108～109页。

第一章　当代俄罗斯哲学：生成之源

过大规模的"文化复兴"[①] 从而迎来俄罗斯文化史上"白银时代"[②] 的同时，也通过浩大的"寻神运动"[③] 开始了俄罗斯宗教哲学全面兴盛的历程。

俄罗斯宗教哲学的传统、语境、基础的内在源泉，是东正教信仰。尽管俄罗斯哲学在18世纪初彼得大帝改革后开始摆脱东正教信仰，在西方哲学影响下开始了创立独立哲学的历程。但是，一个不可否认的基本事实是，俄罗斯哲学产生和发展的土壤仍然是在俄国拥有近千年传统

[①]　文化复兴：19世纪末20世纪初，白银时代俄罗斯思想文化的活跃与繁荣时期。它源于这一时期俄罗斯文化艺术、哲学思想和社会生活的发展，被 Н. А. 别尔嘉耶夫称为"俄罗斯精神文化的复兴"，表现为两种倾向：一是反传统。一些知识分子反对俄罗斯传统文化，要以新的思维和方法重新审视与评价俄罗斯传统文化，要在文化思想、审美标准、艺术价值观等方面创造新的文化体系，探索俄罗斯文化的新出路。"探索"成为反传统派的旗帜，"创新"是反传统派的价值取向和个性自由的表现。二是继承传统。主要是继承19世纪俄国的文化传统，同时不排除对一些新思想、新观念、新方法的吸收。两种倾向共同构成俄国文化的多元发展格局，在哲学、文学、艺术等领域形成了繁荣景象，产生了一批文学家、诗人、哲学家，并在建筑、雕塑、绘画、音乐等艺术门类中也有所体现。

[②]　白银时代：19世纪末20世纪初的俄国文化繁荣时代，相对于19世纪以 А. С. 普希金、М. Ю. 莱蒙托夫、И. С. 屠格涅夫、Ф. М. 陀思妥耶夫斯基、Л. Н. 托尔斯泰、А. Б. 契诃夫等为代表的空前绝后的文学繁荣和在世界文坛具有举足轻重地位的"黄金时代"而言。19世纪末，随着西欧现代主义的传入，俄国文坛尤其是诗坛重新兴盛，以有别于以往文学风格的姿态再次将俄国文学推向新的高潮，主要文学流派有象征主义、阿克梅主义和未来主义，其中象征主义的影响最大。代表性诗人有布洛克、别雷、伊万诺夫、勃留索夫、巴尔蒙特、阿赫玛托娃、吉皮乌斯、曼德尔施塔姆、马雅可夫斯基，等等。白银时代的文化是在批判俄罗斯传统的基础上形成的一种全新文化形式，其过程经历了诗歌、文学、艺术、哲学四个阶段，俄罗斯宗教哲学是其中的重要文化成就。

[③]　寻神运动：19世纪末20世纪初的俄国"文化复兴运动"中，俄国知识分子为更新基督教意识、文化、政治、社会及个人的生活观念，发起的一场"新宗教运动"。代表人物有 Д. С. 梅列日科夫斯基（Мережковский, Д. С.，19世纪末20世纪初俄国作家、诗人、批评家和思想家）、В. С. 索洛维约夫、Н. С. 特鲁别茨科伊（Трубецкой, Н. С.，主要研究语言学、民族学、文化史。1915—1916年任国立莫斯科大学副教授，1918年任罗斯托夫大学教授，十月革命后离开俄国，俄国欧亚主义的代表人物）、Г. В. 弗洛连斯基（Флоровский, Г. В.，俄国侨民宗教哲学家、东正教神学家、欧亚主义创始人）、Н. А. 别尔嘉耶夫、С. Н. 布尔加科夫（Булгаков, С. Н.，俄国经济学家、哲学家、神学家）、С. Л. 弗兰克、Л. 舍斯托夫，等等。新宗教运动的名称各异（如"新宗教意识""新基督教""新唯心主义""神秘的现实主义""个人主义"等），但其内容皆强调基督教与多神教、灵魂与肉体、神与人的统一（如 В. С. 索洛维约夫关于人的"先验本质是在人的内心中开启出来的神性存在，而非传统基督教的上帝从外部统治人"，Н. А. 别尔嘉耶夫关于"自由的神正论意义"等）。"寻神运动"的实质是，俄国知识分子希望通过改良基督教和更新现有的宗教意识，将基督教教义与人道主义、个性自由、尘世生活联系起来，在从宗教中寻求济世良方的同时，摆脱和打破精神枷锁。

的东正教。正是没有经过文艺复兴、宗教改革、启蒙运动的洗礼和震荡，倾向于拒绝通过知识和理性形式来走向最高境界与终极关怀的东正教，它富有的群体意识、救世观念、人道主义、神秘主义等，契合了俄国的民族文化精神，从而促使和推动了俄国知识分子，希望通过寻找灵与肉、神与人、自由与上帝的统一，以唤起俄罗斯哲学的回归和创新，并把目光再次投向东正教，"俄罗斯哲学的开端是和罗斯受洗相关联的。平静而自然的多神教泛神论被基督教取而代之"①。多神教教徒在转变为新教教徒的同时，其观念也由多神教的自然崇拜转变为基督教的末世、终极观念，他们开始听从个人道德责任的召唤，使个人的整个生活与外部世界相关联，让民族共同体的命运服从于人类世界历史的进程。

从东正教的群体意识中，俄罗斯宗教哲学家通过"共同体"原则领悟到，个人是共同体的一部分，上帝和人民是统一的机体，创立了以"聚合性"表达"自由"和"爱"的哲学理论。②

从东正教的救世观念中，俄罗斯宗教哲学家通过"第三罗马"概念，认识到俄罗斯民族的特殊地位，在创立以哲学直觉统一神学、哲学、科学，用"索菲亚"③ 作为世界和上帝之中介的"神人类"④ 理论中，强调了俄罗斯作为"第三种力量"所肩负的历史使命。

从东正教的人道主义中，俄罗斯宗教哲学家通过"上帝救赎人类"和"人人皆兄弟"的教义，认识到人的价值和地位，从基督教人类中心论中阐发了深刻的人学，从而既丰富了现代基督教思想，又深化了人道主义。⑤

从东正教的神秘主义中，俄罗斯宗教哲学家通过"上帝的内在性与超越性"，投向了教父哲学和拜占庭东正教的传统，在以是否偏离东正教作为衡量理论是否正确的唯一标准（如 Г. В. 弗洛连斯基）时，主张

---

① [俄] М. Н. 格罗莫夫、К. Н. 亚历山大罗夫娜：《俄罗斯哲学的类型学》，陈红译，载《苏州大学学报》（哲学社会科学版），2011 (4)。

② 如 А. С. 霍米亚科夫。

③ софия，即永恒女性的象征，是上帝的智慧，表现出上帝的绝对原则。

④ 如 В. С. 索洛维约夫。尽管他认为基督教是人类宗教发展史上的最高阶段，他本人被认为既不是东正教徒，也不是新教徒，他超越了宗教派别之间区分的限制，一直在追求成为一个真正普世的基督徒，但是他又仍然坚持东正教的"救世"观念。（Лосский Н. О. История русской философии. -М., 1991）

⑤ 如 Ф. М. 陀思妥耶夫斯基。

返回东方教会神秘主义传统（如 В. Н. 洛斯基[①]），并运用"直觉""纯内在的体验"等构建和阐述其理论。[②]

可以说，俄罗斯哲学中一切具有独创性的哲学思想都与东正教相关联。正是东正教使俄罗斯哲学形成了不同于西方哲学的民族特征，"具有独创性的俄罗斯哲学是宗教哲学，真正具有独创性的俄罗斯哲学家们都是信徒，至少都有虔诚的宗教情怀，这是他们哲学创作的动力和源泉，也是使俄罗斯哲学区别于西方哲学的主要根源"[③]。

俄罗斯宗教哲学的传统、语境、基础的外在动力，是西方哲学及其文化。正是西方哲学及其文化的理性化、工具化、世俗化倾向，在激发俄罗斯哲学的拒斥和反抗中，促使和推动俄国知识分子在寻找俄国民族文化之根中把目光投向俄国精神文化的传统[④]，投向追求人的理性、情感、意志、信仰的完整性[⑤]，投向创立俄罗斯独特哲学的具体实践[⑥]，投向最能体现俄罗斯文化与哲学特点的直觉性思考和情绪化表述[⑦]等，从而使俄罗斯的宗教哲学带有浓厚的民族色彩。

因此，就内在源泉和外在动力的双重维度而言，俄罗斯宗教哲学可谓西方主义与斯拉夫主义在近代俄罗斯哲学土壤上的嫁接之果。俄罗斯宗教哲学尽管在苏联时期被迫"远走他乡"，但却从未销声匿迹，反而因其"流亡"身份，因其主张哲学的作用在于"使人成为真正的人"，而一度声名鹊起于国际社会理论舞台，因此在苏联解体后高调登场并迅速成为俄罗斯民众的精神"救主"。在当代俄罗斯，宗教哲学作为俄罗斯哲学的重要组成部分，对俄罗斯的社会心理和精神文化产生了极大的影响。

（五）俄国文学："纠结缠绕"源头

文学与哲学，两者无论就表现形式还是就表达内容来看，都有极大的差异。因此，说俄国文学是俄罗斯哲学的源头，似乎很不靠谱。

---

① В. Н. 洛斯基（Лосский, В. Н.），Н. О. 洛斯基之子，俄国侨民宗教哲学家、东方神学家。
② 这几乎为俄罗斯宗教哲学家所共有。
③ 张百春：《俄罗斯哲学与东正教》，载《哲学动态》，2006（11）。
④ 如大部分俄罗斯宗教哲学家。
⑤ 如 И. В. 基列耶夫斯基。
⑥ 如 В. С. 索洛维约夫。
⑦ 如 Н. А. 别尔嘉耶夫。

比较研究：当代俄罗斯哲学与中国马克思主义哲学

然而，尽管俄罗斯哲学的源头与俄国文学之间似无直接的关联，但是，学者们在分析俄罗斯哲学的成因时，却常常不得不面对"何以俄罗斯哲学具有文学艺术的发展倾向？""何以俄罗斯哲学家中有如此多的作家和诗人？""何以俄罗斯文学具有哲学的厚重感？""何以俄罗斯文学大师中有如此多的哲学思想家？"之类的疑问。以文学的方式表达哲学，曾经是俄罗斯哲学的显著特点。尽管这一特点与其说是俄罗斯哲学的长处，不如说是它的短处，与其说是它的优点，不如说是它的缺点，因为它不过表明：俄罗斯哲学还没有真正从其他学科中分离出来，并且没有形成自己独有的语言、方法，而仍然与文学处于"混沌未分的原始状态"①；但问题本身却表明了俄罗斯哲学与俄国文学之间"你中有我，我中有你"的密切关系。对此，Д. С. 利哈乔夫②在谈到俄罗斯文化时就认为，在既往许多世纪中，俄国的哲学与文学、诗歌是紧密相连的。因此，研究俄罗斯的文化应当联系 М. В. 罗蒙诺索夫③、Г. Р. 杰尔查文④、Ф. И. 丘特切夫⑤、В. С. 索洛维约夫、Ф. М. 陀思妥耶夫斯基⑥、Л. Н. 托尔斯泰、Н. Г. 车尔尼雪夫斯基⑦等的思想，在俄罗斯的圣像画中，其哲学思辨色彩首先表达着世界观，而俄罗斯的音乐也表达着哲学的思想。⑧ Д. С. 利哈乔夫虽然是在说明俄罗斯文化

---

① 马寅卯：《何为俄罗斯哲学？》，载《哲学动态》，2006（9）。

② Д. С. 利哈乔夫（Лихачев, Д. С.），20 世纪俄罗斯著名知识分子，政治家、作家、文艺理论家和基督教活动家，1971 年被推举为苏联科学院（现俄罗斯科学院）院士。

③ М. В. 罗蒙诺索夫（Ломоносов, М. В.），18 世纪俄国著名科学家、语言学家、哲学家、诗人，俄国科学院第一个俄国籍院士，瑞典科学院院士和意大利波伦亚科学院院士，创办了俄国第一个化学实验室和第一所大学莫斯科罗蒙诺索夫国立大学。

④ Г. Р. 杰尔查文（Державин, Г. Р.），18 世纪俄国著名诗人。初期诗作遵循 М. В. 罗蒙诺索夫的传统，后突破古典主义固定模式，以生动口语描写日常生活，在丰富诗歌语言中使俄国诗歌更接近现实。代表作有《费丽察颂》《攻克伊兹梅尔要塞》《梅谢尔斯基公爵之死》等。

⑤ Ф. И. 丘特切夫（Чутчев, Ф. И.），19 世纪俄罗斯著名抒情诗人，与当时的 А. С. 普希金和 М. Ю. 莱蒙托夫并称为俄国三大诗人。除早期个别诗作有明确的社会意义，其他多为哲理、爱情、风景诗。一生诗作 400 余首，代表作有《西塞罗》《沉默吧！》等。

⑥ Ф. М. 陀思妥耶夫斯基（Достоевский, Ф. М.），19 世纪俄国文学的卓越代表，与 Л. Н. 托尔斯泰、И. С. 屠格涅夫等人齐名。其创作围绕人类学、历史哲学、伦理学、宗教哲学等精神哲学的问题展开，文学作品中蕴含丰富深刻的哲理。

⑦ Н. Г. 车尔尼雪夫斯基（Чернышевский, Н. Г.），19 世纪俄国革命家、唯物主义哲学家、作家、文学批评家。

⑧ 参见［俄］德·谢·利哈乔夫：《解读俄罗斯》，吴晓都、王焕生、季志业、李政文译，北京，北京大学出版社，2003。

第一章　当代俄罗斯哲学：生成之源

与哲学的关系，但又在一定意义上表明：俄国文学是如何通过影响俄罗斯民族心智的形成和发展，而对俄罗斯哲学的形成具有源头和影响作用的。

　　这种影响表现为，俄国人通过充满智慧的成语、谚语、俗语、谜语，以及充满欢乐或饱含忧伤的仪式、民歌，在丰富俄国民族的精神世界，从而在为俄国的文学大师们提供丰富的教育理念、伦理观念、道德思想、艺术美学等创作灵感[①]的同时，也为俄罗斯哲学提供了一种以感性的甚至文学的话语方式表达晦涩哲思的语言资源。这一点，我们从俄国诸多宗教哲学家的著作中可见一斑。以至于19世纪俄国的经典文学在成为俄国民族哲学载体的同时，也在充满现实主义的文学作品中展现了柏拉图的理性主义、亚里士多德的伦理学、近代欧洲的实证主义和人道主义等哲学观点。这一点，我们从 А. С. 普希金的《致恰达耶夫》《叶普盖尼·奥涅金》、М. Ю. 莱蒙托夫的《童僧》，从 Л. Н. 托尔斯泰的"三部曲"小说、А. Б. 契诃夫的短篇小说、Ф. М. 陀思妥耶夫斯基的"灵魂小说"，所体现出的对人与自然、人与社会、人与人等哲学问题的深思中，所体现出的对人的存在状态、生命形式、生成意义、本性等问题的哲理与生活体验的融合中，便可以发现。至于 В. Г. 别林斯基、Н. Г. 车尔尼雪夫斯基、Н. А. 杜勃罗留波夫[②]等文学批评家在其文学研究中体现的"写实主义"，更是法国实证主义大师孔德哲学观点的直接体现。19世纪的俄罗斯宗教哲学家[③]，通过对认识论、伦理道德、社会问题的思考，在运用与文学接近的概念和范畴诠释深奥的哲理、构建大全的哲学体系时，既使俄国文学成为俄罗斯哲学自我存在的表征，又为俄罗斯哲学打上了浓厚的俄国文学印记。

　　这样，俄国文学与俄罗斯哲学相互交织，与俄罗斯社会思想、社会发展有机相融，便在成为俄罗斯民族哲学载体的同时，也在一定程度上承担了创造独立的俄罗斯民族哲学的重任。因此，当人们指责俄罗斯

---

　　① А. С. 普希金、Л. Н. 托尔斯泰、Н. В. 果戈理、И. С. 屠格涅夫、Ф. М. 陀思妥耶夫斯基、А. Б. 契诃夫等文学大师都在自己的作品中大量引用俄罗斯民间的谚语、俗语。

　　② Н. А. 杜勃罗留波夫（Добролюбов, Н. А.），19世纪俄国革命民主主义者、文艺批评家。

　　③ 如 В. С. 索洛维约夫、Л. 舍斯托夫、Н. А. 别尔嘉耶夫、С. Н. 布尔加科夫，等等。

哲学因与文学的纠缠混杂而未能从混沌中"脱胎"并"独立成长"时，它却从一个侧面褒扬而非贬抑了俄罗斯哲学。因为正是广泛吸取俄国传统文化包括民间文化，俄罗斯哲学才得以形成，并从而具有独特而丰满的理论形象以及灵动而富有活力的表达方式。

第二节　苏联马克思主义哲学：剪不断的源头

对于苏联马克思主义哲学，如今大多数俄罗斯学者为了捍卫俄罗斯哲学的声誉和纯洁性，对它多有诟病，认为它不过是政治化的国家意识形态而非真正意义上的哲学，认为它只是俄罗斯哲学传统的终结者而非历史性的民族哲学，因而极力抹杀它的价值，并力主"双脚跳过"它。然而，就像当代俄罗斯哲学不可能摆脱俄国千年历史和文化传统的影响一样，我们在谈论当代俄罗斯哲学时，是无法绕过在俄罗斯历史上存在长达70多年的苏联马克思主义哲学的。如同"苏维埃文化是俄罗斯文化的重要组成部分"[①]一样，历经了苏联时期的当代俄罗斯哲学难以洗尽苏联马克思主义哲学的"铅华"。因此，要谈论当代俄罗斯哲学，我们不能不涉及苏联马克思主义哲学。

一、选择与理解：马克思主义哲学与俄国社会

由于广义的苏联哲学包括马克思主义哲学，而且前者往往被今日俄罗斯学界当作马克思主义哲学的代名词，因此，谈论当代俄罗斯哲学，我们首先需要面对的便是，马克思主义哲学是怎样和如何进入俄国的，即考察马克思主义哲学的俄国东渐史。

谈论这一问题之前，有必要简单了解苏联解体后俄罗斯学界对相关问题的观点和评价。

20世纪90年代初期到中期，俄罗斯学界在沉痛反思苏联解体和70余年社会主义实践失败之因时，普遍认为：十月革命不过是以列宁为首的少数激进知识分子人为发动的，"布尔什维克借助暴力把被庸俗化了的马克思主义这种激进的西方主义移植到自己祖国的土地上"[②]的结

[①] 张建华：《历史断想：十月革命与苏联知识分子》，载《俄罗斯学刊》，2012（3）。
[②] 安启念：《俄罗斯向何处去：苏联解体后的俄罗斯哲学》，247页。

果。他们之所以能够如此,既与马克思主义理论强调社会发展的规律性有关,又与俄国马克思主义者急于改变现实的急性病有关。因此,十月革命"根本不是俄罗斯社会发展的自然产物",而是革命者主观设计的乌托邦;苏联社会主义实践则是患有"庸俗的社会学不通症"的斯大林等党的领袖们片面理解人类社会生活,将其"看成是一部简单机器的运转""把社会进步看成是形式愈来愈整齐划一"①的结果。因此,十月革命及其苏联社会主义实践,不过是以列宁为首的布尔什维克——"以按照马克思主义所描绘的社会主义蓝图改造俄罗斯社会为己任"的一小撮人——所从事的"以整个社会为对象的规模无比宏大的社会实验",这一切又与俄国知识分子的"无根基性"及其俄国文化传统的集体主义、宗教性不无关系。②

上述观点和评价,无疑在一定程度上为世人深入了解和认识苏联那段历史提供了新的视角,也在一定意义上有助于人们破除长期以来笼罩在这一问题上的政治化、教条化的认识迷雾。然而,对十月革命的认识,我们又不能忽略这样一个基本道理:任何理论要转变为实践,都必须基于社会生活的现实。没有后者,再美好的理想也只能流于空谈、空想。理论在一国需要的程度,取决于该国实践的发展程度。19世纪下半叶,马克思主义哲学在它的诞生之地即欧洲中心区域渐趋"沉寂"时,却在它的边缘地区即俄国大地激起了巨大声浪。探究马克思主义哲学何以能在俄国生根、开花、结果,我们只能从俄国如何"选择"马克思主义哲学(客观环境)和马克思主义哲学如何"理解"俄国(主体动因)这两个层面出发。

(一)选择:俄国社会对变革理论的渴求

对19世纪末20世纪初的俄国而言,选择马克思主义哲学,首先是社会现实的"刺激"之果。

在世界文明的演进历程中,俄国无疑属于"后来者"。③当东方的中国已在公元前221年建立起统一的中央集权封建国家,不仅经济获得

---

① 安启念:《俄罗斯向何处去:苏联解体后的俄罗斯哲学》,246~247页。
② 参见上书,249~250页。
③ 约在1世纪,斯拉夫人逐渐分为东、西两支。6、7世纪,又形成了南斯拉夫人。东斯拉夫人又称安特人,是俄罗斯人、乌克兰人、白俄罗斯人的祖先。

了极大发展①而且文化也有了极大繁荣②时,东斯拉夫人只是从6世纪起,才有了沿着河流两岸建筑的村落,才开始用铁制工具从事农业生产,才出现了简单的商业和手工业。③ 直到9—11世纪,东斯拉夫人才有了统一的国家基辅罗斯④、统一的宗教基督教⑤、统一的文字基里尔字母⑥、统一的法律《罗斯法典》⑦、最早的世俗学校和教会学校⑧,以及具有史学价值的历史文献《最初编年史》⑨。到15世纪,统一的俄国中央集权国家才最终形成。⑩ 到16世纪,俄国历史上才出现了第一位沙皇。⑪

在近代资本主义工业文明的进程中,俄国同样是"落伍者"。当近代西方各国早已走上资本主义工业化之路⑫时,作为"东方西大门"的俄国到了19世纪才真正迈出了向资本主义工业文明进发的脚步。⑬ 尽

---

① 农业生产中,广泛使用铁制农具、凿井灌田、修建水利工程等;手工业生产中,采矿、冶铁成为最重要的手工业部门,煮盐、纺织、漆器、陶器业也已出现,甚至出现了人造玻璃;商业开始兴盛,广泛使用货币,手工业产品和土特产通过商业相互交换;城市发展成政治、经济、文化的中心。

② 秦统一中国前,文化上的繁荣体现在诸子百家争鸣、哲学的朴素唯物论和辩证法的出现以及自然科学的天文立法、勾股定律的出现。到秦汉时期,文化上的繁荣体现在出现了哲学如王充的唯物论、文学如乐府诗和汉赋、史学巨著如司马迁的《史记》,科学技术方面也出现了许多大家,如天文学家张衡、数学家张苍和耿寿昌、医学家张仲景和华佗,以及发明了造纸术。

③ 参见孙成木、刘组熙、李健主编:《俄国通史简编》上,7页,北京,人民出版社,1986。

④ 参见上书,18页。

⑤ 988年,弗拉基米尔大公通过与拜占庭皇室联姻,加入希腊正教派的基督教并宣布它是罗斯的国教。(参见上书,22页)

⑥ 862—863年,基里尔和美多德依据希腊字母创造新斯拉夫字母。(参见上书,29页)

⑦ 基辅罗斯的统治者为巩固新兴的封建制度而制定的体现封建主阶级意志的法律,包括《雅罗斯拉夫法典》《雅罗斯拉维奇法典》《弗拉基米尔·莫诺马赫法规》。(参见上书,28页)

⑧ 基辅罗斯大公弗拉基米尔和雅罗斯拉夫都非常重视教育,后者在基辅索菲亚教堂附近开设了古代罗斯第一座图书馆。(参见上书,29页)

⑨ 基辅佩切尔斯基修道院修道士涅斯托尔在补充、修订和汇集前人之历史记载的基础上完成了《最初编年史》,该文献后经增删,于1073年编成《往年纪事》。(参见上书,30页)

⑩ 1485年,莫斯科大公正式称谓"全罗斯"大公。(参见上书,69页)

⑪ 1547年,莫斯科大公伊凡四世,史称"沙皇"。(参见上书,81页)

⑫ 16世纪到18世纪,西欧出现了一系列科学发明,它们引起了知识、思维方式、社会的巨变,从而最终导致工业文明的兴盛,使西欧各国迈进了现代工业文明的门槛。

⑬ 1700年前后彼得大帝开始的改革,是俄国学习西方的第一次尝试。1861年亚历山大二世自上而下的农奴制改革,则是俄国由封建社会向资本主义社会转变的标志。此后,俄国资本主义才得以迅速发展。

第一章　当代俄罗斯哲学：生成之源

管农奴制的废除解放了生产力，极大地推进了俄国的工业革命①，但是总体而言，俄国的工业文明、经济发展较之西欧和美国，仍然十分落后。② 经济的落后，政治、军事的保守反动，以及对西欧国家的依赖，使俄国 19 世纪末 20 世纪初的垄断资本与封建残余紧密结合，并形成军事封建帝国主义，最终使它成为整个帝国主义链条中最为薄弱的一环。

在近代资本主义文化发展史上，俄国仍然是"后进者"。近代西欧各国自 14 世纪到 18 世纪，先后经历了文艺复兴、宗教改革、启蒙运动等各种思想解放运动，产生了哥白尼、伽利略、牛顿等大批科学巨匠，产生了拉斐尔、达·芬奇、米开朗琪罗等大批人文巨星，产生了以英国经验论、法国唯物论、启蒙学派、百科全书派为代表的大量思想巨人。正是这些巨匠、巨星、巨人，在使以人道主义为标识的资本主义文化大放异彩的同时，确立了以欧洲文化为发展方向的近代先进文化。然而，作为"西方东大门"的俄国，此时却依然沉浸在封闭、保守的拜占庭文化中。拜占庭文化③无疑具有二重性：就它包括了埃及、西亚的文明故地，继承了古希腊、古罗马的优秀文化遗产，传承了东方的文化成果而言，较之当时的欧洲中世纪文化它是先进的；就它信奉的基督教，其教义、教规都表现为强烈保守性的东正教而具有极其浓厚的宗教神秘色彩而言，它本质上又是一种具有明显东方特色的落后封建文化。拜占庭文化之所以能被基辅罗斯接受，是因为其所包含的东方文化因素适应和符合了罗斯社会的东方化现实。及至 19 世纪，俄国仍然坚守着拜占庭文化的圭臬。1832 年，俄国国民教育大臣 C.C. 乌瓦罗夫在给沙皇的报告中提出"要以维护'东正教、专制制度、民族性'作为教育纲领的基本

---

① "工业生产大幅度增长，工业产量在 19 世纪最后 40 年间平均增长了 6 倍。"（李宏图等：《工业文明的兴盛——16—19 世纪的世界史》，365 页，上海，华东师范大学出版社，2001）

② "19 世纪下半叶，俄国基本上还是一个靠输出谷物换取外国工业品的农业国。1899 年农业人口仍然占全国人口的 5/6，20 世纪初，工业总产值在国民经济中仅占 41%。工业生产发展水平、技术水平平均落后于西欧北美。90 年代初俄国棉纺织业中劳动生产率比英国低 1/2 至 2/3。钢、铁、煤等的人均占有量也都无法与西欧、北美诸国相提并论。"（同上书，365～366 页）

③ 10 世纪时，弗拉基米尔大公宣布拜占庭的基督教为国教，基辅罗斯从拜占庭接受的基督教即拜占庭文化。

内容"①，便是明证。坚持东正教和专制制度，不仅表明了拜占庭帝国与天主教国家的区别，而且表明了拜占庭文化的实质。因此，尽管在18世纪初，俄国文化便在彼得大帝的改革中被打上了西方文化的烙印，但是彼得改革所追求的绝非文化、观念等精神性目标，而是强国、现代化等现实性利益。所以，虽然彼得大帝的改革真正引发了俄国历史上社会发展道路的东西方之争，引发了俄国文化的西方主义与斯拉夫主义之争。虽然在这种东西方文化冲突中，俄国开始沿着彼得大帝改革所开辟的西方化道路前行，但这不过是一种"历史的假晶现象"②，因为那"适合于俄罗斯世界的唯一形式"的"原始沙皇制度"③，在使俄国文化难以从根本上摆脱东方专制主义束缚的同时，也使带有沙皇专制制度沉重历史包袱的俄国文化具有重理想主义轻现实生活④、重浪漫主义轻理性主义⑤、强烈的救世主义情怀⑥等特点，而难以从根本上摆脱封建专制的卫道士和附属品的宿命。

与俄国落后的政治、经济、文化制度相应的，还有俄国人的社会心理，即在一个由农奴制主导的国家中，对社会从上至下的"金字塔式"的层层奴役：从贵族、僧侣、工商业者到地主、农民，乃至村社和全体人民，无一不在奴役之网中生存，"整个生活秩序都由农奴制

---

① 安启念：《东方国家的社会跳跃与文化滞后——俄罗斯文化与列宁主义问题》，21页。
② 斯宾格勒认为，当一种古老的外来文化在某个地区是如此强大，以至于土生土长的年轻文化被压迫得喘不过气来时，从这种年轻心灵深处喷涌出来的一切，都要铸入该古老的躯壳中，年轻的感情僵化在衰老的作品中，以至不能发展自己的创造力，而只能以一种日渐加剧的怨恨去憎恶那遥远文化的力量。这就是"历史的假晶现象"。（参见［德］奥斯瓦尔德·斯宾格勒：《西方的没落》第2卷《世界历史的透视》，吴琼译，167页，上海，上海三联书店，2006）
③ 同上书，171页。
④ 19世纪法国象征主义诗人阿瑟·兰波，在展望自己的未来生活时，将其称为"生活在别处"，即将理想生活置于世俗生活之外的某处。1973年，捷克作家米兰·昆德拉以该句作为其书名。
⑤ 19世纪俄国让世界瞩目的是其辉煌的文学艺术成就，它们包括：Л. И. 柴可夫斯基的音乐、И. Е. 列宾的绘画、Л. Н. 托尔斯泰的文学，以及 А. И. 赫尔岑、В. Г. 别林斯基、Н. Г. 车尔尼雪夫斯基、Н. А. 杜勃罗留波夫等人极具革命民主主义和现实主义的文艺批评理论。这些具有浪漫主义特色的文学作品，其特点如同米兰·昆德拉评论 Ф. М. 陀思妥耶夫斯基小说时所言：情感被抬到了价值和真理的地位。理性精神的缺乏，不仅在俄国的文学作品中体现充分，而且其哲学也具有浓烈的"泛道德主义"气息。
⑥ 源于莫斯科是"第三罗马"的古老思想，经由斯拉夫主义到19世纪的 Ф. М. 陀思妥耶夫斯基、В. С. 索洛维约夫等人得以传承。

关系所构成：官员受上司的奴役，下级上司受上级上司的奴役，僧侣受奴役，商人受奴役。法庭、军队和学校都以农奴制关系为基础建立。所有人际关系都是农奴制从属关系，所有人都受到不同程度的奴役。农民对地主的依附关系有多深，地主对国家的依附关系就有多深"①。俄国农奴制的产生在一定程度上既与俄国民众缺乏个体自我意识、自愿奴化心理严重、只服从暴力的社会心理有关，也与俄国根深蒂固的村社文化传统相联，"俄国先民既不是航海者，也不是骑马者，甚至也不同于大河流域的农民，他们是'伐木者'。在寒冷森林地带严酷环境中以'砍烧农业'而迎来文明的东斯拉夫人历来是以共同体的形式活动的，独立个人的自由个性成长异常缓慢。村社就是一切，乃至于就是'世界'——在俄语里，'村社'与'世界'是同一个词。这种封闭的村社文化对俄国的历史发展与民族性格的形成有着深远的影响"②。直至19世纪中期，占人口绝大多数的俄国农民仍然生活在村社之中。农奴制反过来又强化了这种"自愿奴化"的心理，造成了俄国民族性格中诸如重集体意识轻个性自由的特点，对东正教强调的"共同性"信仰的认同、对国家的崇拜等，都是其表现形式，"国家是全部社会生活的主宰，爱国主义始终是俄国文学的主要题材之一"③，造成了俄国民族性格中既驯顺服从、懦弱认命，又狂热好斗、勇敢顽强等"好走极端"的特点。④

因此，当19世纪中叶前后，俄国腐朽的沙皇专制制度面临西方资本主义的强势冲击而难逃衰落、崩溃的历史劫难时⑤，当沙皇亚历山大二世先后通过农奴制改革和一系列带有资本主义性质的政治、法律、教育、财政、军事制度的改革，力图挽救颓势，但政治、经济、文化的矛

---

① 参见［俄］鲍里斯·尼古拉耶维奇·米罗诺夫：《俄国社会史：个性、民主家庭、公民社会及法制国家的形成》上卷，张广翔等译，426~427页，济南，山东大学出版社，2006。

② 金雁：《苏俄现代化与改革研究》，138页，广州，广东教育出版社，1999。

③ 安启念：《东方国家的社会跳跃与文化滞后——俄罗斯文化与列宁主义问题》，141页。

④ 对此，H. A. 别尔嘉耶夫在《俄罗斯思想》《论人的奴役与自由》等著作中皆有论及。

⑤ 一方面，因其制度性腐朽，俄国的经济自生能力极其脆弱；另一方面，为了维护沙皇专制、扩展战争和庞大的军费开支，沙皇政府从18世纪叶卡捷琳娜二世起，就大举向欧洲国家借债。西方国家也认识到，政治上专制、经济上落后的沙俄正是资本增值的沃土，为了实现资本的利润最大化，在极力维护沙皇专制的同时，从各方面给予它经济支持，对它大举放债。

盾、冲突和危机不仅没有缓和平息反而更为剧烈，农民的人身依附反而更为普遍时，当西欧的社会主义思想①和民粹主义的"村社社会主义"理论与实践②都无法改变俄罗斯落后的社会现实时，当进步的知识分子终于认识到资本主义正在成为俄国的主导生产方式，看到俄国的经济欧化伴随着俄国的政治欧化，从而在俄国平民知识界面前展开了广阔的前景，使他们认为自己应当并决心站在无产阶级的立场上时，当平民知识分子意识到，人民要获得真正的解放绝不可能靠沙皇的怜悯，也不可能靠政府的改革，更不可能靠少数知识分子的一腔激情、自我牺牲精神，甚至恐怖主义行动（如民粹主义的后继者民意党）便可成功，而只能靠唤起广大民众的"革命"意识并付诸行动时，从历史观的维度论证革命必然性的马克思主义哲学便成为俄罗斯进步知识分子的主动选择。于是，一时间"所有稍微先进的人们，都宣称自己是马克思主义者"③。

（二）理解：马克思主义哲学对俄国社会的适应

就马克思主义哲学"理解"了俄国而言，它之所以最终落户这片土地，是因为其理论中的革命内容适应了俄国社会的"水土"。

这种革命理论对俄国现实的适应，首先在于马克思主义哲学之社会革命的根源"是同经济发展的一定历史条件联系着的；这些条件是社会革命的前提"④，革命之所以必需，是"因为没有任何其他的办法

---

① 19世纪50年代以前，俄国人主要是学习、宣传西欧的社会主义思想，如法国空想的、批判的社会主义。

② 1848年的欧洲革命，在暴露西欧资本主义弊端的同时，也促使俄国社会主义者如А. И. 赫尔岑、Н. Г. 车尔尼雪夫斯基等，在重新认识俄国自身的历史、文化传统的价值时提出：俄国农村公社是社会主义制度的理想温床，俄国的未来人是庄稼汉而非工人，俄国的未来社会是社会主义而非资本主义，俄国的未来发展道路是从古老的农村村社直接过渡到社会主义。秉承"村社社会主义"理论，俄国民粹主义者自1867年起，开始了将理论付诸实践的历程，史称"行动的民粹主义"。从19世纪70年代起，俄国青年知识分子产生了到人民（主要是农民）中宣传和发动革命的强烈愿望；从1873年冬天起，"到民间去！"成了知识分子喊得最响亮的口号并被迅速付诸行动。由此，俄国民粹主义者掀起了声势浩大的革命运动。

③ ［俄］戈·瓦·普列汉诺夫：《俄国社会思想史》，第1卷，孙静工译，130页，北京，商务印书馆，1988。

④ ［德］马克思：《巴枯宁〈国家制度和无政府状态〉一书摘要》，见《马克思恩格斯文集》，第3卷，404页，北京，人民出版社，2009。

能够推翻**统治**阶级"①的理论,社会革命的实质是"资本主义生产一方面神奇地发展了社会的生产力,但是另一方面,也表现出它同自己所产生的社会生产力本身是不相容的。它的历史今后只是对抗、危机、冲突和灾难的历史"②的理论,社会革命的根本问题是政权问题,"因此一切革命斗争都是针对在此以前实行统治的阶级的"③,"哪里的政权落到资产阶级手里,哪里的无产者就必须将它推翻。无产者本身必须成为权力,而且首先是革命的权力"④,要大胆喊出"**推翻资产阶级!工人阶级专政!**"⑤的革命战斗口号的理论,社会革命的作用在于"要建立**新的国家制度,总要经过一场真正的革命**"⑥,因此,"**革命是历史的火车头**"⑦的理论,无产阶级社会主义革命的目的是"针对活动迄今具有的**性质**,消灭**劳动**,并消灭任何阶级的统治以及这些阶级本身"⑧的理论,以及关于社会革命之主客观条件、形式、类型的理论,为处于资本全球化从自由竞争阶段向垄断阶段过渡的世界历史中,兼具帝国主义国家特点与广泛保存农奴制残余的特点,各种社会矛盾和冲突格外尖锐复杂的军事封建帝国俄国,提供了走出困境的理论武器。⑨ 对此,Н. А. 别尔嘉耶夫也承认,由于马克思主义的共产主义思想中包含了每个人对生活的感悟,所以,布尔什维主义虽然"有一点空想的成分,但更多的是一种现实的思想。这种思想更符合1917年俄国

---

① [德] 马克思、恩格斯:《德意志意识形态》,见《马克思恩格斯文集》,第1卷,543页,北京,人民出版社,2009。
② [德] 马克思:《给维·伊·查苏利奇的复信[二稿]》,见《马克思恩格斯全集》,中文2版,第25卷,471页,北京,人民出版社,2001。
③ [德] 马克思、恩格斯:《德意志意识形态》,见《马克思恩格斯文集》,第1卷,542页。
④ [德] 马克思:《道德化的批判和批判化的道德》,见《马克思恩格斯全集》,第4卷,331页,北京,人民出版社,1958。
⑤ [德] 马克思:《1848年至1850年的法兰西阶级斗争》,见《马克思恩格斯文集》,第2卷,104页,北京,人民出版社,2009。
⑥ [德] 马克思:《黑格尔法哲学批判》,见《马克思恩格斯全集》,中文2版,第3卷,72页,北京,人民出版社,2002。
⑦ [德] 马克思:《1848年至1850年的法兰西阶级斗争》,见《马克思恩格斯文集》,第2卷,161页。
⑧ [德] 马克思、恩格斯:《德意志意识形态》,见《马克思恩格斯文集》,第1卷,543页。
⑨ 尽管上述马克思主义有关革命的理论,没有全部进入俄国,换言之,此时只有极其有限的载有马克思主义革命理论的书籍被翻译成俄文,但这对于如同一堆干柴的俄国来说,已经足够了。

的局势，更符合俄国固有的某些传统，更符合以暴力来管理和统治的俄国式方式，以及更符合对纷繁复杂的社会现实所进行的极端俄国式探索"①。

这种革命理论对俄国现实的适应还在于，作为彻底唯物主义的马克思主义哲学与俄国传统文化中的唯物主义和辩证法的"契合"。

这种"契合"首先表现为，具有彻底唯物主义特质、以客观科学性为基本要义的马克思主义哲学与近代以来俄国哲学唯物主义传统的同一性。彼得一世的改革，在将俄罗斯"拖向西方"迫使它踏上现代化之路的同时，也推开了俄国吸收欧洲文化的大门。于是，当19世纪俄国杰出的科学巨匠 M. B. 罗蒙诺索夫提出了"质量守恒定律"的雏形，并通过实验证明物质守恒定律，从而为唯物主义的"物质不灭"理论提供了自然科学证明时，当他抛弃莱布尼茨"单子论"的唯心成分，称原子为"物理单子"并赋予其能动性时，M. B. 罗蒙诺索夫就在成为俄国先进自然科学奠基人的同时，奠定了俄罗斯哲学的唯物主义传统。秉承 M. B. 罗蒙诺索夫哲学唯物主义传统的 A. H. 拉吉舍夫，则在力求证明精神、道德对物质、经济的依赖性②，强调"生命、感觉和思维都是同一个物质的作用"③，论证灵魂不死只是"想象、梦幻、幻想"④ 等唯物主义理论的同时，充当了俄国唯物主义哲学由近代机械唯物主义向马克思主义哲学转向的中介。

作为近代西方"四大革命"⑤ 及其产物的马克思主义哲学，以外部自然界的客观存在与人类物质生产活动是社会、历史的基础，无产阶级的实践是实现变革的物质力量等理论，在为长期以来处于乌托邦幻境又急于改变社会现状的俄国知识分子提供具有客观规律性的科学依据的同时，也适合俄国知识分子改变现实的行动需要，使他们为自己的行动似乎找到了充分的理论根据。因此，尽管马克思主义哲学新世界观的创立

---

① ［俄］鲍里斯·尼古拉耶维奇·米罗诺夫：《俄国社会史：个性、民主家庭、公民社会及法制国家的形成》下卷，张广翔等译，238页，济南，山东大学出版社，2006。

② 对此，A. H. 拉吉舍夫在《从彼得堡到莫斯科旅行记》《论人、人的死与不死》等著作中皆有论述。

③ ［俄］A. H. 拉吉舍夫：《论人、人的死与不死》，见北京大学哲学系外国哲学史教研室编译：《十八一十九世纪俄国哲学》，110页，北京，商务印书馆，1987。

④ 同上书，114页。

⑤ 英国工业革命、法国政治革命、德国哲学革命以及遍及整个欧洲的自然科学革命。

第一章　当代俄罗斯哲学：生成之源

途径是物质生产的实践，但唯物主义是马克思主义哲学的立足之基却是不争的事实。① 于是，关注人的需要、欲望、现实存在、现实生活的马克思主义哲学唯物主义，在适应俄国先进知识分子改变落后现状之心理需要的同时，也与以 M. B. 罗蒙诺索夫和 A. H. 拉吉舍夫为代表的近代俄国朴素唯物主义传统有了"对接"的可能。

这种"契合"其次还表现为，富有辩证性、主体能动性的马克思主义哲学与近代以来俄国知识分子和民众改变现实的热望及理想之间的一致性。这一点，我们同样能在近代俄国朴素唯物主义哲学中找到端倪。

尽管长于唯物主义而短于辩证法②是俄国民族哲学的显著特点③，但这不等于俄罗斯哲学中毫无辩证法思想。事实上，俄国近代唯物主义哲学家 A. H. 拉吉舍夫的朴素唯物论，就不仅通过诸如"我们看到世界存在着，并且一切都在运动着，我们有理由无可争辩地断言，在世界上存在着运动，而且运动就是物质的属性"④ 的观点，肯定了物质运动的客观性，而且通过论证自然界物质的"千变万化"，以及变化和规律之间多样性与同一性的关系⑤，涉及了辩证法问题。

马克思主义哲学辩证法特有的灵活性，在面对俄国社会复杂的矛盾时"适应"了俄国知识分子从多个角度、多种需要去理解和解释现实问

---

① 因为正是近代以来直观的唯物主义，在高扬文艺复兴以来的人性、人权、人道主义中，将理论关注之目聚焦于"现实的人"时，才为马克思实现哲学变革提供了阵地。对此，马克思指出，"**费尔巴哈**在**理论**领域体现了和人道主义相吻合的**唯物主义**，而法国和英国的**社会主义和共产主义**则在**实践**领域体现了这种和人道主义相吻合的唯物主义"（[德] 马克思、恩格斯：《神圣家族，或对批判的批判所做的批判》，见《马克思恩格斯文集》，第 1 卷，327 页，并认为"并不需要多么敏锐的洞察力就可以看出，唯物主义关于人性本善和人们天资平等，关于经验、习惯、教育的万能，关于外部环境对人的影响，关于工业的重大意义，关于享乐的合理性等等学说，同共产主义和社会主义有着必然的联系"（同上书，334 页）。

② "擅长哲学唯物主义，而缺失辩证法，不仅比较普遍地表现在一般普通俄国人群中，而且集中表现在近代三代先进理论家、哲学家代表身上：19 世纪中期的车尔尼雪夫斯基、19 世纪后期的普列汉诺夫、20 世纪前期的布哈林。列宁对这三位杰出思想家的评论，基调大体是一致的，都是高度评价其哲学唯物主义，而同时指出其辩证法不足的历史局限。"（王东：《马克思学新奠基——马克思哲学新解读的方法论导言》，27 页）

③ 诸多学者对此有过论证，并似已成为学界共识。

④ [俄] A. H. 拉吉舍夫：《论人、人的死与不死》，见北京大学哲学系外国哲学史教研室编译：《十八—十九世纪俄国哲学》，101 页。

⑤ 参见上书，108～109 页。

题的多样性。马克思主义哲学辩证法强调"武器的批判""物质力量"（即无产阶级及其历史使命）对"摧毁"、改变现实世界的重要性的理论①，强调人的主体能动性、创造性、参与性的理论，强调人民群众在改造世界中的巨大历史作用的理论等，则"契合"了处于社会转折时期的俄国知识分子和民众因渴望变革而躁动的社会心理。

这种"契合"还表现为，以批判资本主义面目出现的马克思主义哲学适应了19世纪中期前后，那些抱有俄国"特殊论"、期待并尝试不经过资本主义的痛苦灾难而直接在俄国农村村社的基础上实现"村社社会主义"的俄国知识分子的心理。

俄国先进知识分子在"向西"寻求理论武器的过程中，曾一度沉浸于西方先进的文化文明。然而，当他们目睹了19世纪西欧资本主义的种种严酷而又无法自行解决的社会问题，尤其是当他们发现西欧民众不可能脱离资本主义而自己谋求解放之路时，苦闷彷徨的俄国先进知识分子便在将目光转向自己的祖国，转向俄国的村社、农民之时，对运用辩证法分析资产阶级、严厉谴责和批判资本主义的马克思主义哲学产生了亲近感。

以与生俱来的批判本性著称的马克思主义哲学，不仅就其本质而言就是批判资本主义社会弊端的产物，而且从产生之日起，就不断揭露和严厉谴责资本主义私有制所造成的弱肉强食的残酷竞争、贫富两极的极端分化、道德伦理的极度恶化，以及各种类型的新剥削、新压迫，并且通过这种批判，提醒一切富有正义感和社会良知的人不断反思这个似乎是"永恒天国"的社会。对资本主义的苦难感受深刻并对之无情揭露的马克思主义哲学，在"适合"俄国先进知识分子探寻"走自己的路"的现实需要的同时，还通过关于俄国农村公社"有可能不通过资本主义制度的卡夫丁峡谷"②而走向新的更高社会形态的设想，在迎合俄国先进知识分子构建"村社社会主义"理想③的同时，满足了他们救民出苦难

---

① 参见［德］马克思：《〈黑格尔法哲学批判〉导言》，见《马克思恩格斯文集》，第1卷，11页。

② ［德］马克思：《给维·伊·查苏利奇的复信［初稿］》，见《马克思恩格斯文集》，第3卷，578页。

③ 需要说明的是，虽然马克思晚年的东方社会理论和"跨越论"与"村社社会主义"有相通之处，但马克思的相关理论在其历史视野上基于"世界历史"，在其历史方法上基于普遍性与特殊性、共性与个性的辩证法。这是俄国的"村社社会主义"所不具备的。

第一章　当代俄罗斯哲学：生成之源

的善良愿望。

这种"契合"再次还表现为，兼具客观物质性与人之价值性的马克思主义哲学契合了俄国知识分子和文化阶层①普遍具有的"向往加厌弃"资本主义的矛盾心理。

与俄国社会发展既已进入资本主义但仍然保留若干传统社会的结构要素、文化习俗、观念意识乃至社会心态相应的是，几乎俄国"所有非商业阶层——贵族、官吏、知识分子（无论是左翼还是右翼）普遍轻视、嘲笑并有些瞧不起'大财主'"②。因此，19世纪后期的俄国知识界对西方资本主义普遍存在着既"本能"地抵制、反对资本主义及其价值观念，又"希望获得资本主义的秩序、自由、丰裕的物质生活"的心理纠结。这两种愿望"奇怪地交织"③，使他们中的一部分人在反资本主义的思维中接近并走向了马克思主义。

以唯物史观为核心的马克思主义哲学，它关于物质生产是社会生活的基础、是社会发展的主要力量④，"物质生活的生产方式制约着整个社会生活、政治生活和精神生活的过程"⑤的理论，关于资本主义、资产阶级的双重历史作用的评价（一方面，指出它具有产生、存在的历史必然性和历史合理性，"资产阶级在历史上曾经起过非常革命的作用"：它在经济上打破了封建生产关系，从而极大地发展了生产力；它在政治上打破了封建专制制度，从而在一定程度上为实现"人"的解放和发挥个人潜力创造了条件；它在思想文化上打破了盲从、等级、特权，代之以自由、民主、人权、博爱的观念。⑥ 另一方面，揭

---

① 包括律师、医生、作家、艺术家等自由职业者，地方自治局人员和科技人员、非国家组织的工作人员及其他脑力工作者，尽管他们的政治思想派别、生活经历不同。（参见［俄］鲍里斯·尼古拉耶维奇·米罗诺夫：《俄国社会史：个性、民主家庭、公民社会及法制国家的形成》下卷，张广翔等译，337～338页）

② 同上书，337页。

③ 同上书，338页。

④ "任何一个民族，如果停止劳动，不用说一年，就是几个星期，也要灭亡，这是每一个小孩子都知道的。"［德］马克思：《马克思致路德维希·库格曼（1868年7月11日）》，见《马克思恩格斯文集》，第10卷，289页，北京，人民出版社，2009。

⑤ ［德］马克思：《〈政治经济学批判〉序言》，见《马克思恩格斯文集》，第2卷，591页。

⑥ 参见［德］马克思、恩格斯：《共产党宣言》，见《马克思恩格斯文集》，第2卷，30～66页。

示它存在、发展历史的局限性和暂时性：无法克服固有的生产力与生产关系矛盾，造成了新的道德退步，培育了自己的掘墓人；是前所未有的剥削制度，"资本在精力、贪婪和效率方面，远远超过了以往一切以直接强制劳动为基础的生产制度"①；在激起"贫困、压迫、奴役、退化和剥削的程度不断加深"的同时，也激起"日益壮大的、由资本主义生产过程本身的机制所训练、联合和组织起来的工人阶级的反抗也不断增长"②，"从而资本主义的私有制，是对个人的、以自己劳动为基础的私有制的第一个否定"③）的理论，则适应了俄国社会上层和知识阶层对资本主义"畏惧并渴望着"的矛盾心理。

这种"契合"最后还在于，自19世纪末以来，时代潮流从自由竞争的资本全球化向垄断的资本全球化的转变，时代主题从和平发展的现代化常态向战争革命的现代化动荡的转变，以"世界文学"为特征的马克思主义哲学契合了急于摆脱经济政治文化的落后现实、急于赶上世界现代化步伐的俄国先进知识分子的心理。

俄国先进知识分子回望自己民族的传统文化，试图在农村村社、农民"天然"的共产主义要素的基础上走向新的社会发展道路。然而，当Г. В. 普列汉诺夫④等曾经抱有民粹主义观点、列宁等抱有"颠倒"俄国乾坤的宏大志向的先进知识分子，亲历了19世纪末期俄国资本主义的发展现实，尤其是当他们通过认真考察俄国社会，大量分析经济调查和统计资料后，看到了俄国农村公社解体和资本主义发展的必然趋势，得出了社会分工和商品经济这一资本主义发展过程的基础是自然的、不以人的意志为转移的，而非如民粹主义者主张的不过是"人为措施"后，他们指出，俄国已经被卷入资本的国际市场。⑤ 因此，俄国未来的发展

---

① ［德］马克思：《资本论》，见《马克思恩格斯文集》，第5卷，359页，北京，人民出版社，2009。

② 同上书，874页。

③ ［德］恩格斯：《反杜林论》，见《马克思恩格斯文集》，第9卷，141页，北京，人民出版社，2009。

④ Г. В. 普列汉诺夫（Плеханов, Г. В.），俄国和国际工人运动的著名活动家，最早在俄国和欧洲传播马克思主义的思想家，俄国社会民主工党总委员会主席，1883—1903年是俄国马克思主义政党的创始人和领袖之一。1903年俄国社会民主工党第二次代表大会后，逐渐与布尔什维克分道扬镳，转向孟什维主义。

⑤ 参见［苏］列宁：《俄国资本主义的发展》，见《列宁全集》，中文2版，第3卷，138~140页，北京，人民出版社，1984。

第一章 当代俄罗斯哲学：生成之源

道路不可能逃逸于"世界历史"之外，俄国的共产主义革命绝不能从小市民和农民的社会主义中生长，只有工人阶级才能承担发动共产主义运动的责任①，他们便从基于资本主义的"两个普遍性"②阐发"世界历史"的马克思主义哲学中，获得了工人阶级寻求革命解放的武器。

以无产阶级世界革命为指向又具有显著的实践品性、厚重的人文精神的马克思主义哲学，其视域不再限于欧洲一隅而是整个世界。它在分析由资本主义的经济、政治、文化带来的世界历史中，洞见这一切将导致世界范围内的城市与乡村、工业民族与农业民族、资产阶级与无产阶级的全面对抗，提出消灭资本的阶级剥削与阶级压迫、国际剥削与国际压迫是走向更高社会形态的唯一途径，并强调实现这一目标需要的不仅是理论而且更在于行动，不仅是批判性解释而且更在于批判性治疗。它指出，东方社会"不通过资本主义制度的卡夫丁峡谷"的可能性，必然受到世界历史发展之普遍性规律的制约，因此它在向社会主义过渡中，必须吸取资本主义的一切优秀成果，而不能脱离世界文明大道。马克思主义哲学的这些理论适应了俄国先进知识分子希望利用世界资本主义发展中的薄弱环节，靠自己的力量抓住机遇，发动无产阶级革命的现实需求。

马克思主义哲学与俄国社会现实的"契合"，除了前者与生俱来的理论品性适应了俄国思想家对先进理论的渴望心理，还与马克思恩格斯个人的积极努力分不开。

这种努力，包括马克思恩格斯以书信、交谈等方式，在解答俄国的政治、经济、社会、理论等问题时，通过评述、解释和说明马克思主义哲学，向俄国政治活动家传播自己的理论。这种传播从马克思恩格斯的哲学创立期到成熟期，再到他们生命的晚年，几乎从未间断。在马克思主义哲学创立之初，马克思便在1846年12月致 П. В. 安年柯夫③的长信中，以批判蒲鲁东《贫困的哲学》的唯心史观、庸俗经济

---

① 参见［俄］普列汉诺夫：《我们的意见分歧》，见《普列汉诺夫哲学著作选集》，第1卷，382页，北京，三联书店，1959。
② 生产力的普遍发展、交往的普遍扩大。(参见［德］马克思、恩格斯：《德意志意识形态》《共产党宣言》)
③ П. В. 安年柯夫（Анненков, П. В.），19世纪俄国自由派文学家，布鲁塞尔共产主义通讯委员会驻巴黎通讯员，在巴黎看了蒲鲁东《贫困的哲学》一书后，于1846年11月1日致信马克思，谈及对该书的看法并征求马克思对该书的评价。

学、小资产阶级社会主义为主线,阐发了生产力与生产关系、社会形态的发展是一个自然的历史过程等唯物史观的基本理论。马克思主义哲学成熟之际,马克思恩格斯则在致 L. 库格曼①、H. X. 丹尼尔逊②、Г. A. 洛帕廷③等人的信中,积极促成自己的主要著作尤其是《资本论》在俄国的翻译和出版。马克思在生命的暮年,在1881年写给 B. И. 查苏利奇④的复信草稿及其复信中,就以人类历史发展道路的普遍性与特殊性、社会结构的共时性与差异性、唯物史观社会结构理论的适用性等问题为中心,阐释了东方社会结构、未来发展道路的两种可能性等唯物史观的东方社会理论。

这种努力,还包括马克思恩格斯的身体力行,对俄国工人运动的热情鼓励和积极支持。例如,马克思十分高兴地接受了国际工人协会俄国支部的请求,担任国际总委员会的俄国代表。⑤

90多年过去了,当代俄罗斯哲人在回顾俄国人当初何以接受马克思主义哲学时,更多地从心理认知的角度谈到这一问题。对此,曾任国立莫斯科大学副校长、哲学系主任的 B. B. 米洛诺夫在接受采访时说,马克思哲学在俄国的境遇存在着一些十分矛盾的现象:就马克思而言,他对俄国文化有很好的了解,与很多俄国文化代表人物通信,看好俄国这样一个大国对全世界命运的意义,但却不喜欢俄国人;就俄国人而言,他们十分喜欢马克思,但不喜欢他的理论,他们认为理论主要不是理性所建构的思想模式,而是一种足以立即解救病痛的系统方案,是一

---

① L. 库格曼(Ludwig Kugelma),德国医生,第一国际会员,马克思和恩格斯的朋友。1862—1874年经常和马克思通信,通报德国情况。《资本论》出版后,遭到一些西方资产阶级经济学家的围攻。L. 库格曼将此情况写信告诉了住在伦敦的马克思,马克思在给 L. 库格曼的回信中驳斥了对价值理论的攻击并进而阐明马克思主义的价值理论。

② H. X. 丹尼尔逊(Даниельсон, H. X.),19 至 20 世纪初俄国经济学家、著作家和民粹主义思想家。曾与马克思和恩格斯通信,并将马克思的《资本论》第一、二、三卷译成俄文(第一卷与 Г. A. 洛帕廷合译)。

③ Г. A. 洛帕廷(Лопатин, Г. A.),19 至 20 世纪初俄国革命民主主义者,H. Г. 车尔尼雪夫斯基的学生,第一国际总委员会委员。《资本论》1872年俄文首版的第一个译者。

④ B. И. 查苏利奇(Засулич, B. И.),19 至 20 世纪初俄国民粹运动、社会民主主义运动的活动家,"劳动解放社"的创始人之一,19 世纪 80 年代初与民粹主义决裂并转向马克思主义,曾将马克思恩格斯的许多重要著作译成俄文。后转向孟什维克立场,1903年成为孟什维克首领之一。

⑤ 参见[德]马克思等:《马克思恩格斯与俄国政治活动家通信集》,马逸若等译,50页,北京,人民出版社,1987。

种救世主意识,所以他们对社会理论往往带有盲目崇拜的心理。这种"矛盾"使俄国人在对待马克思思想时充满矛盾:形式上,马克思的名字和著作被官方列入了"黑名单"而遭到封杀;实际上,马克思思想的传播在某种程度上反而得到了鼓励。其中,无论著作出版①还是理论传播②,皆是如此。之所以如此,是因为当局认为,马克思思想不会被俄国人接受。③ 由此,B. B. 米洛诺夫得出结论:不论马克思本人是否喜欢俄国人,俄国人却是真的喜欢马克思。革命之前,佩戴着机关枪子弹袋的水手和士兵们,带着他的肖像去从事世界革命。革命之后,他在很长时期被视为社会主义的象征。④

这样,一面是以唯物主义大众化为特质的俄国文化传统,激进知识分子强烈而迫切地渴望改造社会,寻求激进的西方理论工具⑤;另一面是以客观科学性为特征、以批判资本主义和改造现实世界为宗旨的马克思主义哲学,借助资本的全球扩张得以进入俄国。两者相逢之果便是,马克思主义哲学的种子最终在俄罗斯大地生根、发芽、开花、结果。

二、马克思主义哲学:东渐俄国的历史进程

作为具有革命传统的国家,俄国从 19 世纪中期到 20 世纪初一直处于革命动荡中。社会革命运动是马克思主义哲学扎根土壤的表现。马克思主义哲学的东渐萌芽,始于俄国革命民主主义者。

19 世纪 60 年代,继先前斯拉夫主义者和西方主义者围绕农奴制而

---

① 沙皇亚历山大二世甚至允许出版马克思的著作。早在 1884 年,俄国就出版了《哲学的贫困》,1872 年出版了《资本论》。关于这一著作的出版广告,还刊登在当时的政府报纸上。
② 马克思的学说甚至被在沙皇家里向各界代表讲授。当时的财经大臣维特,在对米哈伊尔·亚历克山大维奇公爵讲授经济学时,就讲到马克思。
③ 更极端的是,当局甚至把马克思思想看成某种反对革命民粹主义的抗毒剂。因为在当时,革命民粹主义被当局看作现存制度的主要危险。
④ 参见郑镇:《马克思的哲学在苏俄的历史命运——莫斯科大学副校长米诺洛夫访谈录》,载《中共福建省委党校学报》,2006(4)。
⑤ C. Л. 弗兰克在 1909 年说:"我们信仰拉萨尔和马克思,实际上就是信仰卢梭和德·梅斯特尔、霍尔巴赫和黑格尔、伯克和边沁的精神财富和思想体系,我们是在吸取 18 世纪和 19 世纪初哲学的残羹剩饭。"([俄]鲍里斯·尼古拉耶维奇·米罗诺夫:《俄国社会史:个性、民主家庭、公民社会及法制国家的形成》上卷,张广翔等译,2 页)

比较研究：当代俄罗斯哲学与中国马克思主义哲学

展开的激烈论战①，随着1861年农奴制被废除，农民的要求因不能得到满足而频繁爆发农民起义，一个以革命民主主义者为中心的革命运动便出现在俄罗斯的政治舞台上。A. H. 拉吉舍夫②在《从彼得堡到莫斯科旅行记》中，深刻揭露了俄国人民的苦难与沙皇专制的联系，坚信只有革命才能打倒专制。A. И. 赫尔岑③在认真研究了西欧1848年革命后，认为不破坏现存的社会形式，资本主义绝不会自行灭亡。结合对西欧资本主义的激烈批评和否定，对俄国极端落后的农奴制现实的厌恶，对社会主义的憧憬，他提出了免除资本主义灾难的"村社社会主义"理论。В. Г. 别林斯基④视农奴制为食亲人骨肉、喝人民血泪的毒蛇猛兽，认为资本主义工业既是"社会洪福"又是"万恶之源"，是"资本对劳动的压迫中最后的一恶"⑤，并批判了黑格尔哲学保守的政治结论，这充分体现了其革命民主主义立场。Н. Г. 车尔尼雪夫斯基⑥虽然认为社

---

① 19世纪30年代末到整个40年代，如何对待农奴制问题成为社会舆论关注的中心。思想界产生了三种理论：（1）"官方人民性"理论。创始人是国民教育大臣 С. С. 乌瓦洛夫。该理论代表顽固地主贵族的利益，宣称俄国人民天性信教，所以对农奴制和沙皇专制习以为常。（2）斯拉夫主义的理论。主要人物有 А. С. 霍米亚科夫、И. 基列耶夫斯基和 И. В. 基列耶夫斯基、К. С. 阿克萨科夫和 И. 阿克萨科夫，等等。该理论代表具有微弱自由主义色彩的保守地主贵族的利益，强调俄国发展的独特道路，反对学习西欧资本主义的经济、政治、文化，尤其反对西欧资产阶级革命，主张维护专制制度，但希望舆论自由、重申缙绅会议、逐步解放农民。（3）西方主义的理论。主要人物有 З. Н. 格兰诺夫斯基、К. Д. 卡维林、Б. Н. 齐切林，等等。该派代表具有自由主义思想的地主贵族的利益，崇尚西方社会和资产阶级民主，抨击俄国农奴制。斯拉夫主义和西方主义的共同点是，主张自上而下的改革，实行君主立宪、议会政治，害怕革命，反对农民起来推翻沙皇制。（参见孙成木、刘组熙、李健主编：《俄国通史简编》下，78~79页，北京：人民出版社，1986）

② А. Н. 拉吉舍夫被人们认为是近代俄国第一个自觉反对封建专制制度的革命家。

③ А. И. 赫尔岑在大学时期，就与 Н. П. 奥格辽夫（Огарев, Н. П.，19世纪俄国著名社会活动家、思想家和诗人，А. И. 赫尔岑的挚友）等人组织小组，研究西欧进步作家的作品，将注意力集中于准备人民革命，并将农民运动和革命思想的发展视为海涛怒吼的开端。他被列宁誉为在19世纪的农奴制俄国达到伟大思想家水平，"通过向群众发表**自由的俄罗斯言论**，举起伟大的斗争旗帜"，反对沙皇专制"这个恶棍的第一人"（[苏]列宁：《纪念赫尔岑》，见《列宁全集》，中文2版，第21卷，268页，北京，人民出版社，1990）。

④ В. Г. 别林斯基是从 А. И. 赫尔岑到 Н. Г. 车尔尼雪夫斯基的过渡性人物。

⑤ [俄] В. Г. 别林斯基：《给瓦·彼·波特金的信（1847年12月）》，见北京大学哲学系外国哲学史教研室编译：《十八一十九世纪俄国哲学》，298页。

⑥ Н. Г. 车尔尼雪夫斯基作为为数极少的"站在农民方面的革命家"，主办的《现代人》杂志是当时革命民主运动的思想中心。

第一章　当代俄罗斯哲学：生成之源

会"进步是以智力发展为基础","进步的基本力量是科学"①,人们的智力活动是社会进步的决定性因素,但又主张只有群众运动、阶级斗争才能改变现实世界。他对封建农奴制度充满了仇恨,直斥其为毁灭性、破坏性的制度,揭露沙皇政府企图以自由主义立场解决俄国社会问题的欺骗性,号召农民在"一切地方同时"举行起义②,以推翻专制制度,等等。

这些革命民主主义的杰出代表,"虽然也曾幻想绕过资本主义而到达社会主义,但是,他们同时又是反对反动沙皇制度的坚定的革命的民主主义者。他们善于用革命的精神去影响自己生活的那个时代的全部政治事件和社会进程;善于透过书报检察机关设置的重重障碍宣传农民革命思想,宣传推翻一切旧权力的群众斗争的思想"③。除了从事革命理论宣传④,他们还为建立革命组织而行动⑤。这样,革命民主主义者不仅在思想上而且在组织上,都为迎接俄国社会革命的到来做着积极准备。

这场"深深扎根于人类的历史,且与该历史的许多足以表现进步追求的事实有着密切的联系"⑥ 的革命运动,促使俄国的革命民主主义者,出于革命实践的需要而找寻西方先进的哲学理论。А. И. 赫尔岑研究了19世纪的自然科学成就,读过黑格尔哲学和费尔巴哈《基督教的本质》,在革命意义上理解黑格尔辩证法,"懂得辩证法是'革命的代数学'",又在超越黑格尔中"跟着费尔巴哈走向了唯物主义"⑦,试图在唯物主义基础上用辩证法论证俄国农民革命的合理性、社会主义的必然性。В. Г. 别林斯基在批评孔德哲学中阐述了关于联系、发展、对立统一的辩证法,在评价资产阶级历史作用中体现出历史辩证法的观点,并

---

① [俄] 车尔尼雪夫斯基:《论罗马灭亡的原因》,见《车尔尼雪夫斯基选集》下卷,季谦等译,387~388页,北京,三联书店,1959。
② 参见孙成木、刘祖熙、李健主编:《俄国通史简编》下,154页。
③ 中国人民大学马列主义发展史研究所:《列宁思想史》,54页,上海,上海人民出版社,1988。
④ А. И. 赫尔岑和 Н. П. 奥格辽夫在伦敦主办的《钟声》杂志、Н. Г. 车尔尼雪夫斯基在俄国国内主办的《现代人》杂志,是其重要的宣传阵地。
⑤ 1861年夏天,《钟声》编辑部就准备成立包括来自俄国的革命家在内的秘密组织,Н. Г. 车尔尼雪夫斯基则是秘密组织的导师。
⑥ [俄] Вл. 索洛维约夫等:《俄罗斯思想》,贾泽林、李树柏译,187页。
⑦ [苏] 列宁:《纪念赫尔岑》,见《列宁全集》,中文2版,第21卷,262页。

具有人民是农奴解放承担者的历史主体观,认为解决俄国的落后性有赖于资本主义的发展。① Н. Г. 车尔尼雪夫斯基继承了 А. И. 赫尔岑和 В. Г. 别林斯基的哲学批判传统,将黑格尔哲学体系与方法之间的矛盾置于普鲁士政治现实进行分析②,强调超越黑格尔哲学在于运用其辩证法而不在于简单抛弃,在肯定物质第一性的基础上阐述了人本学唯物主义理论。

俄国革命民主主义者的上述理论,虽然没有达到历史唯物论和历史辩证法的水平,也看不出它们与马克思主义哲学之间有何直接关系③,当然,更谈不上马克思主义哲学的俄国化④。但它们在理论路径上,由黑格尔唯心主义走向费尔巴哈人本唯物主义;在理论宗旨上,希望借助发现黑格尔辩证法的革命进步性因素而找到推翻旧制度的理论工具;在理论形式上,借用包括文学艺术在内的一切形式,积极进行反农奴制和封建专制的宣传⑤,都在表达革命民主主义意识的同时,接近了马克思主义哲学或近似于马克思主义哲学创始人的思想。于是,在从西方先进理论中获得启迪并与之共鸣中,俄国革命民主主义者们唤起了同时代人的觉醒,其思想在深刻影响俄国知识分子的同时,也为后来的布尔什维克领导十月革命,留下了值得借鉴、吸取的理论和实践"遗产"。革命

---

① 参见[俄]В. Г. 别林斯基:《给瓦·彼·波特金的信(1847年2月17日)》,见北京大学哲学系外国哲学史教研室编译:《十八—十九世纪俄国哲学》,288~292页。

② [俄]车尔尼雪夫斯基:《哲学中的人本主义原理》,见《车尔尼雪夫斯基选集》下卷,季谦等译,212~297页。

③ 尽管马克思主义哲学自19世纪40年代诞生之初就被少数俄国学者关注并在刊物上介绍,А. И. 赫尔岑、В. Г. 别林斯基等在19世纪40年代中期就知悉《德法年鉴》,后者还在得知马克思的名字后说自己"找到了真理"。(参见[苏]И. С. 纳尔斯基、Б. В. 波格丹诺夫、М. Т. 约克楚克等:《十九世纪的马克思主义哲学》下,金顺福、贾泽林等译,320页,北京,中国社会科学出版社,1984)尽管马克思1846年给俄国文学家П. В. 安年柯夫的信成为马克思《哲学的贫困》之理论基础的思想,通过П. В. 安年柯夫间接影响了俄国的革命民主主义者。(参见黄楠森、庄福龄、林利总主编,黄楠森、商英伟主编:《马克思主义哲学史》,第4卷,16页,北京,北京出版社,1994)

④ 尽管《资本论》德文版第1卷出版后很快受到俄国读者的青睐,并且《共产党宣言》则于1869年、《资本论》俄文版则于1872年在俄国出版,但是此时的马克思主义哲学在俄国的传播仍然主要限于理论刊物的介绍,而没有与俄国现实解放运动发生实质的联系。因此,总体上看,马克思主义哲学在俄国的影响还限于个别思想家而尚未扩及整个思想界。

⑤ А. Н. 拉吉舍夫的《从彼得堡到莫斯科旅行记》和 А. И. 赫尔岑的《谁之罪?》《往事与沉思》便是其中的代表作。

民主主义意识与马克思主义哲学或间接联系或相互接近,为马克思主义哲学"俄国化"理论之树的种植,挖了第一镐土。

19世纪70年代,俄国革命舞台上的主角由革命民主主义者替换成民粹主义者。尽管早在19世纪40年代,俄国就出现了民粹主义思想的萌芽,但从实践角度看,民粹主义思想作为一种完整的学说,是伴随着一大批平民知识分子掀起的"到民间去"运动而得名的。①

尽管作为一种小资产阶级的社会主义思潮,民粹主义实质上代表着对农奴制残余与资本主义进行反抗的农民和小生产者的利益,即如列宁指出的"农民民主主义——这就是民粹主义的唯一的实际内容和社会意义"②,然而,它在革命民粹主义时期③的革命活动却对俄国传播马克思主义有着积极的影响。在成立民粹主义小组④的基础上,带着对人民"还债""忏悔"的意识,1874年春,民粹主义者2 000~3 000人,穿上

---

① 以19世纪70年代为标志,历史学界将民粹主义分为三派:(1)暴动派。以 М. А. 巴枯宁为代表,号召革命青年到人民中去,发动整个农村举行暴动,将分散、零碎的起义联合为总的人民革命,以推翻沙皇制度,建立"自由联盟"。(2)宣传派。以 П. Л. 拉甫罗夫(Лавров, П. Л., 19世纪俄国哲学家、社会学家和经济学家,民粹主义理论家,主张宣传鼓动,反对暴力行为)为代表,认为在人民起义条件尚未成熟、革命到来时刻无法预言之时,革命者的任务就是向人民宣传革命并使其做好准备,"只有当历史事件的潮流指出了变革的时刻,指出了俄国人民已对此作好准备的时候,才能认为自己有权号召人民去实现这一变革"(中共中央马克思恩格斯列宁斯大林著作编译局、国际共运史研究室编译:《俄国民粹派文选》,292页,北京,人民出版社,1983)。П. Л. 拉甫罗夫的《历史信札》对俄国进步青年有重大影响,成为"到民间去"的直接推动力。(3)密谋派。以 П. Н. 特卡乔夫(Ткачев, П. Н., 19世纪俄国布朗基主义的代表,民粹主义理论家、活动家,其革命思想和策略对俄国后来的许多激进革命者产生了影响)为代表。密谋派既不同意 М. А. 巴枯宁的暴动方式,也反对 П. Л. 拉甫罗夫的"准备革命"论,而主张步布朗基(Louis-Auguste Blanqui,法国革命家、空想共产主义代表人物。他憎恨资本主义制度,主张少数人密谋组织暴动,即可推翻旧社会,建立新社会)的后尘,以少数知识分子的密谋活动夺取和组织新政权,以直接过渡到社会主义,其理论对后来的民意党活动产生了重大影响。(参见孙成木、刘祖熙、李健主编:《俄国通史简编》下,163~167页)

② [苏]列宁:《论民粹主义》,见《列宁全集》,中文2版,第22卷,327页,北京,人民出版社,1990。

③ 列宁将俄国民粹主义分为:19世纪60—70年代的"革命民粹主义"和19世纪80—90年代的"自由民粹主义"。后者的主要代表是 Н. К. 米海洛夫斯基(Михайловский, Н. К., 19世纪至20世纪初俄国社会学家、政论家和文学批评家,社会学中反科学的主观方法的维护者,《祖国纪事》和《俄国财富》的编辑)。

④ 最著名的有:1869年成立的、以彼得堡大学生为核心的"柴可夫斯基小组",1872年成立的、主要在彼得堡与莫斯科的青年学生和工人中活动的"多尔吉申小组"。

农民的服装，模仿人民的语言，从各个城市来到农村，以对人民的真爱、热情和牺牲精神，向农民宣传革命理论，企求他们进行"社会革命"。但民粹主义者的"一厢情愿"很快在现实中碰了壁。农民的不领情、不买账（农民并没有听他们的话，有的甚至直接将他们交给了官府），促使民粹主义者"在实践中不得不承认农夫具有共产主义本能的想法是幼稚的"①。"到民间去"运动的失败迫使革命民粹主义者思考斗争方式问题，其结果就是"土地和自由社"的成立。②尽管民粹主义并没能与农民真正结合，更没能使农民自觉地参加革命斗争，但它作为一个实行集中、秘密、纪律、互相监督、少数服从多数原则的很好的"革命家组织"，仍然不失为"我们大家应当奉为楷模的出色的组织"③。

由此，民粹主义者在19世纪70年代为准备革命而从事大量活动，为反对专制而付出巨大努力，在遭受政府镇压的同时，也为马克思主义在俄国的传播提供了社会条件。

尽管严格意义上的民粹主义到19世纪70年代才出现④，但从理论维度看，它——作为一种完整的学说——与民粹主义一些思想家同马克思恩格斯的直接通信而受到后者的影响有关。

20世纪60年代末70年代初，马克思主义逐渐成为革命民粹主义的研究对象。М. А. 巴枯宁翻译了《共产党宣言》。⑤ Г. А. 洛帕廷和Н. Х. 丹尼尔逊翻译了《资本论》第1卷⑥，该书出版后立即在俄国引

---

① [苏]列宁：《什么是"人民之友"以及他们如何攻击社会民主党人？》，见《列宁全集》，中文2版，第1卷，242页，北京，人民出版社，1984。

② 1876年成立于彼得堡，随后在喀山教堂前举行了大学生和工人的第一次示威游行，并以巨大努力在农村建立居民点。

③ [苏]列宁：《怎么办？》，见《列宁全集》，中文2版，第6卷，128页，北京，人民出版社，1986。

④ 中国学者从思想史角度将民粹主义分为三个时期：19世纪40—50年代的早期，以А. И. 赫尔岑和Н. Г. 车尔尼雪夫斯基对同时代人思想的影响为代表；19世纪60—70年代的中期，民粹主义在俄国思想界占主导地位；19世纪80—90年代的晚期，以民粹主义与自由主义的合流为代表。（参见刘启良：《马克思的东方社会理论》，293~294页，上海，学林出版社，1994）

⑤ 1869年在日内瓦出版。这一版本只有几本流传到俄国。

⑥ 1872年在彼得堡出版。这是《资本论》的第一个海外版本。沙俄书报检察机关允许该书公开出版，只因其认为该书的俄国读者不会多，能读懂的人更少，但该书出版后销售很快。

第一章　当代俄罗斯哲学：生成之源

起极大反响并引发激烈争论。① 这场争论对推动民粹主义革命家、思想家熟悉和研究马克思的经济学，对在俄国传播马克思主义起了很好的作用。70年代末80年代初，马克思与民粹主义革命家、思想家，更是就俄国革命道路、社会发展途径等频繁交换意见。马克思在19世纪70年代初形成的俄国村社制度两种前途的思想，以及晚年提出的俄国"有可能不通过资本主义制度的卡夫丁峡谷"的设想，既离不开与民粹主义革命家、思想家的通信交流②，又在运用唯物辩证法分析俄国问题，表明自己对俄国农村公社、未来发展前景的清醒认识的同时，对民粹主义革命家、思想家如何认识俄国发展道路产生了积极影响。由此，民粹主义革命家、思想家通过与马克思恩格斯的联系，在让自己受到马克思主义影响的同时，也为马克思主义在俄国的传播提供了理论条件。

俄国革命民主主义者和民粹主义者的革命精神，对俄国马克思主义者产生了直接而深刻的影响。③ 然而，由于时代原因和客观条件限制，无论19世纪60年代的革命民主主义还是70年代的民粹主义，都未能实现马克思主义与俄国革命运动的真正结合，因而，此时的马克思主义哲学还谈不上所谓的"俄国化"，马克思主义哲学的东渐还止于偶然和表面。

19世纪80年代，俄国资本主义经济与腐朽农奴制残余的交织、先进生产力与落后生产关系的冲突，使社会陷入巨大的矛盾和冲突中。④ 尽管这时还没有出现足够强大的革命力量，但是群众性的反对专制制度

---

① 参见中国人民大学马列主义发展史研究所：《列宁思想史》，32～35页。
② 1873—1879年，民粹主义革命家 Н. Х. 丹尼尔逊给马克思写了几封长达万余字的信，对俄国村社的历史与现状等问题做了集中描述。他还给马克思提供了大量俄国的现实材料与历史文献。Н. Х. 丹尼尔逊的书信、提供的材料，对马克思晚年的探索起了很大作用，马克思则在给 Н. Х. 丹尼尔逊的信中，除了表达自己的感激，还肯定这些来信"有很大的商业价值"（[德]马克思等：《马克思恩格斯与俄国政治活动家通信集》，马逸若等译，224～225页），值得"很好地使用"（同上书，224页）。另一位民粹主义女革命家 В. И. 查苏利奇，也曾多次给马克思去信，就俄国未来的发展道路向马克思请教。马克思则在1881年2—3月给她的复信及其三个草稿中，阐述了自己对俄国农村公社二重性及其发展前景的清楚认识。（参见[德]马克思：《给维·伊·查苏利奇的复信》，见《马克思恩格斯文集》，第3卷，570～590页）
③ 关于这一点，俄国第一个马克思主义者团体"劳动解放社"的五位创始人 Г. В. 普列汉诺夫、П. Б. 阿克雪里罗得（Аксельрод, П. Б., 俄国孟什维克思想家）、В. И. 查苏利奇、Л. Г. 捷伊奇、В. Н. 伊格纳托夫皆由民粹主义者转化而来便可证明。
④ 1879—1880年，全国性的革命形势包括：农民运动、工人运动、学生运动、以民意党为核心的民粹主义革命斗争，以及资产阶级政治代表自由主义反对派的活动。

的斗争空前高涨，这给马克思主义哲学的种子在俄国撒播并与俄国现实相结合提供了沃土。

然而，从严格意义上来讲，马克思主义哲学是在资本的全球扩张与俄国工人阶级的崛起后，才开始真正进入俄国社会，与俄国的现实结合，在传播中逐步实现其民族化、本土化的历程，即实现马克思主义哲学"俄国化"[①] 历程的。因此，我们若将马克思主义哲学的诞生到俄国劳动解放社成立之前的这段历史，视为马克思主义哲学"俄国化"的前史，则从1883年劳动解放社成立到1903年布尔什维克派出现之前这20年的历史，便是马克思主义哲学"俄国化"的理论起点。

"劳动解放社"是俄国第一个马克思主义组织[②]，它翻译和出版了大量马克思恩格斯的著作。据苏联最有权威的历史学家之一波列沃依的权威著作《马克思主义在俄国的诞生》的记载，在劳动解放社存在的20年间，主要是前10年，它共翻译出版马克思恩格斯的著作10余种[③]，为马克思主义哲学在俄国的传播做出了重大贡献。

如果说马克思主义世界观、方法论的种子，首先是通过劳动解放社成员翻译出版马克思恩格斯的著作而得以撒播的，那么它结合俄罗斯现

---

① 马克思主义哲学"俄国化"，只是汉语的称谓。俄罗斯学界是以马克思主义哲学"在俄国的传播和发展"来表达的。在国内学界，则有"俄国化"（如贾泽林）、"俄国东渐"（如李尚德）等不同的表述方式。[参见袁初辉、李尚德：《论马克思主义哲学俄国化》，载《社会科学辑刊》，2006 (3)] 笔者认为，表述方式虽有差异，但实质都在于说明，作为具有理论普遍性的马克思主义哲学，是如何在俄国的现代与传统的碰撞中获得了生命力的。

② 俄国马克思主义运动始于1882年，以 Г. В. 普列汉诺夫等人的著名转变为标志。1883年9月，Г. В. 普列汉诺夫与他先前的"黑土重分社"的四位同志宣布同民粹主义彻底决裂并创立了劳动解放社。至于 Г. В. 普列汉诺夫等人摈弃民粹主义学说而转向马克思主义，除了与他个人的思想敏锐、视野开阔、注重理论的彻底性有关，还与当时民粹主义运动借用西欧马克思主义的社会主义思潮相关。Г. В. 普列汉诺夫还属于民粹主义者时，便已经显示出对西欧学说和马克思学说的特别关注。

③ 计有：《共产党宣言》（Г. В. 普列汉诺夫译，1882）、《雇佣劳动和资本》（Л. Г. 捷伊奇译，1883）、《科学社会主义的发展》（即《社会主义从空想到科学的发展》, В. И. 查苏利奇译并作序，1884）、《关于自由贸易的演说》（Г. В. 普列汉诺夫译并作序，1885）、《哲学的贫困》（В. И. 查苏利奇译，1886）、《路德维希·费尔巴哈和德国古典哲学的终结》（Г. В. 普列汉诺夫译并作序，1892）、恩格斯《论俄国》（В. И. 查苏利奇译，Г. В. 普列汉诺夫作序，1894）等。此外，劳动解放社的成员 В. И. 查苏利奇还翻译过《哥达纲领批判》《论历史唯物主义》《神圣家族》等著作的全文或片段。（参见王荫庭：《普列汉诺夫哲学新论》，14~16页，北京，北京出版社，1988）

第一章 当代俄罗斯哲学：生成之源

实批判民粹主义各种形态的唯心史观（如劳动解放社成立之初，Г. В. 普列汉诺夫与同人一起，有计划地出版"现代社会主义丛书"并写下大量论战性著作①），在划清民粹主义唯心史观与唯物史观之间的界限，阐明马克思主义哲学历史观的同时，也阐明了马克思的经济理论。② Г. В. 普列汉诺夫对马克思主义哲学的系统阐释③，则在阐明马克思主义哲学基本理论的同时，激发了无数革命者加入社会民主主义阵营的热情。由此，劳动解放社在具体回答俄国社会实践面临的各种迫切问题，系统阐明马克思主义科学世界观从而"培养了整整一代俄国马克思主义者"④ 中，成为俄国马克思主义产生的前提条件。

以劳动解放社为代表的早期俄国马克思主义者，从理论和历史两个维度表明其宗旨，从而为其后布尔什维克派的出现铺平了道路，也使马克思主义哲学开始了其"俄国化"的历史进程。其标志便是1903年的俄国社会民主工党第二次代表大会。⑤

如果说劳动解放社时期的俄国马克思主义运动是在"没有工人运动的条件下存在的"⑥，那么19世纪末20世纪初的俄国就已经出现了被

---

① 1883—1898年，Г. В. 普列汉诺夫写了《社会主义与政治斗争》(1883)，该书被列宁誉为"俄国社会民主主义的第一个宣言书"（[苏]列宁：《论〈宣言书〉》，见《列宁全集》，中文2版，第4卷，273页，北京，人民出版社，1984）；写了《我们的意见分歧》(1884)，恩格斯称该书使他"感到自豪，因为在俄国青年中，有一派"坚决地同他们前辈的一切无政府主义的和带点泛斯拉夫主义的传统决裂"，这是"一个对俄国革命运动的发展将会具有重大意义的进步"[[德]恩格斯：《恩格斯致维拉·伊万诺夫娜·查苏利奇（1885年4月23日）》，见《马克思恩格斯文集》，第10卷，532页]，列宁则称赞该书是"第一本社会民主主义著作"（[苏]列宁：《什么是"人民之友"以及他们如何攻击社会民主党人？》，见《列宁全集》，中文2版，第1卷，163页）。此外，Г. В. 普列汉诺夫还写了《无政府主义和社会主义》(1894)等著作。

② 劳动解放社的理论与民粹主义的理论之最大不同在于，前者主张历史发展的客观性、普遍性、规律性、必然性、不可逆性，后者强调俄国社会发展的特殊性，以及不顾客观物质条件的"夺取政权"的主观性。

③ 如《论一元论历史观之发展》[1894，该书被列宁称为"对辩证唯物主义作了极其完美的有价值的阐述"（[苏]列宁：《再论实现论问题》，见《列宁全集》，中文2版，第4卷，67页）]、《唯物主义史论丛》(1893)、《论个人在历史上的作用问题》(1898)，等等。

④ [苏]列宁：《论"前进派分子"的派别组织》，见《列宁全集》，中文2版，第19卷，308页注释1，北京，人民出版社，1989。

⑤ 这次大会不仅制定了党纲党章，而且出现了布尔什维克派，它意味着一个适用于帝国主义时代和俄国条件的无产阶级政党的出现，同时也标志着列宁主义的萌芽。

⑥ [苏]列宁：《怎么办？》，见《列宁全集》，中文2版，第6卷，171页。

列宁称为"接受马克思和恩格斯的理论,接受社会民主党的学说的社会思想运动"① 与"工人阶级的自发的群众运动"② 相"汇合的结果"③。19 世纪 90 年代前半期,是马克思主义在俄国广泛传播的时期。到 90 年代末,俄国的马克思主义小组如雨后春笋般涌现。年轻一代的马克思主义者如列宁、Л. 马尔托夫④、П. Б. 司徒卢威⑤等,由于是在民粹主义遭到批判后步入政治运动的,因而能够迅速地汇聚于马克思主义的旗帜下。比起劳动解放社的老一辈革命家,这批年轻人的明显长处是,对国内情况的了解更直接、感受更深入,与刚刚兴起的工人运动保持着更密切的联系。这批"手持相当完备的马克思主义理论,政治上十分成熟的社会主义领导骨干,他们以西欧历史上从未有过的速度,在短短几年内迅速组织了俄国的社会主义政党"⑥,即无产阶级政党。以马克思主义为"批判武器"的工人运动和以工人运动为"武器批判"的马克思主义,在引导和促使无产阶级革命由自发转向自觉的同时,也为马克思主义哲学的俄国化奠定了社会基础。

针对 19 世纪 90 年代以后,革命民粹主义者蜕化为自由民粹主义者,公开宣扬自由主义和社会主义的一致性,并大量援引马克思的言论证明马克思主义对俄国的不适用,"自由主义民粹派经济学家沃龙佐夫⑦甚至声称把马克思主义传播到沿着独特道路发展的俄国,是对马克思的凌辱"⑧,从而变为俄国传播马克思主义的主要障碍这一现实,以列宁为代表的俄国马克思主义者,肩负起了由劳动解放社开创的、继续

---

① [苏]列宁:《俄国社会民主党中的倒退倾向》,见《列宁全集》,中文 2 版,第 4 卷,216 页。

② 同上书,215~216 页。

③ 同上书,215 页。

④ Л. 马尔托夫(Мартов, Л.),俄国孟什维克领袖之一。1900 年参与创办《火星报》。在俄国社会民主工党第二次代表大会上,领导少数派反对列宁的建党原则。

⑤ П. Б. 司徒卢威(Струве, П. Б.),俄国经济学家、哲学家、政论家,合法马克思主义的主要代表。1905 年起任立宪民主党中央委员,领导该党右翼。1907 年当选为第二届国家杜马代表。

⑥ 张光明:《布尔什维主义与社会民主主义的历史分野》,85 页,北京,中央编译出版社,1999。

⑦ В. П. 沃龙佐夫(Воронцов, В. П.),俄国经济学家、社会学家、政论家,自由民粹主义思想家。他认为俄国没有发展资本主义的条件,将农民村社理想化,力图找到一种维护小资产者不受资本主义发展之害的手段。

⑧ 中国人民大学马列主义发展史研究所:《列宁思想史》,57 页。

批判民粹主义思潮的任务。在这一批判过程中，其代表作是列宁的《什么是"人民之友"以及他们如何攻击社会民主党人?》（1894）和 П. Б. 司徒卢威的《俄国经济发展问题的评述》（1894）①。

批判，既是对马克思主义的进一步传播，也为马克思主义哲学的俄国化扫清了道路。以"第一，向尽可能多的读者解释清楚，什么是马克思主义；第二，揭露民粹主义的资产阶级性质，指出这是小市民思想，是为小生产辩护的"②为宗旨的《什么是"人民之友"以及他们如何攻击社会民主党人?》一书，就在批判以 H. K. 米海洛夫斯基为代表的主观社会学，巧妙运用马克思主义哲学的社会结构、社会形态、社会发展规律等理论于俄国社会民主运动现实的分析中，走出了马克思主义哲学俄国化极其重要的一步。以"只能是**利用**已经创造出来的**唯物主义**方法和**理论**政治经济学方法，来**研究**俄国生产关系及其演进情形"③为目的的《俄国资本主义的发展》，则在完成对民粹主义思想体系及其自由资产阶级观念的批判，在运用马克思主义哲学和经济学理论于俄国资本主义发展的全面分析与系统论证，在创造性地发展马克思的经济学说④中，通过论述俄国村社经济结构的性质，揭示俄国资本主义发展的特点、矛盾、规律，分析俄国社会各阶级的关系及其对革命的态度，论证无产阶级在民主革命中的地位与作用、农民的双重地位与双重作用等，从而在理论上深入传播马克思主义、在实践中为布尔什维克党革命纲领和策略的制定奠定基础中，实现了马克思主义哲学俄国化的关键一步。在这一时期，列宁为批判经济派政治上的机会主义写下的《怎么办?》（1901—1902），为批判孟什维克组织上的机会主义写下的《进一步，退两步（我们党内的危机）》（1904），以及批判孟什维克策略路线的《社会民主党在民主革命中的两种策略》（1905）、《社会民主党对农民运动

---

① 尽管 П. Б. 司徒卢威在该书中已表现出"合法马克思主义"的明显倾向，但因该书当时作为"马克思派"著作而形成的较大影响，那时的俄罗斯一般知识分子都只知 П. B. 司徒卢威而不知 Г. B. 普列汉诺夫。
② ［俄］米·亚·西尔文：《在"工人阶级解放斗争协会"的日子里》，见《回忆列宁》，第 2 卷，上海外国语学院列宁著作翻译研究室译，53 页，北京，人民出版社，1982。
③ ［苏］列宁：《什么是"人民之友"以及他们如何攻击社会民主党人?》，见《列宁全集》，中文 2 版，第 1 卷，232 页。
④ 在关于国内市场的形成理论、资本主义再生产理论、小商品生产者分化的理论、封建农业向资本主义农业过渡规律的理论中，列宁对马克思的经济学理论有所发展。

的态度》（1905）等著作，都表明了马克思主义哲学的普遍理论与俄国革命的具体现实相结合的真正开始。

这样，到1917年十月革命前，马克思主义不仅在广大民众中产生了反响，而且为不少知识分子所推崇[①]，逐渐成为俄国社会的主导思潮。此时，即便是一些宗教哲学家如 С. Н. 布尔加科夫[②]、С. Л. 弗兰克、Н. А. 别尔嘉耶夫等，也将马克思主义视为改造社会、实现理想目标的理论武器，在社会学范围内接受了马克思主义。一些青年知识分子则在追随马克思主义的同时，力图以康德的伦理思想加以补充。

由此，马克思主义哲学俄国化的三个基本条件——现实问题域，即俄国的社会革命运动能够进入马克思主义的视野；理论普适性，即马克思主义理论能够说明、指导和解决俄国尖锐的社会矛盾；历史必然性与价值合理性，即问题的出现和理论指导之间的"契合"，既是符合历史发展的客观规律之果而非少数个人或某个政党的主观设计，又是历史主体的能动性之果[③]而非对历史潮流的被动顺应——都已经具备，它们通过以列宁为主要代表的俄国马克思主义者的相关著作[④]，在为马克思主义哲学俄国化奠基的同时，标志着马克思主义哲学俄国化的出场。

[①] 尽管"革命前夕，俄国知识分子是一个相对少数的社会阶层（约占人口的2.2%），其社会出身和政治观点均有所不同"，但是，信奉马克思主义的"知识分子的代表积极地参加过十月革命。据 С. А. 费久金的统计，在彼得格勒武装起义500多名积极参加者中，知识分子占40%以上"（[俄] М. Р. 泽齐娜、Л. В. 科什曼、В. С. 舒利金：《俄罗斯文化史》，刘文飞、苏玲译，252页）。

[②] С. Н. 布尔加科夫19世纪90年代是"合法马克思主义"者，后成为"马克思的批评家"。他修正马克思关于土地问题的学说，试图证明小农经济稳固并优于资本主义经济，用土地肥力递减规律来解释民众的贫困化。

[③] 对此，当代俄罗斯学者和部分中国学者虽然认为列宁的"灌输"理论、"革命家组织"理论有"促使历史跳跃式地发展"的激进性，但也承认这些理论具有强调主体选择性对于马克思主义俄国化进程的重要作用，并直指其"代表人物便是列宁"。（参见张光明：《布尔什维主义与社会民主主义的历史分野》，86页）更有学者从文化视角分析了其成因。（参见安启念：《东方国家的社会跳跃与文化滞后——俄罗斯文化与列宁主义问题》）

[④] 既包括列宁的哲学论著、政治经济学论著、美学论著，也包括 Г. В. 普列汉诺夫、А. В. 卢那察尔斯基（Луначарский, А. В., 苏联文学家、教育家、美学家、哲学家和政治活动家。1895年加入社会民主工党，不久成为职业革命家。1905年革命失败后流亡欧洲追随列宁。十月革命后长期担任苏维埃政府教育人民委员）、В. В. 沃洛夫斯基、М. С. 奥里明斯基等人论著中体现的马克思主义理论，"在他们的著作中，哲学、社会学、社会思想史、文学、艺术、美学问题都得到了研究"（[俄] М. Р. 泽齐娜、Л. В. 科什曼、В. С. 舒利金：《俄罗斯文化史》，刘文飞、苏玲译，207页）。

三、列宁哲学：马克思主义哲学俄国化之果

这里的"马克思主义哲学俄国化"，指马克思主义哲学理论的普遍性与俄罗斯现实国情的特殊性在相互结合中实现的马克思主义具体化。这种"具体化"成果，集中体现在列宁哲学上。因此，所谓"马克思主义哲学俄国化"，主要指列宁如何运用马克思主义哲学分析俄国现实，又如何在这种分析中实现了对马克思主义哲学的传承和发展。所谓"列宁哲学"，是既实现了马克思主义哲学的理论内容和理论形式与俄国现实的相结合，又具有浓厚的民族哲学文化传统的俄国马克思主义哲学。

谈论列宁哲学，我们首先面对的是列宁哲学与列宁主义[①]之间有无区别、有何区别的问题。之所以提出这个问题，是因为列宁哲学与列宁主义之间，虽然形式上后者包含前者、前者体现后者，呈现出整体与部分的关系，但实质上列宁哲学是列宁主义的核心，我们经常将两者相提并论甚至等同。

形式的差异，表明了列宁哲学与列宁主义之间区别的客观存在。除

[①] 关于"列宁主义"，20世纪20年代的苏共主要领导者在列宁逝世后皆有论述：Л. Д. 托洛茨基（Троцкий, Л. Д.，俄国无产阶级革命家之一，20世纪国际共产主义运动左翼领袖，工农红军、第三国际和第四国际的主要缔造者）在《论列宁》一书中具体描述了列宁的思想；Л. Б. 加米涅夫为《格拉纳特百科辞典》写过"列宁主义"词条；Н. И. 布哈林［Бухарин, Н. И.，联共（布）党和共产国际的领导人之一，苏联早期马克思主义理论家和经济学家，《真理报》主编，著作涉及哲学、经济学、政治理论、文学艺术、教育等多个领域］在大量文章中指出"列宁是最杰出的农民问题理论家，有关工人阶级与农民关系方面的学说，是列宁对马克思主义所做特殊贡献的基石之一"；Г. Е. 季诺维也夫［Зиновьев, Г. Е.，共产国际执委会首任主席，苏共早期领导人，联共（布）党内新反对派的主要代表之一］在《列宁主义。列宁主义研究导论》一书中，将列宁主义定义为"帝国主义时代和在一个农民占多数的国家里直接开始的世界革命时代的马克思主义"（张翼星：《列宁哲学思想的历史命运》，22～23页，重庆，重庆出版社，1992）。斯大林1924年在斯维尔德洛夫大学的《论列宁主义基础》讲演中，将列宁主义定义为"帝国主义和无产阶级革命时代的马克思主义。确切些说，列宁主义是无产阶级革命的理论和策略，特别是无产阶级专政的理论和策略"（《斯大林选集》上卷，185页，北京，人民出版社，1979），并在《论列宁主义的几个问题》中，指责 Г. Е. 季诺维也夫将俄国的落后性、农民性置入"列宁主义"的定义，"是把列宁主义从国际无产阶级学说变成俄国特殊情况的产物"（同上书，396页）。综观上述，Л. Б. 加米涅夫、Н. И. 布哈林、Г. Е. 季诺维也夫等人注重列宁主义的民族特色，斯大林则强调列宁主义的国际性和时代性。斯大林这一关于"列宁主义"的定义，长期以来被国际共产主义运动奉为经典。

此之外，还有两者理论容量的不同。所谓"列宁哲学"，专指列宁如何运用马克思主义的世界观、方法论于俄国现实问题的研究，在这种研究中又如何体现、阐释、发展了马克思主义哲学。所谓"列宁主义"，是包括列宁哲学在内的、以列宁为主要代表的十月革命前后的俄国马克思主义者[①]，如何从俄国国情出发，从不同学科对马克思主义的理解、研究、传承或发展。

谈论列宁哲学，我们还要面对的是列宁哲学"是不是哲学"的问题。

尽管在国际范围内，列宁哲学在马克思主义哲学史中的地位曾获得过充分肯定[②]，然而，列宁哲学因其与时代息息相关的命运，因其引起的人类历史的空前变革，自诞生之时遭遇的非难和批评就从未间断。与之相伴，是否存在"列宁哲学"的质疑之声不绝于耳。在一般西方学者看来，就列宁作为思想家而言，他主要体现为政治方面和实践方面，所以列宁只是政治思想家而不是哲学思想家；就列宁的哲学著作而言，在列宁的两本代表作中，《唯物主义和经验批判主义》因其"几乎没有持久的哲学兴趣"而在哲学上显得落后，所以不过是"俄国经济发展落后的产物"[③]，《哲学笔记》不过是仅供列宁本人使用的读书笔记，其思想片段、零散，而且主要是摘录黑格尔的著作，所以列宁并没有独立而完整的哲学著作；就列宁哲学的理论层次而言，列宁的唯物论不过是近代机械唯物论的翻版，列宁的认识论不过是机械反映论，列宁的历史观则具有经济决定论和唯意志论的冲突[④]，所以列宁的哲学理论不仅显得落后，而且矛盾重重、漏洞百出、缺乏长久的理论价值。

[①] 其中，既包括列宁的思想，也包括与列宁同时代的俄国无产阶级革命家如 Н. И. 布哈林、Л. Д. 托洛茨基、Г. Е. 季诺维也夫等人的相关思想。

[②] 在苏联时期，在中国现今的马克思主义哲学史著作和教材中，列宁哲学被认为是马克思主义哲学发展的重要阶段，即列宁主义阶段。

[③] ［英］戴维·麦克莱伦：《马克思以后的马克思主义》，余其铨等译，140页，北京，中国社会科学出版社，1986。

[④] 一些西方马克思主义者如早期的柯尔施、施密特等认为，列宁的认识论是机械反映论，历史观是经济决定论。法兰克福学派代表马尔库塞认为，列宁哲学出于革命的高潮或低潮的需要，而游走于决定论与唯意志论之间。一些西方列宁学者如新托马斯主义者波亨斯基、英国学者罗斯托、美国学者胡克等则认为，列宁的历史观放弃了马克思的经济决定论，是精神决定论、唯意志论、政治决定论。

第一章　当代俄罗斯哲学：生成之源

西方学者对列宁本人、列宁著作、列宁哲学理论的这类否定性评价[①]，形成了一波又一波不存在"列宁哲学"的质疑声浪。这些声浪随着苏联解体和苏东剧变，在整个国际哲学界从未停息。在中国，改革开放后的20世纪80年代后期，随着一些西方马克思主义的著作被翻译出版，学界关于列宁哲学尤其是《唯物主义和经验批判主义》的激烈争论及其批判，也受此影响。

对是否存在列宁哲学的问题，我们可从三个方面略做辨析。

（一）列宁哲学的理论特征

作为一位投身革命实践的政治家，列宁长期从事政治活动，这就使其理论探索的旨趣主要在政治实践领域而非哲学领域；作为一位哲学家，列宁关注的是如何将其理论付诸政治实践，这就使其哲学思想不能不带有明显的政治色彩。按照西方哲学的传统和标准，即哲学是远离实用价值的、纯抽象的思辨活动，列宁的这些既非自由的学术活动又缺乏抽象思辨性的哲学思想或许不能被称为"哲学"。但是，如果我们按照马克思主义哲学的鲜明特征——实践现实性和价值倾向性，将列宁思想置于当时的历史条件下去衡量，却又不能不承认，列宁是在19世纪末20世纪初，西方资本主义由自由竞争进入垄断、自然科学因物理学新发现而冲击了传统观念、俄国因沙皇残酷统治与落后经济而革命风云涌动、国际共产主义运动因资本主义的相对和平发展而形成机会主义等，这些不同于马克思恩格斯所处的时代条件的时代条件下，通过大量的著述，在探索、寻求社会主义革命和建设的理论基础与本质规律中，阐释了诸多富于实践特色的哲学思想。列宁的诸多著述[②]，还通过直接阐述马克思恩格斯哲学思想的发展历程[③]，辨析两者的理论共性[④]，深刻

[①] 当然，并非所有的西方学者。在普遍质疑列宁哲学的西方马克思主义者中，仍然有卢卡奇的《列宁》、阿尔都塞的《列宁和哲学》等著作对列宁哲学表示了充分的肯定并为之辩护。

[②] 《弗里德里希·恩格斯》（1895）、《马克思主义和修正主义》（1908）、《论马克思主义历史发展中的几个特点》（1910）、《马克思学说的历史命运》（1913）、《〈马克思和恩格斯通信集（1844—1883年）〉提要》（1913）、《马克思主义的三个来源和三个组成部分》（1913）、《卡尔·马克思》（1914）。

[③] 这种阐述不仅包括上述著述，而且包括列宁的其他著作如《唯物主义和经验批判主义》《国家与革命》等。

[④] 即两人皆在社会实践中实现思想的转变，皆怀有共同的理想和目标，皆兼具学者与战士的品格。

揭示这一理论所具有的开放性而非宗派性①、发展性而非僵化性②、灵活性而非教条性③、批判斗争性而非调和折中性④等理论特质,在高度评价其理论贡献⑤的同时,表明了自己哲学的马克思主义属性。

不仅如此,列宁哲学思想的形成过程,也直接表明了其哲学与马克思主义哲学创始人的渊源关系。列宁世界观形成之时,正值俄国民粹主义渐趋崩溃、马克思主义传播日盛之际,因而他是没有遭遇曲折世界观转变而直接接受马克思主义的。马克思主义哲学对列宁的影响集中体现于,他对《资本论》持之以恒的研究和对其哲学内蕴的发掘。⑥从中学时期通过阅读俄国革命民主主义者著作开始接触该书,到青年时代⑦刻苦钻研该书,再到后来在革命生涯中运用该书的理论和逻辑分析解决俄国现实问题⑧,系统研究辩证法⑨等理论活动,《资本论》

---

① 指出马克思主义哲学的产生是"哲学、政治经济学和社会主义极伟大的代表人物的学说的直接继续"([苏]列宁:《马克思主义的三个来源和三个组成部分》,见《列宁全集》,中文2版,第23卷,41页,北京,人民出版社,1990),是世界文明大道之内而非之外的东西。

② 强调马克思主义哲学就其理论而言,是在社会生活条件激烈变化中产生的,随着历史时代、实践活动的发展而发展。

③ 强调马克思主义哲学就其实践作用而言,是行动的指南,但它必须根据和适应社会条件的变化与现实需要,这样,"这一活的学说的**各个不同方面也就不能不**分别提到首要地位"([苏]列宁:《论马克思主义历史发展中的几个特点》,见《列宁全集》,中文2版,第20卷,85页,北京,人民出版社,1989);"马克思主义的精髓,马克思主义的活的灵魂:对具体情况作具体分析"[苏]列宁:《共产主义运动中的"左派"幼稚病》,见《列宁全集》,中文2版,第39卷,128页,北京,人民出版社,1986)。

④ 指出马克思主义哲学是在批判各种非马克思主义思潮中形成、发展的,它在"生命的途程中每走一步都得经过战斗"([苏]列宁:《马克思主义和修正主义》,见《列宁全集》,中文2版,第17卷,11页,北京,人民出版社,1988)。

⑤ 列宁对马克思主义哲学的唯物论、辩证法、历史观的理论价值做过概括,特别指出:唯物史观的发现是人类理论史上的创举,它把历史当作一个十分复杂并充满矛盾,但具有规律的统一过程来研究;它是唯物论与辩证法、历史主体与历史客体的有机统一,既考察了产生于人们历史活动中的思想动机背后的原因即物质生产发展程度,又说明了人民群众的活动。(参见[苏]列宁:《卡尔·马克思》,见《列宁全集》,中文2版,第26卷,47~95页,北京,人民出版社,1988)

⑥ 受时代条件所限,列宁没有读过马克思的《1844年经济学哲学手稿》、《德意志意识形态》、有关《资本论》的三大手稿以及晚年的《人类学笔记》。

⑦ 1888年秋从流放地回到喀山,以及1889年迁居萨马拉。

⑧ 先后写下《什么是"人民之友"以及他们如何攻击社会民主党人?》《俄国资本主义的发展》等著作。《列宁全集》前三卷中引用《资本论》就达百余处。

⑨ 《〈马克思和恩格斯通信集(1844—1883年)〉提要》《哲学笔记》《论战斗唯物主义的意义》等。

的唯物史观和辩证法可谓体现在列宁的全部哲学之中，贯穿于列宁哲学的始终。恩格斯哲学对他的影响则集中体现于，他对《反杜林论》《路德维希·费尔巴哈和德国古典哲学的终结》《社会主义从空想到科学的发展》等著作的阅读、理解和研究中①，以及对唯物辩证的认识论、实践观的阐释中。

可见，列宁的哲学思想，既具有马克思主义哲学的适应历史发展、反映时代本质、化理论为实践、传承民族文化等实践现实性特点，又与马克思主义哲学创始人的思想一脉相承。因此，当我们肯定"列宁哲学是哲学"时，其范围首先限于它是马克思主义哲学。

（二）列宁哲学的理论内容

在此，仅以列宁的反映论为例。

如前所述，人们对列宁反映论的质疑主要集中于，认为列宁的反映论不过是近代机械唯物论的翻版。

必须承认，"反映"是机械唯物主义者的术语。从字面上看，它确实没有体现认识主体向认识客体的运动。对辩证唯物主义而言，仅仅用"反映"的概念，不能划清辩证唯物主义认识论与形而上学唯物主义认识论的界限，也不能完整、准确地表达辩证唯物主义的认识论。但是，我们又必须看到，字面含义不等于它的全部。就"反映"的本来意义而言，它是唯物主义的而非形而上学的，它是地道的唯物主义概念而非机械论的专门术语，它是唯心主义的"思维与存在同一性"的对立面，而不是辩证法的"思维与存在的对立统一"的对立面。考察列宁的观点可以看到，列宁虽然强调"唯物主义的理论，即思想反映对象的理论"②，但他同时又强调感觉、思想是"世界自身的主观映象"③。"反映"是"世界自身的主观映象"，表明认识本身既不能脱离其客观源泉，又不能依赖认识的物质载体。可见，列宁的反映论既揭示了认识内容的客观性，又强调了主体在认识中的作用。列宁将"反映"视为一个从不知到知、从不完全不确切的知识到比较完全确切的知识、从相对真理到绝对真理的过程，将"反映"明确定义为感觉是物的"主观映象"，认为认

---

① 受时代条件所限，列宁没有读过恩格斯的《自然辩证法》。
② ［苏］列宁：《唯物主义和经验批判主义》，见《列宁全集》，中文2版，第18卷，108页，北京，人民出版社，1988。
③ 同上书，118页。

识是自在之物向为我之物的转化时,则表明认识的过程和结果中,包含着认识主体与认识客体之间的相互渗透和相互转化。可见,列宁的反映论并非如质疑者所言,是"近代机械唯物论的翻版"。

如今,质疑列宁反映论的理论依据已不再限于传统的唯物与唯心、辩证与形而上学之辩,而更多地来自现代新哲学,尤其是海德格尔的"去蔽说"。在谈论真理问题时,海德格尔首先否认了真理是认识与对象之间的符合。在他看来,真理根本没有认识与对象之间相符合的结构,因为它所涉及和证明的是"它向之而在的存在者",是"存在者本身的被揭示的存在"①,而不是认识主体与认识客体的符合,因此,认识始终只与存在者本身相关。海德格尔进而否认了"符合论"的认识论价值。在他看来,"符合论"存在逻辑悖论,因为一个是认识主体,另一个是认识客体,如果主体根本不知道客体为何物、何样,那么它便无法与客体相符;如果主体已知客体为何物、何样,那么它就成了两种认识之间的相符,既如此,"有关陈述还有什么值得追问的呢?"②。由此,海德格尔认为,真理就是被揭示了的存在即"去蔽"。

依据海德格尔的"去蔽说",质疑者将列宁的反映论斥为"符合论",认为由于它在主客二分的关系框架中,将认识对象视为外在于人的客体,因而根本不可能达到陈述和判断的"真",它仍然属于近代知性的思维模式。依据海德格尔的"去蔽说",质疑者认为,事物在没有被人揭示时,因处于遮蔽状态而没有意义;它在被人揭示出本来面目时,便达到了"去蔽"状态并为人所知。因此,认识或判断之伪真,源于人(此在)的陈述、判断和揭示。

上述质疑,虽然肯定了西方哲学从近代认识论向现代存在论的转向,以及这一"转向"对消解近代西方哲学主客二元对立鸿沟的意义,但却是在悬置唯物主义与唯心主义这一最基本的哲学问题之基础上实现的。"去蔽说"关于"被认识的事物在没有被认识之前,对于人没有意义"的观点,虽然凸显了人之存在对认识的意义,但是,却

---

① [德]马丁·海德格尔:《存在与时间》,陈嘉映、王庆节译,251页,北京,三联书店,2014。

② [德]马丁·海德格尔:《海德格尔选集》上,孙周兴选编,218页,上海,上海三联书店,1996。

忽略了当人们谈论事物的意义（对人的价值）时，首先必须以事物如何（存在的状态和本质）、如何认识事物（认识的途径、方式、规律）为前提，忽略了虽然事物是否具有意义取决于"我"，但作为主体的"我"之观、之评有赖于"物"的先在性。"去蔽说"关于"真理就是被揭示了的存在"的观点，虽然将认识置于人作为存在的本体论范围，但是，它却忽略了任何认识领域和实践领域的问题都与本体论相关。胡塞尔的"现象"、海德格尔的"存在"，虽然将哲学研究的对象转变为人的生存世界，但这一"人的生存世界"首先是人的物质生活需要而非抽象的人的本质存在，康德的实践理性、黑格尔的实践理念，虽然强调实践是对象化的活动，具有客观普遍性，但这一活动仍然囿于人的精神伦理范围。因此，"去蔽说"在直接针对列宁反映论的唯物主义前提（认识对象的客观性），否认认识是对客观对象的反映，从而不仅抹去了认识对象的客观性，而且否认了认识主体（此在）的客观性的同时，其由近代认识论向现代存在论的转向，只是由客观领域转到了主体领域，仍然没有超越哲学的基本问题，没有超越当年被列宁批判过的"物是感觉的符合""原则同格"等经验批判主义的哲学命题。至于"去蔽说"对"符合论"的反诘，虽然从严格探究哲学基本问题的角度而言，它凸显了主体之思在再现"物"的本质时，其形式之玄妙，然而，却忽略了列宁关于认识辩证法、关于"现象与自在之物"之间、一级本质与二级本质之间的转换思想。

（三）列宁哲学的理论历程

这或许是列宁哲学存在的最有力的论据。

19世纪80年代末到90年代，列宁通过研究《资本论》《反杜林论》《哲学的贫困》等，写下的多本著作[①]，视唯物史观和辩证法为马克思主义的两大"基石"，并运用于俄国社会经济结构、资本主义发展的分析，在批判民粹主义的主观社会学、合法马克思主义的唯心史观中，阐明的唯物史观社会经济形态理论、社会结构理论、社会发展规律理论，都在揭示马克思主义辩证法与黑格尔辩证法的区别中阐述了唯物辩证法。

---

① 《什么是"人民之友"以及他们如何攻击社会民主党人?》(1894)、《民粹主义的经济内容及其在司徒卢威先生的书中受到的批评》(1894)、《我们拒绝什么遗产?》(1897)、《俄国资本主义的发展》(1895年年底—1899年1月)。

比较研究：当代俄罗斯哲学与中国马克思主义哲学

20世纪初到十月革命前，列宁在撰写的哲学著作和文章①中，运用马克思主义哲学分析俄国现实并结合俄国革命实践，在批判马赫主义、折中主义、诡辩论、形而上学、机械论，在论证革命理论与革命运动的关系、辩证法与认识论的一致性时，所阐明的唯物辩证的认识论、实践观，所系统研究的辩证法史、辩证法，通过将唯物认识论和辩证法与剖析资本主义直接联系起来而提出的帝国主义论，对俄国革命的理论、策略、方法、道路的解答，对无产阶级革命与无产阶级专政的理论阐释，对马克思恩格斯国家学说基本观点和思想演变的澄清，丰富和发展了唯物史观。

在十月革命后到列宁逝世前，那些直接探讨和解决现实问题的②、看似与哲学没有直接相关性但却充满哲学思维智慧的著作和文章③，将马克思主义哲学融入俄国现实问题的探讨，在与"左派共产主义者"争论中，阐明具体问题具体分析是马克思主义活的灵魂的辩证法思想；在总结无产阶级专政和社会主义革命的经验教训中，通过丰富马克思主义国家学说而发展唯物史观；在详尽剖析"左"倾思潮的病状、成因、消除途径中，发展马克思主义哲学的工作方法；运用唯物史观的社会动力论，阐明社会主义革命的根本任务是发展生产力；运用唯物辩证法，论证文化遗产的批判与继承关系，以及在身患重病时思考十月革命以来的经验教训，提出如何在经济文化落后的俄国建设社会主义④，都充分体现了唯物史观和辩证法思想。

综上，作为马克思主义哲学的重要一环——列宁思想，其哲学"身份"当之无愧。

---

① 《怎么办？》（1901—1902）、《进一步，退两步（我们党内的危机）》（1904）、《唯物主义和经验批判主义》（1908）、《哲学笔记》（1914—1916）、《帝国主义是资本主义的最高阶段》（1916）、《国家与革命》（1917）。

② 例如，如何巩固新生的苏维埃政权、新经济政策实行中存在的问题和对策、对社会主义建设的构想等。

③ 《苏维埃政权的当前任务》（1918）、《无产阶级专政时代的经济和政治》（1919）、《共产主义运动中的"左派"幼稚病》（1920）、《青年团的任务》（1920）、《论粮食税》（1921）、《论战斗唯物主义的意义》（1922）。

④ 时间为：1922年12月23日—1923年1月4日。论述包括：《日记摘录》《论合作制》《论俄国革命（评尼·苏汉诺夫的札记）》《怎样改组工农检察院（向党的第十二次代表大会提出的建议）》《宁肯少些，但要好些》等论文，《给代表大会的信》《关于使国家计划委员会具有立法职能》《关于民族或"自治化"问题》等信件。这些文章和信件，后被人们统称为"列宁遗嘱"。

第一章 当代俄罗斯哲学：生成之源

思想之根扎于生活的沃土。这个沃土除了时代，还有民族文化传统。作为时代精神反映的列宁哲学，既是马克思主义哲学的组成部分，又是"俄国化的马克思主义哲学"，因而，它与俄罗斯民族文化传统息息相关。19 世纪的俄罗斯思想文化，在保存唯物主义传统的基础上，孕育了革命民主主义。这一思想倾向的代表革命民主主义者，都既有厚重的俄罗斯传统文化素养，又非常注重吸取西欧的先进思想，注重辩证法的研究。这种思想文化氛围，不能不给成长、成熟于其中的列宁哲学思想以影响并打上烙印。① 这一点，不仅体现在列宁哲学的基本思想遵循俄国唯物主义的传统，而且体现在其哲学思想的表达形式没有离开俄罗斯革命民主主义思想文化的传统：列宁的"社会机体"思想，在 Н. Г. 车尔尼雪夫斯基的"人类机体统一性"② 和 Г. В. 普列汉诺夫的社会结构五项要素的"公式"③ 中，皆可寻踪；列宁的"物质"定义，在 Н. Г. 车尔尼雪夫斯基和 Г. В. 普列汉诺夫的物质观中，皆见原型，如 Н. Г. 车尔尼雪夫斯基就认为物质就是各种不同对象间的统一性④，Г. В. 普列汉诺夫则在赞同 18 世纪唯物主义者爱尔维修关于"物质这个名词，只能把它了解为一切物体所共有的性质的集合"这一观点的同时，强调"我们认识物体只是通过物体在我们身上所产生的感觉"⑤；列宁的反映论，在 Н. Г. 车尔尼雪夫斯基和 Г. В. 普列汉诺夫的感觉论中，皆有体现，如 Н. Г. 车尔尼雪夫斯基就认为思维就是感觉的组合，而人的感觉源自外在事物⑥。Г. В. 普列汉诺夫虽然因强调认识的相对性而从不把自己的认识论明确规定为反映论，但他却多次引证马克思"观

---

① 中学时期便阅读俄国革命民主主义者的著作，后来对 Н. Г. 车尔尼雪夫斯基的《怎么办？》更是爱不释手，反复阅读。参加喀山的马克思主义小组并阅读马克思恩格斯的著作，则是受 Г. Л. 普列汉诺夫的影响。
② ［俄］车尔尼雪夫斯基：《哲学中的人本主义原理》，见《车尔尼雪夫斯基选集》下卷，季谦等译，233 页。
③ ［苏］Г. В. 普列汉诺夫：《马克思主义的基本理论》，见《普列汉诺夫哲学著作选集》，第 3 卷，195 页，北京，三联书店，1962。
④ 参见［俄］车尔尼雪夫斯基：《哲学中的人本主义原理》，见《车尔尼雪夫斯基选集》下卷，季谦等译，235 页。
⑤ ［苏］T. В. 普列汉诺夫：《唯物主义史论丛》，见《普列汉诺夫哲学著作选集》，第 2 卷，88~89 页，北京，三联书店，1961。
⑥ 参见［俄］车尔尼雪夫斯基：《哲学中的人本主义原理》，见《车尔尼雪夫斯基选集》下卷，季谦等译，267 页。

念的东西不是别的,正是在人脑中被反映和翻译的物质的东西",作为反驳唯心认识论的根据①,他在重申认识从内容上说决定于客体,从形式上说决定于主体的基础上,强调认识是"互相认识的客体——主体"②,而 Г. В. 普列汉诺夫的这一观点,被学界称为认识"形态论",并认为列宁的反映论受到他的影响,"当列宁说任何概念任何感觉都只是对现实事物或现象的近似反映的……时候,他实质上只是重述和发挥了普列汉诺夫'形态'学说的基本思想而已"③。列宁关于"具体真理"的表述,除了源自黑格尔,同样受到 Н. Г. 车尔尼雪夫斯基"(抽象的真理是没有的,真理总是具体的),也就是说,只有在观察某一特定的事实所从而产生的一切情势之后,才能对这一事实发出一定的判断"④ 的影响……Н. Г. 车尔尼雪夫斯基、Г. В. 普列汉诺夫等俄国思想家的理论脉络,串联了列宁哲学中俄罗斯民族文化特色的底线。

承认列宁哲学的俄国化,不是否定列宁哲学的理论价值,而是意在说明,具有普遍性意义的马克思主义哲学之所以能在 20 世纪上半叶的俄罗斯产生巨大影响,与列宁善于吸取民族文化的养分分不开。

因此,当我们肯定列宁哲学是"哲学",列宁哲学是"马克思主义哲学"时,我们必须看到它所具有的民族的、国家的特点。换言之,当我们说列宁哲学是"马克思主义哲学发展的重要阶段"时,我们是从实践层面与理论层面,指出列宁哲学是"马克思主义哲学的俄国化"和"俄国化的马克思主义哲学"。强调这一点,不仅出于理解列宁哲学的需要,更出于我们能否通过中俄马克思主义哲学的比较,为马克思主义哲学切实成为当代中国的理论指导提供借鉴与参照的需要。

---

① 参见[苏] Г. В. 普列汉诺夫:《再论唯物主义》,见《普列汉诺夫哲学著作选集》,第 2 卷,499 页。
② 参见[苏] Г. В. 普列汉诺夫:《阿·德波林〈辩证唯物主义哲学入门〉一书序言》,见《普列汉诺夫哲学著作选集》,第 3 卷,724 页。
③ 王荫庭:《普列汉诺夫哲学新论》,205 页。
④ [俄]车尔尼雪夫斯基:《果戈理时期俄国文学概观》,见《车尔尼雪夫斯基选集》上卷,周扬、缪灵珠、辛未艾译,421 页,北京,三联书店,1958。

第二章　裂变与归真：20世纪80年代末90年代初的中俄哲学

当我们不得不用"裂变"与"归真"这类术语，指称20世纪80年代中俄马克思主义哲学的"沧桑巨变"时，我们所面对的是：这一时期的中国与俄罗斯究竟经历了怎样的社会变化？这种变化在俄罗斯何以导致马克思主义哲学从"宝塔之巅"跌入"幽谷之底"？这种变化在中国又怎样促使马克思主义哲学在"回归本真"中开始新的探索之旅？

第一节　解体与衰落：剧变时期的苏联哲学

无论在历史上还是在现实中，俄国社会的复杂与多变都是令人感慨的：在20世纪的百年间，苏联社会主义制度的创立到苏联社会主义制度消失的历史剧，在世界上屈指可数的几个大国里，仅此一国。[①] 作为这种社会现象的理论反映，俄罗斯哲学同样因其复杂多变而让人费解。当然，我们在此论及的"俄罗斯哲学"，是指苏联解体以后的"当代俄罗斯哲学"。

研究当代俄罗斯哲学，绕不开在俄罗斯哲学史上存在了70余年的苏联哲学。

---

① 参见贾泽林等：《二十世纪九十年代的俄罗斯哲学》，7～8页。

比较研究：当代俄罗斯哲学与中国马克思主义哲学

一、苏联哲学：双重性的马克思主义哲学

从十月革命起至苏联解体止，苏联哲学有着长达 70 余年的发展历程。在这段岁月中，苏联哲学既陷入过黑暗，也经历过辉煌。它尽管曾经饱受政治意识形态和行政权力的干扰，但却仍在艰难的环境中历经曲折而顽强发展。

苏联解体后，苏联哲学迅速成为众矢之的，靶心首指其所具有的意识形态性。然而，对什么是"苏联哲学"，学界的看法却不一致。因此，当我们谈论苏联哲学的"双重性"时，首先要澄清的是，我们这里谈论的"苏联哲学"是指十月革命至苏联解体之时，在苏联存在的马克思主义哲学。

对何谓"苏联哲学"，学者们的定义略有不同。有的认为它是辩证唯物主义与历史唯物主义的组合，指出就其理论内容而言，是由辩证唯物主义和历史唯物主义组成的"钢板一块"[1]。有的认为它是俄国化的马克思主义哲学，就广义而言，它是苏联各民族哲学在苏联时期的发展动态和理论形态，就狭义而言，它是马克思主义哲学在苏联的传播、运用和发展，是苏联时期马克思主义哲学家创造性地运用和发展马克思主义哲学所取得的理论成果。[2] 有的认为它是"独特"的马克思主义哲学，是在特定的社会历史条件下，在特定地域即横跨欧亚两洲因而兼受欧亚两种文明的影响，在一国范围内产生并被打上鲜明烙印即俄国的思想精神、文明传统、民族特性的"苏联形态的马克思列宁主义哲学"[3]。有的认为它是苏联时期在国家和社会生活中占主导或统治地位的"官方哲学"或"主流哲学"，强调它是被打上了浓厚的苏联时期意识形态烙印的、马克思主义哲学中的一种"独特表现形式"[4] 的哲学。

学者们的上述表述尽管各异，但又存在一个不容忽视的基本共识：苏联哲学既属于或同于、又不属于或有别于马克思主义哲学。因此，如同我们不能将俄罗斯哲学等同于俄罗斯宗教哲学一样，当我们讨论苏联

---

[1] 贾泽林等编著：《苏联当代哲学（1945—1982）》，4 页。
[2] 参见李尚德编著：《20 世纪马克思主义哲学在苏联》，5 页。
[3] 贾泽林等：《二十世纪九十年代的俄罗斯哲学》，30～31 页。
[4] 贾泽林等：《二十世纪九十年代的俄罗斯哲学》，31 页；马寅卯：《何为俄罗斯哲学?》，载《哲学动态》，2006（9）。

第二章　裂变与归真：20 世纪 80 年代末 90 年代初的中俄哲学

哲学时，我们同样既不能将其简单地归属于马克思主义哲学，也不能将其简单地等同于官方的马克思主义哲学。

之所以如此，是因为在苏联哲学中有"主流"与"非主流"之分。前者作为"官方哲学"，是以意识形态为主导的马克思主义哲学。后者作为非意识形态的其他哲学形式（如认识论、方法论、逻辑学、语言学、科技哲学等），因其研究对象、内容与政治的关系较远，而受意识形态干扰较少。即便在被称为"主流"的苏联马克思主义哲学中，它也有"官方意识形态的"马克思主义与"自由的"马克思主义之别。前者被人们称为"马克思主义哲学"并遭人诟病，后者却不乏从学术角度研究马克思主义，并对马克思主义哲学有所贡献。因此，苏联时期同样涌现出了一批富有创造性的哲学家[①]，他们的学术成就得到了国际社会的普遍认可。

然而，即便备受诟病、具有官方意识形态的"苏联马克思主义哲学"，也在探讨马克思主义的唯物论、辩证法、认识论、价值论等诸多理论中，有着独特的见解并在一定程度上发展了马克思主义哲学的相关理论，"即使在与政治密切相关的一些领域，例如历史唯物主义领域"，В. П. 图加林诺夫[②]、В. Ж. 凯列[③]等人"也提出了许多具有人道主义色彩的新思想"[④]。

[①] 例如，Э. В. 伊利因科夫［Ильенков, Э. В.，国立莫斯科大学哲学系教授，苏联哲学认识论和辩证逻辑理论家，著有《马克思（资本论）中抽象与具体的辩证法》（1960）、《辩证逻辑：它的历史和理论文集》（1974）等］、П. В. 科普宁（Копнин, П. В.，苏联哲学家。1967 年当选乌克兰科学院院士，1968 年起任苏联科学院哲学研究所所长，1970 年当选苏联科学院通讯院士。曾任《哲学问题》和《哲学科学》杂志编委。主要研究辩证唯物主义、科学方法论、逻辑学。为苏联科学哲学的兴起奠定了基础）、Б. М. 凯德洛夫（Кедров, Б. М.，哲学家、化学家、科学史学家，苏联科学院哲学院士）、С. Л. 鲁宾斯坦（Рубинштейн, С. Л.，心理学家，苏联科学院心理学院士）、М. К. 马马尔达什维利（Мамардащвили, М. К.，苏联哲学家，主要研究认识论、逻辑学）、В. Ф. 阿斯穆斯（Асмус, В. Ф.，苏联哲学家、逻辑学家、美学家）、В. А. 列克托尔斯基、И. Т. 弗罗洛夫（Фролов, И. Т.，苏联和俄罗斯科学院院士，长期担任俄罗斯哲学学会主席，《哲学导论》一书主编，马克思主义哲学人学研究的组织者、开创者）、В. С. 斯焦宾、И. С. 阿列克谢耶夫（Алексеев, И. С.，苏联哲学家）等。

[②] В. П. 图加林诺夫（Тугалиннов, В. П.），马克思主义哲学家和伦理学家，第一个将价值理论引入苏联马克思主义哲学，著有《论生活和文化的价值》（1960）、《马克思主义中的价值理论》（1968）。

[③] В. Ж. 凯列（Келле, В. Ж.），《哲学问题》杂志编委，历史唯物主义理论家和文化哲学家。

[④] 安启念：《苏联哲学：特点与评价》，载《中共福建省委党校学报》，2007（12）。

比较研究：当代俄罗斯哲学与中国马克思主义哲学

鉴于苏联哲学就其研究领域、范围、内容、性质而言，均不能被简单地归结为马克思主义哲学，因此，当我们谈论苏联哲学时，必须区别三个层面的苏联哲学：第一个层面，是总体性意义上的苏联哲学，包括"主流哲学"和"非主流哲学"；第二个层面，是"主流哲学"中的苏联马克思主义哲学；第三个层面，是苏联马克思主义哲学中具有官方意识形态特征的"马克思主义哲学"。我们这里探讨的具有双重性的苏联哲学，则指具有官方意识形态特征的苏联"马克思主义哲学"。

如同一枚硬币的两面，作为意识形态的苏联马克思主义哲学，也同样具有秉承和违背马克思主义哲学的双重特征。这种"双重性"，使苏联马克思主义哲学（以下简称苏联哲学），既有值得肯定的成就，又有难以克服的弊病。

（一）苏联哲学的成就

1. 在长期的发展过程中，苏联哲学逐步形成了"由界限相对分明的哲学学科组成的""较为严整的体系"[1]

不可否认，苏联哲学的"体系化"，在苏联解体和中国改革开放后，备受中俄两国学界诟病。但学者们并未完全否定其合理性，相反却十分强调"一分为二"地分析它的必要性，即既要看到它的理论局限，又应肯定其一定的理论价值。

苏联"体系化"马克思主义哲学的理论价值何在？在于它在一定程度上，建构了一个虽然不够严密但却"基本上是科学的"[2]，虽然"不成功"但却在内容上"有不少值得肯定的地方"[3] 的马克思主义哲学原理体系。

它第一次以"体系"的形式，将散见于马克思恩格斯著作中的哲学思想、观点，加以集中并做出阐释，从而使马克思主义哲学的面貌得以较为完整地呈现于世。它第一次以简要的方式，对马克思主义哲学的对象和论域做出了较为明确的规定，从而使马克思主义哲学的研究范围得以有了较为明确的界限。它从基本的观点、方法的角度，对马克思主义的三个组成部分进行了勾连和论证，从而使马克思主义哲学的基础地位

---

[1] 贾泽林等编著：《苏联当代哲学（1945—1982）》，1页。
[2] 黄楠森：《黄楠森自选集》，340页，重庆，重庆出版社，1999。
[3] 雍涛：《关于马克思主义哲学中国化的几个问题》，见武汉大学马克思主义哲学研究所主编：《2003马克思主义哲学研究》，202页，武汉，湖北人民出版社，2004。

第二章 裂变与归真：20世纪80年代末90年代初的中俄哲学

得以明确和突出。所以，虽然它有诸多缺陷和不足，但它终究构建了一个马克思主义哲学的理论体系。正是这种"构建"，使它在马克思主义哲学发展史上留下了浓墨重彩的一笔。正因此，一些学者进而指出，苏联建构的马克思主义哲学体系，仍然不失为马克思主义哲学发展中的一个"突出的成果"[①]。这一点，从苏联时期由 Ф. B. 康斯坦丁诺夫[②]主编的教材，汇集了全苏联各个大学哲学教研室的意见，并在每两年一次的修订中，依据实际情况对部分章节、部分内容做出重要修改，可见一斑。因此，作为体系化的苏联马克思主义哲学，其历史作用是难以被消解的。

2. 通过"体系化"的模式，苏联哲学在不相同的领域对许多问题展开过研究[③]并取得了一批研究成果

其一，自然科学哲学领域。由于苏联始终重视物理学、生物学、控制论的研究，而物理学是自然科学和技术科学的基础，是哲学最集中的领域；生物学是当代自然科学的前沿；控制论则无论对社会科学还是对自然科学和技术科学，都具有普遍的方法论意义，因而苏联在自然科学的哲学研究上，就有可能做出比较客观的哲学结论。而且，它在这一领域密切注视国外的动态，积极开展国际学术交流，从而取得了较大的成就并得到了国内外同行的一致认可。[④]

其二，马克思主义哲学研究领域。苏联哲学对辩证法、认识论等领域做过系统探讨，对历史唯物主义的对象、范畴、体系等问题有着集中论述。此外，哲学工作者们还撰写了一批较有影响的阐释和宣传马克思主义哲学的著作。在翻译、出版和发行马克思恩格斯原著方面，其成就

---

① 李尚德：《俄罗斯哲学研究之管见》，载《社会科学辑刊》，2005（2）。
② Ф. B. 康斯坦丁诺夫（Константинов, Ф. B.），苏联哲学家，主要研究历史唯物主义和社会学问题。主编《历史唯物主义》（1950）和 5 卷本《唯物辩证法》中的第 1 卷《唯物辩证法 客观辩证法》（1981）以及《马克思主义哲学原理》。曾任苏共中央社会科学院院长（1954—1955）、苏联科学院哲学研究所所长（1962—1967）、苏联科学院院士（1964 年起）、苏联哲学学会会长（1971 年起），以及《哲学问题》杂志（1952—1954）和《共产党人》杂志（1958—1962）的主编。担任过苏共中央候补委员和中央委员（1956—1961）、苏共中央宣传鼓动部部长（1955—1958）。
③ 苏联哲学在 1945—1982 年集中探讨了下述问题和领域：辩证唯物主义、历史唯物主义、人的哲学、自然科学的哲学、美学、伦理学、逻辑学、哲学史以及现代西方哲学。
④ 1972 年意大利翻译出版了苏联学者的著作集《量子力学的唯物主义解释》。苏联的物理学和哲学，在西方引起了很大的反响。[参见贾泽林等编著：《苏联当代哲学（1945—1982）》，341 页]

比较研究：当代俄罗斯哲学与中国马克思主义哲学

更是有目共睹。① 至于马克思主义哲学对苏联哲学社会科学的积极影响，有西方学者指出：当马克思主义哲学在苏联还没有被教条化时，它"在智能上更有意义的一面"，"表现在苏联有一批有才干的科学家和哲学家，他们信奉辩证唯物主义，并且把这个思想体系看成是富有革新精神的可供选择的事物，而不是学院式的教条。他们中有些人在撰写赢得科学界赏识的著作时，受到辩证唯物主义的影响"②。

其三，社会哲学研究。苏联哲学自 20 世纪 70 年代以后，除了继续研究传统的历史唯物主义问题，还适应当时时代的发展趋势，研究了科技革命、文化进步、生态环境、全球化等相关领域中的哲学问题，并取得了一定的成就。

其四，人的哲学研究。苏联哲学界自 1956 年批判斯大林的个人崇拜、个人迷信，理论界开始涌动人道主义的思潮并陆续有相关人道主义的论文面世后，就开始了"人的问题"的哲学研究。1961 年 10 月，苏共二十二大通过的纲领明确写进了人道主义的内容。在全苏联范围内掀起的人道主义宣传高潮中，苏联哲学从 20 世纪 60 年代后期起，便将"人的问题"列为哲学研究之重，相继出版了一批从哲学角度探讨"人的问题"的著作和论文集。在 20 世纪 70 年代，苏联哲学的权威杂志《哲学问题》多次举行圆桌会议，力求通过哲学各分支学科学者间的相互配合，以及哲学家与各具体科学领域的科学家彼此合作，从多学科角度开展对"人的问题"的综合研究。③ 20 世纪 80 年代以来，苏联哲学对"人的哲学"问题的研究达到前所未有的热度，不仅成立了全国性的"人的问题综合研究学术委员会"，而且制定了《人、科学、社会综合研究》大纲④，在关于人的本质、价值、异化、人性等问题的研究上，

---

① 苏联在 20 世纪 40 年代就出齐了《马克思恩格斯全集》，50 年代又开始出版 50 卷的《马克思恩格斯全集》新版。此外，还出版了马克思恩格斯一些重要哲学著作的更新、更好的译本。马克思恩格斯的各种手稿也在"马克思恩格斯文库"中陆续问世。1946—1950 年出版了 35 卷本的《列宁全集》第 4 版。（参见黄楠森、庄福龄、林利总主编，易克信、吴仕康主编：《马克思主义哲学史》，第 5 卷，473 页）

② ［英］洛伦·R. 格雷厄姆：《俄罗斯和苏联科学简史》，叶式辉、黄一勤译，109 页，上海，复旦大学出版社，2000。

③ 此时，苏联对人的哲学的研究侧重于四个方面：（1）哲学和人的问题；（2）对人的本质的探讨；（3）人道主义和异化问题；（4）全球化中的当代人的问题。［参见贾泽林等编著：《苏联当代哲学（1945—1982）》，256～257 页］

④ 参见马积华：《前苏联社会哲学若干问题透视（1980—1989）》，77 页。

第二章　裂变与归真：20世纪80年代末90年代初的中俄哲学

取得了一定成果并出版了相关研究论著。苏联解体前夜，由苏联著名马克思主义哲学家 И. T. 弗罗洛夫①担任主编、苏联学者集体编写的《哲学导论》出版了，该书一改苏联传统教科书的范式和体例，将"人"作为主要研究对象，其中第九章至第十八章的内容都围绕这一主题展开，从而在马克思主义哲学教科书的改革上确立了富有创新性的体系。②

其五，文化哲学研究。从20世纪60年代起，伴随着人的哲学研究和对科技革命、全球化带来的有关人文问题的思考，苏联哲学开始将文化问题置于哲学研究的范围。1966年 В. М. 梅茹耶夫等集体编著的《共产主义和文化》问世后，苏联学界逐步形成了一股研究文化的热潮，这股热潮一直持续到苏联解体。其间，哲人几乎都被文化问题所吸引而涉足此领域。苏联对文化哲学的研究，大致分为三个阶段并形成三个高潮时期：(1)20世纪60年代中期至70年代初，研究由沉寂到复兴的时期。中心是确立文化研究在当代哲学和社会科学中的地位、作用。(2)20世纪70年代末，以1977年6月《哲学问题》杂志举行的"文化、历史、当代"圆桌会议为标志，其后涌现出大量文化学的著作，内容涉及文化的概念、文化与社会进步、科技进步、文化与人的活动、文化的进步与衰落等有关文化本质的探讨。(3)20世纪80年代以来，文化研究开始与世界文化研究接轨，逐步走出纯文化学研究的范围，试图从自然科学与社会科学的相互联系和结合中，探索文化的性质与特征，力求从哲学世界观、方法论的角度揭示文化现象的本质、规律。其间，出版了10多本文化哲学专著。③ 此外，一些哲学教科书增加了"文化"一章。《哲学问题》杂志先后开辟了"世界哲学和文化遗产：历史与当代""文化的哲学问题""哲学—人—文化"等专栏。④

其六，伦理哲学研究。在20世纪50年代以前，苏联哲学界较少关注伦理的哲学问题，并且其伦理学的研究只涉及共产主义道德问题如集体主义、苏维埃爱国主义、共产主义劳动态度、国际主义等，而这类问题严格

---

① И. T. 弗罗洛夫于1989年1月受命组建"人科学全苏跨学科中心"，1990年创办了"человек"即《人》的杂志，1992年"институт человек"即"人研究所"作为一个独立的学术机构进行了注册"，"在俄罗斯，'人学'研究主要由 И. T. 弗罗洛夫领导的'人研究所'承担"（参见贾泽林等：《二十世纪九十年代的俄罗斯哲学》，189~190页）。

② 参见［苏联］弗罗洛夫主编：《哲学导论》上下卷，贾泽林等译。

③ 如 Н. 贡恰连科的《精神文化》(1980)、В. Ж. 凯列的《文化的哲学问题》(1983)。

④ 参见马积华：《前苏联社会哲学若干问题透视（1980—1989）》，139页。

说来只能归于科学共产主义或教育学，以至于没有独立的伦理学。但在 20 世纪 50 年代中期以后，苏联加强了伦理学基本理论的研究，探讨的领域包括"伦理学的对象；作为社会意识形态的道德、政治、法律、艺术、宗教的相互关系；道德原则、道德规范和道德范畴"[①]。此外，在道德选择、教育伦理学、道德文化、道德交往等方面，苏联哲学都有所探讨并取得了一批研究成果。[②] 学界还多次召开全苏伦理学会议，出版了一批富有创见的研究成果。20 世纪 70 年代以后，苏联伦理哲学的研究注重向实践领域扩展，开始关注伦理学的应用领域和道德实践问题，主要内容有个体道德意识的形成过程、道德与政治的联系、道德与经济的联系、规范伦理学、伦理学理论同共产主义道德实践的联系等[③]，显示出力求从伦理学的理论研究与道德教育实践的结合中探寻伦理哲学发展之路的渴望。此外，自 20 世纪 60 年代起，伦理哲学研究为迎接和适应弥漫于全社会的人道主义思潮，学界的伦理学研究全面展开了对价值哲学的研究，并在 20 世纪 70 年代将道德价值问题作为伦理哲学研究的重点之一。[④]

另外，苏联哲学在认识论、逻辑学、语言哲学、心理哲学、教育哲学、全球化问题等领域，也是成果累累。鉴于本书所指的苏联哲学主要指苏联的马克思主义哲学，而上述研究领域与马克思主义哲学严格说来相对疏远，故在此恕不阐述。

3. 苏联哲学在一定程度上实现了马克思主义哲学的社会使命

这种"实现"具体体现为：适应 20 世纪上半叶"战争与革命"的世界主题，通过强调马克思主义哲学的革命性、斗争性内容，体现了马克思主义哲学的时代性；适应苏联社会主义建设的内在需要，通过强调马克思主义哲学的唯物主义以反对宗教神秘主义，实现了马克思主义哲学的民族化；适应俄国民众的现有文化程度，通过借助恩格斯通俗性的著作及其相关解读，推进马克思主义哲学的大众化。

可见，"体系化"的苏联马克思主义哲学，无论从理论维度还是从现实角度看，都有值得肯定的一面。

苏联哲学何以"体系化"并最终构造出"辩证唯物主义与历史唯物主

---

① 贾泽林等编著：《苏联当代哲学（1945—1982）》，419 页。
② 参见金可溪：《苏俄伦理道德观演变》，"前言" 3 页，北京，中国文史出版社，1997。
③ 参见贾泽林等编著：《苏联当代哲学（1945—1982）》，420 页。
④ 参见马积华：《前苏联社会哲学若干问题透视（1980—1989）》，177 页。

第二章　裂变与归真：20 世纪 80 年代末 90 年代初的中俄哲学

义"的"完整体系"？对此，学者们从历史的、政治的、观念的等角度，有着较多的和较为详尽的分析，其关键点最终又无不聚焦于斯大林个人及其苏联体制。鉴于相关探讨较多且不属于本书的主题，故在此不赘述。

（二）苏联哲学难以克服的弊病

苏联哲学尤其是苏联马克思主义哲学的另一面则是，它——作为"官方哲学"和"国家哲学"——既强调客观必然性、科学理性，又具有强烈的政治意识形态性、主观教条性、凝固僵化性。

1. 哲学功能上的过度"入世化"，即哲学与现实的关系问题上明显的功利色彩

真正的哲学不仅应当是"自己时代精神的精华"即反映现实，而且应当是自己时代的号角即干预现实。哲学"认识世界"和"改变世界"的双重使命，决定了它的出路是"理论与现实的结合"。作为理论，它负有世界的"哲学化"即唤起主体理性的使命；作为实践的结晶，它负有哲学的"世界化"即引领社会现实的使命。然而，一旦这种使命的履行超越了一定界限，将"理性"的哲学变成纯粹的"工具"，哲学沦为亦步亦趋现实的尾巴、最高领袖个人意图的辩词、利益集团的应景工具，过度"介入"现实的哲学就必然坠入主观主义、实用主义、工具主义的陷阱。

苏联哲学正是如此。它接受和理解马克思主义哲学的目的主要是，将其视为一种诠释时代问题和解决现实矛盾的策略与手段，而没有将其同时看作一种学术研究的对象。这种将哲学功利化的做法，在导致苏联马克思主义哲学沦为现实的"应声虫""追风影"的同时，也使它对马克思主义哲学的解读与评价具有浓厚的主观色彩，泛滥着特别功利的考量，以至虽然它也到马克思主义文本中寻找论据，但往往从既有的政治立场出发，为我所用，并用以强化对其观点和策略的信念，导致在肢解马克思主义哲学文本的完整性，过分突出那些与现实观点相合或相近中，使马克思主义哲学实际上成了论证自己观点正确性的工具。于是，用马克思主义哲学解答现实问题便常常流于形式，马克思主义哲学在苏联哲学那里，便常常成为苏联政治的实用工具。

2. 哲学地位上的高度"越位化"，即哲学与其他学科的关系上浓厚的救世意蕴

哲学虽"贵为"自然科学、社会科学的概括和总结，但这只是就其理论表现形式而言，而并不意味着它有君临一切学科、指挥甚至越俎代

— 93

庇一切科学研究的资格和权力。相反，哲学若不摆正与其他学科的关系，就难免陷于无源之水、无本之木的绝境。

遗憾的是，苏联哲学却因其高度意识形态化，而陷入了这种颠倒哲学与具体科学关系的"越位"之境。于是，马克思主义哲学自视是具体科学的当然引路人，负有指导具体科学的使命和责任，具有评价其他学科是非曲直、正误真假的权力和功能，习惯于将自己的观点和方法强加在具体科学上，甚至灌输到其他学科的研究思路、范围、内容和形式中，使自己成为凌驾于具体科学之上的"太上皇"，便成为苏联哲学的常态。这种"越位"，在放大和拔高马克思主义哲学的同时，也使马克思主义哲学走向包揽、取代其他学科研究的极端，最终使哲学由引领变成旗帜、指导变成领导、权力变成权威、功能变成万能。这样，苏联哲学不仅因其"越位"而阻碍、限制、束缚甚至窒息了其他学科的发展，而且因其高高在上，缺乏具体科学的支撑而徒具其形，自身的发展和功能的正常发挥都不能不蜕化萎缩。

3. 哲学属性上的高度"依附性"，即在哲学与政治的关系上强烈的意识形态特征

作为社会意识形态之一的哲学，由于与社会经济、政治或直接或间接的联系，由于是社会政治生活的反映形式之一，由于具有"化理论为实践"并服务现实的使命，而不能不具有意识形态性。哲学的意识形态性决定了，任何哲学要发挥实践功能，都不能不取得政治的"入场券"，与现实政治发生联系。哲学与政治"剪不断，理还乱"的关系，决定了哲学服务于政治的范围和程度。然而，哲学与政治的关系不等于任何哲学都必然具有政治性（例如，逻辑学、语言哲学等，便不具有多少政治色彩），更不能在哲学的政治性①与政治化②之间画等号。否则，哲学将沦为纯粹的意识形态工具，在丧失其基本理论素质即批判反思性、科学人文性的同时，成为政治的附庸。

然而，苏联哲学却在使哲学主观化、实用化的同时，沦为政治意识形态的工具。在执政党和国家权力的全力支持下，"马克思主义和共产

---

① 哲学对于无产阶级实践的指导价值，在于"哲学把无产阶级当做自己的**物质**武器，同样，无产阶级也把哲学当做自己的**精神**武器"（[德]马克思：《〈黑格尔法哲学批判〉导言》，见《马克思恩格斯文集》，第1卷，17页）。

② 将哲学等同于政治，以党的路线、方针、政策、指示代替哲学研究。

第二章 裂变与归真：20世纪80年代末90年代初的中俄哲学

主义，作为一种意识形态和一套概念工具，支配着人们观察世界和解释世界的方式"①，这导致了苏联哲学将其功能与政治意识形态等同，从而在丧失相对独立性的同时，使自己成为政治的装饰品。正是由于苏联哲学以政治意识形态作为生存基础，因而它将自己与政治的贴近等同于哲学的时代感，把哲学的理论功能简化为意识形态功能，把哲学的实践功能当作满足政治的需要，使其自己不仅蜕化为对马克思主义理论某些只言片语的千篇一律、千书一体的注解，而且成为遵循最高领袖经典文本的"精确"复制品。苏联哲学就是政治的代名词，为现实政治服务的特点十分突出，以至"党的主要领导人的更替、政治路线、甚至政策的每一变化往往都会影响到哲学的发展"②，"闻'政'起舞"③ 成为苏联哲学的常态。这一点，从斯大林执政前到斯大林时期，苏联发生的一系列重大哲学事件，如哲学船事件④、批判德波林学派⑤、批判 Н. И. 布哈林的

---

① W. W. Rostow, *The Dynamics of Soviet Society*, The New American Library, 1994, pp. 98-99.

② 贾泽林等编著：《苏联当代哲学（1945—1982）》，3 页。

③ 黎学军：《苏联哲学史纪事本末》，载《燕山大学学报》（哲学社会科学版），2010（2）。

④ 哲学船事件：十月革命胜利初期，俄国知识分子包括那些非马克思主义者尚可公开发表论著，"然而，在俄国内战和波兰战争结束后，布尔什维克完全控制了国内的局势，把那些不按照官方意识形态行事的哲学家们扫地出门的时刻就到来了"（Frederick Charles Copleston, *Russian Philosophy*, New York, The Tower Building, 2003, p. 315）。尽管列宁不同于其他布尔什维克党领导人对旧俄知识分子的生硬做法，是多有尊重并将其区分为"经过帮助教育之后可以转变为人民之友"和"帮助反革命的教授和作家"两类，但由于一些人的言论已超越了学术界限而有"颠覆"新生政权之虞，于是，"以何种方式限制思想家们的想象力问题就摆到了苏维埃领袖们的桌面上了"［黎学军：《苏联哲学史纪事本末》，载《燕山大学学报》（哲学社会科学版），2010（2）］。1922年上半年，俄共（布）就查封反苏维埃言论的刊物、取缔反苏维埃党派、驱逐其代表人物等问题召开了近30次会议；1922年8月的俄共（布）第十二次代表大会上，与会者一致认为有必要对反苏维埃学者采取极端措施，随后人民委员会颁布了《关于行政驱逐》的法令；1922年夏，莫斯科、彼得格勒、乌克兰等地布尔什维克地方政府对拟驱逐的学者采取强制行动；到1922年年底，100～200名苏联科学界、文化界、哲学界的著名学者被分批驱逐出境。被驱逐的哲学家包括：新康德主义者 А. И. 维杰斯基、新黑格尔主义者 И. А. 伊林、宗教神秘主义者 Н. С. 特鲁别茨科伊和 Е. Н. 特鲁别茨科伊、宗教哲学家 Н. О. 洛斯基和 С. Л. 弗兰克，以及曾经的马克思主义学者 Н. А. 别尔嘉耶夫等。

⑤ 批判德波林学派：以 А. М. 德波林（Деборин, А. М., 苏联哲学家，在哲学史和马克思主义哲学方面著述颇丰。1926—1930年任《在马克思主义旗帜下》杂志责任主编，1929年当选苏联科学院院士）为代表的，包括 А. М. 德波林在斯维尔德洛夫大学指导的哲学研究班部分毕业生，在以 А. М. 德波林主持的《在马克思主义旗帜下》杂志为阵地的苏联哲学学派。该学派形成于20世纪20年代初与机械派的论战中，20世纪20年代后期在与正统派论战中达到全盛。20世纪30年代初，该学派被指"理论脱离实践、哲学脱离政治"，具有"反马克思主义实质"，在受到斯大林和联共（布）中央的批判后解散。

比较研究：当代俄罗斯哲学与中国马克思主义哲学

平衡论①以及批判《西欧哲学史》②等无一不被打上深深的政治标签，便可得知。

这一点，从斯大林时期哲学"为政治服务"的自觉性空前高涨，可见一斑。党的领袖自己就是第一号哲学权威（如斯大林），可以用各种形式直接干预哲学界的学术研究。哲学界的领袖③要为党的决议、党的

---

① 批判 Н. И. 布哈林的平衡论：Н. И. 布哈林在《过渡时期经济学》一书中，提出了经济"平衡论"思想。在《历史唯物主义理论》中，提出了"社会发展平衡规律"理论并做了详细论证。他认为"平衡"是动态的，其过程表现为三种形式：平衡状态、平衡的破坏、平衡在新的基础上的恢复。他运用这一理论解释苏联的社会主义建设，形成了独具一格的国家经济平衡发展的"布哈林经济模式"。他的理论与斯大林的超高速工业化理论相左，由此引发了两人之间关于社会主义建设模式的争论。随着斯大林最高领导地位的确立，斯大林的思想上升为党的思想路线。政治形势的变化，使 Н. И. 布哈林也由党内政治活动家和理论家，被定性为右倾机会主义分子，他的平衡论随后受到苏联哲学界的严厉批判。

② 批判《西欧哲学史》：1946 年，苏联哲学家 Г. Ф. 亚历山大洛夫［Александров, Г. Ф.，主要研究辩证唯物主义、历史唯物主义、哲学史和社会学说史。1946 年当选苏联科学院院士，1947 年起先后任苏联科学院哲学研究所所长、苏共中央社会科学院哲学史教研室主任、苏联文化部部长。1940—1947 年任联共（布）中央宣传鼓动部部长］根据其在国立莫斯科大学、苏联科学院哲学研究所、高级党校讲授的西欧哲学史讲稿，出版了《西欧哲学史》。该书曾被苏联高等教育部审定为高校人文学系教科书。1946 年 8 月，联共（布）中央发布了《关于〈星〉和〈列宁格勒〉两杂志》的决议，要求不断把反对资产阶级残余和反对反动意识形态的斗争推向高潮。1947 年 1 月，斯大林接见了 М. Б. 米丁、П. Ф. 尤金、Г. Ф. 亚历山大洛夫等人，就哲学问题和 Г. Ф. 亚历山大洛夫的著作做了系列指示，批评《西欧哲学史》陷入了资产阶级客观主义和背离党性原则。1947 年 6 月，在联共（布）中央的直接领导下召开的全苏哲学讨论会上，展开了对该书的批判。时任苏共中央书记处书记、主管意识形态的 А. А. 日丹诺夫（Жданов, А. А., 苏共中央政治局委员、苏联最高统帅部常务顾问。1934 年苏共十七大升任中央书记处书记至去世，主管意识形态，在塑造斯大林意识形态模式和建立文化体制的过程中起了重大作用）在《在关于亚历山大洛夫著"西欧哲学史"一书讨论会上的发言》中，指责该书脱离时代、不问政治、崇拜外国、客观主义、无视党性原则。［参见［苏］日丹诺夫：《在关于亚历山大洛夫著"西欧哲学史"一书讨论会上的发言（一九四七年六月二十四日）》，李立三译，北京，人民出版社，1954］А. А. 日丹诺夫的发言，为将苏联哲学家的思想统一到斯大林的《论辩证唯物主义和历史唯物主义》定下了基调，达到了使"哲学界能够在实现联共（布）中央整个战略意图中变得更有力"［贾泽林等编著：《苏联当代哲学（1945—1982）》，12 页］的目的。

③ 他们兼具哲学家与党主管意识形态的领导的双重职责，如 М. Б. 米丁（Митин, М. Б.，苏联哲学家和社会活动家。1950—1962 年当选为苏联最高苏维埃代表，1939 年当选为苏联科学院院士。先后任《在马克思主义旗帜下》《哲学问题》等杂志主编、苏联哲学学会副会长）、П. Ф. 尤金（Юдин, П. Ф.，苏联哲学家和社会活动家。1950—1958 年当选为苏联最高苏维埃代表，1953 年当选为苏联科学院院士。先后任《苏联图书》和《争取持久和平，争取人民民主》杂志主编、《劳动报》主编、《苏联大百科全书》编委、苏联科学院主席团委员）、Ф. В. 康斯坦丁诺夫、П. Н. 费多谢耶夫（Федосеев, П. Н.，苏联哲学家和社会活动家。

第二章 裂变与归真：20世纪80年代末90年代初的中俄哲学

领袖的讲话做出详细的哲学论证。整个哲学界则不仅肩负着教育民众的重任，而且负有为党的方针政策、领袖的思想言论提供合理性、合法性论证的义务，以至在每届党代会前，哲学界都要总结上一届大会后落实决议的情况。在新一届党代会结束后，哲学界又要制订落实新决议的计划。于是，整个哲学界充斥着对斯大林思想言行的阿谀逢迎，而哲学主要成了诠释和论证斯大林著作的工具。斯大林的理论则被视为哲学的绝对真理、金科玉律，评判一切哲学是非的标准，"斯大林追求和创造了他作为列宁的继承人的合法性，而这种合法性给予他一种权利，即只有他这个最伟大的马克思主义者才能恰当阐释马克思主义"①。

这一点，即使在斯大林去世后，仍然没有根本的改变。20世纪50年代中期至80年代，苏联哲学界几次大的理论活动都是政治指挥棒下的"政治运动"。例如，50年代中期苏联哲学界轰轰烈烈的斯大林哲学思想批判②，尽管对苏联哲学界的思想解放产生了深远影响，但却难以免除"批前朝之名颂当局之实"的嫌疑，且在很大程度上是为迎合赫鲁晓夫的"秘密报告"。60年代初期苏联理论家倾力投入的"全民国家、全民党"论证③，尽管试图发展马克思主义的社会主义理论，但却难以免除"借发展之名行假冒之实"的嫌疑，且在很大程度上成为衔接赫鲁晓夫"两全理论"的手段。60年代中期全面展开的"两种辩证法"

1962年当选为苏联最高苏维埃代表，1960年当选为苏联科学院院士。先后任《布尔什维克》和《党的生活》杂志主编、苏共中央马克思列宁主义研究院院长、苏联科学院副院长）都曾任苏共中央委员，Л. Ф. 伊利切夫（Ильичев, Л. Ф.，苏联哲学家和社会活动家。1958—1961年任苏共中央宣传部鼓动部部长、1962年起兼任苏共中央意识形态委员会主席，1962年当选为苏联科学院院士。先后任《布尔什维克》杂志编委、《真理报》和《消息报》主编）曾任苏共中央书记处书记。直到苏联解体前夕，苏联哲学的重镇国立莫斯科大学哲学系主任都是由苏共中央直接任命的。

① W. W. Rostow, *The Dynamics of Soviet Society*, The New American Library, 1994, p. 98.
② 1954年年初，Б. М. 凯德洛夫与顾尔根尼泽合写的《为深入研究列宁的哲学遗产而斗争》一文，揭开了苏联哲学界批判苏联哲学教条主义的序幕，1956年《哲学问题》杂志第2期社论以综述形式展开的对斯大林《论辩证唯物主义和历史唯物主义》理论错误的批判，引发了随后苏联哲学界的批判热潮。其后，苏联哲学界有影响的哲学家纷纷投入这场批判运动。[参见黎学军：《苏联哲学史纪事本末》，载《燕山大学学报》（哲学社会科学版），2010（2）]
③为了从理论上证明苏联就是马克思所设想的社会主义，早在1936年，苏联在通过的新宪法中就提出了"全民国家"问题。苏共二十二大后，为配合意识形态部门的文化宣传，苏联哲学家从学术角度探讨了"全民国家"的理论，以证明苏联已处于"成熟的社会主义"阶段。同时，为证明苏共的领导范围和社会基础的扩大、领导作用的增强，以便让全体人民

— 97

宣传，尽管强调了对立统一规律对社会主义社会的作用，但却难以免除借"否认斗争性"为名，以哲学"同一性"论证社会生活"和谐性"的嫌疑，且在很大程度上为当政者刻意掩盖社会矛盾服务。即使50—80年代带有强烈反斯大林个人迷信、个人崇拜色彩的人的哲学研究，也总是难免陷入为领导人的政治意图和现行政策做论证、做辩护的困境。①

这样，苏联哲学因受领导意图、政策导向的强大制约，其研究思路往往围绕既定课题，在指定的范围内进行。因此，缺乏学术民主和学术自由是苏联哲学发展的常态，"70年来，俄国的人文科学（包括哲学）长期被用于为国内决定对内和对外政策的人服务，许多人文科学被强求一律地按'唯一正确的学说'发展已是公认的、不争的事实"，在这种情况下，自然"很少有人能够按科学发展之内在逻辑的要求来发展科学"②。

4. 哲学形态上的高度"封闭性"，即哲学与文化的关系上严重的保守性

苏联哲学强烈的政治意识形态性，致使它在强调哲学的阶级性、党性时，往往用历史虚无主义和独断主义的态度对待自己的历史文化传统，以及自己与世界哲学文化的关系。

它主张抛弃一切虚伪的哲学，同一切旧哲学及其意识形态彻底决裂，断言马克思主义以前的全部哲学既不能成为认识世界的工具，也不能在实践中影响世界，从而对一切非马克思主义的哲学采取了非科学的批判态度和一概"骂倒"的做法。例如，它将19世纪末20世纪初出现的西方哲学流派统统看成"与帝国主义的反动政治直接联系在一起"的，

认识到苏共的利益即自己的切身利益，《哲学问题》杂志1963年第8期社论拉开了论证"全民党"的序幕。随着苏共从20世纪50年代起平均每年吸收约52万候补党员，转正约50万人，苏联人民很快就都将成为党员，苏共则成为"全民党"。"在1952—1965年的14年间，苏共每年平均吸收候补党员大约为52万人，转为正式党员的大约为50万人。在1966—1980年的15年间，平均每年接收候补党员为58万多人，转为正式党员的平均为56万人左右。"［于洪君：《三十年来苏联共产党的变化》，载《苏联东欧问题研究》，1984(6)］

① 20世纪50年代后期掀起的人道主义宣传热潮，就有明显地为赫鲁晓夫的反斯大林主义造舆论的背景；60—70年代对人的全面发展的研究，就有配合勃列日涅夫宣扬苏联已经进入"发达社会主义"的目的；80年代对人的自由、个性的探讨，则明显具有应和戈尔巴乔夫"公开性""民主化"政治宣传的作用。

② Воронцов В. А. Приоритеты в перестройке наук России//Вестник гуманитарного научного фонда. -1998. -No 1.

第二章 裂变与归真：20世纪80年代末90年代初的中俄哲学

"是帝国主义统治集团耳提面命硬造出来的"，一律斥为"帝国主义反动派的哲学"。① 这种状况虽然在斯大林去世后有所改观，但是，拒绝研究和探讨俄罗斯传统哲学、宗教哲学，将现代西方哲学一概贴上"资产阶级"的标签，官方有关社会科学的决议总是将西方哲学视为意识形态的斗争对象而非学术研究对象，强调对它的严肃批判的"舍我其谁""唯我独尊"的做法，却始终如一。这导致了苏联哲学长期以来，在空间上将自己封闭在一国范围内，在时间上将自己凝固在当下状态中（除却马克思主义哲学的历史传统）。而且，因为它从无"对手""敌人"，所以，它虽然在表面上"战无不胜"，实则却是"不战而胜"。这种对自身文明传统和世界文明及其传统的拒斥，使哲学在苏联时期付出了沉重的代价，并最终上演了"不堪一击"的悲剧。封闭性的典型表现便是将马克思主义哲学教条化，这主要体现为：

其一，以简单贫乏的方式，解读马克思主义哲学创始人的理论。（1）解读模式上，以简单化的方式理解马克思主义哲学。如"以费解马"即将马克思主义哲学费尔巴哈化；"以恩解马"即以恩格斯通俗性、论战性的著作《反杜林论》《路德维希·费尔巴哈和德国古典哲学的终结》和自然观著作《自然辩证法》去理解全部马克思主义哲学。（2）解读内容上，以贫乏化方式理解马克思主义哲学。如将马克思主义哲学的内容，限定在"辩证唯物主义与历史唯物主义"的范围内，而对两者之间关系的理解，则有"二元论"② "推广论"③ "先在论"④ 等；将马克思主义哲学的理论来源限定在英国古典经济学、法国空想社会主义、德国古典哲学⑤，而忽略了英、美、德、俄的人类学思想对马克思主义哲

---

① 参见贾泽林等编著：《苏联当代哲学（1945—1982）》，510~511页。
② 二元论：辩证唯物主义主要研究自然存在，而研究社会存在的历史观不在其中；历史唯物主义主要研究社会存在，而研究自然存在的自然观不在其中。
③ 推广论："历史唯物主义就是把辩证唯物主义的原理推广去研究社会生活，把辩证唯物主义的原理应用于社会生活现象，应用于研究社会，应用于研究社会历史"（《斯大林选集》下卷，424页，北京，人民出版社，1979）。
④ 先在论："推广论"的逻辑结论，即认为马克思主义哲学的形成，是先有辩证唯物主义，后有历史唯物主义。
⑤ 即便对马克思主义哲学与德国古典哲学的关系，也将其局限于黑格尔与费尔巴哈，而忽略了德国古典哲学的其他哲学家的思想，尤其是康德哲学对他的影响。对马克思主义哲学与黑格尔、费尔巴哈哲学之间的关系也存在误解，如忽略了黑格尔的《精神现象学》《法哲学原理》对马克思哲学形成的巨大影响，将费尔巴哈唯物主义视为理解马克思哲学的理论前提从而将其"费尔巴哈化"。

学的影响，忽略了其他西方哲学思想对马克思主义哲学的影响①；将马克思哲学的文本做"掐头去尾"②的简单处理，致使其理论缺失了世界历史观、交往论、异化观、自由观、人的发展观、价值观、文化观、文明观的踪影，从而没有真正反映马克思主义哲学的全貌和特征。（3）解读方法上，以"原理＋例证"的叙述方式阐释马克思主义哲学。

苏联哲学贫乏化、简单化的解读模式和解读内容，在导致从马克思主义哲学创始人的片段结论中提炼所谓"原理"的同时，形成了教科书化的"四部曲"解读程序：收集汇总马、恩、列、斯的警言用语；从"革命导师"的语录中，归纳概括、引申阐发相关"原理"；选择事实、实例加以论证；"理论与现实相结合"，以证明苏共的路线、方针、政策的正确性。③"程序化"的解读方法，进而又使马克思主义哲学的内容限于既定的解读模式，使苏联哲学在更加政治意识形态化的同时，也更为简单、贫乏、封闭、僵化。

其二，以主观随意的方式，构造体系化的马克思主义哲学，即将马克思主义哲学在"体系化"中演变成纯粹的教科书模式。④尽管被"体系化"的苏联哲学教科书模式的形成是"冰冻三尺，非一日之寒"⑤，尽管自斯大林去世后，苏联哲学界也在极力改变被其"模式化"的马克

---

① 如古希腊的伊壁鸠鲁、亚里士多德的哲学，近代欧洲启蒙思想家休谟、洛克、卢梭、斯宾诺莎等人的哲学思想和社会政治思想。

② 将马克思的早期著作视为"不成熟"而基本否定，将马克思的晚年著作视为具有"不可饶恕的学究气"而予以抛弃。

③ 参见王东：《马克思学新奠基——马克思哲学新解读的方法论导言》，73页。

④ 这种体系化的马克思主义哲学教科书，虽然有助于在文化程度普遍偏低的苏联民众中普及马克思主义的哲学理论，但它对于将马克思主义哲学简单化、贫乏化仍然负有不可推卸的责任。

⑤ 它经历了六个阶段：（1）十月革命前的 1909 年、1916 年，А. М. 德波林对辩证唯物主义系统化的尝试；（2）十月革命后的 1921 年，Н. И. 布哈林对历史唯物主义系统化的尝试；（3）20 世纪 20 年代中后期，奥古斯特·塔尔海默等将辩证唯物主义与历史唯物主义"合二为一"的初步尝试；（4）20 世纪 30 年代初期，М. Б. 米丁、И. 拉祖莫夫斯基《辩证唯物主义与历史唯物主义》问世，苏联哲学教科书体系基本形成；（5）1938 年斯大林的《论辩证唯物主义和历史唯物主义》出版，苏联哲学体系和教科书模式最终确立；（6）20 世纪 50 年代中期以后，М. Б. 米丁、Ф. В. 康斯坦丁诺夫等对《辩证唯物主义与历史唯物主义》哲学教科书体系的 4 次改良。（参见王东：《马克思学新奠基——马克思哲学新解读的方法论导言》，第二章）

第二章 裂变与归真：20 世纪 80 年代末 90 年代初的中俄哲学

思主义哲学教科书体系，然而这一体系的诸多理论欠缺仍然显而易见。这一由"两大板块、六个层次"[①]构成的苏联哲学理论框架，对马克思主义哲学的一些基本理论，存在着许多误解和缺失：（1）世界观层面。在哲学基本问题上，因抹杀哲学基本问题与哲学最高问题之间的差异，将"思维和存在的关系问题"视为哲学的最高问题或元哲学问题，导致了对那些不讨论"思维与存在的关系问题"的哲学的贬抑。在实践观问题上，仅从近代唯物论的"物质"视界，而缺乏从现实的社会、历史、人的视界理解马克思主义哲学的本体论，将马克思主义哲学视为与纯知识论的"实证科学"无异的哲学，从而误解了马克思哲学的本体论，将"实践"概念局限于认识论的解释框架中。这种静态直观地认识自然、社会、人的观点，导致了对马克思主义哲学自然观的抽象性理解[②]，以及对马克思主义哲学的物质观、运动观、时空观等的抽象性理解。（2）方法论层面。将辩证法限定在自然观层面，且以"三大规律、五对范畴"的模式解读与理解[③]辩证法，以及"人化自然"辩证法的缺位等。（3）历史观层面。在关于社会历史的本质、规律等问题上，重规律性轻人的实践性，重客观必然性轻主体选择性，重必然因果性轻"或然因果性"[④]。在社会历史发展动力的问题上，重阶级斗争理论甚至片面夸大和无限发挥该理论，轻生产力理论。在人的问题上，总体上缺乏马克思主义哲学的人学观，即便有关于人的理论，也是重作为整体的"人民群众"轻作为个体的"现实的个人"。在人的自由问题上，重认识论意义的"必然自由"轻本体论意义上的人的自

[①] 两大板块：辩证唯物主义，实质主要是辩证唯物主义的自然观；历史唯物主义，实质主要是历史唯物主义的社会观。六个层次：辩证唯物主义的三个层次（唯物论、辩证法、列宁哲学），历史唯物主义的三个层次（经济基础论、阶级斗争论、意识形态论）。

[②] 有学者将其归纳为三种：（1）"强调自然的自我运动，排除任何目的对自然的干预"，即在批判"神创论"时，走向了"在考察自然运动时，完全撇开人的目的对自然的干预"（俞吾金：《重新理解马克思》，117、119 页，北京，北京师范大学出版社，2005）的另一极端；（2）"把自然与历史对立起来，满足于撇开社会历史条件，泛泛地谈论自然，从而实际上使自然抽象化、虚假化和虚无化"（同上书，120 页）；（3）"把自然科学与人类的社会生活剥裂开来，从而最终导致自然科学与人的科学的分离与对立"（同上书，124 页）。

[③] 1938 年出版的斯大林的《论辩证唯物主义和历史唯物主义》一书，只讲规律不讲范畴，只讲本体化的辩证法不讲逻辑与认识论的辩证法，只讲作为方法的辩证法不讲作为完整的哲学学科体系的辩证法，进而加剧了辩证法的贫乏化。

[④] 社会历史规律通过大量偶然、随机、不确定的现象而呈现出"统计规律"的特征。

由，等等。此外，在对"上层建筑"的阐述上，将"社会的政治、法律、宗教、艺术、哲学的观点置于上层建筑的核心地位，把政治、法律等设施只是置于与社会意识相适应的地位"[①] 而违背了马克思主义哲学的本义，等等。

不仅造成了对马克思主义哲学的误解，苏联哲学的"封闭性"，还使"体系化""政治化"的教科书哲学在"霸道"的学术氛围中结出了学科歧视的恶果：一些本可涉及的学科（如法哲学、政治哲学、宗教哲学等）因意识形态等原因被人为禁止而销声匿迹；一些本应繁荣、发展的学科（如马克思主义人学、历史哲学、文化哲学、语言哲学、经济哲学、科技哲学等）因长期被忽略而发展缓慢或自生自灭。"根深叶茂"的辩证唯物主义和历史唯物主义，在"遮蔽"那些"严重贫血"或"营养不良"学科的阳光时，使苏联哲学这棵"大树"只见树干而不见树叶。

5. 哲学内在本质上的明显片面性，即哲学的科学性与人文性关系上的"两极跳"状态

"两极跳"的表现形式是，或者只讲客观的规律性、必然性、科学性，而否认或取消人文性、主体性的价值（主要在 20 世纪 20—50 年代的斯大林时期），或者一味强调人文性、主体性，而否认或淡化科学理性、客观必然性、规律性（主要在 20 世纪 50 年代中期以后至苏联解体前的 20 世纪 80 年代）。

虽然苏联哲学在斯大林时期视唯物辩证法、辩证唯物论、唯物史观为哲学研究之理论指导的做法，有其合理性并取得了一定的成果，但是，它却往往只从客观性、必然性、规律性的角度来理解唯物辩证法和辩证唯物论，而忽略与否认唯物辩证法和辩证唯物论包含的主体性、能动性内容，从而使唯物辩证法和辩证唯物论蜕化为只有科学性、真理性而无人文性、价值性的理论。这种认识偏颇导致了苏联哲学长期以来在研究角度和研究方法上，偏重客体性厌弃主体性、注重科学性轻视人文性、强调理性反对非理性的片面性，使"整个学术研究都被科学化。科学成了学术研究的标准、典范和理想"[②]，成为苏联哲学最典型的特征。

---

① 胡为雄：《苏联马克思主义哲学教科书对"上层建筑"的阐述及其影响》，载《毛泽东邓小平理论研究》，2010（3）。

② 张百春：《文化学研究在俄罗斯》，载《国外社会科学》，1998（6）。

第二章 裂变与归真:20世纪80年代末90年代初的中俄哲学

这种片面性,既是苏联哲学僵化和教条化的原因之一,又使它成了与人疏远、隔膜甚至对立的"冷面法官"。苏联哲学的这种片面性,即使在20世纪60年代发端的人的哲学研究中,仍然难以避免。① 而且,由于哲学在整个社会科学研究中的特殊地位,哲学指导思想上的这种重科学、理性,轻人文、价值的倾向,渗透了整个社会,"社会普遍重视数学—自然科学类而轻视人文—审美类";在学校教育中,"重视教学技艺,轻视人本身,即轻视学生和教师的个性和人格"②,也是社会科学研究中的普遍现象。

这种只强调科学理性、客观必然性的片面在斯大林去世后发生了转向。由苏共中央总书记赫鲁晓夫主导的对斯大林个人迷信、个人崇拜的清算,在打破思想禁锢之笼、掀起讨伐声浪的同时,也为苏联哲学打开了向西方哲学的开放之窗。"开放"在使苏联哲学有机会接触和了解西方人道主义马克思主义的同时,也使许多学者迅速走上了推崇和追随西方人道主义之路。受当代西方哲学思潮的影响,苏联哲学推崇西方人道主义、非理性主义,强调主体性才是哲学研究最高的和唯一的原则,应当以人在世界中的存在为出发点,去解释和解决一切哲学问题;"人的尺度"应当取代"物的尺度",成为社会发展的决定性因素和衡量社会进步的尺度与标准。然而,人道主义思潮在苏联理论界的迅速蔓延,在使苏联哲学一改先前片面强调客观必然性、科学理性而走向强调人文性、主体性乃至抽象人本主义的同时,也使哲学界对"究竟何为真正的马克思主义哲学?"有着诸多困惑与疑虑。

苏联在斯大林时期非常重视马克思主义哲学的指导地位,甚至以宪法的形式将其确定下来,并通过大量出版各种马克思主义著作,建立了一套相当系统的马克思主义书本知识教育体系③,以便普及马克思主

---

① 如从20世纪60年代开始的人道主义研究,虽然它从人的需要、利益、价值、发展等角度全方位地展开,但是,它却主要局限于从社会的客观矛盾运动发展的范围和客体—主体的单一向度加以考证,因而无法实现由主体向客体的转换,从而使它对人的主体本质的揭示仍然是片面的。

② 吴克礼主编:《当代俄罗斯社会与文化》,103页,上海,上海外语教育出版社,2001。

③ 在中学、大学开设马克思主义理论课,规定高校学生必修"苏共党史""哲学""政治经济学"这三门马列主义基本课。在社会上对党员、团员、工人设有一套业余的马克思主义政治教育体系,每年在这套教育体系中学习的人达数千万。

义。照理，这种由国家宪法规定的形式所强化的马克思主义理论教育，应当在苏联人的精神世界中确立起坚不可摧的马克思主义信仰目标。然而，正是斯大林时期对意识形态过严、过死、过于集中的管制，造成了马克思主义哲学的教条化、政治化，造成了思想的停滞、理论的僵化、主流意识形态严重脱离时代和民众，导致了人们对马克思主义哲学的反感，以至一旦斯大林去世，一旦思想牢笼和理论禁区被打开与破除，整个社会便极易由反斯大林教条化的马克思主义走向逐步背离或彻底抛弃马克思主义的极端。这股"背弃"之风，首先在深受斯大林教条主义的马克思主义理论之害的学术界得到了积极呼应。来自学术界的反省和批判，在猛烈冲击苏共长期秉承的政治化意识形态的同时，也对整个社会尤其是年轻一代的价值取向产生了巨大而深远的影响。于是，斯大林逝世后的近40年里，苏联形成了一种奇怪的状态：在社会层面，人们总是力图摆脱马克思主义意识形态的控制，报刊不断攻击和反对马克思主义，整个舆论导向也在嘲笑和鄙弃马克思主义；在国家层面，苏共一如既往地强调意识形态控制，以至赫鲁晓夫后来以不无矛盾的心态承认，"我们害怕解冻可能引起洪水泛滥，这将使我们无法控制它并把我们淹死"[1]，但又不得不沿用那套已经过时但看起来却尚有作用的意识形态教育与宣传办法。到勃列日涅夫时期，面对大学生对政治理论课普遍感到"索然无味"的现实，苏共"除了重新编写《苏共党史》、大量印行马恩列著作及勃列日涅夫著作外，也找不到解决问题的办法"[2]。被严重政治化、简单化、贫乏化、教条化的苏联哲学，也导致了马克思主义理论教育与现实生活的严重脱节，既不能解释苏联面临的各类实际问题，又不能对社会问题进行批判性介入，更没有达到用马克思主义的理论改变社会、塑造新人的目的。这样，马克思主义哲学在人们心目中和社会现实生活中丧失说服力、感染力乃至生命力，便是自然而然的事情。

二、裂变：苏联哲学的解体

苏联哲学的双重性潜藏着分裂的可能性。这种可能性的种子一旦遇

---

[1] [苏]赫鲁晓夫：《赫鲁晓夫回忆录——最后的遗言》，上海《国际问题资料》编辑组译，138页，北京，三联书店，1975。

[2] 周尚文：《苏共在党建中的疏失及其教训》，载《毛泽东邓小平理论研究》，2010（5）。

第二章　裂变与归真：20世纪80年代末90年代初的中俄哲学

到相宜的土壤、温度、水分等外在条件，则溪流变为滔滔洪水便是不可逆转的事情，任何人都回天无力。

（一）"苏联解体"与"苏联剧变"

在谈苏联哲学解体之前，有必要区分"苏联剧变"与"苏联解体"。

正如有学者指出，过去人们谈到"苏联剧变"和"苏联解体"时，往往将两者等同。其实，这两个概念的含义是不同的。"剧变"指社会制度变化的剧烈性；"解体"指国家主权和领土的分裂问题。对苏联而言，"剧变"指社会主义制度的终结和共产党执政地位的丧失；"解体"指苏维埃联盟的分崩离析。两者间的关系在于：社会根本制度的变革是国家分裂的原因，国家分裂是社会根本制度变革的结果。就影响力而言，由于苏联的宪法和联盟制度的设计本身就隐含了国家分裂的可能性，从法律上讲，"解体"（分裂）不是什么大逆不道的事情。所以，"解体"不足以涵盖国家分裂和社会制度更替等众多内容，比起社会制度的变革，其影响力要小得多。社会制度的更迭，无论从法律还是从政治价值观来说，都具有颠覆性。具体来说，苏联解体不一定导致苏共垮台和社会主义制度终结，但苏共垮台和放弃社会主义选择必然会导致联盟瓦解。因为当初成立苏联时的宗旨和联盟制度的设计本身，就决定了"联盟是各社会主义共和国的联盟"，精神纽带是马克思主义，目标是社会主义，核心取决于苏联共产党能否坚持社会主义道路的选择。一旦失去这个核心，放弃社会主义，联盟瓦解的发生就成为可能。当然，即使在坚持共产党的领导下也有发生国家分裂的可能，但这种情况下的分裂，在法律上是容许的，并且不见得后果就是危害性的。[①]

尽管苏联哲学的"双重性"是导致它"解体"的潜因。然而，它仍与苏联解体、苏联剧变息息相关，它是后两者的宿命。苏联哲学的"解体"，无疑是"苏联解体"之果。因为它作为"官方哲学"或"国家哲学"，已经随着作为一个统一国家苏维埃社会主义联盟的解体而完成了自己的历史使命。苏联哲学的"解体"，无疑又是"苏联剧变"之果。因为它作为一种具有强烈政治意识形态性的工具，已经随着苏联放弃社会主义制度和马克思主义的理论指导而走到了历史的终点。

---

① 参见王晓敏：《苏联剧变原因研究中的若干问题辩难》，载《俄罗斯学刊》，2011（6）。

(二) 苏联哲学何以成为"官方哲学"或"国家哲学"

1. 国内外学者从政治角度（从体制、政党、领袖等方面）所做的分析

其一，"体制观"。这种观点将其原因归为高度集中的政治体制，认为正是集中统一的"一长制"政治体制①，需要统一的意识形态理论。意识形态作为维护政治统治的工具，一旦掌握在具有实体性政治权力的代表者手中，它便具有至高无上性。于是，意识形态在成为党的政治权力之正统性根据的同时，也为取得党内最高权力的领袖提供了合法性、正当性的支持。领袖个人的思想成为党的意识形态化身②，被赋予天然正确性和确定无疑性，便是再自然不过的事情。借助体制，意识形态"造神"；依赖意识形态，体制"推神"。"一长制"下的哲学社会科学的发展，必然朝着政治仆役的方向。于是，作为意识形态理论之基的哲学，便难逃"君临一切"的"官运"。苏联哲学的主体是马克思主义哲学，苏联哲学又是斯大林模式的产物，苏联哲学作为一种国家哲学，其哲学体系和解读模式不可避免地带有斯大林模式的特点，即马克思主义哲学的"被政治意识形态化""被体系化"。

其二，"政党观"。这种观点在体制观的基础上，进而将其原因归为苏联共产党拥有的独特地位，认为由于苏联共产党无论在十月革命还是在后来的社会主义建设中都是唯一的实际领导者，其领导地位的合法性决定了其执政理念需要以强调历史必然性和具有科学理性特征的辩证唯物主义作为其理论指导，它必然导致作为理论的马克思主义哲学获得国家政权的强力支持。这种"支持"从两个方向实施：

一方面是建构。苏维埃政权的建立，社会主义革命的胜利，使无产阶级的思想体系成为国家占主导地位的思想体系，马克思主义哲学成为全党关注的对象和国家的事业。"为确立马克思主义思想体系而进行的

---

① 十月革命后，苏联为恢复、稳定社会秩序，巩固政权和重建国家，实行的"战时共产主义"所具有的思维方式和行为模式（统一思想、统一声音、统一行动等）在其后岁月中得以延续；为适应资本的国际垄断平台，战胜资本主义的国际竞争，推行高度集中的计划经济模式等。它具体体现为"斯大林模式"，即以指令性的计划经济体制、高度集权的政治体制、高度垄断的思想文化体制构成的集中、统一的制度体系。它形成于20世纪30年代，随着20世纪70年代西方第三次科技革命的完成，苏联计划经济不再适应科技革命的发展趋势，而开始走向衰落，至20世纪90年代初苏联解体而退出历史舞台。

② 如斯大林主义在斯大林时期。

第二章 裂变与归真：20 世纪 80 年代末 90 年代初的中俄哲学

斗争，首先需要把社会主义的力量组织起来。1918 年，开办了社会主义学院（1924 年更名为共产主义科学院），其肩负的任务是深入研究马克思主义理论的迫切问题，1919 年创办了为传播共产主义思想和培养意识形态工作干部的 Я. М. 斯维尔德洛夫共产主义大学。自 1919 年起，В. И. 列宁的第一套全集开始着手出版（至 1926 年共出版 20 卷）。"①

另一方面是批判。马克思主义哲学作为苏联共产党和国家政权对内、对外政策的理论基础，肩负着为政治服务的历史使命。因此，"无产阶级的政权确立以后，党立即发起了意识形态战线的进攻"，"极为激烈的思想斗争在社会生活的所有范围内展开：在科学界、出版界、文学艺术界，在高校和普通教育学校中"②。为确立马克思主义哲学在理论领域和现实生活中的地位，苏共自 20 世纪 20 年代起，进行了四次重大的意识形态斗争：（1）1922 年，列宁领导的"哲学领域的无产阶级专政"，将一批公开反对苏维埃政府和马克思主义的知识分子驱除出境的"哲学船事件"。此后，哲学界不再有人敢于公开反对布尔什维克和马克思主义。（2）从 20 年代开始到 30 年代，对 Н. И. 布哈林的"平衡论"由争论转化为批判。这场批判在导致苏联共产党后来的严重"左"倾和阶级斗争扩大化的同时，也开创了以政治斗争压服学术争论的先例。（3）1924 年，辩证论者③和机械论者④之间展开的论战。这场论战的实质是，"顺应、迎接"还是"抵制、抗拒"马克思主义哲学对自然科学、社会科学的指导地位这一历史趋势，因此争论本身就带有政治色彩。德波林学派的观点由于顺应当时的形势，得到了联共（布）中央的支持。这场争论以 1929 年苏维埃政府依靠行政力量，宣告德波林学派对哲学虚无主义、机械论派的胜

---

① ［俄］М. Р. 泽齐娜、Л. В. 科什曼、В. С. 舒利金：《俄罗斯文化史》，刘文飞、苏玲译，239 页。
② 同上书，238 页。
③ 以 А. М. 德波林为首，聚集在《在马克思主义旗帜下》杂志下的哲学学派。该学派主张将唯物辩证法贯彻到自然科学中，批判机械派取消哲学的观点。（参见黄楠森、庄福龄、林利总主编，林利、张念丰、余源培主编：《马克思主义哲学史》，第 5 卷，341 页）
④ 由国立季米里亚捷夫科学院的哲学家和自然科学学者组成的学派。该学派断言，"科学本身就是哲学"，唯物辩证法不是科学，所以马克思主义哲学没有存在的必要，以机械运动解释自然界和人类社会的一切现象，坚持马克思主义认识论是象形文字论。（参见上书，337～340 页）

利而告终。此后，不仅公开反对马克思主义哲学不再被允许，而且否认马克思主义哲学的世界观价值和对实际生活的指导作用都不再被允许。(4) 20 年代末到 1936 年年底，М. Б. 米丁、П. Ф. 尤金等在斯大林的授意下①，对德波林学派的批判。这场批判以 М. Б. 米丁将斯大林视为最高哲学权威，他本人取代 А. М. 德波林而成为苏联哲学界的新领袖收场。此后，苏联哲学彻底沦为"为政治服务"的工具，开始了哲学由积极探索变为注释经典的历程。

"政党观"还认为，为了强化党对意识形态的领导，苏共中央还定期就哲学社会科学的研究现状和研究任务制定专门的决议，为苏联哲学确定发展方向，明确苏联哲学的主要职责就是维护和解释执政党言行的公理性、正当性，由此使苏联哲学彻底成为"国家的"或"官方的"哲学。

其三，"领袖观"。这种观点在"体制观"和"政党观"的基础上，进而将其原因归为斯大林个人，认为正是斯大林的治国理念和哲学思想，开创了苏联建国后以党和国家的行政手段介入与干涉学术争论、学术研究的先例，以领袖个人的主观臆断作为评判和裁决学术矛盾、学术是非的对错标准，以至从 20 世纪末到斯大林去世，斯大林及其代言人通过抹杀学术与政治的界限，在整个人文社会科学领域（哲学、经济学、历史学、社会学、文学，甚至逻辑学、科学哲学等），甚至自然科学领域（生物学、遗传学、物理学等），通过一次次的批判，在将异于官方思想的观点斥为"唯心主义"的同时，给一批批著名学者和许多知识分子扣上"唯心主义""形而上学"的大帽子，以"右倾机会主义""人民敌人"的名义，将他们逐出了学术研究领域。

---

① 1929 年 12 月 29 日，斯大林发表了《论苏联土地政策的几个问题》的演说，认为"我们的实际工作成就和理论思想的发展之间有些脱节"（《斯大林全集》，第 12 卷，126 页，北京，人民出版社，1985）。随后，苏联哲学机构组织了专题讨论会，并从 1929 年年末到 1930 年年末展开了激烈的争论：以 М. Б. 米丁为代表的一派，批评哲学界领导人 А. М. 德波林等忙于解释哲学史，而使理论脱离社会主义实际；以 Н. А. 卡列夫（Карев, Н. А.）为代表的一派，与 А. М. 德波林等 10 人于 1930 年在《在马克思主义旗帜下》第 5 期发表《关于哲学中两条路线的斗争》，反对 М. Б. 米丁等将哲学与社会主义建设直接联系的观点，认为斯大林的指示不适用于哲学领域。斯大林 1930 年 12 月 9 日，以《哲学战线的状况》为题，对红色教授学院支部委员会发表谈话，要求在整个意识形态领域和各个思想战线展开"全面进攻"，并将德波林学派斥为"孟什维克修正主义"。

第二章　裂变与归真：20世纪80年代末90年代初的中俄哲学

2. 国内外学者从学术角度（集中于从主体角度，即从苏联知识分子身上寻找原因）所做的分析

为何苏联时期的知识分子[①]，无论在斯大林时期还是在其后的相当长时期，都表现为"集体失语"？且这种状况在作为"国家意识形态"担当者的苏联哲学家那里，表现得更为明显。人们往往将"失语"之因归于"专制"下的高压。于是，苏联哲学家似乎只是现政权的"恶帮闲"和"应声虫"。然而，事实并非如此。我们从十月革命后俄国知识分子的分化中便可以发现，苏联哲学家也并非随风起舞的"墙头草"，总是一边倒。十月革命后，俄国知识分子群体明显呈现三种分化趋向：少部分人欢迎革命并公开拥护新制度，在继续思想的自我改造中及时调整思想以适应苏维埃社会转型的要求，积极参与新政权的建设；部分人持反苏反共的敌对立场，宣扬唯心主义、宗教神秘主义，反对马克思主义；部分人继续坚持知识分子的独立性、自主性、公共性、批判性，在政治上持不干涉政治的中立场和观望态度，成为社会批判者和良知代言人。

当时，对知识分子的态度和知识分子队伍的建设，苏维埃政权是沿着两条道路进行的。一条是通过法律制约、政治整肃、思想规训等方式，吸引和改造旧俄知识分子，使其在政治目标、人生理想、专业研究、创造方向上发生巨变，最终在思想、行动上忠于苏维埃政权，完成由旧向新的彻底转变。另一条是通过行政措施和政权培育方式，直接从工农干部和群众中培养，他们被视为最有前途和最有希望的"社会主义的、人民的"知识分子。这里，姑且不论少数苏联哲学家，在那个被"捏着鼻子、掐着喉咙"的年代，仍然在顽强地"发声、唱歌"，即便在那些由新生的苏维埃政权一手培养起来的、被视为最有前途和最有希望的"社会主义知识分子"中，有"叛逆"思想的人也不是个别。然而，遗憾的是，他们却又未能摆脱那个时代的烙印，即成了"无声世界"的殉葬品。

因此，在从主体角度反思苏联哲学时，人们普遍认为，苏联哲学沦

[①] 苏联时期的知识分子，有"苏联知识分子"与"苏维埃知识分子"之别。前者泛指苏联境内从事不同职业和具有不同思想倾向的知识分子，包括对苏联政府持不同政见者。后者专指拥护苏联共产党和苏联政府、坚持社会主义信念的知识分子。苏维埃知识分子在苏联早期即知识分子群体转型和角色建构时期具有特别的意义。[参见张建华：《历史断想：十月革命与苏联知识分子》，载《俄罗斯学刊》，2012（3）]

为"国家的"或"官方的"哲学,哲学家们难辞其咎。无论他们出于何种原因(例如,为生存计而不能不受社会、体制、政党、领袖等外在客观环境的制约,从而陷入不能自拔的政治"囚笼"),这仍然与他们长期的思想僵化和麻木不仁有关。而且,无论他们自觉还是不自觉(或心甘情愿或"想违而不敢违"),其中的多数人成为意识形态化哲学的营造者、教条化马克思主义哲学的鼓吹者,都是不争的事实。他们的"作为"虽然情有可原,但又实实在在地使自己成为"官方哲学家"① 或"官方哲学工作者",在扮演党和国家之意识形态甚至领袖个人之思想观念的布道者、捍卫者的同时,成为使苏联哲学沦为"政治婢女"的推手。

客观与主体两个维度的分析,在为我们深刻揭示苏联哲学在斯大林时期的政治②与学术③之间④形成如此关系的根本原因,以便全面认识和客观评价苏联哲学的同时,也为我们比较当代俄罗斯哲学与当代中国马克思主义哲学提供了思路。

(三) 苏联哲学解体的先兆

苏联解体前夜,苏联哲学便有了明显的解体征兆,这便是斯大林去世后,苏联哲学开始发生"转向"。这一转向体现为苏联哲学试图从斯大林化的辩证唯物主义与历史唯物主义的教科书理论模式,走向对哲学不同领域诸多问题的自由探讨。这一点,在关于人道主义问题的研究上体现得最为明显。

如果说,人道主义问题在 20 世纪 50 年代以前的苏联还处于"冰

---

① 曾经兼具哲学家与苏联意识形态领导者的 М. Б. 米丁、П. Ф. 尤金、Ф. В. 康斯坦丁诺夫等人,都极力主张哲学转变的"全部实质就在于坚决地把哲学问题'政治化''现实化'"(张念丰、郭燕顺等编译:《德波林学派资料选编》,206 页,长春,吉林人民出版社,1982)。

② 按照常理,体制、政党是人建立的,因而它们取决于人;人又在体制、政党中生存,因而人应受制于体制、政党。在苏联,体制、政党、领袖三者之间的关系表现为:苏联共产党为实现其目标、宗旨而建立的苏联体制,为党的执政地位提供保证并需要意识形态的强力支撑,因而党不是单向地受制于体制而是决定着体制的命运;政党需要造就自己的领袖来领导,但在苏联这种特定的体制下,领袖对党、社会生活包括学术活动的发展具有举足轻重的作用。

③ 苏联哲学人才何以在斯大林时期难以出现? 这既与其体制对人才之路的阻碍、堵塞分不开,又与哲学家们的主动迎合或"主观能动性"的发挥不可分。

④ 其实,不仅在斯大林时期,如前所述,即便在斯大林逝世后,苏联哲学仍然没能从根本上改变唯政治马首是瞻的状况。

第二章　裂变与归真：20世纪80年代末90年代初的中俄哲学

冻"状态的话①，那么，随着1953年斯大林的逝世，苏联哲学发展史上一个以斯大林哲学思想为理论主旨和基本特征的时代便宣告结束了。历史开始了对斯大林哲学思想、斯大林社会主义模式是非得失的反思、评说和批判。反思与批判在引发理论界对斯大林主义及其体制不满之时，也使苏联哲学界有了接触和了解西方早已存在的人道主义马克思主义的机会。门窗一旦打开，精神的饥渴使人们自然地重视人的存在，强调人的本质、价值、地位、尊严的理论被视为哲学"拨乱反正"的利器。对长期思想禁锢的反弹，使苏联理论界由批判斯大林教条化的马克思主义，迅速转向了对西方人道主义马克思主义的推崇和追随。一时间，苏联哲学界乃至整个理论界，人道主义思潮迅速蔓延。由此，苏联哲学开始了由"教条"向"人道"的转向历程。

20世纪50年代中后期，苏联哲学界通过声讨斯大林时期的专制集权，尤其是20世纪30年代"肃反"中滥杀无辜的"非人道"现象，已有为数不多的关于人道主义的论文、著述发表和出版。20世纪60—70年代，在苏共公开打出人道主义旗帜的鼓舞和引领下②，哲学界掀起了人道主义的研究热潮，许多传统的问题被赋予人道主义的内涵。在本体论上，有哲学家明确地从人的问题角度解释哲学的基本问题；在认识论上，有哲学家强调认识的主客体和目的"都离不开人"③；在方法论上，有哲学家认为辩证法只存在于社会领域而不存在于自然界，对辩证法规律的认识离不开人，因而只承认主观辩证法而否认客观辩证法；在历史观上，有哲学家"主张应用三种方法考察人类历史：客观的、系统的方法可以使我们把社会的发展理解为有规律的自然过程；主观的活动的方法可以使我们把社会的发展理解为人的能动性的过程和结果；人道主义的个性的方法可以使我们把社会发展理解为历史的人的意义的表现"④。20世纪80年代，苏联哲学中的人道主义研究更是高潮迭起。仅

---

① 在斯大林时期，苏联发表的有关人和人道主义的论文只有数篇。这一时期出版的重要参考书如《苏联大百科全书》第1版，《简明哲学词典》第1、2版，《政治词典》，《文学百科全书》等，都没有"人道主义"和"异化"的条目。[参见贾泽林等编著：《苏联当代哲学（1945—1982）》，255页]

② 1961年10月，苏共二十二大通过的纲领中明确写进了人道主义的内容。

③ 贾泽林等编著：《苏联当代哲学（1945—1982）》，269页。

④ 安启念：《东方国家的社会跳跃与文化滞后——俄罗斯文化与列宁主义问题》，331～332页。

在1983—1987年，苏联哲学界就出版了相应的研究著述1 263部（篇），包括单行本、专著。①

对此，正如中国学者指出，早在20世纪60—70年代，苏联哲学就在"高度统一"的表层下，暗中涌动着多元化的思潮。哲人们有从现象学、存在主义哲学，也有从实证主义、语言哲学，甚至从宗教哲学等不同的学术角度，从事其研究。即便在马克思主义哲学阵营内部，也有各种不同的观点、倾向以及潜在的流派。西方学者也认为，苏联哲学，如同其官方的政治文化，具有"意识形态的"和"真实的""双重面孔"，而苏联文化人，则可谓"可见的"和"隐藏的"双面人。所以，无论苏联的政治、文化还是哲学，都是"顺从和反抗的混杂"②。

尽管苏联哲学自20世纪60年代起就实现了从"教条"到"人道"的转向，但是，由于各种原因，它的"人道主义"哲学仍然带有强烈的政治色彩和教条主义痕迹。所以，当苏联社会发生全面转型时，其哲学面临的危机便空前严重，其经历的痛苦便超乎寻常，其"解体"的命运便无法避免。于是，向苏联哲学做"历史性告别"便成为20世纪80年代末90年代初苏联学界以及整个社会的当然之举。

（四）苏联哲学的终结

理论是实践的产物和反映，这一特性决定了理论永远不能摆脱受时代制约的命运。发生在20世纪90年代初的俄罗斯社会转型，在给整个社会带来全方位剧变的同时，也使曾经高居"天国"的苏联哲学不得不经历痛苦的蜕变而回归"人间"。

苏联哲学经历了怎样的解体过程？它终结于"改革"的失败中。

事实上，苏联政局速变③以来，苏联哲学便开始处于风雨飘摇中。

苏联解体前，由戈尔巴乔夫实行的以公开性、多元化、民主化为引导的政治改革，由自由派掀起的全面否定马列主义、苏联社会主义

---

① 参见马积华：《前苏联社会哲学若干问题透视（1980—1989）》，78页。
② ［英］雷切尔·沃克：《震撼世界的六年：戈尔巴乔夫的改革怎样葬送了苏联》，张金鉴译，59页。
③ 标志之一是主要领导人走马灯似的快速更替：1982年11月，Ю. В. 安德罗波夫（Андро́пов, Ю. В.）接替 Л. И. 勃列日涅夫（Брежнев, Л. И.）；1984年2月，К. У. 契尔年科（Черне́нко, К. У.）接替 Ю. В. 安德罗波夫；1985年3月，М. С. 戈尔巴乔夫（Горбачев, М. С.）接替 К. У. 契尔年科。

第二章 裂变与归真：20世纪80年代末90年代初的中俄哲学

的潮流①，引发了全社会范围内的虚无主义思潮：历史领域的虚无主义，将十月革命以来的苏联历史描绘成失误与悲剧交织的历史，以及以非学术的历史文学作品伪造和曲解历史事实②；文学领域的虚无主义，将颂扬社会主义的和革命的理想主义、集体主义、英雄主义、爱国主义的主旋律作品，统统当作挖苦、讽刺、嘲弄、戏谑的对象；道德领域的虚无主义，将所有社会主义的价值观都当作狭隘经验予以消解和抛弃，并重新举起70多年前被摒弃的"全人类价值高于一切"的大旗；精神领域的虚无主义，将摧毁对马克思主义、共产主义的信仰作为走出精神迷途的正确路径。③ 这一切，在进而推动理论界"百家争鸣"的同时，也引发了哲学界的思想分野：激进派、极端派是为数众多的反马克思主义者，他们以"反正统"自居，以"无知者无畏"的态度对待马克思主义，以大量耸人听闻之论攻击马列主义和苏联社会主义；正统派、传统派是为数不多的理论工作者，他们以维护"传统、正统"的马克思主义为己任；中间派、温和派是为数较多的理论工作者，他们既反对极端派，也不赞同正统派，主张以批判分析的态度对待马列主义和苏联社会主义。

此时，就大多数持中间、温和立场的理论工作者而言，他们是在戈尔巴乔夫"改革"之初的20世纪80年中期，在反对和否定马克思主义哲学的潮流渐成气候时，开始批判反思苏联哲学的。这种"批判反思"在初期，基本未脱离马克思主义的轨道。这一点，从当时出版的《哲学导论》和《认识论》④ 两书中便可看出。《哲学导论》尽管"生不逢时"，但它以"哲学导论"而非"哲学原理"为书名，以及认为哲学教

---

① 在20世纪80年代中期前后，苏联"所有职业演说家的演讲，都是从痛斥苏联的过去开始，而以赞扬西方结束"（[俄] В. А. 利西奇金、Л. А. 谢列平：《第三次世界大战——信息心理战》，徐昌翰、赵海燕、殷剑平、宿丰林译，264页，北京，社会科学文献出版社，2003）。

② 这一问题不仅出现在苏联解体前后，更成为21世纪俄罗斯历史作品的景观。例如，历史学教授苏沃洛夫"研究"苏联卫国战争前期历史，尽管其"研究成果"并无史料支撑，而"只是一厢情愿地想要证实苏联准备向法西斯德国进攻，因而苏联应该和法西斯德国共同承担二战始作俑者"，但销量却超过一千万册，是真正的史学著作无论如何也不可能达到的。因为广大受众被"那种精美的封面和信誓旦旦的解密保证所迷惑"（[俄] 尤里·亚历山德罗维奇·彼得罗夫：《从历史碎片中重塑俄罗斯未来》，陈余整理，载《社会科学报》，2012-09-20）。

③ 参见杨金华：《虚无主义思潮与意识形态危机——苏联剧变的政治因素透视》，载《毛泽东邓小平理论研究》，2010（5）。

④ 在该书"序言"中，Т. И. 奥伊则尔曼从发展生产、实践标准、辩证唯物主义与历史唯物主义的两分、苏联哲学家的教条主义等不同角度，强调了"批判分析"的基本立场。

科书不能代表和囊括所有哲学观点，第一次突破了苏联马克思主义哲学教科书的模式，在为教科书式的苏联哲学画上句号的同时，也以苏联教科书的最后身份，为后世留下了苏联哲学的历史遗产。《认识论》虽然仍以马克思主义为前提和出发点，但却通过吸取西方认识论和认知科学的研究成果，努力将研究与国际接轨。这表明理论工作者和哲学家既渴望自由的研究与探讨，但又因受多年的政治高压与严控，面对变化而迟疑惶惑的为难心态。这一点，从当时代表苏联哲学研究最高水平的杂志《哲学问题》的表现，可见一斑。该刊主编 В. А. 列克托尔斯基在1990年第1期上发表的《致读者》新年贺词，便打破了多年遵循的、以"社论"体现党中央精神的惯例，第一次以个人名义向读者阐述刊物宗旨。文中既未对激变前夜的苏联社会做出相应的回应，也未对苏联哲学的前景提出明确的意见。《哲学问题》1991年全年发表的文章，主要是回顾历史事件和人物，既没有明确的编辑方针，也没有集中的主题，给人们以对整个事态观望和不知所措的感觉。这些，除了表明官方意识形态的失控，也表明饱受意识形态禁锢的哲学界在无旨可循、无命可听时的无所适从。

戈尔巴乔夫的改革步步推进，在让苏联人似乎看到光明和希望的同时，也使整个思想界一扫昔日的沉闷寥落。伴随着"公开性、民主化"的亢奋声浪，哲学界开始了对苏联哲学主动的批判反思。

一时间，观点各异的"批判反思"出现在哲学界。[1] "坚持论"者反对以两种极端片面的态度对待马克思主义，主张"应当心平气和地、清醒冷静地和不抱成见地评价马克思主义"[2]，坚信"马克思主义并没有死去，而且在可见的未来它还将经历自己的'第二次新生'"[3]。"质疑论"者反对以教条主义的态度对待马克思主义，将苏联改革中克服教条主义视为"一项伟大的成就"，认为"这实际上是马克思主义的一次

---

[1] 由苏联科学院哲学研究所所长 Н. И. 拉宾（Лапин, Н. И.）主编，于1991年出版的《哲学意识：更新时的矛盾冲突》一书，收录了自1987年以来，哲学界知名人士对苏联哲学及其历史、马克思主义、社会主义的各种看法，它较为集中地显示了此时的哲学界对苏联哲学所持的批判反思态度。（参见贾泽林等：《二十世纪九十年代的俄罗斯哲学》，23页）

[2] Межуев В. М. "Умер ли марксизм"? Материалы круглого стола//Вопросы философии. - 1990. - No10.

[3] Толстых В. И. "Умер ли марксизм"? Материалы круглого стола//Вопросы философии. - 1990. - No10.

第二章 裂变与归真：20世纪80年代末90年代初的中俄哲学

解放，它使我们有理由说马克思主义的社会科学的危机是即将消失的现象"[1]，要求以辩证态度看待马克思主义哲学，强调应以时代变化对它进行具体的、历史的分析，反对将它的原理和预见视为永远不被推翻的东西[2]，并在具体分析中，将马克思的理论遗产分为三种类型：创立时就是错的、反映的是当时的现实却未能预见到其变化的趋势、今天且在可见的未来仍然是正确的。[3]

反思本身无可非议。而且，正是"反思"才使苏联哲学界得以重新思考苏联哲学既往的正误得失、未来的发展方向和发展路径。尽管如此，剧变前夜的坚持论者、质疑论者，此时已不得不在整体上处于"守势"，他们无力也无法阻挡那种主要靠政权建立和维持的理论在此刻所面临的衰变现实与瓦解趋势。

当然，分析苏联哲学解体之因，除了社会环境的外因（主要是意识形态领域的民主化、多元化思潮）和学界的内因，还必须关注社会环境中的经济、政治等外因。换言之，失去了国家政权支持的苏联马克思主义哲学迅速解体，与当时俄罗斯的社会现实有着直接而密切的关系。

经济基础的改变，直接导致了马克思主义哲学生存地位的丧失。苏联剧变之初的俄罗斯民主派，在确定市场经济模式为改革方向后，在总结以往改革教训中实施了口头革命、纸上谈兵式的改革，采取了快速向市场经济过渡的行动。与之相应，曾经作为国家意识的马克思主义哲学，自然成为急于在意识形态上推倒重来的国家主政者的首选。"皮之不存，毛将焉附"，当俄罗斯社会全面转向私有制时，经济基础的改变自然使马克思主义哲学失去了生存的根基。

政治制度的改变，导致了强力政治核心力量的消失。寻求理论支撑的各派政治势力，在纷乱忙碌的政治争斗、动荡复杂的政治格局中，自然将多元理念作为理论选择的途径而抛弃一元化的意识形态。由此，失去了社会需要的马克思主义哲学，其出路便似乎只剩下退出当代俄罗斯

---

[1] Ойзерман Т. И. Доклад на научной конференции Российской академии наук//Вестник Российской академии наук.-1991.-№6.

[2] Степен В. С. "Умер ли марксизм"? Материалы круглого стола//Вопросы философии.-1990.-№10.

[3] Момджян К. Х. "Умер ли марксизм"? Материалы круглого стола//Вопросы философии.-1990.-№10.

哲学历史舞台这一条路了。

　　社会心理的转变，促使官方和民众都选择了主动放弃马克思主义。斯大林模式及其苏联社会主义体制下的意识形态，对整个社会的思想意识形成了严重的禁锢。禁锢的恶果，一方面让俄罗斯人认为被严重政治化、教条化、僵化的马克思主义哲学，早已不适应俄罗斯社会的发展需要；另一方面又让俄罗斯人受到涌动多年的自由化、民主化、多元化思潮的影响冲击，在来势猛烈的西方哲学文化价值观中看到了解救俄罗斯的希望和福音。于是，官方与民众都以为，只要尽快引进西方哲学和西方文化或恢复俄罗斯传统哲学和传统文化，就可以在思想观念上迅速摆脱社会的精神危机。于是，期望尽快摧毁作为传统意识形态基础的马克思主义，以便整个社会形成向西方价值观转变或回归传统宗教文化的不可逆转之势，自然成为整个社会的普遍心理。

　　终于，随着1991年12月苏联的解体，随着铺天盖地的激进思潮和各种反马克思主义思潮的涌现，随着甚嚣尘上的攻击浪潮对国家意识形态的冲击，随着狂飙突进的西方哲学和西方文化思潮、俄罗斯宗教哲学的席卷与回归，苏联马克思主义哲学便迅速遁迹乃至烟消云散了。

三、戾换：苏联解体之际的俄罗斯哲学

　　要描述和形容苏联解体之际，以及1991年至20世纪90年代中期俄罗斯的社会现状，用"混乱""无序"一类的术语似乎再恰当不过了。这是一个"尖锐的民族、社会和政治冲突，急剧变革和大转变的时期"，它使"某些早已沉积的矛盾，都纷纷地暴露出来，那些由来已久的痼疾和不久以前所受的创伤也都旧病发作"[①]。社会尚且如此，依附于社会之躯的哲学，其生存状态及命运便可想而知。然而，就像一个社会正常发展不可缺失刚性律令和柔性道德的监护一样，追赶现代化潮流的俄罗斯不能缺失理性的拷问和敲打。于是，20世纪80年代末90年代初的俄罗斯哲学呈现出的是一幅情感讨伐与理智反思、"贫困"与"繁荣"、困惑与选择等各种因素相互交织的多维图景。

　　1991年年底的苏联"政治地震"，在给整个俄罗斯社会带来空前的激情与混乱的同时，也使它一度陷入空前的精神亢奋与灵魂失落的

---

① ［俄］罗伊·麦德维杰夫：《俄罗斯往何处去——俄罗斯能搞资本主义吗？》，徐葵等译，"前言"1页，北京，新华出版社，2000。

第二章　裂变与归真：20世纪80年代末90年代初的中俄哲学

双重困惑和危机。人们在与苏联彻底了断时，表现出"一切从零开始"的决绝之态。与整个社会对苏联政权的厌弃相应，俄罗斯哲人展开了对整个苏联哲学的全方位讨伐。这场讨伐尤其随着 А. А. 波格丹诺夫[①]对列宁《唯物主义和经验批判主义》[②]一书的长篇评论（1909）、Н. И. 布哈林在大肃反中被捕入狱后所写的哲学著作[③]，以及大批与苏联哲学有关的历史档案的公布，而进入了高潮。其间，呈现出两个相悖的极端倾向。

（一）对苏联哲学、马克思主义哲学的彻底否定

苏联解体终于给人们提供了向苏联哲学进行公开而彻底的泄愤的机会。一时间，苏联哲学是专制、集权的理论基础和辩护，是不折不扣的以国家政权为后盾的霸权哲学，是甘愿服务于政治权威的奴隶哲学，是民主的"绊脚石""枷锁"，是思想、精神的"樊篱""罗网"，是人性的"牢笼""地狱"等，成为人们评价苏联哲学的常用语。这场群情激愤的讨伐在被抹上浓厚感情色彩的同时，也使苏联哲学不仅从内容到形式，而且从价值到作用，都被彻底地否定了。[④] 至今，这种对苏联哲学的彻底否定态度，仍然为俄罗斯年轻一代学人所主张和坚持。

[①] А. А. 波格丹诺夫（Богданов, А. А.），俄国哲学家、社会学家。1903年参加布尔什维克派，在第三、四、五次党代会上都当选为中央委员。1905年俄国革命失败后，政治上成为"召回派"代表，组织上反对布尔什维克的"前进派"。十月革命后，是共产主义科学院院士，"无产阶级文化协会"的组织者和领导者之一。在哲学上，А. А. 波格丹诺夫赞同和宣传马赫主义，在3卷本的《经验一元论》（1904—1906）中，创立了"经验一元论"，认为世界的基础是"要素的混沌世界"，"要素"即感觉，感觉产生人的心理经验，人的心理经验产生物理经验，物理经验产生人的认识，时空、因果性、规律性是经验的组织形式，真理是集体经验的组织形式。

[②] 列宁为批判当时欧洲流行的马赫主义（经验批判主义）和俄国马赫主义者 А. А. 波格丹诺夫，阐述辩证唯物主义认识论，于1908年2—10月在日内瓦和伦敦写成，1909年5月在莫斯科出版。

[③] 1937年 Н. И. 布哈林被捕后，用一年时间在狱中写出三部著作：《社会主义及其文化》、《辩证法概论》、《时代》（小说）。苏联解体前，Н. И. 布哈林的三部狱中遗稿一直被密封在斯大林档案库中，苏联解体后的20世纪90年代得以问世。该三部遗稿目前已被编入《布哈林文集》，并由重庆出版社于2015年年底出版。

[④] 学者们甚至认为，苏联的"教条主义哲学并非脱离生活，相反，它深深地扎根于个人崇拜、践踏法制、经济停滞、道德蜕化的现实土壤之中"，"斯大林时期，正是哲学教条主义者曾'热烈地支持'并参与了对哲学中的独创性思想，对千百个无辜的物理学家、化学家、心理学家的'斗争'，后来又把扼杀遗传学当作进行（不调和'思想'斗争）的靶子"（冯绍雷：《20世纪的俄罗斯》，167页，北京：三联书店，2007)，给苏联自然科学、社会科学的发展带来了巨大的灾难。

比较研究：当代俄罗斯哲学与中国马克思主义哲学

对苏联哲学的这种态度，迅速在整个俄罗斯社会获得反响，其最明显的表现就是，20世纪90年代初社会上盛行"空前地反列宁主义、反社会主义，全面否定与列宁、苏联相关的历史"的思潮，它甚至"深入到中小学课本中"①。哲学与社会思潮互动，形成了一场规模空前的对苏联历史、哲学、文化的讨伐运动。

对苏联哲学的彻底否定态度还使人们在追寻原因中，把矛头对准了马克思主义哲学。曾经被人们奉为英雄、具有革命魔法的马克思主义哲学，这个直到20世纪80年代初还被视为"可以解释一切的完善社会理论"②，随着80年代中后期戈尔巴乔夫改革和"民主的、人道的社会主义"理论的出现，随着90年代初期苏联解体和"民主的、人道的社会主义"建设的停滞，人们生活的每况愈下，而被视为造成过失和失败的罪魁祸首而备受指责，"必须找一个负有盛名的敌人，可以把所有罪过和失败都归咎于他，这里，马克思重新有用了：这就是，在理论上，允许再一次标出马克思理论的错误"③。于是，一时间，称"羞于谈""马克思主义哲学对人类历史产生了什么样的影响"④，称马克思主义哲学已经过时，"谁再谈论和引证马克思主义已经成为愚蠢的做法"⑤，称以马克思主义伦理学为原则的社会主义、共产主义道德是"原罪""笑柄"的代名词⑥的声浪，此起彼伏，一浪高过一浪。这些声浪与反共产主义的浪潮形成合流，共同冲击着以马克思主义哲学为理论基础的社会主义价值堤坝，在否定以此为核心构建的"国家意识"中，失去官方保护的马克思主义哲学迅速土崩瓦解。总之，整个20世纪80年代末90年代初，俄罗斯人在"自我揭露"的狂潮中，情感压倒了一切，以至对影响整个苏联历史长达70多年之久的苏联哲学和马克思主义哲学采取了历

---

① 马绍孟、冯俊：《反思历史，关注现实》，载《哲学动态》，2000（11）。
② 如前所述，尽管此时学界内部已经出现了对马克思主义哲学的批判反思，但这种批判在整体上还未能走出理论界的学术高墙。
③ ［俄］弗·瓦·米洛诺夫：《马克思哲学遗产在当代俄罗斯的地位与作用》，车玉玲译，李尚德校译，载《社会科学辑刊》，2006（1）。
④ 安启念：《九十年代俄罗斯：社会转折与哲学走向》，载《高校理论战线》，1998（9）。
⑤ 聂锦芳：《万花纷谢一时稀——俄罗斯哲学研究现状分析》，载《国外社会科学》，1995（3）。
⑥ 参见夏伟东：《道德教育的"真空"由谁来填补——今日俄罗斯道德教育状况一瞥》，载《高校理论战线》，1998（12）。

第二章 裂变与归真：20世纪80年代末90年代初的中俄哲学

史虚无主义的态度。①

然而，俄罗斯学界在这场讨伐中所呈现的情感色彩还远不止于此。对上述两者的绝对怀疑和绝对否定，进而发展为对哲学存在的必要性、合法性的普遍质疑和普遍否定。这种质疑在苏联建国之初便存在，只是后来随着马克思主义哲学至上地位的确立，关于"哲学是不是科学"及其存在的地位、价值，才成为不容争辩的问题。20世纪80年代末，质疑之声再次在处于"改革"高潮中的苏联哲学界中出现。1989年《哲学科学》第6期发表了 А. Л. 尼基福罗夫的《哲学是不是科学？》一文。该文在质疑马克思主义哲学的实质和地位，从本质上解构了马克思主义哲学的同时，将自1985年苏联改革以来兴起的"反思既往哲学"推向了质疑哲学的生存和价值本身，并在质疑中得出"哲学从来不是，现在不是，而且我希望将来也永远不是科学（马克思主义哲学亦然）"② 的结论。尽管质疑和否定招致了"再质疑"和"再否定"，如被指为鼓吹"反哲学""无政府主义"，但却无法遏制排山倒海的淡化、抛弃哲学（尤其是马克思主义哲学）之潮。

总之，在20世纪80年代末90年代初，整个俄罗斯社会对哲学（除了俄罗斯传统哲学、西方哲学）都抱着不屑一顾或嗤之以鼻的态度，以至连权威人文科学院士都呼吁解散哲学研究机构、停办专业哲学刊物。由此，俄罗斯哲学开始面临空前的生存危机。

（二）对西方哲学、俄罗斯传统哲学的全面肯定

我们没有理由贬低或责备俄罗斯哲人在遭遇长期思想禁锢和精神控制后，面对精神家园的荒芜表现出的狂热和"饥不择食"，但也必须正视由此导致的极端：在彻底摧毁苏联时期的精神偶像后，俄罗斯哲人陷入了"高度的傲慢"与"极端的自卑"③ 的分裂和困惑中。当出于社会良知和历史责任感，把解救社会混乱、精神危机的目光转向久别的自身

---

① 1991年，国立莫斯科大学马克思主义哲学家 В. А. 瓦久林访问中国人民大学时说："当马克思主义还有人相信的时候，教条主义独霸天下，诚实的以科学态度对待马克思主义的人被剥夺了发言权；现在这些人可以说话了，但马克思主义，不论是教条主义的，还是以科学精神解释的，都没有人相信了。"[转引自安启念：《奥伊则尔曼论历史唯物主义（下）》，载《哲学动态》，2002（5）]

② Никифоров А. Л. Является ли философия наукой？ //Философские науки. -1989. -No6.

③ ［俄］罗伊·麦德维杰夫：《俄罗斯往何处去——俄罗斯能搞资本主义吗？》，徐葵等译，49页。

比较研究：当代俄罗斯哲学与中国马克思主义哲学

哲学文化传统和现代西方文明时，他们立即表现出异乎寻常的热情和迷恋。在短短一两年时间里，俄罗斯哲人不仅大量翻译、出版俄罗斯传统哲学（尤其是宗教哲学）和西方哲学的原著，而且随之展开了广泛的研究、探讨、讲授、争辩及评论。在这场"欢呼"与"拥抱"的狂潮中，俄罗斯哲人不仅从立场、观点、方法上力求与传统、与当代接轨，而且从体系构建到语言模式，都希望与以上两者别无二致。他们视俄罗斯传统哲学尤其是宗教哲学为拯救俄罗斯社会和知识分子的救主，对西方哲学和社会科学，不仅"从模式、理论、术语、概念都照搬"，而且力图"在认识论和方法论方面用西方科学的成就描述俄国的现实"，从而使"用西方科学研究非西方型的社会，正在成为一种时髦"[1]。因此，如同地轴的两极：一极是，苏联哲人以"批判性"的面目，对俄罗斯传统哲学和历史文化采取极度蔑视、一笔勾销的虚无主义态度，对西方哲学乃至一切非马克思主义奉行拒绝接纳的封闭主义态度；另一极是，20世纪80年代末90年代初的俄罗斯哲人以绝对开放的姿态自动袭用了包括俄罗斯传统哲学、西方哲学在内的一切非马克思主义哲学。

从全盘肯定到全盘否定（对马克思主义哲学和苏联哲学）或从全盘否定到全盘肯定（对俄罗斯传统哲学、西方哲学乃至一切非马克思主义的、反马克思主义的哲学），俄罗斯哲人这种渗透浓厚感情色彩，体现俄罗斯民族特性的"戾换式"[2] 思维方式，在俄罗斯社会面临急剧变化之时，得到了最为集中的反映。[3] 对自己的文化，人们似乎难以摆脱在两极中跳跃的状态：或极度悲观、完全绝望，断言它"没有为人类的丰富思想贡献出哪怕是一个思想"[4]，所以必须"把历史的原野烧光"（原

---

[1] Пивоваров Ю. С. О социологии России и других вопросах / Ю. С. Пивоваров, А. Д. Некипелов // Россия и современный мир. -1998. -No4.

[2] 贾泽林：《有关俄罗斯哲学传统之争》，载《浙江学刊》，1997（4）。

[3] 对此，中俄哲学家有过分析，如俄罗斯宗教哲学家 Н. А. 别尔嘉耶夫的《俄罗斯的命运》、Н. О. 洛斯基的《俄国哲学史》、С. Л. 弗兰克的《俄国知识人与精神偶像》、В. С. 索洛维约夫等的《俄罗斯思想》，中国学者安启念的《东方国家的社会跳跃与文化滞后——俄罗斯文化与列宁主义问题》、金雁的《苏俄现代化与改革研究》，以及贾泽林、徐凤林等的相关文章。有学者更是将苏联知识分子的这种"戾换式"思维方式喻为"哥萨克情结"："思想中总有一种'我要成为批评者'的愿望"，"希望用自己的学识帮助俄国"，以己之笔澄清天下世事，不停地发动对现实的抨击而招来当局的镇压，当遭到挫折后又极易走极端。[参见黎学军：《苏联哲学史纪事本末》，载《燕山大学学报》（哲学社会科学版），2010（2）]

[4] 安启念：《东方国家的社会跳跃与文化滞后——俄罗斯文化与列宁主义问题》，145页。

第二章 裂变与归真：20世纪80年代末90年代初的中俄哲学

А. И. 赫尔岑语），方有拯国救民于水火之中的希望；或极其乐观、满怀自信，宣称只有它才能给予世人精神慰藉和灵感启迪，才能给处于困境和挫折中的俄罗斯人以出路和光明。这从苏联解体后，俄罗斯宗教哲学、传统哲学、流亡哲学①的复兴和迅速升温中可见一斑。对异己文化，俄罗斯人也总是难以跨越这种极端思维的鸿沟：或视若瘟疫、洪水、猛兽、灾难，避之犹恐不及（这在苏联时期表现得最为典型）；或奉若上帝、神明、甘露、阳光，俯首帖耳，顶礼膜拜（这在20世纪80年代末90年代初表现得最为突出）。

民族性格的两重性影响着俄罗斯哲人的思维，使他们往往面临重大历史事件或在社会急剧变化、转折的关头，渴望为国家前途、民族命运寻求济世良方，但却往往以非理性的方式思考问题。当然，我们不能简单地用"非理性"定义俄罗斯人的思维方式，因为苏联哲学曾经用辩证唯物主义的思维方式，给当代俄罗斯人的思维方式注入了"科学理性"的因素，否则，便无法解释和理解苏联时期发达的自然科学及哲学。但是，我们又必须看到和承认这种"科学理性"所具有的弊端。

其一，它在计划、权威、行政的控制、命令和指挥下，演化为一种近乎刻板的、机械的"理性"思维方式。这种思维方式或许能够在自然科学的研究上卓有成效，但是，在斯大林时代，辩证唯物主义是"安全机关用来摧毁精神意志的一种方法"②，是"被用来当作强制信奉正统观念的棍子"③。因此，它不能提供一种指导社会的手段而往往只是一种防范分裂的工具，一旦来自外部的压力减弱或消失，这种理性往往就会陷入盲目状态。

其二，由于它不能不服从、听命于权威，因而它与西方那种经过人文主义启蒙，建立在自由、民主、人权基础上的"科学理性"有着本质的不同。这往往导致它在社会大动荡时期失去方向且极易被非理性的东西裹胁。面对自己的、异己的文化遗产，难以保持一份理智、几许清醒，而往往在两极中跳跃：或从哲学文化的虚无主义跳向复古主义，或

---

① 俄罗斯流亡哲学：十月革命后流亡于英、法、德、美、捷等国的一些俄罗斯哲人的思想及论著。苏联解体后，俄罗斯流亡哲学以压倒一切的优势涌入俄罗斯。其中，П. Я. 恰达耶夫的8篇哲学书信在几年之内以5种版本出版，总共印了60万册左右，流亡哲学家的著作更是大量印行、重复出版，且供不应求。
② ［英］洛伦·R. 格雷厄姆：《俄罗斯和苏联科学简史》，叶式辉、黄一勤译，135页。
③ 同上书，109页。

从哲学文化的保守主义跃向殖民主义。但无论如何,都会导致或者简直就是"思想的奴役,而非解放",而一旦"思想的奴役在俄罗斯知识分子广大的圈子里导致理念的贫乏和理念的落后"[①],它便不能不阻碍俄罗斯哲学的正常发展。

总体上看,这一时期的俄罗斯哲学正处于改变自身以适应社会剧变的阶段。由此,我们可以发现,苏联解体和苏联剧变,在从根本上改变了俄罗斯哲学的同时,也决定了它在整个20世纪80年代到90年代中期的"无序""无中心""无体系"状态,并为20世纪90年代中后期的走出困境及其"复古性"探索与21世纪的重建"多元"哲学奠定了基础。

苏联哲学的解体和20世纪90年代初当代俄罗斯哲学的乱象,无疑为后来的俄罗斯哲学留下了许多亟待反思的问题:

(1) 何谓哲学的本质和功能?如何全面理解哲学的本质?如何正确发挥哲学的理论功能与实践功能?

(2) 如何认识哲学的意识形态性?哲学的意识形态性与政治的阶级性、哲学的"斗争"形式与政治的斗争形式的区别何在?如何避免哲学沦为政治的祭品和纯粹的合理性论证工具?

(3) 如何认识马克思主义哲学与俄罗斯传统哲学、西方哲学的关系?如何回归苏联哲学、西方哲学、俄罗斯传统哲学的本来面目,客观认识、全面评价它们在人类思想史、社会发展历程中的作用?

(4) 如何在与俄罗斯的社会现实和世界发展潮流的双重对接中,发展当代俄罗斯哲学?

没有对上述问题的深刻反思,当代俄罗斯哲学的研究和发展不可能扫清障碍,走向坦途。

这里,俄罗斯哲学界尤其需要面对的是:作为在俄罗斯当代历史上存在时间最长的苏联哲学,尽管它无法代表俄罗斯哲学的整体,但是,它作为一种全新的文化,无疑是俄罗斯哲学的重要组成部分;尽管它具有诸多弊端,但是,它作为俄罗斯思想史上不能抹去的一笔,却不能不对当代俄罗斯哲学产生影响。

这种影响就哲学理论的内容创造而言,正如当代俄罗斯哲学界普遍

---

① [俄]尼古拉·别尔嘉耶夫:《俄罗斯的命运》,汪剑钊译,76页,南京,译林出版社,2011。

第二章　裂变与归真：20世纪80年代末90年代初的中俄哲学

认为的一样：苏联哲学由于"被政治化"，明显具有领袖型、精英型的特征。当代俄罗斯哲学在戒除苏联哲学这一弊端时，强调哲学的创造不应是个别领袖、少数政治精英和知识精英的独享权利，哲学最终反映的是民众的物质生活与精神生活的世界。因此，民众对哲学最有创造性和发言权。然而，在现实中，当俄罗斯民众因为各种原因远离哲学时，当国家因为社会转型和重建"新俄罗斯"需要哲学时，俄罗斯哲学的关注者就不能不是少数政要和知识精英，故而俄罗斯哲学谈不上任何民众的创造。就此而言，当代俄罗斯哲学在将哲学理论的创新者更多地投向民众时，并没有突出苏联哲学囿于政治精英与知识精英的"重围"，从而没能彻底割断在哲学理论的内容创新上与苏联哲学之间的联系。

这种影响就推行国家意识形态的方式而言，当代俄罗斯哲学家普遍认为，苏联哲学由于国家意识形态的需要，明显具有主观性、实用性、动员性的特征。当代俄罗斯哲学在力图消除苏联哲学的上述特征时，强调民众对所谓"官方意识"自下而上的自主选择权。然而，在现实中，俄罗斯政府在将"多元"理念作为国家意识的主调时，却是以恢复俄罗斯传统哲学、宗教哲学中蕴含的"俄罗斯思想"作为未来"国家意识"的主选的。尽管苏联剧变后，俄罗斯不再沿用马克思主义体系，不再沿袭苏联时期国家意识形态的推行方式，但是苏联哲学在长期运行过程中形成的"主观性、实用性、动员性"等特征却不会因为社会变动而自行消失。相反，在社会意识的惯性和文化发展规律的作用下，其会长期存在并持续作用。因此，当代俄罗斯哲学在摒弃苏联哲学依靠行政权力自上而下地推行其国家意识的同时，并不能彻底摆脱自己与苏联哲学之间在推行国家意识方式上的联系。

第二节　回归与归真：中国马克思主义哲学的新历程

中国始自20世纪70年代末80年代初的改革开放，在极大解放思想的同时，也给中国马克思主义哲学的发展带来了丽日和风。然而，与苏联解体、剧变后俄罗斯哲学的混乱无序相比，80年代中国马克思主义哲学的斑斓色彩和丰富形态，在向世人展现中国马克思主义哲学即将翻开新的一页之时，也为中国马克思主义哲学发展史写下了厚重的一笔。

比较研究：当代俄罗斯哲学与中国马克思主义哲学

一、简单回望：前近 30 年的中国马克思主义哲学

历史无法割断。谈论 20 世纪 80 年代的中国马克思主义哲学，有必要简单回溯自新中国诞生以来的中国马克思主义哲学。否则，我们便无法理解何以学界在这一阶段会形成如此强烈的反思冲动，何以学界在这一阶段会产生如此迫切回归马克思主义哲学本真精神的愿望和行动。

中国马克思主义哲学的前近 30 年，可谓是成就与失误交织、坎坷与默默抗争交替的近 30 年。它始自新中国成立，至 1976 年"文化大革命"结束。

新中国的成立标志着我国学术文化研究进入全面新生的阶段。新中国成立以后，以马克思主义为指导的中国共产党，在强调马克思主义的世界观和方法论对中国社会主义建设的指导作用的同时，也为大力推进哲学社会科学事业的全面繁荣做出了贡献。这一阶段我国的哲学发展有两个基本方向：

其一，马克思主义哲学学科。在中国革命中发挥了巨大作用的马克思主义，在获得国家意识形态地位的同时，也在随后的传播、研究、运用中发挥了哲学的巨大作用。由此，一个在中国思想史上从未有过的新哲学形态出现了，一支集教学、宣传、研究、翻译于一体的队伍形成了。

其二，其他各哲学分支学科。它们在前近 30 年我国的哲学发展中具有一定的影响。各个非马克思主义哲学学科的思想家，除了运用马克思主义方法于各自研究，还在一定程度上致力于不同学科之间的互补。

前近 30 年我国哲学的成就，无疑是多方面的：在高校创办了为数不少的哲学系，并开始招收导师制硕士研究生；建立了相对独立的各哲学分支学科，一些学科如中国哲学、西方哲学、逻辑学等还相当完备；拥有了一批学术造诣高的研究与教学人才；翻译和出版了一批古今中外的哲学著作，如马克思主义哲学方面的《马克思恩格斯全集》《列宁全集》等，西方哲学方面 6 卷本的《哲学史》、西方古代和近代的哲学原著，以及作为批判用的部分近现代西方哲学著作，少数中国传统哲学著作等；提出并探讨了一些具有真知灼见的新研究课题；出版和发表了一批显示扎实学术功力的论著；培养了一支热爱并致力于推进哲学发展的后备队伍等。

第二章 裂变与归真:20世纪80年代末90年代初的中俄哲学

这里有必要指出,尽管中国的马克思主义哲学是在传播苏联马克思主义哲学的基础上以后者为样板发展起来的①,因而在主要理论、体系框架上都基本沿袭过或遵循了苏联马克思主义的哲学范式,且在后来近30年的研究中一直认可和赞同苏联马克思主义的哲学体系,但不能将两者完全等同。因为自十月革命一声炮响,给中国送来了马克思主义的那一天起,中国的马克思主义哲学家注重的是马克思主义哲学中的历史观、认识论、方法论②,并将它们视为马克思主义哲学。在后来的中国马克思主义哲学发展历程上,中国马克思主义哲学家更是在致力于将马克思主义哲学理论与中国社会现实问题的结合中③,将关注点集中于马克思主义哲学中国化的探索之路上。就学术层面而言,这种探索包括新概念的提出、新范畴的推演、新命题的展开、新理论的创建。就话语方式层面而言,这种探讨是运用与中华民族传统思维方式和表达方式相契合的语言,使马克思主义哲学具有鲜明的中国特色和中国气质。在这一探讨过程中,作为职业哲学家的李达、艾思奇等,分别从整体上系统而通俗地阐发了马克思主义哲学;作为政治革命家的毛泽东,从唯物论、辩证法、认识论等多个层面实现了马克思主义哲学的中国化;众多哲学教师和研究者,在"哲学基本问题""中国哲学史""八大关于主要矛盾的表述"等问题的讨论中,以及在"思维与存在的同一性""一分为二与合二而一"等学术争论④中,在表达自己的见解时,如辩证唯物主义的哲学性质问题、辩证法的核心问题、实践在马克思主义哲学中的地位问题⑤、马克思主义哲学的世界观与方法论和认识论之间的关系等,在有别于苏联教科书体系的辩证唯物主义原理的基础上,对马克思主义哲学做出了富有中国民族文化特色的解答。因此,无论就哲学形态还是就具体内容来看,都不能将中国马克思主义哲学完全等同于苏联教科书体

---

① 中国马克思主义哲学形态形成于20世纪初,是将苏联马克思主义哲学"嫁接"到中国社会土壤的产物。早期的中国马克思主义者如李大钊、陈独秀、瞿秋白等的著述,都对促成中国马克思主义哲学形态的产生做出了贡献。
② 这一点,在中国的早期革命家尤其是毛泽东的哲学著作中体现得最为明显。
③ 毛泽东在延安时期写的《论持久战》《矛盾论》《实践论》,在新中国成立后写的《论十大关系》《关于正确处理人民内部矛盾的问题》等文章与著作中,便可证明这一点。
④ 这些争论最终由于"左"的思想干扰和领导人主观意志的决定,在与政治直接挂钩中破坏了正常的学术争论,并留下了极为深刻而沉痛的历史教训。
⑤ 李达的《社会学大纲》、毛泽东的《实践论》,都强调马克思主义哲学本质上是实践的唯物主义,从而将"实践"置于马克思主义哲学的首位。

系的马克思主义哲学。至于两者之间的同一性，则在于都具有东方马克思主义哲学形态的特征。两者间的差别，则在于各自哲学的民族特质。对中国马克思主义哲学而言，教科书体系的苏联马克思主义哲学，也只是特定历史时期不得不借用的"中介"，一旦中国马克思主义哲学积累了自己的经验，具备了自身的理论元素，删除苏联教科书体系中不属于自身的理论内容并借以创造出新的理论体系，便成为必然。

然而，我们又不得不承认，总体而言，我国前近 30 年的哲学，由于政治的过分干预而进展缓慢。受苏联教条化马克思主义哲学和极左思潮的影响，各个学科，无论从指导思想到评价标准、从研究方法到研究进路，还是从资料选择到资料引用、从做出结论到传播运用，都无法避免公式化、简单化、绝对化的弊病，从而难有大的作为；一些本可以通过改造而发展的学科（如政治学、社会学、人口学等）被不恰当地取消。即便作为主流意识形态的、看似最为发展和完善的马克思主义哲学，也因苏联教科书体系所限，而只是部分正确地阐述了某些马克思主义的知识和原理，没有客观、全面、真实地反映作为马克思主义奠基者和创始人的马克思本人思想的内在逻辑、精神实质、理论特性。因而从根本上讲，同样没有获得真正意义的发展。前近 30 年的哲学研究还有一个明显的特点：行政干预导致了马克思主义哲学对其他各个学科的影响和渗透，从而使各个学科呈现出形式的、表面的"融合"，但实质上，不同学科之间，甚至同一学科内部不同专业之间，基本处于各自封闭、相互隔绝的状态。这种互不相涉的"各自为政"，在妨碍学科之间的相互吸取与借鉴的同时，也妨碍了哲学研究整体水平的提升。

需要提及的是，前近 30 年我国哲学事业的发展，虽然一直因为国内政治运动的跌宕起伏而历经坎坷，因"长官意志"和受苏联哲学影响而难免公式化、简单化、绝对化的弊病，但是，新中国的哲学工作者，无论在意识形态高压的"梅雨季节"还是在学术批判的"盛夏酷暑"，无论在政治运动间隙的"阳春时分"还是在文化整体遭遇寒流的"严冬三九"，都始终以公开的或隐蔽的、直接的或间接的方式，继续着理性的思考和爱智求真的跋涉。正是他们不离不弃的执着与坚韧，才使前近30 年我国的哲学事业取得了不能忽略也不容抹杀的成就。正是他们的艰难探索和辛勤付出，在为中国马克思主义哲学的思想史书写了值得讴

第二章　裂变与归真：20世纪80年代末90年代初的中俄哲学

歌、值得纪念的一笔的同时，也为改革开放后大批生力军的涌现打下了人才基础。看不到这些成绩，我们就无法理解，改革开放以后中国马克思主义哲学何以能够走向新生，以及何以选择走向新生的路径。

二、回归与归真：改革开放之初的中国马克思主义哲学

对改革开放30多年来中国马克思主义哲学的研究历程，有学者按照致思路径、研究主题、探讨方式、总体风貌，将其分为三个阶段：始于20世纪70年代末至80年代初的两场大讨论（真理标准问题的大讨论、人道主义与异化问题的大讨论），并在马克思主义哲学的认识论、价值论、哲学史学科建设、教科书体系改革等领域结出硕果的第一阶段；形成于20世纪90年代的研究中心转移、"问题意识"凸显，开拓了新的研究领域，使马克思主义哲学的部门哲学研究迅速崛起，并从哲学基础理论研究向哲学观层次研究跃升的第二阶段；形成于21世纪的研究热点领域、研究路径分化，预示了研究范式的新的转换前景，产生出马克思文本研究、国外马克思主义研究、马克思主义哲学当代形态研究等多个热点的第三阶段。[①] 此外，有学者依据改革开放的历史进程，将30多年来的中国马克思主义哲学研究分为20世纪70年代末到80年代末、20世纪90年代的前五年、从20世纪90年代中期（尤其是建立社会主义市场经济体制以来）到现在的三个阶段。[②] 两类划分大同小异。为便于比较分析，本书主要依据第一种类型的划分。

（一）致思路径：两场大讨论

20世纪70年代末，中国拉开了改革开放的序幕，它在引发人们揭露十年"文化大革命"的灾难、恶果之时，也促使学界反思导致这场灾难的深层社会机理和理论原因。对马克思主义哲学"何以如此？"的追问，推动着学界进而追问和思考"真正的马克思主义哲学究竟为何？"。打开这一追问和思考之门并引导学界走向思路深处的，便是发端于20世纪70年代末并在当代中国思想史上产生了深远影响的两场大讨论：真理标准问题的大讨论、人道主义与异化问题的大讨论。

[①] 参见杨学功：《超越哲学同质性神话——马克思哲学革命的当代解读》，276～277页，北京，北京大学出版社，2010。

[②] 参见郝立新主编：《当代中国马克思主义哲学研究走向》，8～9页，北京，中国人民大学出版社，2012。

比较研究：当代俄罗斯哲学与中国马克思主义哲学

1. 真理标准问题的大讨论

这场大讨论以《实践是检验真理的唯一标准》① 一文的发表为起点，在历时两三年的时间中，学界就"何谓真理的标准？""实践是不是检验真理的标准？""实践是不是检验真理的唯一标准？""实践怎样检验认识的真理性？""真理标准的绝对性与相对性""实践检验与逻辑证明的关系"等问题，展开了深入的讨论。

这场大讨论尽管具有浓厚的政治色彩②，然而，它对整个国家、民族的未来命运所产生的深远影响和巨大价值，却是怎么评价都不过分的：作为走向新时期之初，我党的一次回归马克思主义哲学常识的"返本"运动，它为恢复和确立党的实事求是思想路线奠定了哲学基础；作为"文化大革命"之后，全社会第一次"思想启蒙运动"，它为打开长期以来套在人们思想上的精神枷锁，引领思想解放进程，立下了汗马功劳；作为改革开放大幕即将开启，中国理论界的第一场思想解放运动，它为反思高度政治化、单纯意识形态化的哲学，摒弃教条、僵化的思维模式，从而走向真正的马克思主义哲学研究，营造了宽松的理论环境和良好的舆论氛围；作为全党、全社会、全理论界的精神引领，它开启了一个新的时代——改革开放时代。

这场大讨论具有强烈的学术意义。由它引发，自20世纪80年代初期提出，80年代中后期达到高潮，进而延续到90年代乃至21世纪的"实践唯物主义"，在适应"社会的大变革要求哲学观念变革"的时代需要中，使中国马克思主义哲学界向长期囿于"辩证唯物主义"尤其是从认识论范畴理解马克思主义哲学的传统方式发起了第一次挑战，从而在被过去一直视为神圣的辩证唯物主义的"铁壁铜墙"上开

---

① 该文最初由当时南京大学哲学系青年教师胡福明撰写，后经中共中央党校教师吴江、孙长江等多人反复修改，于1978年5月10日首先发表在当时由胡耀邦主持的中央党校内部刊物《理论动态》上，第二天即以"特约评论员"的名义刊登在《光明日报》第1版的显著位置。该文强调马克思主义不应是一堆僵死不变的教条，而应在实践中不断增加新观点、新结论；强调实践是检验真理的唯一标准。该文的发表，在遭遇了短暂阻力后便如同晴空霹雳，惊醒世人，并在理论界迅速掀起了规模空前的大讨论。无数理论工作者和宣传工作者通过开座谈会、发表文章、进行讲演等方式参与其中。据不完全统计，短短两三年时间，各地报纸杂志发表的文章就达数百篇。

② 关于这场大讨论的政治意义，邓小平明确而精辟地指出，它的确"是个政治问题，是个关系到党和国家的前途和命运的问题"（《邓小平文选》，2版，第2卷，143页，北京，人民出版社，1994）。

第二章 裂变与归真：20 世纪 80 年代末 90 年代初的中俄哲学

凿出第一个缺口。"实践唯物主义"的提出，在强调实践观在马克思主义哲学中的基础地位和中心地位，高扬人的主体、价值、地位、权利的同时，实现了对传统马克思主义哲学观念的重大突破。这一重大突破，对 30 多年来的中国马克思主义哲学研究的影响无疑极为深远。

然而，我们在充分肯定真理标准问题的大讨论的历史意义时，又不得不看到，由于这场大讨论首先是出于现实的迫切需要而展开的，所以对其可能存在的理论上的逻辑困境还没来得及从学理层面加以反思。比如，这场大讨论当时限在辩证唯物主义的理论体系内展开，以至当它坚持"实践是检验真理的唯一标准"，承认这一标准既不能从主观意识也不能从客观对象，而必须从具有"主客统一"本性的实践中寻找时，它就不能坚持真理标准上的唯物主义，从而实质上否定了辩证唯物主义关于"马克思主义哲学是唯物主义哲学"的基本命题；当它坚持"马克思主义哲学是唯物主义哲学"，并坚持从真理对象、真理标准的客观性去理解唯物主义的真理观，认为检验真理的标准既非主观的，也不具有主观性的"客观性"标准时，它就因忽略实践是包含主观要素在内的客观物质活动，而不能被视为纯粹的客观物质活动，不能坚持真理标准上的辩证法，无法把实践作为真理的标准，从而实质上否定了辩证唯物主义关于"实践是检验真理的唯一标准"的基本命题。如何既坚持马克思主义哲学的唯物主义本性，又坚持实践是检验真理的唯一标准？对此，学界在其后的相关反思中，强调立足于马克思的新唯物主义，"像马克思那样，把实践理解为人类感性的活动、物质活动"[①]，即将实践标准置于实践唯物主义的整个理论逻辑中去理解，看到实践正是认识的对象和源泉，因而也是认识真理的标准，从而使辩证唯物主义的真理标准观得以走出这一逻辑困境。

2. 人道主义与异化问题的大讨论

这场大讨论以朱光潜在两篇文章[②]中率先提出"人道主义"问题，

[①] 王金福：《马克思的哲学在理解中的命运——对马克思主义哲学史的解释学考察》，317 页，苏州，苏州大学出版社，2003。

[②] 其一为《文艺复兴至十九世纪西方资产阶级文学家艺术家有关人道主义、人性论的言论概述》一书所写的"序言"，载《社会科学战线》，1978（3）；其二为《关于人性、人道主义、人情味和共同美问题》，载《文艺研究》，1979（3）。

比较研究：当代俄罗斯哲学与中国马克思主义哲学

汝信、王若水的文章①中率先提出"异化"问题为开端，学界从1980年开始了对该问题的热烈讨论。从1980年起，讨论文章大量涌现，将全国几乎所有的报纸杂志都卷入其中，许多刊物还开辟了专栏。② 这场大讨论吸引了一些资深的马克思主义哲学理论家③，他们的参与在大讨论的不同时期发挥了重要作用。在长达数年的时间中，学界就"何谓人性？""何谓人的本质？""人性与人的本质的概念区别何在？"，尤其是"马克思主义与人道主义究竟有何关系？""能否用异化观点解释社会主义社会的消极现象？"等问题，展开了激烈的争论。

关于这场争论，人们评说不一，至今仍未达成共识。然而，它在讨论中涉及的人的尊严、地位、权利等问题，在释放人们潜藏于心10年之久的悲痛情感的同时，也触动了人们痛定思痛的神经；它关于人的主体性、自由、价值等问题的争论，在促使学界反思社会主义的消极现象时，也推动了学界从哲学层面思考诸如"文化大革命"中各种非人道现象何以形成的深层机理等问题。这场争论尽管早已结束④，但由它引发的对"人"的问题的深入思考，却在社会各个层面持续发酵且绵延至今。理论界20世纪80年代后期的价值论研究，90年代的人学研究，21世纪的人权研究，以及马克思哲学"历史评价与价值评价"的研究，乃至当下公平、正义问题的研究等，无一不是当年这一大讨论的别样表现形式。中央高层关于"代表中国最广大人民的根本利益"⑤的观点、关于"以人为本"⑥科学发展观的理论、关于"中国梦归根到底是人民的梦"⑦的思想，同样可以被看作这一大讨论的回声和继续。

两场影响深远、意义重大的大讨论，在标志中国的哲学发展即将进

---

① 汝信的《青年黑格尔关于劳动和异化的思想——关于异化问题的探索之一》［载《哲学研究》，1978（8）］，王若水写于20世纪60年代的旧稿《关于"异化"的概念》（载《外国哲学史研究集刊》，1979）。

② 据不完全统计，其间或稍后，各地出版相关文集近30种，发表文章700余篇。

③ 如黄枬森、陈先达、丁学良、高尔泰等。

④ 1984年1月3日，胡乔木在中共中央党校做了题为"关于人道主义和异化问题"的总结性报告，《理论月刊》1984年第2期以同题发表了该总结性报告。至此，争论基本停止。

⑤ 《江泽民文选》，第3卷，272页，北京，人民出版社，2006。

⑥ 中共中央文献研究室编：《十六大以来重要文献选编》上，649页，北京，中央文献出版社，2005。

⑦ 中共中央宣传部编：《习近平总书记系列重要讲话读本（2016年版）》，8页，北京，学习出版社、人民出版社，2016。

第二章　裂变与归真：20 世纪 80 年代末 90 年代初的中俄哲学

入全面发展的新历史时期的同时，也为中国马克思主义哲学界开启了"反思哲学"①的时代，并揭开了中国马克思主义哲学向马克思主义哲学本真精神回归的序幕。

（二）反思兴起：何为马克思主义哲学

这里，首先要说明的是，这场反思及其随后在学界引发的争论，在 20 世纪 80 年代初现端倪，至 20 世纪 90 年代达到高潮，并延续到 21 世纪。因此，这里对"反思哲学"中一些问题的追溯，并不限于 80 年代，也涉及之后的时期。

向马克思主义哲学本真精神的回归，促使学界从多个向度追问和思考马克思主义哲学的一些最基本的理论问题，内容涉及传统教科书体系中的哲学基本问题、认识论、方法论、历史观诸方面。讨论最终在使主客体关系、实践唯物主义、真理观、价值观、中介论、矛盾统一性等问题，成为这一时期马克思主义哲学研究主题的同时，也让人们辨明了马克思主义哲学"究竟为何？"的问题。

1. 马克思主义哲学的"本体"和哲学基本问题

回归马克思主义哲学的本真精神，首先需要反思传统教科书所理解的"本体论"②。对此，学者指出，传统教科书将马克思主义哲学的大厦之基归于人之外的"物质世界"，认为一切源于物质，一切通过物质。因此，"物质第一性、意识第二性"被认为是绝对的、至上的真理。针对这一将"物质"完全脱离、独立于人的现实感性活动，而不可避免地使其具有抽象思辨性的致思路径，学界从下述方面进行了反思：（1）传统教科书模式中以物质为基石的本体论是否符合马克思主义哲学的本义？如果不符，又怎样理解马克思在《德意志意识形态》中阐发的唯物史观？如果符合，又怎样理解马克思在《关于费尔巴哈的提纲》中对旧唯物主义的批判，以及怎样理解在《德意志意识形态》中使用的"实践的唯物主义"术语？（2）马克思主义哲学作为"新哲学"，究竟"新"在何处？其本体论与近代主客二分模式究竟有何区别？（3）马克思主义

---

① 所谓"反思哲学"，即重新审视对马克思主义哲学的传统理解，重新认识马克思主义哲学的实质。

② 在传统教科书中，因其认为"本体论"是思辨哲学的术语，故而对它弃之不用。但不可否认的是，传统教科书理解的辩证唯物主义仍然具有本体化倾向，即它不是将理论与实践、社会存在与社会意识的关系问题而是将思维与存在的关系问题作为马克思主义哲学的基本问题，不是将实践范畴、社会存在范畴而是将物质范畴作为马克思主义哲学的基本范畴。

哲学是否具有本体论？如果有，这种本体论以何种方式存在？等。

反思推动着学界重新回到马克思的哲学文本，并强调指出：马克思是从唯物主义原则自身而非唯物主义与辩证法的关系来区别新、旧唯物主义的，是从直观性而非机械性和形而上学性来批评包括费尔巴哈在内的旧唯物主义的主要缺点的，因此传统教科书对旧唯物主义缺点的看法不符合马克思的思想；马克思是从人们的社会存在即实践出发而非从自然存在出发来解释观念的东西的，从而在改造旧唯物主义的基础上，实现了唯物主义出发点的根本转变，因此传统教科书没有理解马克思新唯物主义在哲学基础上的变革。

反思带来了思想解放，学界出现了以"辩证唯物主义"还是以"实践唯物主义"命名和界定马克思主义哲学的争论。争论在20世纪80年代后期达到高潮并持续到90年代，涉及和关注的主要问题之一便是：马克思主义哲学的本体究竟是何？物质？存在？实践？社会关系？……还是其他？随着对马克思哲学实践观的深入讨论，一种要求将马克思主义哲学本体论置于社会历史和人的实践中考察，注重本体论形态的多样化、变动性，反对将其单一化、凝固化，注重肯定马克思主义哲学历史观的"存在论""生存论"价值，反对将其从中剥离，使之成为无根基、无复杂多样性的"实证科学""知识论"的观点，开始被学界接受。争论的结果是，在对马克思主义哲学本体论的异质理解基础上，形成了物质本体论、物质—实践本体论、生存本体论、感性存在本体论、社会存在本体论、社会关系本体论、实践本体论、生产本体论、生产关系本体论以及"超越本体论"[①] 等不同的结论，并为后来学界以解释学为基本路径、从多元角度提出各种本体论观点打开了思路。

无疑，"实践唯物主义"的提出，在理论的总体倾向上恢复了马克思主义哲学的基本原则——理论与实践的统一，从而有力地揭示了马克思主义哲学的精神实质，焕发了其生命活力。同时，从"实践唯物主义"角度理解马克思主义哲学，批评和指责对马克思主义哲学的传统理解方式，破除先前只能根据恩格斯、列宁、斯大林的著作来理解马克思主义哲学的绝对主义解释学观念，从而促进学界解释学意识的觉醒，在"回到马克思"的运动中，研究马克思原典，在理解马克思创立的马克

---

① 所谓"超越本体论"，即认为马克思主义哲学不是以某种本体论取代旧本体论，而是对本体论的"终结"。

第二章 裂变与归真：20世纪80年代末90年代初的中俄哲学

思主义哲学中，提出诸多传统理解方式中不具有、不明确、不系统的观点，无论对深入理解马克思主义哲学的本质还是对推进中国的社会变革，都具有极其重要的意义。

然而，我们在充分肯定"实践唯物主义"的提出和阐释，对于把握和提升马克思主义哲学精神实质的作用的同时，又不能不看到其中存在的理论不足：仍然囿于传统教科书"主客观统一"的视域，而没有从实践的客观性即人类生活的物质存在方式去理解实践；将"主客观统一"的实践作为世界本体，以"实践本体论"取代马克思主义哲学的物质本体论，走向对本体的"超越"而违背了马克思主义哲学唯物主义的基本原则；在将马克思的实践唯物主义等同于人道主义，在历史观上混淆了人道主义与马克思实践唯物主义的本质区别。个别学者甚至在秉承西方学者不断重复的"马恩对立"，在实践唯物主义与辩证唯物主义的划界中，根本否定了辩证唯物主义的合理性。因此，进入21世纪后，有学者在先前争论的基础上提出，必须区分"实践作为哲学范畴在马克思哲学中的地位"和"实践在物质世界中的地位"这两个问题，认为前者涉及马克思主义哲学变革即新、旧唯物主义的根本区别问题，后者涉及唯物主义与唯心主义的实践观的区别问题。[①] 这一观点为全面、深刻地理解马克思主义哲学的本体论提供了更为客观的视角。

反思传统教科书的"本体论缺陷"，是否意味着这种"反思"本身无懈可击？事实上，自20世纪80年代末的两场大讨论起，在对传统教科书的一片批评声中，学界始终存在支持者和辩护者。他们从辩证唯物主义含义的科学性，马克思主义哲学的对象是整个世界而非限于社会历史、人、思维的领域，马克思主义哲学的理论内容和逻辑结构由世界观、历史观、意识论三部分组成，否定对马克思主义哲学的"超越"式理解[②]等方面，为传统教科书"辩证唯物主义"理解的正确性、合理性抗争。进入21世纪以后，学界在肯定对传统教科书"本体论"反思的积极意义的同时，又对这类反思中存在的相对主义诠释倾向提出质疑，

---

① 参见陈先达：《我的求索之路》，载《毛泽东邓小平理论研究》，2011（7）。
② 如做人道主义的理解，将马克思主义哲学归结为人学、类哲学；做实践唯物主义的理解，或以这种理解否定辩证唯物主义的理解，将马克思主义哲学称为实践唯物主义等。（参见陈先达、黄枬森、邢贲思等学者在这一时期的著述。）

指出必须看到和承认传统教科书尤其是辩证唯物主义对马克思主义哲学的理解，无论在总体上①还是在具体阐述上②，都有值得肯定的、正确的一面，认为这种正确方面的理解既是对马克思主义哲学的坚持和发展，也应成为当代中国马克思主义哲学在通过回归马克思哲学文本而激活马克思的"在场"中必须坚守的东西。因此，这种对反思的反思，无疑有助于推动中国马克思主义哲学理论体系的构建，更接近马克思主义哲学的本真。

由于哲学基本问题直接关乎对马克思主义哲学本体论的理解，而这一问题是马克思主义哲学最为基础的理论之一，涉及构建马克思主义哲学体系的逻辑起点、本质、基础等问题，因此，对哲学基本问题的反思在中断20余年后③的20世纪80年代初又回到学界，并与对马克思主义哲学本体论的反思如影随形。这种反思包括：（1）哲学基本问题的含义究竟包含哪些？（2）哲学基本问题是否会随着时代的变化而过时？如果没有过时，它在现当代的表现形式有无变化？变化怎样体现？（3）主客体关系问题是否属于、能否取代哲学基本问题？等。

对哲学基本问题的反思，给学界留下了深入考察马克思主义哲学基本问题的广阔思维空间，促使学界在思考传统教科书关于哲学基本问题的"两个方面"④ 模式合理性的同时，揭示了它的局限性：传统教科书对哲学基本问题的理解仅仅停留于思维与存在的一般关系，而没有考察马克思主义哲学对这一问题的特殊理解⑤，因此，它既没有揭示马克思主义哲学在这一问题上与旧唯物主义的区别，也因将理论与实践的关系问题仅仅视为认识论的基本问题，将社会存在与社会意识的关系问题仅仅视为意识与存在关系的特殊表现（即狭义历史观的基本问题）而非现实形态，而未能揭示马克思主义哲学在这一问题上的宏观价值。因此，

---

① 马克思主义哲学是与唯心主义相对立的唯物哲学、与形而上学相对立的辩证哲学、与不可知论相对立的可知论哲学。

② 提出和阐述了物质一元论、物质范畴、哲学基本问题、哲学党性原则、辩证法一般规律和系列范畴、自然辩证法等。

③ 1961年前后，学界对此展开过讨论。

④ 对思维与存在之关系的不同回答，是区分唯物主义与唯心主义的根本标准；对世界的可知性与不可知性的不同回答，是区分可知论与不可知论的标准。

⑤ 虽然作为唯物主义者，马克思并不否认思维与存在的"一般"，但作为新唯物主义者，马克思的全部理论都是围绕社会存在与社会意识、理论与实践的关系展开的。

第二章 裂变与归真：20世纪80年代末90年代初的中俄哲学

传统教科书的辩证唯物主义，缺乏对马克思主义哲学基本问题的深度理解。基于对哲学基本问题的反思，学界得出了诸多新的结论，例如：(1) 将哲学基本问题归纳为四种，即思维与存在何为第一性和世界可知性问题，唯物主义与唯心主义、辩证法与形而上学"两个对子"，唯物主义与唯心主义两条哲学基本路线的对立斗争，哲学基本问题不同于哲学最高问题。(2) 反对或赞同将主客体关系问题并入或用其取代哲学基本问题。反对者认为，现当代哲学研究对象、研究主题的改变，只是哲学基本问题表现形式的变化，而非哲学基本问题本身的改变。赞同者认为，主客体关系问题在现当代哲学中已经成为哲学基本问题。(3) 关于哲学基本问题变化的诸多见解。一是认为它是"变"即形态可变与"不变"即基本问题不变的统一。二是认为它只是近代哲学的基本问题因而是可变而非永恒不变的。三是认为随着现当代哲学和马克思主义哲学的产生、变革，哲学基本问题已被终结和超越等。上述关于哲学基本问题的思考，对探究、求解马克思主义哲学的本真精神，无疑是有价值的。

2. 马克思主义哲学的认识论问题

回归马克思主义哲学的本真精神，还需要反思传统教科书理解的认识论。对此，有学者指出，与抽象的物质观相应，传统教科书将马克思主义哲学的认识论，限定在研究认识的"一般本质"及"一般发展规律"的框架内，因而基本停留于近代"知识论"层面，指出它存在着"知、情、意"之间的断裂，社会系统诸因素与个体认识诸能力之间的断裂，社会心态、社会理解、语言解释能力之间的断裂等问题。随着"实践""主体性"讨论的展开，学界围绕认识论的一些基本理论，思考了下述问题：(1) 哲学是否就是认识论？(2) 认识论的根据问题，是实践本体还是物质本体？还是两者的统一？(3) 认识的本质问题，即认识的主客体关系问题，是反映？选择？建构？还是两者或三者的统一？(4) 认识的过程问题，即关于"知性"在感性认识与理性认识、"实践理性"在理性认识与实践中的中介作用问题。(5) 检验认识的真理性标准问题。(6) 认识主体与认识客体的关系问题，如认识主体与社会文化传统的关系，认识的前结构与人的实践活动的关系等。

反思传统认识论的基本理论，离不开对实践问题的反思。这种反思，既包括认识论意义上的实践观问题，又包括本体论意义上的实践观问题。前者在20世纪80年代侧重于实践是否是检验真理的标准问题，而后者由于它涉及实践在马克思主义哲学中的地位，即涉及"马克思主义哲学的特质是否是实践性？""马克思主义哲学的本体是否是实践？"等问题，在当时学界对哲学基本问题的探讨中就引发了激烈的争论：马克思主义哲学的基础究竟为何？"基础"与"首要的基本的问题"是否是一回事？坚持实践，还是坚持客观物质世界，还是"既坚持外部自然界的优先地位又承认实践的世界观意义"？……这些问题在引导学界反思传统教科书认识论的同时，也为辨明许多先前含混不清的问题，拆解单一的马克思主义哲学体系模式，以及后来马克思主义哲学教科书体系重建，提供了致思路径。

认识论的探讨必然涉及真理观。对历史的反思、真理标准、实践问题的讨论，又引发了学界进而反思传统教科书的真理观问题。对此，有学者指出，传统教科书中的真理观，以唯物论为基础，从辩证法维度论及了真理的属性（客观性、相对性与绝对性的统一），但是，由于它基本不涉及真理的价值性，因而难免有抽象性之虞。学界对真理观的反思包括：（1）何谓"真理的本质属性"？即真理具有"客观性"还是具有"主观性"，以及真理是否具有"阶级性"的问题。（2）有无价值真理？承认价值真理会不会导致多元真理和阶级真理？

反思的结果是，在争论中推动学界深入思考何为真理的本质等问题。对此，有的认为有客观真理与主观真理之分，有的坚持真理的本质是客观性的，有的主张真理的本质是主观性的（但多数学者反对"主观真理论"），从而在辨明真理本质的同时，也为如何辩证地认识真理的"主观因素"提供了思路。反思还促使学界深入思考价值真理问题。对此，一种观点认为真理有事实真理与价值真理之分，而传统的真理定义只概括了事实真理而排斥价值真理，因而不具有普遍意义；另一种观点则认为承认价值真理，真理成为因人而异的理论，就否认了客观真理，将导致真理多元论。反思还推动学界深入思考真理与阶级的关系，即真理是否具有利益因素，是否具有意识形态性，以及深入思考真理的表现形态与本质的关系、真理的一元与多元的关系等问题，从而推动了对真理问题理解的深化。

上述认识论问题，在成为20世纪80年代马克思主义哲学研究的轴心，即当这种讨论使哲学基本问题的探讨主要围绕"哲学是否就是认识论?"的问题展开,辩证法的讨论以"辩证法是否就是认识论?"的问题展开,历史观的研究以历史之"主客体关系"的形式进行时,它便将马克思主义哲学的本体论、方法论、历史观紧紧地串在了一起。它在开辟重新理解马克思主义哲学理论之路时,对建构"主体—客体关系"的认识论框架起了尤为巨大的作用。

需要指出的是,我们今天充分肯定"认识论反思"对正确理解马克思主义哲学的价值,并不意味着否定传统教科书诸多认识论观点的正确性。无疑,传统教科书关于能动的革命反映论、客观真理论、认识对象的客观性、认识运动的辩证法等观点,都贯穿着"客观性"的唯物主义原则。但这一原则并不违背反而恰恰符合马克思主义的唯物主义认识论思想。否则,我们将无从理解马克思主义哲学在认识论上的革命。因此,当这类"反思",将"主体性原则"视为高于"客观性原则",视为马克思哲学认识论的最高原则,将真理视为因人的认识参与而不再"纯客观",将认识视为不再是思维与外在对象的符合而是主体活动的认识时,我们同样需要警惕那种由强调马克思新唯物主义实践原则的主体性,走向否定其客观性的极端;否则,不仅无助于正确理解马克思主义哲学的认识论,而且可能因此滑向马克思本人所极力反对的主观思辨哲学。

3. 马克思主义哲学的辩证法问题

回归马克思主义哲学的本真精神,还促使学界反思传统教科书的辩证法理论。在这一过程中,学界就自然辩证法是否仅限于自然观、客观辩证法是否与社会历史和人的目的性活动无关等问题,展开了争论。

一些学者批评传统教科书:一是将马克思主义哲学辩证法局限于客观与普遍两大特性,因而其规律和范畴属于自在世界;二是恩格斯的自然辩证法,将自然界与人的目的性活动分开,是典型的知性辩证法;三是将主观辩证法看作只是人对客观辩证法的反映,将辩证法归结为方法论,视其只有认识工具的价值。针对传统教科书这种将辩证法视为与人的实践活动无关,仅仅将它视为方法论的做法,学界从下述方面进行了反思:(1)辩证法是否是唯物主义与辩证法的"合成物"?(2)辩证法的生命力何在?是实践还是客观自然界?(3)辩证法仅是一种方法论,还是同时具有本体论、世界观的意义?(4)辩证思维是两极性的还是多样复杂性的？（5）矛盾的同一性是否包括矛盾转化？等。

　　一些学者则强调，传统教科书关于客观辩证法是主观辩证法的基础的观点，不仅没有违背马克思哲学关于自然史和人类史相统一的观点，而且正确反映了自然与人类、客观辩证法与主观辩证法的相互制约关系，而这正是马克思哲学的历史观所主张的。恩格斯的自然辩证法，强调劳动创造了人和人类社会，从而将自然与历史统一在人的劳动活动中，实现了在劳动实践中自然辩证法与历史辩证法的统一。因此，恩格斯的自然辩证法，"绝不限于马克思主义自然观的论述，而更在于使自然界和人类社会两大领域的研究相互衔接，形成整体，为马克思主义哲学理论的进一步完善化奠定了基础"[①]。

　　争论双方的观点各有千秋，但都有充分的理论依据和合理性。批评者立足主体性、历史性维度的辩证法解释，虽然难免具有消解辩证法客观性的危险，但却促使了学界审视马克思主义哲学辩证法的特殊点究竟在何处。赞同者立足客观性、自然性维度的辩证法阐释，虽然难免具有弱化辩证法主观性的嫌疑，但却推动了学界深思马克思主义哲学辩证法的内涵究竟包括哪些内容。这一反思和争论一直延续到今天，它对学界深化对马克思主义哲学辩证法的理解仍然意义重大。

　　反思和争论的结果是，促使学界深化对辩证法的理解。这种深化包括提出了中介概念、否定性辩证法、动态平衡理论、矛盾解决方式的多样化理论、系统论与辩证法结合的理论，以及对社会主义社会的辩证法探讨。对社会主义社会辩证法的探讨涉及中国特色社会主义建设的方方面面，如经济建设中的改革与开放、发展与稳定、平衡与非平衡、有形之手与无形之手，政治建设中的民主与法制、民主与社会主义，文化建设中的主旋律与多样化、民族性与世界性，以及社会建设中的"两个文明""两手抓"等。这一将马克思主义哲学与改革开放现实有效结合的探讨，既丰富了马克思主义哲学的辩证法内涵，又凸显了其实践价值。

　　4. 马克思主义哲学的历史观问题

　　回归马克思主义哲学的本真精神，还促使学界反思传统教科书的历史观理论。对此，学者指出，由于传统教科书将历史唯物主义理解为仅

[①] 张翼星：《为卢卡奇申辩——卢卡奇哲学思想若干问题辨析》，160页，昆明，云南人民出版社，2001。

第二章 裂变与归真:20世纪80年代末90年代初的中俄哲学

是辩证唯物主义在社会历史领域的延伸或推广、仅仅强调社会规律的客观必然性和对人的制约性,因而无论对唯物史观在马克思主义哲学中的地位、价值,还是对社会历史的规律、本质、动力,以及人在社会历史中的作用等问题的理解,都存在零散性、片面化的缺陷。基于此,学界反思了下述问题:(1)"推广论"是否准确、是否正确地反映了马克思的哲学思想?是否体现了马克思主义哲学观变革的本质?(2)马克思主义哲学历史观的出发点是劳动、实践、物质生产方式,还是异化、人?(3)社会规律与人的活动之间究竟具有什么关系?它的表现形式是怎样的?等。

反思的结果是,促使学界深入思考苏联斯大林传统教科书模式弊端的症结在于,它对马克思主义哲学的简单化、平面化、单一化的解读,从而遮蔽了马克思主义哲学历史观的本真精神。进入20世纪90年代以后,更有学者揭示了这一"遮蔽"的实质:"窄化"了唯物史观的理论内涵,将社会限于一般的"世界图景";"弱化"了唯物史观的哲学地位,将其降格为辩证唯物主义的应用哲学;"矮化"了唯物史观的理论高度,将其视为无异于旧唯物主义的理论。[①] 这类反思推动了学界重新认识马克思哲学与历史唯物主义的关系,深入思考马克思唯物史观的本质特点,并将马克思哲学的"总体性"内涵归结为在马克思的哲学视域中,自然观、认识论、方法论、范畴论都具有不能离开人类实践活动的意义。反思在引发人们对马克思主义哲学本质和基石的新思考中,促使人们重新思考马克思主义哲学的自然观、本体论、认识论、方法论与历史观之间的关系。

毋庸置疑,在这类反思中,"马克思主义哲学就是历史唯物主义"的观点对深刻理解马克思主义哲学的本质,马克思主义哲学的主题"是人类历史而不是自然界"的观点对理解马克思主义哲学主题的转换,旧唯物主义的根本缺点是直观性的观点对理解马克思主义哲学何以是实践的或历史的唯物主义,将对象作为人的感性活动、实践去理解对深刻把握马克思的科学实践观和哲学变革的实质,"推广论"不能解释马克思何以创立了历史唯物主义的观点对理解唯物史观产生的理论原因,都具有不可否定的价值和意义。但需要指出的是,我们今天在肯定这类反思

[①] 俞吾金:《论两种不同的历史唯物主义概念》,载《中国社会科学》,1995(6)。

时又不能不看到它存在的问题。它在否认马克思主义哲学有一般自然观或物质本体论时,能否否认被人类实践活动证明了的自然的先在性,能否否认马克思对自然先在性、世界物质性的肯定?它在称自然是"一个社会历史的范畴"时,能否因此得出"自然本身是社会历史的存在"的结论,能否根据实践中包含着自然属性和自然规律而推论出后者依赖于前者而存在,能否由认识对象是社会历史性的存在而得出认识所指称的东西都是社会历史的存在的结论,能否因对自然的认识的历史性变化而断言自然本身随之变动,能否因肯定人化自然就否定先在自然的存在?它在强调马克思主义哲学的主题是人而不是自然时,能否因此得出马克思主义哲学只研究人类历史的特殊本质而不研究世界一般本质的结论,能否用自然对人的价值去否定自然的存在?

反思中的这些问题,进而引发了学界关于传统教科书中马克思主义哲学历史观的激烈争论。争论使学界对传统教科书的缺陷有了更为清晰的认识,这些缺陷主要包括:将历史唯物主义只视为马克思主义哲学的部分而不具有整体性质;对旧唯物主义主要从机械性、形而上学性去理解,未能突出人和社会历史问题在马克思主义哲学中的根本地位;未将实践范畴而仅将物质范畴视为马克思主义哲学的基本范畴,从而遮蔽了马克思主义哲学的主题,限制了理解马克思主义哲学实质的视界,妨碍了对马克思主义哲学实质的深刻把握;等等。同时,争论使学者们认识到,如同传统教科书将社会历史仅仅视为马克思主义哲学的一个部分,从而"窄化"了马克思主义哲学一样,如果走向另一极端,即将社会历史视为马克思主义哲学的唯一研究领域和研究任务,那么同样有"窄化"马克思主义哲学的可能。

反思的结果是,激励学界深入马克思主义哲学与人道主义的关系领域,并在下述问题上形成了争论:(1)在辨析人道主义与社会主义的关系中,产生了三种基本观点:肯定者认为,应当肯定人道主义在社会主义社会的积极意义;否定者认为,社会主义精神文明不应当停留在人道主义水平;折中者认为,社会主义需要人道主义但只能限于伦理道德领域。(2)在肯定异化理论在马克思主义哲学中的价值地位中,形成了三种基本见解:异化理论是马克思主义哲学诞生的基石并在其后不断发展,异化理论只是青年马克思思想中不成熟的理论,异化理论是马克思从旧唯物主义向新唯物主义过渡的中介环节。(3)在争论社会主义社会

第二章 裂变与归真：20 世纪 80 年代末 90 年代初的中俄哲学

是否存在异化中，出现了两种对立的理论：异化劳动与私有制相连，社会主义社会是公有制而非私有制，因而没有劳动异化，所以不能以异化解释社会主义社会的消极现象；劳动异化的根源在于分工，社会主义社会分工的存在决定了社会主义社会的异化不可避免。(4) 在探讨马克思主义哲学的出发点是"人"还是"其他"中，形成了两种基本观点：肯定者认为，马克思主义哲学革命的关键就是，通过将抽象的"人"还原为"历史的、现实的、具体的"人，将人的实践活动首先是物质生产实践视为在社会历史的基础上建构起来的；反对者认为，应该从物质生活条件、物质生产方式去理解"人"，而不是相反。上述问题的争论和辩驳，深化了对唯物史观的出发点、本性、发展特点、适用性、发展前景的理解。

反思的结果是，引导学界深入马克思主义历史观中关于社会规律与人的活动的关系领域，思考社会历史规律的客观性，以及如何回应当代西方哲学"历史决定论的贫困"[①] 的挑战，并得出社会历史规律是"生成的"而不是"预成的"，它不能离开人的活动的结论[②]；引导学界思考社会发展规律的表现形态，认为它与社会发展道路有一般与特殊、普遍与个别的区别；引导学界探究社会历史规律的本质，认为它不是线性、单质的因果式对应，而是具有复杂的、多值的统计规律特征[③]，从而为更加全面地理解作为唯物史观核心理论的历史决定论所具有的辩证性质[④]，提升唯物史观的理论层次，做了极其有益的

[①] 科学哲学家卡尔·波普尔在其代表作《历史决定论的贫困》中认为，科学或任何别的合理方法都不可能预测人类历史的进程，因为人类历史进程在很大程度上取决于知识的增长，而知识的增长是没有规律、无法预测的，因而人类的历史也没有规律，不可预测。因此，不存在历史的"螺旋上升的发展阶梯"，人类亦无法预测未来历史，"历史决定论"是纯属迷信的历史命运论。

[②] 21 世纪以来的历史唯物主义论著就对此多有论及，如赵家祥主编、刘曙光著的《历史决定论和主体选择论》（吉林人民出版社，2006），就着重从主体选择的目的、依据、表现、作用、评价标准等角度探讨了这一问题。

[③] 进入 21 世纪后，学界在此基础上进而提出了从方法论上反思社会历史发展的规律问题，并进而反思了传统教科书体系单值对应的线性决定论的弊端，指出对社会历史规律的考察必须区别哲学方法论与具体科学方法论、现象与本质、机械决定论与辩证决定论。（参见陈晏清、阎孟伟：《辩证的历史决定论》，北京，中国社会科学出版社，2007）

[④] 如李秀林、王于、李淮春主编的《辩证唯物主义和历史唯物主义》（中国人民大学出版社，2004）第七章就阐释了这一问题。

探索。

反思的结果是，促使学界深入思考生产力与生产关系的辩证关系，以及如何正确认识和处理人民日益增长的物质文化需要与落后的社会生产之间的关系。对此的深入思考是学界对生产力标准含义的界定，认为它既是衡量生产关系、上层建筑先进与否的客观尺度，又是考察和检验实际工作的主体标准；对此的深入思考是学界对生产力标准在马克思主义历史观中理论地位的认识，认为它既是唯物史观的核心，又是衡量社会发展的根本标准但不是唯一标准；对此的深入思考是学界对实践标准与生产力标准关系的理解，认为前者是后者的基础，后者是对前者的深化和具体化；等等。因此，对此的深入思考既深化了对唯物史观基本理论的认识，又为改革开放的现实需要提供了理论支持。

（三）探讨方式：不拘一格的研究进路

对来自苏联教科书体系模式及其既定原理的反思，对先前"原理＋例证＋政策辩护"论证方式[①]的反思，在使得先前处于独尊地位的教科书体系范式陷入深刻危机，并相应兴起教科书改革热的同时，也引发了学界对马克思主义哲学研究方式和研究路径的思考。

1. 文本研究初现端倪

随着反思、批判、突破传统教科书模式呼声的出现，以一种新的核心范畴、新的叙述范式，取代传统教科书的核心范畴、叙述范式的"体系重建"趋势开始显露出来。叙述范式及理论体系的重建，必然提出重新理解马克思哲学之实质的要求。于是，在一部分从事马克思主义哲学史和马克思主义经典著作研究的学者的推动下，以马克思哲学"文本"为基础"回归"马克思哲学[②]，以期实现重新理解马克思哲学之实质的要求，开始成为这一阶段中国马克思主义哲学研究的进路选择。

然而，由于这一阶段的中国马克思主义哲学研究整体上处于"拨乱反正"后的初级阶段，因此，这一时期的文本研究也就主要限于试图超

[①] 这种方式被指颠倒或混淆了哲学理论的逻辑层次，使哲学研究沦为政治意识形态的术士、亦步亦趋追逐现实的工具。

[②] 这种"回归"，涵盖了从马克思早期著作如《德谟克利特的自然哲学和伊壁鸠鲁的自然哲学的差别》《1844年经济学哲学手稿》《关于费尔巴哈的提纲》《德意志意识形态》，到马克思晚年著作《人类学笔记》，其高潮是适应当时人道主义与异化问题大讨论的《1844年经济学哲学手稿》。

第二章 裂变与归真：20世纪80年代末90年代初的中俄哲学

越"以恩解马"①"以苏解马"②的解读模式，以便从马克思哲学原典中，为重构马克思主义哲学原理寻求新的理论依据。于是，处于返本开新初级阶段的马克思哲学文本研究，便因为没有掌握第一手文本资料③而没有多少新的突破。回到马克思理论的原初语境，也多限于结合马克思主义哲学发展史，了解其理论流变过程的范围，从而尚未实现真正意义上的重新解读马克思哲学文本。

尽管如此，这一阶段的文本研究，仍然为其后中国马克思主义哲学研究全面回归马克思哲学打开了大门，使它在为改变传统教科书模式、呈现马克思哲学文本原貌、复原其理论轨迹等奠定基础的同时，也为20世纪90年代至21世纪全面理解马克思哲学的实质、厘清马克思哲学的基本理论和基本方法，并以此构建面向未来的马克思主义哲学理论，孕育了新研究进路的种子。

2. 对话研究开始出现

"回到马克思"不是目的，建构马克思主义哲学新形态才是目的所在。但建构不能囿于马克思哲学的经典文本，而必须睁眼看世界，与其他哲学交流，以取长补短。于是，马克思主义哲学对话研究的新路程开始出现。

这种对话研究进路始于引进和研究西方马克思主义的文本。④ 20世纪80年代初，伴随着改革开放而来的是学者了解国外思潮的迫切愿望，在众多学者引进、介绍现代西方哲学的大背景下，"西方马克思主义"思潮引起了学界的关注。此时的西方马克思主义作为我国"国外马克思

---

① 以恩格斯的《反杜林论》《路德维希·费尔巴哈和德国古典哲学的终结》为蓝本，解读马克思哲学并以此构建马克思主义哲学原理的理论体系。

② 以斯大林的《论辩证唯物主义和历史唯物主义》《联共（布）党史简明教程》为蓝本，解读马克思主义哲学并以此构建马克思主义哲学原理的理论体系。

③ 受历史条件限制，《马克思恩格斯全集》的历史考证版此时尚未出现。

④ 从一定意义上讲，我国的西方马克思主义研究始于20世纪50—60年代。当时，学界翻译、出版了一些西方马克思主义者如卢卡奇、葛兰西、萨特、列斐伏尔等人的著作，发表了相关人物的介绍性文章。但由于此时马克思主义的唯一正统是苏联哲学，因而这些人是被当作非马克思主义者，其著作是被当作"供内部批判参考"的对象的面目出现的，以至当时每部译著前的"说明"，都以辩证唯物主义原理为标准，分析批判其中的"修正主义"观点。相应地，当时也没有用"西方马克思主义"的概念去概括这一流派，更谈不上对它的深入研究。但这却为20世纪80年代初关于西方马克思主义之概念称谓、学科归属、理论性质的争论，埋下了伏笔。

比较研究：当代俄罗斯哲学与中国马克思主义哲学

主义"研究三次高潮的潮头初露期，其对话研究以引进相关著作为主。到20世纪80年代中后期，一批国外马克思主义的译著开始出版①，同时相关研究开始初显成效。其中，徐崇温作为国外马克思主义研究的开拓者，在《西方马克思主义》一书中，第一次对西方马克思主义的来龙去脉、代表人物的著述思想，做了较为系统的介绍、分析和评价。该书尽管难以隐藏特定历史时代的痕迹，但却激发了学界对西方马克思主义的强烈兴趣，成为学界国外马克思主义研究的奠基之作和起点标志。与之相应，一批国外马克思主义的研究著作相继面世。②然而，此时的学界尚处于拨乱反正初期，因而这种对话便难免"初级阶段"的色彩，如西方马克思主义仍被划归在哲学一级学科下的二级学科"现代西方哲学"的"流派介绍"中。因此，尽管自1985年国家教委高校文科教材办公室就将《西方马克思主义》确定为高校文科教材，从而标志着西方马克思主义正式进入大学课堂，并预示着日后国外马克思主义学科确立的可能。但是，受传统马克思主义理论的影响，学界关于西方马克思主义之理论属性（马克思主义？非马克思主义？）的激烈争论③，却使它仍然被排斥于马克思主义哲学学科的范围之外。

尽管如此，这一阶段的相关译著和初步研究成果，在为改革开放之初的中国马克思主义哲学界推开了解和认识国外马克思主义的窗口，昭告中国马克思主义哲学将进入新的对话研究进路的同时，也为其后中国马克思主义哲学与国外马克思主义、西方哲学的深入对话，

---

① 1989年，重庆出版社出版了由徐崇温主编的"国外马克思主义和社会主义研究丛书"中的部分译作，包括卢卡奇的《历史和阶级意识》、柯尔施的《马克思主义和哲学》、霍克海默的《批判理论》、哈贝马斯的《交往与社会进化》、柯亨的《卡尔·马克思的历史理论——一个辩护》、威廉姆·肖的《马克思的历史理论》、悉尼·胡克的《对卡尔·马克思的理解》、米洛斯·尼科利奇的《处在21世纪前夜的社会主义》等。此外，上海译文出版社的"二十世纪西方哲学译丛"、华夏出版社的"二十世纪文库"中，也有一些属于国外马克思主义的译作。

② 代表性著作有：徐崇温、刘放桐等的《萨特及其存在主义》（人民出版社，1982），黄颂杰、吴晓明、安延明的《萨特其人及其"人学"》（复旦大学出版社，1986），徐崇温的《结构主义与后结构主义》（人民出版社，1986），李青宜的《阿尔都塞与"结构主义马克思主义"》（人民出版社，1986），欧阳谦的《人的主体性和人的解放——西方马克思主义的文化哲学初探》（山东文艺出版社，1986）等。

③ 较为详尽介绍20世纪70年代末至90年代中期西方马克思主义的引入和争论概况的著述有：顾海良、梅荣政主编的《中国高校哲学社会科学发展报告 1978—2008 马克思主义理论》（广西师范大学出版社，2008）第四篇"国外马克思主义研究"，洪镰德编的《西方马克思主义论战集》（森大图书有限公司，1990）。

第二章 裂变与归真：20世纪80年代末90年代初的中俄哲学

以及后来形形色色的"以西解马"模式①的形成，产生了极大的影响。

3. 问题研究逐步呈现

以开放心态对话中外哲学，同样不是最终目的。结合马克思主义哲学经典文本，立足现实，敏锐捕捉并准确回答时代、现实提出的问题，才是马克思主义哲学理论实质的体现和理论主旨所在。于是，这一发展中国马克思主义哲学的问题研究路径，便随着指导中国社会主义实践的现实需要逐步呈现出来。

这种问题研究在力图回归马克思哲学文本并以此清除先前的误读误解、主观比附、人为附加的基础上，特别关注联系中国的现实问题，挖掘那些过去长期被遗忘、屏蔽，但却在马克思主义哲学中占据重要地位、具有重大现实价值的理论。于是，实践问题、主体性问题、价值问题，便伴随着真理检验标准和人道主义与异化问题的大讨论，在复现马克思主义哲学基本理论面貌的同时，被赋予了新的时代内涵，并成为与百姓生存、生活状态相对接的理论支点；关于交往问题、分工问题、世界历史问题等的理论，便随着对外开放，中国走向世界，在恢复马克思主义哲学基本内容的同时，被激发出新的理论能量，并成为中国与世界相对接的理论杠杆。

因此，尽管此时的问题研究主要以现实问题为导向，尚不足以在理论与实践、问题与研究、具体与抽象之间游刃有余，但它对当时的世事、民情的把握，却为后来中国马克思主义哲学研究开辟了如何既通过对关涉人的生存、人类命运等重大问题的把握，来认清问题对哲学的价值并从中提炼出哲学的问题，又通过反思、抽象、提炼问题并给予哲学的理论解答，彰显了哲学的价值这一路径。

综上所述，这一阶段的探讨方式（即文本研究、对话研究、问题研

---

① 后来，有学者将其归结为两种类型：第一种类型，借助马克思主义哲学产生以前的近代西方传统哲学框架解读马克思哲学，其中又分为以康德哲学、黑格尔哲学、费尔巴哈哲学去解读马克思哲学这样三种解读模式。第二种类型，借助20世纪现代西方哲学的框架解读马克思哲学，并从三个方面指出了其合理性：启迪我们注意到"以苏解马"解读模式的历史局限性，启迪我们注意到更加深入地探索马克思主义哲学的理论来源问题，启迪我们注意到马克思哲学在现代西方世界哲学中引起的深刻反响；同时，从五个方面揭示了其局限性：简单化的历史还原方法，井蛙观天式的理论归结，抹平了马克思哲学的独特个性和独特逻辑，制造了"马克思与马克思""马克思与恩格斯""马克思与马克思主义"的三大对立，根本抹杀了马克思划时代的重大哲学创新。（参见王东：《马克思学新奠基——马克思哲学新解读的方法论导言》，159～168页）

究、形态研究），尽管尚不算成熟的马克思主义哲学研究的"范式转换"，但它们对"大一统"的研究路径和方式的反思批判，在表明这一路径和方式的危机四伏并将退出历史舞台的同时，也标志着即将开启"八仙过海，各显神通"的多样化研究路径和研究方式，从而为20世纪90年代中国马克思主义哲学研究进入新阶段奠定了基础。

三、总体风貌：成果初显的整体性构建

对现实的思考、对传统教科书模式的反思、对"何谓马克思主义哲学？"的追问、对研究进路的探寻，在打开长期囚禁学界思想的锈锁之际，开辟了中国马克思主义哲学研究的新天地，使这一研究在进入新的历史时期之初便取得了一些初步成果。

（一）认识论领域

作为两场大讨论的延续，对传统认识论的反思极大地推动了这一时期及其以后的认识论、价值论的研究，因此，它无疑是这一时期马克思主义哲学研究中的一个极为热点的问题。关于这一点，我们仅从这个时期的代表性哲学论著的名称便可见一斑。[1] 研究者中，除了有声望的哲学前贤，还有一批青年才俊。[2] 研究的内容，除了广泛涉及认识论的基本理论，还通过吸取现代的脑科学、神经生理学、儿童心理学、语言学的研究成果，提出了诸如发生认识论、建构认识论、主体认识论、图式认识论、语义分析论等颇具新意的认识理论。与之相应，还有国外认识论译作的大量出版[3]，并形成了诸多热点问题：（1）主体性问题。包括主体性概念、主体性原则的界定，主体与主体性关系的鉴别，主体性原则与马克思主义哲学关系的探讨，"互主体性""主体间性""后主体性"等。（2）实践观问题。该问题的研究在20世纪80年代，侧重于实践是否是检验真理的标准问题。20世纪90年代以后，该问题的研究推进到关于

---

[1] 例如，吴江的《认识论十讲》（上海人民出版社，1982）、张恩慈的《人类认识运动》（上海人民出版社，1984）、陈中立的《真理过程论》（中国社会科学出版社，1984）、夏甄陶的《认识论引论》（人民出版社，1986）、齐振海的《认识论新论》（上海人民出版社，1988）、陈志良的《思维的建构和反思》（中国人民大学出版社，1989）、单少杰的《主客体理论批判》（中国人民大学出版社，1989）等。

[2] 新时期毕业的第一批马克思主义哲学专业的博士生，其论文多以研究认识论为主题。

[3] 皮亚杰的《发生认识论原理》（商务印书馆，1981）、列维-布留尔的《原始思维》（商务印书馆，1981）、П. В. 科普宁的《马克思主义认识论导论》（求实出版社，1982）等。

第二章　裂变与归真：20 世纪 80 年代末 90 年代初的中俄哲学

实践的"观念性、文化性、地域性、交往性、合理性"等问题。（3）实践唯物主义问题。形成于真理标准问题的讨论，与实践观尤其是关于实践在马克思主义哲学中的地位的探讨相应的"实践唯物主义"，辨明了马克思主义哲学的特质，凸显了实践在马克思主义哲学中的基础地位。

（二）价值论领域

"在价值问题与主体性问题之间有着高度的内在一致性。这种一致性简单说来就是：在理论上，价值问题是主体性问题的一个最典型的形式，而主体性问题则是价值论研究中的一个关键问题"①，因此，如火如荼的主体性以及实践观、真理观的研究，在唤醒价值论研究的同时，也使它从认识论研究中脱颖而出——相关论著不断涌现②，相关译著先后面世。③

（三）重构辩证唯物主义的科学体系

20 世纪 80 年代兴起的改革开放，在凸显实践、主体性、价值问题的同时，也向学界提出了改革马克思主义哲学教科书体系的时代要求；反思和重评传统教科书体系、马克思主义哲学史学科建设的起步，又为学界找到了实施这一改革的突破口。于是，"体系的改造被当作哲学现代化的一个重要内容"④，蓬勃的哲学原理教科书体系改革开始兴起。⑤这种具有历史必然性和逻辑合理性的总体性研究，几乎贯穿了 20 世纪 80 年代的始终。

---

① 李德顺：《价值论——一种主体性的研究》，"前言"3 页，北京，中国人民大学出版社，1987。

② 代表性著作主要有：李连科的《世界的意义——价值论》（人民出版社，1985）、李德顺的《价值论——一种主体性的研究》（中国人民大学出版社，1987）、王玉樑的《价值哲学》（陕西人民出版社，1989）等。

③ 如由李德顺主编、中国人民大学出版社出版的"价值论译丛"（1988—1992）。该套丛书包括：图加林诺夫的《马克思主义中的价值论》（齐友等译）、牧口常三郎的《价值哲学》（马俊峰、江畅译）、培里等的《价值和评价》（刘继编译）、W.D. 拉蒙特的《价值判断》（马俊峰译）、J.N. 芬德莱的《价值论伦理学：从布伦坦诺到哈特曼》（刘继译）、A. 塞森斯格的《价值与义务——经验主义伦理学理念的基础》（江畅译）、N. 维坦依的《文化学与价值学导论》（徐志宏译）。

④ 黄楠森：《黄楠森自选集》，60 页。

⑤ 20 世纪 50—60 年代，国内马克思主义哲学教科书由集体编写，其中最具代表性和影响力的是艾思奇主编的《辩证唯物主义 历史唯物主义》（1961）。它尽管代表了当时教材的最高水平，但又明显具有苏联教科书模式的痕迹，这种"痕迹"在后来全国出版的 400 多种教材中得到了延续。

比较研究：当代俄罗斯哲学与中国马克思主义哲学

改革开放之初，受教育部委托而编写的"人大版"① 马克思主义哲学教科书，代表了当时教材建设的最高水平，并在全国范围内被广泛采用和推广。后来出版的不计其数的教材，基本都是沿着这条思路和理论框架展开的。尽管学界对"是否应当建立马克思主义哲学体系？""怎样建立马克思主义哲学体系？"等问题仍有争论，但争论却使一个基本的观点逐渐清晰了，这就是：将传统哲学教科书体系与马克思主义哲学理论体系完全等同，并以此否认后者具有任何体系的做法，将使马克思主义哲学碎片化，使其不具有科学性。

在反思传统教科书弊端②的基础上，学界围绕马克思主义哲学究竟应以辩证唯物主义还是以实践唯物主义哲学命名，展开了激烈的争论。激烈争论的结果是，在"能否和怎样以实践为核心，建构和表述马克思主义哲学体系"的探索中，相当多的学者赞同将实践作为建构马克思主义哲学体系的基石，编写不同于辩证唯物主义理论体系的教科书。这样，在对马克思主义哲学变革实质③的重新探索，尤其是基于对马克思文本中关于"实践唯物主义"④ 表述的研究，基于构建马克思主义哲学体系基本原则的共识⑤，这一阶段的马克思主义哲学体系重建，开始了围绕"实践""主体性"展开的进程，其中，既有沿着"主客体关系"框架设计和内容安排的哲学体系构建⑥，又有以"实践唯物主义"为逻

---

① 肖前、李秀林、汪永祥主编的哲学专业教材《辩证唯物主义原理》（人民出版社，1981）、《历史唯物主义原理》（人民出版社，1983），李秀林、王于、李淮春主编的高校文科教材《辩证唯物主义和历史唯物主义原理》（中国人民大学出版社，1982）。

② 这种弊端是指马克思主义哲学体系被强制性地分为"两个主义""四个部分"的板块结构："两个主义"，即辩证唯物主义、历史唯物主义；"四个部分"，即哲学基本问题、辩证法、认识论、历史观。

③ 传统教科书对马克思主义哲学变革实质的理解是：将其视为费尔巴哈唯物主义"基本内核"与黑格尔辩证法"合理内核"的有机结合；将其视为辩证唯物主义与历史唯物主义的"有机结合"，或前者向后者的"推广"，后者是前者在社会历史领域中的"运用"。

④ 马克思的原话是："对**实践**的唯物主义者即**共产主义者**来说，全部问题都在于使现存世界革命化，实际地反对并改变现存的事物"（[德]马克思、恩格斯：《德意志意识形态》，见《马克思恩格斯文集》，第1卷，527页）。

⑤ 经过多年的激烈争论，学界基本达成了共识，认为实践性原则，开放性原则，逻辑与历史、认识史相一致的原则，应为构建马克思主义哲学体系的基本原则。

⑥ 例如，高清海主编的《马克思主义哲学基础》（人民出版社 1985 年版上册、1987 年版下册），同样是受国家教委委托编写的。该套教材不同于流行教科书以本体论为中心来构建马克思主义哲学体系，它是以认识论的基本矛盾——"主客体关系"——为轴心而展开的。

第二章 裂变与归真：20世纪80年代末90年代初的中俄哲学

辑主线展开哲学体系阐释的教材。即便仍然保持着"辩证唯物主义和历史唯物主义"的框架，但在内容和结构的编排上已经异于传统教科书，如前述"人大版"的教材。至于后来许多新一代学者编写的马克思主义哲学原理教科书，更是直接以"实践唯物主义"命名，并以此作为理论构建的基点和阐释论证的核心。这类教材，对拆解单一的马克思主义哲学教科书体系模式，同样提供了新的思路。

尽管如此，但究竟以何为轴心来构建马克思主义哲学体系，学界至今仍是见仁见智、未达成共识。20世纪90年代至今，学界对此的争论虽不似先前激烈但仍在继续，并由此形成了四派：（1）实践唯物主义派，主张实践是马克思主义哲学首要的和基本的观点。内部又分化为"实践本体论"和"实践一元论"两派。（2）辩证唯物主义派，主张物质的观点高于实践的观点。（3）广义的历史唯物主义派，主张历史唯物主义是马克思主义哲学的全部。（4）实践人本主义派，主张去掉"唯物主义"的后缀。

同时，由于各种历史的和理论的原因，此时的体系重建尚未真正进入马克思文本写作的历史境遇和具体理论对象，因而仍然难免带有"陌生化""浅表化"的痕迹。但它却为进入20世纪90年代以后，学界如何依据马克思主义哲学原典的主导理论和言说方式，从历史生成的角度构建马克思主义哲学体系，奠定了可资借鉴的基础。

（四）建设马克思主义哲学史学科

与反思和重建哲学原理教科书体系相应，从20世纪80年代开始，学界针对马克思主义哲学教学与科研中，因"史论分离"而导致的基本原理"脱域"即脱离马克思主义哲学生成的历史语境和理论逻辑，使人们误以为马克思主义哲学没有萌芽、产生、形成、发展的历史过程，只是一本本经典著作中理论的抽取，没有正误、真谬之间的交错转化，只有先天注定的永恒正确这一弊端，开始了以教科书为中心的马克思主义哲学史学科建设。

为再现马克思主义哲学发展的全貌，学界编著了马克思主义哲学史的相关研究资料[①]，编写了一批有分量的马克思主义哲学通史

[①] 如黄楠森、庄福龄主编的《马克思主义哲学史教学资料选编》（3册本，北京大学出版社，1984）。

及其教材①，出版了一批马克思主义哲学专题史研究论著②和马克思恩格斯思想的研究专著③，以及马克思主义哲学经典著作的研究专著④。这些教材和研究著述，不仅为20世纪80年代马克思主义哲学的一门新兴分支学科的建立打下了坚实的基础，而且为20世纪90年代以后马克思主义哲学史的学科建设和科学研究提供了向上的台阶。马克思主义哲学史学科的建立本身，则在大大提升国内马克思主义哲学研究水平的同时，增强了其科学性、实践性。因此，它无论对坚持和发展马克思主义哲学，还是对深化和拓展马克思主义哲学的研究层次与理论视野，都具有深远意义。

（五）毛泽东哲学研究的新起点

毛泽东哲学作为中国革命和建设的重要指导思想，在马克思主义哲学史上无疑具有重要地位。新中国成立后，对毛泽东哲学的研究，因毛泽东在全党全国至高无上的领导地位，而一直是中国马克思主义哲学研究的中心。据统计，新中国成立以后，国内出版的毛泽东哲学研究著作共84本，其中概论性著作16本，专题研究著作14本⑤，原著研究著作

---

① 代表性著作主要有：由中山大学哲学系为主编、中国人民大学马列主义发展史研究所为副主编、诸多单位学者共同编写的《马克思主义哲学史稿》（人民出版社，1981），庄福龄主编的《马克思主义哲学史纲要》（中国青年出版社，1983），黄楠森等主编的《马克思主义哲学史》（3卷本，北京大学出版社，1987），孙伯鍨和侯惠勤主编的《马克思主义哲学的历史和现状》（3卷本，南京大学出版社，1988、1989、1992）。

② 代表性著作主要有：叶汝贤的《唯物史观发展史》（吉林人民出版社，1985）、雷永生的《唯物史观形成史稿》（河北人民出版社，1987）、商英伟等主编的《马克思主义辩证法史》（吉林人民出版社，1987）、林京耀等的《马克思恩格斯认识论的形成和发展》（上海人民出版社，1987）等。

③ 代表性著作主要有：陈先达和靳辉明的《马克思早期思想研究》（北京出版社，1983）、孙伯鍨的《探索者道路的探索——青年马克思恩格斯哲学思想研究》（安徽人民出版社，1985）、徐琳的《恩格斯哲学思想研究》（北京出版社，1985）、陈先达的《走向历史的深处——马克思历史观研究》（上海人民出版社，1987）、冯景源的《马克思异化理论研究》（中国人民大学出版社，1987）等。

④ 代表性著作主要有：杨适的《马克思〈经济学—哲学手稿〉述评》（人民出版社，1982）、熊子云的《〈1844年经济学哲学手稿〉概要》（中国人民大学出版社，1983）、黄楠森的《〈哲学笔记〉与辩证法》（北京出版社，1984）、张懋泽编著的《黑格尔〈逻辑学〉一书摘要解析》（中国人民大学出版社，1986）、杨焕章编著的《〈唯物主义和经验批判主义〉讲义》（天津人民出版社，1980）等。

⑤ 其中，唯物论方面2本，认识论方面2本，辩证法方面4本，历史观方面1本，军事哲学方面5本。

第二章　裂变与归真：20 世纪 80 年代末 90 年代初的中俄哲学

22 本①，时期研究著作 6 本②，发展史研究著作 2 本，论文集 14 本，资料性著作 10 本。公开发表的论文 1 000 多篇。研究内容主要包括毛泽东哲学思想的定义、特点、历史地位、产生条件、发展阶段和理论体系，毛泽东哲学的唯物论、辩证法、认识论、自然观、历史观，毛泽东军事哲学思想、经济哲学思想、道德哲学思想、艺术哲学思想，毛泽东战略策略思想、调查研究理论，毛泽东方法学，毛泽东早期哲学思想，毛泽东哲学思想在新时期的发展等。③ 但是，也正因为毛泽东作为领袖的特殊地位，这种研究不可避免地带有"唯上性"的意识形态色彩。改革开放以后，随着学界反思"文化大革命"的推进，如何评价毛泽东哲学思想，自然成为中国马克思主义哲学研究必须正视的问题。党的十一届六中全会《关于建国以来党的若干历史问题的决议》对毛泽东理论体系的概括，为学界正确认识和研究毛泽东哲学确定了方向。此后，学界的毛泽东哲学研究有了新的研究起点，尤其是以纪念毛泽东诞辰 90 周年为契机，学界出现了改革开放以后毛泽东哲学研究的第一次高潮。

20 世纪 80 年代的毛泽东哲学研究成果，首先是再次定义了"毛泽东哲学"的概念，认为毛泽东哲学作为毛泽东思想的组成部分，是毛泽东思想的基础，是"马克思列宁主义普遍原理和中国革命具体实践相结合的哲学概括"。这一概念得到了学界的普遍认可。在此基础上，学界就毛泽东哲学的形成、发展历史、发展趋势、主要内容④、显著特点，毛泽东哲学在马克思主义哲学史上的地位等，做了较为系统的探讨，出版了一批新的研究专著。⑤

---

① 主要是注释性的。
② 早期的 3 本，抗战时期的 1 本，社会主义现代化建设时期的 2 本。
③ 参见杨焕章主编：《毛泽东哲学思想研究概述》，41~42 页，天津，天津教育出版社，1988。
④ 主要内容包括：唯物论、辩证法、认识论、历史唯物论、军事哲学、道德哲学、艺术哲学、哲学方法论等。
⑤ 代表性著作主要有：杨超的《毛泽东哲学思想研究》（四川人民出版社，1982）、刘嵘的《毛泽东哲学思想概述》（广东人民出版社，1983）、北京大学哲学系毛泽东哲学思想教研室编的《毛泽东哲学思想概论》（北京大学出版社，1983）、杨焕章等主编的《毛泽东哲学思想研究》（北京出版社，1983）、雍涛等的《毛泽东哲学思想概论》（湖北人民出版社，1983）、杨瑞森等编著的《毛泽东哲学思想概论》（中国人民大学出版社，1985）、雍涛等的《毛泽东哲学思想大纲》（武汉大学出版社，1985）等。

这一阶段的毛泽东哲学研究中,有三个问题值得关注:

其一,针对国内外少数学者在反思批判苏联教条主义马克思主义对中国的影响时,指责毛泽东的《实践论》《矛盾论》是拼凑或抄袭平庸之作的观点,一些学者在研究原始文献和档案的基础上指出,虽然毛泽东的"两论"以苏联哲学教科书为理论素材,但其中贯穿的却是马克思主义哲学理论与中国革命实践相结合的主线,无论在理论内容还是在表述方式上,都体现出浓郁的中国风格和中国特色。

其二,针对否定毛泽东哲学在马克思主义哲学发展史中的地位的思想倾向,系统总结了毛泽东哲学思想对马克思主义哲学发展的四个突出方面:(1)丰富和发展了马克思主义哲学的基本理论,即通过阐释实事求是的唯物主义思想路线和批判以主观主义为特征的唯心主义思想路线,发展了马克思主义哲学的本体论;通过以社会实践为基础的能动革命反映论,构建了马克思主义哲学认识论体系;通过矛盾论的系统阐释,发展了马克思主义哲学的发展观;通过分析社会主义社会的基本矛盾,创立了严格区分两类不同性质的矛盾的理论;等等。(2)在以马克思主义哲学理论为方法(领导方法、思想方法、工作方法)中,使马克思主义哲学的理论与实践融为一体,实现了马克思主义哲学的世界观、认识论、方法论三者的统一,在丰富马克思主义哲学的方法论中,实现了马克思主义哲学的现实化。(3)将马克思主义哲学从书斋、课堂中解放出来,通过使马克思主义哲学在社会生活的各个领域与劳动群众相结合,在充分发挥马克思主义哲学的社会功能中,实现了马克思主义哲学的大众化。(4)将马克思主义哲学用中国百姓喜闻乐见的方式表达出来,在体现中国风格和中国气派中,实现了马克思主义哲学的民族化。

其三,开始立足辩证的视域分析和认识毛泽东哲学,既不因肯定其理论价值而忽略其晚年的哲学错误,又不因其理论局限而根本否定其理论贡献。而且,对毛泽东哲学的功过、是非、得失的评价,开始注重从他所处的历史环境和个人的主观因素等多个维度展开分析,尽可能求得客观与全面。

(六)邓小平哲学思想探讨

邓小平不是纯粹的理论家,也没有专门的哲学著作。然而,作为中国改革开放的总设计师,他却通过"中国特色社会主义"理论与实践的不懈探索,在其指导改革开放和社会主义现代化建设的各种文章、讲话、指示中，展示了丰富而鲜活的哲学思想。

"文化大革命"结束后，邓小平在1982年党的十二大上，首次提出了"走自己的路，建设有中国特色的社会主义"的观点。随后，他关于中国特色社会主义的专题论著陆续出版。① 在这些著作中，他以"什么是社会主义？"以及"怎样建设社会主义？"为核心，从理论与实践相结合的维度，探索"有中国特色社会主义"，为1987年党的十三大首次构筑"有中国特色社会主义理论"的基本框架奠定了坚实的基础。此后，学界围绕这一理论，展开了广泛和深入的研究，并从中概括和总结了蕴含在邓小平理论②中的丰富而深刻的哲学思想，包括"解放思想、实事求是"为核心的唯物论，以反对本本主义、教条主义，强调实践是检验真理的标准为要义的认识论，以尊重人民群众首创精神为主旨的实践观，以"猫论"为代表的唯物辩证法，等等。

由此，我们看到，20世纪80年代的中国马克思主义哲学，在反思批判中，已经开始从非此即彼的极端化、唯书唯上的教条化、人云亦云的随风化、千篇一律的肤浅化等思维方式和话语表达中解放出来。这种解放，预示着中国马克思主义哲学将朝着新的目标稳步前行。

第三节 俄罗斯哲学与中国马克思主义哲学的比较

无疑，20世纪80年代末90年代初对当代俄罗斯哲学与当代中国马克思主义哲学而言，都是一个充满"阵痛"与"复活"的阶段。但历经磨难的两者，"风雨"后的收获却有天壤之别。从"波峰"到"波谷"，转换的结果是当代俄罗斯哲学的濒临"死亡"。从"正统"到"求实"，回归的结果是当代中国马克思主义哲学的苏醒、复兴。两者间有何具体差异？这种差异在其后各自哲学的发展中有着怎样的轨迹？产生了怎样的影响？这些问题，只有在对这一时期的俄罗斯哲学与中国马克

---

① 主要有：《邓小平文选（一九七五——一九八二年）》（人民出版社，1983）、《建设有中国特色的社会主义（增订本）》（人民出版社，1987）

② 1992年10月党的十四大上，第二代中央领导集体探索的成果被命名为"邓小平同志建设有中国特色社会主义的理论"即"邓小平理论"。（参见《江泽民文选》，第1卷，245页，北京，人民出版社，2006）

比较研究：当代俄罗斯哲学与中国马克思主义哲学

思主义哲学做出比较分析后，才能看清。

一、放弃与坚守：功能认知之异

哲学作为概念范畴的逻辑体系，其抽象、思辨的内容与形式，似乎远离和超越人类社会生活。但哲学作为社会意识形态，又无疑具有一般意识形态干预现实、服务现实的功能。这一点，对将自己的理论规定为不仅在于"解释世界"而且更在于"改造世界"的马克思主义哲学，尤其如此。

无论当代俄罗斯哲学还是当代中国马克思主义哲学，都曾在自己哲学发展的历史中①，发生过诸如由于简单片面理解哲学的属性、功能，将哲学的意识形态性等同于政治性，将西方哲学与马克思主义哲学的关系简单归为两个阶级、两条道路斗争在意识形态领域的反映，从而导致马克思主义哲学不仅没有发挥其应有的功能，反而沦为政治工具的历史悲剧，因而都曾在特定的历史时期②，经历了一场"反思"哲学的既往得失，重新认识马克思主义哲学"究竟何能？"的轰轰烈烈的思想解放运动。然而，两者"反思"和"解放"的结果却是迥异的。

苏联哲学大势已去之初，也是俄罗斯社会抛弃哲学之际。面对先前看似一统的哲学裂变，面对马克思主义哲学"王座"的失去，面对社会对哲学的一片质疑和否定之声，当代俄罗斯哲学没能逃出放弃国家意识形态、否定哲学价值的社会旋涡。随着国家解体，整个社会的"热眼向西"③，全面开放的当代俄罗斯哲学，便在全面否定马克思主义哲学意识形态功能的同时，质疑和否定哲学的功能。

理论坚冰开始破除之时，也是当代中国马克思主义哲学开始反思"哲学何能？"之际。通过思考哲学的属性、功能、定位，中国马克思主义哲学对哲学与社会经济、政治、文化的关系，开始有了较为清醒的认识；在批判过去哲学研究与传播中长期存在的"左"倾教条主义危害时，开始能够以较为理性、客观的态度，认识和看待不同学科的特点，

---

① 当代俄罗斯哲学是在苏联哲学时期，当代中国马克思主义哲学是在新中国诞生至改革开放前的近30年。

② 时间跨度不同。当代俄罗斯哲学从斯大林去世后的20世纪50年代至苏联解体的1991年，历时近半个世纪；当代中国马克思主义哲学从1978年到20世纪80年代。

③ 经济上，有 E. T. 盖达尔实施的"倒下重来"全盘私有化；政治上，有共产党解散和宣布放弃马克思主义理论指导、社会主义制度。

第二章　裂变与归真：20世纪80年代末90年代初的中俄哲学

将它们置于平等的地位，视其为具有独特的研究对象、研究方式、表述方法的概念、范畴、理论的体系。由此，中国马克思主义哲学的理论反思和思想解放，就在逐步脱下纯粹政治外衣、摆脱依附地位的同时，开始了它既恢复求真爱智又干预现实的本来面目，开始了它在自由探索与独立创造中，与其他哲学理论一起，共同发挥作为人类精神文化之仓的藏品，既为中国学术文化发展和现代化建设提供理论资源，又有效指导实践的双重功能。

因此，尽管当代中俄哲学都在反思哲学功能，但是在反思中，是承认还是否认哲学的价值和功能，在开放中，是坚守还是放弃国家意识，以及承认与否定、坚守与放弃何种哲学和何种国家意识，便成为当代俄罗斯哲学与当代中国马克思主义哲学在这一阶段的第一个差异。

二、萧条与繁荣：研究生态之异

毫无疑问，当代俄罗斯哲学与当代中国马克思主义哲学，由于曾经的过分政治意识形态化、教条主义思维方式、文化专制主义等[1]，都曾历经磨难，因而哲学研究的生态无论在总体上还是在实质上都是相对萧条的。

苏联解体后，曾经表面繁荣的哲学便风光不再，不仅马克思列宁主义哲学遭到全面否定，而且整个社会对哲学都表现出空前的冷淡和厌恶。哲学研究如何开展，哲学教学如何进行，成为此时俄罗斯哲学界面临的最迫切又最感无奈的问题。在研究领域，1993年的莫斯科"第19次世界哲学大会"，被人们视为"整个苏联哲学时期结束的最后标志"[2]。在教育领域，1993年推出的《哲学大纲》则成为俄罗斯教学工作第一个也是唯一的"应急"之需。俄罗斯哲学的萧条之态，由此可见一斑。

这一阶段的中国马克思主义哲学，则因改革开放提供的和谐理论环境，进入了良性循环状态。因此，无论原典的翻译出版还是原典的研究诠释，无论学术交流还是学科建设，无论研究广度还是理解深度等，都开始步入正轨。中国马克思主义哲学姹紫嫣红的景象，此刻已是随处

---

[1]　苏联哲学作为当代俄罗斯哲学的前身在斯大林时期，中国马克思主义哲学在改革开放以前。

[2]　贾泽林等：《二十世纪九十年代的俄罗斯哲学》，46页。

可见。

三、"两极"与"中介"：研究视域之异

无论提炼和回答现实问题，还是凝练和提升时代精神，哲学都离不开人类思想精华的传承。这个传承，既包括自己民族的优秀历史文化传统，又包括世界其他国家其他民族的优秀文化。这一点对将自己的理论视为"离不开人类文明大道"的马克思主义哲学同样重要。

无论俄罗斯哲学还是中国马克思主义哲学，都曾因自己的哲学在发展历史上唯政治需要是从、唯领袖意志是命，在沦为意识形态工具的同时，也被封闭在一国或当下，从而基本隔绝①了与自己民族的历史文化传统、与世界哲学的发展潮流的联系，而在自己社会的转型之际，对狭隘而有限的哲学研究视域做过反思，但其"反思"方式却大为不同。

苏联哲学分崩离析之时，也是俄罗斯社会空前混乱之际。面对整个社会的精神空场，当代俄罗斯哲学陷入了不甘又无力挽救颓势、自我否定与自我实现的双重纠结中。此时，西方哲学、西方文化的潮涌，民众呼唤宗教"还魂"的声浪，似乎又让当代俄罗斯哲学看到了走出困境的希望。既渴望新的精神工具，又苦于新精神工具难觅的困境，使当代俄罗斯哲学不得不在"乱哄哄你方唱罢我登场"之时，将目光投向了自己的历史文化、西方的哲学文化。然而，强烈的矫枉过正心理，对曾经的唯命是从的反叛，又使当代俄罗斯哲学在迎合社会潮流中走上了"戾换"之路：或彻底复兴传统文化（主要是俄罗斯宗教哲学）或一味推崇外域文明（主要是西方的哲学和文化）的"两极"。随着社会混乱的加剧、民众失落感的骤增，当代俄罗斯哲学便在向俄罗斯传统哲学和传统文化、西方哲学和西方文化"敞开心扉"，在游走于两者绝不相容的两个极端中，拓展着自己哲学研究的视域。

理论藩篱拆除之时，也是当代中国马克思主义哲学视域打开开阔之路的起点。但这种开阔或拓展，不是在两极间跳跃，而是力图寻求中介：在民族文化传统中寻找具有普世价值的理论资源、思维素材，如此时的中国马克思主义哲学研究，已经开始注重中国传统文化的理论价值

---

① 这种"隔绝"虽然因时代、环境的不同，而在各自哲学的存在历史上有范围和程度的区别，但在本质上却是相同的，即整体上都基本处于与历史和世界、时代和未来的有限"对话"视界。

第二章　裂变与归真：20世纪80年代末90年代初的中俄哲学

并注重挖掘，使之融入马克思主义哲学的理论；在吸取一切有利于中国新哲学发展的外域文明中，力求实现思维方式、话语表达与国际接轨，如此时的中国马克思主义哲学研究中，已有学者提出了"中、西、马哲学的'对话'"问题。即便是对既具有强烈意识形态色彩，又具有明显民族文化传统的毛泽东思想的研究，也注重在挖掘、弘扬其民族特色与补充时代精神相结合的尝试中，既注意保持中国风格和中国特色，又注重吸取西方哲学和西方文化中有价值的观点与方法。

这样，尽管此时的俄罗斯哲学和中国马克思主义哲学，都试图通过回望传统与睁眼看世界去拓展自己的哲学研究视域，但是，以何种方式实现这种拓展，两国学界却有不同的路径选择。这一时期的俄罗斯哲学选择了"两极跳"的方式。这种选择，既是当时俄罗斯哲学所面临之困境（取消还是保留哲学在社会上的一席之地）的折射，也是哲学工作者面对苏联解体后社会混乱、人心躁动之心理的反映。这一时期的中国马克思主义哲学选择了"中介"的方式。这种选择，既是对当时社会发展急需一种能够融合传统文化与世界先进观念于一体的理论的反映，也是哲学工作者对十年"文化大革命"动荡后人心思定、社会趋稳的心理反映。因此，是以绝对肯定或绝对否定的方式，还是以肯定中否定、否定中肯定的方式回归传统、面向世界，便是当代俄罗斯哲学与当代中国马克思主义哲学在这一阶段的第三个差异。

四、差异之因：反思的浅与深

这一阶段的俄罗斯哲学与中国马克思主义哲学之间的上述差异，除了两国之间社会的混乱与有序之别，也与两国学界对理论的态度相关，即在反思各自历史上的哲学时，其方式、态度的差异。

反思即在思维中再现既往的历史，从中分析成败得失、经验教训，以利于面向未来更好前行。但如何反思，却有着是辩证的否定（即在肯定中否定或在否定中肯定）还是形而上学的否定（绝对否定或绝对肯定）这样两种基本方式或基本态度的区别。

这一阶段的俄罗斯哲学，虽然力图反思苏联哲学包括整个哲学的问题所在，但这种反思更多地停留于对苏联社会主义制度由质疑、反感乃至强烈的否定性情绪中，非理性的情绪化支配了一切，从而既难以用客观、冷静的态度分析评判自己的过去，也难以从根本上找到苏联哲学沦为政治化、教条化的工具的原因。因而从严格意义上讲，俄罗斯哲学此时的反思不是真正意义上的反思。

这一阶段的中国马克思主义哲学界乃至整个理论界，是在走过严冬之后，在举国上下都怀抱强烈渴望，要以一种新的姿态，在走向新生又不愿"丢掉老祖宗"的大环境中，试图为进入改革开放的中国，寻求一条未来发展之路。这一点决定了中国马克思主义哲学，需要也能够以一种更为客观的态度、更为理性的方式，反思中国马克思主义哲学发展的既往。但这种反思却没有对自己既往历史上存在的理论采取决绝之态，而是在充分肯定先前中国马克思主义哲学所取得的理论成就（比如对毛泽东哲学）的基础上，发现和揭示其中存在的问题，在揭示问题的根源中，寻找解答之方和解决之径。由此，中国马克思主义哲学的反思，是立足于改革中国马克思主义哲学发展现状基础上的反思，是辩证的反思。

当然，在肯定这一阶段中国马克思主义哲学的反思深刻之时，也不能否认，这种反思中已经开始显现将西方哲学和西方马克思主义的研究范式、理论框架用于解释马克思哲学，否定传统教科书中符合马克思哲学原典思想的极端化端倪。因此，我们在肯定中国马克思主义哲学的反思价值时，又不能不正视其中存在的问题。如前所述，这些问题包括：在两场大讨论中，我们在充分肯定"真理标准问题的大讨论"的理论价值与现实意义时，如何从学理层面深入思考其中蕴含的逻辑困境？在本体论问题上，我们在反思传统教科书"本体论缺陷"时，能否以相对主义的解释观去理解马克思主义哲学的本体，如此会不会否定马克思主义哲学的唯物主义本性？我们在充分肯定"实践唯物主义"对恢复马克思主义哲学基本原理的重要意义时，是否承认其中隐含的理论矛盾与缺陷？在认识论问题上，我们在充分肯定"认识论反思"对正确理解马克思主义哲学的价值时，能否因此根本否定传统马克思主义哲学认识论中诸多观点的正确性？在辩证法上，我们在肯定从主体维度去理解辩证法的价值时，如何避免走向消解辩证法客观性的误区？在历史观上，我们在肯定"马克思主义哲学就是历史唯物主义"之类的观点时，能否否认马克思主义哲学的自然观或物质本体论在马克思主义历史观中的地位？等。

上述问题的存在反映了这一阶段的中国马克思主义哲学在对马克思

第二章 裂变与归真：20世纪80年代末90年代初的中俄哲学

主义哲学的理解上，从先前的绝对化向改革开放后的相对化的转变。这种转变的必然性、合理性不容置疑。但是，这种转变在夸大理解的主观性、非确定性、历史性、发展性、开放性之时，便可能在拒斥任何客观的评价标准和基本原则中，走向否定马克思主义哲学一贯坚持的"理解的辩证法"，即在理解的相对性中必须承认认识对象所具有的绝对性（即认识内容的客观性）在主观性的理解中必须遵循客观性的标准；否则，其最终结果是，将任何传统的马克思主义哲学观点都视为过时的，将任何个性化的解读都视为在发展马克思主义哲学。因此，如何在反思传统马克思主义哲学的理论局限时，以客观的、历史的态度认识和评价它，便成为这一阶段的中国马克思主义哲学，留给20世纪90年代至21世纪的中国马克思主义哲学界，必须认真思考和正确处理的问题。

第三章　复苏与特色：20 世纪 90 年代的中俄哲学

当我们使用"复苏"与"特色"之类的术语来概括 20 世纪 90 年代的俄罗斯哲学与中国马克思主义哲学各自的特点时，我们所要表明的是：伴随俄罗斯社会秩序的重归平静，俄罗斯学界是如何重新反思和评价经历了"从有到无"历程的苏联马克思主义哲学的；面对社会的渴望，俄罗斯传统哲学尤其是宗教哲学是如何获得社会青睐的；面临贫困之境的其他哲学门类，是如何在亲近社会生活中走出严冬、恢复生机并显现多元化色彩的。我们还要表明的是：伴随改革开放步伐的加速，中国马克思主义哲学，是如何在直面现实中，通过"体系意识"向"问题意识"，"学院哲学"向应用哲学、领域哲学、部门哲学的转换，而在选择其哲学创新之路中初显哲学研究的学理性与实用性相融的特色的。

第一节　反思与重建：20 世纪 90 年代中期的俄罗斯哲学

进入 20 世纪 90 年代中期以后，俄罗斯社会逐步由先前的动荡、混乱向平静、有序恢复。饱受责难的俄罗斯哲人也开始从狂热、激愤转向对一些问题的反思，开始客观、冷静地看待和评价这些问题。反思不是为了回味往昔的荣辱苦乐，而是为了给渴望重拾民族自信、国家尊严、社会发展、民生幸福的人们以新的精神寄寓之所。

第三章　复苏与特色：20世纪90年代的中俄哲学

一、越过情感的反思与审视

苏联真的一无是处？苏联哲学（即苏联马克思主义哲学）真的无一可取？

苏联时期的哲人，曾经自认为已经解决了19世纪末20世纪初思想家严肃思考的"俄国向何处去？"的问题。然而，70年后，现实却似乎让俄罗斯回到了历史的起点。苏联解体后不久，俄罗斯哲人便在痛感自己又面临自18世纪以来一直未能解决的"我们从何而来？""我们现在在哪儿？""我们向何处去？"等沉重话题和精神困境中，开始思考自己的历史（包括苏联是否一无是处？）、现实（怎样建设俄罗斯？）、未来（建设一个什么样的俄罗斯？）等问题。

苏联时期的哲人，曾经自认为已经建构了一个完整严谨、具有强大理论功能和现实价值的哲学理论体系。然而，70年后，现实却从根基上摧毁了这个体系。苏联解体后不久，俄罗斯哲人便在经历了20世纪90年代初期对马克思主义哲学的偏激与激愤，对西方哲学的盲从与崇仰，对俄罗斯传统哲学的陶醉与沉迷之后，开始意识到无论"想强行打开未来之门"，"看重的是预言"般的超现实性，还是"想用暴力将过去的东西封锁起来"，"看重的是怀旧"[①]的保守性，都只能导致俄罗斯哲学永远陷于相互捣乱的"泥沼"而不能自拔；认识到随着社会民主化、自由化的进程，重构新俄罗斯哲学的正确选择，首先要具备批判精神，"无论对黑格尔—马克思主义传统（当然，要保留其中的一切积极的东西），还是对所有现代欧洲哲学思维"[②]，都应当如此，其次要具备开放心态，打破"哲学中的孤立主义"，从近现代的欧洲哲学，从"具有自身文化特点的印度、中国、伊斯兰世界的东方哲学"，从"既没有被还原为西方哲学，也没有被还原为东方哲学的'白银时代'别具一格的俄罗斯哲学"[③]中，寻求俄罗斯文明发展的正确道路。不与各种哲学文化进行直接交流、公开对话，就谈不上新俄罗斯哲学的开创。于是，要求回归理性和客观，反思与重新认识被热捧的西方哲学和俄罗斯宗教哲

[①] Яновский Р. Г. Духовно-нравственная безопасность России//Социологические исследования.-1995.-No12.

[②][③] Степин В. С. Российская философия сегодня: проблемы настоящего и оценки прошлого//Вопросы философии.-1997.-No5.

161

比较研究：当代俄罗斯哲学与中国马克思主义哲学

学、被抛弃的苏联哲学和马克思主义哲学，这种"由热至冷"的理论趋向开始出现在俄罗斯学界。

"由热至冷"首先体现在哲人对西方哲学的态度中。

不过短短数年，伴随 E. T. 盖达尔休克疗法的受挫和全面西化愿望的破灭，哲人先前对西方哲学和西方文化的倾慕之情，如艳阳天突遇冰雹，急速淡化。有哲人指出，全部搬用西方哲学的观点、方法为重建俄罗斯哲学指路，如同照搬西方社会模式于俄罗斯社会，只会使俄罗斯哲学乃至整个俄罗斯文化患上"完全否定自己国家文明特点的特殊夜盲症"，它与苏联时期对西方绝对排斥的简单做法如出一辙，仍然不过是一种"纯的历史观"[①] 的表观。有哲人提醒俄罗斯人，在正视和重视西方哲学、西方文化对俄罗斯社会的促进作用时，应当警惕它们同样具有把俄罗斯社会推向全球政治、文化的单一化、形式化的危险，以及可能给人们的精神、道德带来负面影响。

"由热至冷"还体现在哲人对俄罗斯传统哲学、宗教哲学的态度中。

全盘西化的受挫，在强化哲人从老祖宗处发掘振国救民药方的心理时，也使部分哲人因收效甚微而备感迷惘失望，被迫反思自己一度的"发烧"之举，并对俄罗斯传统哲学的实际价值和功用提出质疑。对此，有哲人指出，在承认俄罗斯传统哲学对个性精神自由的追求、对精神神圣感和终极关怀的推崇、对人道主义的倡扬、对道德价值和道德责任感的强调，以及这些东西对今日俄罗斯社会精神真空的填补、对俄罗斯人道德理想的追求和道德价值的重建、对俄罗斯社会秩序的稳定等的积极作用时，必须看到和承认它是历史的产物，其历史局限性是显而易见的。如果哲人不以科学分析批判的态度，而以简单轻信的态度对待它，甚至凭自己的主观臆想随意夸大它的作用，那么势必造成俄罗斯人新的精神困惑和精神危机。对此，当代俄罗斯宗教哲学研究者 П. П. 盖坚科在评论 Н. А. 别尔嘉耶夫的人格主义时指出：Н. А. 别尔嘉耶夫的个性和哲学特点，是否认人类现实存在的浪漫主义，这就使他的哲学既缺乏思维的冷静又漠视健全理智，"别尔嘉耶夫的主题——个性、自由、人对生存意义的探索——是和我们密切相关的。但是，我们如果不想重

---

① Кара-Мурза А. А. Духовный кризис в России: есть ли выход? // Вопросы философии. - 1996. - No5.

第三章　复苏与特色：20 世纪 90 年代的中俄哲学

复 20 世纪俄罗斯所发生的悲剧，我们就应当以冷静的和现实主义的态度来阅读别尔嘉耶夫，不要受其中的乌托邦主义、最高纲领主义、极端主义的诱惑，也不要被人的神化所迷惑，切勿忘记人毕竟是有限的存在物。无论世界的存在还是人自身的存在，都是被给定的，而不是人自己创造的"[1]。

"由热至冷"还从哲人对苏联哲学、马克思主义哲学的态度中可见。

苏联解体的 20 世纪 90 年代初，尽管人们仍然强烈拒斥苏联哲学和马克思主义哲学，对其不屑一顾，但仍有少数哲人已经意识到，无论苏联时期认为的马克思主义的"每一个字都正确"，还是现今认为的马克思主义的"每一个字都错误"，都是非科学的。

20 世纪 90 年代中期以后，随着俄罗斯在全盘西化之路上的举步维艰，更多的俄罗斯哲人开始跳出先前非此即彼的思维窠臼。现实及其对现实的反思，使他们开始以更为冷静、客观的眼光回望自己的历史，探索符合俄罗斯国情的现代化之路。当这种回望和探索成为一种社会思潮时，尽管在对待苏联哲学和马克思主义哲学的态度上，"全面否定派"[2]与"教条派"[3] 依然平分秋色且气势不减，但要求结合现实社会主义演变

---

[1]　Гайденко П. П. Мистический революционаризм Н. А. Бердяева//Бердяев Н. А. О назначении человека. -М. : Республика，1993．

[2]　以 A. Н. 雅科夫列夫（Яковлев, A. Н.，1985 年任苏共中央宣传部部长，1987 年任政治局委员和总统顾问，戈尔巴乔夫时期公开性的开创者、新思维的奠基者、改革的设计者。1991 年 8 月退出苏共。苏联解体后，俄罗斯联邦总统属下的"为政治迫害受害者平反委员会"主席，俄罗斯社会民主党主席）的《一杯苦酒——俄罗斯的布尔什维主义和改革运动》《崩塌》两书和 A. C. 齐普科（Ципко, A. C.，苏联科学院国际经济政治研究所副所长，原戈尔巴乔夫智囊之一，苏共二十八大后退党）的反斯大林主义系列文章为代表。

[3]　包括哲学家 Р. И. 科索拉波夫（Косолапов, Р. И.，曾当选苏共中央委员和最高苏维埃代表，长期任职苏共中央宣传部，担任《真理报》副主编和《共产党人》杂志主编 12 年，现为国立莫斯科大学哲学系教授）、Ю. К. 普列特尼科夫（Плетников, Ю. К.，苏联科学院哲学研究所历史唯物主义问题研究室主任、教授，1996 年俄罗斯《对话》杂志第 4 期刊载了他与 В. А. 萨普雷金、В. В. 特鲁什科夫、А. А. 沙巴诺夫合写的《十月革命：历史的教训》，文中提出了 1917 年俄国十月革命的 12 个历史教训）等在内的俄罗斯联邦共产党和左翼思想家中的部分人。他们坚持进攻性的马克思列宁主义哲学立场，强调列宁的阶级斗争学说，以坚持社会主义方针的俄罗斯学者协会（简称 РУСО）为依托，以《对话》《……主义》杂志为阵地，发表了大量文章。自 1997 年起，先后出版《社会主义：昨天、今天、明天》《对歪曲十月革命者的回答（纪念伟大的十月社会主义革命 80 周年）》《共产主义运动：历史与现实》等文集。

的事实,分析马克思主义哲学嬗变的"批判派"①,同样不让分毫。

对苏联哲学,"批判派"要求重新对它进行分析和评价,看到它"在当时那种意识形态控制条件下的全部复杂情况",承认它属于"独特、完整的苏联文明",有着"文明的成就"②,即虽然它曾经沦为集权专制的辩护士和政治的工具,但它并不是将为政权、政治服务作为自己的唯一目的和价值追求,它的基本观点和基本方法已在众多学科(如教育学、心理学、社会学、伦理学乃至自然科学)中产生了影响并发挥出正确的作用,有的甚至产生了广泛的国际影响。"批判派"还指出,苏联哲人也并不都是权势附庸和政治吹鼓手,"除了内容贫乏和教条化了的辩证唯物论与历史唯物论以外什么都不承认";相反,他们也在进行扎实的研究和独立的思考,其中的一些人即使"在意识形态镇压的艰难岁月里,也继续坚持了原本的俄罗斯哲学思想的传统",在"不得不被掐着脖子唱歌"③ 时,保持着哲人应有的清醒和骨气,顽强地发出思想的独立自由之音,为世界哲学的发展做出了被西方同行承认的努力和成就。因此,与当时流行的看法相反,苏联哲学界并不是像一些人主观断言的那样,万马齐喑、死水一潭,而是自20世纪60年代中期起,"就已经形成了和官方对马克思主义的教条主义解释相对立的","呼吁真正的马克思主义的运动",至70—80年代,苏联哲学虽然还在"马克思主义词汇的框架中提出问题",但是,用现象学、新康德主义、实证主义、后实证主义、语言哲学、符号学、结构主义等现代西方哲学的观点说明和分析问题的各种思想,已成为苏联哲学中公开的秘密,因此,在整个"70—80年代的苏联哲学中,已经没有了统一的、教条主义马克思主义

---

① 主要是一些理论功底扎实、理论素养深厚、理论态度严谨的老一辈马克思主义哲学家,如 Т. И. 奥伊则尔曼等。Т. И. 奥伊则尔曼自20世纪90年代以来发表的系列论文[《马克思主义与20世纪的非马克思主义》,载《哲学科学》,1991(7);《哲学学说多元化的历史命运》,载《哲学问题》,1991(12);《马克思主义自我批判的原则基础》,载《自由思想》,1993(3);《马克思主义与空想主义》,载《自由思想》,1998(1);《作为意识形态的马克思主义》,载《自由思想》,1999(3);《对辩证唯物主义的批判思考》,载《哲学问题》,2000(2);《对历史唯物主义的理解:优点和缺点》,载《哲学问题》,2001(2)],以及 В. С. 谢苗诺夫载于《卡尔·马克思与现代哲学》中的《现实中的马克思主义及其一个半世纪发展历史的教训》一文,皆对马克思主义及其哲学做了反思性的分析和批判。该派主张以客观的、科学的态度看待苏联哲学和马克思主义哲学,反对缺乏理性的情感发泄和一边倒的结论。

②③ Степин В. С. Российская философия сегодня: проблемы настоящего и оценки прошлого// Вопросы философии. -1997. -No 5.

第三章　复苏与特色：20世纪90年代的中俄哲学

的、为一切人所接受的范式"①，有的是各式各样的思想观点和对马克思主义的各种解释。俄罗斯哲人对苏联哲学的反思，不过是对马克思主义哲学在苏联发展历史的再认识。由此，俄罗斯哲学界出现了要求客观评价马克思主义哲学的现象。

对马克思主义哲学，"批判派"强调应从学术角度去重新认识。如Т. И. 奥伊则尔曼在这一时期（1991—2001年），针对马克思主义哲学及与之相关的一般哲学问题，发表了一系列文章，提出和阐述了"特别需要就马克思主义的基本问题展开严肃的科学争论"、"为修正主义'正名'"、认识"马克思主义理论有两种类型的'失误'"、探讨马克思恩格斯"唯物主义历史观方面的问题"、"列宁对马克思主义的理解主要基于马克思主义创始人的较为早期著作"、"马克思恩格斯没有'无产阶级专政'的学说，而只有一些个别的但有时是极为重要的言论"、"空想、空想主义、空想社会主义、空想共产主义与马克思主义的关系"、"马克思恩格斯对'意识形态'持否定态度"、"在唯物主义应成为辩证唯物主义的问题上马克思主义创始人做得不够"、"对历史唯物主义的评析"等观点。1999年，他还出版了专著《作为哲学史的哲学》，深入探讨了"哲学是什么？"②的问题。

不仅如此，一些哲人还从理论与实践两个层面，对马克思主义哲学做出评价。

理论层面的评价关涉马克思主义哲学的理论实质、理论属性、历史地位、理论功能、理论层次等方面。这些哲人认为，就理论实质看，它是"社会唯物主义或实践哲学"，"马克思的本体论是人类实践本体论"③；就理论属性看，它是理性主义的哲学流派④；就历史地位看，它既是时代的产物因而不可能穷尽真理，又是人类思想链条中的一环因而

---

① Степен В. С. Российская философия сегодня: проблемы настоящего и оценки прошлого//Вопросы философии. -1997. -No 5.
② Ойзерман Т. И. Философия как история философии. -Санкт-Петербург.: Алетейя, 1999.
③ Любутин К. Н. Российские версии философии марксизма//Сборник Всероссийского философского конгресса в 1999. -Екатеринбург., 1999.
④ 1992年，在俄罗斯科学院哲学研究所所长 В. С. 斯焦宾的主持下，俄罗斯制定的供高校哲学教师进修班用的《哲学教学大纲》中，马克思主义哲学被直接列在"19世纪德国哲学中的黑格尔学派"的标题之下，其内容也主要是从马克思主义哲学隶属和脱胎于黑格尔学派，是对黑格尔哲学的继承和发展的角度阐述的。

不能被随意摘掉,既是对其时其前的理论思潮的批判因而不能简单等同于任何理论,又是对其时其前的理论思潮的继承因而不能抹杀它与后者的联系,它只具有"作为哲学思想流派而存在的权利,它不再作为凌驾一切学说之上的学说而存在"①;就理论功能看,它强调人的解放与自由,与资产阶级启蒙运动的宗旨在本质上是一致的,但它要求的解放和自由,必须通过改造现实的社会关系和建立公正、平等的社会制度才能获得,因此它是西方启蒙运动和早期资产阶级革命意识形态的延续与飞跃;就理论层次看,它"不像西方,只是从技术、宗教、文化等某个方面研究"社会,而是"从整体上研究世界"②,所以仍不失为一种具有全面性和总体性的研究方法。

实践层面的评价包括它对苏联哲学和俄罗斯哲学的影响。(1)就它对苏联哲学的影响而言,这些哲人认为,以辩证唯物主义和历史唯物主义面目出现的马克思主义哲学,固然对苏联哲学社会科学的发展产生了诸多不良影响,固然被20世纪自然科学的巨大成就所否定和抛弃,但并非毫无价值,"抛弃唯物主义的世界观,必然在理论上和实践上否定及歪曲自然界与社会发展的客观规律,形成主观主义和唯意志论;在社会管理中飞扬跋扈,使生态和社会问题更加恶化……私利和公利之间矛盾加大,形成社会紧张局势和冲突"③。对此,正如西方学者在承认马克思主义哲学对苏联自然科学的影响时所言:"如果不是恰当地承认马克思主义的作用,对这些科学家的观点就不能正确理解",因为当苏联科学家把马克思主义哲学"与科学家使用的其他科学哲学同样运用时,会帮助科学家创立对人类与物理世界的新的和有创造性的理论"④,而苏联时期一些科学家的卓有成就与他们"把丢掉斯大林主义装饰后的马克思主义看成是有益的哲学框架"⑤分不开。(2)就它对俄罗斯哲学的影响而言,20世纪90年代以来,虽然出版和公开宣传马克思主义哲学在俄罗斯几乎绝迹,但运用马克思主义哲学的方法分析和研究问题,却依然是一些社会科学工作者和自然科学工作者自觉或不自觉的出发点。

---

① [俄]B.C.斯焦宾:《处在世纪之交的哲学》,吴铮译,载《哲学译丛》,1997(4)。
② [俄]B.斯杰宾:《转向时期的俄罗斯哲学》,李尚德译,载《哲学译丛》,1994(1)。
③ Камынин И. Н. Социально-гуманитарные науки в России: смена вех//Социально-гуманитарные знания. -2000. -No1.
④ [英]洛伦·R.格雷厄姆:《俄罗斯和苏联科学简史》,叶式辉、黄一勤译,109页。
⑤ 同上书,130页。

第三章 复苏与特色：20世纪90年代的中俄哲学

虽然俄罗斯哲学界已经基本不用"辩证唯物主义"和"历史唯物主义"的提法，但还是承认"辩证唯物主义"和"历史唯物主义"的存在。① 虽然整个俄罗斯哲学界对马克思主义哲学的看法和评价相去甚远②，但少数哲人仍然对马克思主义哲学的发展前景抱有希望，相信它能够得到进一步的发展，但前提是必须坚持其"批判与被批判"的理论本性。例如，Т.И.奥伊则尔曼虽然承认唯物史观作为马克思主义哲学的伟大成果之一是"正确的"，但又认为它"包含着许多重大的问题，且不无矛盾"；虽然承认无论辩证唯物主义还是历史唯物主义都还不是成熟的理论，但又将建构成熟的马克思主义哲学体系视为当代马克思主义者面临的艰巨历史性任务。③

除了理论与实践两个层面的重新评价，"批判派"还力图将马克思主义哲学与俄罗斯、与全球面临的现实问题相结合，并力求在结合中实现对马克思主义哲学的重新理解。这体现在1998年4月俄罗斯科学院哲学研究所为纪念马克思诞辰180周年举办的学术讨论会中。该次讨论会的立足点是"马克思哲学在现时代的作用"问题。学者围绕如何反思苏联历史、探索俄罗斯发展道路、批判西方工业文明、应对全球化挑战、关切人类未来等诸多现实问题，展开了对马克思哲学乃至马克思主义哲学的探讨。1999年，出版了聚集该会讨论成果的论文集《卡尔·马克思与现代哲学》，其中的观点除了正统的马克思主义哲学，更多的则是对马克思主义哲学的分析、批评、反思和重新认识。

俄罗斯哲学界对苏联哲学、马克思主义哲学评价态度的变化，既是哲人冷静反思自己历史的开始，也是俄罗斯社会开始回归稳定、社会心理开始趋向平和的折射。从俄罗斯哲人对马克思主义哲学的评价

---

① 1995年出版的、由А.阿列申主编的《俄罗斯哲学（小百科词典）》中，仍然收入了"辩证唯物主义"和"历史唯物主义"的条目。2000年出版的、代表现代俄罗斯哲学最新成就的4卷本《新哲学百科全书》中，虽然没有"历史唯物主义"或"唯物主义历史观"的条目，但仍然有由老一辈哲学家Т.И.奥伊则尔曼撰写的"辩证唯物主义"条目。

② 例如，在《俄罗斯哲学（小百科词典）》中，撰写"辩证唯物主义"条目的В.费拉舍夫，与撰写"历史唯物主义"条目的Н.科兹洛娃，对马克思主义哲学就评价不同。前者认为辩证唯物主义"像一间破烂不堪的房屋一样地坍塌"具有必然性，但后者却认为"历史唯物主义或唯物主义历史观是马克思主义的历史哲学和社会学"（贾泽林等：《二十世纪九十年代的俄罗斯哲学》，85页）。

③ Ойзерман Т. И. Принципиальные основы самокритики марксизма//Свободная мысль.-1993.-No 7.-1994.-No 11.

中，我们可以看到，他们中的一些人已经突破了苏联时期以政治性、阶级性等意识形态属性为坐标的划分法，接受与采用了一些西方学者研究马克思主义哲学的方法和观点，力图在人类思想史长河和社会文化大环境中，为马克思主义哲学定性。这种分析和评价既表明这一阶段俄罗斯哲人对马克思主义哲学的理解进入了新层面，也为21世纪俄罗斯哲人相对严肃、相对系统地分析与评价马克思主义哲学奠定了机制基础。

最后需要说明的是，尽管20世纪90年代中期前后的俄罗斯哲人，对苏联哲学、马克思主义哲学、西方哲学、俄罗斯传统哲学的评价，已由昔日的偏激与激愤趋于冷静、客观，但持这种态度的哲人主要限于20世纪50—60年代成长于苏联曲折环境中的那一代人。他们能够采取这种态度，除了整个社会环境的影响，还与他们的特定心态及主观需要有关，因为全盘否定苏联哲学实际上等于否定自己以前的所作所为。于是，他们对苏联哲学的肯定多是肯定与自己研究有关的内容。尽管20世纪90年代中期以后，俄罗斯哲学界已经能以相对冷静的心态代替苏联解体之初对苏联哲学和马克思主义哲学的否定狂热，但却几乎没人完全肯定它们。此时俄罗斯哲人对苏联哲学的反思，不过是对马克思主义哲学在苏联时期发展历史的再认识。

二、反思指向与暴露的问题

与俄罗斯社会的转型相适应，俄罗斯哲学界也开始了对哲学的属性、功能、地位、形态、本质等方面的思考，并在思考中实现了苏联哲学向当代俄罗斯哲学的转型。"转型"既使俄罗斯哲学具有了异于苏联哲学的特点，又使俄罗斯哲学面临新的问题。

（一）反思指向

1. 哲学的属性问题，即辨明哲学与政治之间的关系

苏联哲学是政治意识形态的一统天下，这是俄罗斯哲人的共识。在反思苏联哲学的教训中，人们进而认为，仅仅让哲学从超越其他学科的位置回归到人类思想体系中确切的位置，并不表明哲学由此具备了成为科学的条件，还必须明确，哲学之为哲学，无须取得政治的入门券、许可证。因此，能否处理好哲学与政治的关系，对哲学的发展至关重要。苏联解体后，民主化、自由化、多元化在成为社会思潮主

第三章 复苏与特色：20世纪90年代的中俄哲学

导的同时，也使俄罗斯哲人欣喜若狂。他们批判、谴责、抛弃苏联哲学将哲学与政治等同的做法，高度赞扬西方学者的"文明冲突论""历史终结论"，认为正是这些观点帮助自己"实现了从意识形态立场、阶级立场、文明立场的转变"①，为俄罗斯哲学走出政治迷宫指明了方向。

于是，通过"何谓哲学？"的反诘，俄罗斯哲学界呼唤哲学独立，要求哲学疏远政治，告别意识形态，反对任何统一的评价标准，努力要求哲学研究的范围、层次、程度、思路、方法、内容、形式等，以自由、民主、多元为价值导向，并通过这一阶段的努力，在实现自我救赎中，达到了哲学从依附政治到摆脱政治束缚的"独立"。

2. 哲学的功能问题，即辨明哲学与现实之间关系

苏联解体后，俄罗斯哲人对苏联哲学反思的核心是，哲学是"关于自然界、人类社会、人类思维的一般本质和规律的科学"。在俄罗斯哲人看来，这一观点表面上强调哲学与现实的联系，但实践中却使哲学变得不食人间烟火。鉴于苏联哲学的教训，俄罗斯哲人困惑于哲学的出路，不能不躬身自问：何谓哲学？它究竟具有何种特性？经过争论，俄罗斯哲人的观点最终大致归为三类：哲学是科学，哲学不是科学，哲学是反思。②

争论的结果是赞成"哲学不是科学"或"哲学只是反思"的观念占了上风。多数人抛弃了"哲学是科学"的传统观念，并从哲学是一种智慧而非知识，具有类似宗教价值、人性思考、终极关怀的超现实精神追求而不是有效的理性成果、实用工具的认识中得出，哲学应当"出世"而非"入世"。

但是，俄罗斯哲学的实际研究却呈现着"出世"与"入世"的双重特征。

"出世"即多数哲人面对社会对哲学的冷漠，发出"哲学无用论""哲学取消论"的叹谓，选择了逃离哲学"苦旅"之路。他们中那些固守哲学阵地且传承俄国知识分子几百年来富于贵族气质思维特点的人，出于对苏联哲学或君临现实或尾随现实做法的反感，以及对哲学与现实

---

① 王国平、张国胜：《俄罗斯学者论"文明的冲突"》，载《国外社会科学》，1998（5）。
② 1995年，《莫斯科大学学报》在对俄罗斯哲学界讨论"何谓哲学？"的观点的整理中，将哲学家们的理解归为上述三类。

—169

比较研究：当代俄罗斯哲学与中国马克思主义哲学

关系扭曲化的警惕，希望彻底消解哲学的现实性和实践功能。大多数人则趋向于认为，哲学不仅应当超越功利、淡于现实物质利益的追求、鄙视小市民习气，而且应当超越现实，从全人类的命运甚至宗教感情出发考虑问题。部分哲人甚至认为，不如此就无以同苏联哲学划清界限，也找不到哲学发展的有利途径，于是选择了钻进理论象牙塔或历史故纸堆之路：或潜心于那些纯之又纯的哲学理论或津津乐道于那些悠远绵长的文化古典，而对与俄罗斯当下的社会矛盾、现状、前途、命运相关又迫在眉睫的问题，或弃之不顾，或极力回避，或浅尝辄止，或走走形式。此时俄罗斯哲人对抽象人道主义、人性论、宗教哲学、传统哲学、全球性问题、可持续发展问题的普遍关注，不得不说是这种"出世"心态的反映。因为这些问题无论对俄罗斯现实社会有多少启迪，但毕竟与这个社会面临的诸多迫切而棘手的现实问题有着较大距离。至于部分哲人对传统哲学、宗教哲学、西方哲学中包含的各种唯心主义乃至神秘主义的倾情，则更是这种心态的直接反映。

"入世"即少数哲人面对复杂的社会矛盾和诸多社会问题，在社会良知触动下告别鸵鸟心态，主张哲学应当主动关注、干预现实。于是，那种不满足于对世界的理论认识而期望在某种程度上改造世界、造福民众，"不习惯于为知识而知识，为艺术而艺术，不执着于创造各种理论体系，而总是把'学问'与'事业'联系起来的俄罗斯文人传统"的"经世"[①] 作风，在部分哲人身上得以重现。这一点，我们从这一时期俄罗斯哲人致力于寻找哲学与各门具体人文社会科学的结合，以及由此产生的政治哲学、社会哲学、教育哲学等应用哲学的研究中，便可见一斑。俄罗斯哲人对那些看似远离社会现实的历史哲学、宗教哲学、传统哲学兴趣盎然，无不与这些理论本身与社会现实有着的千丝万缕的联系相关，他们对此极为关注，无非是希望从中发掘或找寻俄罗斯人精神困惑的谜底。

因此，"出世"还是"入世"？追求理想还是服务现实？双重的困惑与矛盾不时缠绕着俄罗斯哲人。

尽管如此，由于摆脱了教条主义束缚以及生存窘境等，处于双重困惑中的当代俄罗斯哲学较之苏联哲学，其最大的特征仍然表现为具有强

[①] [俄] 弗兰克：《俄国知识人与精神偶像》，徐凤林译，"前言"1页，上海，学林出版社，1999。

第三章　复苏与特色：20世纪90年代的中俄哲学

烈的现实性。①

这种现实性不仅体现在它的研究热点②上，还可以从它的研究目的、研究方法、研究内容中可见一斑。(1) 在研究目的上，当代俄罗斯哲学往往重实际效果功用，轻目的动机，即它不再泛泛而谈哲学的一般、本质、规律，而力求社会生活领域的具体法则，把促进国内经济发展、社会稳定作为为政府提供解决社会实际问题的政策、方案，视为既是哲学的使命也是哲学"克服体系危机的实际手段"③。(2) 在研究方法上，当代俄罗斯哲学力求淡出哲学思维模式而尽量采用具体人文科学的方法，如政治学、经济学、社会学、教育学的方法，使研究更加贴近现实。(3) 在研究内容上，当代俄罗斯哲学不仅热衷于应用哲学，而且在通过文化分析、国情比较等方法在扩大研究视野的过程中，将其近邻或与其国情相似的国家作为研究的重要内容。如近年来当代俄罗斯哲学研究中出现的"中国热"，主要原因就在于中俄是近邻，国情颇多相似，中国改革开放、经济增长、精神文明建设的成效，使俄罗斯学者的研究兴趣大增。但是，与20世纪60年代初中苏关系破裂时，苏联的中国研究热重点在政治意识形态领域不同，此时俄罗斯哲学研究中的中国热，除了有以更充实、更详细的公开档案资料为基础的关于当年中苏分裂的全面讨论，更多的则是关于中国经济改革和现代化历程的探讨。④

于是，通过哲学与现实关系"究竟为何？"之争，当代俄罗斯哲学实现了它由苏联哲学形式"入世"而实质"出世"，到自己从内容到形式的"入世"与"出世"相辅相成的转变。

---

① 苏联哲学虽然也十分强调哲学理论与实践的结合和统一，但受政治意识形态的控制和支配，它研究的"现实问题"或者往往囿于学术范围，或者本身就是政治，而同社会的实际生活问题有巨大的距离。

② 20世纪90年代中期前后的当代俄罗斯哲学有十大研究热点。它们尽管还冠以"哲学"，但内容却与社会现实生活息息相关。

③ Аванесова Г. А. Культурно-ориентированная модернизация России//Социально-гуманитарные знания.-2000.-№4.

④ 作为俄罗斯中国学研究之主要科研机构的俄罗斯科学院远东研究所，在20世纪出版的最重要的著作之一就是一部多方位、多层次反映中国改革开放的专著——《现代化和改革征途中的中国(1949—1999)》。该书"附录"的书单中列出了1989—1999年，在俄国和独联体国家用俄语出版的关于中国的著作473种，其中包括译自英语、汉语和其他外国语的译著。(Гудошников Л. М. Китаеведение в России в конце 20 века/Л. М. Гудошников, Г. А. Степанова//Социальные науки Китая.-2001.-№5)

3. 哲学的地位问题，即辨明哲学与其他学科之间的关系。

俄罗斯哲人由"哲学是不是科学？"这个问题引申出来的另一个问题是：哲学在人类社会的理论体系中究竟应该居于什么位置？它与其他学科究竟应该具有怎样的关系？

问题的提出本身就是俄罗斯哲人对苏联哲学严重"越位"的沉痛反思。反思使他们认识到，哲学要成为科学，必须破除唯我独尊、唯我独上的心态，正确认识自己，"回归"其在人类社会的理论体系中的确切位置，与其他学科平等相处。哲学作为一种意识形式，只是诸多意识形式之一；哲学作为一门学科，只是诸多人文社会科学中的一个。因此，它与其他任何一门学科的关系，是平级而非越级、平等而非优等的关系，既不是任何学科的救主，也不是它们的判官，因而无权凌驾于任何学科之上，也就不具有居高临下指导甚至引领一切的世界观、方法论功能，即没有自身的生存界域和发展根基。于是，俄罗斯哲人强调结束哲学与其他学科的反常关系的紧迫性，力求在哲学研究中，从各门学科的内容、特点出发，寻找适合它的方法、本质和规律，从哲学与其他学科相互关系中，提出哲学的问题，寻求哲学生存和发展的契机。反思的结果便是，20世纪90年代中期以后的俄罗斯哲学研究，大多以学科之间相互融合的方式进行，使其呈现出整体化、杂交化的态势。例如，在当代俄罗斯哲学研究的十大热点问题中，就明显地呈现着跨学科特征，其中的任何一个热点都存在着两个或两个以上的学科的组合，以及其间的相互影响、相互作用，如《科学学》就明确地将"严肃地探讨科学的哲学与知识的社会学问题"作为研究的重点课题，并在研究中出现了哲学与自然科学之间的交叉倾向[1]，注重哲学研究中采用自然科学的方法。

由此，通过哲学与其他学科关系"究竟何处？"之辩，俄罗斯哲学实现了它由苏联时期哲学高居于其他学科之上的"越位"，到与其他各门学科平等相处的"回位"。

4. 哲学的形态问题，即辨明哲学与时代之间的关系

对此，俄罗斯哲人指出，苏联哲学的典型特征是封闭性。俄罗斯哲

---

[1] 1999年俄罗斯的《科学学》杂志，就是运用包括哲学、社会学、经济学、历史学、心理学、统计学、科学信息计量学等不同学科的方法，综合地分析俄罗斯及世界的科学。[参见高媛：《俄罗斯创刊〈科学学〉杂志》，载《国外社会科学》，2000（6）]

第三章 复苏与特色：20世纪90年代的中俄哲学

学要获得真正的发展，必须破除哲学中的孤立主义，与世界文明、本国文明传统接轨。基于这一认识，20世纪90年代中期前后的俄罗斯哲学界，在研究中改变了苏联哲学对俄罗斯历史传统的历史虚无主义、对西方哲学和西方文化的历史独断主义的做法，承认：在西方哲学中，除了黑格尔传统外，还有其他"卓有成效的发展路线"；在古代、近代、现代和当代哲学中，除了西方哲学外，还有"具有自身文化特点的印度、中国、伊斯兰世界的东方哲学"；在整个世界文明中，除了东方哲学、西方哲学外，还有"既没有被还原为西方哲学，也没有被还原为东方哲学的'白银时代'别具一格的俄罗斯哲学"[①]。因此，俄罗斯哲学的复兴，在于"使俄国传统的'西方化'和'本国独立发展'的悖论开花结果"[②]。于是，怀着类似当年 П. Я. 恰达耶夫的不脱离世界而是走进世界，以便改造它[③]的抱负和"爱真理"的心态，俄罗斯哲人在研究中，不仅广泛吸收俄罗斯传统哲学、宗教哲学、西方哲学甚至东方哲学的观点和方法，而且将能否应用西方哲学的理论范式、语言模式进行哲学研究，作为衡量俄罗斯哲学能否走向现代化的标准。

由此，通过对哲学与时代关系"究竟如何？"的反思，俄罗斯哲学实现了它由苏联哲学的自我封闭，到面对历史、面向现实、面对传统、面向现代的全方位的、世界性开放的转型。

5. 哲学的本质问题，即辨明哲学的特性

尽管苏联哲学从20世纪50年代后期就开始了"人的问题"的研究，但是，由于各种原因，苏联哲学从本质上说并不具有人文性。转型时期的当代俄罗斯哲学，无论反思、批判苏联哲学还是为社会提供新的价值体系和精神动力，都需要重视和关注人的问题。于是，俄罗斯哲人要求哲学和一切社会科学的研究"从科学的束缚中解放出来，在自身中寻找标准、方法"，认为"这个标准就是人本身"[④]，从而自然地将哲学研究的中心转向了人的本质、地位、利益、自由、精神价值、全面发展等问题。纵观今日俄罗斯哲学，宗教哲学、人的哲学、

---

① Степин В. С. Российская философия сегодня: проблемы настоящего и оценки прошлого // Вопросы философии. -1997. -No 5.
② Кара-Мурза А. А. Духовный кризис в России: есть ли выход? // Вопросы философии. -1996. -No 5.
③ 参见［俄］Вл. 索洛维约夫等：《俄罗斯思想》，贾泽林、李树柏译，3页。
④ 张百春：《文化学研究在俄罗斯》，载《国外社会科学》，1998（6）。

价值哲学所以分外得宠,根本原因就在于它们充分关注人的精神价值。哲人对其他应用哲学的探讨,也是紧紧围绕着"人"这个中心而展开的。

这样,通过哲学自身"究竟属谁?"之问,俄罗斯哲学实现了它由苏联哲学以客观性、规律性为核心的科学性,到以主体性、人本化为中心的人文性的转移。

(二) 反思中暴露出的问题

20世纪90年代初俄罗斯哲学对苏联哲学的反思,在暴露和揭示苏联哲学的致命弱点的同时,也让俄罗斯哲学看清了未来发展之路。然而,这种相对"极端"的反思,在表面彰显两者间的冰炭水火之别时,却也暴露了一些新的问题。

1. 哲学与政治的关系问题

如何在反思苏联哲学的政治化中,摆脱"有序"与"无序"的两难,在明辨哲学的属性中找到哲学发展的途径?人类思想史表明,哲学虽然高度抽象,却不能不受社会的经济结构、政治结构、文化结构的制约,不能不是这些社会现实的"摄影机",从而不能不具有意识形态属性。但哲学的这一属性,却不能成为它沦为意识形态的借口。

苏联哲学因为行政强权的支撑而具有强烈的政治意识形态性和政治实用性。当代俄罗斯哲学反感苏联哲学的唯政治性而走向了多元化、自由化的研究途径。然而,破除了政治的紧箍咒,实现了哲学由一元向多元转型的俄罗斯哲学,此刻它却又面临了新的困境:一方面,俄罗斯哲人崇尚思想自由、价值多元,坚持"开放的社会就是要出现差异"[1] 的观点,但又为这种"多元""自由"使整个社会"处于'精神分裂'状态"[2],可能使哲学丧失其系统化和理论化的世界观、方法论的特性,哲学论争陷于无任何评判标准的混乱境地而忧心忡忡;另一方面,俄罗斯哲人面对社会转型给俄罗斯人带来的精神危机,认识到片面强调多元化、自由化将加剧社会混乱,因而又在某种程度上呼唤回归统一的意识形态,希望以某种统一的价值体系、主导思想为俄罗斯这艘漂泊在黑夜

---

[1] 张树华:《过渡时期的俄罗斯社会》,299页,北京,新华出版社,2001。
[2] 同上书,249页。

第三章　复苏与特色：20世纪90年代的中俄哲学

海面"迷失的船"导航，为整个社会提供精神支撑和动力。① 俄罗斯哲人甚至认为"俄罗斯社会意识形态的多元化，并不意味着不需要居统治地位的意识形态"②。然而，回归统一的意识形态、主导思想和价值体系，就意味着有重新落入禁锢思想、扼杀自由的陷阱的可能，而这又是俄罗斯哲人最不愿意看到的。但是，哲学的意识形态属性又决定了它不可能放弃对社会普遍存在的道德、精神问题的思考，并通过思考重建社会主流价值体系的使命。

因此，如何正确认识哲学与政治的关系，在确保思想独立、精神自由的同时，为社会健康、文明的发展提供有效的精神支撑和道德引导，是21世纪俄罗斯哲学面临的一个难题。

2. 哲学与现实的关系问题

如何在反思苏联哲学的"现实性"中，走出"入世"与"出世"的纠结，在认识哲学的功能中体现哲学的理论本质？人类思想史表明，哲学虽然远离现实，但不能不受社会现实的制约，哲学要真正体现其自身价值，不能不扎根于时代和实践，因而它具备"入世"即干预现实、"出世"即引领时代的双重功能。但哲学的这一双重功能，却不能成为它沦为单纯现实工具的理由。

苏联哲学因其反思批判的缺位，而沦为了单纯为现实做合理性辩护的工具。当代俄罗斯哲学反感苏联哲学对现实（主要是政治现实）的亦步亦趋，而得出了哲学应当超越功利、超越现实的结论。尽管从表面看，当代俄罗斯在哲学研究上似乎凸显了哲学的现实功能，但在实质

---

① 在意识形态究竟将对俄罗斯社会具有多大作用的问题上，一些俄罗斯学者认为，如果"没有一种统一的国家意识形态，没有高尚的精神原则和个人行为的道德规范，国家就无法进行独立自主的社会改造，无法实施深刻的民主改革、经济改革和政治改革"（Яновский Р. Г. Духовно-нравственная безопасность России//Социологические исследования.-1995.-№12）。一些学者还强调哲学的意识形态功能，认为它具有"通过最高价值和有独立意义的价值对比"，"赋予社会变化一定意义"，"使个人找到自身活动的'稳定的'支撑点"，以及"保证人们之间的相互认知和交往"（Кара-Мурза А. А. Духовный кризис в России: есть ли выход？// Вопросы философии.-1996.-№5）等积极作用。对此，国内学者也指出，俄罗斯社会和整个国家都缺乏统一的意识形态，致使"最高权力结构受制于各派力量，在各种思潮的冲击下，无休止地摇摆。思想不能统摄人心，政权运作中缺乏权威，失去组织能力，社会只能处于停滞状态"（张树华：《过渡时期的俄罗斯社会》，295页）。

② Камынин И. Н. Социально-гуманитарные науки в России: смена вех//Социально-гуманитарные знания.-2000.-№1.

上，因其对哲学本质理解上的偏差，同样陷入了哲学功能的认识误区。这从21世纪以来，俄罗斯哲人仍然对传统宗教哲学情有独钟，对西方哲学史上各种抽象人性论、唯心主义、神秘主义一往情深，不约而同地将精神的自我完善作为哲学的唯一目标，便可见一斑。

然而，从苏联哲学和当代俄罗斯哲学中，我们可以发现以下共同的问题：哲学的功能究竟是什么？哲学是否应当干预现实？哲学怎样才能找到干预现实的正确途径？这些涉及如何认识哲学理论本质的问题。这就需要当代俄罗斯哲学客观地、全面地认识和评价苏联哲学。

俄罗斯在历史上不是一个擅长理性思维的民族，因此，哲学并不是它引以为傲的学科。然而，一个不能否定的基本事实却是，哲学尽管在苏联时期有着极大的片面性、局限性，但还是有长足发展。作为一种哲学文化，苏联哲学在使哲学系统化、规范化方面是有所建树的。苏联哲学提出的诸多范畴，无疑具有强烈的理性主义色彩，而哲学之所以是理论以及具有实践的功能，与这种理性主义传统是须臾不可分离的。反观此刻的当代俄罗斯哲学，对"多元"的偏爱使俄罗斯哲人对任何体系化、规范化的研究都嗤之以鼻，极度厌恶理性主义而备加青睐非理性主义。更有甚者，打着"多元化"的旗号大肆贩卖和鼓吹非科学、伪科学的东西。而且，整个俄罗斯社会对苏联时期意识形态的高度警惕和强烈反感，使绝大多数俄罗斯哲人尤其是青年一代对苏联哲学持坚决的拒斥态度，这一切不能不影响他们对哲学本身的深入理解。

因此，如何正确认识哲学与现实的关系，让哲学有效发挥改变世界的实践功能，是21世纪俄罗斯哲学面临的又一难题。

3. 哲学与具体学科的关系问题

如何在反思苏联哲学的"越位化"中，走出"超越"与"回归"的迷局，在确定哲学的位置中实现哲学的转型？人类思想史表明，哲学是关于自然、社会、人类思维发展一般规律的理论，从而与具体科学具有一般与个别的关系。哲学的这一学科特点，虽然使它在与具体学科共同组成人类知识体系的同时，对具体学科具有世界观、方法论的作用，但哲学的这种作用不能成为它凌驾于具体学科之上的根据。

苏联哲学因其行政性和意识形态化的强势，在放大和拔高哲学的作用中，使哲学蜕变成具体学科的救主和判官，从而无论在确定哲学在人

第三章 复苏与特色：20世纪90年代的中俄哲学

类知识体系中的位置上还是在处理哲学与具体学科的关系上，都陷入了困境。

当代俄罗斯哲学极端反感苏联哲学的"越位化"。在批判和破除苏联哲学的唯我独尊、唯我独上中，俄罗斯哲人提出了哲学的"回归"问题，认为哲学作为诸多社会意识形式之一，与其他学科处于平等地位，它既无权凌驾于其他学科之上，也不具有指导性的世界观、方法论的作用。在现实的哲学研究中，俄罗斯哲学更是通过变哲学课题为具体学科课题，以及哲学与具体学科的融合等方式，来摆脱和消解苏联哲学居高临下的强势，使其回归本位。

无疑，由"越位"到"归位"，表明当代俄罗斯哲学由苏联哲学的"人为"走向了顺其自然的发展轨道。这既体现了当代俄罗斯哲学力图与西方哲学接轨的心愿（因为当代西方哲学就主张放弃哲学的世界观作用，将其融入具体学科之中），又表明了俄罗斯哲人面对哲学颓势的选择（与其自欺欺人，不如正视现实，调整心态，摆正位置）。因此，"归位"无疑有助于人们重新思考，哲学和具体学科之间究竟应当具有什么样的关系才利于各自的发展。

无论苏联哲学对哲学身份的抬高，还是当代俄罗斯哲学对哲学地位的降低，都提出了以下共同的问题：在人类知识体系中，哲学究竟居于什么位置？它与具体学科究竟具有怎样的关系？苏联哲学的"抬高"之举，彻底败坏了哲学的声誉。当代俄罗斯哲学的"降低"之举，无疑有助于哲学确立自己的生存界域和发展根基。因为哲学研究的问题虽然抽象，但却是存在于具体学科研究领域中的问题。

但这种"归位"是否同时意味着哲学不应具有世界观、方法论的作用？意味着具体学科能够完全摆脱哲学的"纠缠"和"束缚"？事实上，当代俄罗斯哲学对哲学的"归位"本身已经表明，"哲学之所以称为哲学，正在于每种哲学都在具体对象中自觉地表达出对世界整体本性的看法"[①]。反过来，具体学科虽然研究范围、对象、问题切入点不同于哲学，但具体学科无论以何种方式把握和理解对象，都总是要在自觉与不自觉中，表达出对世界整体、本质的看法，这就不可避免地要与哲学"握手"。因此，简单地以哲学代替具体学科研究的做

[①] 陈先达：《处在夹缝中的哲学》，27页，北京，北京师范大学出版社，2004。

法固然必须警惕和反对,但轻易地宣布哲学已经丧失了世界观、方法论的作用,同样是一种简单化的做法。当代俄罗斯哲学的这种"归位",否定了哲学是理论化、系统化的世界观的传统定义,无视哲学与具体学科之间的界限,难免滑入混淆哲学与具体学科之间界限的泥潭。由此,这种"归位"到底是哲学的福音还是哲学的不幸?当代俄罗斯哲人似乎一时还难以找到答案。

因此,如何正确处理哲学与具体学科的关系,让哲学真正体现其对具体学科研究的价值,是 21 世纪俄罗斯哲学面临的又一难题。

4. 哲学与时代的关系问题

如何在反思苏联哲学的"断裂化"中,走出"封闭"与"开放"的两极,在继承哲学遗产中实现哲学的创新?人类思想史表明,哲学虽然是人类智慧之果,但它的每个成就都离不开时代潮流的推动和实践所赋予的活力;哲学虽然是人类文明的结晶,但它的每一进步都基于人类文明。因此,弘扬传统与不断创新,是哲学发展的途径。

苏联哲学因其政治意识形态性和主观教条化,最终不战而败。当代俄罗斯哲学反感苏联哲学的封闭性,认为开放才是哲学发展的正途,强调哲学研究必须面对历史传统和当下世界。这样,尽管 20 世纪 90 年代中期以后,俄罗斯哲人对苏联哲学、俄罗斯传统哲学、西方哲学的评价,开始由激愤转向理智;但是,就大多数哲人和整个社会而言,仍然或者钟情于俄罗斯传统哲学和宗教哲学,或者迷恋西方哲学。因此,当俄罗斯哲人转换思维视野,"主要是从文明的角度来研究一切"[①] 时,便产生出从西方文化出发还是从俄罗斯传统文化出发建构现代化的俄罗斯精神和俄罗斯哲学的争论。

"西化论"者坚持认为,只有西方才代表当今世界更为科学、更为人性的文明,西方文化(除了马克思主义)才是俄罗斯现代哲学的价值标准,俄罗斯哲学要同国际接轨,适应全球化时代的同质文化,就必须用西方的观点和方法来研究俄罗斯这种"非西方社会"。

"传统论"者则坚持认为,俄罗斯的传统文化(包括哲学、文学等)有着深厚的民族根基,更符合俄罗斯人的思维习惯和精神追求。"传统"中"唯一的和根本的东西"是俄罗斯的宗教唯心主义哲学[②],而西方文

---

① 马绍孟、冯俊:《反思历史,关注现实》,载《哲学动态》,2000(11)。
② 贾泽林:《有关俄罗斯哲学传统之争》,载《浙江学刊》,1997(4)。

第三章 复苏与特色：20世纪90年代的中俄哲学

化的"主要成分是金钱权力、迷恋暴富、虚拟的民主世界和鼓吹形式上的自由"①。

苏联哲学的封闭性以及由此导致的历史虚无主义表明了，哲学的发展离不开创新。创新需要继承与吸取历史和当代的文明成果。在这一点上，俄罗斯哲学实现了转型。但是，这种创新的走向，如果如"西化论"视西方哲学和西方文化为唯一坦途，或者如"传统论"以俄罗斯传统哲学和传统文化为唯一根基，则难免陷入与苏联哲学相反却又相通的片面性误区：前者不见俄罗斯传统文明，对处于社会转型时期的俄罗斯人具有的弘扬民族精神、维系民族感情、增强民族凝聚力的作用，而难免文化殖民主义之嫌；后者漠视西方文明中强烈的时代气息和鲜活的生命力，而受困于文化复古主义，至于将宗教唯心主义捧为传统的精华，则更是典型的文化保守主义。

因此，如何在处理继承与创新、向内与向外的辩证关系中，走出俄罗斯哲学的独特发展之路，是21世纪俄罗斯哲学面临的又一难题。

5. 哲学的科学性与人文性的关系问题

如何在反思苏联哲学的"客观理性化"中，走出"科学性"或"人文性"的两极，在融合两者中展现哲学的科学本性？人类思想史表明，哲学虽然追问"终极"，但却注重客观与理性。哲学虽然求索智慧，但却要求知、情、意的统一。因此，就哲学思考方式而言，科学理性与人文价值性的融合自是题中之义。同时，哲学作为关于"人"的本质之思，它在考察既是客体又是主体的"人"时，就不得不承认这个"人"既是受外部客观世界制约的"剧中人"，又是具有改变和创造外部世界能力的"剧作者"；不得不以外部环境和世界的客观必然性为前提，以认识人何以如此的目的、愿望；不得不反映人的目的、需求，以发现人何以如此的源泉、动力。可见，哲学无论思考方式还是思考视角，都内在地要求科学理性与人文价值性的统一。

苏联哲学就其主流而言，重科学理性而轻人文价值性。这一弊端在斯大林去世后，又通过变形了的"人文性"方式体现出来。当代俄罗斯哲学反感苏联哲学的唯科学性和唯理性，认为若继续将科学理性作为评价哲学的尺度，将难以同教条主义哲学的机械性、宿命论、自然主义、

---

① Камынин И. Н. Социально-гуманитарные науки в России: смена вех // Социально-гуманитарные знания. -2000.-№1.

实证主义划清界限。因此，它要求哲学社会科学研究从科学的束缚中解放出来，在自身即从"人本身"中寻找哲学研究的标准、方法。"人"之所以为人，其根本不是"人"得以生存的基础、前提、条件即外部世界，人也不受客观世界必然性、规律性的制约，而是人的精神价值及追求。因此，当代俄罗斯哲学在消解苏联哲学的唯科学理性的弊端，将道德、人性、人的本质视为评判哲学真理性的唯一根据和根本标准时，又不可避免地滑向了唯人文价值性的极端，使其哲学具有浓厚的乌托邦主义、浪漫主义、虚无主义色彩。此时俄罗斯社会普遍感到精神无所依傍、宗教流行、青年们普遍崇尚唯心主义哲学，与当代俄罗斯哲学研究中这种从苏联哲学的唯科学性走向唯人文性的研究倾向不无关系。

因此，如何真正坚持科学性和人文性的内在融合，是 21 世纪俄罗斯哲学面临的又一难题。

总之，20 世纪 90 年代中后期的俄罗斯哲学生态，在经历了前一阶段的动荡后已渐趋平静。然而，现实在问讯哲学"向何处去？""如何去？"时出现的诸多问题，却让它未有片刻安宁。是否、能否处理好这些问题，是它能否在 21 世纪获得顺利发展所必须面对的课题。此时此刻处于急剧变动后缓慢恢复期的当代俄罗斯哲学，由于哲学赖以顺利发展的条件（社会需要、政权需要、学界共识）尚不具备，因而它走向成熟之路似乎仍然山高路远。

三、重建：研究现状与研究视域

20 世纪 90 年代中期前后的俄罗斯哲学已经进入了缓慢的复苏期，因而尽管复兴之路依然坎坷，但研究现状和研究视域还是有了诸多变化与起色。

（一）研究现状："贫困"与"繁荣"的交织

我们无论用"贫困"还是"繁荣"去描绘 20 世纪 90 年代中期前后俄罗斯哲学的研究现状，似乎都不尽恰当。但若说它"繁荣"，又无法正视它所实实在在地面临着的前所未有的危机：没有相应的财力支撑，研究刊物大多停办，研究机构日益减少，研究人员大量流失，整个社会冷落哲学……如若说它"贫困"，得出此阶段的俄罗斯哲学已陷入"贫困泥沼"的结论，也未免太简单化了。因为纵观此阶段的俄罗斯哲学，我们可以发现，无论它的指导思想还是它的研究方法，无论它所涉猎的

第三章　复苏与特色：20 世纪 90 年代的中俄哲学

内容还是它的表现形态，都呈现出前所未有的繁荣景象。因此，用"贫困"与"繁荣"交织来形容此阶段俄罗斯哲学的研究现状，恐怕再恰当不过了。

1. 沉寂中的"贫困"：哲学的现实境遇

人们常把哲学喻为人类的精神之花、灵魂之果，但这花朵和果实，却离不开生长的土壤、阳光和雨露。哲学的土壤、阳光和雨露，是社会的经济基础及社会的需要。

苏联剧变使俄罗斯当局不再以马克思主义为立国的理论之基。政治需要和经济困难，又使官方对俄罗斯哲学不再给予经费支持。这就意味着，此阶段的俄罗斯哲学不可能再像苏联哲学那样"高枕无忧"，而必须自谋生路。于是，20 世纪 90 年代（甚至直至 90 年代末）遭遇"断粮"的俄罗斯哲学，便由于政治的动荡剧变、经济的混乱停滞，而陷入了空前的"贫困"。

政局动荡、经济困难导致失去了官方财力支撑的俄罗斯哲学难以保证正常的学术交流，学术刊物的出版发行极其困难，众多专业哲学刊物停刊，哲学文章难以发表。苏联解体前后，尽管有大量的俄罗斯传统哲学、当代西方哲学的书籍和文章，被学界翻译、出版、刊载、介绍；但随着俄罗斯经济的持续困难，"繁荣了一段时间的出版热（1988—1993 年）也因经费问题而冷了下来"，哲学刊物只有求助基金会或银行，才可能出版，"甚至哲学界最主要的刊物也不得不四处乞求赞助"[1]。

政局动荡、经济困难还导致哲学的教学和研究机构纷纷解体或缩减，各级党校停办解散，大学哲学系大量裁撤，几乎所有大学都停办了哲学专业。到 20 世纪 90 年代中期，全俄罗斯只有国立莫斯科大学和圣彼得堡大学还有哲学系，而即便作为最高学府的国立莫斯科大学，其哲学系也因招生困难而一度考虑停办；研究机构锐减，即便俄罗斯哲学界的最高权威机构——俄罗斯科学院哲学研究所，也因朝不保夕而不得不削减了 1/3 的人员。[2]

---

[1] 因经济困难，俄罗斯哲学刊物《哲学科学》的 1993 年第 4～6 期，不得不合而为一。由俄罗斯科学院哲学研究所主办的最高级别的哲学核心刊物《哲学问题》，也因经费不足难以为继，不得不屡次在"致读者"中，向读者表达歉意和传递困窘信息。

[2] 据俄罗斯科研与统计中心公布的数据，1990—1996 年，俄罗斯的社会科学研究人员呈逐年减少的趋势，仅 1996 年就比 1995 年减少了 11% 以上。[参见于文兰：《苏联解体后俄罗斯社会科学家的状况》，载《国外社会科学》，2001（2）]

政局动荡、经济困难还使俄罗斯哲人中的多数因生存困境,不得不告别哲学,或改变学者身份而放弃学术研究,或改行从事与哲学无关的其他实际工作。即便那些为数有限还在从事哲学研究的学者,也或者因为受雇于各种私人基金会、研究所,而不得不在研究中被迫采用或主动迎合雇主的观点,适应其意识形态需要以保住饭碗,或者虽然仍旧固守学术阵地,但却不得不为养家糊口而谋求第二、第三职业,而无以专事研究。至于那些有着较高学术声望和学术地位而无生存之虞的极少数哲学家,也多从哲学的理论研究转向哲学史、应用哲学的研究,或者干脆由哲学研究转向了历史、文学、社会学或其他实证科学。哲学工作者谋生艰难、研究者大量流失、师资急剧匮乏等带来的直接后果便是,哲学研究的范围迅速缩小、规模快速萎缩、水平急剧下降。哲学研究后继乏人已是不争的事实,以至哲学专业的毕业生面对工作的选择是,除了哲学外,什么都愿干也什么都能干。

除了政治、经济的因素外,导致此时俄罗斯哲学"贫困"的另一原因则是,民众对哲学普遍的漠视和厌弃心理。如果说,苏联时期人们对哲学多少抱有兴趣是由于行政权力的强制和自身文化水平的相对低下,而只能和易于接受统一意识形态的教育、宣传、灌输和影响的话,那么,随着俄罗斯社会的转型,政治集权制度的解体,统一意识形态空间的消失,民众文化素质的提高,自由化、民主化、多元化思潮的盛行,人们自然对曾经扮演过统一意识形态角色的哲学产生强烈的拒斥心理。同时,哲学自身的抽象性、思辨性,也使得为现实的生存、利益而忧虑、忙碌、奔波的人们疏远它,冷淡它。于是,本应汇集"人民的最美好、最珍贵、最隐蔽的精髓"[①] 的哲学,成了时代、民众的弃儿。没有了民众的关注和支持,哲学便没有了发展的动力。这一切,既使俄罗斯哲人看不到哲学发挥功能的出路,又使其难以找到哲学摆脱困境的方向。因此,这一时期的俄罗斯,尽管资助科研大有人在,但投资的项目却几乎不涉及哲学。此外,苏联解体后俄罗斯社会长期的无序与混乱,在加重人们精神疲惫感、历史厌倦感、心态麻木感的同时,也恶化着整个社会的文化环境。没有社会大文化环境的

---

① [德]马克思:《〈科隆日报〉第179号的社论》,见《马克思恩格斯全集》,中文2版,第1卷,219~220页,北京,人民出版社,1995。

第三章 复苏与特色：20世纪90年代的中俄哲学

支撑和依托，哲学不仅面临发展源头的枯竭，而且失去了发展的文化根基。

与失去官方给予的"特权"，因而不再负有为现行政策辩护的义务相应，俄罗斯哲人在恢复自身本性的同时，力图使哲学"回归"本位。这本是哲学发展的福音，遗憾的是，苏联哲学和官方哲学家留下的阴影难以在短期内从俄罗斯民众心中消逝。因此，在这一阶段，俄罗斯即使还有不甘寂寞的哲人在为经济的复兴、社会的发展出谋划策，倾情尽力，但人们包括大多数政府官员，都对他们致力于复兴哲学心存戒心。其结果往往是，哲人用一腔热情换来的却是一桶凉水，他们的思想成果即使对社会有益、有利，也往往被政府的决策机构斥为"某种意识形态的陈词滥调"[①]而弃之不理。而且，对大多数哲人来说，由于整个社会发展的方向难以把握，他们不能不对哲学及其未来命运因难以言说而沉默不论，因前途渺茫而心灰意冷，"当你向俄罗斯哲学家们提出有关'后苏联哲学将呈现何种形态'即'俄罗斯哲学的未来是什么'这样的问题时，他们往往苦笑着回答说：我连我明天会怎样都不知道，我怎么回答有关俄罗斯哲学明天会怎样的问题呢?!"[②]，这可谓20世纪90年代中期前后俄罗斯哲人茫然无措心态的真实写照。

总之，20世纪90年代的俄罗斯，无论官方、民众，还是社会、个人，似乎都不再需要哲学。严峻的现实在使大多数哲人心灰意冷的同时，也使他们或自愿或被迫地将研究的兴趣转移到了哲学之外的其他领域。研究人员锐减、研究范围缩小、研究水平下降、研究刊物难以为继，这一切，不过是俄罗斯哲学园地凋敝的折射，它不是个别俄罗斯哲人的独唱，而是俄罗斯哲学界的共鸣，"环顾四周，我们看到的是存在主义和哲学解释的终结，实证主义的贫困和马克思主义的悲惨失败"[③]，即便被俄罗斯哲学界寄寓希望的莫斯科"第19次世界哲学大会"（1993年8月），也对颓势中的俄罗斯哲学无能为力，反而成了整个苏联时期哲学终结的标志。

---

① 文华：《俄罗斯的社会科学及其问题》，载《国外社会科学》，1999（3）。
② 贾泽林：《90年代的俄罗斯哲学》，载《国外社会科学》，1999（6）。
③ 聂锦芳：《万花纷谢一时稀——俄罗斯哲学研究现状分析》，载《国外社会科学》，1995（3）。

但是，这只是20世纪90年代中期前后俄罗斯哲学的一个方面。

2. 多元下的"繁荣"：哲学的别样展示

20世纪90年代中期以后，随着俄罗斯经济的止跌、改革的深入、社会秩序的好转，学界要求重视人文科学，提出"21世纪是人文科学的世纪，人文科学将决定我国作为世界大国的未来"，"新的现实，要求紧急研究人文科学的某些方面"①的强烈呼声，引起了官方的重视。这样，俄罗斯政府在优先发展自然科学的同时，开始重新关注社会科学，并在确定俄罗斯20世纪90年代以及新千年初期的主要社会科学学科及其发展方向的规划中，将哲学排在了首位②，并用国家拨款且数量逐年增加的方式③，从经费上给予支持。这表明俄罗斯政府对社会科学研究逐步重视，从而缓解了人文社会科学研究者收入低、人员不稳定的困难。在大学生中，面对变幻莫测的社会生活，很多人希望能从哲学中找到解疑释惑的答案，从而对哲学感兴趣的人逐渐增多。更主要的是，俄罗斯部分哲人始终没有放弃探索俄罗斯哲学未来之路的努力。由此，当代俄罗斯哲学踏上了缓慢复苏的历程，具体体现为：(1) 举办"俄罗斯哲学大会"。1996年3月由俄罗斯哲学学会、俄罗斯联邦高等教育部、俄罗斯科学院哲学研究所联合召开了"全俄高等学校哲学教学问题讨论会"。该次会议在集合最高层次研究队伍的同时，首次发出了最大限度发挥各地积极性的倡议，表明了学界重振旗鼓的强烈愿望。随后，在俄罗斯仍然未能全面摆脱物质匮乏、政局动荡的社会环境下，先后两次召开

---

① Воронцов В. А. Приоритеты в перестройке наук России // Вестник гуманитарного научного фонда. -1998. -No 1.

② 这些主要学科包括：哲学、经济科学、管理科学、社会学、历史学、法学、政治学、民族学等。[参见于文兰：《俄罗斯的社会科学政策》，载《国外社会科学》，2000 (4)]

③ 据统计，1995年，俄罗斯政府从"基础研究和科技进步"联邦预算中，拨给俄罗斯人文科学基金会236.656亿卢布，其中，哲学社会科学研究获得21.4046亿卢布；1996年，拨给俄罗斯人文科学基金会481.511亿卢布，其中，哲学社会科学研究获得61.531亿卢布；1997年，拨给俄罗斯人文科学基金会1361亿卢布，其中，哲学社会科学研究获得的数目不详，但估计不少于往年，这笔拨款主要用于个人或小集体的课题研究和著作出版，以及国际交流、考察、会议等。[参见于文兰：《俄罗斯社会科学研究的组织与管理》，载《国外社会科学》，2000 (6)；《俄罗斯的社会科学政策》，载《国外社会科学》，2000 (4)]

第三章　复苏与特色：20世纪90年代的中俄哲学

"俄罗斯哲学大会"①，从而表明了俄罗斯哲学界复兴哲学的决心。(2) 哲学出版物增长。20世纪90年代中期以后，尽管哲学书籍、刊物的出版仍然自发与无序，但较之90年代前期，数量有了更大增长，其中哲学专著不少，哲学教科书达百本以上，哲学辞书也大量出版；选题范围更为广泛，除了热度不减的宗教哲学著作外，政治哲学、历史哲学、文化哲学的著作也不少；种类更为多样，除了哲学专著、哲学教科书、哲学辞书外，还有哲学年鉴、哲学家传记，以及多种哲学杂志创刊。(3) 哲学研究的新探索。这种探索有着完全不同于苏联哲学的特征，并从中展现出当代俄罗斯哲学的另一侧面——多元下的繁荣。这种"繁荣"集中体现为，这一阶段的俄罗斯哲学破除了苏联哲学的一统性，倡导与盛行学术研究的自由和民主，其典型表征是提倡指导思想、研究范围、研究内容、研究方法的多元化。这样，转型时期的当代俄罗斯哲学，因国家哲学、官方哲学地位的失落，强大经济后盾的消失，在由昔日的辉煌峰巅落入幽暗底谷之时，也因抛弃头上虚假繁荣的光环，打破表面的舆论一致，获得了广阔的发展空间。这一发展空间集中体现为对社会生活各个领域展开研究。因此，20世纪90年代中后期的俄罗斯哲学较之苏联哲学，有着它不同含义的实在、繁荣、丰富和具体的一面。

当然，仅用"贫困"与"繁荣"一类的术语，既不能概括20世纪90年代俄罗斯哲学的全貌，更不能说明它与苏联哲学的差异。例如，就哲学的完善性而言，虽然苏联哲学因始终热衷于塑造体系而具有封闭性、僵化性，但必须承认它在使哲学系统化、规范化方面的建树。因为哲学之为哲学的最根本特征正在于理论的系统性、规范性。反观当代俄罗斯哲学，对"多元"的偏爱使俄罗斯哲人对任何使哲学研究体系化、系统化、规范化的做法都嗤之以鼻。于是，一面是破除了苏联哲学体系束缚而获得了解放，另一面却因毫无相应规范约束而陷于混乱。没有任何确定的形态，没有任何相应的体系，一切都没有定型，这就是20世纪90年代中期前后的俄罗斯哲学现状。这种状况对哲学的发展而言，

---

① 1997年6月，圣彼得堡召开了以"人—哲学—人道主义"为主题的"第一届俄罗斯哲学大会"，参会者达1 098人，其中近30人来自国外，会上成立了"俄罗斯哲学学会"。1999年6月，叶卡捷琳娜堡召开了以"21世纪：从哲学角度看俄罗斯的未来"为主题的"第二届俄罗斯哲学大会"，参会者近800人。（参见贾泽林等：《二十世纪九十年代的俄罗斯哲学》，56页）

虽不无益处，但也难以隐藏其弊。更有甚者（包括部分文人）还以"多元化"为幌子，大肆贩卖和鼓吹一些非科学的东西，导致了几十年积累起来的伪科学、近科学、类科学的东西，进攻和渗透哲学中。这种状况的出现，已经不是用"贫困"二字可以解释的了，它不过从一个侧面折射出20世纪90年代俄罗斯哲学"繁荣"背后伴随的阴影。因此，用"衰落"中的繁荣或"繁荣"中的衰落，"繁荣"中的贫困和"贫困"中的繁荣，来描绘20世纪90年代的俄罗斯哲学，也许更为恰当。

（二）重建哲学：所及的研究领域

这一阶段的俄罗斯哲学重建出现了一些研究热点，它们包括苏联哲学未曾涉及或曾经涉及但涉及不深的领域。

1. 宗教哲学

在20世纪90年代的俄罗斯哲学界，有哲人就70余年的苏联哲学和8年的俄罗斯哲学做过对比，认为两者道路相反、景象不同。"1917年以后，马克思主义的一元化哲学彻底取代了俄国原有的多元化哲学，而现在即1991年以后则是多元化哲学又取代了马克思主义哲学"①。这种"多元"在20世纪90年代中期俄罗斯哲学中最明显的表现便是"去意识形态"中的"复古"。"复古"的典型表现就是哲学研究中的宗教哲学热。

这股热潮，在苏联解体前后便引起了俄罗斯哲人的极大关注。在20世纪90年代中期前后，宗教哲学更是成为俄罗斯哲学的研究热点，具体表现为：（1）大量出版俄罗斯宗教哲学家如Л.舍斯托夫、В.С.索洛维约夫、Н.А.别尔嘉耶夫、С.Л.弗兰克等的原著；（2）出版了当代俄罗斯哲人研究俄罗斯宗教哲学的专著②；（3）出版了当代俄罗斯哲人研究世界其他大的宗教的专著③；（4）宗教哲学已被教育部规定为普通教育和职业教育的必修课④，一批宗教哲学的教科书和参考书相

---

① Чумаков А. Н. Бескрайность философии//Вестник российской академии наук.-2001.-No1.

② В. Н. 阿库里宁的《万物统一哲学：从索洛维约夫到弗罗连斯基》（新西伯利亚，1991）、А. 古留加的《俄罗斯思想及其创造者》（莫斯科，1995）、Г. С. 巴吉雪夫的《创造的辩证法导论》（俄罗斯基督教人文科学研究所出版社，1997）等。

③ Ъ. Ц. 丹达伦的《佛教的思想："黑色笔记"》和《佛教伦理学信札》（莫斯科，1997）、Ц. Ъ. 齐尔伯尔曼的《印度教哲学之意义的起源》（莫斯科，1998）等。

④ 俄罗斯联邦1995年颁布的普通教育和职业教育的教学计划中，宗教哲学成为与宗教史、宗教社会学、宗教心理学、宗教现象学、宗教伦理、宗教美学、宗教人类学以及三大世界性宗教等课程并列的宗教专业科目。

第三章 复苏与特色：20世纪90年代的中俄哲学

继出版[①]；(5) 出版了为宗教研究服务的工具书[②]。

俄罗斯哲人认为，俄罗斯宗教哲学（指19世纪到20世纪初俄罗斯宗教哲学家的哲学思想）是先哲基于某些宗教世界观的基本准则，以哲学家独特的方式，关注人的心灵和现实，"从内向外"认识世界和解释人生的理论：既有别于将"上帝"权威化为极端的传统宗教，又有别于将"人"权威化为绝对的近代西方哲学；既力图赋予世界、人生内在价值，又力图从宗教体验和信仰中吸取养料；既吸取西方近代哲学的非理性主义，又诉诸基督教的概念和形象。所以，它有广阔的视野，不仅涉及宗教，而且涉及道德和人。

20世纪90年代俄罗斯哲人的宗教哲学研究之热，直接源于俄罗斯社会生活的需要。一方面，乱世、混世所导致的精神空场和道德真空，使"社会期待宗教的是进行治病救人，使人精神崇高、富于怜悯心和诚实的布道，而这种布道在没有宗教信仰、不信神的无限痛苦的几十年之后的今天是特别需要的"[③]。另一方面，俄罗斯传统宗教哲学强调的个性自由拒斥普遍统一性，崇尚精神神圣感，反对物欲世俗化，沟通宗教信仰与个人道德感，以人性反对非人性，以非理性排斥理性，以及对人的心灵、情感、道德世界、超自然的生存意义和使命的强烈关注等内容，已被俄罗斯哲人视为普度众生的救主、神水、圣泉。

当然，俄罗斯哲人对俄罗斯宗教哲学的现实功用也存在争议。肯定者认为，宗教及其哲学"不单纯是具有工具、实用性质的有效的理性成果，还是最高的宗教价值观念"[④]，其对宗教哲学功能的笃信之态，如同当年 H. O. 洛斯基坚信宗教哲学能消除"现代文化的病症，法制国家思想的丧失，以及任何一个个人都有绝对价值的思想和精神创造自由的理想的丧失"[⑤] 一样危险。否定者则认为，一个属于历史的，充斥着

---

① И. Н. 亚博罗科夫的《宗教学原理》（莫斯科，1994）、基梅列夫的《宗教哲学：系统概述》（莫斯科，1998）等。

② 由 М. П. 姆切德洛夫主编的《当代俄罗斯各民族宗教词典》(1999)，该词典收录了最近十年反映俄罗斯宗教文化不同内容的350多个词条，以及俄罗斯传统宗教的广泛信息。

③ [俄]亚·尼·雅科夫列夫：《一杯苦酒——俄罗斯的布尔什维主义和改革运动》，徐葵等译，"致中国读者"14页，北京，新华出版社，1999。

④ Громов М. Н. Вечные ценности русской культуры: к интерпретации отечественной философии//Вопросы философии. -2004. -№1.

⑤ [俄]Н. О. 洛斯基：《俄国哲学史》，贾泽林等译，244页。

比较研究：当代俄罗斯哲学与中国马克思主义哲学

强烈的非理性主义、极端主义、浪漫主义、乌托邦主义，具有强烈空想性和个人至上性的理论，是无法也不能永远充当精神救世主，完成带领俄罗斯民众向现代化进军的历史使命的。因为自"19世纪以后，宗教文化随着现代化的进程完全失去了作为民族精神核心的历史调节力，可以断定，与制度性宗教社会不同，宗教在俄罗斯很难起到精神脊梁的作用"①。

2. 历史哲学

它是20世纪90年代俄罗斯哲学中地位未完全确立、研究对象尚不明确、研究范畴尚未确定，因而研究尚不到位，但又因对人类历史、人的生存做答，而在俄罗斯社会被格外关注的哲学理论。

20世纪90年代俄罗斯历史哲学关注的核心是"我们是谁？我们向何处去？"这一古老问题。原有社会结构的解体和社会意识形态的全面崩溃，在带给俄罗斯哲人生存重负和精神重压，让他们深刻怀疑那些曾经将俄罗斯整合在一起的理论、学说之价值的同时，也使他们不得不再度思考俄罗斯的命运与前途问题。随着自由主义、激进主义因改革受挫而退居下风，此时的俄罗斯，无论学人还是官方，都在尝试重新寻找"俄罗斯思想"。

在俄罗斯传统文化中，"俄罗斯思想"作为俄罗斯民族特有的思维方式和独特的历史道路的表达，既具有象征意义，又饱含哲学意蕴。它构成了俄罗斯历史哲学的核心，并经历了漫长的发展过程。②

"俄罗斯思想"的概念源于俄国宗教哲学家 B.C.索洛维约夫。其理论内涵，在广义上是指，"俄罗斯文化和俄罗斯精神在全部历史过程中所固有的各种特点的总和"；在较为狭义上是指，在历史的每一独特时

---

① 张树华：《过渡时期的俄罗斯社会》，298页。

② 从11世纪伊拉利昂 [11世纪基辅罗斯神甫。1051年，被基辅大公雅罗斯拉夫一世任命为第一个由罗斯人担任的基辅教区都主教。所著《教义与神恩之道》论证了基辅罗斯大公政权的合理性与重要性，需要基督教为大公政权服务。（参见乐峰主编：《俄国宗教史》上，83页，北京，社会科学文献出版社，2008）]关于"俄罗斯作为一个基督教国家应在世界范围内占有一席之地"起，历经14—15世纪因库里科沃战役而民族意识高涨，16世纪俄罗斯宗教文化的形成、国家统一观念的确立，17—18世纪彼得大帝倡导和推行的改革与现代化以及欧洲启蒙观念的渗透影响，19世纪30—40年代以西方主义、斯拉夫主义为代表的精神领袖活动，20世纪20年代以前宗教哲学家们的系统阐发，20世纪以来十月革命和布尔什维克的独特发展以及侨外俄罗斯思想家的发掘，而获得了充分体现。（参见[俄]Bл.索洛维约夫等：《俄罗斯思想》，贾泽林、李树柏译，"中译本前言"25～26页）

第三章　复苏与特色：20世纪90年代的中俄哲学

期民族自我意识所达到的水平①；在更为狭义②上是指，"在俄国的社会、文化、政治的发展中，各种旧的和新的成分存在的方式"③。

19世纪末20世纪初，俄罗斯哲人从历史、地理、精神等角度，对"俄罗斯思想"做过充分阐释。（1）就历史角度而言，"俄罗斯思想"将俄罗斯定位为"第三罗马"，将俄罗斯民族定位为"负有重新恢复基督教世界统一和使俄罗斯成为整个基督教世界的政治中心的重任"的"上帝优选的民族"④。（2）就地理角度而言，"俄罗斯思想"充分认识到，由于俄罗斯横跨欧亚大陆的特殊地缘特征，它始终处于既受到来自两极的夹击又不得不与之发生联系的处境，左顾右盼的烦恼和牵挂将使它永无宁日，俄罗斯只要作为俄罗斯存在一日，便永远也摆脱不了这种麻烦和窘境。因此，俄罗斯在寻求和选择自己的发展道路时，就不能不在两极而非一极中做出选择，不能不考虑如何在强调个性时体现一般，在融入一般中保持个性，即在吸取东西方的优势和精华中维护与坚守俄罗斯的民族特性，在维护与坚守俄罗斯的民族特性中吸取东西方优秀的东西。俄罗斯历史上的西方主义、斯拉夫主义、欧亚主义之争，不过从不同侧面反映了俄罗斯人对自己的特殊地缘及由此形成的民族、文化特性，以及命运、出路、前景的思索和探寻。（3）就精神角度而言，"俄罗斯思想"重视俄罗斯民族的救世使命、俄罗斯的大国地位以及俄罗斯独特的民族性格、文化、历史传统，强调俄罗斯在东西方文化和文明之间的桥梁作用，认为它是俄罗斯不同于其他民族的精神特质。

"俄罗斯思想"在20世纪90年代之所以受俄罗斯哲人青睐，原因在于：（1）它对历史的定位，一定程度上唤回了文化人的优越感。20世纪90年代的俄罗斯哲人，面对那段不堪回首但又必须评价的历史（十月革命及苏共执政的70余年），满心酸涩且难以定位；面对眼前的社会混乱、经济衰落和大国地位的丧失，痛心疾首且忧心忡忡；面对"决定其未来方向的十字路口"，发出"我们现在处于何处？今后将走向

---

① 该词只是到了19世纪才产生，因此当把它用于较早的历史时期时，它已经是经过重新解释的了。
② 即在社会学意义上。
③ Русская философия: малый энцикл. словарь/отв. ред. А. И. Алешин., М., Наука, 1995.-С. 334.
④ ［俄］Вл. 索洛维约夫等：《俄罗斯思想》，贾泽林、李树柏译，"中译本前言"5页。

何方?"的沉重追问；面对历史的必然性与选择性及其选择的风险性、危机性，不知所措而踌躇犹豫。哲人的使命感、责任感，使他们渴望在重新为国家、民族进行历史定位以走出困境中，看到了"俄罗斯思想"的内在价值及其带来的希望、动力和信心。(2)它的地理定位，使经历了苏联时期类似"民粹"式的封闭，20世纪90年代初期类似西方式的开放后的俄罗斯哲人认识到，俄罗斯特殊的地理位置决定着国家、民族未来命运的走向：反对单纯强调俄罗斯独特的民族传统，即反对全盘否定和拒绝西方文明；反对单纯宣扬西方文明，即反对全盘排斥和舍弃俄罗斯的传统价值。(3)它的精神定位，给予20世纪90年代俄罗斯哲人的最好启迪是，在历经国家分裂、民族矛盾、社会混乱、精神真空后，在追寻一种能为大多数俄罗斯人接受的理想和观念时，发现了先哲"对俄罗斯饱含着的赤子之情；对俄罗斯保持着清醒而冷静的分析态度；对俄罗斯的命运充满关怀和忧虑；对俄罗斯的独特性和远大的未来充满信心"[①]，这一切，对俄罗斯告别历史，正视现实，走向未来，都是极其有益的。因此，20世纪90年代中期前后俄罗斯哲人对传统"俄罗斯思想"的研究，已经开始由纯学术领域向现实领域转向，从历史哲学向政治、经济、社会、文化等多个视角展开。一些政治家更是将制定"新俄罗斯思想"作为迫切的政治任务。[②]

3. 政治哲学

它是20世纪90年代俄罗斯哲学最新又最具现实性的研究领域。

政治哲学是苏联哲学研究的禁区。俄罗斯政治哲学在20世纪90年代初兴起，与民主化、自由化思潮的流行直接相联。与西方传统政治学侧重于政治的社会根源、共同体的权力本质、社会结构与政治的关系、社会变革与政治变革的关系及其规律等不同，俄罗斯政治哲学的重点是与俄罗斯生存与发展密切相关的一些问题，主要有两类：

一类是关于政治的权力、角色、地位、利益、精英等的具体政治学问题，以及地缘政治、政治伦理道德等问题。被称为俄罗斯20世纪90年代政治哲学代表人物之一的А.А.帕纳林，其代表作就叫《政治学》，

[①] [俄]Вл.索洛维约夫等：《俄罗斯思想》，贾泽林、李树柏译，"中译本前言"26页。
[②] 1996年7月，俄罗斯总统竞选期间，叶利钦就向学者们提出了"制定新民族思想"即"新俄罗斯思想"的任务。普京上台之初，同样提出了制定"新俄罗斯思想"的任务。

第三章 复苏与特色：20世纪90年代的中俄哲学

而关于地缘政治、欧亚主义，以及世界历史"东方—西方"的大周期观[1]，他也有大量文章，其主要是基于对俄罗斯出路的现实思考。就此意义而言，俄罗斯的政治哲学与政治学，几乎是同义语。

另一类是与俄罗斯现代化、后现代化相联系的政治问题。它是俄罗斯政治哲学的中心，体现为三个方面：（1）重审自由主义。自由主义曾被俄罗斯人视作走出集权政治、计划经济、思想专制"苦海"的灯塔。但社会剧变的现实，又很快使他们生疑。于是，自20世纪90年代中期以来，部分俄罗斯哲人围绕自由主义的来源、本质、特征，对俄罗斯的发展趋势、后果及其危害进行反思，力求对此有比较清醒的认识。更有哲人明确指出，"西方的整个战略明显不对称，它们有意地把极端颓废的自由主义输出到俄罗斯，而为自身的需要则保留着具有动员能力和攻击性的新保守主义方针"[2]，而西方鼓吹自由主义的目的就是搞垮俄罗斯。（2）重新探讨民主国家、集体主义、民主化进程。俄罗斯如何走向现代化是俄罗斯政治哲学关注的中心。对此，俄罗斯哲人中形成了不同的观点。一种观点鉴于西方自由主义的试验在俄罗斯的受挫，强调俄罗斯传统文化中的集体主义价值观，认为要消除和克服政治、经济生活中的极端个人主义，就必须承认和发挥国家（当然是民主国家）在社会生活中的调节作用，E.T.盖达尔等西化主义者的失误就在于，以纯西方式的自由主义彻底摧毁与破坏了俄罗斯重视集体主义和国家力量的传统，在既丢掉传统又难以与西方接轨的两难中，迷失了俄罗斯的自我，步入了不知己为何物的误区。一种观点坚持西方自由主义，主张俄罗斯应当继续沿着民主化的方向前进，而民主化的方向是"参照西方资本主义社会的模式，对旧制度进行根本性的改革，使俄罗斯融入西方文明世界"[3]。这类研究在俄罗斯进入21世纪后，更加注重从理论层面探寻西方政治民主模式的构建问题。如有哲人在研究美国的政治民主模式时，通过比较美国第三任总统杰弗逊的民主思想与先前民主思想的差异，揭

---

[1] 例如，А.А.帕纳林认为，"21世纪将是以东方为主导的'周期'的开始，而在这一过程中，俄罗斯将占重要地位。"因为"就俄罗斯本身来说，它的历史也是'东方—西方'阶段的不断更替。这种更替是俄罗斯的内在命运，源自其内里。俄罗斯是我们这个星球的中心，这不仅是从地缘角度上说的，而且是时间意义上的连接点"（Панарин А.А. Восток-Запад: циклы большой истории//Новая Россия.-1998.-№1）

[2] 安启念：《九十年代俄罗斯：社会转折与哲学走向》，载《高校理论战线》，1998（9）。

[3] 张树华：《过渡时期的俄罗斯社会》，280页。

示了其民主思想的实质是自下而上建立共和国，包括从基层管理的公民直接参与到政府管理的复杂形式再到权力的联邦分制，认为它可以为俄罗斯重构权力的政治模式提供参照。① 与上述两种观点不同的第三种观点是：一方面，反对第一种观点，认为这将使俄罗斯的现代化变型；另一方面，认为由于俄罗斯悠久的专制主义传统，民族天然地具有冲动的本能，因此，在俄罗斯的历史上，民族主义和扩张主义始终是它重大变迁与思想嬗变的主题。因此，与对民主前景抱乐观态度的观点相反，这种观点始终把俄罗斯的民族主义、专制主义产生的历史背景和政治制度背景，当作深化俄罗斯研究的主题，认为其民主化将是一个长期艰难的过程。（3）在前两者的基础上，着重探寻俄罗斯走向现代化的独特道路。20世纪90年代中期以来，人们在批判 E. T. 盖达尔西化政策和国内自由主义倾向的同时，针对俄国历史上的三大支柱——东正教、专制和民族性，提出了"精神主义、人民政权和大国思想"三位一体的新欧亚主义，对一些东方国家的现代化之路展开比较研究并给予较高的评价，认为它们或许能为俄罗斯的现代化之路提供借鉴和启示。

需要提及的是，尽管历史哲学和政治哲学都探讨欧亚主义问题，但前者的侧重点在俄罗斯的民族文化和历史传统，后者的侧重点则倾向于俄罗斯的政治现实及国际环境和地缘政治。

4. 社会哲学

从哲学角度研究社会现象的本质和规律，是俄罗斯哲学的基本传统，也是俄罗斯哲学"出世"与"入世"二重本性的体现。②

在何谓"社会哲学"问题上，尽管有的俄罗斯哲人将它等同于社会学或哲学，但目前俄罗斯哲学界的普遍共识是：它既是哲学的分支，又是社会学的一个领域，是从哲学角度研究社会，同时又对社会学的具体领域具有方法论意义的学科。

苏联哲学虽然也研究社会哲学，但主要围绕历史唯物主义的传统问题，如历史唯物论和社会发展辩证法等展开。当然，从20世纪60年代

---

① Сытин А. Г. Политическая философия демократии: вклад Томаса Джефферсона//Политические исследования. -2008.-No1.

② 20世纪初俄国宗教哲学家 С. Л. 弗兰克就将社会哲学与历史哲学视为俄国哲学的两个主要课题。

第三章　复苏与特色：20世纪90年代的中俄哲学

起，它也逐步将人的问题、文化问题、价值问题、全球问题等纳入其研究领域。20世纪90年代俄罗斯社会哲学突破了苏联哲学的研究范围，除了分析与概括社会学的传统课题和现代内容，还力求从哲学角度揭示政治、经济、文化中的社会学问题及其本质，从而将研究的触角伸向社会生活的各个领域。

20世纪90年代俄罗斯社会哲学的研究重心是个人与社会、个体与社会群体的关系，社会变迁、社会分层、社会现代化的本质和规律以及与之相关的其他社会问题。其中，尤以个人与社会的关系为重。俄罗斯哲人强调，俄罗斯哲学要避免社会哲学研究重新陷入"人与社会等同论""人类中心论""社会中心论"的片面性，为俄罗斯的现代化塑造新型的社会人，就必须在更高阶段上向"人与社会"的统一复归，其特点是从个人与社会统一的高度重新解释人的本质，创立与之相应的新的独立学科："社会—哲学"人学。在此基础上，20世纪90年代的俄罗斯哲学形成了既有别于仅从哲学层面研究人的"哲学人学"，又有别于仅从社会学角度研究人的"社会人学"，形成了在哲学与社会学统一的基础上研究人与社会关系的"社会—哲学"人学。

5. 人的哲学

它是20世纪90年代俄罗斯哲学研究中最为活跃的领域之一。

如前所述，苏联在20世纪50年代就出现了人的哲学研究并在80年代达到高潮，而且也正是苏联哲学在20世纪80年代中后期的人的哲学研究数量、质量的大幅提高，为20世纪90年代俄罗斯人的哲学的深入研究奠定了基础。[1] 但是，两者又存在着诸多差异：（1）研究经费。前者出自政府和官方，后者多源自民间和相应的基金会。（2）研究思路。前者受政策导向、政府意图的制约，往往围绕既定课题，在指定的范围内进行，具有较强的政治意识形态色彩；后者在失去政府支持的同时也免去了为现行政策论证、辩护的义务，因而能够在相对宽松的环境中进行相对自由的探讨，其研究课题更多地围绕社会的需要而制定，并

---

[1] 1999年10月16—19日，在浙江大学举行的"全国现代外国哲学学术讨论会"上，许多中国学者指出："苏联的解体并不意味着其哲学的终结"，相反，"其哲学中的许多理论问题和现实问题至今都有重要的参考借鉴作用"，如"苏联哲学中对'人学'和'主体性'等问题的讨论"[杨雁斌：《世纪末的西方哲学盛会——全国现代外国哲学学术讨论会侧记》，载《国外社会科学》，2000（1）]就是如此。

采取公开招标的形式进行。① （3）研究角度。前者偏重从"客体—主体"的角度，相对缺乏现代科学气息；后者受现代西方哲学的影响，在突破"客体—主体"的单一向度中，开始实现由主体到主体的转换，认为随着人类由"经济社会"走向"后经济社会"，"人的尺度"将取代"物的尺度"而成为社会发展的决定性因素，人的哲学研究的中心应该是作为主体的"人"的目的、意识、价值的内在本质。（4）研究内容。前者偏重唯物性和科学理性，疏远与淡漠精神性和非理性；后者强调人本性和非理性，并大量吸取西方现代人文科学研究中存在主义、心理学、精神分析学、文学浪漫主义等各种观点和方法。

6. 文化学和文化哲学

文化学和文化哲学成为 20 世纪 90 年代俄罗斯哲人关注的重点，既与俄罗斯随着社会转型而来的急需寻求精神支撑有关，也是俄罗斯哲学界对 20 世纪 90 年代以来俄罗斯文明受到东西方文明双重夹击的一种反弹。因为无论俄罗斯精神世界的混乱与危机还是西方世界福山的"历史终结论"、亨廷顿的"文明冲突论"，都使俄罗斯哲人空前地感受到研究文化的结构、内容、功能、价值、本质的必要性和迫切性。

严格说来，俄罗斯文化哲学的研究始于苏联时期。但是，一方面，由于苏联时期的文化哲学受制于统一的哲学方法论，因而重思辨性轻实证性、经验性，致使其内容相对抽象、空洞。另一方面，由于没有独立的文化学，学者往往将具体的文化研究作为文化史而将之归于社会学，这又使它的文化哲学研究，由于哲学和社会学的相互分割而难以从文化与哲学的结合中获得独立地位。

20 世纪 90 年代中期的俄罗斯文化哲学研究，改变了苏联哲学或用哲学统摄文化学，或将文化学等同于社会学的做法，不仅从文化现象、文化内容本身研究文化，而且从哲学角度分析和揭示文化学与历史学、社会学、教育学、心理学、宗教学、伦理学、传统文化、西方文化等的相互关系，从中寻求相关的研究方法。同时，受西方学者的影响，俄罗斯哲人在研究中特别重视文化与人的关系的研究，认为文化作为人的社会本质的基质，与人的自然本质处于同等地位。这一阶段俄罗斯文化哲

---

① 1998 年，俄罗斯人文科学基金会"人的综合研究部"面向全社会招标，内容侧重于四个方面：（1）人的综合研究方法论；（2）人的心理学；（3）人的教育学；（4）人的医学、人的社会生态学。[参见于文兰：《俄罗斯的人的综合研究》，载《国外社会科学》，1999（4）]

第三章 复苏与特色：20世纪90年代的中俄哲学

学的研究成果是，发表和出版了大量著述①，翻译出版了大量西方著名文化学者的著作②，并进而拟定了新的出版规划，其中最宏大的规划就是以结集形式出版15卷本的"文化概貌"丛书③。

需要提及的是，这一阶段俄罗斯哲人宽泛而笼统的"文化"概念在使各门具体人文社会科学被归于文化的同时，也导致出现了将文化学与哲学割裂或将两者等同的倾向。进入21世纪以后，俄罗斯哲人开始关注两者的区别，如有的哲人以20世纪德国有关古代文化和当代文化观念之间的差异性为例，着重分析了cultura和cultus两个术语，指出前者指"精神被文明化这一过程"，后者指"少数社会种群的文化水平"，它"涵盖了现代文化观念的核心"，"与文化观的发展完全并驾齐驱"，但前者与后者之间却"没有任何交汇"，认为正是后者与文化观发展的并驾齐驱，才是当代文化和古代文化之间哲学反思"断层"的原因，而对两者的反思则"只能被看作文化的原哲学"④。

7. 教育哲学

它是备受20世纪90年代俄罗斯哲学关注的一个领域。

不能说苏联哲学不关注教育问题，实际上它在这方面可谓硕果累累。但将教育与哲学联姻，从哲学高度探讨教育，却是20世纪90年代俄罗斯哲学开辟出的一个新领域。1997年，俄罗斯《哲学问题》杂志根据俄罗斯教育哲学的研究现状，组织"教育哲学：状态、问题和前景"研讨会，与会者就教育哲学的一系列重要问题⑤展开讨论，由此拉开了俄罗斯教育哲学研究的序幕。

这一阶段俄罗斯教育哲学探讨的主要问题包括：（1）学科含义。明确俄罗斯教育哲学是研究大范围的文化环境、文化活动中的教育现象、

---

① 词典近10本，教材40多种。有代表性的如 B. 波里秀科的《文化学教程》（1998）。
② 如《20世纪的文化学文选》（1995）等。
③ 该套丛书以俄罗斯国内和国外的文化学经典著作为内容。学界希望它能成为文化哲学和文化学的研究者、教授、学生使用的文化学百科全书。
④ Шохин В. К. Античное понятие культуры и протокультурфилософия: специфика и компаративные параллели//Вопросы философии. -2011. -№3.
⑤ 主要有：俄罗斯目前教育哲学的现状，国外教育哲学流派，俄罗斯教育哲学传统及与国外教育哲学流派的关系，俄罗斯现代教育哲学思想，教育哲学与哲学、教育学的相互关系，教育哲学与国家政策、教育目的与教育制度的关系，教育哲学中的理论与实践及其解决前景，目前教育哲学中最迫切的问题。[参见李玉彩：《俄罗斯学者重新开始研究教育哲学》，载《国外社会科学》，1997（3）]

本质、规律、活动中的"形而上"问题的学科,既不同于一般教育学,也不同于一般哲学。(2)研究重点。认识教育的本质与人的存在本质之间的关系,解答俄罗斯向什么样的社会(工业?后工业?消费?)发展,预测 21 世纪社会生活各个部门向个人提出的要求,以重新确立复兴和发展国家、民族的教育体系。(3)研究目标。为了使教育人文化、人道化。对此,俄罗斯哲人认为,苏联时期只存在一个唯一的马克思主义哲学和一个唯一的马克思主义教育学,这种将哲学与教育学分离的做法,导致了教育学人文基础的缺失。文、理科之间的截然分界,更加剧了这种缺失的趋势。这就难怪苏联严格的教育环境、模式培养了大批优秀人才,但最终却不能避免整个国家、民族的危机。苏联教育机制的失灵说明,必须视教育为个人走向社会的必由之路,而在通过教育使人社会化的过程中,教育观念的人文化、人道化是首要之义,"教育的人道化,就是把人道主义作为教育的指导方针,教育的人文化就是加强教育中的文化内涵"①。因此,教育的目的不仅是培养有知识、技能的人,更重要的是塑造人的心灵、人格,使人成为"有文化"的人。(4)发展思路。融入西方教育哲学思想,如现代教育中的哲学人道主义、人类学成果,西方教育人类学中的人道主义观念与经验分析方法相互吸引的趋势,古义钩沉学中的"预先理解"的历史解释方法等,强调立足俄罗斯的实际和注重俄罗斯传统的重要性。

进入 21 世纪后,俄罗斯的教育哲学更加注重教育中的文化元素,强调要从全欧洲和俄罗斯的文化大背景中理解与分析教育问题,要求"将教育过程看作复杂而全面的社会文化综合过程",看作"新型公民社会主体的形成和发展过程中的文化组成部分",以实现新时期俄罗斯教育的人本化。②

8. 伦理哲学

它成为 20 世纪 90 年代俄罗斯哲学研究中的显学,直接源于俄罗斯社会转型带来的诸多伦理道德问题。

尽管苏联哲学对伦理问题的研究已经有了相当的深度和广度,但其研究仍然有与其他哲学研究相似的弊病:过分强调伦理哲学的实践功

---

① 张百春:《文化学研究在俄罗斯》,载《国外社会科学》,1998(6)。
② Кузьмин М. Н. Образовательный процесс в России и Европе в Новое время: антропологический аспект// Вопросы философии. -2011. -No4.

第三章 复苏与特色：20世纪90年代的中俄哲学

能，使之往往沦为为现实辩护的工具；强烈的政治意识形态色彩，这方面的问题由于伦理学与社会现实关系的密切，甚至比其他哲学显得更为突出；僵化保守的研究思路和研究方法。

较之苏联伦理哲学，这一阶段的俄罗斯伦理哲学有下述特点：

其一，关注范围从苏联时期或者主要围绕现实的政治目标、政策动向，或者有意回避现实矛盾埋首纯抽象理论领域，转变为集中关注与社会矛盾、冲突及社会发展相关的现实问题，具体体现为三类：（1）社会转型带来的社会伦理、道德问题，相应产生了对经济、法律、政治、社会、大众心理等领域之应用伦理的研究。（2）与俄罗斯走向现代化密切相关的科技伦理、全球化道德问题，相应产生了对生物、医学、生态、生命伦理的理论研究。（3）与继续反思"专制体制"对人性压抑有关的伦理问题，在研究"个人的全面发展"时更加强调对"人的自由"的伦理追问，相应出现了对个性发展的伦理问题、积极自由与消极自由、自由与责任、权利与义务等的深入研究。

其二，理论源头从苏联时期马克思主义伦理学的一元，转向非马克思主义伦理学的多元，主要表现在两个方面：（1）宗教及其宗教伦理学。认为东正教伦理学的主要道德规范、劳动伦理，基督教的忍让、宽容等基本教义，都可成为俄罗斯伦理哲学的价值源泉。（2）俄罗斯传统文化。认为文化是道德的承载者，俄罗斯悠久文化传统中的人文主义、非暴力主义、和平主义，是俄罗斯伦理哲学的理论支点。

进入21世纪后，面对随私有化而来的社会贫富分化加剧，俄罗斯哲人将伦理学关注的重心置于社会的公平正义问题。他们分析近代西方伦理学中公平和正义概念的内涵、基本原则的起源与演变，如分析17—18世纪洛克、休谟、亚当·斯密等人伦理学的"公平"概念，认为随着资本主义社会发展的需要，"公平"概念的一些基本内容发生了根本变化，这些变化具体体现为：将"公平"概念中保障个人安全、私有财产不可侵犯、遵守契约等原则，凌驾于资源的公平分配原则之上，或用前一类公平原则来限制公平的内涵。弄清这种变化，有助于找到解决俄罗斯社会不公平现实的出路[①]，从而显示了俄罗斯哲人力图使哲学服务现实的"入世"情怀。

---

① Прокофьев А. В. Определения и типологии справедливости в новоевропейской этике (Локк-Юм-Смит) // Вопросы философии. -2011. -№6.

9. 全球化哲学

它是《俄罗斯联邦国家教育标准》规定的"哲学部分"的热点内容之一。①

全球化问题曾是苏联哲学探讨的内容。苏联解体后，当代俄罗斯哲学加强了对全球化问题的研究，不仅将《俄罗斯教育教程大纲》作为哲学研究的热点，并且由于俄罗斯哲人的广泛关注，这一阶段的全球化哲学无论在研究思路上还是在研究方法上都不同于苏联哲学时期。

其一，研究思路上的差异。苏联哲学的全球化问题研究受政治意识形态的支配，具有强烈阶级性和批判性。苏联哲学认为，全球化问题无论从起源还是从结果来看，无论从现象还是从本质来看，都具有二重性：自然性、社会性。后者是导致全球化问题的决定性因素。所以，全球化问题的实质是社会关系问题，它在国际范围内则体现为两种社会形态、两种社会制度的斗争，"对于全球问题的正确的、真正科学的理解，对于这些问题的性质、产生的实质的评价，都不可能脱离对于各个国家和国家体系的社会因素、社会特点，及其社会制度和政治发展的特点，在世界舞台上基本阶级力量的对比等方面的深刻的全面的考虑"②的观点，在苏联学者中具有代表性。苏联哲学批判西方学者把全球问题的产生仅仅归结为文明进步特别是进步本身，而忽视它的社会因素，这就使全球问题带有命定的性质，达到西方国家逃避或减轻自己应负责任的目的，认为由于西方学者在这个问题上的纯自然性观点，所以他们提出的解决方案只是抽象的概念和乌托邦式的空想。20世纪90年代俄罗斯哲学的全球化问题研究，则主要从全人类的立场和自然性的观点出发，在许多问题上不再把全球化问题仅仅归结为社会因素，而是更注重从科技革命、文明进步及其双重后果中研究问题，例如在生态问题上，不再像苏联那样，只承认资本主义国家而否认社会主义国家存在生态危机，而是认为不仅发达国家有，而且发展中国家也有，并且问题甚至更为严峻。因此，在解决全球问题的方式、途径上，这一阶段的俄罗斯哲学更强调全球范围内的国际合作，而不是仅仅批判西方国家。

---

① 参见王靖华：《当前俄罗斯哲学研究的12个热点》，载《国外社会科学文摘》，1995(8)。

② 转引自马积华：《前苏联社会哲学若干问题透视（1980—1989）》，207页。

第三章　复苏与特色：20世纪90年代的中俄哲学

其二，研究方法上的差异。苏联哲学仅从马克思主义哲学中寻找理论依据和方法，并认定其为唯一科学的方法。20世纪90年代的俄罗斯哲学则打破了这种固守于一的思路，力求研究方法的多元化，要求从西方、东方以及自身的传统文化中吸取有价值的成果。对西方文化，它反对西方工具理性主义、技术主义的唯科学生态观，认为俄罗斯在走向现代化的过程中，必须看到全球化的内在矛盾[1]，正视现代化的双刃剑作用；它既强调仍然需要用批判的眼光审视西方高度发达的工业文明，又承认从科技角度，运用科学技术解决这一问题的极端重要性。对东方文化，它既反对东方传统文化对科技理性的轻视，又强调其中人文关怀、天人合一思想对根本改变工业文明追求的价值目标——物质享受——具有的意义。对俄罗斯的传统文化，它尤其强调恢复和发扬其精髓，即善于在东西方文明和思维方式的碰撞中寻找结合点，使俄罗斯的传统文化在前工业时代与后工业时代之间架起桥梁，发挥俄罗斯传统文化在解决全球化问题中的独特作用，以便人类在现代化过程中找到一条既满足世界文明发展需要又适应自然和谐发展的独特道路。

10. 传统哲学

俄罗斯哲人对自己传统哲学的关注始于苏联解体前后。彼时，俄罗斯社会中渴求尽快追上西方现代化步伐的哲人，在东西方文明的夹击和对自己国家和民族未来前途的困惑中，将注意力集中投向了那被忽略和抛弃了近70年的传统。因此，"俄罗斯现代化下一阶段的立场，不应是批评自己的文化，而应是相信正是俄罗斯的文明才是改革的基础"[2]。

俄罗斯传统哲学主要指十月革命前的俄罗斯哲学，以及十月革命后背井离乡的"俄国流亡哲学"。20世纪90年代的俄罗斯哲人，"在广泛的社会范围中出现了对宗教、形而上学和伦理学的唯心主义、美学及民族思想的兴趣，总而言之，出现了对各种精神价值的兴趣"[3]。这种传统精神价值包括，力图维护宇宙秩序的本体论基础，竭力寻找人生的精神依托、伦理道德的本体论根基、守护人的精神家园、捍卫社会正义的

---

[1] Ю. А. 什维德科夫认为，全球化过程既有积极方面，又有消极方面，两者都是明显的。(Шведков Ю. А. Противоречия глобализации//США. Канада. Экономика. Политика. Культура. -2000. -No12)

[2] Аванесова Г. А. Культурно-ориентированная модернизация России//Социально-гуманитарные знания. -2000. -No4.

[3] ［俄］Н. О. 洛斯基：《俄国哲学史》，贾泽林等译，218～219页。

内在秩序等。

对传统哲学的兴趣始于20世纪80年代末，主要体现为：出版了俄国历史上的一些哲学家的著作，如大型丛书"俄罗斯哲学思想史"，该丛书自1989年开始出版，几乎囊括了俄罗斯哲学中的所有经典著作；《俄国哲学史》和《俄国哲学史教程》[①]两书，则将19世纪末20世纪初的俄国哲学作为重要内容。此外，杂志辟出专栏讨论俄罗斯传统哲学，如《哲学问题》杂志就有固定的"俄罗斯哲学思想史"栏目。

俄罗斯哲人对俄罗斯传统哲学的兴趣集中在两个方面：（1）"俄罗斯思想"，希望以此为"新俄罗斯思想"的创立寻找理论资源；（2）俄罗斯文化传统与异域文明、与俄罗斯社会现实相结合的途径和中介，希望以此为"新欧亚主义"和俄罗斯现代化之路指点迷津。

西方学者在谈到俄罗斯哲人的这种寻根热时，认为俄罗斯的传统文化事实上一直在俄国人生活中发挥着巨大的作用，它除了理论形式的传统哲学和传统宗教，还包括各种非理论形式的民间文化。即便在意识形态一统天下的苏联，由于"官方文化和意识形态远离人们的日常实际生活，这使许多传统文化实际上并没有受到太大的触动"，例如，中亚各共和国的伊斯兰传统、格鲁吉亚共和国的爱斯基摩文化和血亲复仇传统、西伯利亚诺曼底部落保持的氏族习惯等，它们"都是在对官方表示顺从的背后一丝不苟地举行着仪式活动"，而"这些习惯和传统以一种颠覆的方式和某些文化因素结合起来"[②]，既对瓦解苏联文化又对俄罗斯人的思维方式和行为方式产生了无法估量的作用与影响。21世纪的俄罗斯哲学，正是在继20世纪90年代中期以后的这种"寻根热"中，开始了当代俄罗斯哲学的重建历程。

无疑，20世纪90年代中期前后的俄罗斯哲学，其"重建"的理念是自由主义、多元主义。然而，多元主义思潮下再建的俄罗斯哲学，并不一定代表着俄罗斯哲学研究水平的降格，而是在一定意义上显示了具有民族传统的俄罗斯哲学正在走向复兴，表明了新的俄罗斯哲学正处于形成之中。

---

① 两书皆于1998年出版，前者由国立莫斯科大学哲学系俄国哲学史教研室主任 M. A. 马斯林主编，后者由俄罗斯科学院哲学研究所 M. H. 格罗莫夫主编。

② [英]雷切尔·沃克：《震撼世界的六年：戈尔巴乔夫的改革怎样葬送了苏联》，张金鉴译，64页。

第二节 创新与特色：20世纪90年代的中国马克思主义哲学

20世纪80年代，中国思想界对既往理论发展中的失误、挫折进行了反思，力求回归本真的马克思主义哲学，其中在认识论、价值论、哲学体系、马哲史等领域获得的研究成果，为中国马克思主义哲学走向20世纪90年代的新高点奠定了基础。20世纪90年代中国马克思主义哲学在80年代初显成果的基础上，无论在研究意识、研究中心上，还是在研究范围、研究层次上，都进入了一个新的阶段。

一、直面现实：创新之径的选择

20世纪90年代尤其自90年代中期以后，由高新技术、信息化、网络化带来的新一轮全球化，在将整个世界置于新的发展阶段并给予中国新的发展机遇的同时，也使中国面临着诸多前所未有的新问题。此时的中国开始了现代化建设全面展开、进一步改革开放的新发展历程。尤其是随着向社会主义市场经济的转型，中国开始进入了有中国特色社会主义建设的新历史时期，这同样对既有理论提出了全面的挑战。现实需要理论，理论必须在提炼现实问题中提升层次。于是，如何在世界与中国、理论与现实的交叉点上选择中国马克思主义哲学的创新路径，便成为这一阶段中国马克思主义哲学发展首先面临的问题。

（一）"体系"到"问题"：创新路径的选择指向

创新路径的选择指向是，这一阶段中国马克思主义哲学的研究意识，开始由"体系意识"向"问题意识"的转变。

1. 转变生成的直接动因：生机勃勃的改革开放实践对学界思想的冲击

20世纪90年代的世界，苏东剧变在给西方全面攻击社会主义、马克思主义提供口实的同时，也对马克思主义哲学提出了严峻挑战。20世纪90年代的中国，自1992年邓小平的"南方谈话"以后，改革开放之车逐步驶入了快车道。但随之而来的是社会矛盾的剧增和许多前所未见的新事物、新问题的出现。如何认识、看待这一时期出现的生存与发展、价值冲突与文化冲突、文化的传统与现代、全球化与现代性、物质文明与精神文明等，这些既具有重大现实性又具有重要理论性的问题？如何运用马克思主义哲学的理论解答这些问题？如何在对这些问题的解答和提炼中，提升马克思主义哲学的理论层次和时代特质？……这一切，迫使所有具有现实关怀和人文情怀的中国学者，开始告别停留于理论争论、限于书斋著述的局限，迈出了走向生活世界、探讨现实问题的脚步。

2. 转变生成的间接动因：学界对20世纪80年代以来的马克思主义哲学研究重点的自省

改革开放以前，中国学界长期持有并难以改变的一种指导意识是，"体系"是学科成熟的标志，马克思主义哲学作为理论化、系统化的世界观和方法论，构建体系自是其题中之义。但这一"体系意识"自20世纪80年代学界反思教科书式马克思主义哲学理论体系后，便受到深度质疑，并在20世纪90年代产生了坚持论、反对论、误解论较具代表性的三种观点："坚持论"主张，任何一门科学体系的完整严密程度都是它发展水平的标志，马克思主义哲学迄今仍然是一个不够完整、严密的理论体系，因此，建构新的马克思主义哲学的科学体系，是建设和发展中国马克思主义哲学的重要任务[1]；"反对论"认为，马克思主义哲学之"新"就在于彻底抛弃了任何"体系哲学"构想，它是面向生活、面向实践、面向未来的开放思维方式，是以具体的、现实的、历史的科学方法论分析社会生活，以批判精神和实践观点为其特征[2]；"误解论"指出，争论混淆了"体系哲学"与"哲学体系"的概念，马克思主义反对的是前者但不反对后者[3]，马克思主义哲学要成为一门完整的学科不能没有体系的构筑，但前提是必须在马克思主义哲学的体系问题上，由改革走向创新。

尽管"坚持论"与"误解论"都认为重建马克思主义哲学理论体系仍然必要，但体系的改革以何为突破口，新体系的构建以何为基点，怎样构建？对此，学界虽然经过激烈的争论，在清理和反思传统教科书的

---

[1] 参见黄楠森：《黄楠森自选集》，430～443页。
[2] 参见孙伯鍨等：《体系哲学还是科学的革命的方法论——关于马克思主义哲学特质的思考》，载《天津社会科学》，1997(6)。
[3] 参见陆剑杰：《体系哲学·哲学体系·方法论问题辨析》，载《天津社会科学》，1998(5)。

第三章　复苏与特色：20世纪90年代的中俄哲学

基础上，有了改革马克思主义哲学体系的基本方向①，但却因长期不能达成共识，而既没有协调的举措，也难以产生整体的方案。进入20世纪90年代后，随着我国马克思主义哲学研究内外部环境的深刻变化、现实问题的凸显，经历了先前马克思主义哲学"体系改革"尝试的学界逐步意识到，这一改革，无论限于体系范围的探讨还是以某个概念、范畴为基点而对既有内容的重组，都不能从根本上解决教科书落后于时代和社会现实的问题。因此，如果总是将解决问题之径止于形式而无关内容，我们就永远走不出"体系之困"，从而永远达不到构建科学的马克思主义哲学体系的目的。

于是，从内容入手，"少谈体系，多谈问题"，便逐渐成为20世纪90年代中国马克思主义哲学界的共识；以对"问题"的理论思考，在使马克思主义哲学真正走进中国现实的同时，提升哲学水平，便成为学界的愿景；力求实现从"体系内部提问"向"体系外部找问题"的研究重心转变，开始成为学界的自觉行动。

（二）从认识论到历史观：创新路径的选择之果

创新路径的选择结果是，这一阶段的中国马克思主义哲学，注重从中国的现实问题中寻找研究突破口，使马克思主义哲学研究重心发生了从先前的认识论向历史观的转移。

"文化大革命"结束后，满怀热忱一心奔向现代化的人们，惊异地发现自己对"什么是社会主义？""如何建设社会主义？"之类问题的理解，竟陷入了进退两难的境地。苏东剧变后，"为什么具有必然性的'现实'社会主义会演变为丧失必然性的'现存'？"之类的问题，更是让人疑惑不解。为什么社会主义革命不是在西方发达资本主义国家而是在东方落后国家首先取得胜利？为什么中国在进入社会主义之后，似乎总是难以摆脱空想的、民粹的、农民的社会主义"幽灵"的纠缠？为什么现实的社会主义运动似乎总在向资本主义"退却"？为什么与西方资本主义的"垂而不死、死而不朽"相反，社会主义国家的现代化步履维艰、

---

① 有学者归结为四种路向，即辩证唯物主义和历史唯物主义、广义的历史唯物主义、实践唯物主义、实践人本主义，并先后出版了几部有代表性的教材和专著，且有大量文章发表。（参见杨学功：《超越哲学同质性神话——马克思哲学革命的当代解读》，267页）有学者归结为三种书写类型：传统的辩证唯物体系、实践唯物主义体系、人学体系。（参见陈章亮主编：《六十年：现时代与哲学》，80页，上海，上海人民出版社，2009）

一再受挫？为什么中国的社会主义现代化建设必须"对内改革、对外开放"，尤其是必须与资本主义的世界市场相联系才有成功的可能？……上述问题本身就蕴含着一些更深层次的历史观问题，它们包括：（1）如何科学地把握唯物史观关于"五种社会形态依次演进"论中统一性与多样性的辩证关系？（2）如何科学地认识人类社会历史发展规律与各民族国家发展道路之间普遍性与具体性的辩证关系？（3）如何科学地认识马克思主义经典作家的共产主义理想和现实社会主义运动之间的应有与现有的辩证关系？（4）如何科学地认识东方社会主义国家的基本矛盾、社会主义的个性与社会主义的共性之间的辩证关系？……

与上述历史观的本质、规律、趋势等问题的提出和思考相关，学界进而思考了下述问题：

其一，在历史发展的问题上，怎样认识历史主体与历史客体的关系，如何认识历史主体的创造性，如何认识和评价个人在改革开放中的地位、作用，如何在现代化建设中实现尊重客观规律与发挥主体能动性的统一，如何认识"尊重规律"与"创造规律"等关乎历史观的问题，并在此基础上深入历史哲学的层面。

其二，在经济发展的问题上，怎样认识体制、人、物三者之间的关系，如何看待计划与市场的关系，如何认识货币与资本，如何处理公平与效率的关系，如何辨别"发展经济"与"经济至上"等关乎经济观的问题，并在此基础上深入经济哲学的层面。

其三，在社会发展的问题上，中国如何走出有社会主义特色的发展之路，如何使我们的发展具有可持续性，如何认识发展经济与保护自然、维护生态平衡的关系，如何认识经济发展与社会发展、人的发展之间的关系，如何预防社会风险等关乎社会发展观的问题，并在此基础上深入社会哲学的层面。

其四，在道德发展的问题上，面对市场经济的我们应当何为，如何认识个人的权利与义务之间的关系，如何认识利益与道德的关系，如何评价改革开放中出现的道德"滑坡"与"爬坡"，何为中国特色社会主义的道德观，其能否成立，有无现实价值等关乎道德观的问题，并在此基础上深入道德哲学的层面。

其五，在文化发展的问题上，我们面对的主要问题有哪些，如何看待全球化浪潮对中国传统文化、中国特色社会主义文化的冲击，如何认

第三章　复苏与特色：20世纪90年代的中俄哲学

识文化的通俗性与高雅性、民族性与开放性、继承性与创新性的关系，如何认识弘扬主旋律与提倡文化多样化的关系，如何认识文化虚无主义与文化复古主义的关系等关乎文化观的问题，并在此基础上深入文化哲学的层面。

其六，在人的发展的问题上，怎样发掘并运用马克思主义人学理论于中国现实问题的研究，如何认识人的存在、人的素质、人的发展与社会发展的关系，如何认识人的本质、个性，如何在改革开放中充分发挥人的主体能动性、创造性，如何构建人的成才、发展的外部环境等关乎人的问题，并在此基础上深入人的哲学的层面。

创新路径的选择与研究重心从认识论向历史观的转移，都在表明20世纪90年代中国马克思主义哲学研究中"问题意识"的凸显。"真理标准大讨论"唤起了中国学界对马克思主义哲学实践功能的重视和重识；改革开放中涌现的大量问题警示学界以人文关怀和理性精神，在打破既有体系原理局限的同时，必须消除自我设定、自我直观、自我遐想、自我陶醉的思维境界，寻求新的理论生长点。打破学科壁垒，充分吸取各门具体学科的知识，在实现各种思想、文化的交流碰撞中推进哲学研究，既是哲学演进的规律，也符合当代世界哲学发展的潮流和趋势。于是，将马克思主义哲学的基本观点和方法应用于各个社会领域的"问题研究"的结果，便是应用哲学、部门哲学的兴起。这既是马克思主义哲学的本质要求，也是马克思主义哲学实践性、现实感的具体体现。全国性的哲学应用研究会[①]的成立，不时举办的各种应用哲学、部门哲学的研讨会，对组织与协调相关研究起到了积极作用。

然而，在改革开放的最初10年，中国学界对应用哲学与部门哲学是否可能、能否存在，有过激烈的争论。否定者认为，马克思主义哲学是无产阶级世界观而非知识总汇的"科学的科学"，应用哲学将哲学简单化、庸俗化是"无哲学"或"非哲学"，它将在"哲学万能论"中导致哲学被否定，因而质疑和否认其存在的可能性与研究的价值。肯定者从应用哲学和部门哲学是哲学理论回归现实、回到实际、研究创新的中介与重要途径，是实现哲学民族化、大众化的武器，以及哲学与科学综

[①] 1994年，以中国人民大学、辽宁大学、华南师范大学、中共中央党校，以及上海、湖北、安徽等地有关哲学学会、科研机构为主体单位联合成立了"全国性的哲学应用研究会，组织与协调全国应用哲学研究"（陈章亮主编：《六十年：现时代与哲学》，155页）。

合的需要等角度，相信并承认其存在的可能性与研究的价值。

争论没有影响中国学者对应用哲学的研究热情。相反，他们基于应用哲学作为马克思主义哲学实践功能的重要体现，是"实践与认识"相互转化的运行机制中后者向前者转化的重要一环，将为哲学理论走向具体现实提供桥梁和中介等基本认知，将精力投入相关研究中。这一研究到20世纪90年代，逐渐成为马克思主义哲学研究中的显学。其研究成果既包括基础理论的探讨著作[1]，又包括一批研究文章的发表。其内容则涉及应用哲学的立论依据、研究范围、研究对象、理论体系、研究方法、价值意义等，并且为作为应用哲学发展之果的部门哲学的出现奠定了基础。

关于应用哲学与部门哲学的关系，中国学界也有不同的认识。有的认为两者直接同一，有的主张将哲学划分为元哲学、领域哲学[2]、部门哲学、问题哲学四个层次，有的指出两者的关系类似于一般与个别，等等。但无论怎样，学者又都承认两者关系密切但不能完全等同。如果说应用哲学是通过通俗化而非庸俗化、简明化而非简单化、民族化而非西方化、大众化而非贵族化等方式，致力于马克思主义哲学的普遍理论与具体实践之间的创造性结合，那么部门哲学则是在应用哲学发展的基础上，对不同部门的学科中的基本理论或基于普遍性的问题所做出的哲学思考。因此，应用哲学涵盖部门哲学，但又以后者的发展为基础；部门哲学是应用哲学存在的基本形式和理论提升，但又是后者的分支学科。[3] 在对应用哲学和部门哲学做出区分并充分肯定两者的理论价值与实践功能的基础上，20世纪90年代的中国马克思主义哲学将研究重点较多地投入到相关领域中。

总之，20世纪90年代的中国马克思主义哲学，基于这一时期世界格局的变化、中国现实的发展，改革开放对社会的经济、政治、思想文化等各个领域，对人们的生产、交往、生活等各个方面带来的深刻影

---

[1] 代表性著作主要有：徐厚德的《应用哲学》（延边大学出版社，1988）、宛哲仁和金志华主编的《应用哲学探究》（中国青年出版社，1990）、郭国勋的《应用哲学导论》（辽海出版社，2000）、徐厚德和蒋在哲的《应用哲学争鸣观》（内蒙古大学出版社，2000）、邓以新的《哲学的应用与应用哲学》（中国财政经济出版社，2003）等。

[2] 包括自然哲学、社会哲学、精神哲学等。

[3] 从哲学学科范围的划分看，部门哲学不是哲学的二级分支学科，而是以某些特定领域为范围和对象而形成的相对独立的研究部门。因此，它的研究领域不能被某个现行的哲学二级分支学科涵盖。

响，而形成了"淡化体系、关注问题"的意识，并在面向世界、面对现实中，将关注焦点转向了与中国经济、社会发展密切相关的问题。这样，以现实问题为突破口，以"问题意识"为研究导向，20世纪90年代中国马克思主义哲学走出了新的研究之路，并将研究重心从20世纪80年代侧重于拨乱反正[①]与初步探索[②]、初见成效[③]的相互应和，转向了20世纪90年代与整个时代、与人们的日常现实生活、与改革开放的实践等密切相关的历史观、经济观、社会观、道德观、文化观、人的问题的研究。在此基础上，相继开辟或拓展出与之相关的一系列新研究领域。这些研究领域的出现，一方面拓展了马克思主义哲学的研究视界，另一方面在对各种具体问题的探讨中提升了各自的理论层次，并通过这种提升丰富和深化了哲学基础理论的研究。这一切都为21世纪中国马克思主义哲学研究的深化和拓展打下了坚实的基础。

二、走向生活：应用哲学研究景观

由"问题意识"引领的20世纪90年代的中国马克思主义哲学，其研究中"问题意识"的具体展示便是，学界在思考如何使马克思主义哲学走进时代、走向生活，如何与中华民族精神、现实时代精神相结合的过程中，推动了马克思主义哲学的现实化，其表现为各具风格的应用哲学[④]的迅速崛起，以及其形式与内容的斑斓多彩。

这一阶段的中国马克思主义哲学研究，除了在自然哲学、教育哲学、艺术哲学、宗教哲学等少数几个领域的涉及有限外，在历史哲学、经济哲学、社会哲学、道德哲学、价值哲学、文化哲学、人的哲学，乃至管理哲学、日常生活哲学等领域均展开了充分探讨。辛勤的播种耕耘使应用哲学在上述领域收获了累累硕果。

(一) 历史哲学

研究内容主要有两个方面：（1）结合中国特色社会主义现代化的发展道路，研究马克思晚年的《人类学笔记》。对唯物史观的一些经典理论，

---

① 主要侧重于辨明既有马克思主义哲学理论的是非，如关于真理标准、关于人道主义与异化问题的两场大讨论，反思传统马克思主义哲学的失误。
② 侧重于与拨乱反正相关的领域，如认识论、价值论、马克思主义哲学理论体系。
③ 建设马克思主义哲学史学科。
④ 尽管如前所述，应用哲学不同于部门哲学和领域哲学，但学界一般又常以前者统称后者。因此，本书也以"应用哲学"统称。

如社会结构论的基本构成要素、生产力与生产关系的"两套系统"、社会形态论的"二、三、五"形态说、社会规律论的普遍与特殊关系、社会交往论与世界历史等问题,做出了重新解释。对被人们遗漏或遗忘的一些马克思主义哲学理论,如东方社会理论,进行了发掘和阐释。① (2) 对先前被忽略或重视不够、理解不深的一些唯物史观基本理论,如历史主体论、历史存在论、历史辩证法、交往实践论等,做了进一步的研究和阐释。②

研究的课题,主要通过提炼时代主题中的历史观问题,使之成为研究重心,如世界历史论、社会形态论、东方社会理论、交往实践论、生产理论、社会阶层理论、人的全面发展论等。这些课题,对21世纪的中国马克思主义哲学界,形成全球化、现代性、空间性、物化逻辑、生态逻辑、环境正义、社会正义等新研究热点,以及历史唯物主义向历史哲学的推进,向马克思主义的"历史科学"③ 回归,打下了坚实的基础并产生了推动作用。

(二) 经济哲学

从20世纪80年代中期起,中国学界就提出了经济哲学的研究问题,并举行过相关研讨会,就马克思主义的独特传统是哲学与经济学的联姻,马克思主义哲学应当研究社会主义的经济哲学,经济哲学的学科定位、研究对象、研究方法等问题,进行过讨论。进入20世纪90年代以后,随着改革开放的纵深发展,经济发展中一些具有普遍性的、深层次的矛盾和问题日益凸显并尖锐起来。现实问题需要哲学做出理性的分析和回答。这样,就出现了哲学家和经济学家相互对话、共同参与研究的"联姻"现象,经济哲学成了中国马克思主义哲学的研究热点,体现在:(1) 除了各地不时召开的相关研讨会外,还召开了全国性的"经济哲

---

① 代表性著作主要有:鲁越、孙麾、江丹林等的《马克思晚年的创造性探索》(河南人民出版社,1992),刘启良的《马克思东方社会理论》(学林出版社,1994),江丹林的《东方复兴之路》(广东教育出版社,1996)等。

② 代表性著作主要有:《俞吾金文集》(学林出版社,1998)、吴晓明的《历史唯物主义的主体性概念》(上海人民出版社,1993)、张一兵的《马克思历史辩证法的主体向度》(河南人民出版,1995)、任平的《交往实践与主体际》(苏州大学出版社,1999)等。

③ 在马克思那里,尽管历史可以划分为自然史和人类史,但这两方面又是密切联系的,"全部历史是为了使'人'成为**感性**意识的对象和使'人作为人'的需要成为需要而作准备的历史(发展的历史)"([德]马克思:《1844年经济学哲学手稿》,见《马克思恩格斯文集》,第1卷,194页),因此,"历史科学"被视为一门唯一的科学。

第三章 复苏与特色：20世纪90年代的中俄哲学

学研讨会",如1994年的南京研讨会①、1998年的上海研讨会②等。(2)开展经济哲学学科建设的讨论。(3)形成一批新的研究成果。在20世纪80年代相关研究成果③的基础上，一批研究成果从更为广泛、深入的角度探讨了经济哲学问题。

20世纪90年代的经济哲学研究，有的从哲学角度研究经济的本质、结构、机制、发展动力、规律，以及经济活动中的主客体关系、经济发展与社会进步的关系等方面，阐发经济哲学的理论④；有的从现实经济生活角度研究经济运动、经济系统、经济空间、经济规律、经济管理、经济与人类的关系等方面，探讨现实经济生活中如何实现哲学价值的问题⑤。

20世纪90年代的中国马克思主义哲学界从学科内涵和理论内容诸方面对经济哲学的研究，为21世纪经济哲学的蓬勃发展，尤其是中国特色社会主义与资本的关系中，如何利用资本、如何坚持公有制、如何在资本力量内部发挥公有资本的作用、如何认识资本的"文明化趋势"及其"内在限制"等，马克思主义货币哲学中，如何认识货币的社会本质、如何认识货币的功能与力量、货币力量与社会结构有何关系、马克思的货币伦理是怎样的等，马克思主义资本哲学中，马克思经典著作中的资本

---

① 由南京大学哲学系发起，《人民日报》事业发展局、《中国社会科学》杂志社、中共江苏省委党校等单位联合主办的"经济哲学与建设有中国特色社会主义理论学术研讨会"。会上，来自京、沪、鄂、苏、浙、皖、川、赣、湘等地哲学界、经济学界、企业界的专家学者和专业人士约50人，就经济哲学的研究对象、范围、性质，市场经济的本质、功能、社会效应，以及如何研究经济哲学等问题，展开了讨论。

② 由上海市哲学学会、《中国社会科学》杂志社、空军政治学院等单位联合主办的"全国经济哲学高级研讨会"。会上，来自京、津、沪、皖、闽、鄂、桂、陕等地哲学界、经济学界的专家学者和专业人士80多人，就经济哲学兴起的学术背景、研究价值、学科定位、分析方法，以及经济学与哲学的关系、经济伦理等问题，展开了热烈的讨论。

③ 如陈章亮主编的《社会主义经济哲学概论》（上海交通大学出版社，1987），该书强调经济哲学是应用哲学的一个分支；黄卓炎、李书刚等的《经济哲学》（湖北人民出版社，1989），该书从经济的系统论、发展论、意识论、方法论等不同角度，对马克思主义哲学与经济学的结合，进行了尝试和探索。

④ 如杜吉泽、曹维源的《经济哲学论纲》（石油大学出版社，1991），该书被誉为经济哲学的"创学科性著作"。

⑤ 如王进主编的《现代经济哲学》（中国青年出版社，1993）。此外，还有从经济学与哲学相融合的角度，在研究经济改革中的现实问题中，研究哲学与经济学内在结合的可能性、现实性问题，如黄家瑶的《经济哲学导论》（社会科学文献出版社，2000）等。

哲学思想是怎样的、资本逻辑与现代性之间存在怎样的关系、资本有无道德属性等经济哲学问题的深层次研究，打下了坚实的基础。

（三）社会哲学

20世纪80年代中后期，随着中国对外开放的扩大和现代化建设的推进，与之相关的现代化问题成了社会发展研究中的主题。20世纪90年代以来，社会发展理论的研究更是成为学界关注的热点，并出现了一批研究成果。这些研究成果中，有侧重于从唯物史观角度，对哲学与时代、自然与社会、人与自然、社会主体与社会客体、社会发展的宏观轨迹、科技革命与社会历史的关系等方面，展开的社会发展理论阐述[1]；有从解读马克思文本的角度，结合当代发展经济学、发展社会学、发展政治学，对马克思社会发展的总体理论、哲学基础、研究方法，马克思关于现代社会的原因与条件、传统社会迈向现代社会的必由之路、现代社会发展与社会结构的变革、现代社会发展与社会运行的机制、现代社会发展与历史传统的调适、现代社会发展与人的发展等方面，展开的马克思主义社会发展理论的探讨[2]；有以邓小平中国特色社会主义理论为基础，在吸取西方社会发展理论新成果中，结合发达国家和发展中国家，尤其是结合中国社会主义现代化建设的实际，总结概括我国社会主义现代化和世界不同制度国家现代化的经验教训，探索社会发展理论并力图构建马克思主义发展哲学的研究[3]。

这些结合中国改革开放现实问题的社会发展理论研究，为后来社会哲学的"出场"奠定了基础，并随之产生了一批研究成果。[4] 这些社会

---

[1] 代表性著作主要有：张维久和刘福森的《社会发展问题的哲学探索》（吉林大学出版社，1994）、刘森林的《发展哲学导论》（广东人民出版社，2000）等。

[2] 如丰子义的《现代化的理论基础——马克思现代社会发展理论研究》（北京大学出版社，1995）等。

[3] 代表性著作主要有：庞元正的《发展理论论纲》（中共中央党校出版社，2000）、庞元正主编的《当代西方社会发展理论新词典》（吉林人民出版社，2001）等。

[4] 代表性著作主要有：吴元梁的《社会系统论》（上海人民出版社，1993）、王锐生等的《社会哲学导论》（人民出版社，1994）、陈晏清主编的"社会哲学研究丛书"（山西教育出版社，1998年出版首批千部，包括陈晏清主编的《当代中国社会转型论》、王南湜的《从领域合一到领域分离》、李淑梅的《社会转型与人的现代重塑》、杨桂华的《轻型社会控制论》。1999年出版第二批，包括吴秀生的《社会转型的文化约束》、李钢的《社会转型代价论》、荆学民的《社会转型与信仰重建》、晏辉的《市场经济的伦理基础》、史瑞杰的《效率与公民：社会哲学的分析》、蔡拓的《可持续发展——新的文明观》）等。

第三章 复苏与特色：20世纪90年代的中俄哲学

哲学的研究成果，从哲学高度对中国现代化道路的选择、社会发展的模式、社会发展与现代性、经济发展与社会发展的关系、个人发展与社会发展的关系、发展的可持续性、发展与代价等问题，做了较为全面的探讨。

社会发展理论与社会哲学的上述研究成果，既是学界对马克思主义哲学社会发展理论的深化和拓展，也为21世纪的中国马克思主义哲学反思和探讨中国社会发展中的一些深层次问题，如结构转型，跨越式发展，创新、竞争、财富与创造之间的关系等问题，提供了新的研究思路。

（四）道德哲学

作为具有悠久历史文化的国家，中国的传统文化以道德伦理性为显著特征。因此，尽管新中国成立后的前30年，由于"政治至上"的原因，中国的马克思主义伦理学建设进展缓慢；但是，其成就仍然是不可否认的。这一时期，由于国家对社会主义道德宣传教育的重视，伦理学研究和学科建设也做了不少工作，如20世纪50—60年代关于如何运用马克思主义观点分析旧道德、建立新道德而展开的讨论，20世纪60年代对中国马克思主义伦理学基本理论的探讨[1]，以及马克思主义伦理学教学的尝试[2]等。这些工作为改革开放以后中国马克思主义伦理学的学科建立奠定了基础。

改革开放为伦理学的学科建设带来了明丽春光。中国马克思主义哲学经过20世纪80年代反思批判极左思潮和激烈的学术争鸣[3]，经过如何将社会主义物质文明与社会主义精神文明的建设相结合的讨论[4]，经过多维度探讨伦理学学科建设的理论，并相继出版一批有影响力的

---

[1] 如中国社会科学院的李奇和华东师范大学的周原冰，都曾在各自的系列文章中，对马克思主义道德科学的研究对象、范围、方法做过论证，并运用马克思主义哲学阐释了无产阶级的道德原则、道德的起源和作用、道德的阶级性和继承性、道德与其他意识形态的相互作用、道德与社会生活的相互关系等。

[2] 1960年，中国人民大学组建了由罗国杰领衔的伦理学教研室，制定了教学大纲，编写了讲义，在高校开设了"伦理学"课程。

[3] 例如，"如何认识和评价集体主义与个人主义？""如何认识和评价西方人道主义？""如何认识马克思主义的人道主义？"等。

[4] 例如，"怎样看待经济体制改革以来人们道德观念的变化？""应该和怎样建立适应新历史条件的道德原则、道德规范？""如何培育良好的社会公德、社会风尚？""如何将道德的先进性要求与广泛性要求相结合？"等。

著作①，迎来了20世纪90年代伦理学学科建设的大发展。

20世纪90年代中国马克思主义伦理学研究的大发展，与改革开放的实践息息相关。党的十四大报告明确提出了"建立社会主义市场经济体制"的任务后，学界围绕伴随市场经济发展而来的"道德与经济"矛盾的凸显，就"如何加强社会主义市场经济的道德建设"展开了多维度的、有深度的探讨。党的十六大报告明确提出了"依法治国和以德治国"齐抓并举的治国之道后，学界围绕如何提升伦理道德建设对"治国"的价值、地位和作用等问题，以极大的热情投入到伦理学学科的建设中。

这一阶段道德哲学的研究成果主要有：(1) 在20世纪80年代教科书和基本学科体系的基础上②，进一步完善了伦理学学科体系构建。20世纪90年代以后，不少学者在继承前人基本思路的基础上，从学理、规范、实践、应用等不同角度，补充和完善了伦理学的理论体系，尤其是学界结合社会主义市场经济所做的大量理论探讨，为21世纪应用伦理学的兴起打下了坚实的基础。(2) 着重探讨了改革开放和社会主义市场经济中出现的一些普遍性的道德问题。一是伦理学的一些基本原则、基本规范。关于道德原则，继20世纪80年代关于道德原则是"一个"还是"多个"的争论后，针对20世纪90年代社会生活的更加丰富多彩，学界肯定了"多个"原则对道德功能的发挥具有的价值；继20世纪80年代对集体主义原则的反思后，针对20世纪90年代极端个人主义价值观的出现，学界对集体主义的分析和理解更为理性与辩证，既肯定它蕴含的"重整体"价值取向为当代中国所必须，又指出它注入了时代精神的紧迫性。关于道德规范，继20世纪80年代的"五爱"③调整后，学界针对20世纪90年代社会生活急剧变化的现实，在认真研究中国社会不同阶段、不同阶层现有道德状况的基础上，提出了"爱国守

---

① 代表性著作主要有：唐凯麟主编的《简明马克思主义伦理学》（湖北人民出版社，1983)、章海山的《西方伦理思想史》（辽宁人民出版社，1984)、魏英敏和金可溪的《伦理学简明教程》（北京大学出版社，1984)、罗国杰和宋希仁编著的《西方伦理思想史》（中国人民大学出版社，1985)、陈瑛等的《中国伦理思想史》（贵州人民出版社，1985)、沈善洪等的《中国伦理学说史》（浙江人民出版社，1985）等。

② 1982年出版的由罗国杰主编的《马克思主义伦理学》，堪称我国第一部马克思主义伦理学教材。1987年出版的由魏英敏、金可溪主编的《伦理学简明教程》，也在全国有较大影响。

③ 1982年，《中华人民共和国宪法》第二十四条，将中华人民共和国成立初期确立的"爱祖国、爱人民、爱劳动、爱科学、爱公共财物"，调整为"爱祖国、爱人民、爱劳动、爱科学、爱社会主义"。

第三章　复苏与特色：20 世纪 90 年代的中俄哲学

法、明礼诚信、团结友爱、勤俭自强、敬业奉献"之类的道德规范。①
二是功利主义研究的深入。继 20 世纪 80 年代因经济体制改革，人们重新认识利益，而学界对功利主义多以辩护为主之后，20 世纪 90 年代的学界，针对社会中不公平现象的增多和贫富差距问题的凸显，以及公平与效率的关系、利益与价值的冲突等现实问题，将研究重点更多集中在"功利与公正"之关系上。在辩证地认识功利原则，既承认它对提高效率、发展生产的作用，又看到它不包括公正原则、不能解决社会公正问题的同时，将研究视角更多聚焦于社会的公平公正问题。

道德哲学的上述研究成果，在回应社会主义市场经济建设中新出现的问题的同时，也为 21 世纪的中国马克思主义伦理学界思考公平正义的实现基础是什么，以何种伦理价值取向引导制度建设，公平、正义与效率的关系究竟如何，如何处理公正与效率的关系等问题，并由此引申出从制度角度研究伦理问题的制度伦理学，以及从运用角度研究伦理问题的应用伦理学，提供了理论探讨的方向和深入的路径。

（五）价值哲学

20 世纪 80 年代中期以前，中国学界的价值论研究还主要局限于从认识论和一般价值论的角度探讨真理与价值的关系，以及有无价值真理等问题，但从 20 世纪 80 年代中后期开始到整个 20 世纪 90 年代，学界通过召开学术研讨会②、撰写论著③等方式，在开拓价值论研究领域的

---

① 这些规范后来被作为《公民道德建设实施纲要》由中共中央作为文件于 2001 年 9 月向全国印发。
② 1991 年在西安召开了"第三届全国价值哲学研讨会"，1997 年在西安召开了"第四届全国价值哲学研讨会"，1999 年在北戴河召开了"第五届全国价值哲学研讨会"。
③ 代表性著作主要有：袁贵仁的《价值学引论》（北京师范大学出版社，1991）、李连科的《哲学价值论》（中国人民大学出版社，1991）、江畅的《现代西方价值理论研究》（陕西师范大学出版社，1992）、李德顺的《价值新论》（中国青年出版社，1993）、王玉樑的《价值哲学新探》（陕西人民出版社，1993）、马俊峰的《评价活动论》（中国人民大学出版社，1994）、汪信砚的《科学价值论》（广西师范大学出版社，1995）、王宏维的《社会价值：统摄与驱动》（人民出版社，1995）、陈新汉的《评价论导论》和《社会评价论》（上海社会科学院出版社，1995、1997）、冯平的《评价论》（东方出版社，1995）、何萍的《生存与评价》（东方出版社，1998）、李连科的《价值哲学引论》（商务印书馆，1999）、兰久富的《社会转型时期的价值观念》（北京师范大学出版社，1999）、孙伟平的《事实与价值》（中国社会科学出版社，2000），以及由李德顺主编、河北人民出版社 1996 年出版的"人生价值丛书"（包括《人与己》《生与死》《身与心》《权与责》《爱与恨》《善与恶》《美与丑》《苦与乐》《智与愚》《情与理》《命与力》）。

同时，就已经将研究的触角深入到价值的类型、价值的层次、价值的本质、价值方法论、价值评价论，以及普遍价值、人的价值等层面。

与研究深入相伴的是在一些基本问题上各自有别的新观点的产生。（1）在价值本质论问题上，有"属性论"（认为价值或是客体固有的属性，或是客体与主体关系的属性）、"关系论"（认为价值是主客体关系的状态、内容和效果）、"需要论"（认为价值是客体满足主体的需要）、"二重性论"（认为价值具有事物内在优异特性与外在功用性）等。（2）在价值的评价论上，主要有有无价值真理的讨论、价值标准问题的讨论、价值评价是否是认识的讨论等。（3）在价值论的学科定位[①]上，有关于"价值论与本体论、认识论同属一个理论层次，还是只是哲学基础理论的分支？""价值论从属于伦理学，还是包括伦理学？"等的争论。（4）在价值观的变革上，有以"人生意义为中心的人生价值观"、以"义利问题为中心的道德价值观"、以"中国传统文化为中心的文化价值观"作为评价标准的讨论。

上述不同观点的存在，使20世纪90年代的价值哲学研究，在致力于回答现实问题的同时，研究视域拓展到价值存在论、价值方法论、价值意识论、价值实践论。对现实问题的哲学抽象，又为21世纪价值哲学成为马克思主义哲学研究中的显学打下了牢固的基础。于是，价值哲学经历了20世纪80年代伴随认识论研究之热的起步，到20世纪90年代研究成果的花蕊初放，再到21世纪结出硕果的发展历程。

（六）文化哲学

20世纪80年代是中国学界如饥似渴了解西方文化的年代，其显著体现便是对广义的西方文化著作大规模的介绍与翻译。[②] 进入20世纪90年代以后，随着我国对外交流的更为频繁，国际文化交流的进一步扩展，尤其是苏东剧变、冷战结束后，国际文化研究中凸显的文明冲突论，学界在复兴传统文化热中将目光更多地投向了文化观、文化哲学的研究上。

[①] 包括价值概念、基础理论、学科定位等问题。

[②] 其中，商务印书馆自1981年起推出的"汉译世界学术名著丛书"，三联书店自20世纪80年代推出的"文化：中国与世界"大型系列丛书，浙江人民出版社自20世纪80年代末推出"世界文化丛书"，在让国人了解国外文化研究成果的同时，也在学界搅动起"中西文化比较研究"的波澜。

第三章 复苏与特色：20世纪90年代的中俄哲学

这一阶段的文化哲学研究有两个方向：(1) 基础理论研究。这一研究为学界众多学者所热衷。研究视角有：从马克思主义哲学角度，对文化研究成果进行梳理和探讨[①]；运用当代西方哲学如现象学、诠释学的方法，对文化观念、文化哲学进行系统梳理和解析[②]；立足社会发展与人的发展、科学精神与人文精神相统一的视域，对中国文化的历史与现实进行哲学沉思[③]；以文化的核心是价值体系，对文化的规范、结构、功能等进行全面阐释[④]；基于改革开放和社会主义市场经济中涌现出的现实问题，运用唯物史观，从中国特色社会主义文化建设的内容、特质、属性，知识分子在文化建设中的责任和使命，以及文化市场等角度，对中国特色社会主义文化进行阐释[⑤]。(2) 应用型研究。结合国家需要和现实问题，对一些具有战略性、对策性的问题，如文化发展的方向、文化体制的改革等，进行应用理论研究。其代表性机构是中国社会科学院成立的"文化研究中心"。

上述研究在阐明文化观的一些基本理论，如文化的类型、文化的特征、文化的本质、文化传统、文化的变革、文化发展的规律等问题的同时，还使这一研究由文化观拓展到哲学层面，对文化哲学的研究价值、文化哲学的学术合法性、文化的哲学属性、文化哲学属性的内涵和表现形式等做出了探讨，并在此基础上最终形成了具有相对独立形态的文化哲学。这些研究，还为21世纪的中国马克思主义哲学界，无论在深化基础理论研究，致力于实现基础理论、研究框架、方法论上的根本性突破[⑥]，还是在结合日常生活，致力于与政治哲学、经济哲学、制度哲学相关研究的融合中，实现文化哲学的微观研究[⑦]，都奠定了良好的基础。

（七）人的哲学

继20世纪80年代的人道主义与异化问题的大讨论后，20世纪90年代的中国马克思主义哲学界，面对改革开放和现代化建设对人的素质

[①] 如许苏民的《文化哲学》（上海人民出版社，1990）。
[②] 如李鹏程的《当代文化哲学沉思》（人民出版社，1994）。
[③] 如邹广文的《文化哲学的当代视野》（山东大学出版社，1994）。
[④] 如陈筠泉、刘奔主编的《哲学与文化》（中国社会科学出版社，1996）。
[⑤] 如黄楠森等主编的《有中国特色社会主义文化研究》（山东人民出版社，1999），李德顺、孙伟平、孙美堂的《家园：文化建设论纲》（黑龙江教育出版社，2000）等。
[⑥] 如中国社会科学院哲学研究所哲学与文化研究室，就主要从事这方面的研究。
[⑦] 如黑龙江大学的文化哲学研究中心，就主要从事这方面的研究。

的更高要求，面对要求更好地发挥人的积极能动性、主体创造性，面对市场经济中不断出现的权利与义务、个人与社会的关系等问题，全面展开了"人的理论"研究。

这一研究从以下三个方面展开：（1）发掘和整理马克思主义经典作家的人学思想，出版了一批研究成果。① 这些研究成果，为社会了解马克思主义经典作家人学思想的基本观点、精神实质，为学界在中国人学的研究领域坚持马克思主义理论的引领，提供了理论基础。（2）编写了人学辞书。② 这些研究成果，为21世纪人的哲学研究的拓展和深入，以及相关专题研究、比较研究的展开，提供了极为丰富的资料。（3）展开了基础理论的研究，出版了一批学术专著。③ 这些研究成果，坚持马克思开创的"现实的人及其历史发展"的理论路径，运用唯物史观和唯物辩证法，对人学研究的对象和方法，对人的存在、本质、活动、素质、价值、个性、能力、自由、发展，以及人与社会现实、与社会发展、与现代化的关系等理论的和现实的问题，进行了广泛而深入的哲学阐释和论证，并在此基础上形成了相对独立的人的哲学研究领域。

上述人的哲学研究，为21世纪"以人为本"的科学发展观研究奠定了深厚的学理基础，也为21世纪人的哲学研究的系统化、科学化奠定了基础。

三、重思马克思：推进理论与变革传统

20世纪90年代中国马克思主义哲学研究内容的多姿多彩，还表现

---

① 先后有北京大学哲学系编的《马克思主义与人》（北京大学出版社，1983）、中国人民大学编的《马克思、恩格斯论人性、人道主义和异化》（中国人民大学出版社，1984）、袁贵仁的《马克思的人学思想》（北京师范大学出版社，1996）、黄克剑的《人韵——一种对马克思的读解》（东方出版社，1996），以及辛世俊、腾世宗的《邓小平人学思想》（大象出版社，1999）等。

② 有黄楠森、夏甄陶、陈志尚主编的《人学词典》（中国国际广播出版社，1990），邢贲思、周汉民主编的《人生知识大辞典》（中国青年出版社，1992），罗国杰主编的《人道主义思想论库》（华夏出版社，1993），孙鼎国、李中华主编的《人学大辞典》（河北人民出版社，1995）等。

③ 代表性著作主要有：郭湛的《人活动的效率》（人民出版社，1990）、韩庆祥的《马克思主义人学思想发微》（中国社会科学出版社，1992）、陈新夏的《人的尺度——主体尺度研究》（湖南出版社，1995）、张一兵的《马克思历史辩证法的主体向度》（河南人民出版社，1995）、林剑的《人的自由的哲学思索》（中国人民大学出版社，1996）、黄楠森的《人学的足迹》（广西人民出版社，1999）、夏甄陶的《人是什么》（商务印书馆，2000）等。

在，学界在思考如何推进马克思主义哲学既有理论的研究、既有学科的完善中，通过将深入挖掘原有理论与新的时代问题相结合的方式，推进了马克思主义哲学既有理论的深化，实现了中国马克思主义哲学传统的变革。它体现在三个方面。

(一) 马克思主义哲学基本理论研究的深化

在继续推进马克思主义哲学史学科建设、马克思主义哲学原理教科书改革中，深化马克思主义哲学基本理论的研究，其成果包括以下几个方面。

其一，一批新的马克思主义哲学史教材被出版。[1] 其中，尤以黄楠森、庄福龄、林利主编的 8 卷本《马克思主义哲学史》最具代表性。[2] 上述马克思主义哲学史教材在以全景式视角展示马克思主义哲学发展的历史时，突出和深化了马克思的劳动异化论、交往实践观、世界历史观、社会形态论、社会结构论等理论，在展现和揭示诸多过去人们不了解或了解有限的马克思主义哲学后继者如西方马克思主义、东欧新马克思主义的相关理论时，开阔了人们对马克思主义哲学发展历史的认识视域。

其二，一些马克思主义哲学史专题性研究著作面世。其关注点聚焦于：(1) 把对马克思主义创始人思想渊源的研究范围，从其理论先辈拓展到了同时代人，对马克思的早期思想与德国古典哲学尤其是青年黑格尔派之间的关系，诸如与鲍威尔的"自我意识哲学"、费尔巴哈的"类"学说、赫斯的社会主义、施蒂纳的"唯我论"之间的关系，做了深入考察和详尽阐释。[3] (2) 把对马克思理论发展轨迹的考察，从成熟时期拓展到晚年时期，以马克思晚年面临的挑战，马克思走向人类学的理论动机，马克思的《人类学笔记》与社会结构理论和社会形态理论、与恩格斯的史前社会理论、与西方现代人类学的关系

---

[1] 代表性著作主要有：余源培主编的《马克思主义哲学的理论与历史（修订版）》(复旦大学出版社，2000)，黄楠森、庄福龄、林利主编的《马克思主义哲学史》(8 卷本，北京出版社，1989—1996)。

[2] 该套著作的编写，集中了当时国内马克思主义哲学史教学与科研的一线专家学者。全书以宏大的框架、合理的布局、翔实的资料、详尽的阐述，在体现中国马克思主义哲学史研究整体水平的同时，也超越了苏联 20 世纪 50 年代出版的 6 卷本《哲学史》。

[3] 代表性著作主要有：侯才的《青年黑格尔派与马克思早期思想的发展》(中国社会科学出版社，1994)、马泽民的《马克思主义哲学前史》(重庆出版社，1994)。

为视角，完整描述和深入阐释马克思的晚年思想和它与成熟时期理论之间的内在联系。①（3）将对马克思理论的研究，从哲学范围拓展到经济学范围。将马克思的《1844年经济学哲学手稿》《资本论》及其手稿中的经济学思想，与英国古典政治经济学的语境相关联，从中揭示马克思富有创见性的经济哲学方法论。②上述研究成果在勾连马克思主义哲学理论的发展轨迹中，深化了人们对马克思主义哲学创始人尤其是马克思思想的演变历程、马克思与同时代人和前辈人之间理论渊源的理解。

其三，一些哲学理论的个案性研究著作问世。这些研究，力图从历史发展维度，为马克思主义哲学寻找新的理论。其中，有从社会存在论角度，在考察马克思早期思想的发展脉络中，通过对马克思现实的人与市民社会的关系、异化劳动与对象性的活动的关系、实践原则与唯物主义历史观的关系等的阐释，揭示了马克思哲学的存在基础③；有从社会实践论、社会过程论等维度，力图为马克思主义哲学确立新的理论支点④。上述研究在将马克思主义哲学创始人的哲学思想及其发展轨迹置于全景式的理论关照中，将其哲学原典、理论原点的探索推向了新的阶段。

（二）马克思主义哲学理念的更新

在重新审视马克思的哲学观中，实现"哲学理念"的更新。

与应用哲学和部门哲学成为显学、马克思主义哲学史研究稳步推进相伴随，中国学界在"回到马克思"中，一方面，围绕中国市场经济建设和现代性批判（对现代化的理性结构、现代社会的文化批判），在吸取西方马克思主义哲学的现代性批判理论成果中，力求将马克思主义哲学研究的主题，从对生产力的技术性论证拓展到对消费社会、资本逻辑的批判，以及延伸到对微观生活、意识形态、精神道德问题的关注。于是，这一阶段的学界出现了继续突破原有哲学基本理论限于概念、范畴、体系的构架局限，将宗教、文学、艺术、历史等文化现象纳入其中的吁求；另一方面，围绕自20世纪80年代展开的"实践唯物主义"讨论，学界将"如何理解马克思在哲学史上所实现的变

---

① 如鲁越、孙麾、江丹林的《马克思晚年的创造性探索》（河南人民出版社，1992）。
② 如唐正东的《斯密到马克思》（南京大学出版社，2002）。
③ 如吴晓明的《马克思早期思想的逻辑发展》（云南人民出版社，1993）。
④ 这一阶段研究马克思恩格斯哲学思想发展历程的著作，几乎都体现了这方面的思想。

革的实质?"视为真正理解马克思哲学的关键。对马克思文本的回归让人们发现,马克思在创立其新哲学时,从未刻意构建一个完美的、永恒的理论体系,而他在哲学观上实现的变革本身就是对传统哲学的性质、功能,乃至哲学的理念、存在方式、思维方式、叙事方式的变革之果。由此,学界出现了打破先前教科书只在哲学原理的"绪论"中概述何谓哲学的呼声,要求从哲学观的视角切入何谓哲学的问题。

20世纪90年代学界重新审视马克思哲学观的直接成果便是,在更新"哲学理念"中,出现了系统的、专门的"何谓哲学"的探讨。研究之果是一批融合古今中外哲学发展史和其他社会意识形式,如宗教、艺术、文学、道德等发展史,在对人的生存思考中,所产生的追问和解答"形而上"的教材面世。[①] 一批文理综合性大学的哲学系,则相继开出了"哲学通论""哲学导论"课程。

上述研究,在推进马克思主义哲学基础理论研究稳步向前的同时,也为学界深入理解哲学的"元问题",理解马克思哲学变革的实质,实现"哲学理念"的更新,以及在21世纪继续破除附加在马克思主义哲学上的"僭越和虚妄",产生了积极的作用。

(三)马克思主义哲学研究方向的转变

在对"马克思哲学"的研究中,中国马克思主义哲学界逐步实现了研究方向的转变。

20世纪80年代,中国学界在人道主义与异化问题的大讨论中,就以既往中国马克思主义哲学仅以恩格斯和列宁的文本为据而缺乏马克思文本、仅以认识论和科学主义为主旨而缺乏人文资源为由,提出了"回到马克思哲学"——以马克思早期哲学思想中的人道主义思想补充中国马克思主义哲学中人文资源的匮乏——的问题。这一问题形似理解了马克思主义哲学的内容,实则误解了马克思主义哲学的本质,在挑战先前马克思主义哲学观念的同时,使学界在马克思主义哲学的研究中,逐渐以马克思哲学取代了恩格斯哲学、列宁哲学。20世纪90年代中期以后,在社会主义市场经济建设过程中,片面强调技术理性、工具理性,单纯强调经济增长而忽视产生的不良社会现象,新出现的自然环境、社会道德、贫富差距、消费主义等问题,再次向哲学提出必须重视马克思

---

① 代表性著作主要有:孙正聿的《哲学通论》(辽宁人民出版社,1998)、王德峰的《哲学导论》(上海人民出版社,2000)。

哲学的"人道主义"资源问题。于是,"回到马克思哲学"的中国马克思主义哲学界,在借助西方哲学尤其是西方马克思主义哲学的社会批判理论中,借助马克思哲学中的文化哲学传统,开展了以人的生存状况、价值、尊严权利、人生意义等人文主义为内核的马克思主义哲学研究,并在研究中实现了哲学研究方向从单纯的科学主义向人文主义的转变。

无疑,中国马克思主义哲学的这种研究方向的转变[①],从理论上矫正了,传统研究中将马克思主义哲学与源远流长的西方人道主义传统绝对对立,完全否认马克思主义哲学的人道主义内涵,并以马克思主义哲学的科学性取代人文性,以事实内容代替道德内容,在评价标准上以事实尺度包办价值尺度,使马克思主义哲学成为漠视人的"冷面法官"和疏远人类的"理性救主"的极端。因而,这一转变无论对维护马克思哲学的形象、全面理解马克思哲学,还是对发挥马克思主义哲学的现实指导功能,都意义非凡。

然而,我们在充分肯定这一"变革"的历史意义时,又需要既看到历史尺度和价值尺度具有根据、对象、着眼点、性质、表现形式等方面的区别,又看到和承认两者的内在联系:(1)互相补充。两者都形成于人的活动中,是人类生存和发展不可缺少的内容。离开了历史尺度的价值尺度是失去正确方向和前进轨道的尺度,离开了价值尺度的历史尺度是无意义的尺度。(2)相互贯通。一方面,两者在人的活动中互为前提。没有历史尺度的指导,价值尺度不能成功地贯彻;没有价值尺度的推动,历史尺度得不到坚持的贯彻动力。另一方面,两者互相适用,历史尺度在价值生活中是普遍适用的,对价值特别是评价的认识,总要首先解决它的真假问题;价值尺度也适用于历史尺度,对任何具体的事实,人们总要追问它具有何种价值、解决它有何价值,以便依据和利用事实,推动人和社会发展。(3)相互引导。在人类活动中,人们总是不断从价值走向真理,从真理走向价值,实现着相互之间的过渡,而历史尺度与价值尺度的相互贯通,则为这种过渡的实现提供了可能性。(4)两者的统一是具体的、历史的。实践是具体的,在实践基础上人们认识和发现的真理是具体的,提出的价值要求以及能实现的程度也是具体的,这就决定了历史尺度和价值尺度的统一也是具体的。

[①] 这种转变自改革开放之初的20世纪70年代末开始,就在关于人道主义与异化问题的大讨论中出现了。

第三章 复苏与特色：20世纪90年代的中俄哲学

人们在受实践发展的制约和时代、阶级的局限，而用两种尺度来衡量某一事物时，往往容易出现只见两种尺度的区别而导致各执一端的片面性。

由此，20世纪90年代的中国马克思主义哲学在"回到马克思哲学"，并以马克思哲学中以异化劳动为基础的人道主义，作为实现中国马克思主义哲学研究方向"转变"的依据时，应当看到马克思异化劳动的人道主义仍然是以事实判断为依据的：它把对资本主义制度的愤怒和对国民经济学产生的怀疑转为批判，并将之称为"实证的"和"经验的"批判①，并通过经济中介找到了哲学通往现实生活的道路；在异化劳动的人道主义渴求中，包含着深刻的历史必然性思想②，即强调资本主义私有制下资本在少数人手中的积累是自然趋向，强调资本主义商品生产即以资本形式对工人进行统治是资本运动的规律，强调资本主义代替封建主义、社会分裂为两大阶级、资本主义私有制的产生和消灭都是历史的必然。马克思这一极力将人道主义置于资本主义生产过程基础上的研究，在表明其异化劳动的人道主义中包含科学因素和事实判断的同时，也预示了其理论从西方传统人道主义向唯物史观人道主义转变的前景。至于马克思在一系列文本③中阐发的人道主义思想，无不是在物质客观性、历史必然性的基础上理解人道主义和人类终极关怀。

因此，如同将马克思主义哲学唯科学化，将事实判断和历史尺度视为判断马克思主义哲学的唯一正确标准，导致了对马克思主义哲学的歪曲一样，将马克思主义哲学人道主义化，将道德标准和价值评判作为判断马克思主义哲学的基本标准与唯一尺度，在把马克思主义哲学与西方传统人道主义的等同中，导致了从根本上否认马克思主义哲学的科学

---

① 这里的"实证的"和"经验的"，显然是与德国古典哲学中"思辨的"和"抽象的"方式相对立的。正是在马克思突破德国古典哲学的思辨传统、把立足点转到人们的实际生活特别是经济分析的基础上时，其早期以人本主义为基础的人道主义才开始发生根本的转向。

② 与黑格尔着力揭示的理念必然性相反，这种必然性是经济的必然性。

③ 确立期的《关于费尔巴哈的提纲》《德意志意识形态》《共产党宣言》；成熟期的《资本论》及其三个手稿，关于中国、印度、土耳其等亚洲国家，德国、法国等西欧国家和美国的系列文章；晚年的《人类学笔记》。马克思的一系列原著都明确无误地表明，其全部理论的出发点与核心是现实的物质生产方式和社会关系，而非抽象的人和人的本性。

性，因而同样具有曲解马克思主义哲学的危险。随着 20 世纪 90 年代改革开放的深化、社会矛盾的凸显、阶级分层的出现，如何坚持马克思主义哲学研究中历史尺度与价值尺度、事实判断与道德判断的统一，就不仅是 20 世纪 90 年代中国马克思主义哲学研究传统转变中必须深入思考和认真应对的问题，而且是理解当代中国社会的一个极具现实意义的问题。

四、转变与借鉴：研究范式与研究方法

继 20 世纪 80 年代反思"传统教科书模式"① 和"既定原理"之后，由"问题意识"引领的 20 世纪 90 年代中国马克思主义哲学研究中出现的一个崭新的现象便是，继 20 世纪 80 年代研究进路的初步转向之后，出现了研究范式②的转向和研究方法的借鉴。

（一）研究范式的转向

这种研究范式的"转向"，仍然是 20 世纪 80 年代以来不同研究进路的一种体现。

1. 文本研究

20 世纪 80 年代的中国学界试图通过回归马克思文本而超越单纯的"以恩解马""以苏解马"模式，重构马克思主义哲学原理。继此初步尝试后，针对先前马克思主义哲学原理的理解中，割裂其理论的形成及发展史，简单抽取某一观点的以偏概全的做法，20 世纪 90 年代的中国学界主张，理解马克思主义哲学首先需要弄清马克思主义哲学的变革意义，为此必须"回到马克思哲学"的"独特语境"。关于这种"回到马克思哲学"的类型，有学者以理论依据的不同，归结为"五种模式"③

---

① 尽管新中国成立后，马克思主义哲学界编写的哲学教科书在一定程度上体现了中国自己的特色，但并未摆脱苏联教科书基本的理论框架、理论模式、理论原理、理论原则的束缚。

② "范式"（paradigm）一词，源于库恩（Thomas Kuhn）的《科学革命的结构》（1962），意为学术共同体自觉持有的一套信念、原则和标准，并借以指导其研究活动的一种"公认的模型或模式"，它为科学家们在科学发展的常规时期所遵循，随着新科学事实的出现而改变。但范式的变革不是知识的直线积累，而是一种创新和飞跃、一种科学体系的革命。这里的"哲学范式"就是学界在哲学的反思批判、理性分析中所遵循的最基本的原则和标准。

③ 西方马克思学的"两个马克思"模式、西方马克思主义人道派的"人本主义异化论"模式、西方马克思主义科学派的"结构断裂论"模式、传统的列宁与苏联"量变进化说"模式、国内学者孙伯鍨和张一兵的"两次转变论""两次逻辑论"模式。（参见张一兵：《回到马克思——经济学语境中的哲学话语》，南京，江苏人民出版社，1999）

论；有学者以基本趋向的不同，得出了"三个支流"① 说。这类归纳，虽形式各异，但实质一致，都揭示了"以马解马"的目的在于借助马克思的新原典，以期对马克思哲学做出有别于传统教科书的理解，并得出一种新的结论。

关于这种"以马解马"的文本解读方式，学界存在着不同看法，如有人认为这种"从马克思的原本中找出一句半句话，然后按照自己的观点进行所谓的重构重建"，"既曲解了马克思主义哲学，也很难在哲学上有所建树"，因此"不赞赏'以马解马'的方法"②；而且，学界还存在"能否'回到马克思哲学'"的问题上的"客观马克思"和"主观马克思"之争，存在"'回到马克思哲学'的价值"问题上的"文本的深度解读"与"现实问题研究的弱化"之辩。尽管如此，"回到文本"及其"独特语境"仍然成为20世纪90年代学界的基本研究范式。一些学者力求在对马克思的文本解读中，注重结合其理论提出的历史背景、本人经历、理论渊源、理论起点、理论逻辑、理论内涵，以图最大限度地还原文本、抓住马克思思想的精神实质。前述提到的该阶段出现的一批较有影响的研究著述，不同程度地体现了对马克思文本的悉心解读。这种研究范式的转变，对马克思主义哲学研究规范的强化，无疑意义深远。

2. 对话研究

20世纪80年代的中国学界试图通过引进和研究西方马克思主义文本，在了解和对比中推进马克思主义哲学。在此初步尝试后，针对先前对西方马克思主义、现当代西方哲学的研究尚处于译介和研究的"初级阶段"；基于当今世界全球化在促使人类关注和思考面临的普遍问题的同时，也迫使中国马克思主义哲学必须在"同自己时代的现实世界接触并相互作用"③ 中把握时代精神；基于现当代西方哲学对人类理解和实践智慧的存在论升华（存在主义）、从微观视角对人的心理和精神等层

---

① "重读马克思"，即提出诸如马克思恩格斯思想的差异问题；"重塑马克思"，即重新考察马克思哲学与德国古典哲学的关系，重新思考其出场路径问题；"反观马克思"，即从对西方马克思主义理论演变的考察中，反观马克思哲学与现代西方哲学的关系以确定其理论属性。（参见赵剑英、孙正聿主编：《中国化马克思主义哲学新形态》，8~9页，北京，社会科学文献出版社，2006）

② 陈先达：《处在夹缝中的哲学》，"代序"15页。

③ [德] 马克思：《〈科隆日报〉第179号的社论》，见《马克思恩格斯全集》，中文2版，第1卷，220页。

比较研究：当代俄罗斯哲学与中国马克思主义哲学

面的独特关注（各种心理学、意识论）、对语境化方法的强调（语言学与逻辑分析）、对人类意识的始源境遇的把握（现象学与诠释学）等致思内容，既是哲学史上具有划时代意义的思维方式的转型，又对中国马克思主义哲学的发展具有价值；基于马克思哲学本身就是现代哲学的开启之祖，它与现当代西方哲学具有相同之处等，20世纪90年代的中国学界在致力于实现马克思主义哲学与现当代西方哲学的"视界融合"中，开启了马克思主义哲学与现当代西方哲学的对话之门。当然，对这一研究进路，学界同样时有质疑，认为必须具体分析作为对话对象的现当代西方哲学，而不能一概而论，否则，没有反思的对话，就很可能走向仅以其中某一流派的观点、方法、框架"套用"或"反注"马克思主义哲学的陷阱，从而与摆脱传统教科书束缚的初衷背道而驰。这种提醒的确在后来的研究中得到了印证，即出现了研究中唯西方哲学的方法、范式为正确无误这样一种危险的倾向。但是，不可否认的是，这一研究进路对21世纪中国马克思主义哲学与现当代西方哲学的比较研究，对从现当代西方哲学中吸取有价值的思想资源以推进马克思主义哲学的研究，仍然有积极意义。

特别值得一提的是，这一阶段的对话，更多体现在国外马克思主义的研究中。如果说在20世纪80年代，国外马克思主义的学科建设尚处于初级阶段，研究范围还主要限于西方马克思主义，研究层次尚处于"引进"层面，那么20世纪90年代则是国外马克思主义的学科建设与研究开始步入正轨、渐入高潮的初始时期，其特点是学科初创与引进研究的齐头并进。

在学科建设方面，概念称谓上仍然延续了20世纪80年代的争论，且在学科归属上学界的争论也未结束。然而，自20世纪90年代以来，随着学界思想解放的进一步推进，因理论属性引发的西方马克思主义学科归属问题便是学科定性上的"折中"。8卷本的《马克思主义哲学史》的第8卷，就"主要以1945年第二次世界大战结束时为起点，对战后到80年代末世界上主要国家中马克思主义哲学的传播、研究、应用和发展情况做出评述"[1]，而该卷共13章的内容中，除了第5章的内容是关于苏联、前东欧国家的哲学，其余的都是发达资本主义国家的马克思

---

[1] 黄楠森、庄福龄、林利总主编，易克信、吴仕康主编：《马克思主义哲学史》，第8卷，"编者的话"1页，北京，北京出版社，1994。

第三章　复苏与特色：20世纪90年代的中俄哲学

主义即西方马克思主义。即便是关于前东欧国家的马克思主义哲学，所涉较多的也是非官方的内容，如民主德国的实践体系论、匈牙利的卢卡奇哲学和布达佩斯派、波兰的人道主义派、南斯拉夫的实践派。因此，尽管该卷对国外马克思主义的阐述仍然以"正统马克思主义哲学"为视角，将西方马克思主义视为马克思主义哲学的异端，但该卷作为当时国内最具权威性的马克思主义哲学史著作，第一次将西方马克思主义纳入马克思主义哲学史阐述体系，这就表明了学界对西方马克思主义的认可。这种"折中"之举，在继续凸显学界对西方马克思主义学科定性之"纠结"心态的同时，也表明在学科建设上，国外马克思主义已经开始被纳入马克思主义哲学史的范围。这一举措为21世纪建立统一的国外马克思主义研究学科奠定了基础。

在理论研究方面，与20世纪80年代国外马克思主义迅速引起学界高度关注相比，20世纪90年代初的国外马克思主义研究，由于20世纪80年代末的政治风波的影响而一度陷入低潮。但20世纪90年代中期前后，随着苏东剧变，苏联马克思主义哲学的权威性和正统性退场，国内学者在深刻思考马克思主义哲学的历史命运中，被进一步激发了了解和认识西方马克思主义的渴望。学界对西方马克思主义理论性质的争论出现了新的变化。一方面，它备受中青年学者的青睐，被当作马克思主义哲学的新思想、新潮流而被他们欣然接受；另一方面，它仍然遭到部分具有传统马克思主义哲学观的学者的冷遇，被视为"异端"而继续受到抵制、批判。"青睐"与"抵制"的矛盾，表明了学界不同的马克思主义哲学观的激烈交锋，也预示了中国的国外马克思主义研究将有新的突破。

其后，随着更多西方马克思主义代表人物的译作和一批研究著作的出版，国外马克思主义研究到20世纪90年代中后期出现了第二次研究高潮，并逐渐成为我国马克思主义研究的显学之一。这一时期的国外马克思主义研究，无论范围上还是层次上，都出现了新景象：更多的国外马克思主义译著得以完成[①]，更多的国外马克思主义研究著

[①] 例如，至1997年年底，重庆出版社出齐了由徐崇温主编的"国外马克思主义和社会主义研究丛书"四批书目中的28本译著。内容涉及"经典"西方马克思主义、东欧新马克思主义、分析马克思主义、生态学马克思主义等主要代表人物的著作。此外，还有商务印书馆的"汉译世界学术名著丛书"，其他出版社也出版了一些国外马克思主义的译作。

作面世①，更多的国外马克思主义研究工具书被出版②。新的译著、研究成果、工具书的面世，在为研究者提供更为丰富的研究资料的同时，也为21世纪学界拓展国外马克思主义的研究奠定了基础。

这一阶段的研究已经有了一些具有个案性质的研究成果，如针对卢卡奇、萨特、哈贝马斯、阿尔都塞等人的思想和著作的专门研究。但整体上看，着眼点仍然侧重于对西方马克思主义的理论及其发展逻辑的总体概述。虽然认识森林是认识树木的前提，但不认识具体的树木便不能真正清楚地认识森林。20世纪90年代中国国外马克思主义研究中存在的不足，在为21世纪中国国外马克思主义研究留下更大发展空间的同时，也为深化这一研究指明了方向。

3. 问题研究

20世纪80年代的中国学界试图通过在立足现实、捕捉时代问题中体现马克思主义哲学的理论本性，以推进马克思主义哲学的研究。在初步尝试后，针对先前马克思主义哲学研究尚未在理论与实践、问题与研究、具体与抽象之间进退自如，因而常限于马克思主义哲学应当"现实化"还是应当"思辨化"的纠结现状，20世纪90年代的中国学界提出了一些关于"问题研究"的新视角：马克思主义哲学的生命力在于，善于抓住中国与世界在发展过程中所提出的具体问题；从具体问题中，抽象、提炼涉及人类根本命运的哲学问题；从回答这类哲学问题中，形成哲学层面的观念和理论的共识。于是，以"问题研究"为主导的研究范式，便在这一阶段的马克思主义哲学研究中，显现出"源于问题与高于问题""理论思辨与回到现实"的新的"问题研究"特征。

4. 马克思主义哲学中国化研究

马克思主义哲学中国化研究包括毛泽东哲学研究和邓小平哲学思想

---

① 其中，除了重庆出版社"国外马克思主义和社会主义研究丛书"四批书目中的11本论著〔包括欧力同和张伟的《法兰克福学派研究》(1990)、李青宜的《"西方马克思主义"的当代资本主义理论》(1990)、陈学明编著的《哈贝马斯"晚期资本主义"论述评》(1993)、张翼星主编的《理论视角的重大转移——"西方马克思主义"的辩证法观》(1997)、欧力同的《哈贝马斯的"批判理论"》(1997)、郑一明的《"西方马克思主义"的文化哲学思想研究》(1998)〕，还有一批国外马克思主义的研究著作问世，如孙伯鍨的《卢卡奇与马克思》(南京大学出版社，1999)等

② 如罗伯特·戈尔曼主编、赵培杰等译的《"新马克思主义"传记辞典》(重庆出版社，1990)，奚广庆等主编的《西方马克思主义辞典》(中国经济出版社，1992)，陈学明、张志孚主编的《当代国外马克思主义研究名著提要》(重庆出版社，1996)等。

第三章 复苏与特色：20 世纪 90 年代的中俄哲学

的探索。

毛泽东哲学研究。20 世纪 90 年代，随着纪念毛泽东 100 周年诞辰活动的展开，学界掀起了毛泽东哲学研究的第二次高潮。20 世纪 80 年代，对毛泽东哲学的研究主要聚焦于它对马克思主义哲学基本理论的丰富，对毛泽东哲学的评价主要置于它在性质与马克思主义哲学的一致性，对毛泽东哲学形成原因的分析较多基于客观环境的影响。与此不同，20 世纪 90 年代的毛泽东哲学研究呈现出以下特点：(1) 更多聚焦于毛泽东哲学与中国传统文化的关系。学界曾经对这一问题不乏探讨，其明显特点是，论题大多集中于毛泽东如何利用和改造中国传统文化概念[1]，使欧化的马克思主义哲学具有中国风格、中国特色、中国气派。与此有异，20 世纪 90 年代的学界更多地将毛泽东哲学纳入近代中西文化的冲突、中国传统文化的历史背景，从毛泽东哲学中体现出的中国哲学气质、中国文化根基等方面做出分析。对此，有学者将毛泽东哲学的中国文化特色归结为：致思趋向上，直接继承中国哲学"经邦纬国、济世安民"的政治伦理思想；理论特征上，直接体现出中国哲学"体用合一"的精神风格；思维类型上，直接受到中国传统经验论哲学"躬行践履"的影响；价值取向上，直接受到中国传统道德哲学"内圣外王"伦理本位主义的影响；表现形式上，直接传承中国哲学以素朴语言表达奥妙哲理的传统。[2] 在认识和理解毛泽东哲学亦中亦西[3]的双重文化品格的同时，认为毛泽东哲学无论内在还是外形，都更多地传承了中国传统文化的精髓脉络，展现出中国传统文化的风格品貌。[4] (2) 对毛泽东哲学的评价，更多地置于中国特色社会主义的理论中。作为"战争与革命"年代马克思列宁主义基本理论与中国实际相结合的产物，毛泽东哲学无疑属于中国特色社会主义理论链条中的关键一环。作为"和平与发展"时代的中国特色社会主义，又无疑是马克思列宁主义

---

[1] 实事求是、有的放矢、水到渠成、因势利导、知性合一、一分为二、飞鸟之景等。

[2] 参见何显明、雍涛：《毛泽东哲学与中国文化精神》，65～71 页，南宁，广西人民出版社，1993。

[3] "它是中国的东西，又完全是马克思主义的东西"（《刘少奇选集》上，334 页，北京，人民出版社，1981）。

[4] 代表性著作主要有：胡为雄的《毛泽东哲学和当代中国哲学》（北京出版社，1991）、李鹏程的《毛泽东与中国文化》（人民出版社，1993）、何显明和雍涛的《毛泽东哲学与中国文化精神》（广西人民出版社，1993）。

基本理论与当代中国实际的结合之果。两者之间的关系如何？换言之，如何基于时代的发展变化认识与评价毛泽东哲学的历史地位和理论价值，既是中国特色社会主义理论研究也是深化毛泽东哲学研究需要面对的课题。为此，学界强调，评价毛泽东哲学的价值和地位，只有置于中国特色社会主义这一道路、事业的实践中，才能获得准确的结论。学界肯定，毛泽东哲学中，关于"实事求是"的理论是中国特色社会主义思想路线的哲学基础，关于矛盾的普遍性与特殊性、共性与个性相统一的理论是中国特色社会主义属性的哲学基础，关于社会主义基本矛盾的学说是改革开放和探索中国特色社会主义道路的哲学基础，关于"两点论"与"重点论"相统一的理论是党的初级阶段基本路线"一个中心，两个基本点"的哲学基础，关于正确处理人民内部矛盾的理论是中国特色社会主义实践中确立人际关系的哲学基础，等等。由此，学界在分析毛泽东哲学与中国特色社会主义理论之间相异和相关的关系中，既肯定了毛泽东哲学的当代价值，又弘扬了毛泽东哲学作为中国文化和中国哲学重要组成部分的历史价值。①（3）对毛泽东哲学形成的根源，更多地从毛泽东生长的社会环境对毛泽东个人特质形成的作用做出了分析。就生长的社会环境看，毛泽东生于农村，与农民有天然联系，了解农民疾苦，这些使他得以透视中国社会结构的性质和状况，成为他准确把握中国革命特点的重要条件。就个人特质看，毛泽东博览群书，悟性极强，对古今中外尤其是中国古代文化和马克思主义情有独钟。就个人性格看，毛泽东性格狂放，既具有远大抱负、坚强意志、无畏勇气，又生性叛逆，对一切规范性、强制性的东西具有强烈的反抗意识。② 上述分析，为人们全面认识毛泽东及其哲学提供了更为立体的视角。（4）更为关注国外学者的研究动态和研究成果。除了编辑出版国外学者的相关研究成果③，还有对国外研究成果的研究著述④问世。这些资料和研究

---

① 这方面的代表作，参见相关论文集。
② 毛泽东在湖南省第一师范学校就读时，主张自由读书，反对把自然科学列为必修课，不赞成学校的许多规则，从此便可见。（参见李鹏程：《毛泽东与中国文化》，94 页）
③ 如中共中央文献研究室《国外研究毛泽东思想资料》编辑组编译的《国外研究毛泽东思想资料选辑》（1~10 卷）（中央文献出版社，1993）、中共中央党史研究室第三室编译处编的《西方学者论毛泽东思想》（中共党史出版社，1993）。
④ 如赵永茂、李峰华、卢洁的《毛泽东哲学思想研究在国外》（中共中央党校出版社，1993），张广信和马启民的《国外毛泽东思想研究评析》（陕西人民教育出版社，1993）等。

第三章　复苏与特色：20 世纪 90 年代的中俄哲学

成果，为学界从更广阔的文化视野认识毛泽东哲学提供了研究资料和开放的视域。（5）整体性研究的继续。包括毛泽东哲学发展史的研究①、毛泽东哲学的逻辑思想研究②、毛泽东思想的理论体系研究③，等等。

上述更为全面深入的毛泽东哲学研究，使 20 世纪 90 年代中国化的马克思主义研究进入了更为深入和具体的阶段。

邓小平哲学思想研究。20 世纪 90 年代，中国学界对邓小平理论的研究进入了一个新的高潮时期。乘着邓小平 1992 年"南方谈话"的东风，基于邓小平对"什么是社会主义？"和"怎样建设社会主义？"的更为清楚的回答，党的十四大整合和概括了中国特色社会主义理论体系④，通过更为广泛和集中地探讨社会主义的发展道路、发展阶段、根本任务、发展动力、外部条件、政治保证、战略步骤、领导力量、依靠力量、祖国统一有关中国特色社会主义建设中十个至关重要的问题，进一步发掘了邓小平理论中蕴含的哲学思想。（1）辩证唯物论。将"实事求是"作为党的思想路线的核心，既充分体现了马克思主义哲学的根本观点，根本方法⑤，又是对毛泽东哲学"精髓"⑥的继承。在此基础上提出的"一切从实际出发，理论联系实际，坚持实践是检验真

---

① 如庄福龄主编的《毛泽东哲学思想史》（第 1~2 卷，江西人民出版社，1990；第 3 卷，1991）。

② 如孙显元的《毛泽东辩证逻辑思想》（中国科学技术大学出版社，1993）。

③ 如邵华泽、金羽主编的"毛泽东研究丛书"（浙江人民出版社，1993），包括《毛泽东：走向马克思主义》《毛泽东与中国共产党的建设》《毛泽东的创举——人民民主专政》《毛泽东教育思想研究》《毛泽东农民问题理论研究》《毛泽东对社会主义建设道路的探索》《毛泽东军事思想研究》《国外毛泽东研究述评》。

④ 党的十四大以后，中国特色社会主义理论体系获得了进一步发展，1993 年 11 月 2 日—1994 年 11 月 2 日，中共中央文献编辑委员会修订增补了《邓小平文选》前两卷，并按照第 1 卷、第 2 卷的顺序再版，同时出版了《邓小平文选》第 3 卷。为适应深入研究邓小平理论的需要，全国各地成立了邓小平理论研究中心。1994 年，在中共中央党校、国家教委、中国社会科学院、国防大学、上海社会科学院都成立了邓小平理论研究基地。2000 年在广东、2001 年在北京，又分别成立了邓小平理论研究基地。1993 年在上海、1994 年和 1995 年在北京，召开了三次全国性的邓小平理论研讨会。据不完全统计，五大基地在 20 世纪 90 年代，完成科研项目 126 项，出版著作 350 余部，撰写论文 1 000 余篇，召开学术研讨会 100 余次，形成研究报告 220 余篇。（参见吕贵、袁秉达主编：《新中国发展与马克思主义中国化》，76 页，上海，上海人民出版社，2009）

⑤ 参见《邓小平文选》，2 版，第 2 卷，118 页。

⑥ 同上书，126 页。

理的标准"①等,都是对这一辩证唯物论的具体化。(2) 唯物辩证法。将"解放思想"作为改革开放和中国特色社会主义建设的基本精神,充分体现了马克思主义哲学辩证发展的基本观点。以此为基点提出的"实事求是与解放思想""一个中心,两个基本点""两手抓,两手都要硬""对内搞活,对外开放""不争论""社会主义有市场,资本主义有计划""一国两制""和平和发展"等,都是这一唯物辩证法思想的生动体现。(3) 唯物辩证的认识论。既将"初级阶段的社会主义"视为中国特色社会主义的现实起点,又肯定"人是生产力中最活跃的因素"②,充分体现了马克思主义哲学将客观现实性与主体能动性相结合的唯物辩证认识论。以"初级阶段的社会主义"为中心提出,从中国"历史的"③"现实的"④"动态的"⑤ 实际出发认识中国的国情的观点,中国特色社会主义建设是否成功取决于亿万人民群众的参与及其两个能动性的发挥⑥的观点等,都是这一唯物辩证认识论的直接表达。(4) 以人民利益为根本的唯物辩证历史观。既将"发展生产力"视为社会主义的原则,从而将人民的利益、愿望、要求的满足奠立于客观物质条件上,又将解放生产力和发展生产力的最终目的归结为满足人民日益增长的物质文化需要,充分体现了马克思主义哲学历史观的科学性与人文性相统一的内蕴。以此为基点提出的精神文明建设(根本任务是提高人的素质,目的是培养"四有"新人)依赖于物质文明建设,经济发展的动力和源泉是人的价值追求及其活动的展示⑦,物

---

① 参见《邓小平文选》,2 版,第 2 卷,278 页。
② 同上书,88 页。
③ 既是文明古国,又是自然经济广泛存在和封建专制根深蒂固的国家。
④ 经济上既地大物博,又底子薄、人口多、耕地少(参见《邓小平文选》,2 版,第 2 卷,163~164 页);政治上既是社会主义,又广泛存在"官僚主义""权力过分集中""家长制作风""干部领导职务终身制"(同上书,327 页);思想文化上既有革命战争年代培育的理想和道德,又有资本主义和封建主义的流毒。(参见上书,335~338 页)
⑤ "中国的发展离不开世界",因此,"在坚持自力更生的基础上,还需要对外开放"(《邓小平文选》,第 3 卷,78 页,北京,人民出版社,1994)。
⑥ 认识的能动性包括:将思想从唯书、唯上、唯心的框架中解放出来;树立信心,看到"我们的国家是有希望的"(同上书,161 页);发现机遇;发挥思维的创造性。实践的能动性包括:勇于实践,勤于探索,"靠自己努力,靠不断总结经验,坚定地前进"(同上书,118 页);"抓住时机,推进改革"(同上书,131 页)。
⑦ 邓小平十分强调,形成和推动社会主义现代化建设的强大力量,以及顺利地完成社会主义现代化建设各项任务的关键在于,"党只有紧紧地依靠群众,密切地联系群众,随时听取群众的呼声,了解群众的情绪,代表群众的利益"(《邓小平文选》,2 版,第 2 卷,342 页)。

第三章　复苏与特色：20 世纪 90 年代的中俄哲学

质文明建设的顺利进行离不开精神文明建设，两个文明建设的最终目的是人和社会的全面协调发展，以及"三个有利于"的判断标准等观点，都是这一唯物辩证历史观的生动写照。

邓小平理论中蕴含的唯物论、辩证法、认识论、历史观，既是邓小平哲学思想的证明，也是马克思主义哲学中国化在当代中国最直接的体现。

（二）研究方法的借鉴

20 世纪 90 年代的中国马克思主义哲学界，在继续反思先前惯用的"原理＋例证＋政策辩护"论证方式的同时，开始在马克思主义哲学研究中，运用或融入一些当代西方哲学和人文社会科学的研究方法。

其一，借鉴现代西方哲学的方法，研究马克思主义哲学。借鉴 20 世纪初流行于英美的分析哲学方法（即要求所讨论的哲学概念和命题必须具有明晰性，必须在确定其基本含义的基础上进行合理的逻辑论证方法），对马克思主义哲学原理中一些最基本的概念和命题，如物质、精神、人、文化、哲学的出发点、实践唯物主义等，做出比较严格的界定，以便讨论、研究能够深入进行。

其二，借鉴当代西方哲学中流行的诠释学方法（即将所理解的对象，置于"前有"①"前见"②"前设"③ 中的方法），力图将对马克思主义哲学原理的理解，在置于经典作家的著作、手稿、书信中，打破对马克思主义哲学绝对、僵化、凝固的理解模式，力图通过对马克思文本的多元解读，深化对马克思主义哲学的理解。

其三，借鉴现代西方心理学的发生学方法（即从过程性角度理解任何理论、学科，从它们的史前史开始进行考察的方法），在对马克思主义哲学史的研究中，开始注重其哲学的史前史，如对其理论来源的研究就追溯到了近代的法国唯物论、启蒙思想、唯物唯理论，并在串联马克思哲学的早、中、晚期理论逻辑的同时，将马克思主义哲学的历史拓展到现代和当代，在历史的纵向线索中考察马克思主义哲学与各个时代的关系。

---

① 社会环境、历史景观、文化背景、传统观念、物质条件。
② 由于人们的成见，因而任何被理解的事物都只是具有多种多样的可能性。
③ 理解之前必有假设。

其四，借鉴现代西方精神分析学的分析方法（即重视欲望、需要、本能等心理无意识因素对人的认识活动、心理机制的作用的方法），在马克思主义哲学原理的研究中，开始关注非理性因素对人的认识的作用问题，以专门章节探讨了情感、意志（包括动机、欲望、信念、信仰、习惯、本能、需要等）等非理性因素，以及幻想、想象、直觉、灵感等以非逻辑形式出现的非理性因素在人的认识中的作用。

其五，借鉴当代西方自然科学研究中的系统论方法（即从相互联系、相互作用的整体性视角考察事物的方法），开始注重从马克思主义哲学产生发展的时代环境与不同阶段理论发展轨迹的相互呼应中，从马克思主义哲学的每一个理论和观点与其他理论、与整个理论体系的关系中，从马克思主义哲学与西方哲学和西方文化的关系，从马克思主义哲学的不同流派与马克思主义哲学创始人的理论关联度、理论同异中，考察马克思主义哲学的一些基本理论、基本观点。

除此之外，学界在采用现当代西方哲学、西方文化的研究方法的同时，还致力于将反思与批判、结构分析与过程分析、阐述与评论、逻辑与历史相结合，从而使这一阶段马克思主义哲学研究，在突破限于概念、范畴的纯思辨争论中，获得研究的新方向、新路径。

综上所述，20世纪90年代的中国马克思主义哲学，一方面，在构建"哲学体系"的必要与可能的争论、马克思哲学理念的重新审视等"问题意识"的引领下，实现了研究指向由"体系意识"向"问题意识"的转变、研究内容由"体系构建"向应用哲学的转变、研究传统由"纯科学"向"人文化"的转变，从而改变了研究范式，拓展了研究视域，深化了研究内容。另一方面，上述研究新景象和新成果的出现，又在为21世纪中国马克思主义哲学的深化奠定基础的同时，提出了如何深入认识马克思哲学的革命及其当代价值，如何深化以及以何种更为合理的方式来解读马克思文本，如何通过中、西、马哲学之间的对话，推动马克思主义哲学的民族化与世界化，如何通过推进马克思主义哲学的中国化来构建马克思主义哲学的当代中国形态，如何实现理论研究的思辨性与实践探寻的现实性之间的有效平衡等，关乎马克思主义哲学深入推进的问题。就此而言，20世纪90年代的中国马克思主义哲学处于"承上启下"的过渡阶段。

第三章 复苏与特色：20世纪90年代的中俄哲学

第三节 俄罗斯哲学与中国马克思主义哲学的比较

20世纪的最后10年，俄罗斯和中国都处于社会转型中。虽然两者的转型方向、转变速度有所不同，但追赶世界现代化的目标却是相同的。目标的实现需要理论先导，因此，两国最终都没有放弃对"黄昏起飞的猫头鹰"（黑格尔语）——哲学——的研究。

20世纪80年代末90年代初的苏东剧变，对20世纪90年代中期前后俄罗斯哲学和中国马克思主义哲学的"复兴"路径走向的选择，无疑产生了深远的影响。从20世纪80年代中期前后两国学界对哲学或弃或留、深浅不一的"反思"，到20世纪90年代中期前后两国学界对哲学或全方位、或多领域的"复兴"，当代俄罗斯哲学与当代中国马克思主义哲学的研究，无论在指导思想、范式方法上，还是在研究层次、研究生态上，都仍然既有相似处，又有不同点。

一、抛弃与需要：指导思想之异

20世纪90年代，无论对渴望走出社会混乱、重振昔日辉煌的俄罗斯，还是对希望通过中国特色社会主义建设实现民族伟大复兴的中国，都是极为关键的阶段。"重振"与"复兴"需要强大的精神动力，需要相应的意识形态支撑①，而这一切都离不开理论基础的探讨，离不开哲学的理论思维。于是，对哲学的理论价值、社会功能的重新认识，使这一阶段的俄罗斯与中国对哲学研究的兴趣较之20世纪80年代末90年代初，似乎更浓了。②

然而，重视哲学研究与研究中是否需要以及需要怎样的"指导思想"，却不是一回事。正是在这个问题上，20世纪90年代中期前后的俄罗斯哲学与中国马克思主义哲学之间有着不同的价值取向。

---

① 此时的中俄学界都因反思先前的政治化意识形态对民族精神的控制而对这一术语多有贬斥，多取厌弃之态，如中国学界就一度流行学术研究应当"疏远政治、淡化意识形态"的说法。

② 如前所述，虽然整个俄罗斯社会一度反感哲学，但其矛头所指是马克思主义哲学而非整个哲学。对于俄罗斯传统哲学、宗教哲学、西方哲学，俄罗斯学界不仅不反感，而且青睐有加。

比较研究：当代俄罗斯哲学与中国马克思主义哲学

与整个国家放弃社会主义制度、放弃马克思主义的国家意识形态指导地位相应[①]，俄罗斯哲学主张，哲学是思想的自由思考，清除马克思主义意识形态对哲学的"独裁、专制"，恢复哲学研究的自由。而"自由"的前提便是，不以任何理论为其理论引领。于是，俄罗斯学界在"'没有自由就没有科学'[②]，也就没有哲学"的口号下，强调科学、道德、艺术、文化在深层的和多方面的接触中多元共存的必要性，认为在当今这个时代，"哲学已经成为哲学家们自己的'事情'（'事业'或'工作'）"，因此，哲学家出于什么立场、持有何种观点、运用何种方法去研究何种课题，发表什么作品，出版什么杂志，应当"全由自己做主"[③]，无须也不必听命于任何权威。由此，在学术研究中，俄罗斯哲人拒斥以任何统一的意识形态和观点作为审视、评价、规定、划分哲学之是非、正误、对错、真谬、功过的唯一标准，反对以任何统一的计划、指令、目标来规定哲学研究的内容、范围，反对以任何特定的方法、模式来限定或套用哲学研究的课题、领域，这成为理论研究的通则。无"任何禁区"的理论环境，在为俄罗斯哲学进入自由状态、为俄罗斯哲学涉足更广泛的研究领域提供保证的同时，也为俄罗斯哲人选取何种观点进行哲学研究提供了便利。纵观这一阶段的俄罗斯哲学，不难发现其中各种西方哲学和自然科学观念（唯理主义、实证主义、唯意志主义、经验主义、理性主义、非理性主义、自然主义、人本主义、科学主义等）的混合与交织，以及近现代西方政治学（自由主义、权威主义、理想主义、激进主义、保守主义）、经济学、社会学的理论和观念的渗透。对指导思想的"抛弃"，还通过俄罗斯的高等教育体现出来。当时，俄罗斯当局对高校编写哲学教材的唯一要求就是，只要不违背教育部颁布的"基本标准"，编写者可以完全按照自己的立场、观点进行

[①] 1993年，俄罗斯首任总统叶利钦当政时，国家就通过了俄罗斯新宪法，明确"宪法以国家根本法的形式限制了统一性意识形态的存在，这就意味着俄罗斯文化政策的'非意识形态化'得到了法律肯定，俄罗斯的文化自由与民主发展获得了法律保障"。普京在《千年之交的俄罗斯》的新年致辞中，关于"民主的俄罗斯不应该有强制性公民意见的一致，反对恢复任何形式的国家官方意识形态"之说，更是"明确表明了国家同思想专制主义彻底决裂的政策态度"（陆南泉等主编：《苏东剧变之后：对119个问题的思考》上，451页）。

[②] 文华：《俄罗斯的社会科学及其问题》，载《国外社会科学》，1999（3）。

[③] 贾泽林：《20世纪与苏俄哲学》，载《国外社会科学》，1999（4）。

第三章　复苏与特色：20世纪90年代的中俄哲学

取舍，而无须有关部门的审查认可。

这样，在整个20世纪90年代，处于"无序与有序"交织中的俄罗斯哲学，便以哲学研究的"自由"否定了哲学研究中指导思想存在的必要性、可能性及价值。然而，对俄罗斯哲学而言，以"自由"为核心的哲学研究，本身就是对这一观念作为哲学研究理论导向的承认。只是它不再以一种具体的形式（如官方行政命令下的苏联哲学）而是以一种抽象的方式呈现。就此而言，俄罗斯哲学对研究之指导思想的否定，只是一种形式上而非实质上的否定。它没有也不可能彻底否定和抛弃哲学研究的理论导向。

与中国坚持马克思主义的理论指导和社会主义制度相应，20世纪90年代的中国马克思主义哲学研究，通过总结苏联哲学"终结"、俄罗斯哲学"乱象"的教训①，通过吸取自己既往哲学研究的教训②，对"哲学为何？""哲学何为？"有了更为明晰的认识。（1）关于哲学的学术性与导向性的关系。一方面，指出必须看到哲学作为智慧的结晶是对丰富多彩的社会现象、本质的概括，既有其内容、形式、风格、个性的多样性，又有其范围、层次、方法、范式的独特性，因而具有极强的学术性。哲学的学术性决定了它应当是心灵的自由思考，其生命在于思想的自由。马克思主义哲学研究同样应当秉承学术研究的民主性、自由度，并以此作为防止哲学再度沦为政治"仆役"或"婢女"的保障。在这个问题上，必须反对以"指导思想的统一性"为名，行个人意志的强制、行政权威的垄断之实的做法。另一方面，指出必须承认哲学作为一种意识形式，在反映和捕捉现实问题中所具有的整合现实、指导现实的作用。马克思主义的确因苏东剧变而遭遇了世界范围内的危机，但根源不在于马克思主义而在于错误地对待马克思主义、在于没有将马克思主义与本国实践有机结合。中国作为社会主义国家，无论坚持社会主义道路、党的领导，还是进行改革开放，从事社会主义市场经济建设、政治民主建设和政治体制改革，都需要统一的理论指导。马克思主义哲学要

---

① 由苏联哲学的过度政治化、意识形态化、唯上性，而走向完全抛弃马克思主义哲学理论指导之路。

② 因颠倒哲学与政治、经济、具体学科的关系，因混淆哲学自身的客观反映与理论先导、科学性与人文性、意识形态性与学术性、功能性与价值性、理论性与现实性等的关系，而导致的马克思主义哲学理论彻底性的丧失、理论指导性的滥用、理论学术性的蜕化、理论现实性的缺失。

成为"真正的哲学",成为自己时代的声音、自己时代精神的精华,其生命力、价值和使命在于将理论付诸实践并指导实践,同时在实践中得到检验和获得升华。马克思主义哲学指导中国实践的第一步便是,必须在中国马克思主义哲学的研究中坚持理论的导向性。(2)关于哲学的反思批判性与价值性的关系。一方面,指出哲学作为时代精神的反思,在对现实事物的肯定理解中包含着对它的否定理解,要求在反思中超越现实。哲学的这种反思批判性决定了,它作为现实问题的"啄木鸟"和"捕猎手",需要宽松的学术氛围和开放的学术环境。这一切同样离不开学术研究的民主与自由,这是防止哲学沦为文过饰非的"鹦鹉哲学"或回避现实的"鸵鸟哲学"的保障。在这个问题上,必须反对以"指导思想的统一性"为名,行逃避研究现实问题甚至掩盖现实问题之实的做法。另一方面,承认哲学作为一种意识形态,在现实中总是具有一定的价值取向,即为一定阶级、集团的利益服务,有维护本阶级的意识形态、反对和批判对立阶级的意识形态的责任。作为无产阶级和人类解放"头脑"的马克思主义哲学,其产生、存在的历史与现状决定了它的命运和宗旨。中国作为社会主义国家,其建设目标决定了,它的哲学必须以广大民众的根本利益为出发点并反映与代表其愿望和要求。因此,无论从马克思主义哲学理论的生存发展看,还是从中国特色社会主义建设的实践看,中国的马克思主义哲学理论研究都应当坚持马克思主义的价值导向。

通过一系列与中国现实问题密切相关的理论研究来重新思考和审视马克思主义哲学的既有理论,通过与西方马克思主义的对话和交流,20世纪90年代的中国马克思主义哲学研究在马克思主义哲学研究的传统领域、在马克思主义哲学与中国现实相结合的应用哲学领域、在马克思文本解读的深化中、在马克思主义哲学研究范式与研究方法的转换中,基本坚持了马克思主义哲学的理论内核。

当然,在肯定20世纪90年代中国马克思主义哲学"基本坚持了马克思主义哲学的理论内核"的同时,也必须看到这一时期的学界出现了通过西方马克思主义的通道,吸取与运用西方哲学和西方文化的研究范式、研究方法,而"平权地解读"[①] 马克思哲学的现象。千人千面的解

[①] 有学者归结为:实践哲学解读范式、生存论哲学解读范式、历史哲学解读范式、文化哲学解读范式、生活哲学解读范式、中国化哲学解读范式。(参见孙亮:《马克思主义哲学研究范式:一个批判性建构》,20页,北京,知识产权出版社,2013)

第三章　复苏与特色：20世纪90年代的中俄哲学

读模式和理解结论，不可避免地产生了对马克思主义哲学理论内核和理论本质的质疑。"质疑"既推进、拓展和深化了中国马克思主义哲学的研究，又在一定程度上削弱、消解了马克思主义哲学的引领地位和影响力。

20世纪90年代中期前后的俄罗斯哲学与中国马克思主义哲学，都在继反思哲学功能后，重视哲学尤其是应用哲学的研究。但是，在"重视"中，是需要还是不需要、是接受还是拒绝哲学研究的理论指导，两者却有着截然不同的取舍。

二、表象与实质：研究生态之同异

与苏联解体之初的俄罗斯哲学和20世纪80年代的中国马克思主义哲学，其研究生态在总体上仍然显得相对"萧条"相比，20世纪90年代中期以后，无论重新引起官方重视的俄罗斯哲学还是继续获得国家财政扶持的中国马克思主义哲学，其研究生态都呈现出繁荣景象。

（一）社会意识形态之同异

无论俄罗斯哲学还是中国马克思主义哲学，都在试图为社会转型和国家发展寻求精神支柱、提供智力支撑的追寻过程中，形成了占主导地位的社会意识形态。

尽管如此，两国的哲学研究锁定的"精神支柱"对象却不相同。在俄罗斯哲学研究中，俄罗斯学界对宗教哲学能否成为引领俄罗斯之轮驶向现代化的航标仍然存在争议，但是社会需要、上层欣赏、百姓追捧、学界热衷却使它在成为20世纪90年代中期前后俄罗斯哲学研究热点的同时，也成为对俄罗斯社会产生巨大影响的隐形社会意识形态。在中国马克思主义哲学研究中，改革开放的深入和邓小平"南方谈话"后，学术研究的环境和氛围显得更为宽松，但是中国是坚持马克思主义理论、社会主义制度、共产党领导的国家，这决定了中国马克思主义哲学研究丰富多彩的"底色"和经纬纵横的"基线"仍然是马克思主义，而马克思主义也仍然是中国特色社会主义的理论。因此，与俄罗斯学界动辄向社会"自由地"传播学术观点不同，中国马克思主义哲学研究的学术自由主要限于学界内部的探讨和争论，对相关思想观点向社会扩散却是相当慎重的。

这一研究中的差异在表明各自仍然需要社会意识形态的同时，也表明各自哲学研究中对"国家意识"的看重。

（二）研究观念与研究重心之同异

无论俄罗斯哲学还是中国马克思主义哲学，都在与西方哲学、文明、文化的交流碰撞中，发生或实现了哲学观念由科学理性向人文价值性的转变。俄罗斯哲学的转变尽管始于苏联时期，但彻底转变仍然是在20世纪90年代中期以后。中国马克思主义哲学尽管并没有抛弃科学理性，但却在研究中更多地融入了人文价值性的东西。两国对人的哲学研究的极大热情，更是充分显示了各自研究观念与研究重心的转移。

尽管如此，两国哲学研究中向西方哲学和西方文明借鉴、吸取的内容却不尽相同。俄罗斯哲学除了借鉴、吸取、接受西方哲学和西方文化的研究方法、分析逻辑，还有对西方的政治文化、价值观念，尤其是对西方的政治哲学、政治学兴趣浓厚，对西方的新自由主义、新权威主义、制度学派推崇有加。中国马克思主义哲学对西方哲学和西方文化的吸取主要是其方法，对西方哲学观念的推崇也主要限于西方马克思主义。关于西方的政治哲学和政治学，只有一些零星的研究，尚未正式介入，谈不上具有影响的研究成果。

这一研究中的差异在表明两国哲学对西方传统价值观自由、民主、平等、人权、博爱等吸取的不同程度的同时，也表明各自哲学研究中"全球意识"凸显指向的差异。

（三）对自身传统研究之同异

无论俄罗斯哲学还是中国马克思主义哲学，都在正视全球化、东西方文明和文化的冲突中，强调吸取各自传统文化以夯实其哲学基础的重要性，并将研究目光聚焦于能够充分体现自身传统的相关研究领域。

尽管如此，两国的哲学研究向传统文化回归的内容却有所不同。俄罗斯哲学继20世纪80年代的"宗教热"后，90年代掀起了宗教哲学、传统哲学的研究热潮，以及与之相应的文化哲学研究。中国继20世纪80年代的主要集中于中西文化比较研究的"文化热"后，90年代又兴起了"传统文化热"和"国学复兴热"，并在马克思主义哲学领域展开与之相应的文化哲学研究。但是，与俄罗斯的宗教哲学、传统哲学更广更深地介入和渗透民众心理、社会生活不同的是，这一阶段的中国传统文化还未对中国的马克思主义哲学研究形成较多的渗透，或者说，中国的马克思主义哲学还多少游离于中国传统哲学之外。

这一研究的差异在表明两国哲学在致力于恢复历史文化传统的真相，以重振和提升民族文化的地位、民族自信心和自豪感的同时，也表明各自哲学研究中"文化意识"复苏程度的差异。

（四）应用哲学、部门哲学研究之同异

无论俄罗斯哲学还是中国马克思主义哲学，都在面对社会的现实问题，在质疑"纯哲学""学院哲学"的存在价值中，对应用哲学、部门哲学、跨学科哲学产生了兴趣，并使研究富有成效。

尽管如此，两国应用哲学、部门哲学的研究范围却有所不同。俄罗斯哲学的研究触角已经涉及经济、管理、政治、法律、历史、自然科学、艺术、宗教、教育、心理、体育等几乎所有的社会生活领域。中国的马克思主义哲学研究，受学科之限，其研究领域不似俄罗斯哲学那般广泛，虽然也已经广泛介入社会生活的不同领域，但比较专业的领域如教育、管理、自然科学、宗教，尤其那些与意识形态有着直接联系的领域如政治领域、法律领域，涉及仍然相对有限。

这一研究的差异在表明两国哲学致力于实现哲学与现实的关照、理论与实践连接的同时，也表明各自哲学研究中"现实意识"勃兴范围的差异。

（五）历史哲学研究之同异

无论俄罗斯哲学还是中国马克思主义哲学，都在思考自己民族、国家的"过去与未来"，寻求重振雄风或走向辉煌的方向和路径中，将目光投向了历史哲学。

尽管如此，两国历史哲学的研究内容却有所不同。在俄罗斯哲学中，这一寻求的结果是传统的"俄罗斯思想"重新受到学界乃至整个社会的青睐，并在研究中注入了现代化、现代性、后现代性的时代元素，以便为制定"新俄罗斯思想"服务。在中国马克思主义哲学中，这一寻求则立足马克思的历史科学，尤其是马克思的晚年思想，围绕中国特色社会主义的理论与实践展开。

这一研究的差异在表明两国哲学力图将民族、国家的历史与现实对接的同时，也表明各自哲学研究中"自我意识"的萌动。

（六）繁荣领域、繁荣程度之同异

因其社会转型的急速变化，20世纪90年代初的俄罗斯哲学处于"贫困"与"繁荣"的交织状态。经历和饱尝了20世纪80年代末以来的社会动荡，以及官方离弃、经济窘境、民众漠视、社会厌弃，俄罗斯学界一度陷入了空前的"贫困"。20世纪90年代中期以后，自谋生路的俄罗斯哲学，在从或激愤讨伐（苏联哲学、马克思主义哲学）或热情追捧（西方哲学、宗教哲学）的两极回归理性思考和冷静审视之时，通过对哲学之属性、功能、地位、形态、本质等的重新认识（虽然这种认识仍然处于更为深重的矛盾与纠结中），开始了哲学的复苏和重建。其复苏和重建致力于从两个方面展开：一方面，扩大和深化苏联哲学原有的研究范围，如按照西方的哲学学科分类，将苏联哲学的传统内容辩证唯物主义和历史唯物主义改为本体论、认识论、社会学等，并继续研究苏联哲学曾关注的人的哲学、科学哲学、生态哲学、价值哲学、文化哲学。另一方面，开辟出新的研究领域并形成了一些新的研究热点：（1）恢复对苏联时期一直回避和拒绝研究的俄罗斯哲学遗产的研究，集中探讨了俄罗斯传统哲学尤其是俄罗斯宗教哲学；（2）对现代西方哲学最新研究成果的重视和翻译、介绍；（3）致力于探索哲学通往现实的中介，寻求哲学与其他具体的人文社会科学的结合点，倾向于应用哲学的研究，集中探讨了哲学与社会学、教育学、历史学、心理学、政治学、经济学等学科的关系，由此产生了社会哲学、教育哲学、历史哲学、心理哲学、政治哲学、经济哲学等新的研究领域。这样，20世纪90年代中期以后的俄罗斯哲学，在改变苏联哲学原有框架的基础上，通过拓展新的研究领域，无论在研究范围上还是在研究内容上，都改变了20世纪80年代末90年代初的贫困状况而呈现出繁荣景象。

然而，这一阶段的俄罗斯哲学仍然没有摆脱经济窘境以及整个社会对哲学的冷淡，因此，尽管其研究生态"看起来很美"，但繁荣的表面仍然难掩"贫困"的实质。

因其社会转型的平稳过渡，20世纪90年代的中国马克思主义哲学虽然一度陷于"危机"之争，但这种"哲学危机"只是"纯哲学"和"学院哲学"的危机。在国家财政的大力扶持下，中国马克思主义哲学不仅有对既有理论的深入挖掘和阐释，还有对哲学体系构建的清醒认识，在哲学基础理论方面向哲学观层次的跃升，而且开始形成哲学研究的学术性与现实性的"双重自觉"意识，即在反思和纠正20世纪80年代哲学研究的空疏浮泛、空洞抽象的总体性建构中产生出浓厚的"问题意识"。其直接所指便是，研究视角开始由"重国外问题"向"重中国问题"转变,即开始摆脱单纯依靠引证西方哲学和西方文化的理论成果来界说中国现实问题的理论局限,而从哲学层面思考和研究中国特色社会主义建设中的重大现实问题和理论问题。以"问题意识"为引领,中国马克思主义哲学还通过开拓出一些跨学科、跨领域的研究领域,在应用哲学、部门哲学的研究中,产生了一些个性化、专门化的研究。通过这类研究,使马克思主义哲学的一般理论与具体学科更有效地结合起来,使它既在吸取具体学科的发展成果中推进自身,又为及时分析和解答中国特色社会主义实践中的难题提供了理论引领。通过这类研究,马克思主义哲学的一般理论借助一定的民族风格、民族形式,甚至哲学家的个性色彩得以体现。它既为民众理解哲学提供了简明清晰、喜闻乐见的形式,又为推进马克思主义哲学的民族化、大众化提供了形式和路径。

这样,中国马克思主义哲学的研究开始沿着学理与问题、学术性与现实性的互动方向稳步推进。理论层次的深化与现实问题的互动,使20世纪90年代的中国马克思主义哲学,在"贫困"的表象背后,显示出实质的繁荣。

三、西化与融合:研究方法之同异

无论对俄罗斯还是对中国而言,20世纪90年代中期前后都是向西方哲学和西方文化敞开大门的时期,也是两国哲学接受西方哲学和西方文化的研究方法并将之运用于本国哲学研究的时期。然而,这种"接受"在俄罗斯哲学与中国马克思主义哲学之间却有着差异。

对俄罗斯哲学而言,丢弃"理论引领"意味着哲学研究的方法将不再受某种模式化、单一化的方法束缚或局限,而是在自由选择的基础上,通过吸取各国哲学的研究方法,变哲学的单面为立体,变哲学的"冰雪面孔"为"春风和煦"。于是,在抛弃苏联哲学传统认识方法即辩证法中,俄罗斯哲学研究运用了近现代西方哲学中分析哲学、释义学、语言哲学、现象学、存在主义、生命哲学、内在论、实证论、逻辑实证主义等各种方法,运用了俄罗斯传统哲学、宗教哲学、东方哲学中,包括直觉法、顿悟法、直观主义、非理性主义等在内的各种方法,其研究异彩纷呈。

20世纪90年代更为开放的社会环境,虽然使中国马克思主义哲学界开始关注西方哲学和西方文化中分析哲学、诠释学、心理发生学、精神分析学、系统论等学科的研究方法，并在逐步感兴趣中尝试着将之运用于相关研究。然而，对马克思主义哲学理论引导的不离不弃又决定了，中国马克思主义哲学研究的主导方法仍然是马克思主义哲学的唯物辩证法。只是，在运用唯物辩证法的同时，又力图在其中融入近现代西方哲学和自然科学的方法，从而使这一阶段马克思主义哲学的研究方法呈现出两相"交叉""混合""嫁接"之态。

20 世纪 90 年代的俄罗斯哲学和中国马克思主义哲学都在试图吸取和运用域外哲学、域外文化的方法于自己的研究中，以使自己更深刻、更丰富、更开阔。然而，在"吸取"和"运用"中，对方法论对象的不同取舍却显示出两者之间有着"全盘的"还是"有所保留的"区别。

上述 20 世纪 90 年代俄罗斯哲学与中国马克思主义哲学在研究的指导思想、生态、方法上的同一与差异，既与两国的社会结构、社会制度的现实变化密切相关，也是两国文化观念、社会心理的现实反映。

总之，20 世纪 90 年代，对俄罗斯哲学与中国马克思主义哲学而言，都是承上启下的过渡阶段。摆脱了 20 世纪 80 年代末 90 年代初社会混乱无序的俄罗斯哲学，在 20 世纪 90 年代超越激情讨伐后的冷静反思中，开始了全面复苏的艰难历程，并在相关领域收获了成果。20 世纪 90 年代的中国马克思主义哲学，在继 20 世纪 80 年代反思教条主义哲学体系和模式的弊端，还原马克思主义哲学的真相中，反思了哲学介入现实的方式，并在"问题意识"和范式转换中开始了走向全面重构马克思主义哲学的道路。由此，俄罗斯哲学与中国马克思主义哲学为自己走向 21 世纪的坦途做好了准备。

第四章　复兴与自信：21世纪的中俄哲学

我们用"复兴"或"自信"分别指称进入21世纪的俄罗斯哲学和中国马克思主义哲学，并不意味着只能以这样两个术语来表述两国哲学的特征。相反，无论对俄罗斯哲学还是对中国马克思主义哲学而言，20世纪90年代的过渡时期，在提供给两国哲学更大反思空间的同时，也给予了两国哲学更多的发展材质和发展经验，从而使两国哲学在获得更大发展空间和发展前景的同时，呈现出明显的包容性和更为多元的特色。然而，两者这种兼具"包容"与"多元"的时代特质，又非半斤八两般平分秋色，而是各有侧重点。对21世纪的俄罗斯哲学而言，这种"包容"更多地体现为：在更为彻底地复兴传统与更为全面地面向西方的纠结中寻找"自我意识"，在寻找中发展为彻底的多元化。对21世纪中国马克思主义哲学而言，这种"包容"主要体现为：以"国家意识"为主导的全球意识、文化意识的全面觉醒，在觉醒中哲学发展的丰富多样化。

第一节　复兴与多元：21世纪的俄罗斯哲学

如前所述，20世纪90年代的俄罗斯哲学已经在研究视域、理论观点中呈现出明显的多元化态势。然而，作为一个"既前亦后""不前不后"的发展之国，"向何处去？"一直是俄罗斯人挥之不去的心结和梦魇。苏联解体后，一朝梦醒的俄罗斯人忽觉，自己历经近3个世纪而拼

比较研究：当代俄罗斯哲学与中国马克思主义哲学

命追赶的现代化竟然似又重归于无。强烈的民族受挫感在困扰俄罗斯哲人的同时，也促使他们将追赶现代化精神目标的寻求更专注于俄罗斯传统哲学，试图通过对它的改造来构建一种能够引领俄罗斯社会走向新生的精神力量。这就是俄罗斯哲学向传统的复兴。然而，复兴传统并不能彻底解决社会发展的方向问题。于是，形形色色的俄罗斯哲学在继20世纪90年代"多元化"之后，呈现出更令人目眩的景象。进入21世纪后，"哲学思想、观点、概念的繁衍以及由此应运而生的哲学学说的多元化，使得哲学思想的内涵不断丰富"①。由此，俄罗斯学界更加认可哲学研究的"多元"对推动和发展当代俄罗斯哲学的价值。

一、复兴与回归：21世纪俄罗斯哲学的价值取向

21世纪俄罗斯哲学复兴的典型表现是，在传统"欧亚主义"和"俄罗斯思想"的基础上，形成了"新欧亚主义"和"新俄罗斯思想"，以及不改初衷的宗教哲学研究热。它们是21世纪俄罗斯哲学的主要价值取向。

（一）新欧亚主义

"新欧亚主义"脱胎于俄罗斯传统的欧亚主义。

在谈到俄罗斯文化的独特性时，不少著名的俄国思想家都认为这与俄罗斯特殊的地理位置相关。П. Я. 恰达耶夫就曾感叹，俄国人虽然"生活在欧洲的东方"，但却"从来不曾属于东方。东方有东方的历史。其历史与我们的历史毫无共同之处"②；虽然生活在欧洲，但却"不属于西方"，"没有被人类的全球性教育所触及"，因此，俄国是"既无西方的传统，也无东方的传统"③ 的国家。Н. А. 别尔嘉耶夫则将东西方问题视为，既是俄国历史哲学中具有"中心意义"的问题，也是俄国思想家思考的永恒问题。④ Г. В. 普列汉诺夫也曾强调，俄国的历史和文化最重要的特点就是"仿佛动摇于东西方之间"⑤。正是特殊的地理位置导致了几百年来的俄国始终处于新旧文化之争的旋涡，处于东西方两种文化的夹缝中：既受到两种文化的影响，又未完全接受两种文化。俄

---

① Ойзерман Т. И. Амбивалентность философской критики//Вопросы философии.-2010.-No3.
② ［俄］恰达耶夫：《哲学书简》，刘文飞译，204页，北京，作家出版社，1998。
③ 同上书，33页。
④ 参见［俄］尼·别尔嘉耶夫：《俄罗斯思想：十九世纪末至二十世纪初俄罗斯思想的主要问题》，雷永生、邱守娟译，32页。
⑤ ［俄］戈·瓦·普列汉诺夫：《俄国社会思想史》，第1卷，孙静工译，14页。

第四章　复兴与自信：21世纪的中俄哲学

国历史上长期存在的西方主义和斯拉夫主义之争，不过是俄国的文化、民族个性、民族精神中，这一"亦东亦西"又"不东不西"双重特性的反映。这一双重特性在20世纪20年代的学理体现，便是欧亚主义。

传统欧亚主义的理论研究，范围涉及政治、历史、文学、哲学等多个社会生活领域。其理论核心是"我们是谁？""我们往何处去？"这两个历史哲学的基本问题。欧亚主义作为斯拉夫主义历史哲学传统的继承者，将自己的理论定位于俄国的历史进程与文化模式，希望通过对两者的准确定位和正确认识，为俄国社会找到符合自身特点的发展路径。其理论内容是，反对欧洲重心论，否定欧洲文化的全人类性和普世性，认为"欧洲文化不是某种绝对的东西，不是全人类的文化，而只是某个有限的和特定的种族学或人种学意义上的民族群体（他们拥有共同的历史）的创造物"[1]。因此，欧亚主义强调，俄罗斯历史文化的发源地、发展地在欧洲与亚洲之间。"是谁？"与"往何处去？"的历史哲学基本问题，在促使俄罗斯哲人比较俄罗斯与欧洲的历史、文化的异同，将理论研究重心置于探讨俄国的历史命运和文化特色的同时，也让他们形成了独具特色的"西方—俄罗斯—东方"的三维思考向度[2]，并得出了如下结论：俄罗斯文化是独立于欧洲与亚洲的欧亚洲文化，俄罗斯的发展道路无论过去和未来都是不同于欧洲与亚洲的独特道路。

欧亚主义在当代俄罗斯"卷土重来"并"吸引眼球"，直接源于社会的需要。尽管欧亚主义形成于20世纪20年代流亡欧洲的俄国侨民知识界，但其思想的广泛传播却始自苏联解体后的1992年。还在苏联解体之初，一些敏锐的知识分子便从当时社会甚嚣尘上的西化主义主张中觉察到全盘西化将给俄罗斯带来灾难，呼吁寻求符合俄罗斯国情的发展道路。这既源于全盘西化给20世纪90年代急于摆脱困境的俄罗斯人带来的强烈受挫感，又源于他们受挫后不得不再次面对"向西"还是"向东"的路径选择之惑。进入21世纪以后，俄罗斯学界在反思既往的经验教训中强调，过去对俄罗斯的历史定位具有矛盾性：仅从政治意识形

---

[1] Трубецкой Н. С. Европа и Человечество. -София.，1920. -С. 63.

[2] 欧亚主义的开山之作是 Н. С. 特鲁别茨科伊于1921年出版的小册子《欧洲与亚洲》，欧亚主义的代表作是十月革命前后流亡国外的俄罗斯知识分子撰写的《走向东方·预感与实现·欧亚主义者的主张》。(Савицкий П. Н. Исход к востоку Предчувствия и свершения. Утверждение евразийцев/П. П. Сувчинский, Н. С. Трубецкой, Г. В. Флоренский//Сборник статей четырех авторов. -София.，1921)

比较研究：当代俄罗斯哲学与中国马克思主义哲学

态价值观的角度（马克思主义和自由主义皆被赋予了价值观定位的广度与深度）给俄罗斯社会定位，"结果造成了20世纪俄罗斯悲剧的发生——意图克服俄罗斯文明在其历史进程中的地域根源"，为此，必须重视俄罗斯的地缘特殊性。对俄罗斯社会的正确历史定位则是，"人社会化的最高形式、人与其自身历史的集体属性的一种联络方式，将自身与主要价值观以及自身文化成果相认同的一种行为"①。这样，如同传统欧亚主义形成的实质在于"俄罗斯文化对俄国社会西方化倾向的反应"一样，新欧亚主义产生的实质仍然离不开"俄罗斯民族意识对俄罗斯所经历的灾难的创造性反应。在政治剧变的背后，年轻的学者在俄罗斯文化和西欧文化中看出了致病的根源"②。于是，借助时代契机，在重塑民族自信、重返强国的渴望中，引发了与欧美列强抗争70余年的"苏联遗民"的心理共鸣。于是，为俄罗斯民众提供一种自我认同感、为国家发展探寻新路径的"新欧亚主义"，便在成为部分知识分子关注对象的同时，引起了俄罗斯各个领域学者的关注。如今，经过20余年的发展，它逐渐成为历史哲学、政治哲学、文化哲学、社会哲学研究的显学，并通过对俄罗斯学术研究、社会文化的影响而受到政治家和一些政党的青睐，对其政治理念、国家政策、对外关系等都产生了重要影响。

"新欧亚主义"较之传统欧亚主义之"新"，在于对国家解体后社会内部西化的强烈反感而具有的诸多新特征。（1）理论特质上，更强的"自我意识"。它在继承传统欧亚主义的同时，又强调"俄罗斯是一个保留了自己特色的国家。俄罗斯社会是特殊的社会，既不像东方，也不像西方。但又吸取了东西方的文化"③的特点，更凸显了俄罗斯知识分子希望用俄罗斯文化中的传统特质、东方特质，在拒斥和对抗全盘西化中，寻求俄罗斯社会独特发展道路和发展模式的愿望与努力。（2）研究重点上，更强的时代性。它既注重反思传统欧亚主义的理论遗产，又强调结合当代俄罗斯社会现实和国际环境，探讨今日欧亚问题，以便发现、证明、阐释欧亚洲是一个具有统一性的文化世界和具有独特文明的

---

① Козин Н. Г. Идентификация. История. Человек//Вопросы философии. -2011. -No1.
② Новая философская энциклопедия: В4 томах. 2под ред. В. С. Степина. -М.：Мысль, 2001. -С. 11.
③ 曹特金：《俄罗斯学者谈新欧亚主义》，载《史学理论研究》，1999（4）。

第四章 复兴与自信：21世纪的中俄哲学

社会，并试图通过政治的、经济的、外交的、文化的各种途径将其付诸实践。（3）研究内容上，更广的理论视域。除了传统的历史哲学外，它还立足新的世界格局和当代俄罗斯的国家发展空间，研究地缘政治学、民族学、文明比较学的问题。然而，也正是由于政治倾向各异、构成者形形色色、研究者水平参差不齐，较之传统欧亚主义，新欧亚主义的理论又似乎显得更为模糊和不确定、更为杂乱和不成体系。（4）理论作用上，更突出强调民族团结的重要性。它不仅赞同传统欧亚主义的"影响论"（承认亚洲因素对俄罗斯社会的政治制度、历史传统、文化气质、民族精神的影响），而且基于苏联解体后各独联体国家与俄罗斯的关系、不同民族与俄罗斯人的关系，强调"俄罗斯又一次成为基督教世界与庞大的伊斯兰世界之间的前哨，而俄罗斯的平稳和安定（将来还可能是它的富足）在很大程度上取决于与后者的关系"[1]，力求与伊斯兰世界建立一种新的联系，强调俄罗斯不可能离开欧洲和亚洲这一巨大的领土和空间谈论所谓的"自救"问题，而是必须在承认这一基本事实的基础上，统一解决所有的大问题。由于它的纲领是一种可以成为俄罗斯社会"一切负责任的政治力量取得共识的特别地带"，所以它"可以使左派、右派、社会主义者和市场的拥护者为了国家的强盛而团结在一起"[2]，甚至团结不同种族、不同文化的人。因此，较之传统欧亚主义，它具有更大的实用性。（5）价值取向上，更浓郁的救世主义情结。它不仅继承了传统欧亚主义的救世主义思想，而且结合"世界历史大周期理论"[3]的提出，作为独特的欧亚主义国家，俄罗斯因自身文化的东方性[4]，将随着后工业社会的到来，随着现代文明让位于后现代文明的"历史发展周期"，而代表着人类历史的未来。它提出，"在现在刚刚展现出来的世界历史的新时期，俄罗斯的各种机会大大增加。在新时期，处于中心位置的不是经济人，而是把精神、文化和生态需要摆在第一位的后经济

---

[1] Кедров В. Двуглавый орел и полумесяц: враги или соседи?//Россия. -1991.
[2] А. Дутин Программа《Евразии》//Независимая газета. -2000. -No11.
[3] 康得拉杰夫提出了"历史是不同历史时期的循环交替"的历史大周期理论。（参见安启念：《俄罗斯向何处去：苏联解体后的俄罗斯哲学》，295页）
[4] 新欧亚主义者认为，在俄罗斯文化传统中，最全面、最纯洁的基督教信仰是东正教，它是欧亚洲宗教、文化、精神的共性之基，它在继续保持与天主教的尖锐对立的同时，与整个东方的多神教、佛教、伊斯兰教有着天然的亲近。（参见伍宇星：《欧亚主义：历史哲学研究》，209页）

人",而俄罗斯的"全部精神传统,正是当今时期的迫切需要,它导致前经济人与后经济人的相遇最早发生在俄罗斯,而俄罗斯因此也就在21世纪开始的时候,成为全球性转折的倡导者之一"①。

从"新欧亚主义"的相关理论中我们可以发现,力图"复兴"传统哲学的21世纪俄罗斯哲学并非简单地"新瓶装旧酒",而是在面向俄罗斯的现实与未来中倾注了更浓厚的国家、民族之"自我意识"。这种"自我意识"更为明显的体现便是"新俄罗斯思想"。

(二) 新俄罗斯思想

在俄罗斯300余年的历史进程中,"强国梦"一直是其不遗余力的追求目标。从18世纪的两次改革②而获得西欧文化的启蒙,国家由封闭落后的农业国进入欧洲海洋国家的行列,到19世纪初俄法战争打败"马背上的绝对精神"(黑格尔语)拿破仑,国家由欧洲仆从变为欧洲宪兵;从20世纪初十月革命的风暴洗礼,国家由封建军事帝国主义变为社会主义阵营的堡垒,到20世纪中叶抗击世界法西斯,国家由社会主义强国跃升为世界超级大国,此刻的俄罗斯,"强国梦"似已近在咫尺,唾手可得。然而,20世纪末的国家解体、制度剧变、社会混乱、民生凋敝,却让这一切戛然而止。现代化之路的坎坷艰难,使历经起伏跌宕的俄罗斯人在沉痛反思既往历史中重新萌发了"强国梦"。

于是,自20世纪90年代中期起直至进入21世纪,为了净化社会环境、有效团结俄罗斯人,更为了重振民族信心,以实现300余年的民族夙愿,俄罗斯当政者(先是1996年的叶利钦,后是新千年前夜的普京)一直要求学者在基于文化传统、民族性格、社会心理、价值共识的基础上,研究并确定适应俄罗斯社会变化的新"民族思想",即"新俄罗斯思想"。

如前所述,"俄罗斯思想"只是俄罗斯思想史上一个具有象征性意义的概念。但是,由于它表达了俄罗斯民族特有的思维方式和独特的历史道路,因此,尽管在"俄罗斯思想"的发展历程中,它的含义和相应的意识形态原则呈现出多样色彩并且不断变化,但其中蕴含的俄罗斯民族主义倾向、爱国主义意识却是其基色。因此,它才为21世纪的俄罗斯人唤起其民族意识、国家意识提供了精神要素,并在新的历史条件下被赋予时代特质,发展为"新俄罗斯思想"。

---

① Панарин А. С. Реванш истории. , М. , Логос, 1998. -С. 390.
② 18世纪初彼得大帝的改革,18世纪中叶卡捷琳娜二世的改革。

第四章 复兴与自信：21世纪的中俄哲学

所谓"新俄罗斯思想"，即俄罗斯进入21世纪后，普京要求用新思想占领意识形态空间，而为社会的发展方向确立的精神标识。对此，普京在21世纪前夜发表的《千年之交的俄罗斯》中做了明确阐释。(1) 在对待历史上，"新俄罗斯思想"摒弃了戈尔巴乔夫和叶利钦对俄罗斯特别是对苏联历史的虚无主义，将那种否定苏联的观点斥为"没心肝"，将那种"回到苏联"的主张斥为"无头脑"，认为苏联时期在某些领域取得了毋庸置疑的成就，否定这一点，将让俄罗人生活在一种感觉不到自己国家存在的状态中。(2) 在基本方向上，"新俄罗斯思想"总结了从苏联到当代俄罗斯90年发展的经验教训，提出俄罗斯要走向现代化强国，绝不能照搬别国模式，而只能探索自己的改革道路和寻找自己的发展模式，即"将市场经济和民主制的普遍原则与俄罗斯的现实有机地结合起来"的发展之路。(3) 在指导思想上，"新俄罗斯思想"虽然反对在俄罗斯恢复与建立任何由官方赞同和国家支持的"国家意识形态"，而强调精神自由化、思想多元化、政治民主化，但又强调出于国家富有成效的建设性工作的迫切需要，需要在基本阶层和主要政治力量中信奉统一的价值观或具有相同的思想倾向。(4) 在价值取向上，"新俄罗斯思想"强调全人类共同的价值观与俄罗斯的传统价值观、20世纪经过历史检验的价值观的结合，并力图将自由、民主等基本价值融入俄罗斯的民族文化传统以形成新的价值观念。但是，它同时又十分强调俄罗斯传统价值观对社会团结的极端重要性，并把为祖国、民族的历史与成就感到自豪的"爱国主义"视为新俄罗斯社会稳定的理论旗帜和人民创造力的源泉，把基于俄罗斯地缘政治、经济、文化的整体特征，以及由此决定其过去、现在、未来都是一个伟大国家，并研究和运用先进技术、保障人民高水平生活、树立国际形象的"强国意识"视为新俄罗斯经济繁荣的思想支柱和国策核心，把那种认为民主、法制、个人自由、政治自由与恢复国家权力并行不悖的"国家观念"视为新俄罗斯政治制度的基本理念和发展目标，把那种重视国家、社会、集体的传统习惯，强调社会需要共同信仰、全民需要共同奋斗目标的"社会团结"视为新俄罗斯政权稳固、社会稳定、民心凝聚的社会基石和重要力量。①

普京的上述"新俄罗斯思想"，无疑是在吸取俄罗斯传统的西方主

---

① 参见《普京文集——文章和讲话选集》，7~10页。

义、斯拉夫主义相关思想，尤其是在继承俄罗斯传统文化的基础上，将俄罗斯社会现实与世界发展潮流、时代特征相结合的产物。因此，无论它基于现实需要而对建立俄罗斯自己的发展模式、走俄罗斯自己的发展道路的强调，还是它基于国家政权、社会需要而要以新的价值理念填补社会精神真空，都是适应俄罗斯公众的大国情结和怀旧心理，顺应当代俄罗斯社会发展需要之举。

因此，"新俄罗斯思想"在表明俄罗斯社会的意识形态将更多地向传统回归的同时，也表明俄罗斯并没有抛弃统一的意识形态的纠缠。因为在"新俄罗斯思想"中，核心点和关键词仍然是"国家"。爱国主义、社会团结也好，强调传统观念也罢，在成为俄罗斯复兴"强国梦"之精神源泉的同时，都不过是以一种新的形式宣扬着一种新的国家意识形态。"新俄罗斯思想"同时还表明，进入21世纪的俄罗斯哲学多元化，将具有不同于20世纪90年代的特点，即多元的基本走向中，国家意识、自我意识的凸显，以及两者之间的并行不悖与相互映照。

（三）宗教哲学

普京将"新俄罗斯思想"的核心之一确定为"社会团结"，这就表明俄罗斯当政者在21世纪迫切需要一种新的理念或价值观来为民众确立共同信仰。于是，俄罗斯社会在21世纪继续将与俄罗斯历史有着千年密切联系的东正教[①]视为填补精神真空的工具，这导致21世纪俄罗斯哲学界对宗教哲学的热情持续升温。尽管这在很大程度上似乎出于哲学家的一厢情愿[②]，但21世纪俄罗斯的宗教哲学研究，在呈现为较之20世纪90年代的研究更为具体、更为深入的态势中，渴望继续充当隐形的社会意识形态工具和俄罗斯哲学复兴的桥头堡，这也是不争的事实。

20世纪90年代俄罗斯哲学研究向宗教哲学的回归，其研究范围主要限于出版和研究白银时代宗教哲学家的著作。与此不同，21世纪俄

[①] 在俄罗斯，正是东正教的确立，才使俄罗斯真正拥有了属于自己的文明。在这个过程中，彼得一世、叶卡捷琳娜二世、亚历山大二世等执政者，在使国家的精神追求、价值取向、发展方向朝欧洲国家靠拢的过程中，以"拿来主义"对待西欧文化，通过不断以俄罗斯的文化元素改造欧洲文化的舶来品而确立了其独特的文明模式。

[②] 进入21世纪以后，出于发展经济、国家现代化、公民社会建设等需要，俄罗斯社会以普京总统为代表的政治家、企业家及相当一部分民众，对注重科学理性和人的现世物质利益的西方实用主义、实证主义哲学推崇有加，厌弃和冷落了以道德说教为主的宗教唯心主义哲学。它被热捧主要限于俄罗斯哲学界和部分知识精英。

第四章 复兴与自信：21世纪的中俄哲学

罗斯宗教哲学研究的复兴，其研究更深入，更广泛。不仅继续挖掘白银时代宗教哲学家的理论，如分析俄罗斯宗教哲学的地位和作用，考察其文化批判、价值重建在俄罗斯哲学史上的意义，还深入分析俄罗斯宗教哲学家的具体理论，包括精神世界、人格自由、人学理论、自由的理性与神性、生存论、心理观、价值观等，还试图建构新的宗教哲学理解模式，如С.С.霍鲁日①对静修主义人学②的重建。不仅研究俄罗斯宗教哲学与世界三大宗教之间的关系，而且尝试在俄罗斯宗教哲学与东方宗教、中国儒学之间展开比较研究。③ 因此，21世纪的俄罗斯宗教哲学研究具有更广阔的理论视野，更贴近俄罗斯当下的社会生活。

  20世纪90年代俄罗斯哲学研究向宗教哲学的回归，其研究目的主要是为社会提供精神支撑。与此不同，21世纪的俄罗斯宗教哲学研究，为追求民族的"强国梦"、巩固国家政权、维护社会稳定的服务意识更为明确。这一点，从普京在《千年之交的俄罗斯》中阐释"新俄罗斯思想"时，反对学者建立"国家意识形态"的主张中可以得到反证。这一点，在2007年中国召开的"俄罗斯哲学研讨会"中也可得到证明。④ 与会的俄罗斯学者在就俄罗斯宗教哲学研究做主题发言时，一致强调俄罗斯宗教哲学对弘扬俄罗斯传统文化、加强俄罗斯民族精神凝聚力所具有的深远意义。可见，21世纪的俄罗斯宗教哲学研究具有更强的现实性和担当感。

---

  ① С.С.霍鲁日（Хоружий, С.С.），当代俄罗斯哲学人类学学者，俄罗斯科学院哲学研究所研究员，俄罗斯协同人类学研究所（2005年成立）所长，致力于在研究东方基督教传统的静修主义中尝试重建静修主义人学，并以此为基础构建协同人学。（Исихазм в Византии и России: исторические связи и антропологические проблемы//Страницы -1997. -№ 5）
  ② С.С.霍鲁日认为，静修主义（исихазм）是东方基督教即东正教的核心内容，由东方基督教修士通过祷告等方式，改变自己的整个本质即神化的人学实践，这是修行实践的终点。新哲学应当按照与神不同的方式接近静修主义，即以经验为基础，以经验为对象，通过返回经验自身，研究并揭示其本质。
  ③ 如俄罗斯科学院哲学研究所的Ю.М.基鲁金娜研究员，就通过白银时代俄罗斯宗教哲学与中国现代儒学的对比研究，得出了两者之间存在着某种"类型学上的相近性"的结论，即都具有"复兴民族哲学、精神和文化传统自身的唯一和普遍的形式"[[俄] Ю.М.基鲁金娜：《面对西方化的现代儒学和白银时代的俄罗斯宗教哲学》，张百春译，载《俄罗斯文艺》，2007（3）]。
  ④ 该次会议在苏州大学召开。会议应俄罗斯学者之需，将"如何评价俄罗斯对主流意识形态'真空'的填补？"，如对东正教哲学的研究、对理性的研究、对西方哲学的研究等，作为会议的主要议题之一。

比较研究：当代俄罗斯哲学与中国马克思主义哲学

20世纪90年代俄罗斯哲学研究向宗教哲学的回归，其研究内容多倾注于传统宗教哲学的"寻神运动"，以及传统宗教哲学的基础理论如认识论、本体论等。与此不同，21世纪的俄罗斯宗教哲学研究，其内容涉及宗教哲学的学科归属、宗教哲学的起源、宗教哲学与宗教学的关系、宗教哲学与哲学神学的关系等更为专业的领域。① 由此可见，21世纪的俄罗斯宗教哲学研究在更具现实性的同时，也具有更强的学理性。

20世纪90年代俄罗斯哲学研究向宗教哲学的回归，其研究呈现出一种整体性倾向。与此不同，21世纪的俄罗斯宗教哲学研究，其内部出现了不同派别和分化趋势。出于现实的或研究兴趣的不同需要，"每个思想家被用做一种特殊的思想、宗教或政治运动的代言人"②。于是，不同的人感兴趣于不同的宗教哲学家，不同的宗教哲学家被不同的人所关注或遭冷遇。③ 在这种分化中，出现了不同于先前研究多限于理论的正面阐释，而是在正面阐释中表现出较强的批判性甚至强烈的否定性。但这种批判，与先前马克思主义哲学批判宗教哲学的唯心主义是与科

---

① 例如，B. K. 邵欣（Шохин, В. К.，俄罗斯科学院哲学研究所宗教哲学研究室主任，国立人文科学大学哲学系形而上学和比较神学教授）的《宗教哲学——俄罗斯哲学的一个新领域》(2007)，就通过梳理21世纪以来俄罗斯新出版的专著、课本、百科全书，阐述了对宗教哲学的对象及历史的系列见解。（Шохин В. К. Философия религии как философская дисциплина//Альманах Ин-т философии РАН. 2006-2007., М., Сигнум Веритатис, 2007）

② 马寅卯：《俄罗斯哲学的现状和趋势》，见中国社会科学院哲学研究所编：《中国哲学年鉴2007》，北京，《哲学研究》杂志社，2007。

③ Г. В. 弗洛连斯基、С. Н. 布尔加科夫被保守势力的追随者引为同道；В. С. 索洛维约夫、Н. А. 别尔嘉耶夫则吸引了宗教自由主义者和泛基督教主义者；В. Н. 伊里因（Ильин, В. Н.，俄国宗教哲学家、政论家，曾任国立莫斯科大学教授，1922年被逐出国。主张以超验主义为基础的形而上学）成为保守的民族主义和君主专制主义者的主要权威；Г. П. 费多托夫（Федотов, Г. П.，俄国宗教哲学家）则为那些想将基督教忠诚意识与西方个体自由价值相结合的人所利用；В. В. 罗扎诺夫（Розанов, В. В.，俄国象征主义诗人和"寻神"者，他"把宗教变成了性的泛神论"，并在许多著述文章中批判基督教）因其折中思想和日记式风格，尤其是论证日常个人生活、性、家庭比任何一种意识形态或宗教信仰都具有优先性，而赢得了众多的信奉者；Н. Ф. 费奥多罗夫（Феодоров, Н. Ф.，俄国思想家，在俄国基督教哲学的发展中占有特殊地位，将基督教灵感与自然主义、启蒙主义、人的创造潜能的信仰相融合）则因创立了"宇宙论"和"共同事业哲学"，而成为最受尊崇甚至被顶礼膜拜的思想家。Л. 舍斯托夫却因其极端的不可知论、过分强烈的批判风格而颇少受到关注。至于Н. О. 洛斯基和С. Л. 弗兰克，则因以技术性的哲学语言阐述其认识论著作，且限于意识形态和末世论的范围，所以虽然受人尊敬但反响却不热烈。（参见上书）

学、社会进步背道而驰的观点相反,"新批判者"① 谴责俄罗斯唯心主义,认为它具有宣扬启示录的征兆,为俄罗斯的社会灾难奠定了基础,成了共产主义革命无意识的同谋,以此表达对俄罗斯宗教哲学中的救世主义、理想主义可能对社会造成危害的担忧。

综上可见,21 世纪的俄罗斯哲学对传统思想、传统哲学的复兴,其内容不再是回到原点,而是既注入现代西方哲学和西方文化的观念,又注重自己的民族文化传统,更是对俄罗斯社会发展应急之需的回应。因此,其复兴有着更为明显和更为强烈的现实感。

二、活跃与宽松:多元研究氛围

事实上,自苏联解体后,俄罗斯哲学便在抛弃马克思主义哲学的垄断地位中走上了多元化的发展之路。这里,用"多元主义"一词描绘 21 世纪的俄罗斯哲学,不仅在于说明俄罗斯哲学界历经 20 多年的重建,已经达成了在哲学发展之主导思想上必须实行"多元"的理论共识,而且在于通过描述俄罗斯哲学"多元"的生存表象,揭示其深藏的本质——强烈的去意识形态化。对此,В. М. 梅茹耶夫在谈到俄罗斯哲学研究将不可避免地"向马克思回归"时强调,关键在于包容多元的理解和诠释,必须防止将如何理解马克思学说的争论"变成埋葬马克思的'葬礼'",而当下那些对马克思的"诽谤和脱敏",如同过去那些对马克思的"虚假美化和吹捧"一样,都不过是一种新的意识形态独断性。② 因此,21 世纪俄罗斯哲学的发展正途仍然在于思想、理论的多元性。

(一)多元哲学的内涵

"哲学只能在多元化的条件下生成"③。2012 年,俄罗斯哲学学会第一副会长 А. Н. 丘马科夫④在谈到全球化时代哲学存在的方式时就认为,只要人类还存在,作为一种社会意识形式的哲学就将一直存在,但不能将哲学归结为某一种哲学。若如此,它将不再爱智慧,不再询问,并因此而丧失自己的功能,不再是哲学而成为宗教或意识形态。同时,哲学

---

① 以 С. С. 霍鲁日、Е. 巴拉巴诺夫、Б. 帕拉莫诺夫等为代表。
② 参见〔俄〕В. М. 梅茹耶夫:《我理解的马克思》,林艳梅、张静译,3~4 页。
③ 〔俄〕丘马科夫:《哲学已义无反顾地转向全球化》,张百春译,载《社会科学报》,2012-03-25。
④ А. Н. 丘马科夫(Чумаков, А. Н.),俄罗斯哲学学会第一副会长,《俄国哲学协会通讯》主编。

也不能固定于某个基础,不论这个基础是科学的还是宗教的。若如此,哲学将丧失自己的独立性。А. Н. 丘马科夫的观点代表了21世纪俄罗斯哲人的想法,也是俄罗斯哲学界经过多年的反思和探索而达成的对哲学规定性的理论共识。

何谓哲学的"多元"?

首先,它指哲学在本质上应当具有批判性。对此,Т. И. 奥伊则尔曼指出,当代哲学的发展导致了哲学体系的数量不断增加,体系之间相互冲突、相互驳斥、相互批判,这种现象的存在使"哲学批判本身演变成了哲学"。"哲学批判"的本质在于,它具有辩证的否定性,它"成为一种哲学学说对另一种学说的召唤,有时这种批判甚至变成对这些学说甚至是对整个哲学的完全否定,实际上俨然成为了一种新的哲学学说";"哲学批判"的价值在于,"哲学与哲学之间的这种永恒斗争,随之产生的哲学批判不再受制于哲学家意图的约束,成为哲学进步发展的主要动力之一";"哲学批判"与哲学多元化具有内在联系,"哲学批判"促使了"哲学的思想、观点、概念的繁衍",反过来,"哲学的多元化"又"使哲学思想内涵不断丰富"[①]。在Т. И. 奥伊则尔曼看来,哲学批判具有双重性,既"具有很大的创造性,同时也具有矛盾性",之所以如此,皆因"当杰出的哲学家对某些哲学观点进行猛烈批判时,他所批判的这一观点恰恰是其自身观点的基石和来源。哲学家自己宣称是所批判学说的追随者,承认自己的观点与之息息相关,而实际上却在推翻它,要创建与其先辈哲学体系相悖的自己的哲学体系"[②]。

其次,它指哲学形态应当具有新的特质,包括:(1)遵循哲学史,即用人类两千年哲学史发展中形成的自然模式和理论框架,来决定哲学的体系和内容。(2)历史背景与现实思想的结合,即既以哲学史料为背景,又反映现代哲学思想。(3)多元化,即多个并存的哲学流派、多样丰富的哲学学科、多种潜力的哲学家。[③](4)国际视野与民族哲学的并举,即确信有共同的世界哲学语言,强调吸取外国哲学的精华,反对盲目照搬;继承发扬俄罗斯哲学传统的精华,重视民族哲学的经验,反对自轻自贱。(5)重视哲学的传播和普及,即由恪守人格尊严的哲学研

---

①② Ойзерман Т. И. Амбивалентность философской критики//Вопросы философии. -2010. -№3.
③ 既是哲学家,又是自然科学家、文学家、艺术家、音乐家、美术家、社会活动家。

第四章　复兴与自信：21世纪的中俄哲学

究者、高校教师撰写精品哲学教科书，由高水平的教师进行传播，传播中要力求避免"怀念单一模式"和"亵渎多元模式"的两个极端；"哲学需要普及，但普及不能强加于人"[①]。

（二）活跃与理性：多元的哲学研究氛围

较之20世纪90年代的俄罗斯哲学研究已经呈现出的多元状态，21世纪的俄罗斯哲学研究的多元化特征更为明显。除了回归欧亚主义、重塑"新俄罗斯思想"、在复兴宗教哲学中继续提升宗教哲学的地位、在热捧西方哲学中继续扩展西方哲学的研究领域[②]，除了深化20世纪90年代的诸多研究领域（宗教哲学、政治哲学、历史哲学、人的哲学、教育哲学、社会哲学、文化哲学）的内容，21世纪的俄罗斯哲学研究还包括对斯大林及斯大林体制、苏联哲学、列宁主义的认识和评价，对马克思主义哲学的重写，以及向新研究领域的拓展，具体体现为：

其一，研究活动更为活跃。（1）哲学会议的举办。与20世纪90年代中期以来，俄罗斯哲学会议的举办次数有限[③]，参会人员有限[④]相比，21世纪的俄罗斯哲学，无论会议的举办次数[⑤]还是会议的规模[⑥]，都大为改观。（2）哲学刊物的出版。与20世纪90年代中期以来俄罗斯哲学刊物的出版，虽然有所增长但仍然数量有限[⑦]，虽然种类繁多[⑧]但精品不多的状况相比，21世纪的俄罗斯哲学，不仅在书籍、刊物的出版数量

[①] 李尚德编著：《20世纪马克思主义哲学在苏联》，503～504页。
[②] 当代西方的各种哲学流派，都可以在21世纪的俄罗斯哲学界觅得研究踪影，如当代西方风头正盛的分析哲学、实用主义、新实证主义等，在俄罗斯都获得了充分的研究。
[③] 即便最多的1995年，也只有18次。
[④] 即便最为壮观的1997年"第一届俄罗斯哲学大会"，也只有1 098名与会者。
[⑤] 仅在2000年，全俄罗斯的哲学会议就达92次之多。
[⑥] 每三年召开一届的"俄罗斯哲学大会"，宗旨是确立并推动当代俄罗斯哲学的多元化发展。每届大会都由国立莫斯科大学主办，俄罗斯科学院哲学研究所协办，经费固定由"俄罗斯人文科学基金"和"俄罗斯基础研究基金"提供。第一届1997年在圣彼得堡市召开，主题是"人—哲学—人道主义"。第二届于1999年在叶卡捷琳娜堡市召开，主题是"21世纪：从哲学角度看俄罗斯的未来"。前两届的规模都比较小。第三届于2002年在顿河罗斯托夫市召开，主题是"第三个千年来临的现代化与文化"。第四届于2005年在莫斯科召开，主题是"马克思主义与文明的未来"。这届大会设立分会场25个，讨论主题74个，与会者5 000人，提交论文3 000余篇。
[⑦] 即便最多的1998年，俄罗斯科学院哲学研究所也仅出版了106本哲学专著。
[⑧] 即除了专著，还有教科书、辞书、年鉴、传记、杂志创刊。

上大为提升①，而且在出版质量上有所提高。对此，曾任俄罗斯最高级别的哲学刊物《哲学问题》主编的 В. А. 列克托尔斯基，就从学科的问题意识、立场观点的开放性、理论视点的现实性、哲学与其他学科的结合等角度强调，该刊的发表原则是"支持独创性哲学思想"②，由此可见 21 世纪俄罗斯哲学对刊物发表和出版质量的要求。(3) 哲学系增加、哲学课时数增长。与苏联时期只在 6 所著名大学③设有哲学系相比，如今，俄罗斯就有 10 余所大学④设有哲学系。与苏联剧变后俄罗斯大量削减哲学课程相较，如今俄罗斯的课程（马克思主义哲学、政治理论）设置虽然因为马克思主义哲学垄断地位的丧失而急剧减少，但整个哲学课程却是不减反增，即普遍地由过去的每周 4 学时增至每周 6 学时，由过去的每学期 80 学时增至每学期 120 学时。哲学系与哲学课时数的增加，虽然并不能直接说明哲学研究的状况，但也从侧面反映了俄罗斯哲学研究的活跃与多元化的氛围。

其二，研究舆论更为宽松。(1) 对过去百年来俄罗斯的哲学人物、哲学著作的评价态度。20 世纪末，俄罗斯哲学界调查过对过去百年来哲学人物和著作的评价。调查结果显示，在学界公认的 30 位著名哲学家中，有 16 位非马克思主义者或反马克思主义者，其中多为宗教哲学家，他们在 20 世纪 20 年代被镇压或被驱除出境；有 14 位马克思主义者，但其中大多为苏联时期受排斥、遭打击的对象。在 30 位的排名序列中，宗教哲学家排在最前面，其中 Н. А. 别尔嘉耶夫列第 1 位，其余著名的宗教哲学家分列其后。在马克思主义哲学家中，列宁列第 12 位，Г. В. 普列汉诺夫列第 18 位。在苏联时期的哲学家中，П. В. 科普宁、Б. М. 凯德洛夫、И. Т. 弗罗洛夫等位列 20 名之后。⑤ 可见，即将进入 21 世纪的俄罗斯哲学界已经有了更为宽容的气度：对于曾经落魄的宗

---

① 例如，哲学杂志由原来的《哲学问题》一种，增加到六种：《健全理性》《哲学与社会》《哲学研究》《范畴》《信条》《俄罗斯哲学会公报》。(参见李尚德编著：《20 世纪马克思主义哲学在苏联》，506 页）

② Лекторский В. А. "Вопросам философии" 60 лет // Вопросы философии. -2007. -No7.

③ 国立莫斯科大学、列宁格勒大学、基辅大学、明斯克大学、哈尔科夫大学、国际关系学院。

④ 国立莫斯科大学、国立莫斯科师范大学、国立莫斯科文化艺术大学、莫斯科人文大学、俄罗斯人民友谊大学、国立俄罗斯师范大学、国立俄罗斯人文大学、国立俄罗斯社会大学、国立圣彼得堡大学，以及一些理工科院校。

⑤ 参见李尚德编著：《20 世纪马克思主义哲学在苏联》，504 页。

教哲学家、苏联时期有独立见解的哲学家及其哲学著作,不因其如今的得势而盲目推崇,人为拔高;对于曾经拥有霸权地位的苏联时期的马克思主义哲学,不因其如今的失势而一味拒斥,人为贬低。(2) 对马克思主义哲学的态度。此时无论社会还是学界,否认马克思主义哲学的理论价值已是常态,但摒弃马克思主义哲学的至尊地位并不意味着俄罗斯社会对马克思主义、马克思主义哲学的根除。相反,它们被当作类似思想史、哲学史、文化史中的一个流派,在获得平等研究地位的同时,也获得了自由探讨、争论、评价的理论空间。对此,B. M. 梅茹耶夫在谈到如何阅读和理解马克思文本时说:"很显然,我们每一个人都有一个'自己的马克思',就像有一个'自己的'康德、黑格尔、尼采以及其他的伟大思想家一样。多种诠释的存在,只能证明马克思文本当中包含着丰富的思想:既可以这样理解和接近,也可以那样理解和接近这些思想。"[1] (3) 哲学研究热衷于问题的讨论和争辩。"真理越辩越明",这一见解似乎越来越被21世纪的俄罗斯哲人信奉。这种争论不仅存在于本就存在巨大非议的马克思主义及其哲学领域,而且存在于那些被人们推崇有加的俄罗斯宗教哲学、传统哲学、西方哲学等领域。但凡那些多少具有理论价值或现实意义的问题,俄罗斯哲人都会将其置于反思批判的"法庭",做一番审视和评价,得出褒贬不一、见仁见智的结论。这一点,我们仅从俄罗斯召开的众多学术会议的论题中便可见。[2] "工资少了,但哲学争论多了"的玩笑话,的确是21世纪俄罗斯哲学研究之风的写照。争论之风的盛行除了表明俄罗斯哲学研究氛围的宽松和自由,也证明在21世纪哲学的确开始在俄罗斯复兴。

研究氛围和研究舆论的开放与宽松,可从21世纪俄罗斯公众、政治家、学者对斯大林及斯大林体制的态度变化中窥见。

就社会而言,20世纪90年代中期前后,自赫鲁晓夫时期起就被责为"极权主义"的斯大林思想,既因其为"死老虎"而激不起俄罗斯人太大的兴趣,又因苏共瓦解极端民主派掌权而激起了更为情绪化的讨伐。"两极跳"的戾换式思维,在关于斯大林及斯大林体制的评价中体现得尤为充分。然而,随着21世纪俄罗斯历史与斯大林时代的渐行渐远,随着俄

---

[1] [俄] B. M. 梅茹耶夫:《我理解的马克思》,林艳梅、张静译,4页。
[2] 2005年的"第四届俄罗斯哲学大会",讨论主题达74个之多,其内容几乎涵盖了哲学的各个领域、各个分支、各个研究方向。

罗斯"强国梦"的复兴而呼唤铁腕、强权,随着重建爱国主义"国家意识"的吁求,俄罗斯人在对斯大林及斯大林体制的评价上[①],开始采取一种容许争论、相对理性的态度。民族主义者和斯大林主义者肯定斯大林是俄国历史上的伟大人物,其"政治镇压"是治理国家的一种方式,在当时的历史条件下具有合理性;颂扬斯大林体制意味着社会的稳定和秩序,它让苏联成为工业国,取得了卫国战争的胜利,变成了世界强国。自由主义者斥责斯大林滥杀无辜、草菅人命,是俄国历史上的大暴君、独裁者;斯大林体制代表着镇压和黑暗,它让社会和人民付出了太大的代价,是历史的悲剧。这种对斯大林及斯大林体制的各抒己见、众说纷纭,甚至在俄罗斯国家元首的相关言论中也能看出。2009年12月3日,普京在回答网民有关"斯大林的活动在总体上是肯定的还是否定的"问题时,承认自己"无法做出总体评价",并考虑到俄罗斯各个阶层的情绪和感受,而不时地使用"一方面……另一方面……""虽然……但是……"等折中方式评价斯大林。一年后的2010年10月30日,梅德韦杰夫则在"对民族悲剧的纪念如同对胜利的纪念一样神圣"的视频博客中,严厉谴责斯大林时期的大恐怖,并将斯大林与苏联时期的成就予以区别。[②]

就学界来看,同样是争论激烈且各有所见。在历史学界,最直接的回应便是关于历史教科书的争论。20世纪90年代后半期,社会政治的紧张,使形形色色的教科书常常引起激烈的社会争论。由争论导致的政府干预,以及随之而来的更为激烈的赞成与反对政府决定的争论[③],则

---

① 关于今日俄罗斯是否存在"重评斯大林"的问题,中国学界看法不同。一种观点认为,所谓"重评",不过是部分政治派别和社会阶层出于大国、强国的情结,对斯大林"感情色彩的某种变化"而非"基本评价的变化和评价实质的变动",因而不存在所谓的"重新评价"问题。[参见马龙闪:《俄罗斯在"重新评价"斯大林吗?》,载《俄罗斯研究》,2010 (1)] 与之相反的观点认为,今日俄罗斯对斯大林及苏联历史的评价已经发生了"根本性变化",以至"重评斯大林及苏联历史已经成为一种民族意识乃至国家行为"[李瑞琴:《俄罗斯重评斯大林和苏联历史的社会思潮分析》,载《俄罗斯研究》,2010 (1)]。尽管在是否存在"重评"问题上国内学界的观点有异,但一个不争的事实是,俄罗斯社会及学界对斯大林及其思想的评价的确不同于先前的"两极跳",而是趋向于冷静客观。

② 参见张盛发:《俄罗斯历史教科书问题的缘起与发展:2003年至今》,载《俄罗斯学刊》,2012 (3)。

③ 如2003年的第一次历史教科书风波、2007年的如何编写教科书大争论、2009年的由教科书正式出版引发的关于苏联历史和对斯大林的评价的大争论。

第四章 复兴与自信：21世纪的中俄哲学

让人领略到俄罗斯社会多元、自由、宽松的舆论氛围对学术研究环境的影响。在哲学界，这种争论同样激烈。斯大林130周年诞辰之际（2009年12月21日），哲学界爆发了一场如何看待斯大林及斯大林体制的激烈争论。具有极端民主主义、新马克思主义、自由主义思想倾向的学者，以"大清洗"问题否定或批判斯大林；具有民主爱国主义思想倾向的学者，则从大俄罗斯民族主义的立场出发，肯定斯大林，认为俄罗斯需要一种"新斯大林主义"以实现现代化。尽管如此，哲学界对斯大林及斯大林体制的评价总体上还是相对冷静客观。一方面，仍然坚持反思批判斯大林主义及斯大林体制；另一方面，改变了过去"一边倒"的做法，出现了为包括斯大林体制在内的苏联体制辩护的观点，如认为靠"突变"建立的苏维埃社会主义国家机构，虽然是一次冲击共产主义的、不十分成功的尝试，且距离共产主义运动的轨道十分遥远，但它更适合20世纪初期和中期的俄罗斯与世界资本主义的环境，这种尝试的失败并不意味着向共产主义社会形态的过渡不可信或者没有前景。[①]

表面上看，上述争论的焦点是斯大林、斯大林主义及斯大林体制，但其实质和核心仍然是怀揣"强国梦"的俄罗斯社会，从公众到学者，从政治家、商业者到国家元首，对如何走向现代化的思索。哲学界的争论较之整个社会的争论，更为平和、宽容。众说纷纭的学界结论，是对理论界有关俄罗斯未来发展之路的探索中宽容多元的研究态度的折射。

《斯大林全集》的出版[②]和《俄罗斯百科全书》收录斯大林的条

[①] 参见［俄］弗·瓦·米洛诺夫：《马克思哲学遗产在当代俄罗斯的地位与作用》，车玉玲译，李尚德校译，载《社会科学辑刊》，2006（1）。

[②] 《斯大林全集》原计划出版16卷，在斯大林生前的1946—1951年，苏联已出版第1～13卷。斯大林逝世后，赫鲁晓夫下令终止出版，并毁掉已制版的其他几卷。20世纪90年代，一些俄罗斯学者通过对斯大林遗著的发掘和整理，在报刊上陆续发表了不少鲜为人知的斯大林的文章和讲话。以Р.И.科索拉波夫为首的一批"左"派学者，开始为出全《斯大林全集》而努力。1997年，出版了由Р.И.科索拉波夫校订的14～16卷。2004年，出版了由Р.И.科索拉波夫等编辑的第17卷（其中收集了斯大林从19世纪末到1932年12月的诗歌、书信、电报，起草的决议、命令和声明等。其中，具有哲学价值的内容是收录了斯大林与哲学家Г.Ф.亚历山大洛夫、П.Н.费多谢耶夫、М.Т.约夫楚克，与历史学家В.莫恰罗夫等人的谈话，斯大林关于"黑格尔哲学是对法国大革命的反动"的论断，就出于此）。2006年，出版了由Р.И.科索拉波夫等编辑的第18卷（内容包括斯大林从1917年到1953年的讲话、报告、书信、电报、谈话记录、批示、命令。其具有哲学价值的内容，是与А.А.日丹诺夫进行的包括"生物遗传学问题"的两次谈话）。

目①，更是这种宽容多元研究氛围的明证。它除了体现俄罗斯哲学界回归理性的认知觉悟，也表明了学者对既往历史的尊重。

研究氛围和研究舆论的开放与宽松，还可以从21世纪俄罗斯哲学界对列宁主义认识态度的转变中发现。

苏联解体后，人们在抛弃马克思主义及其哲学的同时，也对列宁主义及其哲学嗤之以鼻。但这种状况到21世纪却有了极大改变，不仅召开了相关学术会议，使列宁主义重新被学界关注，而且列宁哲学思想也获得了重新解读，具体体现为：（1）出版了列宁原著②和新的列宁研究著作③。（2）出版了被列宁在《唯物主义和经验批判主义》一书中当作批判靶子的包括 B. A. 巴扎洛夫④、A. B. 卢那察尔斯基、A. A. 波格丹诺夫等在内的研究文集《马克思主义哲学论文集：哲学汇编》。（3）召

---

① 2007年年底，俄罗斯出版了由国立莫斯科大学哲学系俄罗斯哲学史教研室主任 M. A. 马斯林主编的《俄罗斯哲学百科全书》。尽管在编者眼中，一些反映苏联哲学的核心概念，如辩证唯物主义、历史唯物主义、马克思主义哲学、苏联哲学等，因不属于俄罗斯哲学，而未被收入。但是，该书与1995年版《俄罗斯哲学辞典》（同样由 M. A. 马斯林主编）的一个重要区别则是，重新收入了斯大林和一些苏联时期的著名哲学人物如 M. Б. 米丁、Ф. B. 康斯坦丁诺夫等的条目。（参见复旦大学国外马克思主义与国外思潮国家创新基地等：《国外马克思主义研究报告2008》，128页，北京，人民出版社，2008）

② 2010年，出版了《列宁选集》《国家与革命（单行本）》《共产主义运动中的"左派"幼稚病》《论大俄罗斯人的民族自豪感》《怎么办：我们运动中的迫切问题》《进一步，退两步（我们党的危机）》《社会民主党在民主革命中的两种策略》《帝国主义是资本主义的最高阶段》《唯物主义和经验批判主义》等。

③ 2009年，出版了沃耶伊科夫的《社会经济战略预测：列宁的两难处境》、米·波波夫的《列宁主义的主要内容：列宁关于社会现象的阶级分析方法》、索罗波夫的《辩证法和唯物主义：纪念列宁的〈唯物主义和经验批判主义〉出版100周年》、菲力波夫的《共产主义低级阶段的理论模式（列宁的观点）》，以及关于相关学术会议整理的论文集《列宁在当代世界》《列宁的〈唯物主义和经验批判主义〉与20世纪的哲学》，以及重新出版了《列宁的遗嘱》《列宁和斯大林论民族问题》。（参见复旦大学国外马克思主义与国外思潮研究国家创新基地等：《国外马克思主义研究报告2010》，155页，北京，人民出版社，2010）2010年，出版了苏贝托的《弗拉基米尔·伊里奇·列宁——人类向社会主义冲击的俄罗斯天才》、特鲁什科夫的《列宁主义——这是由资本主义向社会主义过渡的革命时代的马克思主义》、第四届学术与实践国际大会资料《列宁在当代世界》、P. И. 科索拉波夫的《斯大林和列宁》等。（参见复旦大学国外马克思主义与国外思潮国家创新基地等：《国外马克思主义研究报告2011》，173页，北京，人民出版社，2011）

④ B. A. 巴扎洛夫（Базаров, B. A.），俄国哲学家和经济学家，曾翻译马克思《资本论》1~3卷。1905年加入俄国社会民主工党，属布尔什维克派。1907年资产阶级民主革命失败后放弃布尔什维主义，宣传"造神说"和经验批判主义，是俄国用马赫主义修正马克思主义的主要代表。

第四章 复兴与自信：21世纪的中俄哲学

开了列宁哲学研讨会。主要有：题为"纪念列宁《辩证唯物主义和历史唯物主义》100周年"的学术会议①、纪念列宁诞辰140周年的"'列宁在线'国际学术会议"②。后一次会议是列宁主义、列宁哲学受到极大关注的一次学术会议，正是在这次会上，学者深入讨论了列宁主义和列宁哲学。

对列宁主义，学者强调批判地继承列宁理论遗产的重要性，并从国内与国际、历史与现实等不同维度评价了列宁主义的价值：（1）就俄罗斯而言，列宁对俄国社会及其发展道路的认识是正确的，因为列宁关于俄国历史发展的主要问题是资本主义经济不发达和依赖性，关于资本主义发展道路是俄国历史发展的固定模式的判断，不仅切中了俄国社会发展的历史症候，而且对分析当代俄罗斯社会现实仍不乏价值；列宁关于利用资本主义建设社会主义的理论，不仅为社会主义理论奠定了基础，而且为发展中国家解决同资本主义的矛盾提供了方法。③ 列宁的社会主义决策是以列宁为代表的布尔什维克为巩固苏维埃政权和建设社会主义的尝试，其理论与实践是成功和失误的交织：果断中断战时共产主义政策而实行新经济政策，表明了列宁的政治智慧；新经济政策既利于发展经济，也对形成集中控制的官僚体制负有责任；列宁针对官僚政府提出的如经济管理现代化与科学化的一致性原则、灵活的工资政策等，表明列宁从未停下探索社会主义道路的脚步。④（2）就国际范围而言，列宁基于马克思主义哲学方法论揭示的资本主义发展新形式、新特点的"帝国主义论"，对理解今日世界资本主义，对探索社会主义的出路，仍然具有意义。⑤

对列宁主义与马克思主义的关系，学界的观点则各有见地。В. М. 梅茹耶夫作为当代俄罗斯哲学界有影响的哲学家，认为经典马克思主义没有为俄国问题提供答案，列宁在研究俄国革命特殊道路中形成的"帝

---

① 2009年4月12—14日，在西伯利亚乌里扬诺夫召开，会后出版了相关论文集。
② 2010年4月22日，由国立莫斯科大学哲学系、"罗莎·卢森堡基金会"、"抉择"基金会、国家哥尔克列宁故居保护博物馆等机构，在莫斯科联合举办。（参见复旦大学国外马克思主义与国外思潮国家创新基地等：《国外马克思主义研究报告2011》，173页）
③ Бузгалин А. В. Ленин как теоретик // Альтернативы. -2010. -No1.
④ Колганов А. И. В. И. Ленин 1918-1923: кризис революзионного проекта // Альтернативы. -2010. -No1.
⑤ Бузгалин А. В. Ленин как теоретик // Альтернативы. -2010. -No1.

国主义论",是俄国特殊历史条件下的产物,因而与马克思的学说没有直接的关系,而列宁领导的布尔什维克党所从事的自上而下的社会主义建设,是继自彼得大帝改革起就开始的俄罗斯现代化进程。[①] В. М. 梅茹耶夫的观点迅速引起了学界的关注和讨论。在2010年纪念列宁诞辰140周年的"'列宁在线'国际学术会议"上,学者在深入讨论列宁主义和列宁哲学的同时,从继承与创新之关系的视角,探讨了列宁主义与马克思主义的关系。

对列宁哲学,学者的探讨涉及唯物论、历史观、方法论、认识论等多个层面。(1)唯物论方面,肯定了列宁的"物质"概念。认为它有着本体论与辩证法的内在联系,只有从这一维度去理解它,才能发现其理论的创新;列宁没有固化物质概念,而是强调了深化、扩展它的必要性;列宁的物质概念接受了黑格尔"实体即主体"的观念,强调只有人在能动改造现实世界中才能实现人与世界的统一,因而从辩证唯物主义转向了历史唯物主义。(2)历史观方面,认为列宁具有丰富的"社会创造性"思想。列宁在明确民众、有组织的政党、知识分子等的主体性作用的同时,通过对生产力与生产关系、政治与文化的相互关系的阐述,表达了社会整体发展的思想;在强调经济与文化、东方文化与西方文化的互动中,为落后国家如何建设社会主义指明了方向。他关于"激发基层公民在社会生活中的创造力"[②] 的思想,则对建设社会主义的公民社会具有强烈的现实价值。(3)方法论方面,认为列宁的方法论以马克思主义辩证法为基础。列宁明确指出,揭示辩证逻辑是马克思主义理论研究的主要方法,并从矛盾的普遍与特殊、抽象与具体、历史与逻辑等统一的角度,对辩证法做了更为明确的阐释。列宁方法论的最大特点是寻求客观世界逻辑性、社会发展规律性、历史主体能动创造性三者之间的过程统一,并力图将其付诸社会政治实践中。这是列宁方法论的历史特色,也是列宁对马克思主义哲学方法论的贡献。(4)认识论方面,列宁突破了马克思恩格斯的经济基础与上层建筑相互作用的理论,创立了将政治理解为实践中真实的客观实在,他将物质与思想、客观与主观在政治生活实践中加以统一的辩证认识方法,是对马克思

---

① 参见 [俄] В. М. 梅茹耶夫:《我理解的马克思》,林艳梅、张静译,9~12页。
② Бузгалин А. В. Ленин как теоретик // Альтернативы. -2010. -№1.

主义的突破和创新[1]；列宁关于政治就是经济、政治是意识形态的主体的观点，以及他的为实现政治目的而必须坚持不懈地斗争的"过程论"观点，都是列宁对马克思主义认识论方法的重要贡献[2]。

上述新的舆论氛围和研究动向，表明了21世纪俄罗斯哲学日益宽松的研究氛围和越发多元的开放态势。

三、范围与内容：多元研究现状

宽松的研究氛围与多元开放的态势在21世纪俄罗斯哲学研究中的具体体现便是，研究范围的更为广泛、研究内容的更为多样。

（一）更为广泛的研究范围

这里的"更为广泛的研究范围"首先指，21世纪俄罗斯哲学研究的理论基础已不再限于自然科学、人文社会科学，而是拓展到广义的文化、日常生活、经验世界领域，并力图在不同学科中实现嫁接和综合，从而出现了哲学人类学、哲学文化学、艺术哲学、政治文化哲学等领域，并大有占据俄罗斯哲学研究主导地位的趋势。[3]

这里的"更为广泛的研究范围"还指，21世纪俄罗斯哲学研究的探讨性质已不再限于科学理性、哲学思辨性，而是出现了基于非理性主义甚至非哲学意义的内容，如人智学、通灵术等；已不再限于俄罗斯的本土哲学和西方哲学，而是拓展到东方哲学，并在一些大学相继设立东方哲学教研室，研究和讲授中国传统哲学[4]、印度佛教哲学、阿拉伯伊斯兰教哲学以及日本哲学等。

（二）更为多样的研究内容

这里的"更为多样的研究内容"首先指，21世纪俄罗斯哲学的研究内容几乎涵盖了哲学的所有门类和全部学科。对此，我们仅从2005

---

[1] 参见 И. К. 潘京（Пантин, И. К.，俄罗斯科学院哲学研究所博士）2010年在莫斯科纪念列宁诞辰140周年的"'列宁在线'国际学术会议"上的发言。（参见复旦大学国外马克思主义与国外思潮研究创新基地等：《国外马克思主义研究报告2011》，175～176页）

[2] Бузгалин А. В. Ленин как теоретик // Альтернативы. -2010. -№1.

[3] 参见李尚德编著：《20世纪马克思主义哲学在苏联》，507页。

[4] 随着中国的强大和中俄关系的日益密切，21世纪俄罗斯人对中国哲学的兴趣越发浓厚：俄罗斯科学院远东研究所编撰出版的《中国哲学百科全书》受到读者的青睐；俄罗斯高校教材"东方哲学"部分的介绍，中国哲学的比重最大；俄罗斯重版的《论语》《易经》，特别加上注释以供读者阅读理解。（参见李尚德编著：《20世纪马克思主义哲学在苏联》，506页）

比较研究：当代俄罗斯哲学与中国马克思主义哲学

年"第四届俄罗斯哲学大会"讨论的主题便可见一斑。这些主题，有哲学基本理论方面的，如本体论、认识论、方法论；有哲学史方面的，如西方哲学史（古代、中世纪、近代、19—20世纪）、俄国哲学史；有哲学分支学科方面的，如伦理学、价值论、逻辑学、美学、自然科学哲学；有哲学应用学科方面的，如技术与经济哲学、社会哲学、哲学人类学、文化哲学[①]、历史哲学、政治哲学、法哲学、宗教哲学、教育哲学、意识哲学；有域外哲学方面的，如东方哲学；有与俄罗斯现实及整个世界密切相关的具体哲学，如俄罗斯大学中的哲学问题、人文社会科学中的哲学问题、全球化中的哲学问题；等等。

这里的"更为多样的研究内容"还指，21世纪俄罗斯哲学的研究领域，在相关学科或相关研究内容的基础上，出现了一些新的研究领域，有的还形成了相关学派，主要包括全球学、哲学人类学、宗教人类学、应用哲学等。

1. 全球学

这是俄罗斯哲学界继20世纪90年代的"全球化问题哲学"研究后，深入思考全球化过程及其后果的理论。其内容包括：（1）全球学的学科归属方面。这是一门运用哲学"对新世界进行反思"，即对全球化世界及其问题进行哲学反思的学科，因此，"哲学已经义无反顾地、彻底地转向了全球问题"[②]。由于全球性问题不仅涉及人类，而且涉及自然界、人与自然的整个生物圈；由于全球化是一个不断产生问题的过程，而仅靠哲学反思或仅用先前的经典科学理论[③]，已经不能解决在全球化框架内面临的所有问题，而必须在吸取这些学科中有价值的理论的同时，确立全球性的科研方向，建立独特的理论体系，运用独特的研究方法，因此，它又是一门集自然科学、哲学、文化学、政治学、社会学，以及全球问题实用研究于一体的跨学科领域的综合性学科。（2）全

---

① 据不完全统计，2000年以后的著作有：П. С. 古列维奇的《文化哲学》（莫斯科，2000）和《文化学（高校教材）》（莫斯科，2003）、叶戈罗夫的《俄罗斯文化哲学（轮廓与问题）》（莫斯科，2002）、В. М. 梅茹耶夫的《文化的理念——文化哲学导论》（莫斯科，2006）、别洛夫的《文化哲学导论》（莫斯科，2008）等。[参见陈树林：《俄国文化哲学研究概观》，载《哲学动态》，2010（9）]

② Чумаков А. Н. Философия перед вызовом глобализации//Китайский академический журнал《Вестник Цзян Хай》(Jianghai Academic Journal) . -2011. -№1.

③ 包括生物物理学、仿生学等跨学科的理论知识。

第四章 复兴与自信：21世纪的中俄哲学

球学的研究对象方面。它研究全球化框架内持续不断出现的系统化危机，如人口增长与资源减少的矛盾，它通过研究政治、经济、管理、文化等协同作用的方案，来克服危机。(3) 全球学的研究方法方面。它的研究方法包括人文社会科学的方法、自然科学的方法，并致力于寻求两类方法的结合。① 但是，在全球化问题中，最重要、最复杂的问题是功能性和非功能性元素的相互关联。因为虽然在大众意识和知识分子的观念中，全球化只是一种国家和权力的新型体系，但是现实的全球模式构成了各个领域里全新的社会条件，其力量结构涉及社会生活的各个阶层，所以全球化并非某种全新的前所未见的权力中心，也不是世界性的政府，它实质上是两极作用物之间相互关系的一种新体系。因此，必须深入哲学—社会学的层面，运用集哲学与自然科学于一体的结构功能方法，对两极之间的相互关系做出哲学的分析。② (4) 全球化的作用方面。必须既看到其负面性，又承认其对解决两极对立的价值。合理地利用全球化，不仅可以避免主体之间、集团之间，以及主体与集团之间的斗争，甚至可以避免小集团和更大集团之间的斗争，从而有利于世界和平。③

全球问题既与整个人类，又与俄罗斯的社会发展密切相关，因此，21世纪以来，已有较多的俄罗斯哲人投入这一研究领域，在形成一个新的学科流派的同时，也产生了一批研究成果。④

2. 哲学人类学

这既是俄罗斯哲学界对20世纪90年代人的哲学研究的继续，又是21世纪在多元化的人的哲学研究中拓展出的新领域。

俄罗斯哲学素有"人类中心论"的传统，俄罗斯哲人关于人的研究，从19世纪下半叶到白银时代取得了丰硕的成果。这一传统即

---

① 方法的运用尤其是哲学与自然科学方法的运用，又在其中产生出不同的哲学方法论流派，如社会自然流派、文化学流派。[参见郑卫丽、贾朋俭：《俄罗斯的全球学研究现状》，载《国外理论动态》，2006 (3)]

②③ Киш Эндре Философия глобализации//Век глобализации.-2010.-No2.

④ 较有影响的有：А. Н. 丘马科夫等主编的《全球学百科辞典》(2003年由俄、英两种语言出版，2004年再版)、А. Н. 丘马科夫的《全球化：整体世界概论》(2004)、沃洛金的《全球化：基础、趋势和前景》(2002)、С. 乌多维科的《全球化的符号学研究》(2002)、杰罗卡洛夫的《多面的全球化》(2003)、俄共领导人 Г. А. 久加诺夫的《全球化与人类命运》(何宏江、邢艳琦译，新华出版社，2004)。[参见郑卫丽、贾朋俭：《俄罗斯的全球学研究现状》，载《国外理论动态》，2006 (3)]

便是在苏联哲学时期也未曾中断。苏联解体前夜，И. T. 弗罗洛夫在《人的前景》中，针对全球化的时代背景，率先提出了消除或限于纯粹哲学、或限于用纯粹自然科学的方法，孤立地研究人的观点，倡导多种方法、多个学科合作的"整合的和综合的"[1] 研究人的问题的方法论原则，并在其主编的《哲学导论》中践履这一原则。从1991年苏联解体到整个20世纪90年代，俄罗斯人的哲学研究一直呈现着多元化的态势并形成了三种类型。[2] 进入21世纪以后，俄罗斯哲学在先前多元化的研究基础上经过10多年的发展，有了较之20世纪90年代的新景象。(1)研究规模方面。不再限于少数研究机构或几所大学，而是在俄罗斯科学院哲学研究所、俄罗斯各主要大学哲学系，都专门设有哲学人类学的研究室、教研室。(2)研究方法方面。不再如同苏联传统人学研究，主要限于运用马克思主义哲学方法，也不似西方传统人类学，主要限于运用社会学的方法，又不同于西方哲学家主要从存在论、现象学、精神分析、后现代主义的视角研究"人"，而是吸收当代西方哲学的理论和方法，专注于人类学的视域，在俄罗斯哲学文化传统与西方哲学思想的对话中展开研究。(3)研究现状方面。出现了一些新的研究学派，比较著名的有协同人类学（Синергийная антропология）、分析人类学（Аналитическая антропология）、复古先锋派人类学（Антропология археоавангарда）。协同人类学以 С. С. 霍鲁日[3]为代表，在批判性地考察包括古典人学在内的西方哲学传统后，认为以亚里士多德、笛卡尔、康德为代表的，以本质、基础、实体、主体为核心概念的西方古典人学，由于不能描述现代人及其处境，因而应以"协同人类学"取而代之。该派的基本理论是，吸取一般人类学的原则，在继承俄罗斯宗教哲学"新教父学派"的综合传统[4]，挖掘东方基督教

---

[1] [苏] И. T. 弗罗洛夫：《人的前景》，王思斌、潘信之译，17页，北京，中国社会科学出版社，1989。

[2] 以唯物史观为基点、以科学性为特征的原理型研究；以人本主义为基点、以人文性为特征的实践型研究；以自然科学、社会科学、技术科学的理论与方法的融合，以人的自然性与社会性、科学性与人文性的联系为特征的综合性研究。

[3] С. С. 霍鲁日作为俄罗斯协同人类学研究所所长，在其代表作《协同人类学概论》(2005)中全面阐述了其理论。

[4] "协同"一词来自基督教东方教父神学，意即获取神的恩典方式，是"受造的人"的能量与"非受造的神"的能量的合作，在这一过程中，人在向边界的敞开中塑造自己。(С. С. Хоружий К феноменологии аскезы. , М. , Гуманитарная литература, 1998, -С. 127)

静修主义精神①中，运用现代西方哲学如现象学、存在主义、精神分析学等的话语方式，得出一般人类学意义上的两个原则（能量原则、临界原则），描述人塑造自己的敞开状态（存在边界、无意识边界、虚拟实在边界），并运用这一人类学模式，试图解释生存、死亡、身体、艺术创作等"人"的问题。分析人类学以波多罗加为代表，以英美分析学的方法为据，认为哲学人类学的研究方法不是多个人类学部门的综合，而是以一些描述人类生存的基本概念（模仿、他者、事件）去分析研究人，特别是分析"身体"的"制图学"。②复古先锋派人类学以吉列诺克为代表，以后现代哲学为话语背景，从现代人已经陷入"人类学灾难"的前提出发，主张人的研究不仅要超越本质、实体，而且要超越语言本身。通过无语、语塞、哑语、手势等"前语言"，通过"孤独症分析"，期待意义的创造，揭示人的真实存在。③

3. 宗教人类学

这类研究主要以世界三大宗教为研究对象，挖掘其中的人类学思想。包括：（1）佛教人类学。一些以佛教为研究对象的学者，关注佛教对人类生存及活动的影响，从意识结构、心理层次等方面，分析佛教能在世界范围内传播的深层精神原因，佛教的精神实践对人类生存活动的价值，在阐释佛教中蕴含的人类学思想的同时，揭示了佛教对人类精神生活的意义。④（2）基督教人类学。一些以基督教为研究对象的学者，将视角聚焦于基督教对人类生存及活动的影响，并以一些俄罗斯基督教思想家的著作为例，在分析亚历山大一世时期神秘主义宗教人类学与传统东正教人类学之间的差异性中，论证了基督教中蕴含的人类学思想。⑤

4. 应用哲学

进入21世纪后，俄罗斯哲学在先前一些应用哲学研究的基础上，

---

① 东方基督教的核心内容是禁欲主义和神秘主义的"宁静修行"。静修主义包括修行活动与修行传统。其修炼需要两个动力：凝神、祷告。修炼过程到达"灵修"这一终极阶段，就是神与人的"协同"。这时，人的整个本质发生了改变。

②③ 参见徐凤林：《霍鲁日与"协同人类学"研究》，载《哲学动态》，2010（9）。

④ Ключников С. Ю. Антропология и психология в буддизме. Структура сознания человека в представлениях современных буддийских авторов//Российский научный журнал.-2014.-№2.

⑤ Коцюба В. И. Александровский мистицизм и христианская антропология//Вопросы философии.-2011.-№3.

比较研究：当代俄罗斯哲学与中国马克思主义哲学

拓展出一些与社会需要更为贴近的研究领域。它们包括：（1）法哲学研究。随着俄罗斯国家法制化治理的进程推进，俄罗斯哲学界在先前政治哲学研究的基础上，将研究触角延伸到与之相关的法哲学领域。其中，有的概括和揭示当代俄罗斯法哲学的特点、本质、发展趋势；有的比较俄罗斯法哲学传统与西方法哲学传统；有的探究俄罗斯法哲学的独特性，即何以既异于西方法哲学又异于东正教法律传统；有的尝试统一俄罗斯法哲学传统与西方法哲学传统；有的在肯定法哲学探索之意义时，强调"以人为中心"的西方法哲学传统和"凌驾于个体的人"的东正教法律系统中心论"都对俄罗斯自我文化定位具有实际意义"[①]。（2）人才哲学研究。随着俄罗斯现代化进程的推进，俄罗斯政府加大了对人才培养的投入。采取何种政策，才有利于人才的培养、成长、使用、管理？其中有无规律可循？……这些问题逐渐被俄罗斯哲学界关注，并形成新的研究领域。对此，有的从哲学角度提出，国家人才政策的实质是"认可每个专家的独特性"；有的从现实需要出发，强调人才政策的现代化是将社会实际情况与人才能力相结合，制定人才配备政策。对人才哲学研究的前景，学界寄予了厚望，认为科学的人才学研究正在俄罗斯科学界的运筹帷幄中，而科学的人才哲学研究将深入揭示人才的规律，为当代俄罗斯社会实现人才政策提供切实可行的科学原则、科学方法以及相应的技术手段。[②]

可见，21世纪的俄罗斯哲学无论理论基础的拓展还是研究内容的增长；无论研究覆盖面的扩大还是新研究领域的出现，都在展现着它研究现状的"多元"状态。

四、边缘与重识：多元的马克思主义哲学研究

21世纪俄罗斯哲学的"多元"研究氛围和研究现状，最明显的体现莫过于对马克思主义、马克思主义哲学研究态度的更大幅度的转变。

---

① Лапаева В. В. Российская философия права в контексте западной философско-правовой традиции//Вопросы философии. -2010. -№5.

② Анисимов В. М. Кадровая политика России: философская и функциональная основы//Вопросы философии. -2010. -№4.

第四章 复兴与自信：21世纪的中俄哲学

苏联解体后，俄罗斯哲学通过破除马克思主义哲学的垄断地位而走上了多元化的发展历程。但这种"多元"在21世纪表现为，学界并未因马克思主义哲学垄断地位的消失而全盘否定马克思主义哲学，而是将其当作一个学派，置于与其他学派平权共存的哲学大家族中进行研究。当然，这种平权研究并不意味着俄罗斯的马克思主义哲学研究已进入暖春。因此，如果我们把马克思主义哲学在俄罗斯社会的遭遇比喻为20世纪80年代末90年代初的"受热"（前所未有的批判狂潮）、20世纪90年代中后期的"遇冷"（无人问津），则在20世纪末至21世纪的俄罗斯，马克思主义哲学可谓进入了"乍暖还寒"，即"被边缘化"与"重新认识、研究、评价"的交织时期。

（一）排斥与否定：被边缘化的马克思主义哲学

21世纪的俄罗斯哲学研究已经完全进入了更为多元的时代，对马克思主义的情绪化质疑和讨伐之声也不似20世纪90年代般喧嚣凶猛。但是，宽松、自由的研究氛围让马克思主义哲学研究获得自由、开放的新研究空间的同时，也造成了对它更为直接、更为随意的质疑和解构，并使之承受着更为严厉的批判和否定。

对马克思主义哲学在俄罗斯"被边缘化"的现状分析，中俄学者各有其分类。

1. 中国学者的分类

有"三派观"[1]"四派论"[2]，两者虽然划分类型与表述形式略异，但都以21世纪俄罗斯学界对马克思主义及其哲学的态度为依据。两类划分又可归结为四种：（1）肯定派。由苏联老一辈马克思主义哲学家中，对马克思主义仍然怀有坚定信念的人组成[3]，他们坚信马克思主义及其哲学的科学性，坚决维护经典著作的正统性。在坚持研究和宣传马克思主义及其哲学的同时，致力于发掘经典著作的遗产并多有建树，但对现代著作相对缺乏兴趣。（2）否定派。它视马克思主义为教规、信条、尘世宗

---

[1] 参见李尚德编著：《20世纪马克思主义哲学在苏联》，508～513页。
[2] 参见张静：《当代俄罗斯马克思主义研究的四大流派》，载《俄罗斯中亚东欧研究》，2010（4）。
[3] 以 Д. В. 焦哈泽（Джохадзе, Д. В.，俄罗斯科学院哲学研究所教授，"马克思主义论坛"统一组织委员会主席）、А. Д. 科西切夫（Косичев, А. Д.，国立莫斯科大学哲学系教授，曾任国立莫斯科大学哲学系主任近40年，《科学共产主义》杂志主编）、В. Ф. 吉托夫（Титов, В. Ф.）、Б. Н. 别索诺夫（Бессонов, Б. Н.）等为代表。

教，主张严厉批判，彻底抛弃①，是苏联解体最初5年中最为激进的反马克思主义思潮。(3) 批判派，又称新马克思主义派。它强调批判地继承经典马克思主义的遗产和20世纪中期国内外的人道主义②，并在21世纪的最初几年出版或发表了一系列著作和文章。③ (4) 反思派。其代表是一些昔日苏联马克思主义哲学界的权威④，它主张重新审视马克思主义及其哲学，对其做出辩证分析和客观评价，对什么是真正的马克思主义、马克思主义在21世纪是否还有生命力、哪些是永恒的、哪些过时了、马克思主义与苏联社会主义实践失败的联系、如何理解马克思主义的发展等问题进行了深入思考。

2. 俄罗斯学者的分类

以学者各自理论的实质和价值取向为基础，俄罗斯学者将其分为五类⑤，包括：(1) 保守的马克思主义。特征是教条即以信仰而不以知识为基础，其代表或者是今天找不到自己合适位置的苏联理论官员，或者是极左派的代表，如 Г. А. 久加诺夫⑥等。学者们认为这一派学者是一群极具攻击性、好斗性、激进性的马克思列宁主义者。(2) 反马克思主义。特征是极其"好斗"，它主张马克思首先是批判的对象，但它的这种批判并非理论性的批判，而是带有极其强烈的感情色彩，因为它将过去俄国发生的一切都归咎于马克思。(3) 人本的马克思主义。特征是突出马克思主义的人道性，它认可马克思列宁主义关于实现社会主义可能性的理论，以真正的社会主义是与发展生产力相联系的正统马克思主义为基础，但又主张这种社会主义必须克服苏联的弊端，它是20世纪80年代中期苏联"人本马克思主义""人本社会主义"的继续。(4) 发展的马克思主义（不

---

① 以 В. Т. 托尔斯特赫（Толстых, В. Т.，成立于20世纪末的"自由论坛哲学俱乐部"的副主席、哲学家）和纳列托夫（哲学家）为代表。

② 以国立莫斯科大学的 А. В. 布兹加林、А. И. 卡冈诺夫（Колганов, А. И.）为代表，该派以《抉择》杂志为核心，聚集了一批国内外马克思主义者。

③ 如《批判马克思主义：继续辩论》(2001)、《社会主义的复兴》(2003)、《全球资本》(2004)。

④ 以 И. Т. 弗罗洛夫、Т. И. 奥伊则尔曼、В. С. 斯焦宾、В. М. 梅茹耶夫、В. С. 谢苗诺夫、Н. И. 拉宾等为代表。

⑤ 参见［俄］弗·瓦·米洛诺夫：《马克思哲学遗产在当代俄罗斯的地位与作用》，车玉玲译，李尚德校译，载《社会科学辑刊》，2006 (1)。

⑥ Г. А. 久加诺夫（Зюганов, Г. А.），当代俄罗斯著名政治家，俄罗斯联邦共产党中央执行委员会主席、俄罗斯国家杜马共产党党团领导人，1992年任俄罗斯人民爱国力量委员会主席。

包括列宁主义）。特征是坚持马克思主义的"正统"，但强调对马克思主义的科学批判和自我批判是创造性地发展马克思主义的基础，它主张客观评价马克思的理论遗产并将其纳入社会学和哲学的传统，强调区分马克思思想与列宁思想、斯大林思想的必要性，强调坚持正宗马克思哲学必须阅读马克思的原著，反对苏联时期像利用咒语一样利用马克思的引言。（5）非马克思主义。特征是与马克思主义"疏离"，对他们来说，马克思只是诠释的对象，但该派的诠释却时常偏离马克思本人的思想。

中俄学者的上述划分是提法有异而实质相似。中国学者"四派论"中的肯定派、否定派、批判派、反思派，与俄罗斯学者"五类"中的保守的马克思主义、反马克思主义、人本的马克思主义、发展的马克思主义，既有相似又不尽相同。例如，"肯定派"就不能简单地等同于"保守的马克思主义"。至于"五类"中的"非马克思主义"，其情形就更为复杂，它既可归于又不可简单地归于任何一派。

上述划分，只是就俄罗斯学界对马克思主义、马克思主义哲学的基本态度和基本认知倾向而言。人的思想极其复杂多变，即便在一个派别中也有多种思想倾向混合杂存。因此，这种划分只是大致的、笼统的、粗略的，而非精确的、清晰的、绝对的。事实上，俄罗斯哲学界十分注重分析和评价某位哲学家的思想，以其具体理论为对象而不是简单地划界或归类。

对马克思主义哲学而言，这里的"被边缘化"，主要指欲从根本上否定马克思主义哲学之存在地位和价值的反马克思主义流派，它自苏联解体后，呼应社会上的反马克思主义浪潮，通过开办论坛、举行会议、发表文章、编写教材等多种方式，在将马克思主义与斯大林主义、宗教教条等同，视马克思主义为社会主义灾难的根源中，通过不断地攻击、否定马克思主义哲学而继续着将马克思主义哲学边缘化的进程。进入21世纪后，虽然该派随着俄罗斯的大众和学者对苏联历史认识与评价的回归理性，其讨伐声音和社会影响不及20世纪90年代，但其一如既往的强烈反马克思主义之声却仍然起到了持续不断地消解马克思主义哲学的作用。这里的马克思主义哲学"被边缘化"更主要的还指，它除了在学界这一有限范围内赢得部分学者的有限喝彩声外，就整个俄罗斯社会而言，无论官方还是民间，仍然是应者寥寥。

（二）复兴与活跃：被关注的马克思主义哲学

然而，被边缘化只是21世纪俄罗斯马克思主义哲学存在状态的一面。与整个21世纪俄罗斯学术氛围的多元化相应,21世纪的俄罗斯马克思主义哲学重新获得了学界的关注,"马克思是否值得今天的人们去思考?"成了21世纪的俄罗斯学界之问,马克思主义的一些基本命题受到学者的不时关注。更有学者在研究了马克思的理论后,仍然称马克思为"现代最伟大的科学家",认为"马克思对于人类历史的理解和经济学科中所获得的成就无人能超越"[1]。与此同时,学界又对马克思的一些理论,尤其是社会进步论、人类历史自发性、交往理论等提出了质疑。但这类关注只是将马克思主义哲学当作一个学术对象而褪去了意识形态底色。对此,正如B. M. 梅茹耶夫在谈到21世纪以来,俄罗斯学界明显增多的马克思思想研究之作[2]时所言:这些著作"首次尝试以批判性的观点看待马克思的创作,而且摆脱了马克思主义辩护士曾固有的和马克思主义的现代反对者也经常抱有的意识形态成见与政治干扰"[3]。

马克思主义哲学的重新被关注,具体表现在下列几个方面:

1. 学术会议增多,论题直指马克思主义及其哲学

较之20世纪90年代马克思主义、马克思主义哲学学术会议的稀有,21世纪的俄罗斯在相关学术会议方面显示出明显的增长势头。仅在21世纪之初,俄罗斯就召开了两次全国性的马克思主义理论讨论会。[4] 在2005年的"第四届俄罗斯哲学大会"上,马克思主义作为其中的六个专题研讨会之一,参会人数最多[5],讨论时间长达两天,与会代表发言踊跃。[6]

---

[1] Длугач Т. Б. Надо ли сегодня задумываться над Марксом?//Вопросы философии.-2011.-No7.

[2] B. M. 梅茹耶夫在《我理解的马克思》中,列举了其中一些知名的书,如卡·莫·坎托尔的《历史的双螺旋——设计主义的历史哲学》(2002)、Т. Н. 奥伊则尔曼的《马克思主义与乌托邦主义》(2003)、А. 巴拉耶夫的《读懂马克思》(2004)、А. Н. 德米特里耶夫的《没有无产阶级的马克思主义——卢卡奇和1920—1930年早期法兰克福学派》(2004)、米·叶·科兹里尼科夫的《马克思主义的主要矛盾——深化哲学的解释》(2005)、鲍·费·斯拉文的《马克思的社会理想》(2004)。(参见[俄] B. M. 梅茹耶夫:《我理解的马克思》,林艳梅、张静译,1页)

[3] 同上书,4页。

[4] 2001年4月26—27日,由俄罗斯科学院哲学研究所主办,70多位专家学者参加的题为"21世纪的马克思列宁主义与俄罗斯发展前景"讨论会。2002年4月22—24日,由俄罗斯科学院哲学研究所纪念马克思诞辰185周年而主办的"第一次国际学术世界大会"。

[5] 来自俄罗斯、立陶宛、乌克兰、哈萨克斯坦、中国、古巴、委内瑞拉、希腊等国的217位学者与会。

[6] 与之形成鲜明对比的则是2002年的顿河罗斯托夫市"第三届俄罗斯哲学大会",其中虽有马克思主义的专题讨论会,但实际参加者仅有三位学者,整个讨论只进行了两个多小时。[参见赵岩:《第四届俄罗斯哲学大会侧记》,载《哲学动态》,2005(10)]

第四章 复兴与自信：21世纪的中俄哲学

此后，俄罗斯学界相关的学术会议较之先前明显增多。2008年，俄罗斯召开了三次重要的马克思主义学术研讨会。[①] 三次会议的主题尽管并不相同，但主旨之一都在考察与探讨马克思主义及其哲学对当代俄罗斯、当今世界究竟有何现实价值的问题。2009年，俄罗斯除了召开题为"纪念列宁《辩证唯物主义和历史唯物主义》100周年"的学术会议，还举行了"国际马克思主义论坛"[②]，论坛本身和会后出版的大型论文集《马克思主义：过去、现在、未来》如今已成为了解俄罗斯马克思主义研究信息的重要渠道。2010年，俄罗斯召开了纪念列宁诞辰140周年的"'列宁在线'国际学术会议"，以及题为"在全球化背景下俄罗斯超越危机的潜力：教育、科学和文化"的国际研讨会[③]。大会主题虽然主要涉及与俄罗斯生存和发展相关的经济危机、生态危机、地缘政治危机，但仍然涉及了马克思主义哲学及其政治经济学，如将现代经济危机与马克思时代的古典经济危机进行性质和原因的比较，对处理危机的社会科学方法，如辩证法与实证主义、后现代主义等进行比较。题为"停滞：苏联解体是不可避免的吗？"的学术研讨会[④]，虽然围绕苏联解体前各种社会领域改革如何导致了社会主义体制的崩溃而展开，但核心却是马克思主义作为意识形态，在苏联帝国之兴与衰中的作用。至于由俄罗斯哲学学会与基辅技术大学社会学院联合举办的"第十二届国际学术大会"[⑤]，则围绕马克思列宁主义的理论方法，从不同角度展开了热烈的讨论。2011年，俄罗斯召

[①] （1）2008年4月22日，由俄罗斯科学院哲学研究所召开的"马克思与21世纪——纪念马克思诞辰190周年学术研讨会"。（2）2008年4月28日，由俄罗斯科学院哲学研究所政治哲学研究室主任舍普琴科主持的"卡尔·马克思和21世纪社会主义的前景圆桌讨论会"。（3）2008年5月5—6日，由国立莫斯科大学、俄罗斯科学院、《抉择》杂志社联合举办的"马克思主义：21世纪经济和社会政治的抉择国际学术研讨会"。

[②] 由 Д. В. 焦哈泽主持，该论坛每两年举办一次，邀请对象为国内外马克思主义研究者。

[③] 4月20—21日在国立莫斯科大学举办。会议邀请了国家杜马代表、非政府组织领导人，以及国立莫斯科大学、俄罗斯科学院等的知名学者。

[④] 11月18—19日在莫斯科举行。来自俄罗斯科学院的哲学研究所、经济研究所、世界历史研究所的知名学者，国家杜马、非政府组织的领导人出席了会议。

[⑤] 5月13—14日在乌克兰首府基辅召开。来自俄罗斯、乌克兰等国的150人出席了会议。哲学论题包括：哲学与文化的辩证法、理想与现实的辩证法、列宁辩证法与形而上学、从抽象上升到具体的理论、历史与逻辑统一的方法、唯物辩证法的范畴发展及对德国古典哲学的继承、马克思主义与西方世界、黑格尔哲学中的异化问题等马克思主义哲学问题。

开了题为"没有苏联的二十年：教训与未来的挑战"的国际学术会议①，尽管会议的主题仍然是探讨苏联解体之因，但学者的发言却不乏运用马克思主义哲学的社会形态论、社会结构论，从俄罗斯的经济结构、政治结构、文化结构、历史传统等不同角度，展开了讨论和分析。

21世纪俄罗斯马克思主义及其哲学会议的增多，除了表明俄罗斯哲学研究的更为多元化外，还显示了马克思主义及其哲学对俄罗斯社会的影响并未消退。只是，它不再以苏联时期的"贵族"而是以"平民"的姿态，在走进俄罗斯社会生活的现实和资本全球化的现实中，引发了学者的探究兴趣。

2. 出版物增长

进入21世纪后，俄罗斯学界进一步关注那些在苏联时期被打入另册的20世纪20—30年代的马克思主义哲学家，如 А. А. 波格丹诺夫、Н. И. 布哈林等，并出版了相关研究成果。② 此后，俄罗斯的马克思主义与马克思主义哲学，在"反思的发展的"马克思主义派与"批判的人本的"新马克思主义派的推进和互动中，出版了较之20世纪90年代更多且更有影响力的论著。这里，仅以21世纪最初10年的中后期为例。

2008年，俄罗斯出版的马克思主义、马克思主义哲学研究成果大致有四类：（1）反思马克思主义，力求划清马克思与苏联意识形态马克思主义之间界限的著作③；（2）揭示马克思主义哲学的生命力在于其批判精神的著作④；（3）探讨马克思主义哲学的理论实质的著作⑤；

---

① 11月7—8日在俄罗斯科学院哲学研究所召开。来自俄罗斯科学院哲学研究所、国立莫斯科大学、俄罗斯各地科学和教育中心，以及独联体、西欧国家、美国、中国的知名学者到会。

② 仅是乌拉尔大学哲学系的 К. 留布金教授，就先后出版了《俄罗斯的马克思主义者亚历山大·波格丹诺夫》（2000）、《俄罗斯版的马克思主义：尼古拉·布哈林》（2000）、《苏联时期的祖国哲学》（合著，2001年上卷、2002年下卷）等多部著作。

③ 如 В. М. 梅茹耶夫的《马克思反对马克思主义》、С. Г. 卡拉-穆尔扎的《马克思反对俄国革命》、А. В. 科洛金的《非马克思主义》。

④ 如 Ю. К. 普列特尼科夫的《唯物史观和社会主义理论问题》、В. М. 梅茹耶夫的《马克思反对马克思主义》。

⑤ 如 А. П. 科伦塔耶夫的《马克思主义理论中的劳动：同为共产主义乌托邦的道路》。

第四章　复兴与自信：21世纪的中俄哲学

（4）探讨马克思主义与现实社会主义的关系及其当代价值的著作①。

2009年，走出"两极跳"的评价误区，沿着反思和多维度评价方向继续前行的俄罗斯马克思主义哲学界，出版或再版了30多本著作，它们大致包括五类：（1）马克思主义经典作家的哲学和科学社会主义著作②；（2）第二国际领袖的社会主义、经济学著作③；（3）19世纪末20世纪初俄罗斯思想家有关社会主义、马克思主义、马克思主义哲学的著作④；（4）翻译国外学者对马克思主义经典著作的编撰之著⑤；（5）当代俄罗斯学者的研究新著，包括特别活跃的"批判的人本的"新马克思主义派的研究新著⑥，不甘寂寞的"反思的发展的"马克思主义派的研究新著⑦，其他马克思主义者与社会主义者的研究新著⑧。

2010年是"批判的"与"反思的"俄罗斯马克思主义派取得新研究成果的一年。学者将研究目光锁定在全球化背景下的俄罗斯未来发展之路上，希望通过批判资本的全球霸权，寻求替代现代资本主义之路，构建使人类真正获得自由时间和发展空间的"知识社会"。来自国立莫斯科大学、俄罗斯科学院哲学研究所、国内各科研机构的知名学者，依托两个有影响力的学术刊物《哲学问题》和《抉择》，致力于"后苏联

---

① 如 B. A. 阿茨尤科夫斯基的《列宁的著作〈国家与革命——马克思主义关于国家学说和无产阶级在革命中的任务〉及其现实意义》、В. Ф. 吉托夫的《国家社会主义》。
② 如马克思的《哲学的贫困》《关于伊壁鸠鲁哲学的笔记》、恩格斯的《共产主义原理》。
③ 如考茨基的《美国工人》《马克思的经济学说》。
④ A. A. 波格丹诺夫的《新世界：社会主义的问题》、图甘-巴拉诺夫斯基的《马克思主义的理论基础》（第4版）和《社会主义是有益的学说》（第3版）、切尔内绍夫的《一个马克思主义者的记事手册》（第2版）、С. Н. 布尔加科夫的《作为宗教形象的卡尔·马克思（引自神人宗教评著）》（第2版）、巴兰金的《列宁的遗嘱》（第2版）、阿克塞尔罗德的《黑格尔的唯心主义辩证法和马克思的唯物主义辩证法》（第2版）。（参见复旦大学国外马克思主义与国外思潮研究国家创新基地等：《国外马克思主义研究报告2010》，154页）
⑤ 翻译出版了德国历史学家、经济学家博尔夏特精心编撰的马克思《资本论》前三卷之作：《〈资本论〉精选本》。
⑥ А. В. 布兹加林的《马克思主义：21世纪的必然选择（后苏联批判的马克思主义学派的争论）》《反波普尔：社会解放和他的朋友们》、А. В. 布兹加林和А. И. 卡冈诺夫的《资本主义的界限：方法论和本体论，古典哲学和政治经济学的复兴》、该派学者共同撰写的《社会主义——21世纪（后苏联批判的马克思主义学派的14篇文章）》。
⑦ 如 В. С. 谢苗诺夫的《社会主义和21世纪的革命：俄罗斯和世界》、巴甫洛夫斯基的《马克思主义研究的伪造者》。
⑧ 特瓦尔多夫斯基和伊藤贝格的《俄罗斯人和卡尔·马克思：选择还是命运？》、科瓦列夫的《世纪之交的人类社会："资本主义和社会主义"的两难境地》。

批判的马克思主义"研究,在先前一批有影响力的理论著述①的基础上,坚持以社会主义为研究平台,在全球化的时代背景中发展马克思主义,先后推出了一批研究新作。②

2011年,俄罗斯继续了马克思主义及其哲学研究的翻译、再版热:(1)翻译出版马克思恩格斯的战友和学生的著作③;(2)再版第二国际代表人物的著作④;(3)编辑出版恩格斯、考茨基、拉法格等人的论文集《历史唯物主义:辩论、思考和哲学问题》;(4)翻译出版19世纪末20世纪初俄罗斯国内马克思主义学者的哲学、政治经济学著作⑤;(5)翻译出版国外马克思主义者的著作⑥;(6)再版苏联时期的马克思主义学者的著作⑦;(7)出版与再版当代俄罗斯马克思主义哲学家的著作和论文集10余部。

上述表明,21世纪俄罗斯的马克思主义及其哲学研究早已突破了先前的界限,拓展到了苏联时期被视为理论禁区,即只有接受批判的义务的包括第二国际、20世纪20年代俄罗斯的马克思主义哲学家、苏联解体后被俄罗斯学界否认的苏联马克思主义哲学家等研究对象。

---

① 《论马克思的社会理想》(2003)、《资本与经济增长》(2005)、《理想与偶像》(2006)、《苏维埃的文化现象》(2008)、《马克思反对马克思主义》(2008)、《社会主义向现实转化的方法》(2008)、《马克思主义:21世纪的抉择》(2009)、《资本的界限》(2009)、《社会经济战略的前瞻性:列宁的困境》(2009)、《意识形态的总结》(2009)。(参见复旦大学国外马克思主义与国外思潮研究国家创新基地等:《国外马克思主义研究报告2010》,189页)

② 如《谁在今天创造历史:反全球化与俄罗斯》(2010)、《危机:未来的抉择》(2010)、《道德与自由的创造》(2010)。

③ 考茨基的《法兰西革命时期的阶级矛盾》、拉布里奥拉的《关于历史唯物主义》、梅林的《保卫马克思主义》。

④ 伯恩斯坦的《社会主义的前提和社会民主党的任务》。

⑤ A. A. 波格丹诺夫的《前资本主义时代的政治经济学教程》,B. A. 巴扎洛夫、A. B. 卢那察尔斯基、A. A. 波格丹诺夫等的《马克思主义哲学论文集:哲学汇编》,著名俄国经济学家兹别勒的《大卫·李嘉图和卡尔·马克思以及他们的社会经济研究》,著名俄国政治活动家、政论家瓦洛大斯基的《马克思的个性——马克思主义在俄国的历史》,洛兹斯基的《知识分子究竟是什么?(批判的—社会主义的经验)》等。(参见复旦大学国外马克思主义与国外思潮研究国家创新基地等:《国外马克思主义研究报告2010》,188页)

⑥ 如德国社会民主主义者莫斯特的《资本和劳动:卡尔·马克思〈资本论〉摘要》。

⑦ A. M. 德波林的《哲学和马克思主义》《辩证唯物主义哲学概论》,阿克塞尔罗德的《批判资产阶级社会学和唯物主义历史观》、3. B. 伊利因科夫的《马克思〈资本论〉中抽象和具体的辩证法》。(参见复旦大学国外马克思主义与国外思潮研究国家创新基地等:《国外马克思主义研究报告2010》,189页)

第四章　复兴与自信：21世纪的中俄哲学

3. 高校马克思主义哲学课程未被禁绝而继续讲授

进入21世纪以后，俄罗斯的高等教育中，尽管马克思主义哲学已经不是高校的教学课程，高校也没有专门的马克思主义哲学教科书，使用的各种教材中也不再有马克思主义哲学或辩证唯物主义、历史唯物主义之类的概念，但由于教材的编写者都是在苏联时期接受哲学教育的，因而教材的基本观点乃至目录仍然带有马克思主义哲学的痕迹，高校的讲台也不乏讲授马克思主义哲学的教师。具体课程的开设取决于教师与学生选课，因此，一些学校仍然在讲授马克思主义哲学。[①]

4. 设立相应的研究机构

与上述马克思主义哲学研究"再热"相应的是，自苏联解体以来就出现，并在21世纪形成更大规模的一些非官方的研究与宣传马克思主义的基地、中心的存在。它们包括：（1）俄罗斯联邦共产党领导的"马克思主义著作出版社和杂志社"[②]，其理论刊物有：杂志《对话》《政治教育》、报纸《真理报》《俄罗斯真理报》。前者主要刊载系统研究马克思主义的理论文章，后者主要宣传马克思主义的理论。（2）俄罗斯社会主义学者联盟"РУСО"即"坚持社会主义方针的俄罗斯学者协会"，它是由一些坚持马列主义与社会主义的思想家、哲学家组成的社会团体。集中研究和分析苏联解体的原因、俄罗斯的最新动态、社会主义道路的必然性，坚持苏共的意识形态和斯大林的社会主义观，反对戈尔巴乔夫的民主社会主义，认为戈尔巴乔夫是叛徒、Г. А. 久加诺夫是机会主义。其理论倾向基本属于前面提到的"肯定派"。（3）俄罗斯科学院哲学研究所属下的"马克思主义研究中心"。该中心成立于20世纪末，集合了一批对苏联怀有深厚感情的老一辈苏联马克思主义哲学家。[③] 该中心每月举行一次活动，每两年定期举办一次"国际马克思主义论坛"大会，出版了大型文集《马克思主义：过去、现在、未来》。其理论倾

[①] 如 А. Д. 科西切夫（20世纪50年代作为苏联专家来复旦大学讲授马克思主义哲学两年，主要研究历史唯物主义、马克思列宁主义哲学史和科学共产主义，著有《马克思主义哲学史》等），2007年虽已93岁高龄，但仍在大学讲授马克思主义哲学发展史。

[②] 作为苏共的继承者，它坚持党的宗旨是创造性地发展马列主义，建成以集体主义为原则的公正、自由、平等的社会主义社会。它现有50万党员，是俄罗斯目前组织性最强、规模最大的左翼政党。

[③] 以 Д. В. 焦哈泽、А. Д. 科西切夫、В. Ф. 吉托夫、Б. Н. 别索诺夫等为代表，负责人是 Д. В. 焦哈泽。

277

向是前面提到的"肯定派"。(4)以一批传统马克思主义者为代表的松散联盟。苏联解体后,在俄罗斯各城市产生了一些马克思主义小组和中心,其成员多是哲学家、经济学家、社会学家、历史学家等知识界的代表。它们是一批以各自的研究方向为中心,自发结成的马克思主义研究小组,其目的是捍卫、宣传、发展马克思主义。这些研究机构用马克思主义理论分析当代俄罗斯的各种社会问题,寻找俄罗斯的强国之路和发展方向。其理论倾向基本属于前面提到的"反思批判派""发展派""人本派"。

尽管上述机构和联盟的领导者或参与者,以老一辈学者为主而年轻人不多,但在21世纪的俄罗斯,以此为依托的这些人却形成了一个较之20世纪90年代强大了许多的马克思主义研究阵营。

(三)深化与拓展:马克思主义哲学的研究现状

如前所述,在20世纪90年代末,俄罗斯学者已经尝试着走出"两个极端"的误区。进入21世纪后,俄罗斯学界对马克思主义哲学,无论反思还是研究,都有了深化与拓展。

1. 反思的深化与拓展

反思的深化表现为:对马克思主义哲学的反思,不再限于纯粹的理论探讨或纯粹的现实需要这"两端",而是力图在将它与苏联和俄罗斯的社会现实、历史传统、思维模式的结合中,做出分析与评价。正如俄罗斯学者所言,虽然"今天,否认马克思的时期仍在继续,但其速度明显缓减了,冷静地对待这个理论的态度终于替代了它。人们试图严肃地批判地思考马克思的遗产,开始分析他关于人的、社会的和历史的学说的哲学基础,直至试图研究他的某些学说在现代文明的条件下,如何适用的问题"①。

何以苏联后期出现了"倒马"狂潮?2001年题为"21世纪的马克思列宁主义与俄罗斯发展前景"的学术大会上,一些资深学者②从学术角度做了分析:那些对马克思主义哲学知之甚少甚至一无所知的人,以流于表面和缺乏论证的非科学批判,代替对马克思主义哲学的客观分

---

① 郑镇:《马克思的哲学在苏俄的历史命运——莫斯科大学副校长米诺洛夫访谈录》,载《中共福建省委党校学报》,2006(4)。

② 如 Т. И. 奥伊则尔曼、В. С. 谢苗诺夫、В. Н. 斯特拉霍夫 (Стылахов, В. Н.,俄罗斯科学院院士、科学院地球物理联合研究所所长)、Я. А. 巴加图利亚 (Пагатулия, Я. А.,苏联马克思主义文献学专家、俄罗斯国家社会历史档案馆研究员、国立莫斯科大学哲学系教授、俄罗斯《马恩全集》历史考证版编委会主席)等。

第四章 复兴与自信：21世纪的中俄哲学

析。多数学者在从学理层面表达"马克思思想不可能终结"的信念的同时，强调必须基于20世纪苏联的经验教训，反思马克思主义。

何谓真正的马克思主义？苏联解体后，俄罗斯学者对其的思考和争论从未止息。2009年，一些学者继先前剔除马克思主义的意识形态化倾向，在区分马克思主义与俄国的马克思主义、马克思主义与非马克思主义的同时，分析比较了马克思思想与恩格斯思想的异同，指出在苏联出版的50卷《马克思恩格斯全集》中，马克思本人的文字屈指可数。马克思旨在进行的政治经济学批判，却被恩格斯、列宁等忽略了。真正的马克思主义是社会实践而非僵死的教条和纲领，马克思思想的核心价值是批判性和革命性而非空想与思辨，真正的马克思思想体现在其社会历史理论中。因此，分析马克思主义的当代位置，创造性地理解马克思主义的理论和实践，便成为俄罗斯学者深入反思马克思主义的入口。

何谓真正的马克思主义哲学？苏联解体后，这是备受俄罗斯学界关注的问题。进入21世纪以后，对马克思主义及其哲学的"反思深化"，从理论与实践两个层面展开。(1)理论层面的反思深化，即对马克思主义哲学的理论内涵、理论特征、理论价值等问题的重新认识和评价。其中，俄罗斯资深马克思主义哲学家Т. И. 奥伊则尔曼的观点最具代表性。苏联解体后，直面马克思主义哲学的遭遇，Т. И. 奥伊则尔曼在潜心十年反思马克思主义哲学后，出版了《马克思主义与乌托邦主义》(2003)，力图从正反两个方面客观认识和评价马克思主义及其哲学，并在批判苏联版的辩证唯物主义、历史唯物主义观点的基础上[①]，强调了马克思主义哲学的实践性、主体性、人文性、价值性。(2)实践层面的反思深化，是将马克思主义哲学的命运与苏联、俄罗斯的历史背景和文化心态相联系，如分析了马克思主义哲学在苏联沦为"英雄神话"和

[①] 辩证唯物主义方面的问题：(1)哲学对象。认为将马克思主义哲学称作辩证唯物主义，把辩证法的规律作为辩证唯物主义的对象，完全不符合马克思恩格斯的思想。(2)唯物论问题。认为马克思恩格斯并没有完成相关研究，并没有建立完整的理论。(3)辩证法问题。认为辩证法的规律只是记录了自然、社会、人的思维过程的某些共同点，它不应是人们必须服从的，并独立于这些过程之外的规律。(4)认识论问题。认为反映论没有重视理论研究的相对独立性。

历史唯物主义方面的问题：(1)生产力问题。认为过于强调生产力的物质要素，而忽视了人是最重要的生产力。(2)生产方式。认为社会生产在当今时代不仅是物质财富的生产，更是总体的社会生产。(3)生态问题。认为传统历史唯物主义没有看到唯物史观与生态问题的联系。(Ойзерман Т. И. Марксизм и Утопизм. , М. , Прогресс-Традиция, 2003)

比较研究：当代俄罗斯哲学与中国马克思主义哲学

"观念神话"的原因，指出前者直接建立在百姓低下的知识水平上，被人们当作具有革命魔法的类似于《圣经》中的"救世主"。之所以如此，与俄国文化中根深蒂固的"救世意识"思维模式相关。后者则由相对熟悉马克思理论的知识分子制造的"两个马克思"造成：为人熟知的"官方马克思"，它为官方意识形态宣传服务；"未被人们读过的马克思"，它为人文知识界的人们所喜爱。之所以如此，与人们尤其是知识分子摆脱意识形态统治、寻求内心自由的渴望相关。①

俄罗斯学者的这种反思，在试图寻求和揭示马克思主义哲学对当代俄罗斯社会是否还存在现实价值中，拓展和深化了马克思主义哲学的研究领域与理解层次。

反思的拓展表现在：反思视角扩大，即不再限于马克思主义哲学，而是整个马克思主义理论。较之20世纪90年代中期俄罗斯学界反思的范围主要限于哲学②而言，21世纪的俄罗斯学界已经将反思范围拓展到与俄罗斯社会发展直接相关的、更多具有历史价值和现实启示的理论领域和实践领域，它们包括对修正主义的认识和评价、对十月革命的再认识、对苏联解体的深度分析、对社会主义理论与实践的思考。

其一，对修正主义的认识和评价。Т. И. 奥伊则尔曼在《为修正主义辩护》（2005）一书中，以现代资本主义发展现实为据，在大量论证爱德华·伯恩斯坦③修正主义观点（包括他对唯物史观、辩证法、暴力革命、无产阶级专政理论的批判，社会主义运动"手段与最终目的"的关系，社会主义的目标是民主、自由等价值的伦理社会主义观等），在区别马克思与爱德华·伯恩斯坦关于社会主义必然性论证的不同理论维度（前者以经济必然性为基础，后者以道德价值必然性为基础），在追溯马克思主义与教条主义的渊源，分析苏联如何使马克思主义教条化的过程中，为爱德华·伯恩斯坦的修正主义理论进行了全面辩解，提出了"还伯恩斯坦主义以历史的公正"的观点，并从理论发展的过程论、方

---

① 2005年，在题为"苏联时期马克思主义哲学"的"全国第十届俄罗斯哲学研讨会"上，国立莫斯科大学副校长、哲学系主任 В. В. 米洛诺夫在会上做了题为"马克思主义哲学遗产在俄国的地位"的发言，就谈到此。[参见［俄］弗·瓦·米洛诺夫：《马克思哲学遗产在当代俄罗斯的地位与作用》，车玉玲译，李尚德校译，载《社会科学辑刊》，2006（1）]

② 西方哲学、俄罗斯宗教哲学、苏联哲学、马克思主义哲学。

③ 爱德华·伯恩斯坦（Bernstein, Eduard），德国社会民主主义理论家、政治家、德国社会民主党和第二国际右翼领袖、进化社会主义即改良主义创始人。

法论等维度,得出了"修正应被视为能够促进认识发展——作为修正对象的理论——的批判活动"①,因而"修正"是理论发展之必经阶段的结论。Т. И. 奥伊则尔曼这一关于爱德华·伯恩斯坦在当时是怎样使马克思主义符合西方社会的现实,今日的马克思主义者又应当如何使马克思主义更加符合俄罗斯社会、整个世界的现实和发展趋势的观点,尽管有着对马克思主义基本原则(无产阶级革命和无产阶级专政)的否定之嫌,但他对修正主义的分析与评价,较之先前苏联学界的全盘否定和俄罗斯学界的全盘肯定,则相对客观和全面。基于此,2006年《哲学问题》杂志社为该书专门举办了一场研讨会,参与发言者多是当代俄罗斯马克思主义哲学界的一些资深学者。② 他们一致肯定该书对"修正"与"修正主义"的辨析,强调区分科学领域的理论修正与意识形态领域的修正主义的必要性,认为两者既有联系又有区别,不能简单等同,更不能以否定后者取代前者;强调任何理论只有根据时代、实践的发展而不断"修正"其形式与内容,才谈得上理论的科学性;认为马克思正是这方面的楷模,作为伟大的思想家,他从未故步自封,满足于既有结论,而总是根据现实变化和新的实践经验,不断补充修正自己的理论。③ 学者的发言既在凸显马克思学说的灵魂在于其历史方法论而不是其结论,为深入一些历史上的理论争论提供了新视角的同时,也拓宽了俄罗斯学界的反思视域,深化了其反思层次。

其二,对十月革命的再认识。针对苏联解体后,俄罗斯学界一度甚嚣尘上的"革命是少数人尤其是非俄罗斯族知识分子"的"强加观"、"革命是纯粹突发事件"的"偶然论"④,学界对革命发生的原因、性质、后果做了探讨。(1)关于革命发生的原因。一是基于俄国国情的分析,即在详尽阐述马克思、恩格斯、列宁、斯大林关于社会革命爆发的

---

① Ойзерман Т. И. Оправдание Ревизионизма. Изд. Канон + и РООИ《Реабилитация》, М., 2005. -С. 25.

② 如 В. А. 列克托尔斯基、В. С. 斯焦宾、А. А. 古谢伊诺夫、В. М. 梅茹耶夫、В. Г. 费多托娃、В. Г. 布罗夫等。

③ Лекторский В. А. Обсуждение книги Т. И. Ойзермана "Оправдание ревизиризма" / В. А. Лекторский, В. Л. Макаров, В. С. Степин, В. Н. Кудрявцев, А. А. Гусейнов, В. М. Межуев, И. К. Пантин, В. Г. Федотова, Н. С. Юлина, В. Н. Шевченко, В. Г. Буров, Т. И. Ойзерман. // Вопросы философии. -2006. -No7.

④ 参见安启念:《俄罗斯向何处去:苏联解体后的俄罗斯哲学》,244~252页。

主客观条件的理论的同时,运用大量的实证材料,从农民人口庞大(占总人口的 82.4%)且极度贫穷,社会贫富分化严重且矛盾尖锐,革命知识分子天然向往社会主义且俄国农民、农村具有特殊性即农民依附于村社,村社给予农民"平等"①的政治权利等客观环境和主体因素的不同角度,论证十月革命发生的历史必然性。② 二是基于世界历史和全球化的分析,即以全球化带来的现代性来解释十月革命,认为正是西方资本主义现代性的全球扩张,迫使落后的俄国选择以制度变革的"革命"来开启现代化历程。因此,十月革命不过是俄罗斯变换现代性方案模式选择的第一步,是以列宁为代表的布尔什维克党将马克思主义现代性抉择的学理变为行动策略和实践结果的尝试。③(2)关于革命的性质。有学者根据对当时俄罗斯的社会现状和农民的生活状况、精神状态、文化状态、民族性格的分析得出,这场革命的哲学基础是"罩着马克思主义薄膜的农民的村社共产主义",革命的主体不过是穿上工人与士兵服装的青年农民。④ 有学者进而指出,必须客观地认识十月革命,它虽然既非布尔什维克组织的政变也非少数人的密谋,但也不是无产阶级社会主义革命,而是全体劳动人民、全体穷人,首先是占人口大多数的农民的革命,是俄国人的人民革命。它与中国的新民主主义革命相似,不同的是中国革命领袖认识到了这一点而俄国革命者则没有。(3)关于革命的后果。有学者既指出它具有历史必然性,又强调由于这种必然性,基于民族危机深重、阶级矛盾尖锐、经济文化落后、党派路线斗争剧烈,它的现代化又是在匆忙急迫中"被现代化"的。因此,当革命后的执政党在从党派路线斗争工具转变为国家机器时,实现党国一体化的要求就使它不但要取消外在的反对派,而且要取消内在的反对派。这样,以"革命"为序幕的"建国",就必然以极权政治的方式完成它的历史出场式。⑤ 上

---

① 这里的"平等"打了引号,因为事实上俄罗斯的村社只是 B. A. 萨普雷金笔下"没有土地私有,农民享有平等的政治权利,在生产和生活中互助合作"的"社会主义潜在天堂"。对此,无论马克思、恩格斯、列宁,还是与马克思同时代的俄国学者如科瓦列夫斯基,都有过大量论述。

② Сапрыкин В. Русская пролетарская революция-великий шаг на пути от предыстории к подлинной истории человечества//Коммунист. -2007. -№5.

③ Пантин И. К. Русская революция:политико-философское прочтение события//Альтернативы. -2011. -№2.

④ Кара-Мурза С. Г. Мы еще поборемся //Литературная газета. -2007. -№38-39.

⑤ Буров В. Социалистический? Народный?//Литературная газета. -2008. -24 мая.

第四章 复兴与自信：21世纪的中俄哲学

述反思，在进而引发俄罗斯学界和政界对十月革命之关注、争论的同时，也表明俄罗斯学界对十月革命的分析和评价已经有了更为多元的视角。

其三，对苏联解体的深度分析。反思十月革命，自然会延伸到其实践之果苏联。这个曾经令世界瞩目、令世人向往的社会主义"圣殿"，何以一夜之间坍塌？在苏联解体后的20多年时间中，一些俄罗斯学者的悲情思索可谓从未间断。进入21世纪以后，随着苏联档案的公开，更多的史料被挖掘和整理出来，俄罗斯学者得以以更翔实的资料从苏联的政治、经济等不同层面，对解体之因进行更为客观和更为深层的反思。（1）就政治而言，有学者根据苏维埃制度内部矛盾的演化过程与苏联社会主义制度瓦解之间的关联，对以下问题做了探讨：苏维埃政权建立后，何以布哈林路线、托洛茨基路线在与斯大林路线的较量中败下阵来？苏联何以在十月革命后形成官僚特权阶层并在后来成为社会的主导力量？社会主义的经济成分何以在苏联体制中以变异的形式存在？并且，他们还从历史学与经济学的角度分析上述问题，认为20世纪30年代的苏维埃政权实质"是波拿巴主义的一种"①。有学者从历史哲学的角度探讨了以下问题：斯大林政权的极权主义何以形成？其特征、本质是何种类型？它与意大利法西斯主义、德国纳粹主义有何区别和联系？极权主义与意识形态的关系如何？斯大林体制与马克思的理论、列宁的思想有何关联？何以列宁领导的无产阶级专政既非极权主义又是权威主义？斯大林的极权主义与其去世后的"后极权主义"有何关系？②（2）就经济而言，有学者根据苏联工业化的历史进程，探讨了以下问题：苏联计划经济在从20世纪30年代到60年代的各个不同时期出现的管理体制如何消解了资源的配置有效力？表面旺盛的需求如何掩盖了停滞的经济？产业技术之间何以形成新旧之间的差距？企业和个体劳动者何以缺乏技术创新的动力？在做出过程论的分析中，直指官僚机构下计划管理机制的弊端。③ 有学者则从经济学视域探索了以下问题：十月革命以后新生苏维埃政权内部，在关于经济的发展方向、发展策略上，

---

① Колганов А. СССР как [не] социализм//Альтернативы. -2011г. -No2.
② Истягин Л. Теория тоталитаризма в контексте актуальных политических процессов // Альтернативы. -2011. -No3.
③ Колганов А. Развитие противоречий советской модели плановой экономики в эпоху «застоя»//Альтернативы. -2012. -No1.

比较研究：当代俄罗斯哲学与中国马克思主义哲学

有何分歧、斗争、做何选择？这种分歧的政治意义何在？这种选择的利弊得失有哪些？它们对当代俄罗斯社会经济结构转型有何启示意义？[①]

其四，对社会主义实践和理论的反思。反思十月革命和苏联解体，本身就意味着对这场革命的前途、路径的再思考。苏联社会主义制度的瓦解，全盘西化休克疗法的受挫，更让当代俄罗斯学者感到了探寻"路在何方？"的紧迫性。于是，伴随2008年纪念卫国战争的胜利，俄罗斯学界通过出版著作、发表文章，从历史维度探讨了以下问题：何谓社会主义？社会主义在发展过程中犯了哪些历史错误？今日俄罗斯如何摆脱危机？[②]马克思的无产阶级革命理论与俄国民族革命有哪些对立和冲突？[③]唯物史观与社会主义前景的关系如何？唯物史观有何当代意义？理论和实践统一的社会主义是怎样的？俄罗斯未来社会发展道路的抉择是资本主义还是社会主义？[④]俄罗斯的未来方向在何处？[⑤]马克思恩格斯社会主义理论的科学性、发展的内在逻辑何在？何以这一理论向现实的转化有如此大的困难和曲折？其原因何在？结果如何？[⑥]

---

① Воейков М. Послереволюционный большевизм: идейные альтернативы социально-экономической стратегии //Альтернативы. -2011. -№2.

② 俄罗斯联邦共产党在《列宁的著作〈国家与革命——马克思主义关于国家学说和无产阶级在革命中的任务〉及其现实意义》的小册子中有过探讨。该书第二部分"社会主义：错误与前景"就站在俄罗斯联邦共产党的立场，反思了苏联社会主义失败的经验教训，并分析了其历史原因。（Ацюковский В. А. Работа В. И. Ленина. 《Государство и революция. Учение марксизма о государстве и задачи пролетариата в революции и современность》. Социализм: ошибкииперспектива. Изд. 《Петит》, М., 2007）

③ С. Г. 卡拉-穆尔扎在《马克思反对俄国革命》一书中有过阐述。作者认为，作为俄国村社制度的捍卫者，马克思反对俄国革命；布尔什维克作为民族革命的领导者，又在实践中不尊重俄罗斯的民族自觉性。（Кара-Мурза С. Г. Маркс против русской революции. Изд. 《Эксмо Яуза》, М., 2008）

④ 《唯物史观和社会主义理论问题》一书有过分析。作者根据唯物史观强调的理论与实践统一的历史方法论，在分析当代世界的全球化与反全球化中，得出了俄罗斯应当将选择社会主义还是资本主义的权利给予劳动人民的结论。（Плетников Ю. К. Материалистическое понимание истории и проблемы теории соациалима., М., Альфа 2008）

⑤ В. Ф. 吉托夫在《国家社会主义》一书中有过探讨，他认为以国家社会主义作为社会政治制度的建构，一定会成为在俄罗斯社会主义研究中重要的理论依据。（Титов В. Ф. Государственный социализм. Новая концепция общественного развития: Монография. Изд. 《Современные тетради》, М, 2008）

⑥ Т. И. 奥伊则尔曼在《马克思主义社会主义（共产主义）理论的双重性》一文中做了分析。［Ойзерман Т. И. Амбивалентность социалистической (коммунистической) теории марксизма// Вопросы философии. -2008. -№11］

第四章　复兴与自信：21世纪的中俄哲学

在金融资本全球化的当今世界，社会主义与市场经济的关系如何？社会主义的政治体制改革与经济发展之间的关系怎样？社会主义能否实现对资本主义的制度性超越？如果能，那么以何种方式实现？从俄罗斯学者对社会主义何以失败的反思中可以看出，他们已经不再限于回顾历史，而是力图通过对俄罗斯的历史与现实、理论与实践的双重扫视，将着眼点落在对未来路径的探索上。

当代俄罗斯学者对马克思主义及其哲学的深度反思不过是向世界表明，21世纪的俄罗斯学界具有有所增长的马克思主义研究兴趣、更为冷静客观的马克思主义评价态度、更为现实的马克思主义认知需要。

2. 马克思主义哲学研究的深化与拓展

研究的深化主要体现在三个方面：在既有基础上深入到更多文本；从既有理论延伸到更深层次；对马克思主义哲学的评价，在既有基础上更为客观。

其一，在既有基础上深入到更多文本。这里的"更多文本"包括在再版和重新编汇马克思恩格斯原典的基础上，对马克思的早期哲学著作如《关于伊壁鸠鲁哲学的笔记》《1844年经济学哲学手稿》《哲学的贫困》以及马克思成熟时期的理论巨著《资本论》等的关注与研究。学界重编和学者重读的目的都在于，在完整体现与确切理解马克思理论的同时，尽可能使一般读者能够阅读和了解马克思的基本思想。以 Я. А. 巴加图利亚为代表的俄罗斯左翼学者，其以编辑和出版马克思恩格斯遗著（包括哲学遗著）为主要任务的"马克思学"研究，本质上也是一种马克思文本的研究。更多的学者则在回归马克思原著中，深入马克思文本，并通过对文本的研究获取对马克思主义哲学的新认识。

其二，从既有理论延伸到更深层次。这里的"更深层次"，不仅体现为对苏联哲学、马克思主义哲学的反思更为深入①，而且体现为在对马克思主义哲学基本理论的理解和阐释上提出了一些新的观点：（1）关于马克思主义哲学的本质、特征、方法论。一是马克思主义哲学的本质问题。针对先前对马克思主义的理解主要限于哲学、政治经济学、科学社会主义的"三位一体"观，有学者指出，"马克思的学说主要不是经济、社会或政治理论，而是历史理论"，马克思是"对现代社会（或者现代文

---

① 如前所述，有理论渊源、理论逻辑、理论内涵、理论特征、理论价值、理论影响等多重角度的反思。

明）及其经济、政治和意识形态的批判者"①。有学者强调，作为"历史科学"的马克思哲学，是"劳动现象学"，其最基本的历史范畴不是物质或精神而是实践，因为在马克思主义哲学的一些重要概念中，首先涉及的是"有目的性的感性活动"，而"正是这种活动以一种非常矛盾的形式，论证了人的存在和意识，同时也说明了人的存在和意识独立于感知活动"②，有学者据此认为，"马克思的唯物主义可以被称为实践唯物主义"③。有学者指出，马克思的辩证法"不是对无限世界的某些有数的普遍规律的议论"，而是"人和世界、主体和客体相互作用的规律，是人们的实践活动的规律"④。上述观点，如今成为包括 Т. И. 奥伊则尔曼在内的一批俄罗斯马克思主义哲学家的共识。二是马克思主义哲学的特征问题。在反思苏联哲学、马克思主义哲学的合理性与局限性中，当代俄罗斯马克思主义哲学家反感那种构建宏观理论体系、辨析微观概念范畴的思维范式。通过分析马克思的哲学理论，他们强调马克思哲学的方法论实质具有反思批判性、时代性、发展性，强调坚持马克思主义哲学这一理论特质是保证马克思主义生命力的关键所在。有学者据此区分了马克思主义哲学在苏联的两条发展路线：一条是"马克思（部分地包括恩格斯）—列宁—卢卡奇—维果茨基⑤—伊利因科夫"路线，另一条是"普列汉诺夫（包括恩格斯）—德波林—米丁—斯大林"路线。前者将辩证法视为体现唯物论但"就是逻辑，就是思维的规律"，强调人的意识、人的活动的作用，这是马克思本人的思想，体现了一条完整的马克思主义哲学发展路线。后者将辩证法本体论化，进而形成了一种没有人的地位的哲学观，这是正统的苏联哲学路线，是马克思主义哲学的倒退。⑥ 三是关于马克思主义哲学的方

---

① ［俄］В. М. 梅茹耶夫：《我理解的马克思》，林艳梅、张静译，4 页。
② Длугач Т. Б. Маркс: вчера и сегодня// Вопросы философии. -2014. -No 1.
③ ［俄］В. М. 梅茹耶夫：《我理解的马克思》，林艳梅、张静译，50 页。
④ Любутин К. Н. О философии Маркса// Вестник Российского философского общества. -2007. -No 2.
⑤ Л. С. 维果茨基（Выготский, Л. С.），苏联心理学家，维果茨基学派的创立者、组织者、领导者，主要研究儿童发展与教育心理，着重探讨思维与语言、儿童学习与发展的关系等问题。他因在心理学领域的重要贡献被誉为"心理学中的莫扎特"。他的心理学理论对苏联和西方的心理学都产生了广泛影响。
⑥ Мареев С. Н. Из истории советской философии: Лукач-Выготский-Ильенков., М., 2008. -С. 61.

第四章 复兴与自信：21 世纪的中俄哲学

法论问题。一些学者通过反思苏联时期被某些国外研究者称为"批判马克思主义"的理论，揭示其长处与不足，比较作为思维方式的社会文化决定论与康德先验论的异同，强调"逻辑辩证法作为思维哲学研究的方法论"，对思维哲学研究和跨学科研究的重要意义，主张拟订逻辑辩证法的进一步发展方案，以推动哲学的发展。[1]（2）关于历史唯物主义。基于上述关于马克思主义哲学之本质的认识，一些学者在肯定马克思社会历史理论伟大贡献的同时，依托马克思的思想，研究了下述问题：一是唯物史观的本质问题。有学者基于马克思的两种历史分期方法（"三段论"与"两段论"），得出马克思历史观的基础"不是物质生产、技术工艺的决定论，而是纯粹属于人类学的人的本质在历史过程中的形成"[2] 的结论。有学者据此进而论证了人类历史的起源，得出了人类历史具有双重性，它源自人的双重性（自然属性和精神属性）的结论，并且认为人类世界构建于自然世界之上又在很大程度上违背了自然规律，因此，历史是这一"人类世界的合成过程"，而"这种过程具有间歇性、不均衡性，具有停滞阶段甚至倒退性"[3] 的特征。有学者在驳斥将唯物史观等同于经济决定论的同时，论证了历史唯物主义的世界观、方法论与马克思的社会学理论在基础上的同一性，认为它本质上与社会学紧密相连而不从属于哲学体系。[4] 展望 21 世纪历史唯物主义的发展前景，俄罗斯学者更强调历史唯物主义与社会学的结合，强调社会哲学研究对俄罗斯社会的价值，认为俄罗斯哲学界将侧重于从社会学的角度理解现实问题，并将当代世界的社会现实理解为社会生活根基的全面转变。这种理解的价值是：将为崭新的社会时代和积极自由空间的产生提供前提；将使资本主义霸权时期特有的歪曲知识发展的形式受到遏制；将不仅使资本主义关系而且使其他的社会异化方式得以剔除，从而为人的创造性和文化空间的优先发展提供切实的保障。（3）关于人的学说的问题。包括人作为能动实体，劳动作为人生存发展

---

[1] Михайлов И. Ф. Наследие советского «критического марксизма» в контексте проблемы мышления//Вопросы философии. -2011. -№4.

[2] Любутин К. Основания философии истории Маркса / К. Любутин, П. Кондрашов// Свабодная мысль. -2007. -№6.

[3] Киселев Г. С. История и ее подобие//Вопросы философии. -2012. -№3.

[4] Плетников Ю. К. Материалистическое понимание истории и проблемы теории социализма. , М. , Альфа, 2008. -С. 15.

的基础、马克思历史哲学的人道主义。(4) 关于社会结构的理论。包括反思正统的社会结构学说所具有的"生产力决定生产关系与上层建筑"的特征,探讨"生产力结构和生产关系形式、经济基础与政治法律上层建筑之间的必然联系"理论在当代转型所具有的复杂性、整体性、全球性的特征,探讨历史发展的非线性特征。(5) 关于社会形态的理论。包括社会经济形态理论的可靠性和充分性、马克思分析人类历史进化形态的方法、历史的可选择性。(6) 关于社会发展的理论。认为马克思"否定和发展过程相统一"的辩证方法,对分析当今社会之发展趋势仍然具有意义。认为在经济关系层面是扬弃一切异化形式和人身依附性,在社会文化层面是由以意识形态的、宗教的、大众文化的统治,向以创造性文化对话形态的转向。(7) 关于国家和阶级斗争的理论。认为国家的本质是保障经济上占统治地位的阶级的政治利益机构,阶级斗争依然是社会发展的基本动力。但在后工业社会,由于其社会矛盾不具有工业社会的尖锐激烈性,因而其阶级斗争具有新的特点等。

其三,对马克思主义哲学的评价,在既有基础上更为客观。这种"更为客观"不仅体现为改变了先前对马克思主义哲学的评价(或走极端,或流于表面化、简单化、概念化的描述),而且体现为在回归马克思哲学思想中深入考察其理论,肯定它的现实价值和理论价值。(1) 马克思主义哲学对全球化时代人类社会的意义。在将马克思主义哲学的内在价值归结为"人道主义"时,强调马克思主义哲学的人道主义,使人成其为人、人与人的关系人道化,"人在与自然和与他人的关系中形成的本质得到充分展现"[1],对今日人类文明遭遇危机的时代具有强烈的现实价值。(2) 马克思主义哲学对转型中的当代俄罗斯社会的意义。指出虽然苏联解体使马克思主义哲学丧失了国家意识形态的功能,但它内容之合逻辑性、时代性、发展性的特质对今日俄罗斯社会寻求转型仍然具有一定的意义,即既然今日俄罗斯向资本主义市场经济的转型不可避免,而"正是这一转型迫使我们严肃地面对马克思,这是马克思当之无愧的,这促使我们得以窥见这一学说的本来

---

[1] Любутин К. Н. О философии Энгельса // Вестник Российского философского общества. - 2007. - No 3.

面目"①,那么向马克思的回归就是不可避免的。(3)马克思主义哲学对人类认识的世界观意义、方法论意义。有学者在归结马克思独具创造性的研究成果具有四个特性(即活跃战斗性,理论和现实之间的辩证性,对历史、社会、科学现象揭示的本质性,一以贯之的现代性)时,特别强调这一富有生命力的理论,无论对认识今日俄罗斯还是对认识当今世界,仍然具有世界观、方法论的价值。②

研究的"拓展"主要体现为:马克思主义哲学的研究范围突破了既有学科的界限而呈现出跨学科、多学科的综合趋向。

其一,更为重视马克思的政治经济学,并结合哲学、社会学进行研究。政治经济学作为当代俄罗斯学界研究马克思主义理论的突破口和重心,学者强调马克思的政治经济学在其整个理论体系中的基础地位和核心作用,认为在全球化的时代条件下,重新确认马克思的政治经济学的理论价值,必须首先澄清马克思是在何种层面、从何种角度研究经济问题的。对此,有学者从方法论角度指出,定性马克思的经济学理论,必须看到马克思是以德国古典哲学的批判传统而非实证主义方法进行研究的,看不到这一点,便会将其"转变为独特的信仰科学、教条主义纲领"③。有学者从经济学角度强调,政治经济学是马克思主义的基础,肯定马克思揭示的众多经济规律中,"最根本的基础是剩余价值论"④,将它视为一门具有当代批判意义的科学,并将它与现代经济学理论进行比较研究,肯定其剩余价值学说的真理性。⑤ 有学者从社会发展角度指出,马克思政治经济学对现存资本主义制度的颠覆意义在于,其对未来共产主义社会的构想建立在运用唯物史观对资本主义的分析批判基础上,马克思的政治经济学概念和理论是引导通往共产主义的必经之路。⑥ 面对2008年的世界金融危机,更多俄罗

---

① [俄]B. M. 梅茹耶夫:《我理解的马克思》,林艳梅、张静译,3页。

② Семенов В. С. Забытый Маркс : о революции, социализме, человеке //Вопросы философии.-2009.-No 6.

③ Плетников Ю. К. Материалистическое понимание истории и проблемы теории социалиозма., М., Альфа, 2008.-С. 9.

④ Колодин А. В. Немарксизм., М., А. Богатых и Э. Ракитская, 2008.-С. 387.

⑤ Колодин А. В. Немарксизм., М., А. Богатых и Э. Ракитская, 2008.-С. 384.

⑥ Плетников Ю. К. Материалистическое понимание истории и проблемы теории социалиозма., М., Альфа, 2008.-С. 9.

斯学者从全球化角度，探讨了全球性问题与马克思政治经济学的关系，并运用马克思的经济危机理论分析论证这场危机的症结、根源，指出它是长期以来资本的过度集中、虚拟金融资本的过度发展、现有经济部门之间断裂的结果[1]，论证21世纪的全球性经济危机、社会危机，"不是古典主义的衰落，而是20世纪占据主导地位的实证主义和后现代主义在方法论上的衰落，是文明论在社会哲学、新古典主义流派在经济学理论上的衰落"，它证明了"市场中心主义"已经过时，辩证法即将复兴。[2]

除了对马克思主义政治经济学的肯定外，还有学者从批判的视角重新审视了马克思的经济学理论，指出《资本论》由于错误地运用了从抽象上升到具体的方法，导致了马克思关于"资本主义的内在矛盾必然导致社会崩溃"的"伪结论"，以及《资本论》缺失了假设的方法。[3]

其二，对马克思主义理论尤其是马克思、恩格斯、列宁等经典作家理论的研究，不再限于经典本身的证误、纠谬，而是在回归原典中，注重从哲学方法论、经济学、政治学、社会学等维度，进行多学科、多维度的比较研究。这一点，无论从注重从方法论、经济学、各种社会主义（传统社会主义的、民主社会主义的、西方马克思主义的）等理论做出分析的"批判的新马克思主义"的马克思主义研究，还是从注重从唯物史观、政治学等角度进行探索的"反思的正统马克思主义"的社会主义研究，都可以看出。

其三，对马克思主义现实价值的研究，不再限于哲学、经济学、政治学、社会学，而是拓展到文化学、美学、生物学等领域，并由此展开与马克思主义的对话交流，如"音乐与马克思主义"中，对马克思主义与美学、音乐与政治之间关系的探讨[4]，生物与哲学之间关系的领域

---

[1] Бузгалин А. В. Мировой экономический кризис и сценарии посткризисного развития: марксистский анализ / А. В. Бузгалин, А. И. Колганов//Вопросы экономики.-2009.-№2.

[2] Бузгалин А. В. Пределы капитала. Методология и онтология. Реактуализация классической философии и политической экономии/А. В. Бузгалин, А. И. Колганов. М., Культурная революция, 2009.-C. 203.

[3] Астрян М. В. Ключ к экономическим и социально-политическим ошибкам марксизма// Вопросы философии.-2009.-№7.

[4] Булавка Л. А. Музыка и марксово мышление //Альтернативы.-2010.-№2.

第四章　复兴与自信：21世纪的中俄哲学

中，哲学家与生物学家就现代文明发展悖论的对话①等，无不体现了这一跨学科的多元态势。

21世纪俄罗斯马克思主义哲学研究的这种深化与拓展，在表明马克思主义哲学在俄罗斯再度复兴的同时，也表明了俄罗斯马克思主义哲学关注的视域、阐释的角度、研究的范式更为多元和开放，其对不同的学术观点更为宽容。它既为新一轮的俄罗斯马克思主义哲学研究的复兴创造了条件，也受到部分年轻学者和青年学生的关注，吸引他们自愿参与其中，对马克思主义及其哲学畅所欲言、各抒己见。由此，与20世纪80—90年代马克思主义及其哲学在俄罗斯遭到青年人的普遍唾弃形成鲜明对比的是，21世纪的俄罗斯，马克思主义及其哲学开始重新被社会关注。多元促进了俄罗斯马克思主义哲学研究的复兴，复兴推进了俄罗斯马克思主义哲学研究向更为多元、更为自由的方向发展。然而，就像一把双刃剑，俄罗斯马克思主义哲学的多元化、自由化研究，也不可避免地带来了对马克思主义哲学的任意曲解和随意解构的泛滥。

第二节　自信与繁荣：21世纪的中国马克思主义哲学

改革开放之初的中国因"拨乱反正"的社会现状，而不能给予20世纪80年代的马克思主义哲学界丰富的资源、冷静的思索，以实现范式的转换、多角度的探讨，而只能将关注点主要置于反思既往历史的经验教训，以求找到中国马克思主义哲学发展的未来之路。驶入改革开放"快车道"之后的中国，因前所未有的新问题涌现的社会现实，而不能给予20世纪90年代的中国马克思主义哲学界充裕的条件、从容的心态，以实现深层次的探讨、整体性的构建，而只能将关注点主要置于或应用研究或哲学理念厘清的两端，以求获得中国马克思主义哲学发展的新方向。与以上两种情况不同，21世纪的中国马克思主义哲学在享受改革开放的丰硕成果中，迎来了从研究领域分别

---

① Репин В. С. Проблемы цивилизации и варварства в свете междисциплинарного диалога философии и биологии / В. С. Репин, Н. В. Мотрошилова//Вопросы философии. -2010. -No 11.

设置到研究领域的进而分化,开始了研究范式由初步转变到更深层次的反思,并且为确立马克思主义在人文社会科学中的引领地位,启动了马克思主义理论一级学科的建设工程。

一、路径分化:繁荣的研究景象

哲学的逻辑体现着历史进程。哲学要成为时代精神的代言人,其研究方式与社会生活息息相关。马克思主义哲学因其强烈的现实性尤其如此。伴随着20世纪90年代的改革开放,社会结构由"领域合一"转变为"领域分离",中国的马克思主义哲学研究在由"宏观总体"走向"领域分设"的研究范式、由"体系意识"转向"问题意识"中,推动21世纪的马克思主义哲学研究进入了"路径分化"的新阶段。这里的"路径分化"指,这种研究相对于先前的领域哲学而言,无论在历史领域还是在基本理论领域,无论在应用哲学领域还是在国外哲学领域,其研究都获得了前所未有的深化。

(一)历史领域的路径分化:马克思主义哲学史研究

路径分化在马克思主义哲学史领域着重体现在两个方面:对马克思哲学的研究和对其他马克思主义哲学经典作家思想的研究。

1. 对马克思哲学的研究

这一时期,对马克思哲学的研究主要围绕"马克思的哲学革命及其当代价值"和"重读马克思"两个问题展开。

其一,马克思的哲学革命及其当代价值。这是学界在20世纪80年代"实践唯物主义"的讨论和20世纪90年代马克思哲学观的反思基础上,面对21世纪以来,苏东剧变后历史后果的持续发酵,我国市场化改革中问题的进而凸显,当代资本主义和经济全球化中新特点的不断呈现,马克思主义哲学面临新历史境遇等现实问题,力求使马克思主义哲学在顺应理论演进的自身逻辑中,应答时代和实践提出的新问题的产物。这一点,从"马克思哲学论坛"的创设,便可见一斑。[1] 该论坛堪

---

[1] 该论坛2001年由中国社会科学杂志社联合全国各高校的马克思主义哲学专业博士点共同创设,前者为常设主办单位,后者为轮流主办单位,每年一次,迄今已逾15届。2001年由中山大学马克思主义哲学与中国现代化研究所承办,主题为"马克思哲学的当代价值"。2002年由复旦大学哲学系承办,主题为"马克思的本体论思想及其哲学变革"。2003年由南京大学哲学系与南京大学马克思主义研究中心承办,主题为"当代国外马克思哲学研究的基本问题和基本走向、最新进展"。2004年由中共中央党校哲学部承办,主题为"马克思哲学与

第四章 复兴与自信：21世纪的中俄哲学

称目前国内马克思主义哲学研究的顶级论坛，每届论坛都云集了国内一流的马克思主义哲学研究的专家学者。因此，它的创办不仅为学界的思想交流、观点争论、理论交锋提供了重要的学术平台，而且对中国马克思主义哲学的研究和创新起到了积极的引导与推动作用。

关于"马克思的哲学革命"[①]，有认识论视角的探讨。有学者从分析马克思哲学的思维方式入手，比较其与现代西方哲学，得出由于马克思批判了近代哲学主客二分、本质主义、基础主义，因而它与现代西方哲学具有某种同质性而属于现代哲学思维方式。有本体论角度的解读，如实践本体论[②]、存在论变革、生存论转向等。上述观点尽管各有千秋，但却具有一个共同点：基于马克思从本体论层面发动了哲学革命，认为马克思在从根本上终结传统形而上学中，实现了哲学从传统形态向

当代中国现代性构建"。2005年由吉林大学哲学基础理论研究中心承办，主题为"中国化马克思主义哲学新形态研究"。2006年由南开大学社会哲学研究所承办，主题为"马克思主义政治哲学：阐释与创新"。2007年由苏州大学政治与公共管理学院承办，主题为"马克思主义哲学研究范式：创新与转换"。2008年由武汉大学马克思主义哲学研究所承办，主题为"马克思主义哲学中国化与当代中国哲学建设"。2009年由黑龙江大学哲学与公共管理学院及文化哲学研究中心承办，主题为"马克思主义文化哲学研究"。2010年由中国人民大学哲学院与马克思主义哲学研究中心承办，主题为"历史唯物主义与中国问题"。2011年由中国人民解放军南京政治学院承办，主题为"马克思主义哲学与中国共产党90年"。2012年由华中师范大学马克思主义学院承办，主题为"马克思的文化观与当代中国文化建设"。2013年由北京大学哲学系承办，主题为"马克思主义哲学史研究：经典与当代"。2014年由浙江师范大学法政学院等单位承办，主题为"马克思主义哲学创新的国际视野"。2015年由山西大学哲学与现代性协同创新中心等单位承办，主题为"唯物史观视域中的现代性问题"。2016年由辽宁大学哲学与公共管理学院承办，主题为"方法论自觉：发展21世纪中国的马克思主义哲学"。2017年由上海财经大学人文学院承办，主题为"经济变革中的哲学问题"。

① 代表性著作较多，仅在2011—2012年，就有陈东英的《赫斯与马克思早期思想关系研究》（人民出版社，2011）、陈宇宙的《理解马克思——从〈中学毕业作文〉到〈哲学的贫困〉》（光明日报出版社，2012）、余源培和付畅一的《新世界观的第一次公开问世：〈哲学的贫困〉当代解读》（复旦大学出版社，2012）、李爱华的《以科学态度对待马克思主义：马克思恩格斯的思想与实践》（学习出版社，2012）等。

② 改革开放以来，学界关于马克思本体论是"物质本体论"还是"实践本体论"之争从未止息。受西方马克思主义的影响，"实践本体论"的观点占了上风，成为广大中青年学者的一种共识。但近年来，也有青年学者对此提出了尖锐批评，认为其"提法本身并无确凿的文本依据，是后人对于经典文本的一种理解方式"（孙亮：《马克思主义哲学研究范式：一个批判性建构》，110页），是"在现代西方哲学主客不分的超越哲学基本问题的趋向中，强行被国内学者用来比附马克思主义哲学"（同上书，116页）的。

现代形态的转变。①

　　探讨马克思哲学的革命变革，本身就内含对"马克思哲学当代价值"的揭示。② 对此，有从"实践本体论"出发，指出马克思哲学由于彰显了实践的本体论意义，因而不仅具有现代意蕴，而且具有超越现代性的后现代意蕴；有从"生存本体论"出发，认为马克思哲学构建了一种以人的现实生活和实践为基础的、适应现代社会要求的新思维方式；有从方法论出发，强调马克思哲学最重要的是给当代人类提供了一种分析和批判的叙述传统；有从价值论维度出发，指出马克思哲学蕴含着的普世价值仍然对我们这个时代具有巨大意义；有从当代中国现实出发，强调马克思哲学在面向中国问题走出学院化藩篱中，对"批判资本逻辑"、构建政治哲学的价值。

　　其二，重读马克思。它主要体现为对马克思文本的研究。③ 21世纪的马克思文本研究较之20世纪90年代，其深度和广度都超过了后者。这首先得益于新版《马克思恩格斯全集》中文第二版的陆续发行。④ 深化马克思主义哲学理论基础的研究，也必然导致学界对马克思文本的深度解读。它具体体现为：（1）以"方法论上的自觉"⑤为宗旨，由过去以马克思主义经典著作的完成式文本、既定真理为基点的"原著"（work）选读，转为以马克思主义经典的未完成式文本、思想问题为基点的"文本"（text）解读，并将文献研究与思想史研究、中国实践的

---

① 参见杨学功：《超越哲学同质性神话——马克思哲学革命的当代解读》，309页注释。

② 代表性著作较多，仅在2011—2012年，就有杨金洲的《马克思主义研究：文本、理论与现实》（湖北人民出版社，2011）、洪银兴和葛扬主编的《〈资本论〉的现代解析（修订版）》（经济科学出版社，2011）、韩毓海的《马克思的事业：从布鲁塞尔到北京》（中国人民大学出版社，2012）等。

③ 代表性著作较多，仅在2011—2012年，就有孙云龙的《"生活"的发现与历史唯物主义的形成——〈德意志意识形态〉研究》（复旦大学出版社，2011）、牛变秀和王峰明的《价值存在和运动的辩证法——马克思〈资本论〉及其手稿的核心命题研究》（社会科学文献出版社，2011）、周树智主编的《马克思主义探原——马克思〈1844年经济学哲学手稿〉研究文集》（陕西人民出版社，2011）和《人道主义和社会主义——马克思恩格斯〈神圣家族〉研究文集》（社会科学文献出版社，2012）、聂锦芳的《批判与建构：〈德意志意识形态〉文本学研究》（人民出版社，2012）等。

④ 以国际上《马克思恩格斯全集》历史考证版（MEGA2）的编辑出版为据。

⑤ 参见仰海峰：《马克思哲学当代理解的方法论自觉》，载《天津社会科学》，2003（2）；胡大平：《马克思主义哲学研究的学术创新与方法论自觉》，载《南京社会科学》，2003（4）。

第四章 复兴与自信：21世纪的中俄哲学

研究结合起来。以此为基础，学界提出了解读马克思主义文本的几个原则：以经典作家思想发展的内在逻辑而非后人或他人的思想，来解读其原著；以经典作家所处的历史环境、条件而非后来变化了的背景、条件、实践、需要，来解读其原著；以有机联系经典作家不同时期著作中的思想而非只以某一时期的某些著作，来解读其原著；比较研究不同时期经典作家原著的相同与相异，并将差别视为相互补充而非相互排斥和相互对立。① 基于中国学者受语言、资料等研究条件制约的现实，有学者强调应在吸取苏联东欧学者②和西方学者③各种经验的基础上，结合中国学界研究的现实，以中国学者的视角重新解读马克思的思想。④
（2）"以马克思的文本为本位"⑤ 的研究路径。鉴于马克思文本中只有少数在其生前出版，而身后出版的几乎每一部重要文献都引起了持久争论，为防止研究者因主客观因素在"意图先行"中误读、误解马克思文本，甚至在解读中掺杂意识形态和政治的东西，一些学者以已经出版的历史考证版为蓝本，在清理马克思文本的刊布情况及所引发的重要事件中对文本进行了分类⑥，从而为更为严谨地、科学地解读马克思文本，提供了客观的理论素材。（3）希望用"以马解马"的解读模式实现马克思文本解读模式的创新，即要求从外围兜圈子似的、通过他人思想棱镜的折射而实现的各种"解马"模式⑦中解放出来，回到马克思主义哲学创始人马克思本人的文本，以刨根究底的精神"探寻基础"（西方分析马克思主义者罗默语），在直达马克思哲学的深层、洞悉其底蕴中，揭

---

① 参见杨学功：《立足文本，开展对话，构建中国化马克思主义哲学当代新形态》，见赵剑英、孙正聿主编：《中国化马克思主义哲学新形态》，116页。
② 作为《马克思恩格斯全集》的编辑者，对文献学版本的考证做出了重要贡献，但受教条主义约束，对马克思思想的研究相对欠缺且结论僵化。
③ 侧重于马克思思想的研究，思想活跃，观点新颖，但文献学研究和利用《马克思恩格斯全集》相对欠缺且诠释过度。
④ 参见张春海：《马克思主义文本研究离不开中国声音》，载《中国社会科学报》，2012-06-18。
⑤ 聂锦芳：《重新研究马克思文本的意旨与界域》，载《北京大学学报》（哲学社会科学版），2003（1）。
⑥ 如聂锦芳的《清理与超越——重读马克思文本的意旨、基础与方法》（北京大学出版社，2005）、王东的《马克思学新奠基——马克思哲学新解读的方法论导言》（北京大学出版社，2006）、韩立新主编的《新版〈德意志意识形态〉研究》（中国人民大学出版社，2008）。
⑦ 如先后流行于学界的"以苏解马""以恩解马""以西解马""以西马解马"等模式。

示其在人类思想史上引起的划时代变革。① 鉴于以往马克思文本研究中，史、论、著三者之间的相对疏离，缺乏宏观总体性视域的零散无序状态，单一使用俄文译本而无法实现不同语种间词汇含义的对应转换，离开原始语境和意旨的断章取义等问题，有学者从全面收集和信息化处理文献资料，筹划和设计文本研究的总体，辨析不同语种翻译过程中相关词汇的同与异，在考证文本写作的原始状况和总体把握相关资料的基础上提炼与阐释其思想等方面，提出了"深度解读"马克思文本以洞悉其底蕴的途径。② （4）从马克思早期到晚年的文本中，发掘具有现实性但先前被忽略的马克思思想。如对马克思从早期到晚年有关公正、平等、正义、公民权、财产权等理论的阐述中，发掘其政治理论资源，以期构建马克思的政治哲学③；从对马克思的经济学手稿及《资本论》中关于货币哲学、资本哲学的理论阐释中，深入发掘其经济学资源，以期完善马克思的经济哲学④；从对马克思的从早期到成熟期再到晚年关于社会存在与社会意识的关系、意识形态的概念来源、理论发展逻辑、理论本质等的梳理中，阐释和挖掘马克思意识形态理论，建构马克思的文化哲学⑤。

2. 对其他马克思主义哲学经典作家思想的研究

这一时期，对其他马克思主义哲学经典作家思想的研究主要包括对恩格斯哲学、列宁哲学、毛泽东哲学的研究。

---

① 参见王东：《论文本研究与理论创新的关系》，载《学术月刊》，2003 (1)。
② 参见聂锦芳：《论当代中国马克思主义哲学研究方式的转变》，参见赵剑英、孙正聿主编：《中国化马克思主义哲学新形态》，62～64 页。
③ 代表性著作主要有：林进平的《马克思的"正义"解读》（社会科学文献出版社，2009）、臧峰宇的《马克思政治哲学引论——以人类为视角的当代解读》（中央编译出版社，2009）、孙亮的《重审马克思的"阶级"概念：基于政治哲学解读的尝试》（江苏人民出版社，2016）。
④ 代表性著作主要有：张雄和鲁品越主编的《中国经济哲学评论·2004·货币哲学专辑》（社会科学文献出版社，2005）与《中国经济哲学评论：2006·资本哲学专辑》（社会科学文献出版社，2007）、张雄的《经济哲学：从历史哲学向经济哲学的跨越》（云南人民出版社，2002）、鲁品越的《资本逻辑与当代现实——经济发展观的哲学沉思》（上海财经大学出版社，2006）、李振的《货币文明及其批判——马克思货币文明思想研究》（人民出版社，2009）。
⑤ 代表性著作主要有：周宏的《理解与批判——马克思意识形态理论的文本学研究》（上海三联书店，2003）、张秀琴的《马克思意识形态理论的当代阐释》（中国社会科学出版社，2005）。

第四章　复兴与自信：21世纪的中俄哲学

其一，对恩格斯哲学的研究。对恩格斯哲学的研究中，受西方马克思主义尤其是卢卡奇关于"自然是一个社会范畴"[①]思想的影响，学界在实现马克思主义哲学研究范式的转换中，因一度强调马克思与恩格斯在哲学思维方式上有着"现代与传统""实践与知性"的差异，而在"拉近"马克思的同时"疏远"了恩格斯，以至恩格斯的形象越来越模糊。基于马克思哲学思想与恩格斯哲学思想的关系成为学界马克思主义哲学研究的重点之一，21世纪以来，有学者从梳理这一关系入手，分析了两者的同一性（理论实质上，都以人的自由与解放为哲学的出发点和落脚点）与差异性（理论形式上，研究的分工和侧重点有所不同）。具体而言，这种"差异"体现为以下几个方面：在理论重心上，马克思侧重于哲学的创立，恩格斯侧重于哲学的补充完善和系统阐发；在辩证法上，马克思侧重社会历史领域，恩格斯侧重自然领域；在人的问题上，马克思更多思考人的现实生存处境与未来发展前景，恩格斯更多关注人赖以生存、发展的自然和社会；在理论路径上，马克思由哲学走向经济学，恩格斯由经济学走向哲学等。尤其是恩格斯晚年关于历史唯物主义的书信对唯物史观的补充、丰富和完善，既表明了恩格斯思想与马克思思想的共同性，又在一定程度上显示出两者之间的差异[②]，从而在系统研究恩格斯哲学思想，深入阐释恩格斯对马克思主义哲学的唯物史观、自然观、科学社会主义的理论贡献中，充分肯定了恩格斯在马克思主义哲学发展史上的地位。学界对恩格斯文本中蕴含的政治哲学的发掘[③]，也表明了对其理论研究的拓展和深化。近年来，无论国家社会科学研究还是教育部人文社会科学研究的项目规划，恩格斯哲学研究都位列其中，这也从一个侧面表明了从官方到学界对恩格斯哲学思想的重新重视。

[①] ［匈］卢卡奇：《历史和阶级意识》，杜章智等译，325页，北京，商务印书馆，1999。卢卡奇后来修正了这一认识，强调在本体论上自然存在是社会存在的基础，"自然无论是有机自然，还是无机自然的规律和范畴构成了社会范畴的一个归根结底（在根本改变它的本质的意义上）不可取消的基础"（［匈］卢卡奇：《关于社会存在的本体论》上卷《社会存在本体论引论》，白锡堃等译，644页，重庆，重庆出版社，1993）。但多数学者却认为，卢卡奇的这一"社会存在须以自然存在为前提"的观点，是从"时间在先"出发追溯人类社会未存在时的自然界，由于这样一个自然界缺乏任何现实性，从而误解了马克思从"逻辑在先"的眼光，即强调从社会存在的思想前提出发考察自然存在的思想。

[②] 参见朱传棨：《恩格斯哲学思想研究论稿》，北京，人民出版社，2012。

[③] 如胡大平的《回到恩格斯：文本、理论和解读政治学》（江苏人民出版社，2011）。

其二，对列宁哲学的研究。在对列宁哲学的研究中，有对列宁争论的辩驳，如关于列宁在第一次世界大战期间是否提出了"一国胜利"的理论、列宁关于十月革命的战略意图究竟何在等问题的争论及其回应①；有对列宁主义的概念、学说体系、精神实质、历史地位、现实意义，列宁在政治（执政党建设、国家机关建设、党政关系、干部队伍建设、反对官僚主义、工农联盟）、经济、文化（如知识分子思想）、外交、民族等方面问题的理论与实践探索及其对中国社会主义建设的启示等方面的深入研究②，还有一些研究成果③虽然不是专论列宁的，但相关章节仍然涉及列宁的经济思想；有关于列宁哲学经典文本的比较解读和重新解读，如对《唯物主义和经验批判主义》与《哲学笔记》的比较、对列宁哲学与黑格尔哲学的比较，以及力图走出传统马克思主义哲学的列宁哲学解读视域，以当代法国文本学批判为视角对列宁《哲学笔记》的后现代解读④。此外，还有对列宁的科学发展的哲学思想、列宁的马克思主义哲学观、列宁的哲学品格、列宁哲学的时代精神等理论的阐释。除了上述研究，还有中央编译局为纪念列宁诞辰 140 周年而编撰的 5 卷本《列宁专题文集》（人民出版社，2009）。⑤ 该文集几乎涵盖了列宁哲学思想和列宁主义的全部理论，为学界深入研究列宁哲学及其价值提供了极有价值的理论资料。

其三，对毛泽东哲学的研究。尽管 21 世纪以后，学界对毛泽东哲学的研究热度不复 20 世纪 80—90 年代的景观，但毛泽东哲学作为中国革命的指导理论，其"实事求是"的唯物论思想、"矛盾学说"的辩证法思想、"知性统一"的认识论思想、"处理人民内部矛盾"的历史观思想等，仍然被学界认可并承认其是中国特色社会主义理论的思想来源。随着纪念毛泽东诞辰 110 周年、逝世 30 周年以及纪念改革开放 30 周年

---

① 如俞良早的《关于列宁学说的论争》（中共中央党校出版社，2006）。
② 代表性著作主要有：邢广程主编的《列宁对社会主义的探索》（长春出版社，2009）、郭华甫的《列宁苏维埃政权建设思想与当代中国》（合肥工业大学出版社，2009）。
③ 如陆南泉的《苏联经济体制改革史论（从列宁到普京）》（人民出版社，2007）。
④ 代表性著作主要有：秦莹、杨南丽、郭文卿编著的《黑格尔与列宁的逻辑思想》（云南大学出版社，2007），张一兵的《回到列宁：关于"哲学笔记"的一种后文本学解读》（江苏人民出版社，2008）。
⑤ 此 5 卷本分别为：《列宁专题文集：论马克思主义》《列宁专题文集：论资本主义》《列宁专题文集：论无产阶级政党》《列宁专题文集：论辩证唯物主义和历史唯物主义》《列宁专题文集：论社会主义》。

第四章　复兴与自信：21世纪的中俄哲学

等活动的开展，学界对毛泽东哲学的研究进入了深化时期。

21世纪的毛泽东哲学研究，包括：（1）从文本角度，在重新解读毛泽东哲学经典文本[①]中，阐发毛泽东哲学与中国特色社会主义理论和马克思主义中国化的关系，论证毛泽东哲学对中国特色社会主义建设的价值。[②]（2）从思想史角度，在概述毛泽东在社会主义建设不同时期的理论，如倡导马克思列宁主义同中国实际的"二次结合"论、中国国情探索论、分析社会基本矛盾论、《论十大关系》中的方法论、建党学说等中，揭示毛泽东哲学对中国特色社会主义建设的价值。[③]（3）从应用哲学或专题的视角，探讨毛泽东的政治、经济、文化、科技、教育、国防等方面的理论，及其利益观、思维范式等思想，并形成相关的毛泽东的应用哲学。[④]（4）翻译介绍国外毛泽东学的研究成果[⑤]，以及基于国外毛泽东研究的历史与逻辑，批判性地解读国外学者的理论与方法，在现有毛泽东研究的基本框架下探索新研究路径的研究成果[⑥]。

可见，尽管毛泽东哲学在21世纪以后不再成为学界研究的热点，但是，不管时代变迁如何改变人们对毛泽东的评价，无论对毛泽东及其哲学思想的研究如何多元、多维，如何分歧争论不断，毛泽东哲学如同

---

① 如对毛泽东"三论"的解读。但学者们的所指略有不同：有的指《矛盾论》《实践论》，以及新发现的早期文本《辩证唯物论》；有的指《矛盾论》、《实践论》、《"正处"论》（即《关于正确处理人民内部矛盾的问题》）。

② 代表性著作主要有：中共中央文献研究室毛泽东研究组编的《寻乌调查与马克思主义中国化的起步》（中央文献出版社，2006）、全国毛泽东哲学思想研究会编的《毛泽东哲学"三论"与党的理论创新》（中共党史出版社，2008）、石仲泉主编的《毛泽东哲学的当代价值：矛盾论、实践论、"正处"论与中国特色社会主义理论》（中共党史出版社，2008）。

③ 如梁柱的《毛泽东与中国社会主义事业》（中国社会科学出版社，2009）。

④ 代表性著作主要有：王金磊的《毛泽东经济哲学思想导论》（湖南人民出版社，2006）、张俊国的《毛泽东国家利益观研究》（中央文献出版社，2007）、黄保红的《毛泽东战略思维研究》（中共中央党校出版社，2008）、唐洲雁的《毛泽东的美国观》（陕西人民出版社，2009）。

⑤ 如由石仲泉、萧延中主编的"国外毛泽东研究译丛"（中国人民大学出版社，2005—2006）。该套丛书共有8本，分别是：［美］罗斯·特里尔的《毛泽东传（插图本）》、［美］斯图尔特·R.施拉姆的《毛泽东的思想》、［美］魏斐德的《历史与意志：毛泽东思想的哲学透视》、［美］本杰明·I.史华慈的《中国的共产主义与毛泽东的崛起（插图本）》、［美］莫里斯·迈斯纳的《马克思主义、毛泽东主义与乌托邦主义》、［美］约翰·布莱恩·斯塔尔的《毛泽东的政治哲学（插图本）》、杨炳章的《从革命到政治：长征与毛泽东的崛起（插图本）》、［美］布兰特利·沃马克的《毛泽东政治思想的基础（1917—1935）（插图本）》。

⑥ 如尚庆飞的《国外毛泽东学研究》（江苏人民出版社，2008）。

299

他的整个思想对20世纪的中国与世界的巨大影响都是不可否认的。这种影响不仅延续到21世纪的中国,而且延续到世界范围内的激进左派运动。因此,以马克思主义哲学为引领的当代中国学界对毛泽东哲学的研究,便在中国特色社会主义的建设实践中,一如既往地继续进行着。

(二)基本理论领域的路径分化:马克思主义哲学原理研究

路径分化在马克思主义哲学原理研究上主要体现在两个方面:总体性研究成果显著和基本理论研究继续深化。

1. 马克思主义哲学总体性研究成果显著

这一时期,马克思主义哲学总体性研究成果显著的标志是大型丛书"马克思主义哲学基础理论研究"[①]的出版。进入21世纪以后,如何从总体上,通过对基础理论即马克思主义哲学原理的研究,深化马克思主义哲学研究并推动整个马克思主义理论的发展,成为学界面临的重要问题。在国内马克思主义哲学界专家历时多年的共同努力下,国家社会科学基金重大项目、国家出版基金项目"马克思主义哲学基础理论研究"的最终成果"马克思主义哲学基础理论研究"丛书于2012年面世。这一融权威、前沿、学术于一体的大型丛书,在实现马克思主义哲学三个"高度统一"("无产阶级解放和人类解放的高度统一,形而上学批判、意识形态批判、资本主义批判的高度统一,实践唯物主义、辩证唯物主义、历史唯物主义的高度统一"[②])中,从马克思主义哲学的本体论、辩证法、历史观、认识论、人学理论、价值理论、文化理论、社会发展理论等不同视域,在全面探讨马克思主义哲学领域中最基本、最重大的理论课题中,全方位地展示了中国马克思主义哲学研究的最新成就。它的出版,既是中国马克思主义哲学发展的新起点,也是对中国马克思主义哲学发展历程的总体性概括;既深化和拓展了中国马克思主义哲学研究,也推动了中国马克思主义哲学基础理论的研究。

---

① 由北京师范大学出版社出版,共10卷:吴晓明和陈立新的《马克思主义本体论研究》、孙正聿的《马克思主义辩证法研究》、杨耕的《马克思主义历史观研究》、欧阳康的《马克思主义认识论研究》、袁贵仁的《马克思主义人学理论研究》、马俊峰的《马克思主义价值论研究》、衣俊卿等的《马克思主义文化理论研究》、丰子义的《马克思主义社会发展理论研究》、王南湜的《马克思主义哲学中国化的历程及其规律研究》、刘放桐的《马克思主义哲学与现代西方哲学研究》。

② "马克思主义哲学基础理论研究"丛书"总序"(北京师范大学出版社,2012)。

2. 马克思主义哲学基本理论继续深化

这一时期，马克思主义哲学基本理论继续深化主要体现在物质观、认识论、辩证法、历史观等方面。

其一，物质观研究的深化。这主要体现为本体论研究的热度不减，一批研究成果[①]问世，并继续先前的"客体向度"与"主体向度"之争，将本体论探究的意义指向关乎马克思主义哲学理论实质的研究。

继20世纪90年代学界试图以回到马克思文本来探索马克思主义哲学变革的意义，实现马克思主义哲学原理体系的重构后，21世纪的学界围绕马克思主义哲学物质观与旧唯物主义物质观的差别之争，在本体论问题上大致形成了四种观点：（1）物质本体论。马克思主义哲学物质观是其世界观的首要的和基本的问题。马克思主义哲学对旧唯物主义物质观"基本内核"的继承是，肯定了自然界的优先性。在马克思主义哲学中，是"物质"而非"实践"才具有基础性地位，而后者只在马克思主义哲学的认识论和历史观中具有基础性地位。因此，不能借口马克思强调从主体、实践方面理解事物，而否定整个物质世界的客观性。（2）实践基础论。马克思主义哲学物质观虽然以实践论为基础，但并未以"实践本体"取代"物质本体"。因为马克思的"对象、现实、感性"指整个世界，而实践只是自然界"向人生成"的基础、途径、动力，所以它在使自在自然向现实自然转化时，并未改变自然的物质本性而只在新形式下保存了它。与此相应，还有实践唯物论。（3）实践本体论。马克思新唯物主义的出发点是物质实践而非自在物质。马克思从未抽象地谈论物质，而是从人的最基本的实践活动即物质生产劳动角度，去探讨物质。在马克思那里，物质的东西是实践的要素和产物，是作为劳动过程中的要素出现的。马克思哲学从人的物质生产实践活动来考察物质的这一基本观点表明，将马克思主义哲学视为物质本体论与实践基础论的统一，逻辑上难以自圆其说，是理论折中。与之相应，还有生存本体

---

① 代表性著作除了已经提到的吴晓明和陈立新的《马克思主义本体论研究》，还有赵剑英和俞吾金主编的《马克思的本体论思想》（社会科学文献出版社，2006）、干成俊的《马克思哲学本体论及其当代意义》（安徽人民出版社，2006）、徐长福的《走向实践智慧——探寻实践哲学的新进路》（社会科学文献出版社，2008）、李鹏的《存在与实践：马克思的本体论思想研究》（中国社会科学出版社，2009）、刘金萍的《主体形而上学批判与马克思哲学"主体性"思想》（中国社会科学出版社，2009）、杨学功的《传统本体论哲学批判——对马克思哲学变革实质的一种理解》（人民出版社，2011）等。

论。这种观点在实践本体论的基础上，进而发掘和阐发马克思哲学的实践生存论结构，认为马克思发动了当代哲学的存在论变革，其本体论是奠基于社会存在以及唯物史观基础上的实践生存论结构，而实践生存论是马克思哲学与当代西方哲学展开批判性对话的理论基础。① （4）社会关系本体论。马克思主义哲学从物质生产劳动是人类生存的最基本活动，以生产关系为基础的社会关系是人类社会最基本的社会关系出发，去构建整个理论体系。因此，坚持人及其社会的本质，只有从生产关系及其社会关系中才能得到解释。

上述四种观点中，第一种、第二种侧重于马克思主义哲学本体论的客体向度，以事实评价作为马克思主义哲学本体论的衡量标准；第三种、第四种侧重于马克思主义哲学本体论的主体向度，以价值评价作为马克思主义哲学本体论的衡量标准。两种向度的争论虽然于今不断，有时甚至甚为激烈，但各有千秋的理解以及各执一端的界说，对拓展马克思主义哲学的理解视域从而深化对马克思主义哲学的认识，仍然具有一定的价值。

其二，认识论研究的深化。这主要体现为对一些认识论基本理论的探讨更为深入，更为贴近中国现实。

继 20 世纪 80—90 年代的认识论研究主要围绕实践观和真理标准以及认识范式转向展开研究后，21 世纪学界的认识论研究更多地转向了认识论、真理观、价值观的基本理论方面。（1）认识论问题。② 在认识起源问题上，比较分析了皮亚杰发生认识论与马克思主义认识起源论的同异。在认识形式问题上，认为反映和建构是唯物反映论的基本属性，反映和创造作为马克思主义哲学认识论的固有内容，与马克思主义哲学实践观具有一致性。在认识范式问题上，探讨了现代西方哲学的诠释学、语言哲学、后现代主义认识论与马克思主义哲学认识论的关系，当代马克思主义哲学认识论范式转换的形式与实质。在认识内容上，探讨

---

① 代表性著作主要有：邹诗鹏的《实践——生存论》（广西人民出版社，2002）、《生存论研究》（上海人民出版社，2005）等。

② 代表性著作除了已经提到的欧阳康的《马克思主义认识论研究》外，还有王桂山的《技术理性的认识论研究》（东北大学出版社，2006）、齐振海主编的《认识论探索》（北京师范大学出版社，2008）、喻承久的《中西认识论视域融合之思》（人民出版社，2009）、欧阳康的《社会认识论导论》（中国社会科学出版社，2010）、李建栋的《认识价值论》（中国经济出版社，2010）、周祥森的《反映与建构——历史认识论问题研究》（河南大学出版社，2010）、陈新汉的《自我评价论》（上海人民出版社，2011）等。

第四章 复兴与自信：21 世纪的中俄哲学

了当代社会认识论①与马克思主义哲学认识论的关系及其影响。在认识过程问题上，继 20 世纪 90 年代对理性与非理性在认识过程中作用的分析后，从理论本身与历史演变两个维度评析了现代西方非理性主义。在认识结果问题上，继 20 世纪 90 年代推出认识效率问题及其界定含义后，探讨了认识效率的普遍性、提高认识效率的途径等问题。(2) 真理观问题。虽然自 20 世纪 80 年代以来，学界对真理的主观性与客观性、相对性与绝对性、真理与价值的关系、真理的理论功能与实践功能、检验真理的标准等问题，探讨得相当透彻，但进入 21 世纪后，学界在进一步解放思想的基础上，结合当代社会对微观生活世界的更为关注，以更为开放和批判的眼光继续展开对上述问题的研究。(3) 价值观问题。②从 20 世纪 80 年代起学界就开始了价值观研究，并在 20 世纪 90 年代的价值哲学研究中达到高潮，取得了丰硕成果。继此之后，21 世纪以来的价值观研究，在前述成果的基础上，对价值的内涵等做了更进一步的探讨，即不再局限于先前主客体辩证统一的基点，而进一步从主体角度，如意义、有用性、合目的性、效应等来界定价值。同时，对价值真理展开了深入讨论。对中国特色社会主义理论体系价值观展开研究，即除了研究邓小平理论中"三个有利于"的价值观，还研究了"三个代表"重要思想、

---

① 主要论题有：社会认识论与传统认识论的关系，哲学认识论与社会学认识论关于"知识"研究的两种路径，社会因素在个体知识中的作用、集体性知识的本质。

② 代表性著作除了已经提到的马俊峰的《马克思主义价值论研究》外，还有江畅和戴茂堂的《西方价值观念与当代中国》(湖北人民出版社，1997)，戴茂堂和江畅的《传统价值观念与当代中国》(湖北人民出版社，2001)，江畅主编的《现代西方价值哲学》(湖北人民出版社，2003)，李德顺的《新价值论》(云南人民出版社，2004)，陈新汉的《民众评价论》《权威评价论》(上海人民出版社，2004、2006)，袁贵仁的《价值观的理论与实践：价值观若干问题的思考》(北京师范大学出版社，2006)，孙伟平的《价值论转向——现代哲学的困境与出路》(安徽人民出版社，2008)、《价值哲学方法论》(中国社会科学出版社，2008)、《价值差异与社会和谐——全球化与东亚价值观》(湖南师范大学出版社，2008)，吴向东的《重构现代性：当代社会主义价值观研究》(北京师范大学出版社，2009)，晏辉的《现代性语境下的价值与价值观》(北京师范大学出版社，2006)，赵馥洁的《中国传统哲学价值论》(人民出版社，2009)，陈宪章的《全球化与我国主导价值观的倡导》(黑龙江人民出版社，2009)，马俊峰的《价值论的视野》(武汉大学出版社，2010)，刘进田的《人本价值与公共秩序》(中国社会科学出版社，2010)，蔡继明的《从狭义价值论到广义价值论》(格致出版社、上海人民出版社，2010)，江畅主编的《比照与融通：当代中西价值哲学比较研究》(湖北人民出版社，2010)，李建栋的《认识价值论》(中国经济出版社，2010) 等。此外，还有由李德顺主编、云南人民出版社于 2004—2005 年出版的"实践价值丛书"《新价值论》《军事价值论》《道德价值论》《文化价值论》《生活价值论》《科学价值论》《审美价值论》《环境价值论》等。

科学发展观的价值观、"中国梦"的价值观。对评价理论展开深入研究，如从价值论、心理学、认识论等不同角度来研究评价理论，研究评价的过程、本质、机制，以及完善价值哲学理论体系的构建，如在先前本体论、认识论、文化学等不同构建模式的基础上进行新的整合尝试。

其三，辩证法研究的深化。这主要体现为结合时代演进，在对相关问题进行整体性反思的基础上，实现了理解模式从单一向多维、从纯理论向面对现实的转变。

辩证法研究的活跃时期与 20 世纪 80—90 年代实践唯物主义大讨论相伴随，其研究重点在于冲破教科书的两大特征、三大规律、五对范畴框架，在决定论与非决定论（围绕现代科学决定论对非决定论的冲击而展开）、系统方法论与唯物辩证法（系统科学作为现代科学思维方式转变的产物，实现了思维方式从经典科学机械论向新型科学辩证法的转变）等纯理论性问题的争论中展开。继此之后，21 世纪以后重新活跃的辩证法研究将理论视域转向了生存哲学、实践哲学、后形而上学等领域，在辩证法的性质、理论根据、合理形态、批判本质等问题[1]的争论中深化了相关研究。[2] 它们包括：(1) 在辩证法的性质问题上，有辩证法是思维方式和思维智慧（辩证法是运用概念进行思维的技巧，是作为主体的人的自由和超越性本质的集中体现，而不是基于物质本体论的叙述），还是首先是理论其次是方法（辩证法的真理维度是，它对自然、社会、思维最

---

[1] 参见黄志军：《辩证法的当代复兴——近年来国内辩证法研究述评》，载《哲学研究》，2012 (6)。

[2] 代表性著作除了已经提到的孙正聿的《马克思主义辩证法研究》，还有郝立忠的《作为哲学形态的唯物主义辩证法》（山东大学出版社，2002）、耿彦君的《唯物辩证法论战研究》（社会科学文献出版社，2005）、刘森林的《辩证法的社会空间》（吉林人民出版社，2006）、李建平的《〈资本论〉第一卷辩证法探索》（社会科学文献出版社，2006）、陈宴清和阎孟伟的《辩证的历史决定论》（中国社会科学出版社，2007）、孙正聿的《辩证法研究》（吉林人民出版社，2007）、张林学和张朝晖的《辩证法的原初形态》（东北师范大学出版社，2007）、陈慧平的《辩证法的当代意蕴——〈辩证理性批判〉的辩证解读》（中国社会科学出版社，2007）、陈明的《作为范式的辩证法的历史建构》（中国社会科学出版社，2008）、邴正的《发展与文化——马克思主义辩证法与当代社会转型分析》（吉林大学出版社，2008）、周桂东的《人化自然辩证法——对马克思的自然观的解读》（人民出版社，2008）、高云涌的《社会关系的逻辑：马克思辩证法理论的合理形态》（中国社会科学出版社，2009）、白刚的《瓦解资本的逻辑：马克思辩证法的批判本质》（中国社会科学出版社，2009）、王南湜的《辩证法：从理论逻辑到实践智慧》（武汉大学出版社，2011）、贺来的《辩证法与实践理性——辩证法的"后形而上学"视野》（中国社会科学出版社，2011）等。

第四章　复兴与自信：21世纪的中俄哲学

一般规律的反映，而如果仅视它为工具、技巧，那么将导致其在无条件使用中沦为"变戏法"）之争。（2）在辩证法的理论根据问题上，有从实践、关系去理解（辩证法作为思维智慧的结晶，是一种实践性的思维方式，"为我关系"在各种关系中居于基础地位），还是从本体论去理解之争。即便从本体论去理解，其中又有物质本体论的自然辩证法、社会存在关系的历史辩证法、生存本体论的生存辩证法三种观点之争。（3）在辩证法的合理形态上，基于批评传统教科书对辩证法的划分（三种形态：古希腊朴素辩证法、近代黑格尔唯心辩证法、马克思主义唯物辩证法；两种类型：客观辩证法、主观辩证法），提出了各自有别的辩证法合理形态观，包括：辩证法就是一种方法论，是高级思维的艺术，其概念的灵活性是基于又扬弃了知性概念的灵活性；辩证法是基于本体论的世界观和方法论的统一，其中又有自然辩证法与历史辩证法是分离还是统一、辩证法是唯物辩证法还是实践辩证法或交往实践辩证法之争；从马克思主义辩证法与时代关系中理解辩证法；从"一般"与"个别"的角度理解辩证法，即马克思哲学的辩证法是"原生型的"，自然辩证法、历史辩证法、实践辩证法、矛盾辩证法、和谐辩证法皆是"后发型的"。（4）在辩证法的批判本质上，强调辩证法不是辩护哲学而是具有批判本性，其中有三种维度：哲学与科学之关系的维度，强调辩证法的批判本性即哲学的批判本性而非强调其对现实的实证；辩证法与实践理性之关系的维度，强调马克思辩证法的批判本性是意识形态批判与现实社会基础批判的结合；辩证法与现实的人及其解放之关系的维度，强调深入批判形而上学赖以存在的现实基础即资本逻辑。

其四，历史观研究的深化。这主要体现为两个方面：结合时代发展，深入反思和研究历史唯物主义的基本理论；针对现实问题，重新解读历史唯物主义经典文本。

深入反思和研究历史唯物主义的基本理论，包括：（1）如何认识唯物史观的当代价值、当代命运的问题，如：历史唯物主义在当代能否超越？历史唯物主义是否仍然是观察当代世界和当下中国的科学理论与方法？能否以教科书的缺点否定历史唯物主义？等。（2）如何认识与当代中国社会发展密切相关的一些历史唯物主义重大理论问题，如：关于历史主客体的关系问题、历史主客体与社会结构的关系问题、历史发展规律起作用的机制问题、历史唯物主义基本规律的逻辑表述与理论阐述和实际运用的关系问题、社会进步与社会代价的问题、社会进步与人和自然的关系问题、劳动价值问题、生产力范畴的嬗变问题、社会形态的新划分问题等。(3) 深入探讨了历史唯物主义的界定、历史哲学、马克思的历史科学,以及关于历史的过程与动力、历史的决定与选择、历史的进步与代价、历史交往与世界历史、历史的认识与方法等理论问题。上述反思和研究,在深化对历史唯物主义基本理论及其价值之认识的同时,也取得了丰硕的成果。[①]

针对现实问题重新解读历史唯物主义经典文本,这是 21 世纪学界历史唯物主义研究的重心。重新解读历史唯物主义的经典文本[②],目的在于从马克思主义哲学的历史起点与逻辑起点、人的本质与社会本质、解释世界与改造世界、阶级性与全人类性等的关系中,发掘历史唯物主义的当代意蕴,在回应来自各方面的时代挑战中回答和解决现实问题。基于这一认识,学界近年来的历史唯物主义研究将关注点更多地置于与当下中国密切相关的诸多现实问题。(1) 关于发展观问题、利益问题、社会阶层问题、社会心态问题、社会信仰问题等的研究。(2) 社会存在论。研究马克思主义哲学对社会空间、社会时间的理解,对社会风险、社会危机等问题的关注。(3) 社会规范论。研究马克思主义哲学如何针对制度、伦理、道德等对社会系统的影响来探讨社会生活的规范理论。(4) 社会生态学。考察马克思主义哲学关于人与自然的关系、生态和谐、环境正义的思想。(5) 社会批判论。考察马克思主义对资本主义病理危机的诊断,

---

① 代表性著作除了已经提到的杨耕的《马克思主义历史观研究》,还有赵家祥主编的、吉林人民出版社 2006 年出版的 5 卷本《马克思主义历史哲学》(依次为:赵家祥的《历史过程论和历史动力论》、刘曙光的《历史决定论和主体选择论》、林艳梅的《历史进步论和历史代价论》、席大明的《普遍交往论和世界历史论》、袁吉富的《历史认识论和历史方法论》),以及吕世荣、周宏的《唯物史观的返本开新》(人民出版社,2006),李崇富、陈熙春、陈章亮主编的《历史唯物主义与构建社会主义和谐社会》(上海人民出版社,2007),罗秋立的《历史唯物主义与社会人类学批判》(人民出版社,2008),李崇富、尹世洪主编的《历史唯物主义与马克思主义中国化》(中国社会科学出版社,2008),夏林的《穿越资本的历史时空——基于唯物史观的现代性批判》(社会科学文献出版社,2008),赵庆元的《在思辨终止的地方——历史唯物主义实证性质研究》(河北人民出版社,2009),段忠桥的《重释历史唯物主义》(江苏人民出版社,2009),孙麾、吴晓明主编的《唯物史观与历史评价:哲学与史学的对话》(中国社会科学出版社,2009)等。

② 尤其对马克思早期的《1844 年经济学哲学手稿》《德意志意识形态》《关于费尔巴哈的提纲》,中期的《资本论》,晚年的《人类学笔记》的重新解读。

第四章　复兴与自信：21世纪的中俄哲学

其对现代社会物化逻辑与异化危机的揭示，等等。这类研究在取得丰硕成果①从而极大丰富了历史唯物主义理论的同时，充分展示了历史唯物主义的现实生命力。

（三）应用哲学领域的路径分化：深化既有领域和开辟新领域

如何在马克思主义哲学研究范式的转型中激活马克思主义哲学的现实关照视域？如何在20世纪90年代以来应用哲学研究成果的基础上，继续推进这一研究，并在贴近中国现实问题中寻找新的理论生长点？这些都是21世纪中国马克思主义哲学研究中面临的难题。21世纪的中国马克思主义哲学在这两个方面都是有所建树的。

应用哲学领域的路径分化，首先体现为既有领域的深化。这方面的研究可谓全方位的推进。在此，仅就经济哲学、政治哲学、文化哲学、人的哲学等领域的研究略作阐述。

1. 经济哲学

对马克思主义哲学的实践功能而言，经济哲学研究是当下中国最有效的凸显方式之一，21世纪的中国马克思主义哲学研究继续在这一领域拓展。但是，与20世纪90年代侧重于学科内涵和理论内容的研究不同，21世纪的经济哲学研究紧扣中国社会主义市场经济纵深发展中的一些深层次问题，侧重于在马克思主义的货币哲学、马克思主义的资本哲学、中国特色社会主义与资本的关系等领域展开研究。②

其一，马克思主义货币哲学的研究。基于马克思的货币理论，吸取

---

① 代表性著作除了已经提到的丰子义的《马克思主义社会发展理论研究》，还有丰子义的《发展的反思与探索——马克思社会发展理论的当代阐释》（中国人民大学出版社，2006）、杨国斌的《社会阶层论》（中国社会科学出版社，2009）、刘新刚的《马克思现代社会发展理论的价值维度》（中央编译出版社，2010）、潘斌的《社会风险论》（中国社会科学出版社，2011）、胡红生的《社会心态论》（中国社会科学出版社，2011）等。

② 代表性著作主要有：马涛的《理性崇拜与缺憾——经济认识论批判》（上海社会科学院出版社，2000）、陈章亮和袁恩桢主编的《哲学与经济学世纪对话——对我国现代化面临矛盾思辨》（东华大学出版社，2001）、余源培和荆忠的《寻找新的学苑——经济哲学成为新的学科生长点》（上海社会科学院出版社，2001）、杨志的《论资本的二重性：兼论我国公有资本的本质》（经济科学出版社，2002）、张雄和鲁品越主编的《马克思主义经济哲学及其当代意义：上海财经大学马克思主义经济哲学论文集粹》（河南人民出版社，2003）、张雄和鲁品越主编的《中国经济哲学评论：2004·货币哲学专辑》（社会科学文献出版社，2005）、鲁品越的《资本逻辑与当代现实——经济发展观的哲学沉思》（上海财经大学出版社，2006）、张全新的《塑造论哲学之经济学哲学论证》（齐鲁书社，2006）、张雄和鲁品越主编的《中国经济哲学评论：2006·资本哲学专辑》（社会科学文献出版社，2007）、黄家瑶的《经济实践与哲

西方经济学相关思想（如西美尔的《货币哲学》），学界着重探讨了下述问题：（1）货币的社会功能问题。货币在当代社会具有强大的经济功能，它依靠一种抽象的价值单位，使一切商品具有可通约性、可兑换性；货币在当代社会具有强大的文化功能，它由经济单位向经济之外的各领域渗透，将世界投入价值通约的环境，导致货币可以通兑一切的错觉。（2）货币功能的二重性问题。货币既消解了传统等级制的"神圣世界"，为建立现代理性社会奠定了经济与文化的基础，又形成了新的"神性"崇拜即货币崇拜。（3）货币力量与社会结构的关系。马克思的劳动价值论揭示了货币力量的人学来源，货币是研究人类活动和社会结构的重要窗口：它通过流通过程，展现了人与人的经济关系；它通过自身的种种特征，浓缩了人类社会的各种关系；它使人的物质享受，从按权力分配变成按货币分配，对新的社会结构的形成产生了深远影响。（4）货币伦理问题。马克思的货币伦理思想对揭示货币本质具有重要意义；"货币面前人人平等"既有助于将人类从等级特权禁锢中解放出来，为近代形成自由、平等、公正的伦理观念提供经济依据，又通过货币化产生拜金主义毒瘤，挑战人类的基本道德观念。（5）货币与现代人类的生存方式问题。例如，通过吸取海德格尔的存在主义哲学研究货币哲学问题。①

其二，马克思主义资本哲学的研究。这一研究主要围绕下述问题展开：（1）马克思经典著作（《资本论》及其手稿）中的资本哲学思想。其研究重心由过去注重马克思《资本论》的方法论转向注重历史哲学，它们包括对资本的本质（即追求利润的最大化）、资本的特性（即生产性，表现为是一切社会生产能力的主体）、资本的性质（即文明与野蛮

学理性》（上海财经大学出版社，2007）、鲁品越的《社会主义对资本的力量：驾驭与导控》（重庆出版社，2008）、陈宝的《资本·现代性·人——马克思资本理论的哲学意蕴及其当代意义》（安徽人民出版社，2008）、刘琳的《〈资本论〉的经济伦理思想研究》（安徽大学出版社，2008）、张践明等的《经济哲学问题探索》（湘潭大学出版社，2008）、唐正东的《从斯密到马克思——经济哲学方法的历史性诠释》（江苏人民出版社，2009）、唐正东和孙乐强的《经济哲学视域中的当代资本主义批判理论》（江苏人民出版社，2009）、何干强的《唯物史观的经济分析范式及其应用》（中国经济出版社，2009）、李振的《货币文明及其批判——马克思货币文明思想研究》（人民出版社，2009）、张雄和鲁品越主编的《中国经济哲学评论：2011·财富哲学专辑》（社会科学文献出版社，2012）等。

① 参见刘敬鲁：《货币与当代世界：货币的人类存在论维度》，见张雄、鲁品越主编：《中国经济哲学评论：2004·货币哲学专辑》

第四章 复兴与自信：21世纪的中俄哲学

的二重性，既发展生产，创造财富，传播文明，激发人的创造性，又形成新的奴役形式，造成人与自然、人与社会、人与自身的紧张和对立）、资本的发展趋势（即"资本扩张悖论"，包括生产力的、自然资源的、生态环境的、社会关系的悖论）等问题的研究。（2）资本与现代性的关系。基于马克思主义关于资本逻辑是现代性根源的思想，在挖掘马克思经济哲学的批判精神，马克思对现代性的批判中，研究了现代性的生成逻辑，循着马克思的思想轨迹（从《德意志意识形态》《共产党宣言》到《资本论》），论证从资本逻辑中产生的现代社会面貌所具有的现代性理论特质（集聚性、超大型性、非人格化等），所铸就的现代社会价值观（竞争性、自我性、扩张性等），所产生的现代社会的认知矛盾（理性与非理性的矛盾），所带来的当代社会结构的变化（从人力资本、大众资本、知识资本等不同角度分析）等问题。（3）资本的道德属性问题。对此，有两种不同的观点。"道德中立论"认为，资本的唯一目的就是追求剩余价值增值，作为利润最大化的工具，它既不追求做善事，也不追求做恶事，本身无所谓道德与不道德，资本追求剩余价值增值的行为和结果既可以益于道德，如创造物质财富，激发人的创造力，又可以危害道德，如为追求剩余价值而不择手段，危害公共利益，问题的关键是资本掌握在谁手里。"道德趋恶论"认为，对资本的分析，不能以动机分析代替结果分析，更何况"资本来到世间，从头到脚，每个毛孔都滴着血和肮脏的东西"[①]，资本既是恶的产物又是恶的体现。

其三，中国特色社会主义与资本关系的研究。马克思经济哲学思想蕴含的深远价值，使得在梳理和发掘其相关思想资源的同时发挥它对社会主义市场经济建设的指导意义，成为21世纪中国马克思主义经济哲学研究的重要内容。这一研究涉及的主要问题有：（1）如何看待资本在中国特色社会主义建设中的作用？对此，学界的基本共识是："必须利用资本"才有可能最终消灭资本。（2）如何利用资本为中国特色社会主义建设服务？对此，学界的共识是：必须坚持公有制的主体地位，坚持多种所有制共同发展的基本经济制度，用社会主义的力量（国家权力、意识形态、人民群众等）驾驭和导控资本。（3）如何在资本力量的内部发挥公有资本的作用？对此，学界各有所见。有的主张通过股份制，有

---

① ［德］马克思：《资本论》，见《马克思恩格斯文集》，第5卷，871页。

的认为应该通过多种所有制形式,有的强调通过引导私有资本等途径来解决。(4) 如何通过认识当代资本主义发展的新趋势,未雨绸缪地发现与分析中国经济社会发展中潜藏的问题和危机? 对此,学界结合西方马克思主义的相关理论,如法兰克福学派的社会批判理论、生态学马克思主义的生态危机理论、后现代马克思主义的消费社会理论,从当代资本呈现的"显性文明化趋势"与"隐形野蛮化趋势"的悖论中得出:中国只有走市场经济与社会主义相结合的经济道路,才有可能避免危机,实现中国现代化的目标。

上述研究,在彰显马克思主义经济哲学理论内蕴的同时,充分体现了马克思主义的货币理论、资本理论对中国特色社会主义现代化建设的引领作用。

2. 政治哲学

严格说来,我国马克思主义哲学界对政治哲学的研究始于 20 世纪 80 年代。彼时,一些学者就在相关著作中,通过探讨马克思的民主观、自由观、国家观、法学观以及国家和市民社会的关系等理论,涉及了上述问题。其中,有的从政治哲学的角度,系统阐述了包括马克思主义在民主观上的变革在内的一系列基本理论,并从国家与社会的关系出发,探讨了社会主义民主构建的现实道路等问题[①];有的从本体论与认识论的双重角度,系统阐释了包括马克思主义自由观在内的一系列基本理论,并从社会与哲学关系的角度,探讨了社会主义自由的实现问题;有的从法哲学的角度,在系统阐述马克思法哲学的本体论、价值论、方法论中,详尽分析了"法与自由"的关系[②];有的从反思视角,在结合西方传统政治思想和中国社会现实中,详尽探讨了马克思的政治民主理论[③]。这些方面的研究成果,多散见于学者的相关著作和文章中,在此不一一论及。然而,这一研究成为学界的关注热点却是近年的事。其原因在于,20 世纪中国的改革开放,在纵深发展中凸显的公平正义等问题,为学界将目光再次投向马克思的政治思想提供了契机,21世纪中国马克思主义哲学发展的需要,向学界提出必须更加关注和分

---

① 例如,荣剑和杨逢春的《民主论》(上海人民出版社,1989)、张华金主编的《自由论——一个热门话题的反思》(上海人民出版社,1990)。

② 例如,公丕祥的《马克思法哲学思想述论》(河南人民出版,1992)。

③ 参见荣剑:《社会批判的理论与方法》,第四章,北京,中国社会科学出版社,1998。

第四章 复兴与自信：21世纪的中俄哲学

析中国的现实问题。现实问题需要理论回应，理论推进需要问话现实。两者相撞之果，便是政治哲学研究的兴起。① 这一研究目前主要集中在两个方面：紧扣当下中国社会现实展开理论研究；探讨马克思主义政治哲学的重构问题。

其一，紧扣当下中国社会现实，围绕马克思主义的民主、平等、公正、市民社会、公共性、普世价值等相关思想展开研究。

民主理论的研究包括对马克思主义民主理论的逻辑起点（人作为社会存在物）、核心问题（劳动者的经济权利、政治权利、社会权利）、目的（实现人的本质）、地位（实现自由、平等的手段）、作用（实现人的本质的制度构造）、实现途径（从社会现存制度和所有制基础出发，而不能超越）等的探讨。

平等理论的研究包括对马克思主义平等的理论价值（人类始终不渝的追求目标）、现实意义（当下中国社会弱势群体权益的保护刻不容缓）、内容（经济平等、政治平等、法律平等）、形式（起点平等、机会平等、权利平等）、产生原因（资本主义商品经济的产物）、当下中国实现更为平等的途径（使市场经济中的交换主体处于"同一规定"中，大力发展社会生产力，创造更多的物质财富和精神财富）等的探讨。

公正理论的研究包括对马克思主义公平正义的理论属性（无产阶级的价值要求）、理论领域（公平属于经济领域、正义属于政治领域，但在现代社会中，后者已由政治生活领域转向了经济生活领域，其首要性由经济利益取代）、理论价值（通过批判政治经济学和剖析资本主义生产方式，实现了公正的人性维度与价值维度的统一）等的探讨；包括对社会现实的分析，即认为当前我国的公正问题突出表现为分配不公和国有资产的非法流失；包括对公正理论范围的阐释，如对

---

① 代表性著作主要有：王岩的《政治哲学：理性反思与现实求索》（世界知识出版社，2006）、张凤阳等的《政治哲学关键词》（江苏人民出版社，2006）、韩冬雪的《马克思主义政治哲学诸范畴初探》（吉林出版集团有限责任公司，2007）、赵剑英和陈宴清主编的《马克思主义政治哲学：阐释与创新》（社会科学文献出版社，2007）、张文喜的《历史唯物主义的政治哲学向度》（江苏人民出版社，2008）、任剑涛的《政治哲学讲演录》（广西师范大学出版社，2008）、杨晓东的《马克思与欧洲近代政治哲学》（社会科学文献出版社，2008）、臧峰宇的《马克思政治哲学引论——以人学为视角的当代解读》（中央编译出版社，2009）、赵成斐的《政党政治与政治现代性——基于马克思主义政治哲学视野的研究》（中央编译出版社，2010）等。

发展机遇公平、收入分配公平、社会权利公平等的解说；包括对解决途径的诉求，即呼吁建立和完善社会保障制度，以权利促进公平；包括对国家对市场经济行为实行政治调控，培育以非经济性社团为主体的社会中间机构等问题的探讨。

市民社会理论的研究在分析马克思恩格斯关于"市民社会"相关理论中，指出了其早期与晚近著述中的不同含义。① 在此基础上，分析了市民社会的特点，即认为它作为现代社会的结构形式，实现了与政治国家的分离，获得了自身的自主性，因而有别于传统社会的"家国同构"社会模式；阐释了市民社会理论的实质在于，它蕴含着社会与国家的关系问题，强调了市民社会属于社会的私人领域，国家属于社会的公共领域；论证了市民社会理论的价值在于，它包含社会结构理论的萌芽，为透视当代中国的社会转型提供了分析框架。

公共性问题的研究，基于全球化时代公共生活领域发生了深刻变化、中国社会的"公共性危机"等现实问题，学界从不同角度展开了研究。② 其研究涉及：(1) 公共性的内涵。它是个人性的延伸，是一种现代性。(2) 公共性的本质。它与马克思主义哲学的阶级性、实践性相通，彰显着作为社群共同体的共产主义精神实质，等等。(3) 公共性的内容。它包括：从马克思哲学意蕴的角度分析公共性，认为它或者意味着马克思哲学的整体性价值取向，或者表明马克思哲学的实践合理性，或者指向马克思哲学的类群价值本位性③；从全球性角度，分析民族—国家内部、民族—国家之间、全球化下的个体之间、人类与自然之间的关系等公共性问题。(4) 公共性的特征。其中，有从哲学（如共通性、共和性、共识性）、经济学（如公有性、公利性）、政治学（如公意性、公义性、公开性、公平性、公正性）、社会学（如共在性、共处性）等不同维度的概括。当然，这种划分不是绝对的，作为一种社会文化现

---

① 在其早期著述中，"市民社会"有广义与狭义之分。"广义的"指社会发展各个历史时期的经济制度，"狭义的"专指资本主义社会的物质关系。其较为晚近著述中，"市民社会"则指一定物质关系的总和，与经济基础的概念基本等值。

② 代表性著作主要有：许纪霖主编的《公共性与公民观》(江苏人民出版社，2006)、薛冰的《历史与逻辑：公共性视域中的公共管理》(中国社会科学出版社，2006)、郭湛主编的《社会公共性研究》(人民出版社，2009)、贾英健的《公共性视域——马克思哲学的当代阐释》(人民出版社，2009) 等。

③ 参见郝立新主编：《当代中国马克思主义哲学研究走向》，32～33 页。

第四章 复兴与自信:21世纪的中俄哲学

象,其中的任何一种特性都可能完全属于上述任何一个学科。(5)公共性的发展趋势。公共问题全球化、公共领域复杂化、公共主体多元化、公共伦理日常化等问题,将在未来世界的发展中更明显地呈现出来。(6)公共性问题与马克思主义哲学理论体系的关系。认为当下中国马克思主义哲学从传统形态向当代形态的转变,以及构建当代中国的马克思主义哲学,需要继续挖掘马克思主义哲学创始人的思想资源,吸取全球化和现代性视野下的公共性,形成马克思主义的"公共哲学"。

普世价值的研究,这一继20世纪90年代研究普世伦理之后的研究,近年来随着学界国际交流的扩大,成为研究和争论的热点。这些争论,围绕下述两个方面的问题展开:(1)有无普世价值问题。"有论"者认为,无论西方文化还是东方文化中,都具有普世价值:西方文化中的自由、平等、公正、人权,中国传统文化中的天下一家意识、众生平等意识、和平意识、包容意识、生态意识,都体现了价值的普世性。[①]因此,普世价值存在于一切社会中,为一切人所赞同,具有普遍性和永恒性。"无论"者认为,人总是存在于具体的社会中,总是属于一定的阶级或阶层,具有相应的社会关系,尤其在当今作为整体的社会还是阶级社会的条件下,不存在适用于一切时代、一切社会、一切阶级的永恒的和绝对的普世价值。[②]"具体分析论"者认为,应当运用马克思主义哲学的方法,区别"普世价值"与"价值共识"。前者在理论上是以绝对普遍性为方法论基础的唯心史观,在实践中成为西方推行话语霸权的工具;后者承认人类社会在一定范围内、一定程度上存在对人类文明进步成果的共同认可,承认在国际交流合作中的一些问题上可以达成价值共识。在这个问题上,既要警惕那种以反对西方普世价值论为由而拒绝人类文明积极成果的极端,也要防止以承认人类有价值共识为据而陷入西方普世价值的政治陷阱。[③](2)普世价值的内涵问题。在承认有普世价值的观点中,对普世价值的内涵又有不同的界说。有的将其归于西方价值;有的认为它包括中国传统文化的一些价值理念;有的从层次角度将其分为"高、中、低"三类:"高"即宇宙的"万物一体、天下一家"

[①] 参见何光沪:《从"普适价值"到"普世价值"》,载《中国政法大学学报》,2009(1);叶朗:《展示中国文化中的普世价值》,载《人民论坛》,2008(15)。

[②] 参见李崇富:《关于"普世价值"的几点看法》,载《马克思主义研究》,2008(9)。

[③] 参见陈先达:《论普世价值与价值共识》,载《哲学研究》,2009(4)。

等,"中"即精神的自由、平等、博爱、人权等,"低"即基础的公平、诚信、友爱等。① 在否认有"普世价值"的观点中,同样对其内涵有着相应的界定。有的从理论本质的角度,将其归为资产阶级绝对抽象的"价值意志",认为其是虚假概念和伪命题②;有的从现实政治的角度,将其归结为"当代西方话语霸权和价值渗透方式的表达"③;有的从马克思主义实践本体论出发,在强调主体性实践生存对价值具体性的彰显中,将普世价值归结为因价值主体是"人类绝对"的虚设而只是一个"价值虚构"④。上述普世价值之争,从一个侧面反映了这一问题的复杂性。正因如此,一些学者强调,既应区分研究的学术性与政治性,又要看到学术性与政治性的联系,警惕以西方政治理念的普世价值改造我国的政治制度,以研究的多元性取消马克思主义哲学引导的一元性。

其二,探讨马克思主义政治哲学的重构问题。这一重构主要围绕下述两个方面展开:(1)理论方面,通过对诸如近代西方人本主义理念的辨析,对现代西方自由主义消极政治哲学、后现代马克思主义激进多元政治哲学等的批判,在分析和揭示各自理论内涵、理论实质中阐发马克思的政治哲学思想。(2)现实方面,结合当代中国改革开放实践中"以人为本""立党为公""执政为民""为人民服务""构建和谐社会"等的现实需要,探讨适应时代发展、促进民族复兴的中国特色社会主义政治哲学问题。

3. 文化哲学

20世纪90年代中国马克思主义哲学的文化哲学研究,无论在基础理论层面还是在应用实践层面,都较多侧重于宏观视域,即较多地从大文化观的视角考察和研究文化中的哲学问题。与此不同,21世纪中国马克思主义哲学的文化哲学研究在继续探讨宏观理论的同时,将关注目光更多地转向了相对微观的领域,即较多地关注文化哲学本身的问题,如观念变革问题、文化在与社会生活各领域的融合中产生的哲学问题。这一阶段的研究成果仍然是一系列研究论

---

① 参见何光沪:《从"普适价值"到"普世价值"》,载《中国政法大学学报》,2009(1)。
② 参见汪亭友:《"普世价值"是个伪命题》,载《政治学研究》,2008(6)。
③ 侯惠勤:《"普世价值"的理论误区和实践陷阱》,载《马克思主义研究》,2008(9)。
④ 刘吉发:《从价值主体维度看"普世价值"何以不能》,载《政治学研究》,2009(5)。

著的面世。①

其一，宏观理论的研究。基于不同的理论视界涉及不同的问题，包括：(1) 从历史维度，在梳理西方哲学和西方文化对传统理性主义哲学的改造中，对马克思主义文化哲学的形成与发展、传统与问题、视野与方法的考察。(2) 从马克思主义哲学的批判视角，在考察当今世界人与文化的矛盾中，对马克思主义的实践文化观、马克思主义与当代文化冲突之关系的阐发。(3) 从哲学与文化关系的维度，在探讨文化哲学作为一种哲学理解范式，它的立足点（人生存的文化世界），它具有的哲学民族性、时代性、现实性、实践性、批判性等特性中，对马克思哲学与文化哲学之关系的详尽考察。(4) 以史论结合的方式，在研究马克思主义文化的理论基点、发展历程、内在逻辑、价值诉求、思想内蕴中，凸显马克思主义文化理论的独特性和研究价值。

其二，微观理论的研究。学者在将关注目光投向当下中国、当今世界的变化中，将研究重心投向以人生意义、人生价值为核心的研究，以此实现中国马克思主义文化哲学的研究传统、研究观念的变革②，包括：(1) 在关注民众的日常微观体验、提高生活质量的要求中，对中国文化传统和习俗、大众文化观念中折射的哲学问题展开研究。(2) 在梳理文化哲学的发展脉络中，探讨文化的现代化、文化批判、文化模式、文化冲突、文化产业等与社会的经济、政治、精神生活息息相关的问题。(3) 在反思全球化时代对中国文化、思维方式的影响中，研究当代中国民众文化素质、文明程度的提升问题。(4) 在反思市场经济中的道德观和价值观的扭曲、文化的传统与现代的冲突中，研究先进、和谐的人文环境构建问题。(5) 在强调人的全面发展中，从文化发展视角审视个体创造与社会发展的关系问题。

---

① 代表性著作除了已经提到的衣俊卿等的《马克思主义文化理论研究》，还有衣俊卿的《文化哲学》（云南人民出版社，2001）、何萍的《马克思主义哲学与文化哲学》（武汉大学出版社，2002）、郭建宁的《当代中国的文化选择》（北京大学出版社，2004）、邴正的《马克思主义文化哲学》（吉林人民出版社，2007）、邹广文的《当代文化哲学》（人民出版社，2007）、陈胜云的《文化哲学的当代发展》（江西人民出版社，2007）、李鹏程的《当代文化哲学沉思》（人民出版社，2008）、许明和马驰主编的《马克思主义与当代文化发展》（上海社会科学院出版社，2008）、皇甫晓涛的《文化资本论》（人民日报出版社，2009）、张骥等的《中国文化安全与意识形态战略》（人民出版社，2010）、陈树林的《文化哲学的当代视野》（人民出版社，2010）等。

② 这是 2007 年第七届、2009 年第九届"马克思哲学论坛"的主题之一。

4. 人的哲学

20世纪90年代中国马克思主义哲学的人的哲学研究，主要集中于对马克思主义哲学经典作家相关思想资源的发掘和基础理论的研究。在此基础上，21世纪中国马克思主义哲学的人的哲学研究，在回溯改革开放以来人的哲学研究的理论进路中，从基础理论与现实关注两个方面推进了这一研究。其突出成果是10卷本的"马克思主义人学与当代中国丛书"[①]的面世。该丛书从理论与实际、整体与个别、当下与前瞻等相结合的角度，梳理改革开放以来中国人学的研究状况，剖析当代中国"人"面临的问题，在系统研究马克思主义人学理论中探索人学理论体系的建构，为学界深化人的哲学研究提供了重要的理论资源。除此之外，21世纪以来这一研究的成果还包括众多研究著作的出版。[②]

21世纪中国马克思主义哲学的人的哲学研究主要体现在两个方面：基础理论的研究和关注现实的研究。

其一，基础理论的研究。这一研究旨在为马克思主义人的哲学研究寻求更为稳固的理论依据，其内容包括：（1）关于马克思人学理论的实质，有学者指出它实现了理论人学向实践人学的范式转换；有学者认为它是一种关于人的存在的实践哲学；有学者强调它是科学性与价值性、辩证唯物主义和历史唯物主义与人的研究的统一；有学者认为它是对人的社会化实现的唯物主义论证。（2）关于人学理论的学科定位，有学者将其视为马克思哲学的主题和核心；有学者认为它只是唯物史观中极其

[①] 该套丛书由韩庆祥主编，国家"十一五"重点图书出版规划项目资助，河南人民出版社2011年出版。包括：黄楠森的《人学的科学之路》、夏甄陶的《人：关系 活动 发展》、张奎良的《实践人学与以人为本》、韩庆祥的《马克思的人学理论》、张一兵和夏凡的《人的解放》、陆剑杰的《社会主义与人》、邹广文和常晋芳的《全球化进程中的人》、李文成的《人的价值》、王善超的《关于人的理解》、张健的《论人的精神世界》。

[②] 代表性著作除了已经提到的袁贵仁的《马克思主义人学理论研究》，还有李大兴的《超越——从思辨人学到实证人学》（人民出版社，2006），钟明华和李萍等的《马克思主义人学视域中的现代人生问题》（人民出版社，2006），武天林的《马克思主义人学导论》（中国社会科学出版社，2006），俞可平、李慎明、王伟光主编的《人的基本理论研究》（中央编译出版社，2007），乔长路的《中国人本思潮与人生哲学研究》（人民出版社，2008），章海山、罗蔚、魏领的《斯芬克斯现代之谜的破解：马克思主义人的哲学研究》（中山大学出版社，2009），杨金海的《人的存在论》（中华书局，2009），庞世伟的《论"完整的人"——马克思人学生成论研究》（中央编译出版社，2009），张曙光的《人的世界与世界的人：马克思的思想历程追踪》（北京师范大学出版社，2009），沈亚生、李莹、袁中树的《人学思潮前沿问题研究》（社会科学文献出版社，2010）等。

第四章 复兴与自信：21世纪的中俄哲学

重要的内容；有学者强调它是既与马克思主义哲学相关又相对独立的学科；有学者认为它是集自然科学、社会科学、思维科学于一体的综合性学科；等等。(3) 关于人性、人的本质，有学者从主体性、实践性、理性等角度进行理解；有学者从生存论角度进行理解；有学者从客体性、社会关系角度进行理解；有学者强调从社会关系与人的能动性、社会性与实践性等辩证结合来理解。近年来，随着社会矛盾的增多，学界对这一问题有了一些新的认识，强调人的实践活动和社会关系、人的需要、人的属性具有多层次性和多方面性，所以，应当运用系统论方法来研究人性和人的本质；强调现实的人既具有人类共性又具有各自所属的阶级阶层特性，所以应当深化对人之阶级性的研究。

其二，关注现实的研究。这一研究以当下中国现代化建设中出现的问题为轴心，其内容包括：(1) 围绕中国现代化进程的主题，深入思考科学发展观"以人为本"的原则。一是"以人为本"在科学发展观中的地位。认为它针对现代化建设中以物为本、以经济为本、以权为本等现实问题，在超越以往发展理论中，奠定了科学发展观的基础，确立了科学发展观的核心。二是"以人为本"的概念属性。认为它既非中国古代民本主义，又非近代西方人本主义；既属于马克思主义理论体系中的重要原则，又具有浓郁的中国特色；是既吸取西方人道主义、中国传统民本思想等合理因素，又立足当代中国国情，总结实践经验，被赋予了新内涵的科学概念。三是"以人为本"的理论本性。有学者认为它只是一种价值观；有学者认为它是科学世界观和方法论的集中体现；有学者认为它是中国共产党的世界观、历史观、价值观三者的统一；还有学者强调应当运用唯物辩证法之具体的、历史的观点去界定概念，反对"非此即彼"的绝对主义和"亦此亦彼"的相对主义。[①] 四是"以人为本"的对象所指。有学者从马克思的"人的存在形态"出发，认为这里的"人"是个体、群体、类的统一；有学者从马克思的"现实的个人"出发，认为这里的"人"是具体的、现实的个人，而非抽象的"群"与"类"；有学者从马克思的"社会关系的总和"出发，认为这里的"人"是实践的人；有学者从现实社会生活的不同层面出发，认为这里的"人"是"人民群众"；等等。五是"以人为本"的最终目标。有学者强调它是尊重人

---

① 参见陈志尚：《人学问题的回归和展望》，载《毛泽东邓小平理论研究》，2010 (6)。

的价值、维护人权平等、注重人的个性、实现人的"全面发展";有学者强调除了上述目标,还应包括对人类生存价值的终极关怀,在解决人与自然的矛盾中实现现代转化。①(2)结合中国共产党的最高纲领和建设社会主义现代化的要求,深入探讨人的发展问题。一是发展的基础理论研究。如对"人的全面发展"内涵的研究,有学者从纵向视角,揭示发展是理想与现实、未来与当下的历史过程;有学者从横向视角,揭示发展是不同层面的人(类、民族、群体、个体)的全面发展,而不同层面的人的全面发展的内容既各有所指又相互关联;有学者从社会与人的联系视角,揭示发展中的社会发展与人的发展的统一性。二是发展的应用研究。包括:长期以来对我国人的全面发展现实途径的研究;近年来关于人的发展指标体系的研究,人的幸福指数的研究;近年来总结我国社会主义人权实践的经验,结合当今的法制建设和道德建设,研究人权问题;结合全球化问题②和生态问题③研究人的生存发展问题。(3)从现代性视域,在分析当代中国社会转型时期的经济结构、阶层结构及其矛盾中,通过展开资本逻辑的现代性批判,研究人的本质、地位、发展等问题。在反思从"抽象的人"及其观念(自由、平等、博爱、人权)出发思考"人"的问题中,学界开始注重从马克思对资本逻辑及其现代性的批判中,选取马克思主义人学研究的突破口,并在揭示资本二重性中阐释了资本对人的本质、权利、地位、发展、价值等的"双刃剑"作用。

此外,21世纪中国马克思主义哲学的应用哲学研究,还通过提出、建设、研究社会主义核心价值体系,深化了价值哲学的研究;通过深入思考全球化问题和发展问题,开拓和深化了全球化哲学、发展哲学的研究。

应用哲学领域的路径分化,还体现为新研究领域的开辟。这方面的研究,尽管尚有限,但毕竟已有所作为。例如,马克思主义东方学研究。该研究从东方地域性视野研究马克思主义经典作家的相关理论,从马克思主义经典作家以及后来的无产阶级革命家关于东方社会发展的学说,特别是他们关于俄国、中国等经济文化比较落后但还沿着社会主义

---

① 参见徐春:《以人为本与人类中心主义辨析》,载《北京大学学报》(哲学社会科学版),2004(6)。

② 包括:全球化科学内涵的确定,全球化与一体化的区分,经济、政治、文化的全球化问题,全球化的双重性问题。

③ 包括:生态文明科学内涵的认识、生态文明在社会主义现代化建设中的地位和作用。

第四章 复兴与自信：21世纪的中俄哲学

轨道发展的东方国家的学说，从东方社会发展途径特殊性的理论、东方工农政权解决农民问题的理论、中俄等东方国家发展先进文化的理论、东西方社会发展相互促进的理论、东方工人阶级执政党加强意识形态建设的理论等方面，致力于构建"马克思主义的东方学"①。

这一研究，有助于深入挖掘马克思主义东方社会理论的当代价值，有助于比较中俄两国各自在其社会发展相应阶段的共性与差异，总结各自在社会转型中的经验教训并相互借鉴，进而丰富和发展马克思主义的东方社会理论。

（四）国外哲学领域的路径分化：国外马克思主义研究再掀高潮

21世纪中国马克思主义哲学的国外马克思主义研究，已经成为一股颇具声势的学术潮流。它主要表现在两个方面：概念称谓、学科建设、理论属性的一些根本性变化和研究新气象形成、研究新成果涌现。

1. 概念称谓、学科建设、理论属性的一些根本性变化

其一，概念称谓的变化。进入21世纪后，尽管学者在国外马克思主义的称谓问题上依然见仁见智②，但这并不影响学界达成共识。尤其是在2005年，随着国务院决定增设马克思主义理论一级学科③，称谓上的分歧终告结束，统一被"国外马克思主义研究"取代。即便如此，国内学者在研究内容、研究层次上仍有分歧。主张"新马克思主义"的称谓中，就包括三个领域：从卢卡奇到阿尔都塞的"西方马克思主义"；以南斯拉夫实践派、匈牙利布达佩斯派、波兰和捷克等国新马克思主义为代表的东欧新马克思主义；以分析的马克思主义、生态学马克思主义、女权主义马克思主义、文化马克思主义、发展理论的马克思主义、后马克思主义等为代表的新马克思主义。④ 主张"西方马克思主义"的

---

① 以南京师范大学俞良早教授为代表的研究团队，近年来在相关研究中已经取得了一些成果。（参见俞良早：《马克思主义经典作家理论研究的新视域——关于构建"马克思主义东方学"的意义》，载《中国社会科学报》，2012-07-25）

② 衣俊卿等仍然沿用"新马克思主义"[参见衣俊卿等：《20世纪新马克思主义（修订版）》，北京，中央编译出版社，2012］，俞吾金、陈学明则用"国外马克思主义"[参见俞吾金、陈学明：《国外马克思主义哲学流派新编（西方马克思主义卷）》，上海，复旦大学出版社，2002]称之。

③ 2005年12月23日，国务院学位委员会和教育部联合下发了《关于调整增设马克思主义理论一级学科及所属二级学科的通知》，宣布建立马克思主义理论一级学科及所属二级学科，这标志着我国的马克思主义理论一级学科进入了建设和发展的具体实施阶段。（参见吕贵、袁秉达主编：《六十年：新中国发展与马克思主义中国化》，189页，上海，上海人民出版社，2009）

④ 参见衣俊卿等：《20世纪新马克思主义（修订版）》，"总序"1~2页。

319

称谓中，除了上述西方发达国家的马克思主义流派，并不包括东欧新马克思主义。①

其二，学科建设的变化。自 2005 年国务院批准"国外马克思主义"为马克思主义理论一级学科中的二级学科后，学界从方法论角度，反思了先前的西方马克思主义研究，质疑了传统马克思主义哲学史的叙述逻辑，强调了揭示西方马克思主义的理论内核对构建适应当代马克思主义哲学发展态势的、多元的马克思主义哲学史观的价值，要求建立新的马克思主义哲学史叙述方式，探讨了西方马克思主义进入马克思主义哲学史的理论价值、逻辑起点、叙述方式等问题。② 在此基础上，学界进而区分了不同学科视野中的"国外马克思主义"：就作为一级学科的"哲学"而言，"马克思主义哲学"作为它的二级学科，"国外马克思主义"尤其是其中的"西方马克思主义"，是作为马克思主义哲学中的历史部分出现的③；对作为一级学科的"马克思主义理论"而言，"国外马克思主义"作为它的二级学科，以当代国外马克思主义的各种思潮和各个流派的发生、演进以及它们的基本理论为研究对象，其中也包括西方马克思主义④。这种区分使"国外马克思主义"的学科建设有了更明确的方向和更具体的内容。

"国外马克思主义"学科的建立，为中国马克思主义哲学的"国外马克思主义"研究，提供了拓展和深化的崭新平台。借助这一平台，近年来，学界在学科体系、课程教材、人才培养、研究队伍建设等方面取得了丰硕成果。

---

① 参见俞吾金、陈学明：《国外马克思主义哲学流派新编（西方马克思主义卷）》，"目录"。
② 2010 年，《哲学研究》《哲学动态》《中国社会科学报》《光明日报》等先后刊登了马克思主义哲学史方法论的讨论文章，2010 年中国马克思主义哲学史年会则将"马克思主义哲学史方法论"作为年会主题之一。
③ 这从 21 世纪以来，国内出版的马克思主义哲学史专著，如庄福龄主编的《简明马克思主义史》（2 版，人民出版社，2001）、何萍主编的《马克思主义哲学史教程》（上、下卷，人民出版社，2009）、吴元梁主编的《马克思主义哲学形态的演变》（上、下卷，中国社会科学出版社，2010）等中可见。
④ 这从近年来国内出版的国外马克思主义研究著作，如衣俊卿等的《20 世纪新马克思主义（修订版）》（中央编译出版社，2012）、孔明安等的《当代国外马克思主义新思潮研究——从西方马克思主义到后马克思主义》（中央编译出版社，2012）等中可见。值得一提的是张一兵主编的《当代国外马克思主义哲学思潮》（上、中、下卷，江苏人民出版社，2012），虽然是国外马克思主义哲学思潮的研究专著，但探讨的仍然是西方国家的马克思主义。

其三，理论属性的变化。21世纪以来，中国马克思主义哲学界在"国外马克思主义"二级学科设立的基础上，反思了先前的西方马克思主义研究。(1) 关于西方马克思主义的理论性质，反思的结果是，西方马克思主义是"西方资本主义世界占主流地位的马克思主义哲学形态"的观点获得了学界的共识。学界强调，只有承认这一点，才可能揭示马克思主义哲学的当代价值，开创马克思主义哲学研究的新局面。因此，应当破除在成见、框框中的"引号"西方马克思主义，发现真实的西方马克思主义。(2) 具体区分了西方马克思主义中的古、今、新、旧。"古"，即从卢卡奇到阿尔都塞的传统西方马克思主义；"今"，即20世纪70年代以后的当代马克思主义；"新"，即以后现代话语方式消解马克思主义传统的后现代马克思主义和后马克思主义；"旧"，即坚持马克思主义的批判性思维方式和话语体系的马克思主义。在辨析了四者之间的异与同、分歧与共识、断裂与联系等问题的基础上，深入辨识了西方马克思主义的理论实质，从而推进了整个国外马克思主义的研究。(3) 结合马克思主义哲学的中国化，探讨了西方马克思主义哲学研究的现实意义。在此基础上，借助"国外马克思主义"的学科平台，学界积极开展国际学术交流，拓展国外马克思主义与国内马克思主义的联系沟通渠道，促进两者之间的互动，从而使国外马克思主义研究成为一种学术潮流。

2. 研究新气象形成和研究新成果涌现

"潮流"的推动，使21世纪的国外马克思主义研究出现了前所未有的景象，并涌现出一大批研究成果。(1) 研究立场得以改变。进入21世纪以后，"国外马克思主义是当代马克思主义的一种形态"的观点得到了学界的普遍认可；更多的学者强调了肯定研究国外马克思主义和西方马克思主义对当代中国的价值，指出西方马克思主义无论是其哲学理论还是其批评理论，对当代中国都具有正向功能[1]，认为改革开放以来，西方马克思主义以各种方式深刻影响了中国马克思主义哲学的研究，为后者的创新和现代转型提供了重要的思想资源[2]。(2) 研究机构进而增加。继复旦大学"当代国外马克思主义研究中心"在1999年由

---

[1] 参见陈学明：《论研究"西方马克思主义"在当代中国的意义》，载《南京大学学报》（哲学·人文科学·社会科学），2005 (2)。

[2] 参见王雨辰：《西方马克思主义哲学研究与中国马克思主义哲学的现代转型》，载《哲学研究》，2005 (4)。

教育部批准重组后,中共中央编译局"国外马克思主义研究中心"于2012年成立。此外,南京大学等高校还有专门的国外马克思主义研究中心。近年来,一些高校先后成立了相应的研究基地和研究中心。蔚为大观的研究基地和研究中心的建立,为旨在通过深化国外马克思主义的研究,推进马克思主义基础理论和马克思主义哲学中国化的研究,最终形成中国特色、中国风格、中国气派的马克思主义理论体系,提供了必要的条件。(3)研究队伍空前壮大。进入21世纪以后,中国马克思主义哲学的研究者在继续推进马克思主义哲学基础理论和马克思主义哲学中国化研究的同时,积极借鉴与吸收国外马克思主义研究的思想资源和理论成果,涌现了一批颇有实力的专家学者。这支队伍中,既有老一辈理论工作者,又有恢复高考后涌现出的中年栋梁,以及沐浴国际交流合作春风的大批学术新秀,他们共同构成了国外马克思主义的研究梯队。(4)研究视野进而拓展。进入21世纪以来,中国的国外马克思主义研究,除了对传统西方马克思主义的研究,还包括对20世纪70年代以后西方的各种新思潮①及其代表人物、代表作的研究。除了西方发达资本主义国家的马克思主义,还包括东欧新马克思主义、当代俄罗斯马克思主义以及发展中国家的马克思主义。(5)研究层次得以深化。进入21世纪以来,中国的国外马克思主义研究层次得到了进一步的提升。这一点,从其研究成果便可见一斑。除了通论性的著作或教材,以及对相关研究资料、相关问题研究的汇总②之外,还有大量的文本解读③。除了文本

---

① 如市场社会主义、分析的马克思主义、生态学马克思主义、女权主义马克思主义、文化马克思主义、发展理论的马克思主义、后现代马克思主义、后马克思学以及东欧新马克思主义等。

② 代表性著作有:王雨辰的《当代西方马克思主义哲学研究》(中国财政经济出版社,2001),衣俊卿等的《20世纪的新马克思主义》(中央编译出版社,2001),俞吾金和陈学明的《国外马克思主义哲学流派新编(西方马克思主义卷)》(上、下册,复旦大学出版社,2002),张一兵和胡大平的《西方马克思主义哲学的历史逻辑》(南京大学出版社,2003),赵剑英和张一兵主编的《国外马克思主义的基本问题》(社会科学文献出版社,2006),复旦大学国外马克思主义与国外思潮研究国家创新基地、复旦大学当代国外马克思主义研究中心、复旦大学哲学学院的《国外马克思主义研究报告 2006》《国外马克思主义研究报告 2007》《国外马克思主义研究报告 2008》《国外马克思主义研究报告 2009》《国外马克思主义研究报告 2010》《国外马克思主义研究报告 2011》《国外马克思主义研究报告 2012》(人民出版社,2006、2007、2008、2009、2010、2011、2012)等。

③ 如张一兵对西方马克思主义、后马克思思潮的文本解读,仰海峰的早期鲍德里亚文本解读,刘怀玉的列斐伏尔日常生活批判哲学文本解读,张亮、谢永康的阿多诺哲学文本解读等。(参见杨学功:《超越哲学同质性神话——马克思哲学革命的当代解读》,320页注释)

第四章　复兴与自信：21 世纪的中俄哲学

的解读，还有对流派、人物、专题、思潮的研究：在流派研究方面出版了系列丛书①；在专题研究方面则既有丛书②，又有对个别人物的专题研究③。此外，还有关于国外马克思主义与马克思思想的对比研究④，有将国外马克思主义与中国、世界的现实问题相结合的研究。这一点，又在上述通论性的著作教材、文本解读、专题研究、比较研究中体现出来。（6）研究成果大量涌现。进入 21 世纪以来，中国的国外马克思主义研究成果大量涌现。除了更多的国外马克思主义代表作被译成中文⑤，还有更多的研究论著⑥出版。这些有影响力的译作和有深度的研究论著，不仅表明了中国马克思主义哲学的研究水平，而且为我国的研究者提供了可资借鉴的重要思想资源。如今，即便不是专门从事国外马克思主义研究的研究者，在自己的研究中也十分注重参考和借鉴国外马克思主义的研究成果。这样，21 世纪的国外马克思主义研究就为我国马克思主义哲学研究锻造了一批学养深厚、素质较高的马克思主义哲学理论工作者，他们在一定程度上已经成为中国马克思主义哲学自我建构的重要力量。

　　充分肯定 21 世纪中国马克思主义哲学在国外马克思主义研究中的成绩，并不意味着掩盖其中存在的问题。基于此，学界近年来也在不断反思，并针对存在的问题提出了新的研究目标和方向，即提升问题意识，实现相关转变。（1）纵向上，从以文本译介、文本解读为主的"初耕耘"，向以"开发核心地带"、综合研究问题的"精耕细作"转变。

---

① 如 2008 年以来，俞吾金主编的"当代国外马克思主义研究丛书"，由重庆出版社不断推出研究新著，内容涵盖西方马克思主义的众多流派和众多人物。
② 王雨辰主编的"国外马克思主义哲学研究丛书"，2009 年由人民出版社推出，研究主题是生态学马克思主义。
③ 如陈学明对西方马克思主义命题的解读，童世骏、汪行福、郑召利等的哈贝马斯研究，胡大平的德里克研究，王凤才的霍耐特与法兰克福学派批判理论研究，孔明安的拉克劳和墨菲的后马克思主义与多元激进民主理论研究，尹树广的西方马克思主义国家批判理论研究等。
④ 如郑忆石的《社会发展动力论：从马克思到西方马克思主义》（重庆出版社，2012）。
⑤ 近年来，出版了郑一明和杨金海先后主编的"马克思主义研究译丛"（中国人民大学出版社）、段忠桥主编的"当代英美马克思主义研究译丛"（高等教育出版社）、魏小萍主编的"马克思与当代世界"译丛（东方出版社）、刘森林主编的"马克思与西方传统"译丛（华东师范大学出版社）。
⑥ 数量多达几十种，内容涉及各个方面。

(2) 横向上，从"以我为主"的解读研究向全面开启国际视野比较研究转变。进入21世纪以来，国内学者积极借鉴了国外马克思主义的理论资源、研究范式、思维方法，但这种借鉴存在着或盲从或过于自我的两极之弊。之所以如此，是因为我们的研究对文本的依赖多，而独立思考较少。因此，国外马克思主义的理论研究必须在坚持"自我"的同时，全面开启国际视野的比较。(3) 关注点上，从注重理论逻辑向凸显现实诉求转变。进入21世纪以来，国内学者广泛开展了与国外学者的对话，但这种对话却有隔靴搔痒的空洞之虞。之所以如此，是因为我们的研究对理论问题关注有余，但对理论中蕴含的重大现实问题却关注不足，不善于结合理论逻辑与其社会历史的发展逻辑。如果认真考察，就会发现国外马克思主义探讨的现实问题与当下中国的问题有许多相似之处。因此，国外马克思主义的理论研究必须立足具体问题，关注现实问题，才可能展开有尊严的、切实的对话。

总之，21世纪的中国马克思主义哲学，在路径分化中，从马克思主义哲学的文本、原理、当代中国形态、应用以及国外马克思主义等不同领域，全方位地展开了这一研究，并在成果涌现中显示了中国马克思主义哲学研究的繁荣与自信。它既为未来的中国马克思主义哲学研究中路径的进而分化与深化、视域的进而拓展与开阔、范式的进而转换与创新、理论的进而深刻与独到，提供了思想资源和精神支撑。

二、展示自信：中国特色社会主义的哲学研究

习近平在新进中央委员会的委员、候补委员学习贯彻党的十八大精神研讨班开班式上发表重要讲话中强调：中国特色社会主义，是科学社会主义理论逻辑和中国社会发展历史逻辑的辩证统一，是根植于中国大地、反映中国人民意愿、适应中国和时代发展进步要求的科学社会主义，是全面建成小康社会、加快推进社会主义现代化、实现中华民族伟大复兴的必由之路。习近平这一关于中国特色社会主义的界说，既高度概括了中国特色社会主义实践的目的，也揭示了中国特色社会主义的理论体系。中国特色社会主义既是几代中国共产党人带领全国人民不懈求索的实践结晶，也是马克思主义中国化的最新成果。发掘中国特色社会主义理论体系中蕴含的深刻哲学思想，既是坚持马克思主义哲学理论指导的需要，也是展示马克思主义哲学研究

的理论自信之需。进入 21 世纪以后,学界为构建中国化马克思主义哲学的新形态所做的努力之重要方面便是,发掘和研究中国特色社会主义理论体系中的马克思主义哲学思想。

这一研究主要体现在两个方面:马克思主义中国化理论成果中的哲学思想研究,马克思主义哲学中国化中的学理问题研究。

(一)马克思主义中国化理论成果中的哲学思想研究

这一研究体现为:围绕中国特色社会主义理论体系[①],包括邓小平理论、"三个代表"重要思想、科学发展观、"中国梦"在内的理论,阐释和挖掘其哲学思想。

1. 邓小平理论的哲学思想研究

20 世纪 80—90 年代,学界对邓小平理论的哲学思想研究,主要集中于阐释和发掘其中蕴含的哲学基本理论。与此不同,21 世纪邓小平理论的哲学思想研究,除了深化对其中蕴含的基本哲学理论的研究,更多的则是进入应用哲学领域。到 2008 年,学界以纪念改革开放 30 周年为契机,从不同方面深化了这一研究。(1)深入挖掘了邓小平理论中蕴含的丰富哲学基本理论,并形成了一系列研究成果。在方法论方面,将邓小平建设中国特色社会主义理论的主题分解为若干主要问题,并从相互联系的视角揭示和展现邓小平之辩证思维方法的总体。[②] 在历史观方面,从体制创新、科学技术、对外开放、人的精神等视域,考察邓小平的社会经济发展动力思想;结合国内和国际社会的意识形态现实,在梳理中国共产党第一代领导人到邓小平的意识形态安全思想的发展逻辑中,从形成背景、发展过程、主要

[①] "中国特色社会主义理论体系,就是包括邓小平理论、'三个代表'重要思想以及科学发展观等重大战略思想在内的科学理论体系"(胡锦涛:《高举中国特色社会主义伟大旗帜 为夺取全面建设小康社会新胜利而奋斗——在中国共产党第十七次全国代表大会上的报告》,11 页,北京,人民出版社,2007);"中国特色社会主义理论体系,是马克思主义中国化最新成果,包括邓小平理论、'三个代表'重要思想、科学发展观,同马克思列宁主义、毛泽东思想是坚持、发展和继承、创新的关系"(习近平:《紧紧围绕坚持和发展中国特色社会主义 学习宣传贯彻党的十八大精神——在十八届中共中央政治局第一次集体学习时的讲话》,4~5 页,北京,人民出版社,2012)。

[②] 如袁贵仁的《当代中国的唯物辩证法:邓小平著作中的哲学思想》(北京师范大学出版社,2008),就从"解放思想和实事求是""有中国特色的社会主义""社会主义本质""社会主义市场经济""社会主义现代化建设活动中的主体与客体""社会主义现代化建设的整体""社会主义改革、发展、稳定"七个方面探讨了邓小平的辩证法思想。

内容、基本原则、理论基础、相应策略等方面，研究邓小平的意识形态理论。① 在认识论方面，结合我国改革开放 30 年的历程，从出发点、落脚点、要义、时代特征、理论内涵、基本范例，以及与马克思、恩格斯、列宁、毛泽东相关理论的关系等角度，探讨邓小平的实践真理观。② （2）从应用哲学方面开展对邓小平哲学思想的研究。其中，就经济哲学而言，从分析邓小平共同富裕思想的产生、演变、发展、成熟的历史过程，揭示邓小平共同富裕思想中蕴含的经济哲学思想；从管理视角，在重新解读"总设计师"的内涵中，从管理主体论、管理客体论、管理方法论、当代启示等方面阐释邓小平的管理哲学思想。③ 就政治哲学而言，从邓小平党内民主思想的产生历程、基本内容、应对之策（党内监督、人民民主、克服官僚主义）等角度，探讨邓小平的政治民主思想；从梳理法政治哲学与邓小平法政治哲学的关系、法政治哲学的思想体系（认识论基础、价值蕴含、内容体系）、法政治哲学与中国特色社会主义法政治理论的关系（实践需要、内在联系、体系构建）等角度，研究邓小平的政治哲学思想。④ 此外，还从经济、政治、文化等社会生活的不同领域，从赶超的可能性、方法论、原则、核心等方面，探讨了邓小平利用资本主义文明的思想。⑤

不仅如此，广大学者还研究了邓小平理论中蕴含的价值哲学、"三观"（世界观、人生观、价值观）、发展观等，从而在充分肯定和高度评价邓小平理论的哲学思想价值的同时，从不同领域深入探讨了邓小平哲学思想。

2. "三个代表"重要思想的哲学思想研究

世纪之交的中国，在经济全球化、世界格局多极化、信息网络化的加剧过程中，进入了全面建设小康社会、社会主义现代化建设的加速期。国内外急剧变化的时代背景，向中国共产党提出了一系列迫切需要

---

① 如邓磊的《邓小平社会主义经济发展动力思想研究》（湖北人民出版社，2008）、田改伟的《挑战与应对——邓小平意识形态安全思想研究》（中国社会科学出版社，2008）。
② 如王强华的《邓小平实践真理观研究》（重庆出版社，2010）。
③ 如韩立红的《"总设计师"的管理智慧——邓小平管理哲学研究》（中共中央党校出版社，2007）、许新三的《邓小平共同富裕思想再解读》（经济科学出版社，2009）。
④ 如任水才的《邓小平党内民主思想研究》（中国社会科学出版社，2007）、丁士松的《政治法治化的理论逻辑——邓小平法政治哲学与法治理论研究》（人民出版社，2009）。
⑤ 如吴昊的《邓小平利用资本主义文明成果思想研究》（江西人民出版社，2009）。

第四章　复兴与自信：21世纪的中俄哲学

回答和解决的问题：如何在把握改革开放大局的同时，抓住机遇实现理论创新和实践突破，实现发展与稳定的统一？如何在邓小平理论初步系统地回答了社会主义的本质、路径的基础上，进一步回答"什么是马克思主义？""怎样对待马克思主义？""什么是社会主义？""怎样建设社会主义？"等事关中国发展方向的问题？如何在总结苏东剧变的深刻教训中，解决好执政党建设中面临的腐败、钱权交易等现实问题？这一切，都成为世纪之交中国共产党第三代中央领导集体面对的主要问题。作为对时代深刻变化和发展现实的回应，党的十三届四中全会以后，以江泽民为核心的党中央提出了"三个代表"重要思想。①

作为"同马克思列宁主义、毛泽东思想和邓小平理论是一脉相承而又与时俱进的科学体系，是马克思主义在中国发展的最新成果"②的"三个代表"重要思想，一经提出就受到学界的高度关注。学者们不仅评价了它对改革开放实践的重要理论价值，而且认真研究和发掘了其中蕴含的哲学思想。进入21世纪以后，学界对"三个代表"重要思想中哲学思想的研究，主要包括以下几个方面：（1）唯物史观方面。认为"三个代表"重要思想中，"代表中国先进生产力的发展要求"，以唯物史观关于"生产力是社会发展的最终决定力量"为理论基石，既科学概括了社会基本矛盾运动规律新的表现形式，又深化了唯物史观的生产力理论；"代表中国先进文化的前进方向"，以唯物史观关于"社会存在与社会意识的相互作用"为立论基础，既将观念等上层建筑的能动作用在新的时代条件下具体化，又发展了唯物史观社会意识相对独立性和反作用的理论；"代表中国最广大人民的根本利益"，以唯物史观的群众观点为理论出发点和落脚点，既强调了人民群众的主体地位，又发展了唯物史观的实践观、群众观。这方面的代表性著作③，有从社会发展的动

---

① 2000年2月25日，江泽民在广东考察时指出，"总结我们党七十多年的历史，可以得出一个重要结论，这就是：我们党所以赢得人民的拥护，是因为我们党在革命、建设、改革的各个历史时期，总是代表着中国先进生产力的发展要求，代表中国先进文化的前进方向，代表着中国最广大人民的根本利益"（《江泽民文选》，第3卷，2页）

② 胡锦涛：《在"三个代表"重要思想理论研讨会上的讲话》（2003年7月1日），4页，北京，人民出版社，2003。

③ 如胡振平和黄凯锋的《"三个代表"重要思想的哲学基础》（上海人民出版社，2006）、王家芳等的《"三个代表"重要思想与唯物史观》（中共中央党校出版社，2006）、刘林元的《"三个代表"重要思想的理论与实践》（社会科学文献出版社，2007）。

327

因、方向、机制、规律等方面所做的历史观分析,有从历史本体论、历史认识论、历史价值论以及历史辩证法等角度所做的阐释,有从社会发展动力论、社会主义全面发展和价值目的、社会发展中历史主体使命等角度所做的分析。(2)唯物辩证法方面。[①]认为"三个代表"重要思想将发展生产力、发展先进文化、代表人民最根本的利益视为辩证统一的整体。其中,发展生产力是后两者的基础和前提,先进文化是先进生产力、人民的根本利益的精神动力和思想保障,人民群众是前两者的实践主体,是实现前两者的目的。三者之间互为前提、相互作用,既彰显了解放思想、实事求是、与时俱进的理论品格,又体现了唯物辩证法的基本精神。诸多研究成果在对"三个代表"重要思想的历史起点、逻辑起点、形成发展过程、内在理论品质、科学内涵、逻辑结构等的分析中,揭示了其中体现的丰富的辩证法思想。(3)唯物辩证的认识论方面。强调作为生产力主体的人民群众,发挥自主创新能力的条件,既需要先进的科学技术、文化知识的培育,又在于树立国家主人翁的意识,充分发挥社会主义建设的能动性、创造性。这就体现了主体与客体、理论与实践相统一的辩证认识论思想。

此外,学者们还在分析和阐发与"三个代表"重要思想相关理论的同时,深入阐释和发掘了与之相关的哲学思想[②]:在分析"三个代表"重要思想与马克思主义中国化的相互关系中,揭示了马克思主义中国化的基本规律、"三个代表"重要思想与马克思主义中国化的互动关系;在分析"三个代表"重要思想与科学发展观的相互关系中,强调了两者之间的互动关系,即"三个代表"重要思想对科学发展观形成的理论先导作用,如"中国共产党现阶段所具有的代表性"思想深化了对人民利益的认识,为"以人为本"的科学发展观开掘了理论源泉,"全面建设小康社会"的发展目标是催生科学发展观的重要依据,科学发展观为现阶段全面实践"三个代表"重要思想找到了突

[①] 代表性著作主要有:秦宣主编的《"三个代表"重要思想研究述评》(中国人民大学出版社,2006)、王向明主编的《中国共产党的历史方位与"三个代表"重要思想》(中国人民大学出版社,2007)等。

[②] 代表性著作主要有:王先俊的《"三个代表"重要思想与马克思主义中国化》(安徽人民出版社,2007)、顾海良主编的《从"三个代表"重要思想到科学发展观——21世纪马克思主义中国化的新进展》(高等教育出版社,2007)、李君如主编的《"三个代表"重要思想与党的先进性建设》(人民出版社,2007)。

破口；在分析"三个代表"重要思想与党的先进性建设的相互关系时，从人类文明、中国共产党的历史、革命导师、苏共执政的经验教训等角度，探讨了"三个代表"重要思想与保持党的先进性之间在思想指导、现实途径、方式方法、制度保障等方面的联系；在提出"努力促进人的全面发展"中，借用中国传统文化"和而不同"的思想，提出了处理当今世界矛盾的方法论原则。这一切，都在阐明"三个代表"重要思想理论内涵的同时，发掘和展现了其中蕴含的哲学理论。

3. 科学发展观的哲学思想研究

进入21世纪的中国，既面临着全面参与经济全球化、科技高新化、信息网络化等诸多国际的新挑战和新机遇，又面临着工业化、市场化、信息化、城镇化等诸多国内的新矛盾和新问题。如何在国际国内深刻变化的新形势下从容应对？如何在进而回答"什么是社会主义？""怎样建设社会主义？""建设什么样的党？""怎样建设党？"的同时，以邓小平理论和"三个代表"重要思想为探索新起点，贯彻立党为公、执政为民的理念，全面推进党的建设？如何继续高举中国特色社会主义的理论旗帜，全面推进经济建设、政治建设、文化建设、社会建设？如何在全面总结中国改革开放近30年的经验基础上，认真思考发展道路、发展模式等问题？这一切，成为以胡锦涛为核心的新一届中央领导集体面对和必须解决的问题。正是在这种环境下，作为深化理论探索新起点、科学判断国际国内形势、力求破解中国发展基本问题的产物，党中央提出了"树立和落实全面发展、协调发展和可持续发展的科学发展观"[1]，以此为基础，逐步形成了加强党的执政能力和先进性建设、建设创新性国家、构建社会主义核心价值体系、建设社会主义新农村、构建社会主义和谐社会、走和平发展道路等战略部署。在此基础上，党的十七大在系统整合邓小平理论、"三个代表"重要思想、科学发展观的基础上，形成了中国特色社会主义理论体系。

作为马克思主义中国化第二次历史性飞跃的标志性成果之一，科学发展观一经产生，就成了学界研究的热点并涌现出大批研究成果。其

---

[1] 中共中央文献研究室编：《十六大以来重要文献选编》上，483页。

中，有从整体角度全面展现这一理论的著作[1]，有从不同学科角度专论其哲学思想（如政治哲学、价值哲学、教育哲学、人的哲学等）的研究成果，有以教材形式出现的研究论著[2]，有从马克思主义及其哲学理论角度研究这一理论的专著[3]等。

对科学发展观中蕴含的哲学思想，学界的探讨侧重于以下方面：（1）唯物辩证的历史观方面。对此，学者们指出，科学发展观将发展作为执政兴国的第一要务，体现了生产力是人类社会发展之基础的唯物史观；将发展视为阶段性[4]与目标性[5]的统一，体现了社会发展的规律性与阶段性相统一的唯物史观；将发展视为机遇论[6]与道路论[7]、全面论[8]、协调论[9]、可持续论[10]的有机统一，体现了"历史起点观""历史主客体统一论""自然本体与社会本体统一论"等唯物史观的基本观点。（2）唯物辩证法方面。对此，学者们主要从科学发展观的重要内容"全面、协调、可持续发展"中，揭示了这一理论所包含的普遍联系、动态平衡、辩证统一的方法论思想，指出这一理论无论在强调协调发展（经

---

[1] 代表性著作主要有：杨信礼的《科学发展观研究》（人民出版社，2007），程天权主编的《科学发展观研究》（中国人民大学出版社，2009），张再兴、赵甲明主编的《科学发展观的理论与实践研究》（中央编译出版社，2009），王云兰、邱琳、孙寅生的《科学发展观的理论与实践研究》（光明日报出版社，2011），周忠高主编的《科学发展观重大战略思想述要》（中共中央党校出版社，2012）。

[2] 如欧亚平编著的《科学发展观教程》（中共中央党校出版社，2008）。

[3] 代表性著作主要有：俞可平、李慎明、王伟光主编的《马克思主义与科学发展观》（重庆出版社，2006），李崇富和李建平主编的《科学发展观与历史唯物主义》（人民出版社，2006），孙东方、韩华、张丽编著的《科学发展观：当代中国马克思主义发展观》（中央编译出版社，2008），张全新等的《科学发展观·世界观方法论》（山东人民出版社，2008），俞吾金的《科学发展观》（重庆出版社，2008），袁秉达的《中国特色社会主义理论体系探源——从邓小平理论到科学发展观》（上海人民出版社，2008），郭祥才、李一、亢安毅的《科学发展观的哲学底蕴与当代发展的哲学思考》（人民出版社，2009），高慧珠等的《历史唯物主义当代形态：科学发展观的深度研究》（上海人民出版社，2010），秦书生的《科学发展观的马克思主义世界观方法论解析》（东北大学出版社，2011）。

[4] 处于社会主义初级阶段，但21世纪之初已进入全面建设小康社会新阶段。

[5] 分"三步走"，到2049年中华人民共和国成立100周年实现现代化。

[6] 21世纪头20年是重要战略机遇期。

[7] 改革开放强国之路，中国特色的自主创新、新型工业化、农业现代化、城镇化、政治发展、文化繁荣、反腐倡廉、和平发展之路。

[8] 经济、政治、文化、社会、生态的发展。

[9] 经济社会与人的全面发展。

[10] 人与自然的有机统一。

济发展与社会进步）还是在注重统筹发展（城乡与区域、国内发展与对外开放）中，无论在要求和谐发展（人与自然、人与社会、人与人）还是在强调全面发展（个人、社会）中，都有充分体现。（3）唯物辩证的认识论方面。对此，学者们指出，科学发展观针对改革开放中的诸多问题，将"求真务实"作为分析和解决问题的基本态度，要求"在全党大力弘扬求真务实精神，大兴求真务实之风"①，充分体现了从实际出发、实事求是、理论与实践相统一的唯物辩证认识论思想。（4）人文精神的价值观方面。对此，学者们指出，科学发展观将发展的核心价值理念规定为"以人为本"即"为了人民"，将发展的主体动力指向人民群众的创造性实践即"依靠人民"，将发展的目的归结为促进人的全面发展即"发展的成果由人民共享"，充分体现了人民是历史创造者的唯物史观和马克思主义的人文价值性。

4."中国梦"的哲学思想研究

对于中国特色社会主义理论体系发展之最新成果的"中国梦"②，学界已经关注并有所研究。关于"中国梦"的理论特征、哲学意蕴，以及它在中国特色社会主义理论体系中的价值内涵，学者们指出：（1）就理论内容看，它从国家（实现国家富强）、民族（实现民族复兴）、个人（实现人民幸福）三者的统一中，丰富了中国特色社会主义的科学内涵。（2）就理论特征看，它从历史（深刻道出近代中华民族百年生生不息、不断求索的奋斗历程）、现实（客观清醒地正视和认识改革发展中的当下中国问题）、民众（最大限度地汇聚不同阶层、不同群众的愿望和要求）三者的统一中，体现了马克思主义基本理论与中国实际和时代特征的结合。（3）就理论价值看，它从目标（在中国特色社会主义总布局下的"两个一百年"奋斗目标）、旗帜（在最大限度地兼顾和包容各族人民的根本利益中，成为凝聚人心的动员令）、基点（发展中国与为人类做贡献）三者的统一中，开辟了中国特色社会主义理论体系发展的新阶段。（4）就现实意义看，从道路（有助于坚持中国特色社会主义道路）、精神（有助于弘扬中国精神）、力量（有助于凝聚中国力量）三者的统一中，为推进中国特色社会主义伟大事业

---

① 中共中央文献研究室编：《十六大以来重要文献选编》上，724页。

② "中国梦"：2012年党的十八大以后，以习近平为核心的新一届中央领导集体提出并阐述的治国执政战略思想。

指明了方向。① 总之,"中国梦"的理论价值和现实意义就在于,它是当今中国统一思想、凝聚共识的理论。

理论的价值,在于直面现实的情怀和与时俱进的创新,在于源自现实又概观现实的高度和见微知著、洞悉未来的深度。以邓小平理论、"三个代表"重要思想、科学发展观、"中国梦"为内容的中国特色社会主义理论体系,在实现马克思主义中国化新飞跃的同时,表明了马克思主义哲学的真理性。学界以它为研究对象所阐释和发掘的哲学思想,在激活马克思主义哲学的实践功能中,展示了"中国化"的马克思主义哲学的学术诉求;在回答马克思主义哲学应当具有何种现实情怀、创新品质中,凸显了中国化的"马克思主义哲学"的理论品性。

(二) 马克思主义哲学中国化中的学理问题研究

中国特色社会主义理论体系的成果——邓小平理论、"三个代表"重要思想、科学发展观、"中国梦",无不渗透和彰显了中国特色、中国风格、中国气派。它们蕴含了丰富的马克思主义哲学思想,体现出马克思主义哲学与中国实际的结合。因此,对四者的研究促进了从学理上探讨和构建马克思主义哲学中国化的新形态。尤其是进入 21 世纪以后,随着"马克思主义理论研究和建设工程"(以下简称"马工程")的实施和国内马克思主义哲学研究的推进,马克思主义哲学中国化新形态的构建问题日渐被学界关注,其探讨侧重于两个方面:

其一,对马克思主义哲学中国化新形态构建重要性的多角度探讨。其中,有学者从理论总体的角度,探讨马克思主义哲学中国化历程及其发展规律②;有学者从民族发展的角度,强调这一构建对提升和实现中华民族的思想自我、心智成熟所具有的意义③;有学者从理论发展的角度,认为这一构建是 21 世纪中国哲学学术流派本土建构的重要使命,正日益成为哲学界的共同诉求④;有学者从现实需要的角度,强调这一

---

① 参见史文清:《"中国梦"是中国特色社会主义重大思想理论成果》,载《中国社会科学报》,2013-06-03。

② 如大型研究丛书"马克思主义哲学基础理论研究",王南湜的《马克思主义哲学中国化的历程及其规律研究》(北京师范大学出版社,2012)。

③ 参见高清海:《中华民族的未来发展需要有自己的哲学理论》,载《吉林大学社会科学学报》,2004 (2)。

④ 参见张一兵、张亮:《学术流派的本土构建——新世纪中国哲学发展的一项重要使命》,载《吉林大学社会科学学报》,2004 (2)。

构建不仅凸显了马克思主义哲学学科的"问题意识",不仅是中国现代化建设的理论诉求,而且是中华民族文化与精神复兴的必由之路。

其二,对如何构建中国化马克思主义哲学新形态的探讨。对此,学界有着热烈的讨论,并涌现出一批研究成果。其中,有学者从学理角度,区分了"中国的马克思主义哲学"①和"在中国的马克思主义哲学"②,认为后者也有一个中国化的问题,即基于汉语的话语系统,在运用马克思主义哲学改造中国传统哲学中,构建具有中国特色的马克思主义哲学原创体系③;有学者从理论角度,在追溯与总结马克思主义哲学中国化的历史过程和经验教训中,在揭示当下中国化马克思主义哲学新形态构建的突出问题是"理论形态明显落后于实践形态"中,强调当下的马克思主义哲学中国化应从哲学高度抽象与概括当代中国的现实问题和社会变革④;有学者从现实角度,强调构建中国化马克思主义哲学新形态是学术发展的理论问题,是政治需要的意识形态问题,更是民族理论素养的培育、智慧的提升、道德修养的问题;有学者从理论与现实相结合的角度,基于对马克思主义哲学形态演变的历史梳理,考察现时代马克思主义哲学面临的新挑战、新问题,在总结改革开放以来中国学者对马克思主义哲学新形态的探索中,强调构建马克思主义哲学新形态,必须创造性地运用马克思主义哲学基本原理,认识和解决中国社会发展过程中提出的重大问题。⑤

上述探讨,无论从何种角度都表达了学界的共同心愿:构建中国化马克思主义哲学新形态,是中国马克思主义哲学的发展方向,实现这一目标,需要学者们付出长期的、艰巨的努力。

三、突出地位:设置马克思主义理论一级学科

如前所述,20世纪90年代的中国马克思主义哲学研究成果颇丰。中国马克思主义哲学界即便有过"哲学危机"之感,但在严格意义上,它不过是"纯哲学"或"学院哲学"的危机。⑥然而,进入21世纪以

---

① "Chinese Marxist Philosophy",即作为指导思想的马克思主义哲学。
② "Marxist Philosophy in China",即作为学术研究对象的马克思主义哲学。
③ 参见陆剑杰:《关于马克思主义哲学研究中的几个问题》,载《哲学研究》,2005(1)。
④ 如陶德麟、何萍主编的《马克思主义哲学中国化:历史与反思》(北京师范大学出版社,2007)。
⑤ 如吴元梁主编的《马克思主义哲学形态的演变》(下卷,中国社会科学出版社,2010)。
⑥ 参见赵敦华:《大哲学的观念和比较哲学的方法》,载《哲学动态》,1999(1)。

后,由于各种原因,贬低或否定马克思主义及其哲学的过时论、流派论、狭隘真理论、宗教论、趋同论、取消论等论调开始在社会上泛滥。这些论调在消解作为思想理论引领的马克思主义的同时,也使马克思主义哲学遭到不同程度的冷落。马克思主义哲学研究被边缘化,已经成为不争的事实。如何面对国际的复杂形势和国内的众多矛盾,坚持马克思主义在思想领域的地位,是中国马克思主义及其哲学研究中必须正视的严峻问题。这一问题的解决,需要通过解决"如何在加强马克思主义理论体系的整体性研究,全面认识马克思主义理论的真理性中,重塑马克思主义的形象?""如何通过这种研究、认识、重塑,保证我国的哲学社会科学沿着正确的方向健康发展,更好地发挥传承文明、认识世界、服务社会、创新理论的作用?""如何通过发挥这种作用,培养和造就具有敏锐观察力、透彻分析力、高度思辨力的现代化人才?"等一系列关系到中国马克思主义及其哲学生存和发展的重大问题来实现。

现实向致力于坚持和发展马克思主义的中国学界提出了"马克思主义理论自足自信何在?"的问题;马克思主义者需要在重塑理论自信的同时,获取相关人、物、财的支持。于是,迈入 21 世纪不久的中国,在党中央关怀下启动了"马工程"[①] 建设。"马工程"的开启和实施,无疑是马克思主义在中国的发展历程中一件具有现实意义和历史影响的大事,它既为 21 世纪的中国马克思主义及其哲学研究提供了更有利的条件和更大的平台,也标志着中国的马克思主义学科建设进入了新的历史阶段,它从多个方面体现出来。

(一)学科建设:马克思主义理论成为一级学科[②]

与马克思主义理论被设置为一级学科相应,各二级学科有了明确的

[①] 2004 年,中共中央启动了加强马克思主义理论研究和建设的工程。2005 年 2 月 7 日,中共中央宣传部和教育部联合发出《中宣部 教育部关于进一步加强和改进高等学校思想政治理论课的意见》。2005 年 5 月 11 日,中共中央宣传部和教育部联合下发了《中宣部 教育部关于加强和改进高等学校哲学社会科学学科体系与教材体系建设的意见》。2005 年 12 月 23 日,国务院学位委员会和教育部联合下发了《关于调整增设马克思主义理论一级学科及所属二级学科的通知》。

[②] 下属包括马克思主义基本原理、马克思主义发展史、马克思主义中国化、国外马克思主义、思想政治教育、中国近现代史六个二级学科。前五个于 2005 年列入,后一个于 2008 年列入。国务院学位办于 2006 年 1 月,在全国评出了 21 个一级学科博士点和 103 个二级学科博士点。(参见吕贵、袁秉达主编:《六十年:新中国发展与马克思主义中国化》,191 页)

研究内容和研究目的。(1) 马克思主义基本原理学科。它的研究主要包括：理论体系研究，即通过"研究马克思主义经典著作、基本原理及其形成和发展，把握马克思主义的科学体系"；理论品质研究，即通过"研究马克思主义基本原理及其在当代的发展，把握马克思主义与时俱进的理论品质和科学精神"；理论特征研究，即通过"研究马克思主义与当代社会思潮，把握马克思主义基本原理的科学内涵和时代价值"；理论教育规律研究，即通过"研究马克思主义理论教育的内容和方式，把握马克思主义理论教育的规律"[①]。(2) 马克思主义发展史学科。研究内容包括经典作家的思想发展史、马克思主义传播史、马克思主义理论教育史等。研究目的是：通过以史为据、史论结合，在总结马克思主义自身发展和指导实践的历史经验的同时，揭示其发展的一般规律和特殊规律，体现其时代性、实践性。(3) 马克思主义中国化学科。以马克思主义在中国的传播、运用、丰富、发展的历史为中心，结合马克思主义经典著作、基本原理、发展史的研究，探讨马克思主义中国化的科学内涵、历史进程、基本经验、基本特征、基本规律以及理论成果。研究目的是：通过纵横结合的整体性研究，从理论与实践两个维度，为马克思主义的民族化提供更为有力的指导功能。(4) 国外马克思主义学科。围绕当代国外马克思主义思潮、流派、理论的发生与发展的历史和现状，研究和阐释国外学者对马克思主义的研究（包括外国共产党的理论、西方马克思主义、左翼激进理论、马克思学等）。研究目的是：通过这一研究，推动中国马克思主义与国外马克思主义的对话和交流，深化与拓展对马克思主义的认识和理解，推进马克思主义理论的发展。(5) 思想政治教育学科。以马克思主义的理论和方法，分析人们思想道德品质形成、发展的内外在条件，探索思想政治教育的方式和规律。研究目的是：通过高校思想政治理论的教育，培养大学生正确的"三观"，并从整体上推进马克思主义理论研究。(6) 中国近现代史学科。研究中国近现代史上的基本问题、历史进程、基本规律，研究中国革命、建设、改革的历史规律和基本经验。研究目的是：从历史进程、历史经验与理论研究相结合中，阐明高举中国特色社会主义之旗、坚持走中国特色社会主义之路，对中华民族伟大复兴的极端重要性。

[①] "马克思主义理论一级学科建设和人才培养方案研究"项目课题组：《马克思主义理论学科各二级学科研究生培养方案（征求意见稿）》，载《思想理论教育》，2006（10）。

(二) 研究机构：成立中国社会科学院马克思主义研究院①

这一置于国家层面的马克思主义研究机构的设立，起到了中国马克思主义研究的领头羊作用。除了中央层面的"马工程"，教育部也设立了相关的重点研究基地，组织相关的"重大课题攻关项目"。随后，各地的马克思主义学院、马克思主义研究院等教学科研机构相继组建，"高校马克思主义研究会""全国高校马克思主义理论学科研究会"等研究团体先后成立。至此，中国的马克思主义研究在结构上实现了门类相对齐全、结构比较完整、层次较为分明、布局更趋合理的学科体系构建。

(三) 研究成果和人才培养结出硕果

借助"马工程"实施的东风，一批马克思主义经典著作得以翻译出版②；一批举全国专家学者之力编写，涵盖马克思主义理论二级学科，体现中国马克思主义理论特色的高校马克思主义教材陆续面世③；一批从事马克思主义教学与研究的年轻人才，通过课题研究、项目组织、调研考察、研讨交流等形式，在获得理论舞台和发展空间中得以脱颖而出。研究成果和人才培养的双丰收，既为中国特色、中国风格、中国气派的马克思主义哲学创新体系的构建提供了人才基础，又促进了学者将马克思主义理论与中国实践相结合这一自觉意识的形成。

虽然马克思主义理论一级学科建立的初衷和直接动因是推进高校思想政治理论课教育，但它却实实在在地推动了马克思主义及其哲学的研究，这主要体现在：

其一，它将过去分属于哲学、经济学、政治学等一级学科下的马克思主义哲学、马克思主义政治经济学、马克思主义社会主义理论的二级学科，统一在一级学科之中，从而在破除相互割裂、界限分明的

---

① 2005年12月26日组建。

② 包括新版10卷本的《马克思恩格斯文集》和5卷本的《列宁专题文集》，以及以《马克思恩格斯全集》历史考证版为依据的《马克思恩格斯全集》中文2版的陆续出版。

③ 自2010年起，高等教育出版社和人民出版社陆续出版了由中宣部组织编写的，包括《马克思主义基本原理概论》(2010)、《马克思主义哲学》(2011)、《马克思主义哲学史》(2012)、《马克思主义发展史》(2013)、《马克思恩格斯列宁哲学经典著作导读》(2012)、《科学社会主义概论》(2011)、《国际共产主义运动史》(2012)、《毛泽东思想和中国特色社会主义理论体系概论（2015年修订版）》(2010)、《中国特色社会主义理论与实践研究（2013年修订版）》(2012) 等在内的一批"马工程"重点教材。

专业划分的同时,将马克思主义的三个组成部分有机地结合起来了。这样,它便为从系统性、综合性角度研究马克思主义的内在逻辑联系,从总体上完整地认识与把握马克思主义的理论实质和精神风貌,提供了平台。不仅如此,由于它为从整体性视角研究马克思主义提供了基础,所以它对认识马克思主义哲学作为一种世界观和方法论在整个马克思主义理论体系中发挥着何种作用、具有何等价值,同样具有意义。

其二,它将马克思主义中国化作为一个专门学科,在适应中国特色社会主义实践进程的迫切需要,用中国的话语系统进行中国特色、中国风格、中国气派的马克思主义表述,从而在将马克思主义及其深奥哲理民族化、具体化的过程中,通过分析与探讨中国特色社会主义的理论和实践,在深化马克思主义的经济学、社会主义理论的同时,也从历史的本体论、认识论、价值论、方法论等方面深化了马克思主义哲学的唯物史观研究。具体说来,主要包括:在历史本体论上,关于社会主义市场经济条件下各阶层人们的生存状态、发展状况的分析,关于中国特色社会主义的社会形态、社会结构、社会动力、社会规律、社会本质、社会发展等的认识;在历史认识论上,对市场经济中人们的实践、交往、主体性等的理解;在历史价值论上,对现实社会中人的价值、权利、地位、义务等的探讨;在历史方法论上,关于社会和谐的本质、可能性、实现途径,关于社会矛盾和冲突的原因、后果、解决方式等的分析。

其三,它将国外马克思主义设置为一个专门学科,这就让国外马克思主义有了比较清晰的概念界定和研究范围,使学界从改革开放30多年对西方马克思主义的研究扩展到整个世界范围,并根据时代发展和社会变化的现实,跟踪马克思主义传播发展的最新动态,考察其总体格局,梳理其理论逻辑,阐释其理论内容,揭示其理论贡献与局限,在从"思想资源、问题意识、理论范畴、研究范式"[1] 等方面丰富中国的马克思主义研究的同时,也为深度挖掘马克思主义的哲学资源,深刻理解20世纪人类社会历史和人类文化精神演进,提供了比较的视界。

---

[1] 孔明安等:《当代国外马克思主义新思潮研究——从西方马克思主义到后马克思主义》,"总序"3页。

其四，它将思想政治教育专设为一个独立学科，既使思想政治教育专业与马克思主义哲学、政治经济学、科学社会主义等专业之间，分工明确又凸显特点，又使"思想政治理论"课程对思想政治教育的支撑作用更为显著，效果更为明显。同时，它在避免使思想政治教育中的马克思主义研究分解为哲学、政治经济学、科学社会主义的"各自为战"中，使马克思主义的理论研究通过思想政治教育，在公共性和整体性的基础上获得了更多的实践资源。

一级学科的设置、研究机构和研究团体的组建、经典著作的翻译出版、教材的编写、人才的培养，这一切，无论对保持马克思主义理论研究的活力还是对扩大马克思主义理论教育的影响力，无论对中国哲学社会科学的发展还是对中国坚持马克思主义的理论指导，都具有重要的战略意义。它们在为中国的马克思主义发展提供坚实的学科基础和研究平台的同时，也预示着中国马克思主义哲学发展的远大前景。它们促进了中国马克思主义哲学研究者的理论自觉，提升了他们的理论自信。

四、走向深处：研究经验总结

21世纪的中国马克思主义哲学研究，在重点探索、路径分化、学科设立中，展现了自己在全方位推进中的繁荣，也证明了学界前所未有的理论自觉与自信。

（一）经验一

乘着中央实施"马工程"的东风，21世纪的中国马克思主义哲学研究，在继续20世纪90年代开始的向文本研究、对话研究、问题研究等范式转换的同时，开始了马克思主义哲学"形态研究"的范式转换。（1）马克思主义哲学的"文本研究"，由相对"主观化"向相对"客观化"的形态转换，即以更为严谨的科学态度，在破除不合理的学科疆界中，更多依据马克思主义经典作家的第一手文献，对马克思主义哲学理论做出更加接近历史真相的翻译和解读。因此，进入21世纪以后的中国马克思主义哲学文本研究更为客观，也更有科学依据。（2）马克思主义哲学的"对话研究"，由相对"向外"（强调与国际，实则与西方的接轨）向相对"对内"的形态转换，即在注重吸取西方文化、西方哲学的理论资源，借鉴其研究方法的同时，注重吸取中国传统文化、传统哲学

第四章　复兴与自信：21世纪的中俄哲学

的理论精华，如其对人生尤其是内在生命的价值安顿、人的道德自觉、人的心性修养，人与自然和人与人之间的和谐境界等的关照，其对除却物欲化、功利化、拜金主义、极端个人主义等现代化之魅的价值，其对重塑中华民族"哲学自我"[①]之魂的价值。因此，进入21世纪以后的中国马克思主义哲学对话研究更接地气，也更具有吸引力。（3）马克思主义哲学的"问题研究"，由相对"学院化"向相对"现实化"的形态转换。它既体现为学界深入挖掘马克思主义哲学文本资源，深入展开马克思主义哲学与中国传统哲学和传统文化、西方哲学和西方文化的对话交流，围绕当代中国的重大现实问题，集中展开了对中国马克思主义的标志性成果——中国特色社会主义理论体系及其哲学思想的研究，也体现在对社会的经济、政治、文化、生活等不同领域的应用哲学研究更为深入，更加繁荣。因此，进入21世纪以后的中国马克思主义哲学研究更有方向感，也更为脚踏实地。

文本、对话、问题的相应转换归结为一点就是，21世纪的中国马克思主义哲学研究，在实现马克思主义哲学中国化（马克思主义哲学理论与中国实际相结合，在结合中使马克思主义哲学具有中国特色、中国风格、中国气派）和中国化马克思主义哲学（在创造性运用马克思主义哲学基本理论解决中国不同阶段的重大现实问题中，产生具有中国特色、中国风格、中国气派的马克思主义哲学新形态）的过程中，不断构建出符合马克思主义哲学基本理论、注重与时代特征和中国国情相结合、体现鲜明的中华民族特色的研究形态——中国化的马克思主义哲学当代形态。

（二）经验二

借助研究范式的转换和反思创新意识的强化，21世纪的中国马克思主义哲学研究注重研究的整体性与个性化的融合、整体性与多样性的统一。

首先，基于马克思主义哲学是一个发展着的有机整体的理念，学界的理论研究内容有了更为系统、更为综合的视域。（1）在整体视域上，强调不同学科之间的融通，注重在分析马克思主义哲学的经济学、社会学、文化学、人类学、社会主义理论等要素，并揭示各要素之间内在联

[①] 贺来：《中国哲学、西方哲学、马克思主义哲学：价值信念层面的对话》，载《中国社会科学》，2008（5）。

系的同时，凸显马克思主义哲学的整体性。(2) 在基本方向上，强调不同内容的互补，注重在分析马克思主义基本原理、传播历史、发展过程、文献版本、中国化等方面，并揭示各方面之间内在关系的同时，显示马克思主义哲学的整体性。(3) 在现实关照中，强调理论与现实的结合，注重在提出和阐释理论问题时，在理论与实践的双向互动中，表明马克思主义哲学的整体性。(4) 在历史追溯中，强调理论与历史的结合，注重在阐述理论发展的历史时，在理论与历史的相互映照（如马克思主义哲学与国际共产主义运动的关系）、理论本身的历史逻辑（如马克思思想文本的早期、中期、晚期之间的联系）关系的分析中，揭示马克思主义哲学的整体性。

其次，注重整体与部分的统一。(1) 部分构成整体，部分体现整体。马克思主义哲学的整体性研究，是通过各个学者的个性化研究得以实现的。哲学作为当下之思，"从来都不是一种对精神之外的材料的简单接受，而始终立足于自身的活动，立足于一种内部的再造，即通过创新性精神而获取的、按照根据与结论而进行的理性明察的内部再造"[1]，在对马克思主义哲学面临的各种问题的反思和探索中，学者们基于不同的学科和不同的观点方法、语言表述、研究范式、思维逻辑而从事的马克思主义哲学研究，在构成马克思主义哲学研究的多元风格，实现马克思主义哲学理论创造之时，将哲学研究的整体性与个性化、"哲学的理论创造与哲学家的自我实现融为一体"[2]。21 世纪马克思主义哲学研究种类繁多且异彩纷呈的研究著述，便是这一点的明证。(2) 整体统摄部分，整体高于部分。马克思主义哲学的整体性研究，又通过"一总多分"[3] 体现出来。"一总"即作为指导思想的辩证唯物主义和历史唯物主义原理，"多分"即在这一基本原理、基本观点指导下形成的马克思主义的经济哲学、政治哲学、法哲学、文化哲学、道德哲学、宗教哲学、艺术哲学、科学哲学、语言哲学、逻辑哲学，以及历史哲学、社会哲学、人的哲学、全球化哲学等分支哲学或应用哲学的研究。

（三）经验三

借助对马克思主义作为国家意识形态指导地位的强调（必须坚持用

---

[1] ［德］胡塞尔：《哲学作为严格的科学》，倪梁康译，2 页，北京，商务印书馆，2002。
[2] 孙正聿、杨晓：《哲学研究的理论自觉》，载《哲学研究》，2011 (3)。
[3] 陈章亮主编：《六十年：现时代与哲学》，88 页。

发展着的马克思主义,指导中国马克思主义哲学和人文社会科学的研究的重大原则),通过强化马克思主义哲学的理论地位(为人文社会科学的研究提供基本观点和基本方法),通过全面发掘马克思主义哲学的理论内容,通过高度重视马克思主义哲学的理论价值,通过多维度展现马克思主义哲学的理论特质如科学性、时代性、开放性、民族性、现实性、实践性、人文性等方面①,在展现中国马克思主义哲学研究中贯穿的国家意识、全球研究、文化意识中,显示中国马克思主义哲学的核心价值、学术眼光、知识谱系。

总之,21世纪的中国马克思主义哲学研究,已经通过研究范式的转换、研究整体性与个性化的结合,以及全面展开相关研究,站上了包容与自信的新研究平台。

繁荣不等于完美,成就有不足尾随。且不说对中国马克思主义哲学界而言,在市场经济条件下,让广大人民群众心悦诚服地相信和接受马克思主义,有效发挥马克思主义哲学对社会生活的指导作用,仍然任重道远,即便在马克思主义哲学的学术研究领域,中国马克思主义哲学研究需要拓展和深化的问题也不少。关于这一点,笔者将在第八章集中阐述。

第三节 俄罗斯哲学与中国马克思主义哲学的比较

21世纪对俄罗斯和中国来说,既是除陈布新之始,又是哲学研究兴旺之时。在进入21世纪之后的10多年中,两国稳定的社会秩序与

---

① 对此的概括,学界尽管不尽相同,但基本不离这样几个方面。这些马克思主义的哲学特质概言之:"科学性"即辩证唯物的基本观点和唯物辩证的基本分析方法;"时代性"即在关注时代重大新问题中发展马克思主义哲学;"开放性"即具有国际视野,面向世界,研究和吸取国外的自然科学、人文社会科学研究成果,面向世界,研究和提炼中国化马克思主义哲学的经验和价值;"民族性"即面向历史,在将中国传统哲学文化融入马克思主义哲学研究中,使马克思主义哲学具有中国特色;"现实性"即以"我们正在从事的事业"为中心,变马克思主义哲学为解答和解决现实问题的科学"工具";"实践性"即用改革开放这一发展着的实践,检验马克思主义哲学的真理性,发挥马克思主义哲学理论走向现实的中介、桥梁、动力作用;"人文性"即着眼于最广大民众的根本利益和人的全面发展的目标,让马克思主义哲学成为实现这一目标的科学"头脑"。

比较研究：当代俄罗斯哲学与中国马克思主义哲学

平和的社会环境，为各自哲学的研究和发展，提供了拓展空间和深化条件，以至无论俄罗斯哲学还是中国马克思主义哲学，都在包容中展现了繁荣，在繁荣中体现出自信。这种繁荣与自信，表现为两者哲学研究的理论指向都具有更强的现实性，研究心态都具有更强的开放性，理论重心都更注重回归文化传统，价值取向都具有更浓的人文意蕴。然而，这只是两者研究现状的一面。两者研究现状的另一面则是，两者在哲学研究是否需要核心价值以及需要何种核心价值的问题上，在哲学的功能指向、理论视域、理论特质等方面，仍然存在认知差异。

一、需要何种核心价值：指导思想之同异

21世纪的俄罗斯哲学和中国马克思主义哲学，在哲学研究是否需要核心价值指导的问题上，可谓有了一定程度的相似。

对21世纪的俄罗斯哲学而言，其指导思想继续秉承苏联解体以后一直奉行的自由理念，坚持在包容中的多元化哲学研究，无须任何统一、确定的指导思想。然而，与20世纪90年代俄罗斯哲学公开否认哲学研究中理论指导存在的必要性、可能性不同，21世纪的俄罗斯哲学在这一问题上体现出更为宽容的态度，即它不再断然拒斥这一问题，而是反思思想界对苏联历史的虚无主义态度所导致的整个社会信仰虚无主义的泛滥，反思哲学由一元走向多元后所最终导致的整个理论地位的沦落，从而在这一问题上表现出一种含混暧昧的态度。不仅如此，21世纪的俄罗斯哲学还适应社会的需要①和响应俄罗斯当局对"国家观念"

---

① 俄罗斯列瓦达民调中心的一项民意调查显示，2012年，俄罗斯民众对民主状况的自豪感受访比例为31%、对国家整体形象的自豪感受访比例为76%、对国家历史的自豪感受访比例为80%。（http://www.levada.ru/21-11-2012/76-naseleniya-gordyatsya-rossiskim-grazhanstvom-kazhdomu-vtoromu-za-stanu-studno）2000年12月，普京掌权后签署了一个关于国旗、国徽、国歌的法案，修改了苏联国歌《牢不可破的联盟》的歌词并确定其为新国歌。新国歌的歌词堪称体现俄罗斯"民族精神和自豪感的典范，通篇跃动着光荣、神圣、强国、财富、沃土等词汇"。普京此举，受到了俄罗斯民众的热烈欢迎。由于深厚的民族情感和爱国主义情结，俄罗斯民众即便承认社会的民主状况不佳，但这也不影响其对历史文化和国家形象的高度评价。[参见许华：《俄罗斯人眼中的国家形象》，载《俄罗斯学刊》，2013(2)]

第四章 复兴与自信：21世纪的中俄哲学

的强调①，深入研究新俄罗斯思想、新欧亚主义、宗教哲学，再版斯大林哲学、列宁哲学的著作，重新评价斯大林哲学、列宁哲学，研究整个20世纪从俄罗斯马克思主义哲学家到苏联马克思主义哲学家的思想，多元化地研究和评价马克思主义及其哲学，重视各种应用哲学的研究尤其是对全球学、人类学的研究。故而，这个时期的俄罗斯哲学研究或多或少地贯穿着一种以"国家观念"为核心的指导意识，即为"强国梦"找寻思想资源和理论路径。因此，尽管21世纪的俄罗斯哲学无意在理论研究中受制于任何"指导思想"，但又在无形中受制于"国家观念"，而间接承认了哲学研究指导思想的存在价值。

21世纪的中国马克思主义哲学，随着社会思潮、主体利益、价值选择的越来越多元化，其研究较之20世纪90年代，无疑开放度更大，问题意识更为强烈，研究领域更为拓展，研究范式更为多样，研究结论更为各异。然而，从学界的主流来看，坚持"国家意识"，即坚持马克思主义对哲学社会科学研究理论指导地位的基本立场，却在根本上没有动摇。这里之所以冠以"主流"，是因为有一些学者以指导思想应当多元为由，否认与反对马克思主义作为哲学社会科学理论指导的价值，并在实际研究中批判与否定一些马克思主义最基本的观点和方法。这里，笔者不是肯定那种对马克思主义哲学拒谏饰非的理解态度，因为这种教条的、虚假的态度并不能维护马克思主义哲学，而只能对它造成致命的伤害，一如苏联哲学和改革开放前的中国马克思主义哲学；而是意在说明，这种否定马克思主义哲学的思想倾向在学界研究中客观存在的事实。

针对那种认为坚持马克思主义的"理论指导"是有违学术民主自由的观点，学界明辨了马克思主义"一元"与学术研究"多元"的关系，

---

① 普京在首任总统之前的1999年12月30日，就通过《千年之交的俄罗斯》的纲领性文章，宣告俄罗斯21世纪的发展目标是强国富民；2010年4月，梅德韦杰夫在回答"俄罗斯应当是什么样的国家形象？"中提出的四个标准（友好的现代化国家、现代化的政治体制、完善法律、富足安康的国家），无不以"国家观念"为中心。普京在再任总统期间，更是强调爱国主义和国家认同是俄罗斯的核心价值，"俄罗斯的主权、独立和完整是任何人不可逾越的红线"[[俄]普京：《普京文集（2012—2014）》，422页，北京、上海，世界知识出版社、华东师范大学出版社，2014]，是凝聚民族力量、实现国家统一的价值基础，公民的身份认同必须"基于共同的价值观、爱国意识、公民责任和团结、尊重法律、与祖国共命运"（同上书，425~426页），为此，"在教育过程中首先要强化俄语、俄罗斯文学、国家历史等课程的作用"（同上书，17页），这些都表明了俄罗斯治国理念中强烈的国家意识。

认为在中国，在夺取政权中马克思主义哲学作为社会批判的武器发挥了巨大作用，在巩固政权中马克思主义哲学作为国家意识形态发挥着引领和维护政治运作的功能，这导致我们的"国家意识"在长期研究中形成了一种惯性思维和基本套路。随着改革开放的不断深化，"国家意识"的局限性和矛盾日益凸显：市场经济发展、资本无形而巨大的渗透力，在催生利益分化、阶层分殊、价值多元的同时，也对既往形成的"国家意识"的长期集中管控产生了强烈冲击，在致其松动中甚至有着超越"国家意识"的社会塑造力，"以政府（政党）、市场（各类主体）以及社会（中介组织等）为三角的内在对话关系正在形成中，因此代表不同利益立场的各种意识形态不断涌现，出现了主流意识形态与非主流意识形态甚至反主流意识形态并存的意识形态格局"①。社会思想、意识形态的多元，不能抹杀和否定任何社会总有一种处于指导或统治地位的思想。这既是社会意识形态活动的规律，也是社会治理的需要。多元与多变的社会思想、思潮的活跃，更加证明了以"一元"的"国家意识"进行引导的必要性。这样，兼具学理性与政治性的"国家意识"研究，一方面要维持理论的统一权威，在相当程度上不允许分歧和多种声音的存在；另一方面又不得不顾及学术的发展规律，承认在其发展中长出的不同分支、存在的异质性甚至与之冲突的东西。"政治稳定需要统一"，决定了我们的学术研究，在改变过去由政治权威规定的所谓"一元指导"的同时，以发展着的马克思主义理论引领学术研究，推动学术研究自觉地为探索中国特色社会主义发展道路服务，将更有助于其理论功能和价值的体现；"理论发展需要多样"，决定了我们的学术研究，以马克思主义为理论引导不仅不应使学术研究失去自由，相反，要在有利于达成基本理论共识的基础上，营造和形成百花齐放、百家争鸣的氛围，在开放、包容、多样的研究方式中，推进理论创新。因此，坚持"国家意识"指导思想的一元化，与提倡不同学术观点、学术流派的争鸣，应当是统一的而不是矛盾的。

基于苏东剧变后马克思主义虽然作为社会意识形态主流已被边缘化，但仍然属于全球范围内与自由主义、保守主义比肩的社会政治思潮，马克思主义仍然具有强大的生命力和旺盛的表现力这一事实，中国

---

① 李萍：《创新主流意识形态研究方式的三个维度》，载《中国社会科学报》，2011-10-25。

第四章 复兴与自信：21世纪的中俄哲学

的马克思主义哲学研究坚持了马克思主义哲学的基本理论品格，即坚持了马克思主义哲学强烈的反思批判性，没有回避而是力图揭示现实中存在的各种问题；坚持了马克思主义哲学鲜明的实践现实性，没有逃离而是努力寻求哲学走入生活解决现实问题之路；坚持了马克思主义哲学厚重的人文关怀性，没有隔绝而是始终将现实的人视为哲学研究的重心；坚持了马克思主义哲学的科学理性，不是以狂热或幻想来判断事物，而是基于客观冷静的分析做出判断。正因如此，21世纪的中国马克思主义哲学研究才得以坚信，只要我们仍然处于资本主义的大时代，马克思主义就不会过时，它就将为人们观察、思考、分析当今世界和当下社会中的各种问题，提供思考的出发点和底线，提供有效的观点和方法。

尽管如此，21世纪的俄罗斯哲学和中国马克思主义哲学在"究竟以何为哲学研究的理论引导？"这个问题上仍然有着根本性的差异。

在当代俄罗斯哲学界看来，将"国家观念"作为哲学研究的理论指导，既不符合哲学的致思本性，也有违学术研究民主自由的基本精神。这样，俄罗斯学者尽管承认"国家观念"作为当代俄罗斯社会的共同价值观，其核心仍然在于集体主义，即当国家与个人的利益有矛盾时，个人利益"应该服从国家集体的利益"，其目的是使国与家、集体与个人的利益相统一而不是相矛盾，它的"所作所为是为了推进国家的发展、稳定、团结，就是对国家有利，对你的家庭有利"，因而它是"真正的健康的爱国主义的基础"[1]，但却不会自觉地以它为哲学研究的理论引导，更没有公开地、直接地认可它对哲学研究的价值。[2] 即便存在围绕这一"共同价值观"所做的有意无意的研究，当代俄罗斯哲学也没有对它作为一种价值体系所包含的具体内容做出相应的探讨和说明。依旧贯穿于21世纪俄罗斯哲学研究中的对人道主义的推崇、对宗教哲学的热忱、对理想主义的渴望，在表明俄罗斯哲学研究与现实社会"间距"依旧（无论当代俄罗斯社会、当局还是其知识阶层，都一致强调发展共同的价值观、建立全社会的价值体系，对于正确的改革和复兴国家的重要性）的同时，也表明它依然没有形成一个既能为全社会认可，又能为哲

---

[1] ［俄］米哈伊尔·列昂季耶维奇·季塔连科：《中国改革需要构筑共同价值体系》，载《东方早报》，2013-01-08。文章作者为俄罗斯科学院远东研究所所长。

[2] 普京就曾批评俄罗斯知识界，对于培养学生对祖国历史和国家自豪感的不得力、不作为。

学研究提供有效引领的核心价值体系。

与俄罗斯哲学没有形成一个全社会认同的核心价值体系不同，着眼于中国改革开放和现代化建设实际的中国马克思主义哲学研究，不仅继续坚持马克思主义的理论引领，而且在此基础上形成了社会主义的核心价值体系。由于这一体系既强调马克思主义指导思想的基础地位和社会主义的理想与信念，又把对全社会产生强大吸引力、凝聚力的意识形态"爱国主义"①作为民族精神②的核心，把对全社会具有强劲推动力、鼓动力的思想观念"改革创新精神"（包括西方先进的科技文化和人文主义）作为时代精神的内涵，所以社会主义核心价值体系在连接国家意识（马克思主义对社会意识形态和主流文化的指导）、全球意识（具有开放创新意识、体现时代精神的全世界先进文化）、文化意识（中华传统文化精华）、自我意识（构建具有中国特色的价值体系）中，使中国哲学社会科学研究的理论指导更为具体化。

以此为导向的中国马克思主义哲学研究，面对21世纪以来中国社会思潮的多元化③，意识形态中各种思想、观点、理论、学说层出不穷且相互冲撞激荡，马克思主义的指导地位虽不断巩固但又不时受到非马克思主义、反马克思主义思潮的反诘批判，社会意识的主流虽积极、向

---

① 中华爱国主义传统主要体现在儒家文化中，既是道德修养也具有情感价值。它主张：(1) 团结向心的凝聚力，主张在关乎民族、国家的存亡，面对外辱、强权的关头，要有"以天下为己任"的自觉担当。(2) 自强不息的精神，强调面对艰难险阻、挫折失败，要有"天行健，君子以自强不息"的毅力。(3) 重整体利益的操守，强调当个人利益与整体利益发生矛盾时，要以后者为重，"正其义而不谋其利，明其道而不计其功"。(4) 以民为本的情怀，认为"国"是百姓组成的实体而非抽象符号，"国"是民众的生存家园而非君子的家天下，主张"爱民"即"爱国"，统治者要有"民惟邦本，本固邦宁"的远见。

② 体现中华民族相对稳定的本性和特征，"作为一个总体性概念，民族精神是寄于民族躯体的灵魂，是民族的生命之泉、文化之本、价值之源、力量之基"（张允熠：《中国主流文化的近现代转型》下，638页，合肥，黄山书社，2010）。

③ 关于当代中国社会思潮，有"八种说"，即老左派主义、新左派主义、民粹主义、民族主义、新儒家、中国特色社会主义、新自由主义、民主社会主义（参见马立诚：《当代中国八种社会思潮》，北京，社会科学文献出版社，2012）；"五种论"，即新马克思主义（体制内左翼改革派在学术界的反映）、新左派（包括民主主义者、民族主义者和毛泽东主义者）、新古典自由主义（西方新保守主义经济学派在中国的反映）、自由主义（包括新古典自由主义、政治自由主义和社会民主主义）、文化保守主义（新儒家学派）（参见张飞岸：《评析当代中国五大社会思潮》，载《社会科学报》，2012-05-10）。上述分类虽然名称不同，但内容却基本相同。

上、活跃但又有消极、颓废、错误的社会意识不断滋长的现实，重新阐释和深入研究马克思主义哲学的基本原理、发展历史、经典文本、应用哲学等，建设马克思主义理论一级学科、深入挖掘中国特色社会主义的理论内涵，不断争论和探讨经济哲学中如何认识中国现实社会中的资本与货币、政治哲学中"普世价值"是否存在以及怎样认识和评价、文化哲学中如何辨析历史虚无主义、"中西马对话"的价值和目的究竟应为何等问题，用马克思主义哲学的内部建设与自身魅力引领社会思潮，维护了马克思主义哲学作为主流意识形态的主导地位，实现了社会主义核心价值的一元引导与社会思潮多样共生的统一。

以此为导向的中国马克思主义哲学研究，面对21世纪以来各种自由主义思潮的盛行，理论研究中西化主义的滥觞，坚持"弘扬传统、创新传统"的理念，反思中国传统文化的利弊得失，探讨其学理基础、精神特质、合理内容、实现现代转型的内在依据，在推进马克思主义哲学中国化，使其更具中国风格和民族特色中，实现了作为"国家意识"的马克思主义哲学与作为"文化意识"的中国文化的交融，从而实现了坚持社会主义核心价值与继承创新民族文化传统的统一。

以此为导向的中国马克思主义哲学研究，面对21世纪以来文化保守主义、民族主义思潮的出现，坚持"尊重差异、包容多样"的理念，拓展和深化国外马克思主义研究，更为客观理性地与西方哲学对话，即以马克思主义哲学的观点和方法来研究西方哲学，在了解西方哲学关注的问题和进展中确立中国马克思主义哲学的国际视野与时代视域，在推进马克思主义哲学的时代化，使其更具普适性、包容性、整合性中，实现了作为"国家意识"的马克思主义哲学与作为"全球意识"的西方文化的融合，从而实现了坚持社会主义核心价值与包容多样的统一。

马克思主义哲学的创新，需要坚持核心价值观的引领功能，中国马克思主义哲学只有在这一引领下，才能在实现"国家意识—全球意识—文化意识"的有机统一中，拓展马克思主义哲学的创新路径与研究水平。体现了"国家意识""全球意识""文化意识"的21世纪中国马克思主义哲学研究，在坚守理论阵地、回望历史传统、立足当下发展、展望世界图景中，表现出了强烈的理论自信。这种自信，将为我们全面比较当代俄罗斯哲学和当代中国马克思主义哲学，提供分析的基点和视角。

二、"出世"中更强"入世"性：功能指向之同异

"出世"（强调哲学的价值在于思考、认识、追求"形上"问题）还是"入世"（强调哲学的价值在于关注、回答、服务社会现实问题），关系到哲学的理论功能究竟何为的问题，也是任何哲学和哲学家都需要面对的问题。然而，理论的最终目的在于指导实践、服务现实。这一理论的现实性，是21世纪俄罗斯哲学和中国马克思主义哲学无法摆脱的"宿命"，也是经历了20世纪哲学发展风风雨雨的两国哲学日益体现出的共性。

历史上的中俄哲学不同于西方哲学的一个共同点就是，都将本体论、认识论视为抽象问题而较少涉猎（即便探讨也远不如西方哲学那般系统深入），而十分关注社会的政治、伦理、历史、人的命运等现实问题，强调"形上"必须为现实所用。所以，中国传统哲学讲究"经世致用"，强调哲学为现实服务是其一以贯之的风格。表面上看，俄罗斯传统哲学不似中国传统哲学这般"世故、世俗"而具有强烈的宗教性、至上性情结，但实质并非如此。这一点，从俄罗斯人对西方哲学和西方文化、马克思主义哲学的态度便可见。尽管面对西方文明，俄罗斯人常常表现出"戾换式"的思想方式，在狂热追捧与激烈批判中快速转换，但最终还是以是否适用于俄罗斯社会之需要为宗旨而具有强烈的现实性。最能体现中俄两国哲学现实性的，当数20世纪实现了时代主题转换，为各自国家革命提供理论指导的列宁哲学和毛泽东哲学。它们作为马克思主义哲学俄国化和中国化的结晶，最大的特点便是理论指向的强烈现实性。

21世纪的俄罗斯哲学和中国马克思主义哲学，尽管都面向世界，对西方哲学和西方文化持一种更为开放的态度，尽管都在面对国内问题时，对各自的文化传统持一种更为怀旧之情，但却又都强调外域文明与现实国情的水土适应、本国历史传统与现实社会的有效对接，并在下述方面具有相似性：

其一，无论当代俄罗斯哲学复兴传统的努力还是当代中国马克思主义哲学确立自信的尝试，都无不出于为现实社会提供新精神支柱的考虑。在俄罗斯，为追赶现代化，实现"强国梦"，学界对传统哲学与传统文化注入新的元素，如新欧亚主义、新俄罗斯思想，并力图对宗教哲

第四章　复兴与自信：21世纪的中俄哲学

学做出符合现代精神的解读。在中国，为深化改革开放和推进现代化建设，实现"中国梦"，学界高度重视马克思主义的理论指导地位，以及为此设置马克思主义理论一级学科，开展了"马工程"建设。

其二，无论当代俄罗斯哲学在多元氛围中，对马克思主义哲学研究的重视（例如，学界关于马克思主义与当代社会主义之关系的研究，就紧扣与当今俄罗斯社会发展密切相关的现代性与现代化问题[①]；学界关于马克思主义与当代民族问题的研究，就十分注重将昔日俄国的历史问题与今日俄罗斯的地位、发展前景相结合；学界关于马克思主义对当代俄罗斯社会发展之重要性的强调，就处处联系今日俄罗斯社会面临的各种矛盾和重重困境），还是中国马克思主义哲学在"展示自信"中，对中国特色社会主义理论体系，尤其是邓小平理论、"三个代表"重要思想、科学发展观的深化，对"中国梦"的探讨，都无不出于现实社会发展的需要。

其三，无论俄罗斯哲学在"开放态势"中研究范围的更为广泛（广义的文化与日常生活，东方哲学、中东哲学等），研究的内容更为多样（研究的内容，除了几乎涵盖哲学的所有门类和学科，还出现了新的研究领域如全球学、各异的人类学），还是中国马克思主义哲学在"路径分化"中各领域（历史的、基本理论的、应用的、国外的）理论内容的更为深入，尤其是应用哲学研究中出现了新的研究领域（政治哲学、全球化哲学等），都无不与现实问题息息相关或是基于现实需要的考虑。

其四，无论当代俄罗斯哲学在重读经典[②]中，强调经典文本与现实发展之间的关系，还是当代中国马克思主义哲学，在"重读马克思"中，对马克思文本中理论资源的深度挖掘[③]，都体现了两国学者力图让现实走进理论，使理论走入现实的致思路向。至于两国学者在各自的应

[①]　Гранин. Ю. Д. Модернизация России: в колее《зависимого развития》//Вопросы философии.-2014.-№4. Федотова В. Г. Какая модернизация и какой капитализм нужны России？ / В. Г. Федотова, В. А. Колпаков, Н. Н. Федотова//Вопросы философии.-2013.-№10.

[②]　宗教哲学的经典和马克思主义的经典。在重读经典中，俄罗斯学者强调宗教哲学的现实关怀维度，强调理解马克思主义必须结合当时的历史背景又依据当下现实，重新阐释马克思的资本主义批判理论、现代性思想、人学价值观、经济哲学思想。

[③]　挖掘马克思文本中的政治理论资源、经济理论资源、意识形态理论资源。通过挖掘，构建更适合中国国情的政治哲学、经济哲学、意识形态理论。

比较研究：当代俄罗斯哲学与中国马克思主义哲学

用哲学研究中，对社会结构变化、阶层分化、腐败问题、贫富差距、公平正义、道德失落、失业问题、教育问题、社会保障等问题的研究，更是彰显了学者们将理论研究延伸到具体社会生活领域中所体现的现实关怀维度。

因此，21世纪的俄罗斯哲学与中国马克思主义哲学，尽管各自的理论范围和理论属性不尽相同，但旨在直面现实中发挥哲学的社会实践功能的理论指向却是一致的。

当然，这种关于哲学功能的现实性态度，在21世纪的俄罗斯哲学与中国马克思主义哲学中，仍然有着程度的差异。俄罗斯哲学的这种"现实性"带有更显著的实用主义特性。这一点，我们仅从俄罗斯在历史上和现实中对马克思主义的态度，便可见一二。19世纪中期，出于镇压革命民粹主义的需要，沙皇政府不仅不禁止出版《资本论》及马克思的其他一些著作，而且在政府报纸上大登布告。十月革命就是推崇并奉行马克思主义无产阶级革命理论结出的果实。苏联时期，出于"意识形态"垄断和舆论控制的需要，国家将马克思主义制造成为"英雄神话"和"观念神话"。苏联解体前夕，出于"改革"的需要，马克思主义被塑造成了"人本主义"的形象。苏联解体之初，出于"私有化"的需要，马克思主义又成了一切罪恶和失败的替罪羊。21世纪的俄罗斯，出于重建"强大俄罗斯"的需要，人们又忆及并重新探讨马克思主义的一些理论。俄罗斯哲人对马克思主义的褒贬毁誉、追随放弃等，完全由现实社会的需要所左右和决定。"俄罗斯从来就没有不加区别地对待马克思。这一点在对待马克思主义的态度上表现得淋漓尽致"[1]，"不加区别"之语，一针见血地直击当代俄罗斯哲学中马克思主义研究的强烈现实感中夹杂的强烈实用性。

中国马克思主义哲学作为人文社会科学的理论指导，尽管十分关注哲学如何为现实所需、为现实服务的问题，然而，与当代俄罗斯哲学这种对待哲学尤其是马克思主义哲学的极端态度（亦步亦趋尾随现实，往往游走于完全抛弃与百般推崇的两个极端之间）不同，中国马克思主义哲学无论对马克思主义（当然这与中国的意识形态理论指导分不开）还是对其他哲学学科，都一以贯之地既坚持哲学研究的"形上性"即学理

---

[1] ［俄］弗·瓦·米洛诺夫：《马克思哲学遗产在当代俄罗斯的地位和作用》，车玉玲译，李尚德校译，载《社会科学辑刊》，2006（1）。

性研究,又注重哲学研究的"形下性"即应用性研究,更注重遵循马克思主义哲学强烈现实性的理论秉性,努力将实践中提出的现实问题上升为理论课题,又适时地将理论研究成果运用于现实中,在"哲学的世界化"和"世界的哲学化"中,以学理与应用、理论与现实的统一,推进理论研究的创新。

三、"开放"与"怀旧"并行:理论视域之同异

"开放"(强调学习和吸取域外文明与文化对本国哲学发展的价值)还是"怀旧"(强调复兴、继承和弘扬民族文化传统对本国哲学发展的意义),直接关乎哲学发展的前景。21世纪的俄罗斯哲学和中国马克思主义哲学,已经迈出了在两者之间寻求适当张力的脚步。

就"开放"而言,尽管21世纪的俄罗斯哲学和中国马克思主义哲学都在适应各自社会寻求符合国情之发展模式、发展道路的需要,注重在研究中融入本国的哲学文化传统,但是全球化的发展又迫使两国哲学不约而同地将研究视域转向世界范围,在吸取域外文明与文化中彰显了各自研究的开放性。

这一点,在21世纪的俄罗斯哲学研究中体现为:"新欧亚主义"强调"结合国际环境",研究俄罗斯传统文化特质;"新俄罗斯思想"强调"结合全人类共同的价值观",研究俄罗斯传统价值观;"多元哲学"的原则强调,"确信有共同的世界哲学语言,吸收外国哲学精华"是哲学形态应当具有的新特质之一;研究范围不再限于俄罗斯本土哲学或西方哲学,而是拓展到东方哲学;研究内容不再限于理性与非理性、科学与人文,而是出现了非哲学意义的内容。更为明显的是,21世纪的俄罗斯马克思主义哲学研究,无论对苏联解体、斯大林时代、社会主义理论还是对马克思主义哲学的俄国化历程、斯大林哲学、列宁哲学、马克思主义哲学等问题的反思,都力图将之置于历史的与当下的国际视野;无论反对马克思主义哲学作为"国家意识"的价值,但肯定它作为一种方法对于世界和俄罗斯的认识论价值,还是从跨学科的多元视角研究马克思主义哲学,都在前所未有的包容中展现了前所未有的开放特质。

这一点,在21世纪的中国马克思主义哲学研究中体现为:将国外马克思主义作为"马工程"的建设重点,设置为马克思主义理论一级学科的方向之一;在中国特色社会主义理论体系的哲学研究中,注重批判

性地吸取西方哲学和西方文化价值观念如公平、以人为本、生态观；在马克思主义哲学史的研究中，解读马克思文本时，强调吸取苏东学者、西方学者的解读经验，强调借鉴他们的解读理论和方法；在毛泽东哲学的研究中，注重批判性地参照国外学者的研究；在马克思主义哲学原理的研究中，注重吸取西方哲学的相关概念如本体、存在、生存等，相关理论如现代性、空间正义、社会风险等，相关方法如语言学的方法、诠释学的方法、现象学的方法、逻辑实证法等。

21世纪俄罗斯哲学和中国马克思主义哲学这一以开放心态对待外域文明的共性，无疑体现了两国哲学研究中具有的"全球意识"。

就"怀旧"而言，21世纪的俄罗斯哲学和中国马克思主义哲学，从来都注重在维护民族文化的自尊中认同自己的民族文化，强调文化传统在构建哲学价值中的极端重要性。历史上的中俄传统哲学，都因其浓郁的民族文化特色而具有不同于西方哲学的独特性。

在俄罗斯传统哲学中，与斯拉夫主义源头不可分离的俄罗斯传统宗教哲学，其对整体主义、精神世界、道德义务、救世主义等的强调，不过是俄罗斯根深蒂固的文化传统和民族性格的反映。斯拉夫主义关于民族精神是哲学的必要因素，关于只有在俄罗斯的民族、文化、历史等独特性中才能找寻到哲学生命的源泉等的观点，给近代俄罗斯宗教哲学乃至当时的各种社会思潮打上了浓厚的俄罗斯民族文化烙印。至于20世纪马克思主义哲学俄国化产物的列宁哲学，其诸多思想无不刻有近代俄罗斯民族文化传统的印记。

中国五千年的历史和文化，在形成和塑造了中华民族强烈的认同感、向心力、吸引力的同时，也给中国传统哲学打上了民族文化、民族性格的烙印。这一独具特色的哲学，在以天与人、名与实、心与性、理与心、格与致、知与行、群与己、义与利、合与分、同与异之辩而展示中国传统文化魅力的同时，也在世界文化之林中显示出独特的风景。作为20世纪马克思主义哲学中国化结晶的毛泽东哲学，更是以其鲜明的民族文化特色，为中国哲学抹上了浓墨重彩。

21世纪的俄罗斯哲学和中国马克思主义哲学，皆因社会发展进入相对稳定时期又急需进而发展，在搜寻相应于时代发展的精神动力而将视角"向洋"的同时，更多地转向了各自民族的传统文化领域。

这一转向在21世纪的俄罗斯哲学中体现为，学界将解决俄罗斯社

第四章　复兴与自信：21世纪的中俄哲学

会精神危机之路的最佳路径选择，更多地寄予俄罗斯传统文化，因为它充分体现着俄罗斯民族对文明、文化、人类未来发展的独特理解和自觉意识，能为今日俄罗斯社会的精神躯体"济困扶贫"。所以，时至今日，仍有俄罗斯学者无不沉痛地指出，俄罗斯在苏联解体后的私有化过程中，社会之善被毫无道德地盗窃，社会裂痕变成了断裂，世界分成了穷人和富人。对于今天的俄罗斯，找到弥合社会裂痕之路紧迫而必须。俄罗斯自20世纪90年代实行的那种西方式解决模式，因其立足于人的原始本能而具有明显的庸俗性、功利性，不仅与人类的传统价值观相抵触，而且只能带来虚假的社会统一，解决当代俄罗斯社会"精神分裂"的最佳选择只能立足于俄罗斯的传统文化。① 这一转向体现为学界对俄罗斯思想、欧亚主义、传统宗教哲学"注入新意"的热衷。因此，在21世纪俄罗斯哲学界的认知中，"新俄罗斯思想"作为一种理念，既强调俄罗斯文化的独特性，又具有远大抱负：今日俄罗斯，不是要追随和追赶西方，而是要超越西方；不仅应当脱离西方文明的资本市侩气和理性主义迷雾，而且应当为人类寻求独特的发展道路。这一理念，无疑是传统"俄罗斯思想"中，强烈"救世"情怀和"第三罗马"使命感的再现。"新欧亚主义"貌似"中间立场"，但隐藏其后的同样是俄罗斯传统文化中舍我其谁的"救世"意识，是对本民族传统文化的高度认可。因为它在骨子里，既不认同西方，坚决反对西方主义，又力图与东方划界，坚决反对斯拉夫主义，而强调只有俄罗斯才是连接东方与西方的桥梁，负有沟通和融合两种文化并在此基础上形成新文化类型的历史使命。至于俄罗斯传统宗教哲学，其尽管具有民族狭隘性，但又是基于俄罗斯文明"本体"而对人类精神"解困"之径的寻求，尽管具有时代局限性，但却批判和反对资本主义及其技术理性，具有终极关怀和人文情怀，所以更契合当下俄罗斯人的情感需求。

这一转向在中国马克思主义哲学那里体现为，将马克思主义中国化，设置为马克思主义理论一级学科的重点之一，强调这一研究的目的是从理论与实践两个维度为马克思主义的民族化提供强有力的理论支撑。这一转向还体现为，无论中国特色社会主义理论体系的成果研究还是其学理探讨，无论马克思主义哲学的基础理论、哲学史的研究还是其

---

① Папулин Как достичь единства//Москва., М., -2008.-№1.

应用哲学的研究,都更加注重民族语言、民族风格、民族表达形式的运用。这一转向还体现为,在研究范式上,"中、西、马"的对话和交流中,对吸取中国传统哲学资源于构建当代中国马克思主义哲学形态重要性的强调。

在"怎样认识和评价俄罗斯传统宗教哲学?"这个问题上,我们还从中国学界与西方学界的不同态度中,可以发现中国学者与俄罗斯学者在对待民族文化传统上相似的"自我意识"。西方学界对俄罗斯传统宗教哲学中的反西方文化内容持严厉批判态度。与此不同,中国学者尤其是年轻一代学者,将俄罗斯宗教传统哲学视为全球化背景下对抗威胁民族文化的多样性、独特性,寻求民族思想的一种方案、路径,强调世界上的任何一个国家,包括中国和俄罗斯,都有保护本民族文化的独特性,以免遭"全球化"同化的权利和责任。因此,注重回归文化传统,维护民族自尊,这种强烈的"文化意识"和"自我意识"是21世纪俄罗斯哲学与中国马克思主义哲学的一大特色。

当然,这种开放性与回归传统,在21世纪的俄罗斯哲学与中国马克思主义哲学那里,同样有着程度的差异。

在当代俄罗斯哲学中,无论开放还是回归,都基本无禁区而显得更为彻底。这种"彻底"又往往导致全面开放中西方各种社会思潮、理论观点、致思路向都可以在哲学研究中畅行无阻,导致彻底回归中民族主义、民粹主义甚至大国主义都可以成为哲学研究中的课题。近10多年,民族主义已成为俄罗斯人文社会科学各学科争相研究的焦点,大批民族主义学者出版发表了大量著作论文。① 学者们的研究,注重介绍和阐释西方的民族主义理论,更注重复活和构建俄罗斯民族主义的话语传统,以图用数个世纪以来形成的俄罗斯传统思想凝聚社会,获得认同。这种开放(如全盘西化对俄罗斯社会带来的伤害)与回归(即蕴含于民族主义中的人种优越论、排他主义、大俄罗斯主义、掠夺意识、征服欲望,在俄罗斯历史上,往往成为鼓动俄罗斯民众和整个社会仇视他国、他民

---

① 伊万诺夫的《国外的民族主义观点》《民族与民族主义》、玛丽诺娃的《自由主义的民族主义(19世纪中叶至20世纪初)》、波兹尼亚科夫主编的《民族主义——理论与现实》(论文集)、纳罗奇尼茨卡娅的《民族主义——历史与现实》、马拉霍夫的《民族主义作为一种意识形态》等。[参见杨育才:《国外俄罗斯民族主义研究综述》,载《俄罗斯中欧东亚研究》,2007(3)]

族的利器。民族主义作为"新俄罗斯思想""新欧亚主义"中的重要方面,不能不对俄罗斯哲学的研究导向产生影响。后者反过来又影响决策者的思想与行动)的彻底性,往往被一些社会势力利用,成为威胁今日俄罗斯社会稳定的潜流,甚至成为制造社会混乱从而酿成社会危机的工具。

在中国马克思主义哲学研究中,开放与回归的底线是:不能有悖于社会主义的意识形态,不能有悖于实现国家富强、民族复兴、人民富裕、社会和谐的大局。必须在寻求两者的适度张力中,走出一条符合中国国情的马克思主义哲学研究路径。因此,与21世纪俄罗斯哲学在这一问题上的"彻底性"相比,21世纪中国马克思主义哲学无疑要温和、中庸、理性和适度一些。

四、科学性中更浓的人文性:理论特质之同异

理论的吸引力在于关注人、引导人。这一理论的价值性境界,在21世纪的俄罗斯哲学和中国马克思主义哲学中体现得尤为明显。

历史上的中俄哲学不同于西方哲学的一个共同点是,都具有浓厚的理想主义。俄罗斯人宗教情结厚重,格外关注理想,"在理想中讨生活"而对现世生活掉以轻心,"生活在别处"是其社会文化心理的典型特征。中华民族没有宗教激情,不眷恋伊甸园,也不惦记诺亚方舟,但"小康""大同"的理想社会之梦却从未消失。从孔夫子的"大同主义"到毛泽东的"共产主义",理想主义一直在我们的文化中占有重要地位。

历史上的中俄哲学不同于西方哲学的另一共同点是,都蕴含强烈的道德主义。俄罗斯传统哲学一贯以人类的命运、道路、前途为其使命,表现出浓厚的"泛道德主义"特征。中国传统哲学的最基本特征是关注生命的内在安顿、心性的自我修养,主张立足"吾性自足"的"由仁义行"[①],因而十分强调道德的自主自律性。

理想主义特征和道德主义特征的变形,便是对人的终极维度的关怀。这一点在俄罗斯哲学中的鲜明体现便是,近代俄罗斯宗教哲学对人的深切关怀。如 H. A.别尔嘉耶夫就以人格主义的"个性自由"观,批判与解构近代以来西方的世俗人道主义,认为它或者以"理性神"征服

---

① 《孟子·离娄下》。

自然，或者以"意志神"消除异类，导致了人类自然生存、社会生存的双重危机，因此，"精神、自由、道德、生命意义、人道主义等问题，是俄罗斯宗教哲学的思想主题"①。这一点，在20世纪，则表现为对人的哲学研究成为包括从苏联哲学到苏联解体后的当代俄罗斯哲学的研究主题②，而在对"人"的综合研究中，无论苏联哲学还是当代俄罗斯哲学，其人学核心概念都具有不同于西方哲学研究方法的共性，即后者注重从客观环境出发去研究和理解人及其本质，前者则偏重从人的主观精神性出发研究和理解人及其本质③，直接体现出强烈的人文性。这一特征在中国哲学中的体现便是，其哲学思想中渗透了中华几千年来"以民为本"的传统文化要素，体现出强烈的"爱民贵民"倾向。"以民为本"，既是中国有良知的知识分子的恒久精神追求，又是中华传统文化人文价值性的真实写照。它在当代中国马克思主义哲学中，表现为20世纪80年代基于两场大讨论（真理标准问题、人道主义与异化问题）而对人性以及人的本质、主体性、能动创造性的探讨。

21世纪的俄罗斯哲学和中国马克思主义哲学，尽管都在发展经济、走向现代化中，更多面临物质需求，更需要科学理性，但却又凸显了哲学的人文价值性一面。

21世纪的俄罗斯哲学研究中，学界一如既往的宗教哲学"情结"，与这一理论对人的终极价值、终极命运的情有独钟密切相关。学界别开生面的哲学人类学（协同人类学、分析人类学、复古先锋派人类学等）研究，与这些理论在人的从生到死、从身体到语言、从实体到本质、从自然存在到精神创造等研究中体现着的人文气息环环相扣。学界长盛不衰的应用哲学研究，尤其是与社会现实联系直接的经济哲学、政治哲学等研究，与这些理论在对人的现实需要和未来发展的强烈关注度中所体现的强烈人文性紧密相联。例如，经济哲学研究中，一些学者在探讨福利国家经济模式对于俄罗斯的价值时，就提出了"以人为本"为核心的

---

① 徐凤林：《俄罗斯宗教哲学》，"前言"3页。
② 自1961年苏共二十二大提出"一切为了人，为了人的幸福"的口号后，苏联开始了专门的人的问题的哲学研究，到苏联解体前，人的研究形成了高潮。苏联解体后，当代俄罗斯哲学形成了人的哲学研究这个专门学科。
③ 参见黎学军：《论苏联哲学体系中的"人学空场"》，载《华南农业大学学报》（社会科学版），2008（1）。

第四章 复兴与自信：21世纪的中俄哲学

十项原则对于创新经济体系的必要性与可能性问题。① 政治哲学研究中，许多学者的研究目标直击与人的政治权利息息相关的公平、正义、人权等问题，强调只有研究这类问题才能体现哲学的价值。学界日益活跃的马克思主义哲学研究，无论研究触角的重新延伸（对列宁哲学、斯大林哲学的深度反思或重新评价），还是研究内容的深化与拓展（研究马克思主义哲学的"更多文本"，全面反思从苏联哲学到当代俄罗斯哲学的各个方面），无不与主体性、价值性等人文精神息息相关。仍然不失为当代俄罗斯哲学研究重要方面的对科技理性的反思与批判，其"批判"所取的人本主义价值理念、所指的未来社会形态，都在揭示科技理性对人的负面影响中，将理论的立足点和落脚点指向了人的自主性、个体性等人文价值。至于21世纪以来的历届"俄罗斯哲学大会"，尽管主题众多，但发言者的共同关注点和基本思想倾向仍然是人、社会正义、人类命运高于一切等与人文价值性密切相关的问题。

　　21世纪的中国马克思主义哲学，人文意蕴是其研究的理论底色。这一点，在中国特色社会主义理论体系中得到了充分展现：邓小平理论将发展经济的目的锁定为"人民共同富裕"，"三个代表"重要思想将"代表最广大人民的根本利益"作为治国的核心理念，科学发展观将"以人为本"作为发展的核心价值，"中国梦"将"人民的梦"作为中国梦的本质。这一点，通过哲学研究得到了升华：通过阐释中国特色社会主义理论体系，以凝练的理论形式表达人民最关切的问题、最迫切的愿望，体现了作为自己时代、自己人民的产物的马克思主义哲学的理论本性；通过阐释中国特色社会主义理论体系，以生动形象的语言表达人民看不见的思想精髓，找到了马克思主义理论向人民自觉追求转化的途径；通过分析"现实的人及其发展"的中国特色社会主义理论实质，体现了把人从抽象的"普遍理性"、空洞的"绝对价值"理解中解放出来的理论担当。这一点，在对马克思主义哲学的历史、原理、文本、域外等研究领域中，得到了充分的体现：马克思主义哲学史研究中有关"马克思哲学革命"的存在论、生存论转向问题，关注点无不以不同世界图景中的"人"为圆心；马克思主义哲学原理研究中有关本体论、辩证法的争论，仍然集中于"人"的地位问题；马克思主义哲学文本解读中，

---

① Бузгалин А. В. Будущее "скандинавской модели" // Альтернативы. -2001. -No1.

对马克思主义经典作家的公正、平等、公民权、货币、资本等思想资源的挖掘，目的不外乎解决"人"的现实问题；国外马克思主义研究的热点，也大多与人的价值、地位、发展的问题相关。这一点，通过各类马克思主义应用哲学的研究，集中鲜明地表现出来：经济哲学中，批判各种拜物教，分析资本和现代性与中国特色社会主义现代化建设的关系，分析资本文明化及其内在限制；政治哲学中，探讨民主、平等、公正、公共性、普世价值等问题；文化哲学中，紧扣当下中国人的生存与发展问题，揭示人生意义和价值、文化的传统与现代的冲突；"人学"（这里指人的哲学研究）研究中，在"基础理论"方面取得了突破性进展，在"现实关注"中更贴近生活。这些都集中地展现了21世纪中国马克思主义哲学理论的人文意蕴。

尽管如此，21世纪的俄罗斯哲学与中国马克思主义哲学在这一问题上，仍然有在科学理性与人文价值性两者之间偏重何者的程度差异。对俄罗斯哲学而言，曾经极力消解苏联哲学的唯科学性导致了人本主义的极端。即便在21世纪，面对经济社会的发展亟待学界重视科学理性这一现实，大多数哲学家仍然不能摆脱传统鄙视市场经济、物质利益、个人欲望的思维惯性，而崇尚超现实的绝对公平、绝对自由。较之这种唯人本主义的思想倾向，中国马克思主义哲学面对市场经济、深化改革需要更多的科学理性这一现实，在研究中体现了置于科学性基础上的人文性，因而无论对人的研究还是对普世价值（自由、平等、公正、人权等）的认识和评价，都显得相对理性，甚至更为"世俗"与"功利"。

总之，21世纪的俄罗斯哲学与中国马克思主义哲学，无论理论解答现实还是通过现实创新理论，都没有背对各自历史文化传统和时代发展课题。"守土"与"向洋"的双重视野、科学理性与人文价值的双重特质，使两国哲学都能够以包容之心，在吸取古今哲学资源中展现哲学研究的欣欣向荣，在欣欣向荣中显示哲学作为精神世界之魂为社会所需的自信。这种包容与自信，是21世纪的俄罗斯哲学与中国马克思主义哲学共同具有的研究特点。

第五章　主题变奏与贯穿主题："国家意识"比较

在人类历史长河中，30年不过"弹指一挥间"。但对曾经经历并继续经历着社会转型的俄罗斯和中国而言，因社会剧变或社会变革而致的意识形态、思想观念的改变，却天翻地覆并影响深远。翻覆与影响在30年的历程中尽管复杂多变，但当代俄罗斯哲学与当代中国马克思主义哲学之间的差异，首先通过"国家意识"，即在意识形态的核心价值上，如何看待和怎样处理哲学与马克思主义的关系，如何在坚持马克思主义哲学的指导地位与引领功能中避免独断主义和自由主义，如何在反思批判被教条化、僵化、乌托邦化的马克思主义中推进它，以避免马克思主义哲学被边缘化的命运等问题中体现出来。

分析和总结当代俄罗斯哲学与当代中国马克思主义哲学在"国家意识"这一问题上的差异，无论对中国马克思主义哲学看清马克思主义哲学如何在俄罗斯被边缘化和隐形化，吸取苏联—俄罗斯哲学"断裂"模式的惨痛教训，看清社会主义核心价值体系对中国当代社会思潮的引领作用，还是对中国马克思主义哲学走坚持核心价值、包容多样思想、继承传统文化、直面社会问题的自我发展道路，都是必要的。

第一节　国家意识：哲学研究的指导与引领

坚持还是放弃马克思主义的理论引导，是当代俄罗斯哲学与当代中国马克思主义哲学在国家意识上的分水岭。基于此,当代俄罗斯哲学与当代中国马克思主义哲学,虽然有相似的逻辑起点即力图创新自己的理论使之符合时代需要与现实要求,但是思想走向却明显不同。前者是"西化—复古—多元"的走向,后者是"归真—特色—包容"的走向。不同思想走向所折射的是,各自对哲学是否需要国家意识引领以及怎样引领的认知差异。

一、何谓国家意识

"国家"在马克思主义经典作家那里,其本质和职能被界定为,占统治地位的阶级为维护本阶级的利益而对被统治阶级实行专政的工具。①

马克思主义经典作家从社会存在与社会意识的关系角度,既指出"意识形态"是为资本主义政治统治做辩护的工具,是"在幻象、观念、教条和臆想的存在物的枷锁下"的"虚假观念"②,又肯定了它作为社会存在的反映,对社会经济基础的作用和对人们认知判断的影响。这一点,无论从马克思恩格斯关于"意识[das Bewuβtsein](当然包括意识形态。——笔者注)在任何时候都只能是被意识到了的存在[das bewuβteSein]"③的论断,从马克思在《〈政治经济学批判〉导言》关于唯物史观的经典论述中对意识形态的理论阐释,还是从恩格斯晚年《关于历史唯物主义的通信》中的相关观点,都可以看到。列宁则在马克思主义创始人意识形态理论基本精神的基础上,从历史角度确认了"科学的意识形态",认为社会主义就是一种意识形态,强调科学的意识形态理论不可能在群众头脑中自发产生而"只能从外面灌输进去"④。

因此,这里所谓的国家意识,指国家作为维护一定阶级、阶层、集团利益的工具,它所具有的理论观念的功能。由于国家意识同样是自觉反映经济形态和政治制度的理论化、系统化的思想体系,是一国占主导地位的阶级和集团的政治纲领、行为准则、价值取向、社会理想的理论

---

① 在马克思的《黑格尔法哲学批判》《法兰西内战》、马克思恩格斯的《德意志意识形态》《共产党宣言》、恩格斯的《反杜林论》《家庭、私有制和国家的起源》、列宁的《论国家》《国家与革命》等著作中,都有明确论述。

② [德]马克思、恩格斯:《德意志意识形态》,见《马克思恩格斯文集》,第1卷,509页。

③ 同上书,525页。

④ [苏]列宁:《怎么办?》,见《列宁全集》,中文2版,第6卷,29页。

第五章 主题变奏与贯穿主题："国家意识"比较

依据，所以这里的国家意识首先与"意识形态"同义。

对一国政权而言，国家意识之所以必要，是因为它除了具有维持现存政治秩序和社会秩序的"本能"，还能借助各种思想文化手段，通过政治的、学术的、民间的等教化形式，向全社会成员传递一种符合自身要求的政治文化规范，从而在将其意识形态体现的阶级内涵、价值诉求转化为全社会认同的主流意识，使其执政理念内化为民众精神需求的同时，为政权的政治行为"合法性"即"某种政治秩序被认可的价值"[①]提供基础和依据。

然而，作为民众集合体的国家，它以何种"意识"引导民众思想、引领社会思潮，这不仅直接关系到社会的价值体系和整个文化体制的发展，而且直接影响着人们的思想精神面貌，甚至直接关系国家的生存和发展。因此，这里的国家意识，不仅指它具有关怀社会中占统治地位的阶级的生存发展状况，认识和维护这个阶级的根本利益，为其政治合法性提供理论基础等"阶级要素"，而且指它作为认识世界的方法论原则，作为教育、整合、规范社会行为和社会秩序的价值标准所具有的"功能要素"。

二、国家意识的实质何在

在现实社会中，以抽象概念体系为特征的哲学，总是特定阶级利益、特定社会关系的诉求和反映，"哲学只有通过作用于现存的一整套矛盾着的意识形态之上，作用于阶级斗争及其历史能动性的背景之上，才能获得自我满足"[②]。因此，国家意识的实质就是理论与现实的关系问题。

哲学作为一种理论，其与现实的关系是"你中有我，我中有你"。任何社会现实（包括社会的经济、政治、思想文化）都既对哲学的生存发展提供相应的条件，又需要哲学为其提供思想引导和理论支撑，因而现实离不开哲学；任何哲学作为上层建筑和意识形态形式，都要反映现实并服务于现实，哲学要进入社会领域发挥社会实践功能，就必然要经过现实的过滤并获取进入现实的"入场券"，就必然受到现实的干预而被打上"世俗"的烙印，因而哲学离不开现实。因此，当一种以代表相

---

① ［德］尤尔根·哈贝马斯：《交往与社会进化》，张博树译，184页，重庆，重庆出版社，1989。

② 陈越编：《哲学与政治：阿尔都塞读本》，238页，长春，吉林人民出版社，2003。

应阶级利益的意识形态，以国家意识的面貌现身于哲学面前时，哲学不可能对此视而不见或熟视无睹；当哲学力图"不仅在内部通过自己的内容，而且在外部通过自己的表现"① 向社会发挥其功能时，以国家意识为主导的意识形态，也不会等闲视之或放任自流。因此，在哲学与现实之间错综复杂的关系上，任何以国家意识之名进行的以意识形态取代哲学的哲学研究，或者任何以哲学"思考自由"之名进行的以哲学拒绝国家意识引导的哲学研究，在现实社会中都是不存在的。

与之相应的便是哲学的学术性与意识形态性的关系。哲学虽然是一种社会意识形式，但又具有意识形态性。这种"意识形态性"与诸如政治法律理论的意识形态性有别：两者在与社会物质经济基础的关系上，有依存和反映的直接与间接之别；在与社会阶级利益的联系上，有代表和体现的价值性的强烈与淡化之别；在与理论的学术性关联上，有形式的重信念还是重思辨之别。哲学与意识形态相对疏远的关系，使其理论呈现出双重性。作为一种意识形态形式，哲学归根结底要表现一定阶级或集团的利益愿望，要关注现实、联系实践，这是哲学具有意识形态性的一面。作为一种理论化、系统化的世界观体系，哲学对现实的关注和反映在研究方式上有学术性与非学术性之分，"学术性的关注是把对现实的诠释、反思和引导联系起来进行深邃思考，而不是流于对政策和流行观念的单纯辩护与庸俗图解"②。因此，强调哲学的学术性，不是让哲学研究远离政治、疏远意识形态，而是要让它回归对来自社会现实的各种具体问题，对来自理论领域的各种思想观念及其文本做长期的、广泛的、纵深的探讨。同样，强调哲学的意识形态性，不是让政治成为哲学的太上皇、救世主，不是让哲学变为政治的传声筒、应声虫，而是要让哲学在从学理层面剖析现实问题中揭示问题的本质和产生发展的规律，发挥其作为世界观、方法论对现实的引领价值。

哲学与意识形态这种"剪不断，理还乱"的关系，其具体表现之一便是哲学的科学性与意识形态性的关系。就马克思主义哲学而言，"哲学的科学性"即要求哲学正确地反映客观世界与主观世界的关系，揭示

---

① ［德］马克思：《〈科隆日报〉第 179 号的社论》，见《马克思恩格斯全集》，中文 2 版，第 1 卷，220 页。
② 聂锦芳：《论当代中国马克思主义哲学研究方式的转变》，见赵剑英、孙正聿主编：《中国化马克思主义哲学新形态》，67 页。

第五章 主题变奏与贯穿主题:"国家意识"比较

自然界、人类社会、人类思维的本质和发展规律。"哲学的意识形态性",则既包含哲学的现实批判性,又包含哲学的阶级性,即认为在阶级社会中,哲学作为社会意识形态的表现形式之一,归根到底体现着社会的阶级利益并为此服务,并强调自己哲学的宗旨就是代表无产阶级的利益并为其服务,因此哲学就具有强烈的阶级性。对此,马克思在《〈黑格尔法哲学批判〉导言》中,关于无产阶级与革命理论之间,是"批判的武器"与"武器的批判",是"物质武器"与"精神武器"关系的理论,就已经提出了哲学的阶级性问题[①];在《关于费尔巴哈的提纲》中,马克思通过比较新旧唯物主义的立脚点,更是直截了当地揭示了哲学的阶级性[②]。

在马克思主义哲学那里,哲学意识形态性中的"派别性"概念与"阶级性"概念,既有联系又有区别。前者具有认识论属性,它作为划分哲学基本派别的标准,不会随着阶级的消亡而不再存在;后者具有政治的属性,它作为为阶级利益服务的工具,与阶级社会相连并随着阶级的消亡而不复存在。因此,在哲学的意识形态性中,如果将哲学的"派别性"仅仅作为唯物与唯心的划分标准,那么马克思主义哲学关于哲学意识形态性与哲学科学性之间的关系的观点就并不矛盾。因为哲学的"派别性"无非是说,在认识和改造世界时,要按照世界的本来面目来反映世界而不能根据主观臆想,要坚持唯物主义与辩证法的立场而反对唯心主义与形而上学。因此,这种"派别性"的贯彻,不仅不会妨碍哲学的科学性,反倒是达到后者的保证。就此而言,哲学的意识形态性中包含科学性,哲学的科学性中具有意识形态性。然而,如果将哲学意识形态性中的派别性完全等同于政治生活中的阶级划分标准,将哲学的意识形态性直接等同于哲学的阶级性,那么哲学就难免沦为打倒政治对手的工具,哲学思维就必然由具有意识形态性的思维蜕变为一种政治化的思维。

这样,在哲学研究中,作为国家意识实质的理论与现实的关系问题,便直接体现为如何认识和处理哲学与意识形态、哲学的意识形态性与哲学的学术性、哲学的意识形态性与哲学的科学性的关系等问题。它

[①] 参见[德]马克思:《〈黑格尔法哲学批判〉导言》,见《马克思恩格斯文集》,第1卷,11页。
[②] 参见[德]马克思:《关于费尔巴哈的提纲》,见《马克思恩格斯文集》,第1卷,499页。

们直接关系到哲学能否在理论上获得研究的激情和活力,能否在实践中有效发挥理论的社会功能。在当代俄罗斯哲学与当代中国马克思主义哲学的研究中,国家意识无法绕开,这与各自哲学的生存发展关系密切。这一问题在各自哲学研究的理论路径的选择、价值评价标准的取舍上,集中表现为:承认还是否认国家意识的存在价值、国家意识在哲学研究中是真消失还是假消失了、接受还是拒斥哲学研究的指导思想、坚持还是反对马克思主义对哲学研究的理论引领作用。

第二节　西化、复古、多元:当代俄罗斯哲学

在彻底抛弃马克思主义哲学的意识形态引领地位后,当代俄罗斯学界流行或沉迷于自由主义"多元化"的研究。

苏联剧变在导致马克思主义哲学走下神坛,在促使教条化、乌托邦式的苏联马克思主义哲学解体的同时,为当代俄罗斯哲学彻底否定和抛弃国家意识的引领提供了机遇。这种放弃国家意识的思想倾向,在使俄罗斯哲学经历了 20 世纪 80 年代末 90 年代初的以西化为主(对西方哲学和西方文化的狂热)、复古为辅(主要限于俄罗斯传统宗教哲学)的"两极庋换"(以苏联哲学为代表的马克思主义哲学,从巅峰走向深谷),到 20 世纪 90 年代中期以后的以传统为主(对俄罗斯传统哲学、宗教哲学、俄罗斯思想、欧亚主义的研究热情)、西化为辅(对西方政治哲学的关注和研究)的"贫困繁荣交织",再到 21 世纪的"复兴"(为传统俄罗斯思想、欧亚主义注入新元素,对传统宗教哲学具体理论的深入分析)与"多元"(对包括斯大林哲学在内的所有苏联哲学都秉承一种相对宽容的研究态度)兼具的"无主题"[①] 历程的同时,也让当代俄罗斯哲学饱尝了混乱与无序之苦。

一、教科书之争表明什么

混乱与无序,与自苏联解体后,当代俄罗斯社会对国家意识的矛盾心理直接相关:一方面,整个社会始终对国家意识保持着高度警惕,在

[①] 即当代俄罗斯哲学始终拒绝承认任何理论、思想、观念对哲学研究的引领价值。

第五章　主题变奏与贯穿主题:"国家意识"比较

强调多元化、自由化中,以各种方式彻底告别马克思主义、社会主义;另一方面,社会稳定和发展的现实需要,又迫使当局在重申"思想自由、意识多元"①的同时,努力寻求并尝试重塑一种统一的国家意识。这一寻求和尝试,在21世纪俄罗斯关于历史教科书、宗教哲学教科书的争论中,表现得尤为明显。

在历史教科书问题上,俄罗斯经历了从苏联时期的"铁板一块",到今日俄罗斯的"支离破碎"的过程。作为历史教育范本的历史教科书,因具有影响学生世界观、历史观的重大作用而备受俄罗斯政府重视:希望通过它引导学生按照官方意图认识历史,以培养爱国主义意识;希望通过它重塑俄罗斯的国家形象,重建引导整个社会现今发展和未来方向的国家意识。

关于历史教科书的争论,产生于苏联解体后的20世纪90年代中后期。苏联解体之初,由于俄罗斯社会的乱象和叶利钦政权的无暇顾及,这一问题还只是局部性呈现,并未受到人们的普遍关注。然而,国家意识形态的废除、社会传统价值观的改变、原有教育体制的破除,使教育问题日益凸显。尤其是,随着20世纪90年代后半期俄罗斯社会政治局势的紧张,社会意识自由化、多元化的加剧,以各种意识形态和方法编写的各色历史教科书充斥市场与校园,这些历史教科书在引发社会各界激烈争论的同时,也让人们对俄罗斯的历史莫衷一是。21世纪以来,随着俄罗斯谋求新的发展战略,俄罗斯人关于"我们是谁?从那里来?到那里去?"的持续寻求和追问,使俄罗斯社会在更大范围内、更深程度上继续被历史问题所困扰,以至上至联邦总统下至社会各界,都对此问题争论不休。争论体现了俄罗斯社会思想观念的开放,但也使人们担忧,没有统一的教科书,学生的思想是否会过度混乱。出于治国安邦的需要,俄罗斯政府同样希望在重建国家意识中,通过历史去证明现在、寻找未来,因而高度重视和关注历史问题,并不得不数度介入其中。为整顿社会秩序和复兴强国梦,控制大众媒体和重建国家意识,俄罗斯发生了多次政府对教科书的干预事件。先是普京任总统时期对历史教科书问题的亲自过问和干预,以及他对历史教科书应

---

① 例如,普京在《千年之交的俄罗斯》中阐述的"新俄罗斯思想"。

持基本立场的阐释：教科书虽然不应当成为政治斗争和意识形态斗争的场所，但教科书负有培养学生对祖国历史和自己国家自豪感的使命。① 普京的过问和干预，既表明了政府对于历史教科书的立场，确立了评价历史教科书的标准，也给历史教师提出了培养学生的目标。后来，针对俄罗斯历史教学中观点、立场的多元化状况，俄罗斯颁布了由普京签发的、包含教科书鉴定和出版规定的《俄罗斯教育法修正案》。梅德韦杰夫任总统时期，俄罗斯再次爆发了关于历史教科书争论。② 梅德韦杰夫在有关这场争论的答记者问中，明确表明了自己对于评价苏联历史的基本立场：教科书不应当只提供一种观点，而应当非政治化和非意识形态化；叙述历史当然应当以最大限度地接近真相、接近事件的实

---

① 2003 年 11 月 27 日，普京视察俄罗斯国家图书馆时，会晤了一些历史学家并讲话。(Вступительное слово на встрече с учеными-историками//Российская государственная библиотека [Электрон. ресурс]., М., 2003. -Режим доступа: http://archive.kremlin.ru/text/appears/2003/11/56326.shtml)

② 大的争论主要有三次：(1) 2003 年，以普京同历史学家们谈话、致信给科学院要求检查历史教科书，教育部取消伊戈尔·多卢茨基编写的《20 世纪祖国史》上卷中的"教育部推荐"字样等事件为标志，因政府对历史教育问题的治理、批评，以及封杀不合口味的历史教科书，俄罗斯爆发了赞成还是反对政府的决定和立场，教科书中是否应当写入反对派和旁观者之观点的"历史教科书风波"。(2) 2007 年，俄罗斯国家对外政策实验室副主任 A. 菲利波夫等人编写的《俄国现代史（1945—2006 年）》教师参考书，出现了以下问题：遵循俄联邦总统办公厅下达的评价历史人物的标准——巩固了还是削弱了国家政权，将斯大林、勃列日涅夫、普京列为"好"，将赫鲁晓夫、戈尔巴乔夫、叶利钦列为"坏"；其 1 万册的发行量订单直接来自总统办公厅；认为斯大林在执政期间扩大了国家领土、取得了卫国战争的胜利、实现了经济工业化和文化革命、使科学发展进入先进国家行列、消灭了失业现象等，而将其评价为"苏联最成功的领导人"和"俄罗斯帝国的继承人"等。由于该书存在政府炮制和官方背景等原因，它一经面世就再次引发了如何看待苏联历史的大争论。围绕关于斯大林时期的大肃反、斯大林的历史作用，教材应当"只有事实"还是应当有"对历史事件和人物的评价"等问题，俄罗斯学界再次爆发了关于历史教科书的争论。2007 年 7 月，俄罗斯国家杜马、联邦委员会分别通过与批准了包含教科书鉴定和出版规定的《俄罗斯教育法修正案》，该法由普京总统签署并从 9 月 1 日起生效。(3) 2009 年，俄罗斯正式出版了由丹尼洛夫和 A. 菲利波夫主编的《俄国史（1900—1945 年）》教师手册和教科书。该书的"概念部分"全面阐述和分析了苏联时期几乎所有的重大历史问题，且分析和评价基本都采取为当局辩护的立场，因此，该书出版后迅速引发了激烈争议。争议的焦点仍然是，苏联历史是否具有极权主义特征、如何认识和评价"大恐怖"、斯大林个人在其中的作用等问题。2009 年 5 月 15 日，时任俄罗斯联邦总统的梅德韦杰夫（Медведев, Д. А）签署了《关于成立直属俄罗斯联邦总统的反会图篡改历史损害俄罗斯利益的委员会》的第 549 号总统令。"[刘显忠：《俄罗斯的"新历史学家事件"：缘起、社会反响及实质》，载《俄罗斯学刊》、2012 (3)]

第五章　主题变奏与贯穿主题："国家意识"比较

际顺序及原因为宗旨。① 在国家统一考试的历史习题问题上，他更是明确要求"不要有挑拨性的问题"②。其后，梅德韦杰夫签署了关于成立"反对篡改历史委员会"法令，明示国家将制止一切歪曲篡改俄罗斯历史、损害俄罗斯国家利益的行为。随着二战爆发 70 周年纪念日的临近，俄罗斯历史问题的"战争"越演越烈。在这场举国上下纷纷投入的"历史是非之战"中，群情激奋的人们几乎将历史变成了"现实"。2010 年至今，历史问题仍然是俄罗斯社会激烈争论的热点，除了引人注目的"新历史学家事件"③ 的争论，关于"是否必须向学生讲述俄国历史上的耻辱篇章？""是否应当采用统一的历史教科书？"等问题的争论也没有止息。

　　放眼今日俄罗斯，社会对于任何涉及俄罗斯、苏联的历史问题都有着魂牵梦萦的纠结，有着截然不同的认知评价。赞同者类似于历史上将俄罗斯"当作母亲"的斯拉夫主义，总是主张通过描写和肯定俄罗斯历史中正面的、积极的东西，激发人们的民族自豪感，弘扬和培养爱国主义意识；反对者类似于历史上将俄罗斯"当作孩子"④ 的西方主义，总是希望通过揭露和批判俄罗斯历史中负面的、消极的东西，引导人们进一步反省历史主要是苏联历史。因此，无论历史教科书的争论还是新历史学家事件，都不过是俄罗斯历史上长期存在的西方主义与斯拉夫主义之争的当代延续，它在反映人们对俄罗斯的"不同定位"中，折射出处于转型阶段的当代俄罗斯社会，对如何正视过去、如何谋划现在、如何通向未来等诸多问题的困惑，表明了当代俄罗斯人对自己的未来发展道

---

① 参见张盛发：《俄罗斯历史教科书问题的缘起与发展：2003 年至今》，载《俄罗斯学刊》，2012（3）。

② Начало рабочей встречи с Министром образования и науки Андреем Фурсенко [Электронный ресурс] // Президент России : [сайт].-Режим доступа: http://www.kremlin.ru/transcripts/3482 (18.03.2009).

③ 2010 年 6 月，国立莫斯科大学历史学教授亚历山大·巴尔先科夫和亚历山大·弗多温主张，历史研究应当以弘扬爱国主义为主旨。为此，他们在合写的教学参考资料《俄国史（1917—2009 年）》中，竭力回避俄罗斯历史上确已发生的一些不光彩事件，甚至将一些负面的东西解释成正面的。俄罗斯科学院俄国历史研究所的一些学者则主张，历史研究应更多涉及俄国存在的问题，在揭示问题中自省。[参见刘显忠：《俄罗斯的"新历史学家事件"：缘起、社会反响及实质》，载《俄罗斯学刊》，2012（3）]

④ [俄]尼·别尔嘉耶夫：《俄罗斯思想：十九世纪末至二十世纪初俄罗斯思想的主要问题》，雷永生、邱守娟译，38 页。

路、发展模式的忧虑和思索。

历史教科书争论的实质是，政府与反对派之间争夺包括学生在内的所有公民的思想、观念和信仰的"冰山一角"。由此看来，是否需要国家意识似乎已成为俄罗斯社会不可回避的问题。但是，关于构建何种国家意识、如何构建国家意识，官方和学界的分歧则是明显的。就政府而言，秩序和稳定对社会发展的至关重要性，这使其意识到国家控制与管理的必要性、迫切性。让人们接受国家的管理，基本条件就是建立一套既符合国家民族利益，又能为所有公民自愿接受并能提升其素质、振奋其精神的基本价值观。"爱国主义"作为国家意识，是今日俄罗斯人的共识。为此，政府甚至不惜动用国家机构，颁布相关法令，力求在全社会贯彻并努力使所有公民能够接受这种统一的国家意识。对学界而言，多元与自由的思想理念，使其在痛定思痛苏联统一教科书弊端的同时，也使其担心由政府号召编写爱国主义教科书将可能重蹈苏联教科书的覆辙。"恢复一门课程只有一本教科书"是回到苏联教育体制的第一步，因而学界对统一的国家意识心有余悸，并不认可。

在宗教教科书问题上，俄罗斯经历了从苏联时期的"彻底清剿"到今日"全面复兴"的过程。苏联时期，官方全力查封教堂，持续不断地进行无神论教育，不遗余力地消除宗教的社会影响。国家通过法令宣告的政教分离，不仅剥夺了东正教的法人地位，而且将其驱除出教育系统，规定"在一切讲授普通科目的国立、市立和私立学校中，禁止讲授宗教教义"[1]。因此，在世俗学校中，根本不存在以培养宗教信仰为宗旨的宗教教育。然而，随着苏联解体，宗教信仰如燎原之火，迅速燃遍俄罗斯大地。[2] 宗教课程重新进入了俄罗斯世俗学校的课堂，经历了从地区级补充课，到州级选修课，再到联邦级必修课的"步步高"过程。今

---

[1] 十月革命后，俄罗斯东正教教会和神职界对苏维埃政权持强烈的否定态度，牧首于1918年1月19日发布文稿，号召教士和教徒积极投入反抗苏维埃政权的斗争。针对此，苏维埃政权于1918年1月23日颁布了《关于教会同国家分离和学校同教会分离》的法令（参见乐峰主编：《俄国宗教史》上，134页），该法令的第9条即此（参见乐峰：《东正教史》，415页，北京，中国社会科学出版社，2005）。

[2] 截至2012年1月1日，俄罗斯在司法部正式注册的宗教派别有67个，宗教组织有2.4万个。其中，东正教占全国注册宗教组织的56.6%，其教徒人数占国民总数的69%左右。(http//www.levada.ru/print/26-09-2011/religioznaya-vera-v-rossii)

第五章　主题变奏与贯穿主题："国家意识"比较

天的俄罗斯，与宗教相关的教育已遍及全国，并广泛地渗透到联邦的、地区的各级世俗学校。其中，由宗教组织创办的宗教学校主要负责宗教培养工作，俄罗斯各级世俗普通教育机构则主要承担宗教教学教育。近年来，俄罗斯的宗教学校和世俗学校，在宗教课程教学中呈现出"你中有我，我中有你"的局面：宗教学校纷纷开设"宗教社会学""宗教文化学""宗教历史学"；世俗学校则启动了"宗教神学""信仰培养学"之类的课程。① 社会宗教信仰的普遍化和宗教课程在大、中、小学校的普及化，引发的便是俄罗斯东正教教会与社会各界对教学目的、教科书内容的争论。②

这场争论的原因是，当国家由无神论占主导的苏联转变为以有神论为主流的俄罗斯后，宗教教育大规模地进入了俄罗斯的世俗教育体系。宗教教科书基本出自宗教人士或虔诚教徒之手。许多俄罗斯公民认为，从教学内容看，这类教科书带有明显的主观色彩和教义宣传性质；从教学目的看，则是赤裸裸的宗教信仰宣传和宗教伦理教育。因此，这类说教式的教科书，既没有向未来一代公民提供有关宗教的人文知识，也无助于培养孩子们的世界观，反而将对其产生不良影响。对宗教教科书的不信任和反感，在引发社会与教会之间矛盾的同时，也引起了有识之士的担心和忧虑。

这场争论，实质上是俄罗斯东正教教会扩大影响、争夺民心的一种努力。因为宗教教育进入世俗教育体系，是与俄罗斯东正教教会的不懈努力分不开的。在俄国历史上，东正教曾是俄国的国教，彼时的教会与国家政权紧密结合，承担了国民宗教教育的全部任务。苏联解体前夕，随着国家政权对宗教组织的态度转变，东正教不失时机地向国家决策层提出了在世俗学校恢复宗教教育的要求。新俄罗斯独立初期，出于向世俗学校大规模输出宗教教育实际困难的考虑，俄罗斯东正教教会先是利用中央地区几个东正教教徒集中的优势，做出了恢复宗教课程的零星尝试。20世纪90年代中期，一度被教育部叫停的世

---

① 参见戴桂菊：《俄罗斯世俗学校的宗教教科书问题：症结与实质》，载《俄罗斯学刊》，2012（3）。

② 这些争论包括：1992年秋，旧俄宗教教材重返世俗学校所引发的非议；从1997年开始，东正教教会将东正教文化基础教材推广到中小学所招致的质疑；2010年4月，宗教文化与世俗伦理基础教程在11年制世俗中小学进行课程和教材试点所引发的争论。

俗学校宗教课程，在东正教借助舆论向全社会宣传宗教道德教育的必要性、将神学课程名称改为"东正教文化基础课"，以及迎合、紧跟世俗政权以获得支持等多种努力下，自20世纪末起，被迅速地在世俗中小学中推广。如今，俄罗斯东正教教会已经牢牢地占领了俄罗斯世俗中小学的宗教阵地。

这场争论，实质上还是俄罗斯国家政权试图以新的国家意识去稳定社会、安抚民心的一种尝试。苏联解体后，面对国家主流意识形态的变化，俄罗斯政府对宗教的态度和政策发生了重大改变与调整，由苏联解体前夕的"承认和限制"转为"利用和扶持"。出于稳定社会、安抚民心、治理国家的需要，从叶利钦到普京再到梅德韦杰夫，几任俄罗斯总统都因东正教的积极配合，而从政策方面对宗教教科书进入俄罗斯世俗教育体系给予了支持。例如，叶利钦为了稳定社会情绪，主动接近东正教教会，并利用后者的舆论宣传顺利获得总统连任。作为回报，叶利钦政府为东正教教会进入世俗教育体系提供了相应的政策保障。普京上任后，东正教教会通过派神职人员奔赴车臣战场，强烈谴责"别斯兰人质事件"，主动提议将旧俄罗斯时期的宗教节日定为"人民统一日"的国家节日等，在加强宗教信仰精神凝聚力的同时，也为决策层提供了道义支持和统一全民的力量。作为补偿，普京政府继续为宗教课程在世俗学校的推广提供方便。至于梅德韦杰夫，作为苏联末期伴随宗教复兴过程成长起来的新一代领导人，本身就是一名东正教教徒。所以，梅德韦杰夫在执政期间每遇逆境，作为当代俄罗斯社会道德载体的东正教教会，便总是最先表态要与国家政权荣辱共存。作为默契，梅德韦杰夫不仅在不同场合强调宗教课程对学生精神道德培养的重要性，而且通过法律和行政手段，将宗教文化与世俗伦理基础教程作为必修课在俄罗斯全国的世俗中小学全面启动。[①] 可以说，正是由于国家政权的干预和支持，宗教课程进入世俗教育系统才有了前提和保证，并最终成为俄罗斯世俗学校的德育必修课程。

当代俄罗斯对宗教的重视表明，宗教作为一种社会意识形态，无疑具有凝聚人心的功能。有效地利用这种功能，使之在国家政策允许和规定的范围内发挥其服务政权的作用，俄罗斯政府深谙其道，这也

---

① 2012年1月28日，俄罗斯政府出台了《关于2012～2013学年将宗教文化与世俗伦理基础教程在俄罗斯联邦全国普通教育机构推广的措施计划》，并从2012年9月1日起实施。

第五章 主题变奏与贯穿主题:"国家意识"比较

成为当代俄罗斯构建国家意识的一种尝试。然而,这一尝试带来的新问题却是,学界质疑强制推广的宗教课程"能否长久"。因为在当代俄罗斯的大多数学者看来,无论在历史上还是在现实中,俄罗斯东正教在国民心目中都没有建立起很高的威望。① 俄罗斯的无神论者和非宗教人士,对东正教教会多持鄙夷态度,其他宗教神职人员和教徒,则对东正教教会与国家政权过于亲密以及教会拥有巨额财产强烈不满。就连东正教教徒,也对教会人士和神职人员的整体素质与文化水平有不信任感。据全俄社会舆论研究中心 2011 年 1 月 28 日公布的民意调查:只有一半的俄罗斯国民表示信任东正教教会。② 另据俄罗斯列瓦达中心的调查:只有 31% 的俄罗斯国民认为宗教在生活中发挥着重要作用,47% 的国民则从不去教堂参加宗教活动。③ 学者们更为关心的则是:由国家出面将宗教作为国家意识,是否会重蹈当年苏联强制推行国家意识形态的覆辙?

二、放弃还是重拾:国家意识上的矛盾心态

与社会、政界、思想界对国家意识的矛盾心态相似,俄罗斯哲学在这一问题上也是"爱恨交织"。

一方面,当代俄罗斯哲人在反思苏联哲学政治化的教训中,力求使哲学告别政治。

这种告别体现在哲学教学上便是,通过撤销马克思主义哲学课程的设置,消解国家意识的控制。这一点,我们从俄罗斯最具代表性的国立莫斯科大学哲学系的办学目的、专业设置中便略见一斑。它将办学目的确定为:给学生"提供哲学、宗教学、逻辑和科学方法论以及政治学方面的基础知识"而非"培育马克思主义哲学家",将专业设置为 4 个④

---

① 旧俄罗斯时期,教会的贪婪和神甫的无知给俄罗斯国民留下了深刻的印象。如今,恢复了法人地位的东正教教会又在敛财和经商方面丑闻频发。

② Пресс-выпуск №1676. 28.01.2011.《Патриарх Кирилл: итоги двух лет церковного служения》. МОСКВА, 28 января 2011 г. Всероссийский центр изучения общественного мнения (ВЦИОМ).

③ Россияне о религии//Россия в цифрах, по данным Левада-Центра 2012.-Пресс-выпуск 20.04.2012.

④ 它们是:哲学、逻辑和科学方法论、宗教学、政治学。

比较研究：当代俄罗斯哲学与中国马克思主义哲学

和15个学科①。在15个学科中，虽然有4个属于政治学科，但它们是知识而与意识形态无关。其中，最明显的变化则是，在哲学与意识形态的划界中，完全取消了马克思主义哲学。

这种告别体现在哲学研究上则是，通过多元化和去意识形态化，抛弃国家意识的束缚。这一点，我们从堪称苏联哲学研究权威的 Т. И. 奥伊则尔曼②的观点中便清楚可见。在《马克思主义与乌托邦主义》中，Т. И. 奥伊则尔曼明确地指出，"哲学就自己的本性来说，具有多元性，即过去和将来，任何时候，都不可能有那种最后的、终极的、唯一真理在握的哲学"，并尖锐地批评那种认为"哲学家们（马克思主义的先驱们）创造了许多属于自己的体系，而且确信他们终于建立起最后的、真正符合真理的哲学"的观点，是"乌托邦式的幻想"。在《作为哲学史的哲学》中，他更是强调在历史发展水平上，无论哲学与其他学科有多大区别，哲学与其他任何一门科学不同的都是，它只能以各种相互对立的多数体系的形式存在。至于以马克思主义哲学的社会经济形态理论作为规划俄国社会的现实和未来的想法，在俄罗斯学者看来，不过是一种"程式化"的思考问题方式，断不能以它为理论准绳来分析俄罗斯的现实、规划俄罗斯的未来。

告别政治的结果是：在消解国家意识的同时，先前"统一"的全国哲学、哲学发展规划、哲学指导中心不复存在；先前名为"一般"（代替了所有哲学）实则"特殊"（高高在上）的马克思列宁主义哲学（即辩证唯物主义和历史唯物主义），如今变为了真正的"哲学一般"（作为众多哲学流派中的一派）。与之相应的则是，高度赞扬西方学者的"文明冲突论""历史终结论"，强调它们帮助俄罗斯"实现了从意识形态立场、阶级立场、文明立场的转变"③。在"何谓哲学？"的追问中，呼唤哲学"独立"，反对任何国家意识并

---

① 与教研室设置相应，包括：系统哲学室、社会哲学室、外国哲学史室、俄罗斯哲学史室、科学哲学和科学方法论室、美学室、伦理学室、逻辑学室、宗教哲学与宗教室、世界文化史和文化理论室、俄罗斯政治过程室、世界政治过程室、社会政治学说史室、政治学室、哲学人类学室。

② Т. И. 奥伊则尔曼在近年连续出版的《作为哲学史的哲学》(1999)、《马克思主义与乌托邦主义》(2003)、《为修正主义辩护》(2005) 等著作中，阐明了自己对马克思主义哲学、列宁主义哲学的新理解，检讨与纠正了自己过去在相关问题上的误解和偏颇。

③ 王国平、张国胜：《俄罗斯学者论"文明的冲突"》，载《国外社会科学》，1998 (5)。

第五章　主题变奏与贯穿主题："国家意识"比较

以此作为价值标准，成了当代俄罗斯哲学的时尚。在实现哲学从对政治的"依附"走向"独立"中，当代俄罗斯哲学转向了热捧西方哲学、西方文化，以及回归传统之路。

另一方面，看似摆脱了国家意识的支配，获得了独立发展权的当代俄罗斯哲学，却不得不面临新的烦恼：没有国家意识引领的哲学研究，又陷入了"有序"与"无序"、"有中心"与"无中心"、"有系统体系"与"无系统体系"、"有统一评价标准"与"无统一评价标准"的两难境地。以"绝对自由"为由，将意识形态与国家意识等同，将摆脱意识形态的控制理解为消除国家意识，甚至将"脱离意识形态的自由理解为脱离逻辑性、条理性的思想自由"①，导致了俄罗斯哲学在力图摆脱人类两千多年形成的理论框架和体系中抛弃了相应的评价标准，导致了俄罗斯哲学的乱象：众多质量低劣的哲学专著和教科书面世，每个人都可以自我标榜为哲学家，某些哲学家的哲学思想和哲学观念如墙头草般随风摇摆。更主要的是，作为社会精神导向的哲学，其价值主导的多元化、自由化，不仅没有为"处于'精神分裂状态'"② 的社会走出"精神严冬"指出方向，反而因自身的不知所措为混乱无序的社会思潮拨了火泼了油。

由此，当代俄罗斯哲学仍然面临着承认还是否认国家意识的矛盾与困惑：

一方面，因自身受挫而不得不从主体角度承认国家意识的价值。当代俄罗斯哲学片面强调多元化、自由化，使自己陷于理论混乱并可能最终丧失话语权，故而重新思考回归"统一的意识形态"。当然，这里的"统一"，绝不是指靠政权的行政措施、建立在理论权威基础上的"统一"，而是指一种适应社会发展、国家需要，基于哲学思想的自由、哲学研究形态多元的价值观念、主导思想，因为"没有一种统一的国家意识形态，没有高尚的精神原则和个人行为的道德规范，国家就无法进行独立自主的社会改造，无法实施深刻的民主改革、经济改革和政治改革"③。强调

---

① 对于俄罗斯哲学因多元化过程中出现的偏激倾向，《哲学问题》主编 В. А. 列克托尔斯基和著名哲学家 И. Т. 弗罗洛夫都有过尖锐的批评。(参见李尚德编著：《20世纪马克思主义哲学在苏联》，507页）

② 张树华：《过渡时期的俄罗斯社会》，294页。

③ Яновский Р. Г. Духовно-нравственная безопасность России//Социологические исследования.-1995.-№12.

比较研究：当代俄罗斯哲学与中国马克思主义哲学

哲学具有意识形态功能，其作用在于"通过最高价值和有独立意义的价值对比"，"赋予社会变化一定意义"①，从而在一定程度上承认了国家意识对哲学研究的意义。考察当代俄罗斯哲学的研究现状，可以看到，学界在致力于摆脱苏联时期革命与反动、进步与保守、先进与落后等对立思维模式之羁绊的同时，力图以"去意识形态化"的多元研究，为俄罗斯社会的发展提供理论引领，这一举措本身就具有意识形态意蕴，即"复兴俄罗斯"的意识。这种意识就其本质，不过是俄罗斯国家意识的体现。只是，它不再采用苏联时代直接的、赤裸的形式，而是以间接的、隐晦的形式显示自己。

另一方面，因现实需要而不得不受国家意识制约。考察苏联解体后20世纪90年代至21世纪的俄罗斯哲学，可以看到，俄罗斯现政权既不再向哲学界下达指令、提出要求，也不再要求哲学为政权出谋划策、辩护论证，因而学界研究课题、办刊办报、发表文章、出版著作，学者们站在何种立场、持有何种观点、参加何党何派，都完全是"我的事情我做主"。表面上看，当代俄罗斯哲学研究似乎完全脱离了国家意识形态的轨道。但是，哲学的这种主动脱轨，或政权的这种主动放手，仍然是有条件的。1994年，俄罗斯联邦高等教育部制定和颁布了全国统一的哲学教学"国家标准"，所谓"国家标准"，即"一个人获得某项教育水平应掌握的最起码的知识面"。就哲学系的毕业生而言，国家标准指该生在毕业时应掌握的最起码的哲学知识。按照这个国家标准，各高校可以按照自己制定的大纲来讲授哲学，至于采用什么教材，用什么观点讲授，决定权则在学校和讲授者。但是，这里自由取材和自由讲授的前提仍然是"符合该'标准'的要求"②。由此可见，作为社会意识形态表现形式的哲学，不可能从根本上摆脱国家意识的操控。

需要说明的是，当代俄罗斯哲学这种对国家意识价值的有限承认，并不意味着它心悦诚服地认可国家意识具有对哲学研究的引领权。而且，20世纪80—90年代的俄罗斯，无论上层还是百姓，无论思想界还是整个社会，仍然因苏联时期整个理论界的政治化，而对所

---

① Кара-Мурза А. А. Духовный кризис в России: есть ли выход?//Вопросы философии.-1996.-No5.

② 贾泽林等：《二十世纪九十年代的俄罗斯哲学》，43页。

第五章 主题变奏与贯穿主题:"国家意识"比较

谓国家意识保持着高度的警惕。当代俄罗斯哲学界对于所谓承认"国家意识"、回归"统一的意识形态",其共识仍然是:这将使思想重新被禁锢、学术自由重新被扼杀。这是学者们最不愿意看到和容忍的。于是,在是否承认和接受国家意识的两难中,从20世纪80年代到整个90年代,俄罗斯哲学便不能不在"西化"与"传统"之间摇摆,并先后处于或"西化为主、传统为辅",或"传统为主、西化为辅"的"无主题"状态。

然而,认识可以滞后,实践却不能等待。进入21世纪以后,俄罗斯哲学所竭力回避的国家意识以强势之态"入侵"了哲学研究的领地,它迫使俄罗斯哲学面对追求"强国梦"的政治现实而不得不顺势而为,从而在貌似"多元"实则顺应现实中开始了接受以复兴俄罗斯传统哲学文化为标志的国家意识引导。这一国家意识尽管并没有以强制方式迫使学界接受,但却不能不对21世纪的俄罗斯哲学研究产生影响,使其再也不能置国家意识于度外。因此,无论当代俄罗斯哲学研究者承认与否,21世纪的俄罗斯哲学对俄罗斯民族哲学资源的重新挖掘(注重的是欧亚主义、俄罗斯思想、宗教哲学等传统理论中体现的民族自我意识)、对西方哲学、西方文化不改初衷的热衷(注重的是,它们的普世价值和观念对俄罗斯走向富强到底会有哪些作用)、对苏联哲学和马克思主义哲学的多元研究与重新评析(注重的是,这些理论在构建苏联这个昔日的超级大国中有哪些东西起过怎样的作用)、对应用哲学一如既往的兴趣高涨(注重的是,这些离社会生活最近的理论领域对社会的稳定和发展起着何种具体作用),都与"强国梦"(普京的"新俄罗斯思想",包括"爱国主义、强国意识、国家观念、社会团结"四个术语,贯穿始终的逻辑只有一个——强国)这一国家意识的引领不无关系。

然而,整个俄罗斯社会仍然弥漫着多元化、自由化的思潮,并且上层明确"反对在俄罗斯恢复任何形式的国家的官方的意识形态"[1],这一切都制约了俄罗斯形成统一的国家意识。受此影响,即便政府已经确立重建以爱国主义为核心的国家意识,但至今关于国家意识的争议仍然没有停止。这一问题在政权领导的最上层也尚未完全形成高度共识。在

---

[1] 《普京文集——文章和讲话选集》,8页。

比较研究：当代俄罗斯哲学与中国马克思主义哲学

"新历史学家事件"中，人们发现，这不仅是俄罗斯历史上西方主义与斯拉夫主义争论的延续，而且显露出普京历史观与梅德韦杰夫历史观的分歧：普京对苏联历史多有肯定，梅德韦杰夫则相反。这与两者生长的环境不无关系。就普京而言，苏联时期接受的高等教育和经历，使他尽管声称不愿回到斯大林时代，但那个时代的影响不能不在其思维方式和行为模式上留下痕迹。对梅德韦杰夫而言，尽管他与普京一样，"作为在同一环境中成长起来的统治者"而"接受由普京传承下来的历史遗产"[1]，但是，他作为成熟于戈尔巴乔夫时期的一代，其思想、观念无疑更开放，更接近西方，并对当代俄罗斯哲学研究产生影响。这一影响的直接后果便是，当代俄罗斯哲学仍然坚持以自由化为主导的"多元"研究。这样，当代俄罗斯哲学在反思和批判苏联哲学的政治化并取得丰硕研究成果的同时，一方面坚持从根本上否定国家意识存在的合法性，以及这种合法性对哲学研究的价值，一方面又因自身发展与现实需要，不得不或主动或被动地在一定程度上肯定国家意识对哲学研究的价值。于是，当代俄罗斯哲学的发展轨迹，也就不能不经历"西化—复古—多元"的"无主题"变奏。

需要指出的是，尽管急剧的社会转型导致了马克思主义哲学被彻底边缘化甚至被消解，尽管自由主义思潮的泛化导致了当代俄罗斯哲学不断陷入过度批判、盲目西化、自我迷失的轮回中，尽管多元主义的盛行唤回了俄罗斯传统宗教哲学的登堂入室，但传统俄罗斯思想和欧亚主义的弘扬光大也导致了当代俄罗斯哲学的"核心价值"始终难以确定，而不得不处于"无主题"状态。但是，这并不表明当代俄罗斯哲学水平的降格。看到并指出这一点，借以重新评价当代俄罗斯哲学，也不等于我们能够就此认为，当代俄罗斯哲学已经陷入发展困境。相反，始终处于"行走中"而难以确定的当代俄罗斯哲学的"核心价值"，既表征着俄罗斯哲学的"无主题"状态，也表征着其"形成中"的特点。因此，当代俄罗斯哲学的"国家意识"，可谓正处于形成中。我们清醒认识与辩证分析马克思主义哲学在当代俄罗斯哲学中的研究状况和所处地位，不过是想表明：马克思主义哲学在当代俄罗斯被去意识形态化、边缘化和重新研究，不过是当代俄罗斯哲学对俄罗斯社会经历的危机、转型、复苏

---

[1] 闻一：《光荣与梦想——重读俄罗斯》，20 页，济南，山东大学出版社，2010。

第五章　主题变奏与贯穿主题："国家意识"比较

过程的折射。这一"折射"从本质上反映了当代俄罗斯社会发展历程中产生的，本土与西化、传统与现代、激进与保守、开放与封闭等各种矛盾的缠结和演变。

三、苏联哲学国家意识的启示

当代俄罗斯哲学对国家意识的态度，既是苏联哲学发展的归宿后果，又是自身矛盾状态的真实写照。

这里，有必要重提苏联解体的原因。苏联解体距今已20多年，在分析和寻找苏联解体原因的浩如烟海的资料中，国内一些学者多将其归咎于：苏联对马克思主义哲学指导地位的放弃导致了社会主义意识形态的失控。依笔者所见，这种观点多少有点本末倒置之嫌。因为一国的思想意识形态的转变，首先与其经济基础的改变直接相关。经济基础变化了，观念上层建筑作为它的反映，便不能不发生相应的改变，而无论其时间的早与迟。然而，我们又必须承认，观念上层建筑对社会经济基础的巨大反作用。这一点，在苏联剧变中表现得十分明显。分析和探究苏联剧变之因，我们可以清楚地看到，虽然体制的、政党的、政治的、经济的因素不能不是其首因，但它的确与苏联主动放弃国家意识脱不了干系。苏联自赫鲁晓夫起就开启的将马克思主义人道主义化的大门，无疑对后来苏联全面抛弃马克思主义对社会意识形态的理论指导，国家对整个社会意识形态的引导失控，具有强大的推动力。虽然，在勃列日涅夫时期，苏联试图重新强化这一指导，然而，此时的苏联马克思主义理论已经僵化，理论界长期淡化和否定马克思主义理论的价值，思想界多年来多元化暗流涌动，民众对政权高压下的意识形态控制高度反感，西方主流意识形态对苏联锲而不舍地"在铁幕上打洞"，这些使得官方所有的尝试和努力最终都化为乌有，不仅无法遏制戈尔巴乔夫大张旗鼓地倡导意识形态多元化，而且在最短的时间里使马克思主义的理论"呼啦啦大厦倾"。①

---

① 这一时期，在整个苏联的精神生活领域中占主导地位的社会思潮，既有主张在现有体制内改革的思潮，又有激进民主主义思潮。前者通过"人道的民主的社会主义"之轨，最终滑向了民主社会主义。后者则明确主张西方多党政治、市场经济、自由文化。两者的实质和指向都是要否定与取消马克思主义的理论指导，区别只在于前者间接隐晦而后者直接袒露。

比较研究：当代俄罗斯哲学与中国马克思主义哲学

苏联解体后，俄罗斯在20世纪90年代长达8年的时间里，的确既没有明确的理论指导，也没有一种为全民认可和遵守的统一意识形态。在8年的国家意识真空中，俄罗斯社会的精神危机、道德危机尽管似乎无时不在，但却没有影响这个国家的继续存在。俄罗斯社会的这一现实似乎向人们提出：统一的国家意识真的为一国之生存所必须吗？进而言之，靠国家政权支持的统一哲学真的具有引领思想文化的价值吗？对此，我们只需看看当代俄罗斯所经历的种种危机①，便可以明白，哲学虽然绝不能充当政治的附庸陪衬，但也绝不是社会精神生活中可有可无的点缀。当代中国与当代俄罗斯在国情上的诸多相似和差异，更证明了马克思主义哲学对于今日中国社会的精神生活领域，不仅仍然必要，而且举足轻重，证明了社会的发展与稳定从根本上离不开国家意识的引领。

苏联剧变迫使教条化的、乌托邦式的马克思主义哲学解体，并为当代俄罗斯哲学彻底抛弃国家意识提供了机遇，但"抛弃"却使当代俄罗斯哲学始终处于"无主题"状态。国家意识的长期缺位，又不能不使当代俄罗斯哲学因缺乏核心价值而往往游走于两个极端：盲目西化、迷失自我，迷恋传统、热衷复古。然而，社会发展的现实又迫使它不得不面对国家意识的纠缠，从而不得不在国家意识上表现出一种欲罢不能、爱恨交织的矛盾心态。当代俄罗斯哲学的这种矛盾心态表明，在现实社会中，以抽象概念体系为特征的哲学总是特定社会关系的诉求和反映，本身就内含国家意识，反映了理论与现实之间的复杂关系。

苏联哲学在国家意识问题上的偏颇或困惑，启示中国马克思主义哲学必须重视苏联哲学的教训，正视被作为国家意识的中国马克思主义哲学所面临的挑战和存在的问题。在吸取苏联哲学在国家意识问题上的两极偏颇教训中，当代中国马克思主义哲学走上了自己独特的坚守国家意识之路。

---

① 1992—1999年，俄罗斯在8年间经历了太多的危机，先是政治危机，后是经济危机，但贯穿始终的却是思想的、精神的、道德的危机。它们无不与作为"人民思想的精髓"与"看不见的精华"（马克思语）的哲学的缺失或"贫困"息息相关。

第三节　坚持、发展、创新：当代中国马克思主义哲学

与"无主题变奏"的当代俄罗斯哲学不同，当代中国马克思主义哲学研究始终贯穿着国家意识，即坚持马克思主义的指导地位和引领功能，拒斥以自由化为核心的指导思想多元化。

一、具体化的国家意识

改革开放在唤回中国哲学社会科学春天的同时，也唤回了中国马克思主义哲学研究的青春活力。从20世纪80年代的"返璞归真"（两场大讨论、反思教科书、回到马克思哲学文本、不拘一格的研究路径等，都打通了回归马克思主义哲学本真精神之路），到20世纪90年代的"创新中凸显特色"（在"体系意识"向"问题意识"转变中应用哲学兴起，在深化既有理论中革新哲学传统，在借鉴研究方法中转变研究范式），再到21世纪的"自信中尽显繁荣"（在多条路径中实现理论的拓展与深化，在探讨中国特色社会主义理论体系中展现特色，在设置一级学科中塑造理论自信），一路走来的中国马克思主义哲学研究，尽管面对复杂的国内外形势和问题，探讨热情难免起伏涨落，理论兴奋点难免游移变换，但不抛弃、不放弃国家意识却是贯穿始终的逻辑底线。借助于此，30多年中国马克思主义哲学研究，在收获丰硕成果的同时，也取得了一些成功的经验。

与当代俄罗斯将爱国主义确定为国家意识相似，当代中国的国家意识中，爱国主义亦是题中之义。但是，与当代俄罗斯将公民所爱之"国"一般地界定为现代化之国，将国家意识的核心价值定位在自由、民主、人权等价值观念上不同，当代中国将民众所爱之"国"明确定义为社会主义现代化之国，将国家意识的核心价值定位为以马克思主义为基本内核的社会主义核心价值体系。

这里的"马克思主义"，其概念内涵中贯穿着两个基本含义：中国共产党的理论基础和社会主义国家的意识形态。因此，当代中国的国家意识，首先基于中国共产党的执政地位和社会主义的立宪原则。在以马克思主义为基本内核的社会主义核心价值体系中，尽管不能将马克思主义

比较研究：当代俄罗斯哲学与中国马克思主义哲学

哲学等同于马克思主义，但在整体的马克思主义理论体系中，作为无产阶级和人类解放的"头脑"，以认识世界和改造世界为目的的马克思主义哲学，不沉湎于主观思辨而重视客观实际，不停留于抽象理论而转向具体实践，不热衷于构造体系而关注现实问题，自觉地将自己锤炼为一种认识工具，因此，它是国家意识中马克思主义的核心。对此，习近平关于马克思主义哲学的"两个依然"[1]，把马克思主义哲学作为"看家本领"，号召各级干部"原原本本地学习研读马克思主义哲学经典著作"，都强调了马克思主义哲学在整个马克思主义理论体系中的基础地位，强调了马克思主义哲学作为科学，对于中华民族的伟大复兴即"中国梦"的实现所具有的历史观的、方法论的价值。这样，"以马克思主义为基本内核的社会主义核心价值体系"，可以归结为以马克思主义哲学为理论指导的社会主义核心价值体系。[2] 社会主义核心价值观，在国家层面以"富强、民主、文明、和谐"，表明了中国作为社会主义国家，其发展的价值取向；在社会层面以"自由、平等、公正、法治"，表明了中国作为社会主义社会，其发展的价值导向；在个人层面以"爱国、敬业、诚信、友善"，表明了中国作为初级阶段的社会主义国家，公民应当遵循的基本道德规范。尽管它体现了现阶段全国民众的价值共识，但它作为"社会主

---

[1] 中共中央总书记习近平在2013年中央政治局第十一次集体学习时指出："马克思主义哲学深刻揭示了客观世界特别是人类社会发展的一般规律，在当今时代依然有着强大生命力，依然是指导共产党人前进的强大思想武器。学哲学、用哲学，是党的一个好传统。要坚持用马克思主义哲学教育和武装全党。"（中共中央宣传部编：《习近平总书记系列重要讲话读本》，175页，北京，学习出版社、人民出版社，2014）

[2] "社会主义核心价值体系"理论有一个发展和不断完善的过程。2006年10月，中国共产党第十六届六中全会在《中共中央关于构建社会主义和谐社会若干重大问题的决定》中，首次提出了"社会主义核心价值体系"的概念和建设任务，指出"社会主义核心价值体系是建设和谐文化的根本。必须坚持马克思主义在意识形态领域的指导地位"（中共中央文献研究室编：《十六大以来重要文献选编》下，660页，北京，中央文献出版社，2008）；2007年10月，中国共产党第十七次全国代表大会的报告，再次强调了"建设社会主义核心价值体系，增强社会主义意识形态的吸引力和凝聚力"的任务，并概括性地提出了社会主义核心价值体系建设的初步设想："用中国特色社会主义共同理想凝聚力量，用以爱国主义为核心的民族精神和改革创新为核心的时代精神鼓舞斗志，用社会主义荣辱观引领风尚"（中共中央文献研究室编：《十七大以来重要文献选编》上，26页，北京，中央文献出版社，2009）；2012年11月，中国共产党第十八次全国代表大会的报告在覆盖全国各方面、各层次意见的基础上，用"倡导富强、民主、文明、和谐；倡导自由、平等、公正、法治；倡导爱国、敬业、诚信、友善"（胡锦涛：《坚定不移沿着中国特色社会主义道路前进　为全面建成小康社会而奋斗——在中国共产党第十八次全国代表大会上的报告》，31～32页，北京，人民出版社，2012），明确而具体地表述了社会主义核心价值观。

第五章　主题变奏与贯穿主题："国家意识"比较

义意识形态的本质表现"[1]，其基本原则和重要内容仍然是马克思主义。[2]

马克思主义与社会主义核心价值体系，两者的关系如同"神"与"形"。马克思主义之魂要"显灵"，需要社会主义核心价值体系之躯。没有中国特色社会主义的共同理想、民族精神、时代精神、荣辱观，马克思主义的理论功能在当代中国难以体现，马克思主义的实践性、现实性便得不到充分的证明。社会主义核心价值体系之体要"壮硕"，需要马克思主义的"营养"。没有马克思主义的"雨露阳光"，社会主义的共同理想会无根，民族精神、时代精神的培育将变异，社会主义荣辱观的践行会落空，国家的、社会的、个人的价值目标的实现将遁形。尽管马克思主义与社会主义核心价值体系在表述上可以分开，但两者实质上却是二而一的关系。在当代中国，坚持社会主义核心价值，就必须自觉接受马克思主义的引领；坚持马克思主义，就必须践行社会主义核心价值。

由是观之，较之当代俄罗斯将国家意识笼统地归结为爱国主义，当代中国的国家意识，从理论核心、基本内容、价值取向、任务目标等横向方面，从国家、社会、公民等纵向方面，都做出了明确的规定和说明。因此，目的性和可操作性兼具的当代中国的国家意识，无疑比当代俄罗斯的国家意识更为鲜明、更加具体。

二、何以不放弃国家意识

以国家意识为研究导向，是历史和现实赋予当代中国马克思主义哲学研究的责任。如何自觉地以此为导向，坚持国家意识的主导性[3]？这是中国马克思主义哲学不得不回答的现实问题。对此，中国马克思主义哲学从历史与现实、理论与实践等角度，做出了自己的回答。

（一）总结苏联哲学的教训

尽管我们不能将苏联解体的主要原因简单地归结为放弃了马克思主义哲学，但是我们又不能否认它对苏联解体的影响。如果说，对整个社

---

[1] 胡锦涛：《高举中国特色社会主义伟大旗帜　为夺取全面建设小康社会新胜利而奋斗——在中国共产党第十七次全国代表大会上的报告》，34页。
[2] 中国共产党第十六届六中全会明确指出，坚持马克思主义的指导地位是建设社会主义核心价值体系的灵魂。
[3] 这里的"主导性"，指"马克思主义作为一种国家意识形态在思想领域的主导地位和在一切工作领域的指导思想地位以及在教育领域的价值导向"［李萍、朱飞：《当代中国马克思主义的文化诠释与审视》，载《毛泽东邓小平理论研究》，2010（7）］。

会而言，俄罗斯放弃马克思主义哲学在当时已是水到渠成，那么马克思主义哲学研究者们的"反戈一击"，无异于往这头不堪重负的骆驼背上加了最后一根稻草。世界范围内的马克思主义教条论、空想论、过时论、失败论、死亡论的风行，不能不影响到中国马克思主义哲学界。如何在一片"倒马"的喧嚣声中坚持马克思主义的国家意识，成为中国马克思主义哲学不能不面对的重要问题。

当代俄罗斯哲学，由于整个国家彻底抛弃了社会主义制度和共产党的领导而一度面临崩溃。从苏联解体前夕的戈尔巴乔夫到解体后的叶利钦、普京、梅德韦杰夫，苏联、俄罗斯的政治领袖们无不以马克思主义是妨碍国家建设的绊脚石为由而急于将之踢开。戈尔巴乔夫就认为，"俄国的悲剧，就在于西欧在卡尔·马克思的晚年时代已经死去的思想，却在20世纪初的俄罗斯被选择"①。他以"马列主义有局限性、列宁根本没有建设共产主义的完整纲领为由，彻底否定马列主义的指导地位"② 的做法，为后来叶利钦时期"寡头政治"的出现③，以及后来俄罗斯以立法形式抛弃社会主义国家制度和马克思主义意识形态④，打下了基础。与此不

---

① [俄]戈尔巴乔夫、[日]池田大作：《20世纪的精神教训》，孙立川译，384页，北京，社会科学文献出版社，2004。

② 李慎明：《苏联亡党亡国20年祭（下）——俄罗斯人在诉说》，载《马克思主义研究》，2012（4）。

③ 对此，陆南泉等主编的《苏东剧变之后：对119个问题的思考》一书，梳理了苏联解体前后，俄罗斯从投机者到金融大亨、从金融工业集团巨头到寡头的演化历程，并对其原因做了极其详尽的分析：激进的经济转型为投机者攫取利益创造了机会；俄罗斯决策者们希望在短时间内造就世界级企业而人为地将国有资产私有化；监管乏力；经济寡头催生了改变政治制度的迫切需要，激进改革派则顺势而为，因为屠弱的政权已经无法独立地管理国家。

④ 1993年12月12日，由全民投票通过并于12月25正式生效的《俄罗斯联邦宪法》，以西方民主政治为宪法的基本原则，而放弃了社会主义及其立法原则；以自由、民主、人权作为国家发展的意识形态，而放弃了马克思主义的理论指导；承认政治多元化和多党制，放弃了苏共的领导。尽管这一以取代苏联社会主义制度为目的的国家根本大法，看似确立了类似西方三权分立的政治制度，但由于俄罗斯实行总统制，故而立法权、行政权、司法权中最强有力的是行政权，而总统掌握着大部分重要的国家权力，受立法权、司法权的约束很小，这样，俄罗斯的国家制度建构实质上以总统权力为核心而并非西方的"民主政治制度"。(参见陆南泉等主编：《苏东剧变之后：对119个问题的思考》上，19~30页) 这一具有强烈俄罗斯复兴"强国梦"特色的国家制度及其国家意识，在普京时代体现得更为充分。海外学者称其为"普京主义"，认为这是他创造的"一种与众不同的后苏联混合型政治体系"，其特征是"既非共产主义也非资本主义，既非集权主义也非自由民主"的"松散的专政"，"具体来说，普京主义是以高度集权的总统制为核心，以政府主导的市场经济为基本内容，以争取恢复大国地位为外交基本目标，依靠一支强大的现代化军队和主权民主的意识形态来发展俄罗斯的道路"[美]利昂·阿伦：《普京主义：重建俄罗斯地缘战略目标》，孙西辉编译，载《社会科学报》，2013-05-16）。

第五章 主题变奏与贯穿主题:"国家意识"比较

同,中国的马克思主义哲学作为国家意识形态的理论地位始终毫不动摇。与之相应,中国的马克思主义哲学研究,在确保其理论地位基本稳固的同时,有了反思的条件和机会。

(二)清醒认识历史与现实

深入反思苏联哲学对马克思主义哲学教条化的、简单化的、平面化的、单一化的误解或曲解,为中国马克思主义哲学如何在吸取苏联哲学的教训,如何基于时代的变化,在实践中推进和创新马克思主义哲学,提供了借镜。通过这种吸取教训,中国马克思主义哲学对自己所承担的理论研究,应当具有何种区别于其他理论的特征、本质、使命,有了较为清醒的认识。这种认识从三个维度展开:

1. 历史维度:论证马克思主义哲学何以成为中国革命和建设的唯一选择

与当代俄罗斯哲学因一度全面否定苏联历史,而导致自己的理论地位,尤其是马克思主义哲学理论地位的丧失①不同,虽然自改革开放以来,中国学术界不时有以"学术研究"面目出现的历史虚无主义,如将近现代中国的历史"还原"为革命者肆意妄为、无知群氓血腥杀戮的"历史舛误",将西方资本主义发展视为"文明一般"和现代化标准范式,在宣扬中国应当如西方而彻底市场化、私

---

① 这种"丧失"在当代俄罗斯思想领域中的表现便是历史虚无主义盛行。历史虚无主义在世界观上,否定唯物史观对历史研究的指导价值;在方法论上,不是以全面的、整体的、过程的、联系的方法考察历史,而是以历史选择论否定和代替历史决定论,以主观想象的"应有"代替客观存在、历史环境和条件的"现有",以历史表象或按图索骥的零星历史材料为据,臆断历史结论;在价值观上,以"超然客观"的所谓"价值中立",视西方社会发展道路、发展模式为唯一正确的方向和路径。当然,进入21世纪以后,俄罗斯学界对于这种历史虚无主义采取了较为理性的态度。例如,2007年十月革命90周年前夕,俄罗斯17位著名知识分子联名发表的一份公开声明,对于将十月革命称为"暴力政变",否认其对俄罗斯、对人类历史的意义进行了辩驳,指出尽管在很多国家的历史上都曾经发生过劳动人民反对资本主义的运动,但只有在俄国,这场运动"使20世纪的俄国成为世界发展的震中","给了被战争折磨得痛苦不堪的人民以期待已久的和平,给了他们土地和实现民族自决的可能性","提高了千百万劳动者的社会创造力","十月革命的结果使世界出现了两大对立的社会制度,这在很多方面决定了此后人类的发展。在十月革命的影响下,出现了民族解放运动,开始了资本主义对自己体制的改革。在俄国革命的推动下,发生了各殖民帝国的瓦解,以及早已失去生命力的君主制度的彻底覆亡"[李慎明主编:《2007年世界社会主义跟踪研究报告——且听低谷新潮声(之四)》,258页,北京,社会科学文献出版社,2008]。但就社会和学界思想的主导倾向而言,当代俄罗斯社会的多数民众与学界的部分学者仍然没有放弃历史虚无主义的价值观。

有化、民主化中否定中国当初社会主义发展道路和政治制度选择的必然性，否定当下中国坚持马克思主义、共产党领导、社会主义根本制度的合理性，但总体而言，中国马克思主义哲学界对历史虚无主义仍然有相当的警惕，并在不时反思批判由历史虚无主义而可能导致的信仰虚无主义危机中，论证了马克思主义哲学成为国家意识的历史必然性和历史合理性。（1）探讨和阐明马克思主义何以成为中国革命的唯一选择，即帝国主义的侵略改变了中国的社会结构，20世纪初的中国社会各种矛盾尖锐剧烈，西方各种主义和各种思潮涌入中国，但进化论、心物二元论、天赋人权论、民主政治方案无不以失败告终；十月革命"一声炮响"，才使先进知识分子从上下求索中最终认识到马克思主义对落后国家的独特价值。（2）论证马克思主义何以能够成为中国共产党人的理论指导，即指出破解救亡图存的时代主题，使中国共产党人理解了一个基本道理：必须遵循马克思主义哲学的基本观点，即从中国的实际出发去认识和解决中国的问题，而不能从想象和经验出发，以主观判断代替对客观现实的分析；必须运用马克思主义哲学的基本方法，即将理论与实际相结合，具体分析中国的问题，而不能从教条和本本出发，照搬他国、他人的经验和做法。（3）分析马克思主义哲学在这种选择中究竟起了何种作用，即指出以社会变革为现实条件和根本动力的马克思主义哲学尤其是唯物史观，作为一种理论化、系统化的世界观和方法论，既是科学社会主义的理论基础，又为中国革命提供了观察和认识世界的理论工具。（4）分析马克思主义哲学何以能够成为哲学人文社会科学的理论导向，即指出中国革命和建设事业的发展与经验教训，证明了马克思主义哲学能够为哲学、历史学、政治学、经济学、法学、文艺理论等诸多研究领域，提供观察与分析世界的基本观点和基本方法。

总之，马克思主义哲学作为中国历史的选择之果，它具备政党基础，因为马克思主义在中国的发展壮大依赖于中国共产党领导人民取得的中国革命胜利，而以马克思主义哲学为指导的中国共产党的胜利，也是马克思主义在中国胜利的直接证明；它具备社会基础，因为中国作为一个统一的大国，需要一种统一的、强大的意识形态，而马克思主义则在团结中国人民推翻旧制度中发挥了强大的意识形态作用；它具备心理

第五章 主题变奏与贯穿主题:"国家意识"比较

基础,因为儒家文化影响中华民族几千年,其"定于一尊"的理念深入民族骨髓,马克思主义在统一民族的社会心理上具有强大的感召力;它具备文化基础,因为马克思主义哲学能够科学地揭示人类社会的发展规律,其中,为中国社会未来发展指出必然前景的唯物史观,在适应提倡"德先生"和"赛先生"的五四新文化运动中,对中国知识分子具有文化上的亲和力与理论上的吸引力。

上述论证,在坚定中国马克思主义哲学界的理论信念,增强学术研究的理论自信的同时,使中国马克思主义哲学避免了当代俄罗斯哲学因社会乱象而陷入忽"西"忽"俄"的偏颇,也避免了落入历史虚无主义的陷阱。由此,学界进而探讨了西方哲学和中国传统哲学不能成为历史的与当下的中国的国家意识之因。

在西方哲学中,传统西方哲学虽然重视宇宙论、方法论、认识论,但却不把改造世界作为哲学的任务。当代西方哲学虽然重视现实世界,纠正了以建立纯思辨形而上学体系为目的的哲学传统,但其现实世界不是以物质生产为基础的社会现实,而是主体际世界、语言世界,因而本质上仍然是纯哲学的;虽然实现了主体性、交往活动、日常生活、语言符号、生存论、价值观等转向,但却因其核心理念上的片面人本学哲学观、单一主体观、唯功利与实用的价值观,以及以自由主义为主导的经济观、政治观、国家观等原因,在整体上仍未脱离资产阶级的眼界,故而不可能真正将社会生活与实践作为哲学的出发点,不能为无论历史上的中国还是当下的中国,提供符合中国实际的认识世界的理论和方法,从而不能成为中国的国家意识。

中国传统哲学(主要指儒学)尽管有丰富的哲学智慧,在千百年的传承中蕴含了顽强的生命力,但本质上是一种具有地域性和民族性的农业文明的产物,强调的是哲学的安身立命,注重的是个人道德境界的提升,看重的是道德教化作用,因而找不到由"内圣"开出"外王"的切实可行之路。在20世纪的风云变幻中,中国传统哲学已经明显不能适应"历史向世界历史的转变"的趋势,其"体用""道器""返本开新"等之争,在折射中国社会曲折历程的同时,也表明了它从"中心"走向"边缘"、从"神圣"经历"祛魅"的过程;随着推翻帝制和废除科举,中国传统哲学在失去安身之基的同时,它便清楚地显示出其"难以有效地解释、应对中国正在发生的巨变,难以使国人理解和把握时代的性质与民族的命运"① 的弊端。它对中国历史造成的巨大负面影响,在许多方面与中国现实社会的不相适应,表明了它既难以应对全球化时代西方哲学和西方文化的冲击与挑战,也不具备带领当代中国在各个领域全面实现现代化的能力。因此,希望以传统儒学纠正市场经济下的思想道德问题,以拯救人心,确立中华文化的世界地位,是不现实的。马克思主义哲学对市场经济和资本逻辑的反思批判,与儒家的批判有着根基和向度的差异,因而无疑更具理论力量。

由此,关于何以是马克思主义哲学而不是别的哲学(西方哲学、中国传统哲学)成了中国革命和建设的唯一选择的分析,就有了学理前提和理论保障。

2. 现实维度:论证以马克思主义哲学为核心的国家意识对当代中国的价值

针对苏东剧变后处于全球化时代背景下的中国,作为国家意识的马克思主义面临的挑战,学者指出,当今世界全球化是由西方资本主义国家主导的全球化。全球化的思想文化交流特点是交流、交融与交锋并存。在交流、交融中,存在着社会主义与资本主义两大价值体系的交锋。当今全球化下价值认同的重要形式是西方国家的强制认同和引诱认同的并用:"强制认同",即西方国家凭借经济、军事、科技的强大优势,将非西方国家强行纳入自己的价值体系;"引诱认同",即西方国家动用包括大众传媒在内的一切手段,输出其价值观念。② 后者的作用和效果是前者无法比拟的,苏东剧变就是最有力的证明。全球化价值认同的实质就是西方资本主义价值观念的对外输出和普遍化扩张,即以西方为中心,对西方特殊价值的认同。全球化下以美国为首的西方国家对我国实施思想文化战略的目的就是,西化、分化中国。③ 为了达到这一目的,西方国家在社会意识形态上将攻击目标首先对准马克思主义、社会主义,并通过各种方式,力图用多元主义、自由主义、人本主义、实用主义等取代马克思主义,用社会主义与资本主义的"趋同论"否定两种

---

① 张曙光:《国学论争与文化自觉》,载《哲学动态》,2011(2)。
② 参见汪信砚:《全球化中的价值认同与价值观冲突》,见武汉大学马克思主义哲学研究所主编:《2003马克思主义哲学研究》,171~172页。
③ 被称为美国政府决策"智囊库"的兰德公司1999年提出的对华战略中,就将从意识形态上"西化、分化"中国,作为搞垮社会主义国家的第一步,第二步是"全面遏制",第三步是在前两步都不见效时"不惜一战"。

第五章　主题变奏与贯穿主题："国家意识"比较

社会制度之间的质的区别，用"普世价值""全人类价值"代替社会主义核心价值，用拜金主义、享乐主义、利己主义、极端个人主义等，消解社会主义、爱国主义、集体主义。

因此，在这场静悄悄的国际意识形态之战中，我们需要认清，苏联模式社会主义的失败不是社会主义运动的覆灭，更不是马克思主义的彻底失败，相反却为中国依靠发展着的马克思主义，在"一球两制"中走出社会主义的独特道路，提供了借鉴和启迪。作为无产阶级世界观和方法论的马克思主义哲学，同时又是人类解放事业的理论，它所具有的世界性视野，对于全球化背景下的人们，无论思考当今人类发展中遇到的问题还是考察两种社会制度的命运，对于全球化时代中的当代中国，无论抵御西方意识形态的西化、分化还是构筑中国文化安全网、提升文化软实力，都仍然具有可以利用的价值。中国马克思主义哲学的研究之路应该是，在借鉴学习、取长补短、博采众长、兼收并蓄古今中外理论的精华中，坚守国家意识的思考底线和马克思主义哲学的理论阵地。如此，才能避免坠入西方意识形态的陷阱，避免像当代俄罗斯哲学一样，在失却核心价值的"无主题变奏"中丧失自己哲学的尊严和自信。

改革开放以来，作为市场化进程下的中国的国家意识，马克思主义面临着各种困惑：社会发展道路上，既存在不要社会主义只要"中国特色"的倒退思潮，又存在既不要社会主义也不要中国特色的西化思潮；经济制度上，既有回到计划经济和完全公有制的论调，又有自由市场经济和彻底私有化的主张；政治体制和政党制度上，既有反对人民代表大会制度的民主性、主张权力高度集中的观点，又有鼓吹西方"三权分立""两院制""总统制""多党制"的观点；思想文化上，既有文化复古主义的回潮喧嚣，又有文化殖民主义的冲击浪潮；意识形态上，则存在各种诋毁和否定马克思主义的论调暗流涌动等问题。针对这些情况，学者们强调了以马克思主义指导思想为灵魂和核心的社会主义核心价值体系等国家意识的必要性、重要性。

对社会发展而言，经济体制的深度变革、社会结构的深刻变动、利益格局的重大调整、政治体制改革的启动，不能不引起社会矛盾，不能不影响稳定的社会秩序，不能不要求扩大社会的价值认同。国家意识将满足大多数人的内在需求和人的自由全面发展作为价值目标，并在中国革命和建设的历程中得到了历史证明与民众的广泛认同,因此它是稳定人心、增强凝聚力,从而实现政治稳定、改革深化、社会进步、人民幸福的精神保障。

对社会精神生活而言,利益选择和价值取向的多元、各种社会思潮的涌动,以及"多元"与"涌动"之间的互动,不能不引起人们的精神迷茫和思想混乱,从而导致社会的不确定性上升而可预测性降低、社会共识难以形成而社会离心力增长。国家意识是因官方所提倡而占据社会统治地位的一元价值导向,是意识形态中最能反映与影响民族精神和社会心理的主导价值观,其中社会主义核心价值体系对于人们的价值认同、价值选择、价值评价等活动具有引领和规范作用,因此它是抵制各种错误思想,整合复杂多变、多元多样的社会思潮,确立为民众推崇和认可的群体意识主流价值观,凝聚社会心理和社会意识的精神利器。

对社会文化而言,文化生态的复杂多变①、文化内容的多种多样②、文化发展中的矛盾冲突③,不能不引起人们文化观念的变化激荡,从而影响甚至消解人们对马克思主义和社会主义的信仰。国家意识从文化人类学维度,确立了中国特色的文化传统和世界文化的时代精神,因此它是民众形成正向的、科学的信仰,提升文化品位、品性的精神向导。

对中国共产党领导而言,改革的深化、社会的转型、环境的变化、矛盾的凸显,不能不引起社会问题的凸显,从而引发民众和党员的利

---

① 对于当下中国的文化生态,学界有各种说法,但基本归为传统文化、红色文化(又叫革命文化)、外来文化、流行文化(又叫大众文化)几类。

② 按地域,可分为东方与西方;按时序,可分为传统与现代;按特征,可分为古典与通俗;按地位,可分为主流与非主流;按性质,可分为封建的、资本主义的、社会主义的。

③ 有学者归结为五个矛盾:(1)一元文化与多元文化的矛盾。前者以民族国家为核心,追求文化性质和体系的单一性、纯正性、排他性;后者则无论在性质还是在体系上,都与前者相反。(2)普世主义与民族主义的矛盾。前者承认有人类基本公认的普遍性文化原则;后者与传统文化相联,强调自我价值,具有"自我文化的中心主义"特点。(3)文化霸权与文化自主的矛盾。前者是以美国为代表的西方文化对其生活方式和价值观在全球范围内的强制推行,后者是"各民族国家对前者的拒斥和对本民族文化振兴的渴望"。(4)理想主义与功利主义的矛盾。前者是"以未来为取向,以英雄主义价值观为核心,强调个人精神和道德的净化、升华和神圣的文化价值观",后者是"把功利作为文化行为表现的价值倾向"。(5)大众文化与精英文化的矛盾。前者是现代生活方式、信息传播方式、商业文化兴起的产物,是"以营利为目的,以现代传媒为手段的快速流行文化";后者是"以传统为基础,以实现理想为目的,只有经过专业训练,才能掌握和传播的文化"[邴正:《当代文化矛盾与哲学话语系统的转变》,载《中国社会科学》,2011(2)]。

益、愿望、要求的变化；复杂的国际环境、西化和分化势力的挑衅、国际强权和霸权的存在，无时不挑战一个大国执政者的各种能力。国家意识确立马克思主义、社会主义为核心价值，将马克思主义哲学作为中国共产党的理论基础和思想武器，在保证主流价值观在多元文化、多元价值中的主导地位中，既坚持了主流意识形态的稳定性又强调民族精神的吸取和时代精神的创新，在保持主流价值观与多元文化、多元价值之间的合理张力中，体现了主流意识形态的灵活性。因此，它无论对中国共产党维护主流意识形态的主导地位、重塑主流意识形态的创新形象（增强亲和力、强化感召力、扩大包容力、显示竞争力），还是对实现整合与控制社会的各种能力（提高判断力、提升执行力、增强应变力、发挥领导力），都具有精神引领作用。

3. 理论维度：论证以马克思主义哲学为核心的国家意识对中国人文社会科学发展的价值

基于复杂的国内外环境，中国马克思主义哲学界认识到：作为民族文化自觉之主要形式的当代中国人文社会科学，面对全球化浪潮和苏联解体后的世界新格局，应当自觉担负回答当代资本主义、当代社会主义的前途和命运的使命；面对改革开放中出现的新矛盾、新问题，应当以"现实为中心"来研究理论。实现这一历史使命，需要国家意识的引领。那种以"意识形态终结"或"非意识形态"为由，反对或拒斥国家意识的理论，不过是以"超国家、超民族、超阶级"形式出现的一种意识形态，它没有也不可能摆脱意识形态之困，因为人口、环境、恐怖主义、核武器等国际范围内的问题，虽然吸引了全人类的视线，但却并不影响各国政治家从各自利益出发的认识和行动，并不影响其中体现的不同意识形态立场。以社会主义制度为立国基础和共产党执政为领导核心的当代中国，人文社会科学的理论创新不可回避世界观、方法论这一指导原则的问题。这一"指导原则"在当代中国就是，体现了批判性与创新性、认知性与实践性、科学性与人文性、理想性与现实性相统一的马克思主义世界观、方法论，即马克思主义哲学。不仅中国的人文社会科学需要以揭示人类社会本质和历史发展规律为核心的马克思主义哲学作为引领，中国的哲学研究同样需要其引领。自觉运用马克思主义哲学观察和分析问题，各人文学科在不同领域自主进行学术探讨，平等进行学术交往，应当成为中国哲学社会科学的正常状态。如此，才能既立足中国现实又不限于中国视域,既尊重历史传统又不囿于历史传统,构建适应中国特色社会主义建设的新哲学。在这里,套用一位中国马克思主义哲学研究专家的话:没有学术意识,可能制造哲学侏儒;没有马克思主义对哲学的主导地位,则可能产生哲学灾难。①

由此,学界的结论是:正视当代中国思想文化和意识形态领域面临的问题,就必须以马克思主义哲学为主导,以社会主义核心价值为引领,正确认识一系列相关关系。正是这一点,使当代中国马克思主义哲学,没有如当代俄罗斯哲学一样在核心价值问题上动摇游移,而是"衣带渐宽终不悔"——对国家意识不离不弃。

三、以国家意识夯实创新之基

马克思主义哲学在当代俄罗斯的曲折历程,当代俄罗斯哲学核心价值的"无主题变奏",给予当代中国马克思主义哲学研究的警示便是:既需要从顶层确立马克思主义作为国家意识的核心地位,又需要研究者们坚定信念、开放视野,在拓展学术路径中夯实创新基础。

中国马克思主义哲学研究如何以国家意识夯实其创新基础?毫无疑问,良好的客观条件和自觉的主观努力,两者缺一不可。

(一)客观条件:资源充裕与人才涌现

1. 正确决策与资金投入

改革开放的大环境为当代中国马克思主义哲学的大发展,提供了前所未有的宽松氛围。作为自己时代精神之精华的哲学,其生命力在于创新。创新若无正确的理论引导,无异于"新瓶装旧酒"。但创新若无相应的物质基础支撑,则难有可持续性。当代俄罗斯哲学在核心价值上"无主题变奏",无疑与整个国家因社会制度体制改变而对意识形态"彻底松绑",国家对人文社会科学不再投资分不开。"皮之不存,毛将焉附"。"松绑"在给予当代俄罗斯哲学充分发展空间的同时,又让这个"弃儿"一度因营养不良而付出了发育停滞的代价。与之相反,当代中国马克思主义哲学获得前所未有的发展,首先与在相对开放宽松的政治环境中,中国共产党始终将马克思主义确立为国家意识的价值核心息息相关。

---

① 参见陈先达:《处在夹缝中的哲学》,463 页。

第五章　主题变奏与贯穿主题："国家意识"比较

作为马克思主义的积极拥护者，中国共产党从诞生之日起就选择马克思主义作为实践导航。改革开放之初，党中央就将坚持马列主义、毛泽东思想，作为立党立国之基的四项基本原则之一，强调在哲学社会科学的研究中应当而且必须坚持这一原则。[1] 进入 21 世纪以后，中共中央在高度重视[2]作为马克思主义理论体系基础的马克思主义哲学对中国特色社会主义道路引领作用的同时，为全面繁荣发展哲学社会科学，又采取了一系列重大举措。[3] 党的十八大提出的"三个自信"中，"理论自信"既是对既往坚持国家意识的充分肯定，也为今后如何坚持国家意识指明了方向：避免和防止意识形态的改旗易帜，根本途径就是继续坚持马克思主义对于哲学社会科学研究的"一元主导"，通过它，实现中国现代化建设在政治原则、政党制度、所有制形式、思想文化等领域中坚持社会主义的基本原则。

改革开放以来，尤其是进入 21 世纪以来，中国的执政党和国家、政府[4]始终将繁荣与发展哲学社会科学视为社会发展的重要基础，将坚持马

---

[1] 1979 年 3 月 30 日，邓小平在北京中共中央召开的理论务虚会上的《坚持四项基本原则》讲话中，将中国共产党一贯强调的思想政治原则概括为：坚持社会主义道路，坚持无产阶级专政，坚持共产党的领导，坚持马列主义、毛泽东思想的四项基本原则。1987 年 10 月，中国共产党第十三次全国代表大会把"四项基本原则"作为重要内容，写入党在社会主义初级阶段的基本路线。

[2] 中共中央政治局曾专门以繁荣发展哲学社会科学为内容进行集体学习，胡锦涛就进一步繁荣发展哲学社会科学，在中国社会科学院发表了重要讲话。

[3] 中国共产党第十六届三中全会，正式提出"建设哲学社会科学理论创新体系，促进社会科学和自然科学协调发展"。2004 年年初印发了《中共中央关于进一步繁荣发展哲学社会科学的意见》，正式实施马克思主义理论研究和建设工程。2006 年颁布了《国家哲学社会科学研究"十一五"（2006—2010 年）规划》。2007 年胡锦涛在党的十七大所做的《高举中国特色社会主义伟大旗帜　为夺取全面建设小康社会新胜利而奋斗》的报告中，明确提出了"繁荣发展哲学社会科学，推进学科体系、学术观点、科研方法创新"的要求。2011 年颁布的《国家"十二五"规划纲要》中，首次将"哲学社会科学创新工程"纳入规划，提出了"大力推进哲学社会科学创新体系建设，实施哲学社会科学创新工程，繁荣发展哲学社会科学"的任务。党的十七届六中全会，在审议通过的《中共中央关于深化文化体制改革推动社会主义文化大发展大繁荣若干重大问题的决议》中，又将繁荣发展哲学社会科学作为建设社会主义文化强国的重要内容；2012 年党的十八大报告中，更是号召"全党要坚持中国特色社会主义"的"三个自信"。2016 年 5 月 17 日，习近平主持召开哲学社会科学工作座谈会，向全国哲学社会科学工作者提出了"构建中国特色哲学社会科学"（习近平：《在哲学社会科学工作座谈会上的讲话》，24 页，北京，人民出版社，2016）的任务，并从中国特色哲学社会科学面临的形势、学科的性质、学者的使命，以及学科构建的目的、路径、方法、内涵等方面，对如何构建中国特色社会主义哲学社会科学做了阐述。

[4] 从中国共产党的十六大到十八大，从国家、政府的"十一五"规划到"十二五"规划。

克思主义的指导地位视为理论建设的根本任务,并通过一系列重大举措和部署,给予了前所未有的政策和资金扶持。以"繁荣哲学社会科学"为目标的规划,在政府助推下,财政拨款逐年增长,资助项目逐年增多,并形成了从中央到地方的资助体系①,其中,中国马克思主义哲学研究获得的资助,相对更多。中央决策、政府投入,在最大限度地为中国哲学社会科学的繁荣与发展提供物质基础保障的同时,也为中国马克思主义哲学的生存发展提供了物质保障,为确保中国马克思主义哲学研究的学术质量奠定了坚实的物质基础。

因此,较之当代俄罗斯哲学失去国家支撑、研究经费捉襟见肘的窘境,中国马克思主义哲学发展最为有利的条件就是,作为国家意识的核心,得到了执政党和国家政府的大力扶持。

2. 培养人才与壮大队伍

与当代俄罗斯哲学社会科学研究队伍的"青黄不接"不同,中国自改革开放以来,哲学界的学术研究能力不断增强,涌现出一大批以饱满学术自信走向世界、积极参与国际对话、大胆在国际学术舞台上发表见解的学者。这在很大程度上源于哲学社会科学人才队伍的不断壮大。人才队伍的壮大,与国家在哲学社会科学人才培养上给予的大力支持分不开。进入 21 世纪以后,国家在哲学社会科学的人才培养上,更是给予了前所未有的支持力度。② 这样,改革开放 30 多年,中国哲学社会科

---

① 以国家社科基金为例。据全国哲学社会科学规划办的官网信息显示,改革开放以来,政府对国家社会科学研究的基金资助,已由 1991 年的 1 300 万元,增长到 2012 年的 119 589.21万元。自党的十六大(2002 年)以来,十年间的增幅更为明显。数据显示,国家社科基金的累计投入,"十一五"期间(2006—2010 年)为 17.46 亿元,比"十五"期间(2001—2005 年)的 5.59 亿元增长了两倍多;国家社科基金的累计资助立项,"十一五"期间为11 098项,比"十五"期间的 5 044 项增长了 120%。(参见唐红丽:《哲学社会科学十年求索结硕果》,载《中国社会科学报》,2012-08-15;霍文琦:《科研条件改善助推学术繁荣》,载《中国社会科学报》,2012-10-05)

② 近 10 年来,仅中央有关部门举办的哲学社会科学教学科研骨干研修班就达 46 期,培训 5 000 多人,全国范围内举办的培训班培训 7 万多人。目前,全国具有中级以上职称的哲学社会科学教学科研人员近 40 万人,其中有高级职称的人员 10 多万人,专职研究人员 3 万多人,涌现出一批学术大家、领军人物、学科带头人、中青年科研骨干人员。以高校为例,据统计,从 2006 年到 2012 年,我国高校哲学社会科学人才数量逐年递增,6 年增长了 50%,全国高校哲学社会科学人才队伍中,具有博士学位和硕士学位的人数增长迅速。取得博士学位的中青年教师中,获得国外博士学位的占相当比例。此外,近两年,高校哲学社会科学人才队伍中的高层次人才比例也在大幅度提高。

第五章　主题变奏与贯穿主题:"国家意识"比较

学的人才队伍宏观上呈现出阶梯式的发展态势:生于中华人民共和国诞生前的老一辈理论工作者,既是推动思想解放、传承理论、培养新人的功臣,也是21世纪创新理论的热情参与者,其中不少人至今仍在思考、言说、写作,以不同方式推进着哲学社会科学的发展;生于共和国诞生前后的第二代中年理论工作者,经历了共和国成长中的风雨,在恢复高考后成为硕士、博士,是带着独有的社会感悟与人生体验步入哲学社会科学殿堂、在理论创新方面颇有建树的学术中坚;生于"文化大革命"或改革开放前后的第三代青年理论工作者,是新时期培养成长起来的一批思想活跃、视野开阔、有独立见解和外语优势的学术新锐。人才辈出,为中国哲学社会科学的繁荣与发展提供了雄厚的智力支撑。

与整体上的哲学社会科学人才队伍壮大相应,中国马克思主义哲学界也形成了一支能自觉运用马克思主义基本理论于学术研究,在学术上精益求精的理论队伍。仅是马克思主义理论研究和建设工程的实施,便得以汇聚一大批马克思主义哲学的研究人才与教学人才,壮大了中国马克思主义哲学的理论力量。① 规模日益壮大的马克思主义哲学研究队伍,经过30多年的努力,推进了学科体系、教材体系的建设,形成了门类齐全的马克思主义哲学的学科体系。"马工程"的实施,形成了以基础理论研究为依托,以宏观性战略对策问题研究为重点,以综合研究为特长的哲学社会科学研究体系,完成了较为规范的马克思主义哲学教材体系的建设。日益壮大的队伍,为中国马克思主义哲学在理论视域、学术观点、研究方法、研究范式等诸多方面的创新,奠定了人才基础。

(二) 主观努力:信奉与辨识

化国家意识为研究者的自觉行动,还需要中国马克思主义哲学界的自觉努力。

1. 信奉马克思主义

能否坚持国家意识,首先取决于马克思主义研究者对马克思主义持何种态度。吸取苏联哲学教训的中国马克思主义哲学,30多年中之所以能够坚持国家意识,与在党和政府的大力支持下,培养出一批对马克思主义有真诚信仰的研究者分不开。对马克思主义,他们能够以马克思主义的态度对待它:不"因信而真"而"因真而信",不以感性情绪而

---

① 据统计,"马工程"启动后,直接参与这项工程建设的专家学者达3 000多人,间接参与者达数万人。

以客观求实，不以盲目崇仰而以理性反思看待它，研究它，从而避免了对待马克思主义的朝秦暮楚。对社会主义和共产主义，他们具有马克思主义哲学的辩证思维：不囿于一时而着眼于历史大尺度，不限于一隅而放眼全世界，从而避免了悲观失望地看待人类未来发展。对中国现实问题，他们能够运用马克思主义哲学的观点和方法分析：既充分肯定改革开放以来党和政府带领民众取得的巨大成就，又如实承认面临的客观困难和现实问题，从而避免了简单地肯定或简单地否定。对中国面临的国际环境，他们能坚持马克思主义哲学发展观：既要求坚定地维护主流意识形态的主导地位，又强调必须应对全新的国际局势调整不合时宜的观念，从而避免了主流意识形态的僵化性和片面性。

坚持国家意识，使多数中国马克思主义哲学研究者面对市场经济、价值多元的现实，没有或醉心于在西方思潮中寻觅路径，或痴迷于在中国传统文化中寻找方向，或扎进计划经济的价值体系中找出口，从而放弃主流意识形态及其价值观，而是在积极参与社会主义核心价值体系、中国特色社会主义理论体系的构建中，找到了作为社会良知的知识分子发挥自己作用的历史机遇。

与之相应，还有研究主体构成方式的转变，即由过去的单兵作战变为如今的团队合作。这一转变，既使研究成果具备更加多样的学术视角，也为解决实际问题提供了更多的决策依据。

2. 辨别思潮与思想

能否坚持国家意识，取决于研究者是否善于运用马克思主义哲学，识别当下流行的各种思潮和思想倾向。对相关社会思潮[1]，学界在了解其理论内容、认识其理论实质中，既吸取了其中对发展马克思主义哲学可能有价值的东西，又对其中对马克思主义哲学可能造成消解、替代、伤害的内容，保持了相应的清醒和警惕。对相关思想倾向[2]，学界在分析其对改革开放可能造成的误导和危害中，通过揭示马克思主义哲学中

---

[1] 如民粹社会主义、民族主义、新自由主义、民主社会主义、普世价值论等。

[2] 例如，以主观主义为核心的教条主义和经验主义，都是从主观意志和主观想象出发，割裂了理论与实践、理想与现实条件的关系；以客观主义为核心的实用主义，则以忠于事实和现实为名，强调生活、行动、效果，认为行动优于理论、经验优于原则，将"理论"和"真理"行动主义化和功利主义化，认为人对现实的解释完全取决于现实对其利益有何价值，"理论"不过是控制现实的行动工具，其价值取决于能否取得行动成功，"真理"不过是行动成功的活动结果。

第五章 主题变奏与贯穿主题:"国家意识"比较

国化、时代化、大众化的历史进程与发展方向,论证了中国何以必须走中国特色社会主义之路,以及坚持马克思主义哲学理论引导对确保路径方向的意义。

这样,与当代俄罗斯哲学面对各种社会思潮滥觞的"不作为"或"无能为"不同,当代中国马克思主义哲学对流行于当今社会的一些社会思潮和思想倾向,始终保持着相应的警惕。对相关思潮和思想倾向中错误倾向的识别,使中国马克思主义哲学得以防止国家意识上的价值取向偏移。

3. 认识相关关系

改革开放使中国马克思主义哲学研究,在观念意识上以"有同有异"代替了传统的"求同去异"。观念的解放带来了中国马克思主义哲学研究的欣欣向荣。然而,与当代俄罗斯哲学以多元化、自由化为主导而抛弃核心价值不同,当代中国马克思主义哲学的"同异并存",是与确立马克思主义引领地位相应的"同异并存"。为此,学界厘清了哲学社会科学研究中的相关关系。

其一,关于哲学的一元与多元的关系。学者指出,哲学是世界观的理论形态,其对象是包括人与人类社会在内的世界;哲学以思辨形式探讨抽象普遍的问题,揭示作为整体世界的本质和规律。因此,哲学是"一元"的。哲学世界观具有时代性、民族性、个体性、学科性等特点:作为一种时代性存在,它存在于理论体系的不断更迭中,总在探讨变动不居的现实问题;作为一种民族性存在,它体现不同民族各自的思维方式、价值观念;作为一种个体性存在,它体现为各个哲学家及其体系各有特点;作为一种学科性存在,它分化出不同的体系、分支、部门,其研究对象、思维方式、问题意识、理论功能、成果形式等没有唯一的标准。因此,哲学又是"多元"的。然而,无论哲学的存在形式如何多元多样,作为一种世界观的理论形态,每种哲学都在自觉地表达对世界整体本性的看法。马克思主义哲学作为世界观的理论形态,作为人类实践文明成果和人类文明整体中的一部分,为全人类所共有,对于人类认识世界具有普适性。它作为19世纪西欧社会尖锐矛盾的产物,在当时就具有不同于其他西方哲学的实践性和斗争性;作为对西方哲学历史文化传统的继承和再创造,它又具有明显的异质文明秉性和个性化特征。因此,马克思主义哲学本身就是一元与多元、共性与个性的辩证统一。

其二，关于马克思主义哲学的理论引导与学术研究多样化的关系。学者指出，对于当下中国，问题的关键不在于是否承认马克思主义的理论引导，而在于是否能够自觉地接受其引导，在理论研究中，既发挥国家意识在诸多重大问题上的整合作用，又包容多样、尊重差异，实现对中国现实实践的"引领不领导""到位不越位"的作用，以克服国家意识在市场经济条件下的"居高临下"和在国际强权下的"软弱失语"，以真正体现这一辩证关系。对于认识官方哲学、讲坛哲学、论坛哲学，学者指出，不能以各自研究中形成的理论差异，以第三者体现了哲学研究的个性而前两者不过是对马克思主义哲学的"僵化"为由，拒绝接受马克思主义哲学基本立场的引导，更不应以此为由，拆解马克思主义哲学研究的整体性。那种以马克思主义哲学本身就属于西方哲学，没有必要划分出来，并以此否定马克思主义哲学主导地位的观点，必将落入将马克思主义哲学归于西方哲学的框架中，从而在事实上取消马克思主义哲学的陷阱。

其三，关于哲学的学术性与意识形态性的关系。学者指出，对于当下中国，问题的关键不在于哲学能否以学术性否定意识形态性，而在于无论学术性问题的研究还是现实性问题的研究，都无法完全避免政治性原则和意识形态的"干扰"。不能将从政治性、意识形态性理解马克思主义哲学，视为马克思主义哲学研究的现实性。同理，也不能将从政治性、意识形态性来理解马克思主义哲学，视为马克思主义哲学研究的非学术性。用当代西方哲学和西方文化各种时髦的术语包装马克思，抹杀马克思哲学的政治意蕴，否认马克思主义哲学的意识形态性，只会在淡化马克思的政治意图中，使马克思主义的哲学形象更加模糊。因此，学术性的哲学研究中，仍然需要自觉以马克思主义哲学为引导，以避免在研究中落入各种变相的教条主义、形式主义、主观主义。现实性的哲学研究中，更应当自觉运用马克思主义哲学的基本观点和基本方法，在避免流于对现行政策的单纯辩护中，流于对流行思潮观念的庸俗追捧中，发现问题的实质，以解决问题。

其四，关于马克思主义哲学科学性与人文性的关系。学者指出，对于当下中国，问题的关键不在于是否承认两者之间具有同一性，而在于当我们在强调马克思主义哲学人文性的内在意蕴时，能否以自然科学实证主义的方式理解马克思主义哲学的科学性，能否用价值观取代马克思主义的历史观，能否将马克思主义哲学彻底人本主义化，以及如何在避免割裂马克思主义历史观的科学性与人文性的内在联系中，使马克思主义哲学的人道关怀真正落到实处。

总之，当代俄罗斯哲学的"无主题变奏"使当代中国马克思主义哲学界通过国家意识问题看到了，马克思主义哲学在苏联时期绝对的保守、教条、单一、封闭，到俄罗斯时期绝对的开放、变化、多元、公开的过程中，是如何被去意识形态化和被边缘化的。弄清和认识这一问题，为中国马克思主义哲学弄清和认识上述关系，防止在国家意识的问题上走极端，并进而坚定不移地坚持国家意识的核心价值，提供了正确思路和有力论证。

4. 处理相关关系

其一，坚持马克思主义的理论引领与包容多元的正确认识，正确处理马克思主义哲学与其他哲学文化的关系。（1）马克思主义哲学与西方哲学的关系。借鉴西方哲学和西方文化的精华，消除国家意识的封闭自语，反对封闭保守主义；以马克思主义哲学的观点分辨西方哲学，反对以西方哲学注释、解读、重构马克思主义哲学，以反对极端自由主义。（2）马克思主义哲学与中国传统哲学的关系。重新认识以经学为代表的中国传统文化和历史文明对现代中国的奠基作用，以反对历史虚无主义；重申马克思主义哲学对于辨析传统文化的重要性，以反对历史复古主义。（3）马克思主义哲学与多元文化的关系。马克思主义哲学要吸取传统文化、红色文化、外来文化中的共同美德、创造力、凝聚力等人类普遍性因素，以增强说服力、感染力；应当自觉地以马克思主义哲学的观点来辨析各种文化观点和思潮，坚持社会主义先进文化的前进方向，用社会主义核心价值体系引领各种文化观点和思潮。当代中国，基于对传统文化和外来文化的拆解、选择、配置、重组基础上的文化创新，新文化体系的形成，只有奠立在马克思主义哲学尤其是唯物史观基础上，才有真正的可能性。（4）马克思主义哲学与全球化和中国现代化的关系。全球化和中国现代化推进了马克思主义哲学的发展，使之具有时代性；马克思主义哲学为认识分析全球化起源、实质、现有格局、发展规律、发展趋势，中国现代化的现状、主要问题、发展目标、发展路径，以及全球化与中国现代化的关系等，提供方法论依据。

其二，在马克思主义哲学的自身研究中，正确处理了相关关系。(1) 社会主义核心价值体系与价值观念多样性相结合。既以核心价值体系引领、整合多种多样的价值观念，又以各种价值观念中的积极因素补充、完善核心价值体系，以增强其吸引力、说服力。(2) 坚持理论与创新理论相结合。马克思主义哲学的基本立场、基本观点、基本方法对于中国特色社会主义实践的引领地位不可动摇，这种引领通过社会的经济、政治、文化、精神等生活领域来体现；马克思主义哲学是永远没有结束的变革、创新过程，这种变革和创新在当下中国的根本之路是走马克思主义哲学中国化、时代化、大众化之路。(3) 坚持理论与中国实践相结合。坚守其基本价值观的马克思主义哲学，给予建设中国特色社会主义、实现"中国梦"的中国实践富有现实感和时代感的引领；中国社会发展的实践是马克思主义哲学获得发展的最有利条件和最大动力，它为坚持和创新马克思主义哲学提供了前所未有的新视域、新问题、新素材、新经验。(4) 坚持理论与赋予特色相结合。马克思主义哲学对于观察和研究中国问题、世界问题的价值是客观存在的，其理论为当下中国所有从事哲学社会科学的研究群体提供基本价值引导和基本研究范式，并为其共同遵守；当代中国、当今世界的鲜活实践又赋予了马克思主义哲学鲜明的现实特色、民族特色、时代特色。

总之，对一系列关系的认识和处理，使当代中国马克思主义哲学研究得以扎实而富有成效地展开，也使其理论有了可信度、说服力。由此，使中国的国家意识的坚守有了坚实的理论保障。

5. 注重宣传与教育的理论引导

与当代俄罗斯哲学因国家层面不明晰的国家意识而无力为其国家意识保驾护航不同，在中国，党和政府始终注重马克思主义哲学的宣传与教育，这使得马克思主义哲学的教育与宣传在制度化、常态化[①]中，通过各种渠道确保了马克思主义哲学在广大民众中深入人心。这种深入人心，一是马克思主义哲学的一些基本观点，包括唯物观、辩证观、实践

---

① 主要有三个途径：(1) 党员教育，包括党校的课程教育和经常性的理论学习与教育；(2) 学校教育，包括普通中学生、职校生、大学生、研究生的马克思主义哲学基础课程的开设；(3) 社会教育，主要通过相关主流媒体的宣传、讲座等形式进行。在三个途径中，通过学校教育这一主渠道，使得"凡是接受过中等水平教育的中国人，都接受了马克思主义哲学教育"[何怀远：《中国共产党推进马克思主义哲学中国化、时代化、大众化的基本经验》，载《哲学研究》，2011 (7)]。

第五章 主题变奏与贯穿主题:"国家意识"比较

观、矛盾观、发展观、真理观、生产力观、群众观等在内的辩证唯物主义和历史唯物主义的基本观点,逐渐成为中国人的基本信仰和价值观。二是马克思主义哲学的一些基本方法,包括物质与意识、思维与存在、客观与主观、认识与实践、真理与价值、社会存在与社会意识、生产力与生产关系、经济基础与上层建筑、社会与个人、杰出人物与人民群众、社会进步与社会代价等相互关系的辩证法,逐渐成为中国人思考问题、把握世界的基本思维方法。三是马克思主义哲学的基本观点和基本方法,包括在中国革命和建设实践中,如何实现两点论与重点论、矛盾特殊性与普遍性、一般与个别、领导与群众、调查问题与解决问题等的结合及统一,以及具体问题具体分析等,已经逐步形成并具体化为中国人认识世界、改造社会的理论工具。这一切,在表明马克思主义哲学在国家意识中的主导性的同时,也对民众形成唯物辩证的思维方式,从而对正确引导民众充分认识和理解社会主义核心价值体系、中国化马克思主义等国家意识产生了作用。

与之相应,中国马克思主义哲学界还在坚守国家意识的思考底线的同时,着重探讨了在苏联时期国家同样注重马克思主义及其哲学的理论教育,但民众却最终抛弃了马克思主义及其哲学的原因,指出除了国家层面(放弃了马克思主义和社会主义)、社会层面(各种反马克思主义、社会主义思潮的涌动)的原因,这也与学界长期不注重将马克思主义理论与其具体实践相结合的理论研究弊端相关。正是苏联时期马克思主义哲学的理论研究与其社会生活、社会实践的长期脱节,致使马克思主义失去了社会心理基础和民众的价值认同。一旦社会发生剧变,民众在舆论的"公开性""民主化""自由化""多元化"的引导下,在由此引发历史虚无主义的精神状态下,迅速抛弃这类虚假的、僵化的马克思主义和社会主义的国家意识,便是再自然不过又不可避免的事情。因此,坚持国家意识,必须坚持马克思主义哲学指导地位的不动摇,而"不动摇"的前提是,必须以"理论与实践相结合"的马克思主义理论占领理论宣传与教育阵地。这需要中国的马克思主义哲学工作者以更大的热情和更多的精力投入马克思主义哲学中国化、时代化、大众化的研究。正是意识到这一点,并在马克思主义哲学的"三化"研究与宣传教育的互动中,中国马克思主义哲学为坚持国家意识发挥了应有的作用。

总之，坚持国家意识及其核心价值，使当代中国马克思主义哲学在避免被边缘化中，得以在与具有包容与多样的全球意识、传承与创新的文化意识的有机统一中，探索出了一条繁荣中国马克思主义哲学的创新路径。由此，当代俄罗斯哲学与当代中国马克思主义哲学便有了第一个区别：核心价值的"主题变奏"与"贯穿主题"。

第六章　两极跳跃与借鉴包容："全球意识"比较

对中国和俄罗斯这样的东方国家①而言，确立国家意识直接关乎哲学的安身立命。但是，具有何种学术视野，同样对哲学的生存至关重要。这里的学术视野指，对于国外的哲学和文化，是否具有以及具有怎样的全球意识，即在哲学研究中，如何看待和怎样处理哲学的"自我"与"他者"的关系，如何在尊重差异、包容多样、借鉴与吸取国外文明和文化的同时，避免西化主义和保守主义。比较、分析和总结当代俄罗斯哲学与当代中国马克思主义哲学在这一问题上的经验教训，对于当代中国马克思主义哲学在坚持核心价值的同时，更具时代性、开放性、世界性，具有重要意义。

第一节　全球意识：哲学研究的学术视野

哲学只有广泛吸取人类思想文化的精华，才有持久的生命力。这一点，对于全球化时代的当代俄罗斯哲学与当代中国马克思主义哲学更是如此。有效吸取既是一种学术眼光，也考验着一国哲学的智慧。当代俄罗斯哲学与当代中国马克思主义哲学，虽然都不以拒绝而以开放之态学

---

① 俄罗斯由于经济、政治、文化的中心主要在欧洲，故而不是严格意义上的东方国家，虽然俄罗斯十分强调自己"非东非西""亦东亦西"的特点，但是，由于历史、地缘、社会结构、制度规则、文化心理、民族习性等因素，它又难以完全抹去东方国家的痕迹。

习和吸取西方哲学和西方文化，颇具全球意识，但两者的历程却不尽相同。前者经历了"拥抱—兼收—反省"的过程，后者走过了"开放—借鉴—包容"之路。不同路径所折射的，是各自哲学不同的全球意识价值取向。

一、何谓全球意识

"全球意识"与全球化相连。自近代从分散和分割的地域、民族、国家走向世界性的生产与交往以后，人类的生存与发展便形成了一种整体相关性。20世纪的人类，以经济全球化为基础的世界文化，愈益朝着跨国化方向发展并具有了相当程度的同质性。因此，一国哲学要在以资本为主导的全球文明冲突困局和文化霸权挤压中"突出重围"，保持民族哲学的生命力，就不仅需要坚守民族哲学的独特性，而且需要在全球化带来的机遇和挑战中获取他国、他民族的文化哲学思想与理论资源。这里的全球意识是就空间维度和地理维度而言的，指一国哲学在面对异国异质的哲学文化观念和思想理论之碰撞、冲突、矛盾乃至对抗时，能够以开放之态，在"尊重差异、包容多样"中，博采众长、兼收并蓄、为我所用、发展自己。这里的全球意识，既包括工具层面的学术策略，也包括价值层面的理论取向。

（一）全球意识要求尊重差异

从一国范围看，"尊重"即承认学术研究中不同思想和观点的生存权。对这种"不同"，只能在切磋、交流、讨论、交锋中获取共识。即便不能达成共识，也不能以强制、压服的方法换取苟同。对这种"差异"，需要在法律允许的范围内，确保其思考和发声的权利，而不能超越法律界限，限制思想自由和言论自由。但尊重不是放纵，即变尊重为任意主观性，只承认自由主义的放任才是唯一合理的学术视域。差异不是化异，即变差异为反对和对抗主流意识形态、主导价值观的借口，甚至以"思想自由"为由，实施颠覆主流意识形态的活动。因此，尊重差异的关键是，倡导在主流意识形态、主流价值观引导下的学术民主和学术自由。

从世界范围看，"尊重"即承认不同国家和民族之哲学的生存权、发展权。对这种"不同"，只能在承认其独特性、特殊性中，通过交往、交流寻求融合的可能性，而不能以强势之态，试图压迫与控制他国和他民族的文化、哲学。今天的世界，全球化已经把地球变成了"村落"，空间距离的"死亡"带来了人类视域的空前开阔。同一蓝天下的人类哲学，必然既异彩纷呈又光怪陆离。因此，破除西方哲学和西方文化的"强制认同"或"引诱认同"，需要人们"赞美大自然令人赏心悦目的千姿百态"而不是"要求玫瑰花散发出和紫罗兰一样的芳香"①，即看到不同国家和不同民族之哲学的独特性、多样性，承认和尊重各种异质哲学存在的权利，承认并肯定这些异质哲学的价值，即它在被他国和他民族的哲学吸取时，往往成为新质哲学诞生的酵母。

（二）全球意识要求包容多样

就一国范围看，"包容"即面对多元、多样、多变的哲学思想，不仅以理性平和之态在对话中容忍异质思维和异见，而且在"存异"中"求同"，在对话和争论中彰显不同思想、不同观念的价值，在彰显中获取有利自身发展的思想资源。

就世界范围看，"包容"即面对全球化的拓展和深化，以"己所不欲，勿施于人"的理性与平和，承认各国和各民族在历史风雨洗礼中形成的不同哲学传统、风格、体系、价值取向，都在引领和规范各自社会行为的同时，是世界文化仓库的藏品，都以各自的方式为世界文化文明做出过或继续做出贡献；看到今天的世界，全球化在使不同文化产生断裂、分解、重组的过程中，也使各国、各民族的哲学观念，正在经历着一般与个别、民族性与世界性、传统与现代、本土与域外等冲突，而人类历史上几乎所有的新哲学形态都是在吸取前人、他域的思想理论中形成的。因此，以和谐理念、宽容心态，看待各国、各民族间哲学观念的差异，以平等对话、友善交流协调各国、各民族间哲学观念的矛盾，从而在营造"共容""共存"的国际学术生态环境中获取他国、他民族的思想理论资源，以便增强自身哲学的理论弹性和修补能力，从而捕捉更多的发展机遇，获得更大的发展空间。

二、全球意识何以必要

对一国哲学而言，全球意识之所以必要，首先在于社会现实发展的需要。当今世界，伴随着工业文明而来的全球化，在使过去彼

---

① ［德］马克思：《评普鲁士最近的书报检查令》，见《马克思恩格斯全集》，中文2版，第1卷，111页。

此分化的社会诸领域，以相互融合、相互渗透的一体化方式呈现于世界的同时，也导致了社会结构和构成形式、社会运行和控制机构等的差异化、多态化。差异的、多态的社会发展现实，需要多样的、多元的哲学理解方式。没有"尊重差异、包容多样"的全球意识，哲学就无从对当今社会的运行态势、发展趋势、问题和危机，有全面的了解、清醒的认识、科学的预见，也就无以发挥其理论的现实社会功能。若如此，其机体也无以从现实社会的土壤中获得维持生命并保证持久生机的养料。

对一国哲学而言，全球意识之所以必要，还在于这是哲学自身发展的需要。哲学作为一种具有总体性和全局性的理论，体现为世界性与民族性、人类性与个体性的有机统一。哲学作为一种社会意识形式，首先是各国和各民族不同发展道路、发展模式的多样性体现。这种多样性，通过与各种文明、各种道路、各种模式的交流与借鉴，表达了各国和各民族的美好生活理想。因此，哲学作为各国和各民族自身文化精神的体现，首先具有民族性和个体性，并在这种民族性和个体性中展现出人类文化、世界文明的多样性。然而，强调各国发展道路、发展模式的差别、多样、多元，不等于否定人类社会存在着共同的基本规律，而是强调这一共同的基本规律，只有通过各国和各民族发展道路、发展模式的多样性探索才能得以体现。多样性探索，又是对作为整体的人类新发展道路、新发展模式的探索，是对作为整体的世界文化文明的贡献。在这个意义上，作为世界文明和人类文化结晶的哲学，又发挥着推动人类社会整体进步与共同发展的作用。今天，随着全球化的深入推进，人类不同文化体之间的联系更为强化，相互之间资源的互通、共享已经成为常态。经历了从"地区性—民族性—世界性"发展过程的各国和各民族哲学，由于当代科学和当代实践的深度分化与高度综合，同样出现了"深度分化"与"高度综合"①的趋势。这一趋势在迫使传统的哲学学科②在与时代问题结合中改变理论形态、增添理论内容的同时，也应时代之需产生了

---

① "深度分化"，即哲学内部、哲学与非哲学之间，以越来越具体的方式相联系并出现越来越多的新分支哲学。"高度综合"，即哲学流派之间的交织与互渗强化，哲学规范之间的通约和转换渠道增加，哲学方法的互鉴与互通增强，人类哲学思维在分化和多样化的基础上向着整体化方向发展。（参见欧阳康：《探索马克思主义哲学的当代价值和当代形态》，见赵剑英、叶汝贤主编：《马克思哲学的当代意义》，79页，北京，社会科学文献出版社，2006）

② 自然哲学、历史哲学、宗教哲学、道德哲学等。

第六章　两极跳跃与借鉴包容："全球意识"比较

具有当代特色的分支哲学和应用哲学[①]。时代的发展需要哲学在立足各自国情的同时，必须具有全球意识，以共时性的世界眼光和历时性的时代眼光面对域外尤其是强势的西方哲学和西方文化思潮，在不失防范意识的同时，提升交流意识，在扩大眼界、接受信息、开通思路、取长补短中发展自己。反之，如果拒绝人类共同的文化成果，那么终将因置身人类文明文化发展的大潮之外，而被时代文明文化大浪拍死在沙滩上。

就一国哲学而言，全球意识之所以必要，还在于哲学作为一种文化类型，遵循着文化传播的一般规律："从外到内"，即按照"物质文化—制度文化—精神文化"的序列依次递进；相互渗透和相互影响，但往往是高位文化的输出大于低位文化的输入；优势侵吞弱势的生存竞争，弱势文化或因统治者抱残守缺，或因缺少内外部必要的竞争挑战，面对强势文化衰弱不振及至一败涂地；外来文化被本土化、民族化，即外来文化在被某个民族、某个国家接受和过滤的过程中实现重组；体用互动而非"体用全变"或"体用不变"。哲学传播规律的实现，除了外在的客观环境和客观条件，还需要主体选择，包括缘于社会现实来思考外来哲学满足本国和本民族哲学需要的程度，基于哲学自身来考察外来哲学与本国和本民族哲学之间的契合点，等等。在传播过程中，没有对不同国家和不同民族哲学的差异、多样的了解认知，哲学就难以落地，也就难以形成相应的影响和效应。"尊重差异、包容多样"的全球意识下的主体选择，则将使一国哲学在接受外来哲学文化的同时，通过相互影响和渗透，在向外输出中扩大自己的影响，在世界文化的竞争中获得立足之地，在改变其形式与内容中获得保持生命力长盛不衰的动力。

就当代俄罗斯哲学与当代中国马克思主义哲学而言，两者在本质上都属于东方文明[②]，在特征上都不具有西方文化那种提倡个人与社会的两极开放并以此实现主客体之间对接的特点，而是注重集体、国家、社会，因此更需要通过全球意识的视野，寻求适合自身发展的模式和路径。在20世纪80年代到21世纪的30多年中，俄罗斯哲学与中国马克

[①] 语言哲学、认知哲学、价值哲学、生态哲学，以及经济哲学、政治哲学、文化哲学、教育哲学等领域或部门的应用哲学。

[②] 对于西方给予俄罗斯文明的这种定性，尽管俄罗斯学者对此并不心甘情愿或心悦诚服地接受甚至反感这种定性，但俄罗斯的文明文化的确具有众多不同于西方文明、西方文化之特征的东西。

思主义哲学又切切实实地在东西方两种文明的交集中,以不同程度、不同表现形式的全球意识,实现着各自的"突围"与"重塑"。

第二节　高热、降温、复原:当代俄罗斯哲学

全球意识在当代俄罗斯哲学中的体现是,随着苏联解体后社会盛行的多元主义、自由主义、极端民主主义和西化浪潮的涌动,学界对西方哲学和西方文化的全面开放与过度热情。

苏联解体在促使当代俄罗斯哲学回归社会、回归生活的同时,也将当代俄罗斯哲学"睁眼看世界"之门打得更开。[①] 这种"尊重差异、包容多样"的全球意识,可谓当代俄罗斯哲学的主导理论倾向,它先后经历了20世纪80年代末90年代初的发烧高热(对西方哲学和西方文化的极度推崇、照单全收),20世纪90年代中期以后的适度降温(在狂热追捧西方哲学和西方文化的同时,开始思考其对复兴俄罗斯的价值、功用、效能),以及21世纪的恢复正常(以理性之态,客观地分析俄罗斯哲学与西方哲学各自的优劣利弊、长短得失)。

当代俄罗斯哲学对待西方哲学和西方文化由"感冒发热"到"身体康复"的转变,既是它对全球意识于哲学发展所具价值的重视,也表明了它具有更强的开放意识和更大的包容度。

何以当代俄罗斯哲学对西方哲学和西方文化有着如此浓厚之情?理解这一点,需要追溯历史上的俄国哲学。

一、历史上的俄罗斯:因袭已久的心向西方

俄国文化被人称为混合型文化。[②] 在俄国的历史发展过程中,俄国文化既与西方国家尤其是希腊、意大利、德国、法国、荷兰等西欧国家的文化展开交流并深受其影响,又与东方国家尤其是拜占庭、波斯、印度、蒙古-鞑靼、中国等国家的文化进行交流。"混合"表明,俄罗斯文化具有善于吸取其他民族文化营养的包容性。其中,尤以对西方文化的

---

①　在苏联解体前的20世纪80年代,甚至从60年代起,苏联哲学就已经开始了"对外开放"的历程。

②　东西方文化元素兼而有之。

第六章 两极跳跃与借鉴包容:"全球意识"比较

包容与吸取为甚。

对俄国社会而言,特殊的地理位置和独特的文化传统,使它对西方的文明和文化情有独钟。从"红太阳大公"弗拉基米尔到彼得大帝,从叶卡捷琳娜二世到亚历山大二世,东方帝国曾经的当权者可以说早就具备了包容多样的全球意识。

如同"俄罗斯文化像世界上任何一种其他的民族文化一样,它的形成和发展不是孤立的,而处在与世界上其他民族文化的交流和往来之中,是与其他民族文化相互交融、相互借鉴的结果"① 一样,俄国哲学也是这种交融、借鉴的结果。对当代俄罗斯哲学而言,学术视野上的全球意识,也并非始自今日。历史上的俄罗斯哲学同样具备"尊重差异、包容多样"的全球意识和眼光。

还在彼得大帝之前的 16 世纪,俄罗斯人就从发现自己的西方邻居"正过着紧张激烈而又热情奔放的哲学生活"中,"激起"和"挤压"②出了他们的哲学兴趣。在从富有创造性的西方哲学中获取哲学灵感的同时,基于自身一直存在创造哲学所需的自由精神,俄国人开始具备向西方哲学和西方文化"开放"并吸取其所需的学术眼光———一种环顾天下的全球意识。于是,尚处于哲学门槛之外的俄国人,便接受了不同于俄国传统文化的西方文化——基督教。然而,此时的俄国不仅将这种域外文明作为一种宗教,而且将它作为内涵无比丰富、能适应各类主题的一种世界观加以接受。在这一接受过程中,尽管基督教的一些东西与俄罗斯的文化观念并不吻合③,尽管俄国人总是谋求摆脱希腊教会而独立,但最终却仍然能以包容之态接受它。

近代西方哲学对近代俄国哲学的影响体现为斯拉夫主义与西方主义的大争论,并且法国启蒙哲学的政治思想和唯理论、德国古典哲学的思辨唯心主义和人本主义、柏格森的非理性主义等,在影响俄国社会上层和知识分子并催生出近代俄国哲学中,为俄罗斯哲学打上了人本主义、理性主义、非理性主义的多异色彩。至于支配和左右了苏联大半个世纪的苏联哲学,本身就是现代西方文明精华在俄国大地结出的果实。

---

① 任光宣:《俄罗斯文化十五讲》,5 页,北京,北京大学出版社,2007。
② [俄]瓦·瓦·津科夫斯基:《俄国哲学史》上卷,张冰译,"导论"2 页。
③ 例如,禁欲主义,西方人将其视为原生之物,而在俄罗斯人眼中,它永远只是一种派生现象。

18世纪的俄国同样非常乐于接受西方哲学文化①,并在相应的"哲学运动"中表现出将天真质朴与博大精深、恢宏壮观与微不足道相融合的折中精神。这种"折中"是俄国哲学对西方哲学和西方文化"尊重"与"包容"的心态写照。至于以 B. H. 塔季舍夫②等为代表的俄国首批历史学家和重要诗人,既对西方热衷世俗生活抱有极大热忱,又在对俄国历史的研究中寻找和满足于新的故乡情感,从而既以自然法理念,又参照当时的西方哲学理念,来尝试建构俄国世俗化世界和世俗化的"人",这更证明了俄国哲学文化理念具有包容多样的意识。

18世纪下半叶西方哲学和西方文化在进入俄国高校的哲学教学过程时,培养了人们对西方哲学和西方文化更大的兴趣,从而使俄国人越来越感兴趣于形而上学问题。18世纪末到19世纪初,随着俄国社会的自由主义和激进主义不可遏止地形成,热血沸腾的俄国青年人,在投身改造俄国社会的理想和实践中,除了少部分人继续从法国启蒙主义文学思想中吸取营养外,绝大多数青年人在意识形态上热衷于德国浪漫主义,并通过它接近了德国哲学。德国哲学对当时俄国思想界渗透的结果便是,这一时期的俄国大学校园中涌现出一批严谨而杰出的研究德国哲学的代表人物。受此影响,俄国青年开始花费更多的时间去研究哲学。康德、费希特、谢林、黑格尔、费尔巴哈,这些德国古典哲学大师博大精深的哲学思想,在给予近代俄罗斯哲学巨大影响的同时,催生出了近代俄罗斯哲学的"谢林学派"③"黑格尔学派""唯物主义派"。例如,被俄国著名宗教哲学家 A. C. 霍米亚科夫誉为心灵高尚、富于教养、长于理性、艺术感敏锐的 П. Я. 恰达耶夫④,其思想就包容了康德⑤、谢

---

① 主要是法国启蒙思想。
② B. H. 塔季舍夫(Татщев, B. H.,18世纪俄国著名历史学家和编年史作家,俄国学界公认的编年史编撰学的奠基者。他利用所掌握的国内外史料,编写了俄国第一部通史性著作——5卷本的《远古以来的俄国史》)以18世纪在俄国流行的西方"自然法"为依据,致力于为俄国"新知识分子"探寻理论基础,首次在俄国文学中发展出源于"理性个人主义"(разумный эгоизм)的实用主义体系。
③ 实际上,谢林对俄罗斯哲学的影响从未销声匿迹,其最典型的体现便是谢林理论对近代俄罗斯哲学大家 B. C. 索洛维约夫世界观的巨大影响,而后者的思想对当代俄罗斯哲学的影响,时至今日都鲜活如昨。
④ П. Я. 恰达耶夫作为近代俄罗斯西方主义哲学家第一人,最早提出了"俄罗斯思想"。
⑤ 在 П. Я. 恰达耶夫书信最新版中,"几本书中的几页照片插页,上面有恰达耶夫本人的说明——照片里有康德《纯粹理性批判》与《实践理性批判》"([俄]瓦·瓦·津科夫斯基:《俄国哲学史》上卷,张冰译,156页)。

第六章　两极跳跃与借鉴包容:"全球意识"比较

林、黑格尔等人的思想:吸取康德"绝对的道德命令"思想,从人依赖于社会环境、依赖于上帝的"双重依赖性"中,П.Я.恰达耶夫揭示了,道德意识的根源在于人类永远在神性之光的照耀下前行;吸取谢林的"同一哲学"思想,П.Я.恰达耶夫提出了天国理念与尘世生活的"统一体"理论;与黑格尔先验论辩证法相向,П.Я.恰达耶夫也将来自绝对精神的世界意识或普遍意识,视为"最高级的意识"而与德国唯心主义体系的"先验领域"相似。被俄国学人誉为既有独创性哲学又有出色文学才华的А.И.赫尔岑,其哲学思想中就不仅有对黑格尔哲学的系统研究和"非同凡响"的诊断,而且有通过阅读费尔巴哈著作而"巩固"其人类中心主义思想的经历。① 正是对于这种有着巨大"差异"(思辨唯心主义、唯物人本主义)的哲学理论的包容和吸取,А.И.赫尔岑的哲学思想才得以具有独创性。

18世纪末19世纪初俄国哲学的全球意识目光,主要聚焦于西方哲学尤其是德国古典哲学。但随着19世纪具有独立形态的俄罗斯宗教哲学的出现,俄罗斯哲学的目光开始改变这种"单向度"而具有了多维视角,强化了其全球意识的包容度。从19世纪上半叶起,诞生于高等神学院的哲学运动,随着神学院②中形成的各自哲学传统而有了既相互区别又相互包容的发展路径:由东正教教条和圣父文献所决定的思维发展基本路径;西欧丰富的哲学文献使人们在建构基督教哲学时,有了在各种哲学思潮之间做出选择的可能和权利。③ 于是,萌芽于神学院的俄罗斯民族哲学理念,在以教会学说为依托和吸取西欧哲学理念的"二维"定向中,通过自由的"综合化改造"得以诞生。于是我们看到,在19世纪上半叶俄罗斯高等神学院的哲学运动④中,有坚决批判从洛克开始的唯心认识论而为唯物认识论"说话"的Ф.А.戈鲁宾

---

① А.И.赫尔岑在其日记(《赫尔岑日记》收入《赫尔岑全集》第2卷)中,对此有过详细的记载。(Герцен А.И. Собрание сочинений в 30 томах., М., Изд-во Академии наук СССР. 1954-1965)

② 18世纪在基辅、莫斯科建有两所,19世纪又在彼得堡、喀山建了两所。(参见[俄]瓦·瓦·津科夫斯基:《俄国哲学史》上卷,张冰译,327页)

③ 19世纪初,在俄罗斯神学院里流行的是最新的哲学文献译本(如康德、谢林等)。在德国无数中学指南里都可见的这类哲学读本,既普遍流行于俄罗斯社会,又受到俄罗斯官方赞许,甚至教会也认为它们是可靠的本子。(参见上书,327页)

④ 自18世纪起,哲学文化运动就在基辅神学院、莫斯科神学院不可遏止地发展起来。到19世纪,在这两个神学院的基础上,各神学院都形成了自己的哲学传统。

斯基①，有虽然其体系处于德国唯心主义的影响下，但却永远给予经验重要位置的Ф. Ф.西顿斯②，有悉心翻译柏拉图著作，试图以康德和超验主义为依据分析"最新式的理性主义"的В. Н.卡尔波夫③，有非常看重康德及其著作，认为康德阐释了存在的目的论原则，但却批评康德限于现象世界的认识论的С. С.果果茨基④，有从康德的超越唯心主义回到柏拉图的本体论唯心主义，并批判唯物主义，认为它根本无法把握存在之真正本质的П. L.尤尔克维奇⑤。至于19世纪中叶以后的俄罗斯宗教哲学，即便在一些具有民粹主义思想倾向从而强烈批判西方理性主义的俄罗斯宗教哲学家那里，也在相当程度上宽容西方理性主义，例如，А. С.霍米亚科夫在批判西方的同时，又十分强调西方理性主义的价值，并试图在西方的理性主义与俄国宗教哲学的"理智"之间搭桥。俄罗斯宗教哲学对西方哲学的吸取，则显现在不同思想家的哲学理论中，其中最著名的莫过于В. С.索洛维约夫。В. С.索洛维约夫强调"西方哲学发展的这些最新的必然结果，以理性认识形式确证了那些曾被东方（部分是古代东方，特别是基督教的东方）伟大神学学说以信仰和精神直观形式所确认的真理"，因此，自己的哲学就是要"力图把西方形式的完美逻辑与东方精神直观的充实内容结合起来"⑥。В. С.索洛维约夫之所以被后人评价为伟大的俄罗斯宗教哲学家，是因为他在自己的理论体系中实现了

---

① Ф. А.戈鲁宾斯基（Голубинский, Ф. А.，莫斯科神学院创始人、教授）坚持外部世界的物质现实性，认为"在现实生活中，一个充满了物质的空间不是无边际的"（Голубинский Ф. А. Лекция философии. , М. , Тип Л. Ф. Снегирева, 1884-1886. -С. 49）。

② Ф. Ф.西顿斯基（Силонский, Ф. Ф.，先后执掌彼得堡神学院和彼得堡大学的哲学教研室，1856年被彼得堡大学科学院授予院士头衔）认为，哲学应该从经验（主要是内在经验）出发。

③ В. Н.卡尔波夫（Карпов, В. Н.，曾任彼得堡神学院哲学教研室主任）指出，"从康德《纯粹理性批判》的观点看，人是一种由概念构成的生物，被封闭在纯粹的时空形式之中，以至竟然无法从中冲出或偷窥一眼，但却能够意识到这种形式尽管能够无穷扩展，但被锁在里面终归显得狭窄，不舒适，犹如笼中鸟"[Карпов В. Н. Философский рационализм новейшего времени("Христианское Чтение"). -1860, книга 3, 4, 5, 6, 12). -С. 414]。

④ С. С.果果茨基（Гогоцкий, С. С.，基辅神学院哲学教师）高度评价将人的个别现象与完整历史进程联系的"历史辩证法"，认为它在人的意志中实现了神的本质作用。（Гогоцкий С. С. Философский словарь. -СПб. : Тропа Троянова, 2008. -С. 389）

⑤ П. L.尤尔克维奇（Юрквич, П. L.，基辅神学院哲学教师）主要研究心灵哲学、人类学等。

⑥ Полное собрание сочинений С. М. Соловьёва в 20 томах. , Минск. , 1999. -С. 177.

第六章 两极跳跃与借鉴包容:"全球意识"比较

"宗教、哲学和科学的综合,也是东西方文化的融合",并在这种综合中创造出别具一格的哲学体系。在 B.C. 索洛维约夫包罗万象的哲学理论中,以人为中心,思考整个世界的问题,将道德、社会、历史置于理论的核心地位,这不过是俄罗斯哲学基本风格的反映;以古希腊、中世纪、近代西方哲学的概念、术语、方法构筑的理论体系,不过是对西方哲学的借鉴吸取;万物统一哲学和实践理想主义,不过是东方哲学"'道不远人'、'知行合一'、'天人合一'和'天下大同'的精神实质"①的体现。对俄罗斯哲学、西方哲学、东方哲学的综合,在表明 B.C. 索洛维约夫哲学包容性的同时,也表明了全球意识对俄罗斯哲学创新所具有的意义。

19 世纪中叶以后的俄罗斯哲学中,还有一批不同于上一代人②的"新一代人"③。这些年轻的哲人,无一不对西方科学抱有开放、敬仰,甚至带有宗教信仰般的诗意崇拜之情,他们包容、吸取这些域外文明,将外域文明为我所用。被誉为"俄国杰出的革命民主主义者"的 H. Г. 车尔尼雪夫斯基,其哲学基础中,就有唯物主义人本主义,因为他先后潜心研究过黑格尔哲学、费尔巴哈哲学,并受后者的影响而最终成为唯物的人本主义者;又有孔德社会学意义上的实证主义,因为在他早期的一篇政治文章中,他就称孔德为"唯一忠实于科学精神的哲学体系的奠基人"④;有对实用主义伦理学的崇拜和"合理的利己主义"体系的踪迹,因为在他看来,自然科学已经发展到如此地步,已经为精密地解决道德问题提供了许多资料,并将伦理学体系的科学根据归为特定的心理学,通过傅立叶而接受了卢梭的"人类天性至善"定理,并展开其伦理学研究;有法国空想社会主义的激进色彩,其中影响最大者莫过于傅立叶。但是,"包容多样"的 H. Г. 车尔尼雪夫斯基,并没有限于上述理论,而是在"兼收并蓄"中实现了对上述理论的超越,例如,在关于人的问题上,他就既显示出因摆脱费尔巴哈人本主义抽象性而具有的具体性、深刻性,又显示出因捍卫美的现实性而拓展了人道主义的美学内涵。至于那些实证主义者和半实证主义者,则被笼罩在欧洲的实证主义精神氛围中,坚

---

① 徐凤林:《索洛维约夫哲学》,19 页。
② 即具有浓厚的浪漫主义气息、热爱抽象思维、崇拜艺术、追逐理想的 19 世纪俄罗斯思想家。
③ 即 1855 年前后,年龄在 20~30 岁,信奉现实主义的哲学理念,从精密知识(自然科学)中寻求精神支柱,产生了实证主义、半实证主义和唯物主义哲学萌芽的青年人。
④ [俄] 瓦·瓦·津科夫斯基:《俄国哲学史》上卷,张冰译,357 页。

决反对德国的抽象唯心主义,坚决与"形而上学的海市蜃楼"做斗争。其主要代表人物有:坚定地转向了"研究事实的运动"的 К. Д. 卡维林[①];以信仰科学否定形而上学,以批判主义和综合方法分析问题的 П. Л. 拉甫罗夫[②];拥护文化的历史类型具有多样性的学说[③],强调否认西方的"理性主义只会强化对俄国独特性的崇拜之情"的 Н. Н. 斯特拉霍夫[④];从人类学、伦理学、历史学、神正论等领域的问题出发,以尖锐而深刻的阐释,在俄国使所有人类精神的问题真正成为宗教系列问题,从而在实质上开辟了俄国思想史上一个新时期的 Ф. М. 陀思妥耶夫斯基。

19 世纪上半叶的俄国,虽然已经站在了创建哲学体系的门槛上,但那些杰出的思想家如 Н. Г. 车尔尼雪夫斯基、П. Л. 拉甫罗夫等,却因不得不将大量的才华精力用于探讨和处理紧迫的社会生活事务而没能创建哲学体系。19 世纪后半叶的俄罗斯哲学,体系创建已是水到渠成。在这个过程中,三个流派决定了俄罗斯哲学的嗣后之路:从认识论中寻找基本出发点的俄罗斯批判主义(即康德学派,以 А. И. 维杰斯基[⑤]为代表)和实证主义(以 Ф. В. 列谢维奇[⑥]为代表);以本体论为定向坐标,从现实存在论出发的俄罗斯宗教哲学(以 В. С. 索洛维约夫、Н. О. 洛斯基、С. Н. 布尔加科夫为代表);以唯物本体论和辩证方法论为出发点的马克思主

---

① К. Д. 卡维林认为,"世上没有绝对的本质或原则——世上万物都是有条件的和相对的"(Собрание сочинений К. Д. Кавелина: в 4 томах. Т. 3/под ред. Л. З. Слонимского и Д. А. Корсакова. - Санкт-Петербург. : тип. М. М. Стасюлевича, 1900. - С. 881)。

② П. Л. 拉甫罗夫曾在自传中谈论普罗泰戈拉、孔德、费尔巴哈、兰德、康德、古诺、安培、马克思,认为他们都对他的思想产生过巨大影响,他承认自己是"马克思的学生"。他的哲学中对众多西方哲学家思想的体现则表明了他"批判现实主义"思想的广度。(Лавров П. Л. Собрание сочинений Петра Лавровича Лаврова. Сер. 1, вып. 2. Статьи по философии. - СПб., 1906)

③ Н. Я. 达尼列夫斯基在《俄罗斯与欧洲》一书中,提出了"多种文化历史类型"的理论。(Данилевский Н. Я. Россия и Европа. , М. , Книга, 1991. - С. 576)

④ Н. Н. 斯特拉霍夫(Стылахов, Н. Н.), 19 世纪俄国百科全书型学者,在文学批评、心理学、哲学人类学、历史哲学领域皆有诸多著述)虽然受 Л. Н. 托尔斯泰宗教神秘主义文化观的影响,其哲学就整体而言反对整个西方社会的世俗化制度,但仍然注重吸取西方哲学思想,其《作为整体的世界》一书,就既在构建"理性自然科学"中坚决捍卫黑格尔主义,又体现出西方非理性主义。(Стылахов Н. Н. Мир как целое. , М. , Изд-во Айрис-Пресс: Айрис-Дидактика, 2007. - С. 576)

⑤ А. И. 维杰斯基(Ведеский, А. И.),俄国 19 世纪后期将人类知识限度的认识论建立于逻辑学基础上的新康德主义代表,以康德批判主义为基础研究,讲授逻辑学、心理学、哲学史。

⑥ Ф. В. 列谢维奇(Лесевич, Ф. В.), 19 世纪俄国新实证主义的代表,其哲学思想受孔德和康德批判主义的影响,主要研究科学哲学、宗教史。

第六章 两极跳跃与借鉴包容:"全球意识"比较

义哲学(以 Г. В. 普列汉诺夫、А. А. 波格丹诺夫、列宁为代表)。①

在这三大流派中,每一流派无论就形成还是就理论内容来看,都与西方哲学、西方文化的影响直接相关,从而体现出强烈的包容性。

这一时期的晚期黑格尔主义思想家,虽然在个人生活中肯定基督教的真理和价值,但在构建哲学体系时,却倾向于捍卫容忍信仰和良心自由的原则,反对向宗教领域施压。新莱布尼茨主义者的思想中,既有对莱布尼茨理念、体系的继续,也包含了唯物主义、实证主义,以及叔本华、康德的思想(如 А. А. 科兹洛夫②)。新康德主义的思想家,其理论体系虽然以康德的批判认识论和批判形而上学为基础,但又不乏休谟、柯亨的思想③,不乏实证主义④的身影。

宗教新浪漫主义的思想家则在 В. С. 索洛维约夫的影响下,在革新宗教哲学思想中,既创造了社会性的"宗教乌托邦",又对末世论满怀期待。在其代表性人物 Н. А. 别尔嘉耶夫的理论中,其独特的人格主义,本身就是融合西方人格主义和俄罗斯传统文化的产物。非理性主义的代表人物 Л. 舍斯托夫,从青年时代起就吸纳了欧洲文化的各种思潮,其宗教哲学既呼应和充分发挥了尼采的非理性主义理论主题,又非常重视和尊重柏拉图、斯宾诺莎等理性主义大师的思想。

至于新马克思主义哲学家,则无一不在博采西方哲学、西方文化中,广泛吸取其精华。

这样,到19世纪末20世纪初,对西方哲学的各取所需和各具特色

---

① 参见〔俄〕瓦·瓦·津科夫斯基:《俄国哲学史》下卷,张冰译,3页,北京,人民出版社,2013。

② А. А. 科兹洛夫(Козлов, А. А.,19世纪俄国新莱布尼茨主义者,主要研究人格主义多元论、存在论、认识符号说)认为自己是"从唯物主义和实证主义转向叔本华哲学,又在叔本华哲学的影响下转向康德,又很快从康德、叔本华的唯心主义泛心论转而研究莱布尼茨"(Козлов А. А. Свое слово. Философско-литературный сборник Т3. -Киев.:Изд-во Типография Императорского Университета Св. Владимира,1888-1898. -С. 685)。

③ 新康德主义者 А. И. 维杰斯基的哲学论著,既"以康德的'实践理性的优先性'口气"表达,又将休谟"常常挂在嘴上",在否定"原因与结果的关联可以被理性化"的意义上,他甚至在俄罗斯哲学中确立了"休谟法则"(〔俄〕瓦·瓦·津科夫斯基:《俄国哲学史》下卷,张冰译,249页)。

④ 新实证主义者 И. И. 梅奇尼科夫(Мечников, И. И.,19世纪俄国著名生物学家、病理学家、生理学家,主要研究伦理学,著有《论人的本性》《论乐观主义》)在其哲学著作中断言:"我们无法达到未知及其计划和意图",因此,哲学"只研究我们的理性所能知会的东西"(Мечников И. И. Этюды оптимизма. , М. , Наука, -1919. -С. 284)。

413

的"西化"哲学派别的涌现，让多姿多彩的俄罗斯哲学无不在理论中展现着"尊重差异、包容多样"的学术特色。在它们各自以一个"总和点"做支撑，又像一把打开的折扇的这种研究状态，在看似相互之间缺乏沟通的背后，却是所有流派都不再单纯地"归属"于某个"民族—文化统一体"，而是在其理论深处存在着某种关联。更重要的是，这些不同表现形式的理论以其自身存在的多样性，表明了近代俄罗斯哲学对域外文明的基本态度："尊重差异、包容多样"的全球意识。

当然，对近代俄罗斯哲学而言，这种对西方哲学和西方文化的包容，其结果是双重的。一方面，它让俄国人在了解西方哲学和西方文化中，缩短了自己攀登哲学思维高峰的路程，使自己得以迅速进入那个时代复杂的哲学核心问题。另一方面，它又限制了俄罗斯哲人的哲学创造性，在一定程度上导致近代俄罗斯哲人沦为西方哲学的附庸或俘虏。然而，正如任何事物的成长都必须经历波折一样，包容中的全盘西化倾向终让俄罗斯哲人在通过批判西方哲学的不足而克服一边倒的偏见过程中，走出了新的探索之路。因此，"所有这一切对于俄国哲学之路而言都是十分典型的——俄国哲学逐渐从西方哲学家的体系中汲取某种元素，以之为依据，随后则深入问题的核心，把全部注意力都凝聚在这些问题上，以这些问题为核心形成自己的全部创作探索"①。

当然，近代俄国并非仅仅对西方哲学和西方文化情有独钟，它的全球意识的目光还曾聚集于东方文化。例如，近代俄罗斯哲学尤其是宗教哲学注重生命体验、直觉了悟的东正教文化传统，并从中吸取理论养料，而使其哲学饱含人文性、理想性、整体性等特点（前述的В.С.索洛维约夫，以及绝大多数具有斯拉夫主义特质的近代俄罗斯宗教哲学家）。除此之外，还可从近代俄罗斯对中国传统文化《论语》的译介中略知。② 中国传统儒家文化对近代俄罗斯哲学尤其是宗教哲学

---

① [俄] 瓦·瓦·津科夫斯基：《俄国哲学史》上卷，张冰译，295页。
② 受17—18世纪初欧洲的"中国热"影响，1715年，彼得一世向中国派遣了第一届俄国东正教传教团并在京开始接触《论语》。1729年，首位汉学家罗索欣指导其学生沃尔科夫翻译了包括《论语》在内的"四书"。1820—1821年，俄罗斯汉学奠基人比丘林翻译了完整的"四书"及朱熹的注释。1863年，修士西维洛夫翻译了"四书"、《诗经》和《尚书》。1868年，俄罗斯汉学领军人物В.П.瓦西里耶夫翻译了《论语》。1895—1917年，俄罗斯儒学研究奠基人波波夫翻译了《论语》（1910年出版），此为俄罗斯汉学史上第一个系统的《论语》译本。（参见刘丽芬、赵洁：《俄罗斯〈论语〉译介历经百年发展》，载《中国社会科学报》，2014-12-24）

第六章 两极跳跃与借鉴包容："全球意识"比较

的影响，我们从近代俄罗斯哲学的理想主义中可见的"天下为公""内圣外王"的身影、人文主义中散发的"仁者爱人"的气息、救世主义中潜在的"修齐治平"的精神、集体主义中暗含的"重义轻利"的意识，便可见一二。

二、从关门到开窗：苏联哲学有限的全球意识

具有全球意识历史传统的俄罗斯哲学，在20世纪的苏联哲学时期却几乎全线崩溃。强烈的意识形态性和政治化色彩，使苏联哲学在斯大林时期对于所有的西方哲学和西方文化，总体上采取了"批判＋关门"之策。在"无产阶级新文化"的政治高压下，斯大林时期的苏联哲学"反对那种十月革命前一直存在于俄罗斯并继续在罗曼—日耳曼的西方各国中存在的整个文化"[1]，因而对于西方哲学，几乎没有尊重与包容可言。即便有所包容，也是政治的放大镜和显微镜过滤之果。因此，全球意识对这一时期的俄罗斯而言，基本上就是天方夜谭。

然而，斯大林时期的苏联哲学又不能代表苏联哲学的全部。因此，人们在习惯于指责苏联哲学没有包容西方哲学和西方文化的胸怀气度，为其贴上"僵化、封闭、保守"的标签时，忽略了苏联从20世纪50年代下半期起，就因国家发展的政治需要，而对西方哲学和西方文化打开了一扇窗。

在科学文化方面，苏联加强了文化艺术和自然科学的国际交流。在文化交流上，一方面在国内恢复并定期举办了创建于1935年的莫斯科电影节，于1958年创办了国际柴可夫斯基钢琴演奏比赛，另一方面于1956年10月恢复了普希金造型艺术博物馆并展出国外藏品（如德累斯顿绘画陈列馆的收藏，印度和黎巴嫩的博物馆的收藏），并于1956年举办了毕加索画展。[2] 在科学交流上，参与国际科学组织和出版物的工作，参与国际学术会议，出版文摘杂志介绍世界科学出版物等。[3]

对于西方哲学，苏联哲学同样在斯大林去世后，一定程度上打开了

---

[1] Трубецкой Н. С. Мы и Другие. http://anastasija-schulgina2011/narod.ru/ID_98_345_00_468.htm.

[2] 参见［俄］М. Р. 泽齐娜、Л. В. 科什曼、В. С. 舒利金：《俄罗斯文化史》，刘文飞、苏玲译，299页。

[3] 参见上书，299页。

封闭的铁门，开始采取包容的学术姿态，实现了有限度的开放：通过"走出去"，加强与国外哲学的交流，包括参加国际学术会议①，加入国际哲学联合会②；通过"请进来"，加强与国外学界的沟通，邀请一些国际知名的学者、哲学家造访苏联，做学术报告和讲演③。这一切，证明了苏联哲学对域外文明具有一定的包容度。

这种有限包容，在一些意识形态控制相对较弱的部门哲学中体现得更为明显。

先看苏联的科学哲学。尽管它建立在马克思主义哲学"自然科学哲学问题"的基础上，尽管其发展动力源于苏联科技发展的需要，尽管其探讨的问题基本围绕马克思主义认识论展开，但它得以在20世纪60年代实现"认识论转向"并成为一门独立的学科，却与从西方科学哲学中吸取丰富营养不无关系。作为世界科学哲学表现形式之一的苏联科学哲学，其形成本身就是对西方科学哲学研究的回应。在20世纪50年代中期以前，苏联哲学界对西方哲学，尤其是孔德、马赫的实证主义，以及逻辑经验主义一律持严厉批判的态度。但是，从20世纪50年代中期开始，苏联哲学界在清除斯大林个人迷信影响的同时，逐渐改变了对西方科学哲学的态度。即由过去的一味批判，向交流交往的方向转变。一方面，苏联哲学界主动加强了与西方哲学界的联系和交流。④另一方面，通过追踪西方科学哲学的研究问题（如科学认识的基础、主体，科学发

---

① 1954年8月，苏联哲学代表团第一次参加了在苏黎世举行的"国际哲学会议"，П. Н. 费多谢耶夫、Ф. В. 康斯坦丁诺夫、苏联科学院通讯院士 Ц. 斯捷潘年等参加了此次会议。1957年，苏联国际哲学联合会常任代表施士金参加了"华沙国际哲学家大会"并做大会发言。1958年12月，时任苏共中央委员的 М. Б. 米丁出席了在东京举办的"东京唯物主义研究会"并做了题为"马克思主义和列宁"的演讲。1962年，时任《哲学问题》主编的 М. Б. 米丁和通讯院士 Б. М. 凯德洛夫，应邀参加了在日内瓦举行的"第四次国际黑格尔哲学大会"，苏联科学院通讯院士 М. А. 敦尼克应邀参加了法国"卢梭诞生250周年纪念会"。1964年6月，苏共中央社会科学院院长 М. Т. 约夫楚克参加了在南斯拉夫举行的"国际哲学讨论会"。（参见李尚德编著：《20世纪马克思主义哲学在苏联》，169页）

② 1956年，苏联科学院哲学研究所加入了国际哲学联合会，苏联科学院通讯院士 М. 奥美里扬诺夫斯基和哲学博士施士金任常任代表。（参见上书，169页）

③ 1961年，英国著名逻辑实证主义哲学家、牛津大学逻辑学教授艾耶尔，应国立莫斯科大学之邀访问苏联。1962年，苏联社会科学院哲学研究所接待了法国哲学家和政治活动家费加罗，后者做了题为"现阶段法国的基本哲学思想体系流派"的学术报告。（参见上书，169页）

④ 从1960年起，苏联哲学家就参加了国际性的逻辑学、方法论、科学哲学的会议。

第六章 两极跳跃与借鉴包容:"全球意识"比较

展的模式,科学的划界,科学理论的发现、结构、检验等),梳理并研究其理论①,翻译出版其论著②,翻译发表其研究文章③,借鉴和吸取了西方科学哲学从基本概念到研究范式在内的一系列理论成果。

再看苏联的语言哲学。尽管它在苏联作为马克思主义哲学的分支学科而存在,但由其标志性人物 M. M. 巴赫金④所创立的、富有独特性的"对话主义",无论在理论的形成过程⑤中还是在理论的批判⑥中,无论在理论的论战⑦中还是在理论的建构⑧中,都曾使用并改造了包括俄罗斯学者如 A. A. 波捷布尼亚⑨、Г. Г. 施佩特⑩和西方学者如索绪尔⑪等在内的语言哲学之基本概念、基本范式。

---

① 例如,什维廖夫在《新实证主义与科学经验论问题》(1966)一书中,运用马克思主义哲学的观点,按照历史的顺序,从科学哲学的角度对作为实证主义思想来源之一的罗素和维特根斯坦的学说、逻辑经验论、语言学派与批判理性主义世界观、方法论等,做了全面的梳理和分析,在一定程度上揭示了逻辑经验主义对科学方法论、逻辑分析、自然科学认知结构上所具有的影响。(参见李尚德编著:《20 世纪马克思主义哲学在苏联》,287 页)

② 从 20 世纪 70 年代起,就陆续出版了一系列丛书,包括 1975 年以"科学逻辑和科学方法论"为名的第一套丛书,而其中的第一部译作便是库恩的《科学革命的结构》,苏联学者在为该书写的"跋"中,高度评价了库恩的理论。1978 年以"科学的结构和发展"为名的第二套丛书,则主要收集了西方著名的科学哲学家拉卡托斯、费耶阿本德的著作。

③ 从 20 世纪 50 年代后期到 70 年代末,苏联共出版了有关科学哲学的论文专著 161 种,其中除了批判性的 114 种,其余的都在不同程度上属于研究性质。

④ M. M. 巴赫金(Бахтин, М. М.),苏联著名文艺学家、文艺理论家、批评家、结构主义符号学的代表人物之一。其理论对文艺学、民俗学、人类学、心理学都有巨大影响。

⑤ M. M. 巴赫金语言哲学形成的 20 世纪 20 年代,正是西方哲学从传统本体论、认识论向语言学转向的时期。

⑥ 语言学转向引起了人们对 20 世纪初产生的索绪尔语义哲学的关注,而 M. M. 巴赫金在其名著《马克思主义与语言哲学》(1929)中对索绪尔的批判就沿袭了西方这股批判之风。

⑦ M. M. 巴赫金与 В. В. 维诺格拉多夫(Виноградов, В. В.,苏联卓越的语言学家,苏联科学院院士,在俄语的构词学、形态学、句法学、成语学、词汇学、修辞学、篇章学、文艺学以及俄国语言学史等多方面都有开创性的见解,是享有世界声誉的学者)之间的学术论战,几乎贯穿了其一生。尽管如此,学者们仍然能在尊重对方立场的基础上展开论战。

⑧ 如 M. M. 巴赫金和 В. В. 维诺格拉多夫构建各自的理论过程。

⑨ A. A. 波捷布尼亚(Потебня, А. А.),19 世纪末俄国著名语言学家、语言心理学派创始人和现代俄语语义学奠基者。他将哲学方法引入语言研究,探讨了语言与思维、语义与符号等问题。

⑩ Г. Г. 施佩特(Шпет, Г. Г.),俄国哲学家、著名语言学家,首次尝试将现象学与语言学相联系,是俄罗斯符号学发展的先驱。

⑪ 索绪尔(Ferdinand de Saussure),瑞士作家、著名语言学家,西方现代语言学理论的奠基者和结构主义的开创者。

417

至于苏联哲学的人学研究,在苏联解体前长达20多年(20世纪60年代到80年代末)的时间里,尽管受官方控制(经费、课题、结构、指导思想)而有强烈的政治色彩和教条主义痕迹,但无论其基本范畴如人的本质、人的特性,还是其基于全球化背景对人的探索,又无不是对西方哲学相关概念的运用或受西方哲学的影响。这些,都显示苏联哲学对西方哲学依稀尚存的包容性。

对于东方传统的哲学和文化,苏联哲学也体现出一定的包容性,它对如《论语》等中国传统文化典籍的译介。尽管苏联由于国内、国际的原因和中苏关系的起伏,这一译介有过"起伏涨落"[1],但苏联学界对中国传统哲学文化的象征——儒学经典的翻译和研究,仍然表明了苏联哲学所具有的有限全球意识。

之所以在此提及苏联哲学的"包容度",无非希望表明,苏联解体后的当代俄罗斯走向全面西化的另一极,除了是对苏联哲学的极端封闭、僵化而产生的逆反心理和反弹之举,还与俄罗斯文化传统中根深蒂固的西方情结不无关系。

三、从狂热到理性:当全球意识遭遇现实

毫无疑问,在全球化日益深入的今日世界,任何哲学的生存与发展都既离不开本民族的文化传统,又离不开与世界的交往交流。否则,便极有可能因"自说自话"而自生自灭。哲学需要开门而拒绝关门,已是各国哲学发展的共识和趋势。但"门"怎样"开"、"开"多大、朝哪个方向"开",却是全球意识必须面对的问题。

苏联解体使俄罗斯的向西开放之门,由"门缝"变为了"洞开"。与整个社会渴望、羡慕西方社会的一切的心理相适应,20世纪80年代末90年代初的俄罗斯哲学,对西方哲学和西方文化采取了热情拥抱的学术态度:海量翻译与出版西方哲学和西方文化著作;对社会现实的分析评价,总是习惯于比照西方社会的标准和价值观;对社会制度的改革,不由分

---

[1] 20世纪30年代苏联学界的大批判大清洗、40年代的卫国战争,使《论语》翻译一度停滞,期间只有苏联汉学创始人 И. С. 阿列克谢耶夫翻译的《论语》前三章。新中国诞生和中苏建交后,苏联的儒学研究获得新发展,期间有代表性的是苏联科学院院士、汉学家 Н. И. 康拉德(Конрад, Н. И.)的《论语选》(1959年收入《中国文学选》)。60年代中期中苏交恶后,相关的翻译和研究又重落低谷。中国改革开放后,苏联学界再次掀起儒学研究浪潮。(参见刘丽芬、赵洁:《俄罗斯〈论语〉译介历经百年发展》,载《中国社会科学报》,2014-12-24)

第六章　两极跳跃与借鉴包容："全球意识"比较

说照抄照搬西方模式；对理论学说的建构，唯西方的概念、术语、模式马首是瞻。"洞开"的大门就像一块巨大的磁石，贪婪地吸附着来自西方的一切。然而，这种缺乏理性分析、辩证反思的"开放"，犹如一把双刃剑。一方面，多姿多彩的西方哲学和西方文化，摧毁了苏联哲学封闭保守的思维防线，让民众看到了外面世界精彩丰富的文化哲学思想，为当代俄罗斯哲学更多吸取西方文明的养料提供了便利。另一方面，随极端民主化自由化而来的思想、观念、思潮的多元化，让民众在各种矛盾对立的观念冲击下眼花缭乱，在无所适从中抛弃陈旧哲学的同时，备感价值观的无所依傍、精神的居无定所，让当代俄罗斯哲学在一边倒的叫好声中迷失了方向和自我，甚至被社会抛弃，被民众嗤之以鼻。随着西化改革的失利、社会矛盾的加剧，无限开放中的无限容纳被实践证明并非都有助于振兴俄罗斯社会及其哲学。相反，却不时让沮丧的俄罗斯人似乎看出了西方霸权强权势力竭力鼓吹的"民主化、自由化、多元化"中潜藏的别番用意。因此，如何把握好开放、包容的度，换言之，如何在全球化的时代让学术研究的全球意识之眼瞄准方向、看清道路，以便妥善处理当代俄罗斯哲学与域外文明的关系，便成为当时的俄罗斯哲学不能不面对和认真思考的问题。

　　随着20世纪90年代中期前后，俄罗斯社会"从无序到有序"的逐步稳定，从"盖达尔改革"[①] 失利中逐步清醒的当代俄罗斯哲学开始反思哲学的全面西化问题。一方面，继续拒绝任何统一化的意识形态，继续承认多元化的合理性，继续奉行"尊重差异、包容多样"的全球意识，肯定西方哲学和西方文化的普世性价值观念、思辨理论体系、各种分析论证方法对于重建当代俄罗斯哲学的价值。另一方面，强调多元化不是全面西化，将两者等同，无异于回到苏联哲学的简单化做法；强调全面西化不是当代俄罗斯哲学重建的通途而可能是迷途，重建当代俄罗斯哲学，只能基于多元化理念，结合今日俄罗斯的社会现实，在尊重俄罗斯哲学历史传统的基础上，吸取西方哲学和西方文化中那些有助于振

[①] Е. Т. 盖达尔（Гайдар, Е. Т.），当代俄罗斯著名经济学家和政治家。1992年6—12月任代总理，1992年10月叶利钦任命他为领导俄罗斯经济改革的第一副总理。其间，与А. Б. 丘拜斯（Чубайс, А. Б.）共同制定并实施了被称为"休克疗法"的激进经济改革：第一步，放开物价；第二步，出台财政货币的"双紧"政策；第三步，大规模私有化。激进改革的结果是，俄罗斯的GDP几乎减少一半，总量降到美国的10%，民众生活水平一落千丈。对Е. Т. 盖达尔"激进改革"是非功过的评价，今日俄罗斯与中国的学界见仁见智、各说不一。

兴俄罗斯民族精神的东西。对全面西化的重新审视，使得这一时期的俄罗斯哲学对西方哲学和西方文化有了适度的"降温"。降温的直接效果便是，这一时期的俄罗斯哲学研究开始纠正只将研究兴趣和关注点集中在西方哲学或俄罗斯传统哲学（主要是俄罗斯宗教哲学）的偏颇，开始运用一些西方哲学的观点、方法，研究一些现实感强的应用哲学，如政治哲学、社会哲学、人的哲学、教育哲学、伦理哲学、全球化哲学等。对于先前极端厌恶的苏联哲学和极其冷淡的马克思主义哲学，开始试图摒弃情感因素而做出相对理性的分析和评价。

21世纪的俄罗斯哲学对于西方哲学和西方文化，已经从"适度降温"进入了"恢复平静"。21世纪的俄罗斯学者，在如何复兴当代俄罗斯哲学的问题上，对西方哲学和西方文化仍然存在全盘否定与全盘肯定的"两极跳"现象（否定者往往以俄罗斯传统哲学作为振兴之旗，肯定者则试图在现代西方哲学基础上再造当代俄罗斯哲学）。然而，对于这种"两极跳"的危害，大多数学者已经有了清醒的认识。对此，曾任俄罗斯《哲学问题》主编的 В. А. 列克托尔斯基在回答该刊副主编 В. Т. 普鲁日宁对当代俄罗斯哲学现状的评价时，就明确表示：一方面，尽管近年来俄罗斯传统哲学是学术界的热点，但在社会、文化、历史均已发生根本改变的条件下，它不可能成为今日俄罗斯哲学振兴的依靠和基础；另一方面，试图在现代西方哲学基础上"简单地再造"当代俄罗斯哲学，也是不可取和没有可能性的。更有学者从全球化时代文化态势的现状出发，指出将全球化"阐释为形成统一人类的一种社会文化过程"，无疑是错误的，因为在全球化的背景下，文化的发展具有双重性，即多样性和统一性：全球化是信息经济的大势所趋，包括自由贸易、商品、资本、思想和人才的自由交换，而英国社会学家罗贝尔森提出的"全球本土化"这一术语，就很好地阐释了这一趋势的特征，即全球和地方不可分割性，可以将"这种不可分割性"理解为经济全球化和文化本土化，而"在文明冲突的威胁面前，全球化促成了诸如尝试文化对话的社会创新"①。这样，21世纪的俄罗斯哲学，既能理解和接受剧变后的俄罗斯哲学现状，也能在重建俄罗斯哲学的同时，将哲学放回到发展的"自然历史过程"即放回到世界哲学存在和发展的总潮流中。这种"放回"集中体现为，

---

① Федотова В. Г. Единство и многообразие культур в условиях глобализации//Вопросы философии. -2011. -No 9.

第六章 两极跳跃与借鉴包容:"全球意识"比较

致力于复兴俄罗斯哲学的学界在诸多理论的研究上都体现出一种"西体俄用"的特点。

在"新欧亚主义"的研究中,既在骨子里反感西方的文明类型,又不得不借用西方文化的一些有关文明发展的基本概念、基本模式来思考问题;在"新俄罗斯思想"的研究中,深入挖掘了传统"俄罗斯思想"中蕴含的民族主义与普遍主义的关系,强调"新俄罗斯思想"之"新"就在于,既基于民族主义、爱国意识是俄罗斯社会的基本价值,又将民主、自由、多元等西方的普世价值观作为重要内容;在全球学的研究中,重视全球化与民族文化的关系,理性反思俄罗斯文化与西方文明的关系,重新思考全球化与本土化的思想对话等问题,表明了当代俄罗斯对西方哲学和西方文化更为理性的态度,并且这一学科在俄罗斯哲学中受到重视本身就表明了当代俄罗斯哲学的包容性,即强烈的全球意识和人类意识;在哲学人类学的研究中,运用现代西方哲学的各种方法,深入挖掘俄罗斯传统宗教的精神,更是"西体俄用"的典型特征;在对斯大林思想、列宁哲学、马克思主义哲学的分析和评价中,当代俄罗斯学者也在注重和引用西方学者之观点的同时,更多地从俄罗斯的历史与现实出发而提出了一些有别于先前的结论。

重归全球意识的当代俄罗斯哲学,其包容性还体现在它对东方哲学文化的研究上。这一点,从当代俄罗斯学界对中国传统儒家经典《论语》的译介中可见。苏联解体后,俄罗斯经济停滞、社会失序,这与中国的经济腾飞、社会有序,形成了鲜明对比。现实促使俄罗斯学界重新关注中国的传统文化儒学,俄罗斯学界再次迎来了翻译、研究、传播《论语》的热潮。其中,除了出版了全译本[①],还有

[①] 1998年,"莫斯科的孔夫子"Л. С. 贝列罗莫夫(Перломов, Л. С.)的《论语》全译本出版,该译本堪称俄罗斯学界最为系统、最为完善的版本。Л. С. 贝列罗莫夫,汉语名嵇辽拉,俄罗斯汉学家,俄罗斯科学院远东研究所高级研究员、东亚文化研究中心主任,1995年被推选为孔子学会会长。主要研究中国古代史,重点研究中国古代政治文化。出版译作《商君书》(1968)、《孔子的〈论语〉》(1992)。出版专著《孔子:生平、学说、命运》(1995),该书史料丰富,除了大量背景资料,还有插页(8个页码)和插图(15幅)。该书学术水平高,译文完整准确,概念理解准确;译文与注释层次分明;注释兼收并蓄,吸精弃粕;译法灵活,文字简洁。除了理论阐述,该书还选出20个儒学专门术语,列表统计其中哪些为孔子所创。该书现实感强,将落脚点置于孔子学说的当代价值,认为它无论在历史上还是在现实中对当代东方社会都有影响,因此,该书被中国和俄罗斯学界认为代表了当代俄罗斯儒学研究的最高水平。[参见刘丽芬:《〈论语〉翻译在俄罗斯》,载《中国外语》,2014(5);刘丽芬、赵洁:《俄罗斯〈论语〉译介历经百年发展》,载《中国社会科学报》,2014-12-24]

合集①，除了完整的"四书"版本②，还有儒学研究的专著和论文。孔孟的"中庸之道"，儒家的"天人合一"，不仅为当代俄罗斯政治家思考如何安邦治国提供了思想资源，也为当代俄罗斯哲人思考如何看待人与自然、人与社会、人与自身等形上学的问题提供了理论素材。

由"高热"到"降温"再到"恢复正常"，当代俄罗斯哲学在全球意识问题上所走之路，表明了当代俄罗斯哲学的研究理念正在由不成熟走向成熟。

四、苏联哲学和当代俄罗斯哲学全球意识的启示

历史的发展总是以螺旋式的轨迹延伸。从近代到当代，俄罗斯哲学的全球意识，经历了"开门—关门—开门"的曲折过程。

近代俄罗斯哲学鉴于西方哲学和西方文化的超前性，使它既在推崇西方哲学和西方文化中了解、学习、借鉴、吸取了其思维成果，从而缩短了自己攀登哲学思维高峰的路程，并在迅速进入所处时代复杂的哲学核心问题中创建了独立的哲学理论体系，又因过度沿袭西方哲学的理论范式和思维模式而严重限制了自己的独立创造。

苏联哲学对西方哲学和西方文化"爱恨交织"的价值取向，使得它既在推崇西方哲学和西方文化（马克思主义哲学本身就是它那个时代西方哲学和西方文化的产物和结晶）中，借助国家政权的力量而获得了理论发展的体系化、系统化；又使得它因拒绝广义的西方哲学和西方文化，在封闭僵化中埋下了走向毁灭的祸根。物极必反，苏联哲学的思想禁锢一旦被打开，其最终解体的命运便如洪水决堤般无法阻拦。

苏联解体后的俄罗斯哲学，曾因"一边倒向"西方哲学，而备受学界"丧失自我"的质疑。然而，任何事物的成长都必须历经风雨。当代

---

① 1999年，圣彼得堡晶体出版社出版了《论语》俄译本合集，其中收录了自19世纪下半叶的俄罗斯汉学领军人物 В. П. 瓦西里耶夫以来的所有俄译本。В. П. 瓦西里耶夫（Васильев, В. П.），俄国汉学家、俄国中国学派集大成者、俄罗斯科学院通讯院士，通晓汉、满、蒙、藏、梵、朝、日文。编著了多卷本佛教文献巨著《佛教及其教义、历史和文献》，出版了关于中国文学史的《中国文学史纲要》、关于汉语语言学的《中国象形文字分析》和《汉字字形系统》、关于中国历史地理的《中亚东部的历史和古迹》等。

② 2004年，俄罗斯孔子基金会与俄罗斯科学院东方文学出版公司联合出版了俄文版的《儒家的"四书"》，这是俄罗斯第一部完整的"四书"版本。2004年10月25日，俄罗斯总统普京以此作为国礼，赠送给时任国家主席的胡锦涛。（参见刘丽芬、赵洁：《俄罗斯〈论语〉译介历经百年发展》，载《中国社会科学报》，2014-12-24）

第六章 两极跳跃与借鉴包容:"全球意识"比较

俄罗斯哲学在全盘西化后的一蹶不振,终于迫使它重新思考何谓真正的开放意识,重新思考如何在全球化的今天,在以资本为主导的文明冲突困局和文化霸权挤压中突出重围,以更好地保持民族哲学的生命力等问题。思考使得当代俄罗斯哲学最终逐步走出了一边倒向西方哲学和西方文化的误区:不能不加分析和批判地唯西方哲学和西方文化为上,更不能重蹈苏联哲学的关门覆辙。回归理性的21世纪俄罗斯哲学,一方面认识到哲学"自我"的发展需要保持自己独立的语言文化、独特的思维方式、独有的价值观念,另一方面又意识到自己的哲学在本质上仍然缺乏西方哲学和西方文化那种自由度、开放性、创新性,仍然具有较为浓厚的重集体、国家、社会的特点,因而仍然需要在吸取西方哲学和西方文化中寻求适合自身发展的模式和路径。

当今世界,全球化已经把地球变成了"村落",空间距离的"死亡"带来了人类视域的空前开阔。因此,同一蓝天下的人类哲学,既异彩纷呈又光怪陆离。然而,西方(主要是美国)强权裹挟下的西方哲学和西方文化,却以全球化的方式,力图实现全球文化的一体化。当代俄罗斯哲学界正是看到了这一点,才提出了重新认识和评价西方哲学对俄罗斯哲学的影响问题。

然而,破除西方哲学和西方文化的各种认同范式,需要人们以开放意识和宽容心态,承认和看待不同地域、国家、民族的哲学观念之异,努力营造"共容""共存"的国际学术生态环境,以便吸取异样的文明成果,壮大发展自己。这一点,或许就是经历曲折全球意识历程的苏联哲学和当代俄罗斯哲学,留给当代中国马克思主义哲学走好自己的全球意识之路的启示。

第三节 借鉴、包容、开放:当代中国马克思主义哲学

与当代俄罗斯哲学相似,当代中国马克思主义哲学面临着怎样认识和处理民族哲学与世界哲学的关系问题。然而,与当代俄罗斯哲学奉行多元主义、自由主义的文化发展理念,而在全球意识上体现为较浓的西化色彩不同,当代中国马克思主义哲学因对国家意识的坚守,而在全球

意识上将着眼点置于国家大局和服从服务国家战略，在"尊重差异、包容多样"理念的引导下，开展对外学术交流与学术合作，在借鉴、吸取域外文明的理论养料中，使马克思主义哲学在坚持国家意识的同时，更具备时代特色。

要描述当代中国马克思主义哲学的全球意识，同样需要回顾历史上的中国哲学在对待域外文明问题上走过的路程。

一、历史上的中国：被动开门的师夷之长

与俄罗斯相比，中国在历史上并不具备"向西开门"的那种强烈意识和主动精神，而是在遭遇西方列强欺凌下被迫打开国门，而不得不与强势的西方文明过招。尽管如此，历史上的中国却仍然不乏那种"开放、包容"的全球意识。中国哲学虽然较之俄罗斯哲学要悠久得多，但同样也是在与域外文明和他国哲学的冲突、对话、交流中吸取养料、获得生机、寻求发展的。

哲学是一种文化现象。在中国哲学发展史上，两次大规模的文化交流，使中国传统哲学在与其他东方哲学、西方哲学的接触中吸取和获得了新的养分。

第一次文化交流发生在1—8世纪的中印之间。先哲们耗费七百余年的时间和精力，在将异质的佛教文化之种植入中华民族的精神土地之时，创造了独具特色的中国式教派。在使中国传统哲学吸取印度哲学思辨因素的同时，刺激了道教的形成，儒、释、道的融合，以及在此基础上宋明儒学的产生。

如果说第一次文化交流还局限在东方国家之间的话，那么始于明清之际（16世纪末至18世纪初）的第二次文化交流则已经扩大到中西之间，标志着中国文化与西方文化在哲学层面直接对话的开始。其时，步入封建社会末期的中国社会，在孕育资本主义的同时，也具备了接受西方哲学的条件。于是，带着强烈的征服欲、企图通过传播基督教来归化中国的耶稣会士[①]，在"学术传教"中，一方面通过翻译、撰写、传扬、引进古希腊哲学、基督教哲学、西方天算知识，将西方哲学演绎推理的思维方式引入中国，实现了"西学东渐"；另一方面又通过翻译、介绍中

---

① 利玛窦、付泛际、艾儒略、庞迪我等西方传教士。

第六章 两极跳跃与借鉴包容:"全球意识"比较

国的哲学和文化原典,开始了"中学西传"。这场被称为中西文化交流史上"令人陶醉的时期"的平等对话,在相互融通中开创了中国文化的开放先河。这种中西文化的精神层面对话,无论对正在酝酿思想启蒙的中国还是对处于文艺复兴高潮的欧洲,都具有推动作用。这场文化大交流在 19 世纪末至 20 世纪初的清末民初时期,得到了继续发展。其时,被迫打开的国门在使仁人志士痛感中国落后的同时,也使他们开始审视西方的一切。他们先是认真思考西方的科学技术。从林则徐的"探访夷情"到魏源的"师夷长技以制夷",从洋务运动的兴起到"中体西用"的提出,中国知识分子在传统伦理道德和西方"声光电化"之间,选择了后者。与之相伴,西学的引进和传播得以重新展开,如设立从中央到地方的译书局和文化交流机构、创立新式学校和组织学会等。伴随洋务运动而出现的早期资产阶级改良主义者①,无一不提出学习西方议会制度的主张。与之相应,还有对西方哲学的引进。② 然而,限于千疮百孔的封建之"体"、滞于器物层面的"向西学习",无论就其思想影响还是就其实践效果而言,都是极其微小的。与之相应,西方哲学进入中国或中国对西方哲学的接纳,自然也是零星且肤浅的。例如,王韬③在谈及西方近代哲学家培根和笛卡尔时,就"只是把他们作为哲学史上的人物提到。因此,一般都没有直言他们的哲学思想"④。洋务运动的失败在宣告"中体西用"破灭的同时,也使有识之士认识到西方的强大后盾中还有政治制度。继洋务派而登上历史舞台的改良派,在"西学中源"的模式下,开始尝试引进西方制度文化。然而,维新变法的早夭,辛亥革命初年的帝制复辟,在激起改良派和革命派更强的"除陈布新"渴望的同时,也促使他们认识到中西之间的差距不仅在于制度层面,更在于观念层面。于是,从康有为"轻古经而重时政"⑤ 的"以今文《公羊》之说,倡为维新变法"⑥,

---

① 如冯桂芬、王韬、薛福成、马建中、郑观应等。
② 如王韬的《西学原始考》《泰西著述考》《西学图说》,以及对培根、达尔文、斯宾塞等人思想的介绍。
③ 王韬(1828—1897),苏州人,晚期思想家、政论家、新闻记者。曾协助英华书院院长理雅各将《十三经》译为英文。在香港创办《循环日报》评论时政,提倡维新变法。1885 年任上海格致书院院长至去世。
④ 黄见德:《西方哲学东渐史》上,143 页,北京,人民出版社,2006。
⑤ 钱穆:《中国近三百年学术史》下册,532 页,北京,中华书局,1986。
⑥ 钱穆:《国学概论》,310 页,北京,商务印书馆,1997。

到梁启超"夷孔子于诸子之列"①的"化经学于国故之中"②，新思想解放运动经历了从成立学会、创设译书局③、出版书籍④，到创办期刊报纸、改制旧书院、设立新式学堂、建立学院制度⑤；从介绍星云假说、进化论，到传播西方政治学、社会主义、马克思主义；从译介西方哲学大家⑥的著作，到研究古希腊哲学、近现代哲学尤其是德国唯意志论……晚清时代的古文大师和今文大师⑦，在"一手推倒经学旧厦，一手援引西学新知"⑧中，开启了输入西方哲学的大门，为百年来中西哲学的交流与整合奠定了基础。

如果说，清末民初的西方哲学东渐还只是晨曦初露、春风微拂，那么，随着五四新文化运动而来的西方哲学则迎来了旭日东升、百花吐蕊。从东西文化的论争到选择以科学、民主为中心的近现代西方哲学，从"问题与主义"的论战到运用马克思主义的观点和方法观察中国，从马克思恩格斯的革命理论到康德的批判哲学，从黑格尔的思辨哲学到尼采的唯意志论，从柏格森的生命哲学到杜威的实用主义，从罗素的科学哲学到杜里舒的生机主义，西方哲学如潮涌般进入了中国。在这一过程中，无论接受了马克思主义的先进代表⑨，还是具有资产阶级民主倾向的知识分子⑩，以及受到启蒙思想启迪的文学家⑪，都成了传播西方哲学和西方文化的生力军。五四新文化运动，从世界历史发展趋势和中国社会的现实需要出发，铺开了现代中国思想史上一场声势浩大的思想启蒙运动之画卷，它使科学和民主成为引领中国社会发展的两面旗帜："赛先生"一扫先前的或维护君统或幻想君主立宪的"向西方学习"，直接将中国社会的发展与科学、理性、现代化相联；"德先生"一扫先前的或封建"君为民主"或"向西方学习"的抽象民主空洞自由，直接将中

---

① 梁启超：《清代学术概论》，72页，北京，东方出版社，1996。
② 景海峰：《中西思想激荡与交融的壮丽历史画卷》，载《学术研究》，2004（10）。
③ 商务印书馆、大同译书局、浙江特别译书局、东亚译书局。
④ 如《天演论》《斯宾塞尔文集》等。
⑤ 1911年北京大学设立"理学门"，1914年更名为"哲学门"。
⑥ 如培根、赫胥黎、斯宾塞、穆勒、斯宾诺莎、康德、黑格尔等。
⑦ 康有为、梁启超、严复、王国维、马君武、章太炎、蔡元培、朱执信等人是其代表。
⑧ 景海峰：《中西思想激荡与交融的壮丽历史画卷》，载《学术研究》，2004（10）。
⑨ 李大钊、陈独秀、李达、瞿秋白、沈雁冰等。
⑩ 胡适、范寿康、李石岑、张铭鼎、张东荪、张君劢、张颐、瞿世英等。
⑪ 鲁迅、茅盾、田汉、郭沫若等。

第六章 两极跳跃与借鉴包容:"全球意识"比较

国社会的发展与反封建礼教、伦理、政治的斗争挂钩。由此,古老的中国跨出了"走出中世纪,迈向现代化"最为关键的一步。五四新文化运动,不仅使中国人深刻地认识到观念、精神、理念层面的觉醒对个人和社会的极端重要性,而且让知识分子在高举现代文化的核心科学和民主大旗的同时,为从纵深角度吸取西方哲学,在比较中西哲学各自的特征中把握中国哲学及其文化的特质和未来走向,建设与时代精神相适应的中国现代哲学,奠定了坚实的基础。这场"向西开放"结出的第一个果实便是,诞生了领导中国人民走上新民主主义革命之路的中国共产党。

在五四新文化运动中,西方哲学和西方文化在进入中国后结出了累累硕果。但是,历史的原因仍然使其存在诸多局限,如传播、研究有余[①]而系统化、学科化不足。然而,五四新文化播下的科学和民主之种,毕竟已经生根于民族的精神家园。彼时阶级矛盾的激化和民族危机的加深,更加激发了有良知的知识分子向西方寻求真理的热忱。随着一批饱受欧风美雨熏陶的海外学者东归,西方哲学和西方文化进入中国的成效便是,无论在研究方向上还是在学术素质上都更上一层楼。于是,在历史的山重水复中,20世纪20—40年代中国对西方哲学和西方文化的吸取进入了取得重大成果的时期:从"现代化"问题的争论到中国文化出路的论辩;从中国社会发展对西方哲学"东渐"提出的要求,到怎样选择和输入西方哲学家的重要著作;从如何扩大西方哲学既有的研究成果,到怎样将其广泛传播到整个社会以唤起民族意识的觉醒;从如何在认真钻研与消化吸取的基础上实现中西哲学的融通,到怎样实现中国传统哲学的变革;从如何创建适应中国社会进步的当代哲学形态,到怎样为人类哲学的繁荣添砖加瓦;……中国学者从不同方面接纳和吸取西方哲学。其中,有对从古至今的西方哲学家著作的翻译和传播,其内容包括古希腊哲学、17—18世纪哲学、德国古典哲学、现代西方哲学;有对国外学者研究西方哲学之成果的译介,包括综合性的、专题性的研究著作;有中国学者[②]研究西方哲学的论文发表;有对西方哲学研究著作的评析[③]。

[①] 传播的地域扩大、途径多样、数量增加。
[②] 陈康、金岳霖、谢幼伟、张颐、郑昕、唐君毅、陈铨等。
[③] 例如,李石岑、黄方刚、严群等对古希腊哲学的研究;汤用彤、施友忠、范寿康、郑昕、郭本道、沈志远、贺麟、朱谦之等对近代西方哲学的探讨;张东荪、洪谦、谢幼伟、朱光潜等对马克思主义哲学和现代西方哲学的研究;李常之、严群、姚璋、东方美等对综合研究西方哲学著作的评析。

在这场大规模的"向西开放"中，中国哲学实现了中西哲学的融会贯通，在此基础上，最终诞生了现代中国的哲学体系。[①] 此后，随着具有现代形态的中国哲学体系的纷纷登台，专业的学院派哲学家逐渐成为思想舞台上的主角。仿照西方哲学建立的一套专业化机制也日臻完善，学科化的哲学系统终于初步稳固下来。

"师夷之长"体现了西方哲学和西方文化对中国社会与中国文化形成的巨大推动作用。它开启和推动了中国的现代化历程。涌进国门的各种西方理论，让先进知识分子得以运用其成果于中国问题的研究，并通过各种渠道和手段在社会上广泛开展思想启蒙，让国人开始接受西方以科学和民主为核心的理性思维，促使其观念逐步从封建的、小农经济的、传统的心态和思维方式中解放出来，认识世界发展潮流并选择现代化发展模式。

它警醒了中国传统文化，在激活近代中国社会剧变的同时，使传统文化难以承受民族复兴的历史使命。先进知识分子通过引进西方哲学的逻辑系统和实证方法，在中国文化中确立了近代认识论。作为五四新文化运动理论旗帜的科学、民主等具有现代性特征的价值目标，更是通过彰显和弘扬现代理智理性精神，为实现中国文化基本主题从传统到现代的转型确立了方向。

"师夷之长"体现了中国学人以包容开放之态，为创新中国哲学所做的正确选择。虽然清末民初的中国知识分子，在借助西方启蒙理性反对封建专制主义中，有走向本土文化虚无主义的极端倾向，但是，无论梁启超对西方近代哲学的介绍还是严复对西方近代政治学、社会学名著的翻译，都对时人借鉴西方哲学以实现中西哲学的融合与创新产生了深远的影响。从五四新文化运动至20世纪40年代，一批学贯中西的思想家更是将所掌握的西方理性思维用于探讨中国哲学问题。[②] 因此，它唤醒和催生了近现代中国哲学，促使中国传统哲学改变其古朴、直观的状态。在借鉴、接受、理解、消化西方哲学和西方文化的过程中，中国学

---

① 例如，胡适、张东荪、金岳霖等对科学哲学体系的构建；熊十力、冯友兰、贺麟等对人本主义哲学体系的构建。

② 代表性成果有：冯友兰结合程朱理学与西方新实在论，以新理学为核心的《贞元六书》；熊十力融合儒佛二学，强调"体用不二"的《新唯识论》《体用论》；金岳霖用理性逻辑方法，阐发中国传统哲学核心"道"的《论道》；贺麟将黑格尔哲学引入程朱理学的研究，在西方绝对精神与中国义理之间架桥的《当代中国哲学》《近代唯心论简释》等。

第六章　两极跳跃与借鉴包容："全球意识"比较

人开始摒弃"全盘西化"或"食古不化"的两极思维模式，在沟通交流中实现中国哲学的创新：表达形式上，用现代汉语而非古代汉语；理论体系上，力求结合中国传统思想与西方哲学；理论成果上，催生了一批融合中西哲学长处的研究成果。上述种种，使中国传统哲学在基本沿用西方哲学模式建立之际，实现了从古到今的时代转型。在这场中西哲学、中西文化的交汇浪潮中，诞生了最具特色并对中国社会产生了巨大影响的成果——毛泽东哲学思想。正是以毛泽东为代表的中国共产党人，在对古今中外文化论争的批判性总结基础上创立了新民主主义理论体系，其以政治上、理论上的明显优势，在平等竞争中独领风骚，既吸纳了广阔的精神资料，又赢得了广泛的社会支持。至于毛泽东哲学，则是体现现代西方哲学精华的马克思主义哲学与中国传统哲学传统文化汇通交融的理论成果。

由此，我们可以得出结论：中国哲学对于域外文明尤其是西方哲学，在历史上就具有"尊重差异、包容多样"的全球意识。

二、被缚与松绑：全球意识的曲折历程

能否以包容之态对待域外文明（对俄罗斯和中国而言，主要指西方哲学和西方文化），无疑是一国哲学是否具有全球意识的体现。然而，由于各种原因，中国马克思主义哲学在 20 世纪中期以后的相当长一段时间，对西方哲学和西方文化的态度，更多地表现为一种批判否定和排斥拒绝。正是这种封闭做法，使中国与马克思主义哲学缺乏一种全球意识，并不得不经历曲折的发展过程。

1949 年新中国的诞生，标志着马克思主义在中国的全面胜利，也表明新中国将以更为包容开放之态对待域外文明。然而，由于国家领导者主观认知的原因，更由于当时极其复杂的国际环境和政治上向苏联的"一边倒"，中国在 20 世纪 40 年代末至 50 年代中期，整体上对西方哲学和西方文化采取了批判之态，这体现为：选择性地翻译西方哲学著作，并且都贴上了"批判资料"一类的标签[1]；全面展开系列专题批判活动[2]；研

---

[1] 个别例外，如贺麟翻译的《小逻辑》。
[2] 如 1950 年的认识论批判，1955—1956 年的不可知论批判，20 世纪 50 年代中期对"为美帝国主义服务"的实用主义、新实在论、逻辑实证论、现象学、语义学、人格主义的批判，以及其后对一切被判为唯心主义和形而上学的哲学家、哲学流派、哲学著作的批判。

究著作皆以批判冠名并以此为核心展开①。

20世纪50年代末至60年代中期的近10年，这种状况有所改变。以中国学者怀疑A. A.日丹诺夫讲话精神的正确性为起点，学界在冲破苏联斯大林哲学模式中，开始反思在西方哲学研究中的"一边倒"做法，即单纯批判的做法。② 在呼唤学术研究自由③的大讨论中，出现了独立研究西方哲学的萌芽，这体现为：有精品占有相当比例的原著翻译④；有独立的研究论著发表出版⑤；即便那些继续批判西方哲学（主要集中于康德哲学、费尔巴哈哲学、存在主义）的著作，也增加了分析而多少改变了先前一味上纲、简单下结论的做法。因此，尽管这一阶段"反右"与"以阶级斗争为纲"的两次干扰致使学界对西方哲学的"包容"极其有限，但若没有国家的容许和支持，这种"有限的包容"也是不可能的。并且，被列入研究和教学的西方哲学，无论对中国改革开放后西方哲学研究人才的培养还是对西方哲学的教学及学科建设，都起到了奠基作用。从这个意义上讲，为全球意识打上封条的中国，并没有彻底拒绝它，而是出于意识形态斗争大环境的需要而不得不为。

但这种状况从20世纪60年代中期至70年代中期，随着"文化大革命"的到来和"无产阶级专政下继续革命"的推进而发生了根本改变。作为资产阶级代名词的西方哲学，在"文化大革命"中被彻底"革"了"命"。"文化大革命"之初，无论古代的还是近代的西方哲学，统统被视为马克思主义、社会主义的对立物。其研究成果统统被当作学术渣滓扫进了历史的垃圾场；其研究传播者则或被戴上"反动学术权威"的帽子游街示众，或被关入牛棚丧失人身自由，或被扫地出门接受群众的批判，或奔赴"五七干校"进行脱胎换骨的改造，或远走他乡接受乡民的教育。20世纪70年代初，西方哲学似乎"时来运转"。但这

---

① 也有个别例外，例如，贺麟在《黑格尔哲学批判》中对唯心主义的客观评价，郑昕在《康德哲学批判》中对康德哲学的深入研究和客观评价，金岳霖在《美国哲学思想批判》中对美国哲学的介绍。

② 1956—1957年举行的一系列中外哲学史研究工作的会议，就集中讨论了"哲学史研究中如何进行阶级分析？""唯物主义和唯心主义怎样进行斗争？""唯心主义哲学在哲学史上有什么样的历史地位？""怎样继承哲学遗产？"等问题。

③ 如贺麟、陈修斋、冯友兰等在1956年"贯彻双百方针"会议上提出了批评意见。

④ 古代的7本，近代的35本，现代的15本，综合性的6本。（参见黄见德：《西方哲学东渐史》下，772~774页，北京，人民出版社，2006）

⑤ 尽管数量极其有限，只有19本。

第六章 两极跳跃与借鉴包容:"全球意识"比较

不过是为了配合"批林批孔""评法批儒"的政治运动。其时的"四人帮",利用毛泽东"学点哲学史"的口号,用被歪曲和篡改的西方哲学为其政治野心服务。于是,对西方哲学,从资料选编到文章撰写,从专题报告到著作出版,无不围绕全国范围内声势浩大的批判先验论、人性论、天才论、诡辩论的运动轴心旋转①;无知、臆造加上主观想象,成为了解和学习西方哲学史的常态②;唯物与唯心、辩证法与形而上学的公式化和简单化尺度,成为取舍西方哲学资料的准绳;武断、粗暴、上纲上线、为我所需,成为评价西方哲学的标准。这一时期的学术环境尽管十分恶劣,但是却没能挡住少数有文化责任感和学术良知的学者执着追求的脚步,他们得出了一批研究成果。其中,有重新转向原著的潜心翻译③,有专注于西方自然哲学的研究与著述④,有对原有课题和新提出课题的思索⑤,有西方哲学史学科建设的凸显⑥。即便在为"左"倾政治做摆设的西方哲学史研究中,个别学者也尽其可能,在客观评价一些西方哲学家及其思想中,提出了一些具有独创精神的看法和观点。⑦

总之,从新中国成立到"文化大革命"结束的近 30 年,伴随着国内政治运动的起伏涨落,在中国马克思主义哲学界中,作为一种学术视野的全球意识在对待西方哲学的态度上,因深受苏联教条主义马克思主义的影响和国内极左思想路线的束缚,不仅没有多少"尊重、包容"可言,反而显示出极强的封闭性、狭隘性。理论领域的"划河为界",对西方哲学和西方文化的总体排斥,对西方学者提出的问题和观点的简单

---

① 例如,对实用主义哲学、马赫主义的批判等。
② 例如,对柏拉图《理想国》、康德"先验论"的理解。
③ 修订本和新译本计 13 本。(参见黄见德:《西方哲学东渐史》下,842~843 页)
④ 在既不放弃求真又要避免政治雷区的困境中,少数学者选择了西方自然哲学这类与政治的关系相对间接,又属于西方哲学研究中薄弱环节的论题,如关于宇宙天体的形成发展、牛顿力学等。相关论著,计有 3 本。(参见上书,844 页)
⑤ 随着"文化大革命"的举步维艰和处处碰壁,一些学者面对社会混乱、文化凋敝、理论寒冬、哲学沦落,在困惑、沉痛、愤懑中开始了对西方哲学研究的过去、现状、未来的理性反思。
⑥ 如北京大学洪谦、任华主持编译并出版的《西方古典哲学名著选辑》《西方现代资产阶级哲学论著选辑》。它们无论对西方哲学学科的资料积累,还是对西方哲学教学、科研人才的培养,都发挥了较大的作用。
⑦ 如王树人的《康德先验论批判》中对康德自在之物、时空、范畴学说的阐明,叶秀山在"人性论"批判中的相关观点。

否定与一概批判，不能不使中国的马克思主义哲学在相对封闭的环境和氛围中，既得天独厚、一家独大，又因缺少对西方思潮的认真探讨，没有与西方哲学的对话交流，不能捕捉与反映世界哲学的最新潮流和最新问题，而后天不足、没有生机。

全球意识在中国这一阶段的命运，驱使当代中国马克思主义哲学，痛定思痛之余，思考了以下问题：马克思主义哲学该具有何种学术视野，才能冲破只言片语的马列经典束缚之网，获得避免落入"左"的马克思主义陷阱的鉴别力？马克思主义哲学应当寻求何种学术路向，才能抗击西方思潮对社会主义堤坝的冲击，获得避免陷入全盘西化泥潭的免疫力？换言之，如何既使马克思主义哲学具有时代眼光，在全面走进世界中获得发展，又使马克思主义哲学在时代眼光和走向世界中始终保持自己的本质？对此的思考，最终促使中国马克思主义哲学界认识到：必须在坚持国家意识核心价值的基础上，坚持"尊重差异、包容多样"的全球意识之学术态度，才能实现这一目的。

在此回顾中国马克思主义在全球意识上的曲折经历，无非借以表明，当代中国马克思主义哲学走向"借鉴、包容、开放"之路，与中国马克思主义哲学急于赶上世界哲学之发展步伐的强烈愿望不无关系。

三、借鉴、包容、开放：全球意识的凸显

全球化的时代背景，使当代中国马克思主义哲学的生存和发展越来越离不开与世界的哲学文化（首先包括西方哲学和西方文化）的交往交流。它在改革开放以来 30 多年的发展历程中，的确展现出一种与当代俄罗斯哲学不尽相同的全球意识景象。

（一）认识相关关系

这种认识，即将一系列关系置于唯物辩证法的视野下加以辨析，具体体现为：

其一，意识到哲学作为文化的内核和灵魂，是一种最能体现全球性和民族性张力的文化形态。不仅不同文化传统、不同国家、不同时代的哲学，而且同一文化传统、同一国家、同一时代的哲学，皆因研究对象、问题意识、思维方式、话语系统等的不同，而有不同的存在形式和表达方式，有不同的特色风貌而互不相同。例如，虽然中国传统哲学、西方哲学、马克思主义哲学都在以"超验"或"形上"的方式探索本

质、追求终极(终极存在、终极价值、终极解释),但是,三者无论对终极存在之根源和基础的界说,还是对终极价值上人的生命意义的追求,以及对终极解释的表达形式,都是不同的。(1)关于终极存在之根源和基础的界说。中国传统哲学以"道""气""理""阴阳"等解释宇宙的源头,古代西方哲学则以"水""火""数"等界说自然生存的根据。(2)关于在终极价值的层面,对人的生命意义的追求和价值诉求方式的理解。中国传统哲学立足"吾性自足",以理智直觉方式,强调生命的实践和体证,西方哲学则以理性思考的方式,在先批判宗教后批判科技理性的异化中,始终将人的精神自由作为追求的目标,而马克思主义哲学则以实践活动的方式,关注"现实的人",将实现人的自由全面发展确立为最终价值目标,从而既秉承了西方传统哲学中自由的理念,又将其实现置于感性活动而扬弃了其抽象色彩。(3)关于终极解释的表达形式,中国传统哲学和西方哲学在解释自然时,提供的不是各门具体科学知识,而是一种宇宙观,一种关于人在其中所处地位的生存论思考,而马克思主义哲学在谈论社会及其历史时,提供的便不是社会学、历史学的一般知识,而是一种看待社会及其历史的基本观念和基本方法,一种关于人在其中所起作用的本体论探讨。因此,哲学从古今到中外,在存在形态、表达范式上的多元性,都要求中国马克思主义哲学在学习和借鉴这些理论成果时,不能以固定的模式、刻板的标准去衡量定制,而必须尊重差异、包容多样。

其二,看到哲学作为一种价值观体现,既反映人类共同利益中所具有的普遍价值,又反映不同利益群体之间的特殊价值。抽象的、普遍的人类价值不是超越于具体的、特殊的价值之上或之外,而是存在和体现于其中。但是,人们从各自的特殊利益出发来看待问题时,往往因历史传统、文化背景、现实需要等的差异,而难以形成对普遍价值相似的认同自觉或认同方式。这对于解决人类生存面临的共同问题是极其不利的。因此,在全球化的时代背景下,解决价值观之间的矛盾和冲突,需要"多元对话""协商伦理""文化互动",即"尊重差异、包容多样"的全球意识。

其三,理解马克思主义哲学之所以具有一种全球意识的担当,就在于它自身就蕴含这一品质。(1)在空间维度上,它是民族性与世界性的统一。它是民族性的,即它形成于西方特定的民族,是其所处时代"四大革命"① 及其后果的产物，是对西欧历史文化传统的继承与变革；它是世界性的，即它不仅要通过与不同地区、国家、民族的理论发生联系、产生碰撞、展开论战，在吸取其思想成果中发展自己②，而且应当通过与不同地区、国家、民族的具体实践相结合③而不断走向世界，在与后者的相互交融中，推动和促进这些地区、国家、民族哲学的发展。这样，马克思主义哲学才能与各地区、各国家、各民族的哲学，在共同构造马克思主义哲学多元化的世界图景中，体现"尊重差异、包容多样"的全球意识，实现民族性与世界性的统一。（2）在时间维度上，它是现实性与发展性的统一。它立足于现时代中的各种问题，坚持从"哲学不仅在内部通过自己的内容，而且在外部通过自己的表现，同自己时代的现实世界接触并相互作用"④ 的基本立场出发，展开研究，寻求答案；它必须面向未来，在不断超越具体时代的局限中看清历史发展趋势。马克思主义哲学的这一通过与现实对话而延续和丰富其生命，通过向未来开放而发挥其功能价值的理论本性，决定了它不能脱离世界状况搞关门研究，而必须扩大视野，从现实问题中获取理论发展的源泉；决定了它不能故步自封、自得自足，而必须目光远大，从时代发展趋势中获得理论发展的动力。如此，马克思主义哲学才能在历史、现实、未来的三者交汇中，体现其"尊重差异、包容多样"的全球意识，实现立足现实和与时俱进的统一。

其四，深刻反思自己既往在对待西方哲学和苏联哲学上的失误。对此，中国马克思主义哲学界认识到，对西方哲学的基本拒斥，导致了对其中许多新理论、新方法的建树没有给予足够重视；对苏联哲学的基本因袭，导致了对其中教条僵化的内容没有给予及时纠正。两个方面的偏差都对中国马克思主义哲学研究产生了有害影响和消极后果。吸取历史的经验教训，需要从辩证思维的视角，以全球意识重新认识和处理中国马克思主义哲学与两者的关系。

---

① 英国的工业革命、法国的政治大革命、德国的哲学革命以及遍及整个欧洲的自然科学革命。

② 例如，马克思主义哲学的东方社会理论、生态社会主义理论。

③ 俄国产生了俄国化的马克思主义哲学——列宁主义，中国产生了中国化的马克思主义哲学——毛泽东思想，西方形成了西方化的马克思主义哲学——西方马克思主义。

④ ［德］马克思：《科隆日报》第179号的社论》，见《马克思恩格斯全集》，中文2版，第1卷，220页。

第六章 两极跳跃与借鉴包容:"全球意识"比较

其五,重新理解马克思主义哲学与西方哲学和西方文化之间的关系。对此,学界强调,马克思主义哲学作为一种文化现象,其学术生命力的存续决定了它必须融入世界文明大潮。马克思主义哲学在世界哲学之林中生存了170余年而生机依旧,与其创始人和后继者根据变化了的时代条件,不断推进理论内容、创新理论形态直接相关。达到这种结果,没有对人类优秀思想文化成果(首先是西方哲学和西方文化)的借鉴和吸取,几乎是不可想象的。马克思主义哲学的继续生存与发展,需要继续奉行"和则生物"即"尊重差异、包容多样"的全球意识。西方哲学作为西方文明的成果,其性质是双重的:作为维护资本主义经济基础和为资产阶级利益服务的工具,其理论的资产阶级属性决定了中国马克思主义哲学不能以其基本观点作为研究的根本指导;作为近现代科技革命、现代化、全球化、时代精神的反映结晶,其具体概念范畴、研究范式方法,又可为中国马克思主义哲学借鉴和吸取。因此,中国马克思主义哲学必须以"尊重差异、包容多样"的全球意识来看待西方哲学和西方文化。但尊重不是亦步亦趋,包容不是随波逐流,开放不是照搬照套,更不是顶礼膜拜,而是"开放与自我"的统一。因此,在一元基础上融合多样、取长补短,是中国马克思主义哲学保持持久学术生命力的重要途径。

其六,强调马克思主义哲学与苏联社会主义哲学文化的关系。对此,学界指出,尽管由于苏东剧变,马克思主义在这些社会主义国家"消亡"了,但这并不表明苏东国家曾经创造的社会主义文化死亡了。相反,其中的许多因素对于中国马克思主义哲学和中国现代化文化仍然具有参考价值。即便那些只具有教训价值的东西,也仍然值得我们在反思中吸取。至于东方各国的文化,虽然在整体上可能落后于西方发达国家,但近年来,在一定程度上在若干国家和地区已经赶上西方。而且,不能以西方文化作为文化先进与否的唯一尺度,东方各国的文化在地缘上同属东方,故而其他东方国家的文化与中国文化有更多的共同之处。因此,在分析基础上借鉴吸取苏东文化和东方文化,将有益于中国马克思主义哲学和现代化建设。

其七,清醒地认识到当代中国发展所面对的国际环境。对此,学界指出,当今世界是一个经济、政治、文化等要素更为密切地交织在一起的世界,是各地区、各国家、各民族在市场、资源、科技、人才等方面，既激烈竞争又密切合作的世界，是国际范围内各种矛盾并存、联系、转化的世界。这样，一方面，各地区、各国家、各民族面对共同的全球性问题，需要达成共识，谋求共同的解决方法和途径，因此，各地区、各国家、各民族哲学之间的对话交流就既必要又可能。另一方面，不同地区、不同国家、不同民族对同一问题的感受和理解不尽相同，故而很难有"普世伦理"或"价值共识"。在这种状况下，中国马克思主义哲学与不同地区、不同国家、不同民族的哲学之间的对话交流，就既不能以完全肯定全球化价值的"全盘西化"价值观，去否定、代替、淹没中国马克思主义哲学的道路选择，也不能指望用某种唯一的、本质性的理论知识，去描述、包揽、概述一切，而必须"内外有别"，在坚持自我的同时，遵循"尊重差异、包容多样"的全球意识。

其八，这种全球意识特别体现在，中国马克思主义哲学界对于中国特色社会主义理论和马克思主义中国化的理解上。学界认为，必须将中国特色社会主义理论和马克思主义中国化的研究纳入全球语境，其价值在于：中国特色社会主义是开放性的，中国作为全面参与世界性事务的、影响日增的东方大国，其稳定与发展、经验与失误、困难与问题，无不具有世界性意义。因此，在当今时代，从某种意义上说，中国的许多问题就是世界性的问题；同样，世界的许多问题也是中国的问题。所以，探讨解决中国问题的方式，必须面向全球，具有国际视野，吸取世界上其他一切国家的先进经验和理念。就哲学而言，就是从当代人类的发展高度，讨论中华民族的发展问题，即借鉴人类文明发展的一切新成果、新经验，审视中国社会的问题。因此，中国特色社会主义理论的研究就不是单纯研究中国问题，其与整个世界的发展密切相关，具有国际范围的理论价值；马克思主义中国化的研究也不是单纯输入即只在中国语境中考察问题，其与整个世界的文化价值趋向相联系，具有世界范围的对话意义。总之，中国特色社会主义理论和马克思主义中国化的研究，必须从中国特色与世界普遍、中国化与国际化等双重基点出发，既关注马克思主义普遍真理与中国国情相结合的问题，也置于与整个世界的精神文化整体相联系的角度考察，使"中国向度"[①] 与

---

① 单纯的"中国向度"研究，将导致如下不利：马克思主义中国经验的意义仅限于中国，马克思主义中国化的价值定于地域性知识，弘扬传统文化变为孤芳自赏。

"世界向度"① 相互交织和相互支撑,在开放性中实现中国特色社会主义理论和马克思主义中国化的历史使命。

(二) 处理相关问题

这种"处理",即运用马克思主义哲学唯物辩证法于理论研究,具体体现为:

其一,学术视域的基本方向上,走的不是当代俄罗斯哲学向西之门的"洞开"之路,而是一条借鉴、包容的"有限开门"之路。这里"有限开门"的全球意识,指当代中国马克思主义哲学研究在马克思主义和社会主义核心价值观的引领下,对西方哲学和西方文化采取了有鉴别的包容、开放态度:吸取有利于中国社会发展、马克思主义哲学发展的东西,而警惕和防止照单全收。(1) 在20世纪80年代的中国马克思主义哲学研究中,无论通过有选择地翻译和引进西方马克思主义的文本,开展"中西"马克思主义之间的"对话研究",还是以肯定中否定、否定中肯定的"中介"方式,接受西方哲学和西方文化的观点与方法,都坚持了马克思主义核心价值引导下"尊重差异、包容多样"的全球意识。(2) 在20世纪90年代的中国马克思主义哲学研究中,无论各类应用哲学中既围绕中国特色社会主义理论又广泛吸取西方哲学的观点,还是在研究方法上既借鉴和吸取西方哲学的研究方法又坚持马克思主义哲学的辩证法,都坚持了马克思主义核心价值引导下"尊重差异、包容多样"的全球意识。(3) 在21世纪的中国马克思主义哲学研究中,无论马克思主义哲学中国化的研究中,既注重与西方哲学的对话、沟通,吸取其理论的合理因素②,又强调社会主义的核心价值理念,还是在马克思主义哲学的基本原理、发展历史、国外马克思主义等领域的研究中,既注重对相关概念、观点、方法的引用借鉴,又坚持马克思主义哲学的基本立场,反对以借鉴、包容、对话为借口,完全以西方哲学的观念和方式解读马克思主义哲学,将其"西方哲学化"并归为西方哲学的一个流派,都坚持了马克思主义核心价值引导下"尊重差异、包容多样"的全

---

① 单纯的"世界向度"研究,将难免如下困局:缺乏对中国社会和实践特殊性的理论兴趣,只关注西方哲学尤其是只注意把握国外马克思主义的一般理论,使马克思主义哲学的"中国特色"和"中国化"游离于理论视野之外,缺失了马克思主义哲学对于中国现实的实践指导功能。

② 中国特色社会主义理论体系中的"科学发展观"研究,就吸取了西方传统人道主义的理念和合理因素。

球意识。

其二，总体研究上，秉承马克思主义哲学创始人关于随着历史向世界历史的转变，真正的哲学将"不再是同其他各特定体系相对的特定体系，而变成面对世界的一般哲学，变成当代世界的哲学"[①] 的理念，以"尊重差异、包容多样"的人类境界和全球视野，展开与世界其他各国哲学、各种流派的交往交流，力求在范畴、体系、形式、系统等方面与世界哲学展开对话中，多方面吸取人类文明发展的成果。这种吸取，既包括在更深层次和更新高度上对东方传统哲学、西方传统哲学之精华的吸取，也包括积极开展与现当代西方哲学的对话和交流。一方面，改变过去对包括西方马克思主义在内的西方哲学的简单否定、根本拒斥的态度和做法，在认真研究和回答各种非马克思主义哲学甚至反马克思主义哲学向马克思主义哲学提出的诘难与挑战的同时，注重吸收其中的合理因素。它的具体体现便是：20世纪80年代，学界在反思传统认识论中吸取西方的现代科学，开始关注西方马克思主义；20世纪90年代，学界在研究方式上借鉴西方哲学，拓展了国外马克思主义研究的范围；21世纪，学界通过设立国外马克思主义二级学科强化了对其的研究，并在一些应用哲学领域运用西方学者的一些方法开展研究。另一方面，自觉地面向当代人类社会共同具有和共同关心的全球问题、发展问题，面向当代世界人类实践的最新进展和科学发展的最新成果，在获取思想资源的同时，开拓全球化理论、发展哲学等相关研究领域。由此在"尊重差异、包容多样"中，扩大了中国马克思主义哲学的影响力，实现了"哲学思想冲破了令人费解的、正规的体系外壳，以世界公民的姿态出现在世界上"[②] 的转换。

其三，对马克思主义哲学经典文本的解读。在是否应当以及在怎样运用西方哲学于马克思经典文本的解读问题上，学界一直有严重的分歧和激烈的争论。但是，我们不能不承认，今天众多中青年学者从不同路径，如"回到马克思"的文本解读路径，文本与文本、文本与主体之间的哲学对话路径[③]，以时代问题为核心的问题反思路径，借鉴当代西方

---

① ② ［德］马克思：《〈科隆日报〉第179号的社论》，见《马克思恩格斯全集》，中文2版，第1卷，220页。

③ 生存论维度的马克思与海德格尔的对话、现象学视域的唯物史观与现象学的比较、中国马克思主义与国外马克思主义的对话。

第六章 两极跳跃与借鉴包容:"全球意识"比较

哲学盛行的分析哲学、诠释学、心理发生学、精神分析学、系统功能学等方法来解读马克思主义的经典文本,得出了多样化的解读结论,这一切无疑都打破了先前经典文本理解模式上的单一性、僵化性。开放多元的理解路径,无论对引发争论、实现交流、展开切磋,以达到多维度地、更为全面地理解马克思主义哲学,还是对在结合时代问题的思考中提升对马克思主义哲学经典文本的理解水平都有价值,体现了"尊重差异、包容多样"的全球意识。

其四,遵循时代发展的需要和哲学发展的规律,开辟了一系列马克思主义哲学研究的新领域。这些新领域,既包括应用哲学中的一些相对独立的学科,如经济哲学、政治哲学、文化哲学、社会哲学、宗教哲学、人的哲学、全球化哲学、发展哲学等,又包括一些交叉学科,如经济社会学、文化社会学等。除此之外,还包括马克思主义哲学的比较研究。这一研究在20世纪80年代中期被学者提出,30多年来,学界从思想、理论、观点等方面比较分析了中国马克思主义及其哲学与其他国家[①]哲学、其他哲学学派[②]的关系及异同,取得了丰硕成果。新研究领域的开辟,形成了中外思想观念的多样性、多元化交锋。中国马克思主义哲学在论辩中吸取理论养分,研究内容得到了前所未有的丰富,走在了世界马克思主义哲学的研究前列,展现了"尊重差异、包容多样"的全球意识。

其五,这种全球意识,即便在具有显著中国特色的马克思主义哲学理论即中国化的马克思主义哲学中,也有充分体现。例如,毛泽东的"两论"(《实践论》《矛盾论》)就有苏联哲学的影子;《论十大关系》《关于正确处理人民内部矛盾的问题》就有苏联经验的痕迹(在《论十大关系》中,有对苏联东欧社会主义建设经验教训的大量介绍);邓小平理论中关于政治体制改革的思想,关于经济管理、行政管理、社会管理的思想,就有不少观点借鉴了发达国家的经验(如关于废除党和国家领导职务的终身制,关于破除干部选拔任用的论资排辈思维惯性,关于经济管理和社会管理方面如何向西方国家与新加坡学习)。至于科学发展观,则无论其核心价值"以人为本"还是其发展策略"全面、协调、可持续",都既吸取了西方传统人道主义理论,又借鉴了当代西方生态主

---

① 如与西方国家、苏联、东欧国家、俄罗斯、日本。
② 如与西方马克思主义各派、西方各种社会思潮、西方哲学的一些流派。

义、协同社会发展论的相关思想，以及世界各国尤其是拉美发展中国家的经验。因此，当中华民族在"用自己的语言"[①] 很好地理解自己民族文化传统的同时，又运用马克思主义哲学这门科学，结合寻根意识与全球意识，在实现西方哲学和西方文化成果的创造性转换中，成功地创造了中国化的马克思主义哲学。

其六，对西方社会思潮、现当代西方哲学的挑战（这种挑战，基本源于纯粹意识形态和政治立场的攻击）的认真思考和积极回应。尽管针对现当代西方哲学的意识形态挑战，学界给予了批判，但对于学术观点方法的挑战，学界却能从认真思考中反观自身并从中吸取合理的东西。例如，在西方马克思主义那里，学界就从其对"正统马克思主义"的批判中，反思马克思主义哲学被教条化的原因，寻求从多维度、多方面全面理解马克思主义哲学的新路，以求马克思主义哲学的真精神；从其对资本主义的批判式研究和解读中，发现建构中国化马克思主义哲学的路径；从其与西方社会思潮的互动呼应中，发现马克思主义哲学与西方社会的关系；从西方学者对马克思主义哲学是"流派论"（只是黑格尔哲学流派中的一脉）的判断中，反思马克思主义哲学被僵化、固化的原因，寻求如何从时代精神和实践出发，在增强马克思主义哲学实践性、现实性中扩大其影响力。此外，学界还从西方思潮对马克思主义哲学的冲击中，吸取了生态主义、社会冲突论、社会风险论、社会危机论、社会发展论、新人文主义等有用的理论；从西方政客和右翼思想家对马克思主义"失败论"的攻击中，思考如何从国情与世情、理论与实践、历史与现实的结合中走出马克思主义哲学的创新之路。这种不拘于批判而是在批判与反思中探路的学术精神，无疑是中国马克思主义哲学全球意识的一种体现。

总之，坚持在国家意识及其核心价值基础上的全球意识，使中国马克思主义哲学，在避免闭关自守或全盘西化的两极对立中，得以在反思批判与合理选择、抵御有害与吸取有益的有机统一中，找到了一种丰富中国马克思主义哲学理论内容、焕发其生命力的有效方式。

由此，当代俄罗斯哲学与当代中国马克思主义哲学，便有了第二个区别：学术视域上的"冷热不均"与"温度恒定"。

---

① ［德］黑格尔：《哲学史讲演录》，第 4 卷，贺麟、王太庆译，187 页，北京，商务印书馆，1978。

第七章　断裂复古与传承创新："文化意识"比较

如果是否具有全球意识是哲学是否具有世界性的标志，那么是否具有文化意识就是哲学是否具有民族性的标志之一。如果哲学的世界性是哲学的民族性得以体现的前提，那么哲学的民族性就是哲学走向世界的前提。因此，哲学的世界性与民族性，两者是互为前提的。只有保持和维护哲学的民族性，才谈得上哲学走向世界。这一点，对于当代俄罗斯哲学与当代中国马克思主义哲学，亦是如此。

俄罗斯与中国都具有历史悠久的文化。尽管与中国相比，俄罗斯没有绵延五千年之久的文脉，但是，自9世纪建立统一的基辅罗斯国家起，俄罗斯就在先前形成的"独有特色的东斯拉夫（即古斯拉夫）语言文化"的基础上，"发展了东斯拉夫人的共同文化"[①]，从而在为古代俄罗斯文化奠定基础的同时，表明了俄罗斯文化历史的绵长。因此，对俄罗斯与中国这类具有悠久历史文化传统的大国而言，哲学的"安身立命"所在，就不仅在于核心价值上确立国家意识、学术视域中拥有全球意识，而且在于其知识谱系。

这里的"知识谱系"，指对于本民族的哲学、文化，是否具有以及具有怎样的文化意识。具体而言，即在哲学研究中，如何看待和怎样处理哲学的"现实"与"历史"的关系，如何继承民族的哲学和文化，在取其精华、弘扬传统中，避免历史复古主义和历史虚无主义。

[①] 乐峰主编：《俄国宗教史》上，16页。

因此，比较、分析和总结当代俄罗斯哲学与当代中国马克思主义哲学在此问题上的成败得失，对于中国马克思主义哲学在坚持时代性、开放性的同时，以民族哲学之姿立于世界文化之林是非常必要的。

第一节　文化意识：哲学研究的知识谱系

任何真正的哲学都是世界性的，但世界性之根却置于民族哲学的土壤。哲学只有传承民族文化，才可能保持恒久的生命力。有效传承体现着一种文化意识，是衡量一国哲学知识谱系的尺度。当代俄罗斯哲学与当代中国马克思主义哲学，虽然都不以冷漠而以热情之态，继承和弘扬各自哲学的传统，而具备了相应的文化意识，但两者的方式却各有千秋。前者具有"断裂—复古—回归"的特点，后者蕴含"兼容—传承—创新"的内容。不同方式所展现的，是各自哲学不同的文化意识视角。

一、何谓文化意识

谈论文化意识，首先需要辨明何为"文化"。

对于文化，文化人类学、历史学、社会学、文学等学科，各有其解释，迄今为止没有一个公认的定义，而是五花八门、各有所指。[①] 在《中国大百科全书》的哲学卷和社会学卷中，大同小异的文化定义，广义上指人类创造的物质产品和精神产品的总和，狭义上指包括一切社会意识形式在内的精神产品。

在马克思主义经典著作中，尽管"文化"一词多次出现[②]，但马克

[①] 1952年，美国文化人类学家 A. L. 克鲁伯和 C. 克拉克洪，在《文化：关于概念和定义的评论》一书中，将查阅到的各种文化定义归类为："描述的"20种、"历史的"22种、"规范的"25种、"结构的"9种、"心理学的"28种、"遗传学的"40种以及"不完整的"7种。上述总计161种。(A. L. Kroeber and Clyde Kluckohn, *Culture: A Critical Review of Concept and Definitions*, New York, Vintage Books, 1952, pp. 81—142. 参见衣俊卿等：《马克思主义文化理论研究》，19～20页，北京，北京师范大学出版社，2012)

[②] 《列宁全集》第34卷第516页（人民出版社，1985）、第42卷第534页（人民出版社，1987）、第59卷第210页（人民出版社，1990），皆出现"为文化而文化"句式。此外，《列宁全集》第59卷第368页还出现了"文化共同体"一词。

第七章 断裂复古与传承创新:"文化意识"比较

思主义哲学的创始人并没有专门的文化理论,也没有相应的文化定义。① 然而,马克思主义哲学立足于以"现实的个人"及其物质生产实践为基础的唯物史观,却为我们科学地理解文化的本质、价值、功能提供了理论基础。

在马克思主义哲学那里,文化有广义与狭义两种含义。

马克思主义哲学广义的文化含义,指人们在物质活动和精神活动中的一切创造物。但即便如此,学界的界说还是各有不同:有从实践的角度,将文化理解为"社会历史生活之中人的现实活动""创造性的对象化活动",认为在马克思主义哲学的创始人那里,文化泛指人类文明,文化与社会生活方式和文明形态的变化是联系在一起的②;有从活动结果的角度,将文化定义为物质文化、精神文化、风土人情、习俗风尚等一切"人化"之物③;有从关系的角度,将文化概括为器物性文化、制度性文化、精神性文化④等。但无论何种界定,都强调了马克思主义哲学理解的文化,是以社会物质生产为基础和人的实践活动为本质的人类物质成果、精神成果的总和,是一种文明形态。

马克思主义哲学狭义的文化含义,指与精神生产有关的观念形态。对此,学界的界说同样各有不同:有从与经济相对应的角度,强调在马克思主义哲学的创始人那里,"文化被界定为'时代精神'、'文明的活的灵魂',它的表现形式是知识、精神生活、意识形态、文化意识、文化观等",指"社会制度及其意识形态,文化作为财富的补充说明,强调的是文化的非物质性"⑤;有从与经济、政治相对应的角度,强调文化就是一种"意识形态或观念形态",本质上是一定社会的经济、政治

---

① 马克思恩格斯从未将经济、政治、文化三者并列去说明社会结构,而是用生产力与生产关系、经济基础与上层建筑、社会存在与社会意识等概念来界说社会结构。只有毛泽东在《新民主主义论》中,才首次提出了经济、政治、文化三者并列的社会结构理论,并规定了三者之间的关系。
② 参见衣俊卿等:《马克思主义文化理论研究》,57页。
③ 参见李秀林、王于、李淮春主编:《辩证唯物主义和历史唯物主义》,114页。
④ "器物性文化"即人改造自然物的形态和属性并改变自然界各组成部分之间的关系,即"自然物的人化";"制度性文化"即人们在改造自然物的过程中进行人与人之间的交往,所形成的约束人们互动行为的规则;"精神性文化"即在内化器物性文化及其构建过程的基础上,形成的一种观念上的"为我"关系。[参见陈新汉:《哲学视域中的文化、文化功能及文化自觉》,载《哲学动态》,2012(8)]
⑤ 参见衣俊卿等:《马克思主义文化理论研究》,52~53页。

在观念形态上的反映①，而"归根到底是人类物质活动的反映"②；有从结构性维度，强调作为精神性的文化，是包括各种知识和价值体系，以社会化的形式存在的"思想内容的世界"，它作为人类精神世界的产物，既离不开物质载体因而具有客观性，又作为精神产品而属于意识范畴③，认为作为相对独立于社会的经济、政治的生活领域，文化有自己相对独立的标准和尺度④。但不论何种理解，都是从精神层面界定了文化及其本质。这里讨论的文化意识，限于狭义的文化。

在现代社会，哲学作为人类精神的产物，是人类文化的体现，它与社会的经济、政治一起，在各自的自律自洽与相互之间的良性促动中，共同铸成了维持社会之健康与活力的屏障。在这个意义上，哲学是一种"硬实力"。经历了漫长历史发展的哲学，如今作为成熟的、理论化和系统化的世界观与方法论，是人类文化的智慧之果，是人类理论宝库中的瑰宝；作为既是观念形态的文化，又是理性思维的最高成果，哲学是人类认识各种文化现象、揭示其本质、阐明其动力、透视其规律的利器，对于国家与民族的文明和文化的发展，具有理论引领的作用，在推进人类的文明和文化中，肩负着理性的反思批判重任。在这个意义上，哲学是一种"软实力"。

无论"硬实力"还是"软实力"，一国哲学都首先是一种既定的地方性知识储备。这种知识储备，是它赖以继续发展的源头和根基。它的发展史，既像家族谱系，呈现为静态的树状分布，又像一路欢歌的山涧溪流，不断汇集各路源头而终成奔腾大河。任何一国的哲学研究，都是从自己既定的知识储备这一源头出发，又通过不断吸取、补充各种知识而扩展自身，形成有别于他国哲学的现存样态或基本范式。这就是哲学的"知识谱系"。

因此，这里的文化意识，指作为一种文化现象和一种意识形态而体现特定阶级的价值诉求，作为一种知识体系而追求客观真理的一国哲学所具有的历史继承性和时代创新性。换言之，在传承文化传统与创新文

---

① 参见李秀林、王于、李淮春主编：《辩证唯物主义和历史唯物主义》，114页。
② 参见黄楠森：《黄楠森自选集》，347页。
③ 参见陈新汉：《哲学视域中的文化、文化功能及文化自觉》，载《哲学动态》，2012（8）。
④ 参见张曙光：《区分文化传统的多面性》，载《中国社会科学报》，2012-08-13。

第七章 断裂复古与传承创新:"文化意识"比较

化精神并通过这种传承和创新,在继承民族文化的精华、提炼民族文化的精神内涵、弘扬民族文化的优秀传统、光大民族文化的基本精神中,为国家、民族、社会的发展寻求自我认同的理论根基,为哲学走出富有民族特色的自立之路赋予理论的自觉与自信,便是哲学文化意识的所指及其所能。

二、文化意识何以必要

对哲学研究而言,之所以将传承与创新民族文化传统视为实现哲学文化意识的重要途径,是因为它是判断一国哲学能否以其独特性屹立于世界哲学之林的关键。是否具有自觉的文化意识,不仅关系到一国哲学乃至文化的生存,而且关系到民族的生存与复兴。

任何哲学都是民族文化的产物。因此,哲学首先与民族性相联。任何哲学都是自己民族精神的结晶,而"民族精神是民族特质即民族性的集中体现,是民族漫长经历的历史积淀和升华,是民族这一生命共同体的核心和灵魂"[①]。作为一个民族生命力的灵魂,哲学渗透到社会生活的一切方面,无时不在、无处不在地引导与支配着人们的物质生活和精神生活。一个民族,只要其作为灵魂的哲学不亡,其民族生命力就生生不息。一个民族,只要有高度的文化意识,就能够传承其优秀文化传统,使其哲学具有民族特色;就能够用人类文明的优秀成果丰富自己,使其哲学挺立于世界民族之林。为此,就需要自觉的文化意识。

"思未"基于"述旧","开来"需要"溯往"。任何民族的哲学,都从历史的传统文化中走来,在继承和弘扬传统文化之精华中延续其生命力。这就是文化意识的传承。

"传承"之所以必要,是因为人类在历史中生,在历史中长。各个民族生生不息、绵延不绝的过程,构成了历史,使人类历史展现为生生不息、连续不断的发展过程。"传统"是民族无法割舍的生命之根。一个国家、一个民族在思考自己"当下何为""未来何往"时,首先不能不考察自己"从何而来",为此,就必须了解自己的传统。

传统是历史地形成的,"传统有如赫尔德所说,通过一切变化的因

[①] 侯才、张瑞芳:《马克思主义哲学与民族精神内涵的丰富和发展》,载《科学社会主义》,2007(2)。

而过去了的东西,结成一条神圣的链子,把前代的创获给我们保存下来,并传给我们"①,因此,"传统"就是过去与现在之间的某种连续性关系。所谓历史传统,就是"在历史演进中有其内在的一番精神,一股力量。亦可说是各自历史之生命,或说是各自历史的个性。这一股力量和个性,亦可谓是他们的历史精神",民族不同,传统各异,因此,民族性作为一种历史传统,"能使历史在无形中,在不知不觉中,各循其自己的路线而前进"②,在展现各自民族的风貌中,使民族的过去与现在相通。

历史的重要内容和构成部分之一是文化(当然包括哲学这种文化)。从某种意义上讲,人类历史"深刻的意义仅寓于个别文化的生命历程中"③。人作为社会性存在物,"文化是人类的'第二天性',每一个人都必须首先进入这个文化,必须学习并吸收文化"④,才能融入社会并获得生存发展。任何文化都是特定自然地理环境、生产方式、社会结构等要素"合力"的产物,从中产生特定的思维方式、价值取向、审美旨趣。它们在特定民族的心理中沉淀、积累、延宕、撒播,在历史的惯性中生生不息。一个民族丰厚的文化积淀,是其向前发展的基础和财富。因此,对一个社会和一个民族而言,传统文化既是历史的赋予又是历史的"命定",既是文明的演化又是文明的积累。它所承载之内涵的不可选择性、它生命力的不可泯灭性、它对个体自我认同感的维护、它对社会精神信仰的确立、它对民族凝聚力的保障,在决定了它的存在合理性的同时,也决定了任何社会和任何民族都不可能抛弃自己的文化传统,而只能在"吸收传统、再铸传统"⑤中焕发文化的活力。因此,"人只有在文化中才有自己的历史"⑥这一基本事实,表明了历史的文化传统是国家、民族、个体的生命基因和前行驱力。

---

① [德]黑格尔:《哲学史讲演录》,第1卷,贺麟、王太庆译,8页,北京,商务印书馆,1959。
② 钱穆:《中国历史研究法》,7页,北京,三联书店,2001。
③ [德]奥斯瓦尔德·斯宾格勒:《西方的没落》第2卷《世界历史的透视》,吴琼译,37页。
④ [德]蓝德曼:《哲学人类学》,彭富春译,223页,北京,工人出版社,1988。
⑤ 陈先达:《当代中国文化研究中的一个重大问题》,载《中国人民大学学报》,2009(6)。
⑥ 衣俊卿等:《马克思主义文化理论研究》,31页。

第七章 断裂复古与传承创新："文化意识"比较

各不相同的民族历史文化传统，构成了各不相同的民族个性，"没有特殊性，就不成为历史"①，因此，历史传统无非寓于历史个性中的"民族性的表现"，"历史个性不同，亦即是其民族精神之不同，也可说是文化传统的不同"②。任何民族的传统文化都形成和发展于历史进程中，随着历史的演变而代代延续，在这种发展与延续中实现过去与现在的交融，因此，各具特色的民族文化便在历史演进中成为贯穿一个民族文化发展的经纬线。因此，民族性与历史性有着割不断的联系。

作为民族精神特质体现的哲学，"传承"意味着必须将哲学的民族性与历史性相结合。为此，需要从纵向的时间维度，扎根历史进程中积淀的文化传统，通过发掘民族哲学的鲜明个性和独具特征，通过它给定的形式和规范，给予社会成员内在的价值标准、精神引领，提升民族的思维能力，引领整个社会的精神前行和道德更新。哲学文化意识的创新，也只有基于民族文化传统的土壤，继承优秀的民族历史文化传统，才有源有根，才能防止历史虚无主义的泛滥，使民族哲学保有自己的特色和风格。

"述旧"蕴含"思未"，"溯往"为了"开来"。任何民族的哲学，都必须走向未来，在面向时代、立足实践中，研究新问题，得出新观点，创立新理论。这就是文化意识的创新。

"创新"之所以必要，是因为人作为具有高度智慧和实践能力的主体，其存在方式的本质是具有自我活动和自我否定的积极性。这种"积极性"，使人类得以确证自己的本质和能力，也使人类社会得以实现由简单到复杂、由低级到高级的发展。作为人类独具的本质和发展规律的创新，决定了从历史传统中走来的民族文化需要在不断顺势而为中走向新生。"传统并不是一尊不动的石像，而是生命洋溢的，有如一道洪流，离开它的源头越远，它就膨胀得愈大。"③"传统"的新生，通过民族文化自身在纵向维度上的新旧交替、新陈代谢而实现，更通过民族文化与他国、他民族文化的交往交流，在吸取"为我所需"之物中，不断改变形式和内容而达到。"历史必然有其变异性。历史常在变动中进展，没有变，不成为历史"，"历史之必具变异性，正如其必具特殊性"一样，

---

① 钱穆：《中国历史研究法》，2页。
② 同上书，7页。
③ ［德］黑格尔：《哲学史讲演录》，第1卷，贺麟、王太庆译，8页。

"特殊性和变异性加在一起,就成为历史之传统性"①。从"历史的演变中,寻出其动向与趋势"②,则是传承民族文化的正确途径。因此,传统性本身就蕴含着创新性,民族性与创新性不可分离。

作为民族精神特质之体现的哲学,在生生不息的历史过程中生成的传统,因其相对独立性和传统积累的独特性,既可能成为维护其民族特色的屏障与发展之根基,又可能成为哲学变革和创新的拦路虎。但人类精神追求未知世界的、不可遏止的冲动,与生俱来的普遍性、融通性,又使任何民族哲学不能在僵死封闭的精神场域中运行,让丰富的历史积淀由财富变为负担包袱。"创新是一个民族进步的灵魂,是一个国家兴旺发达的不竭动力"③,也是一国哲学永葆生机的基本途径。作为一种理论生存样式,哲学的传统又总是具有面向未来的开放性。这种"开放性"意味着生成流变的哲学必须在传承中创新,即实现自我超越。

作为民族精神之高度体现的哲学,创新和自我超越意味着必须将哲学的民族性与变动性相统一。为此,必须从横向的空间维度,既通过面向时代新问题,在回应中实现理论的有机生长,又通过自己的民族哲学与他民族的思想理论、哲学文化的交流,在展示其生命力中取长补短。哲学文化意识的传承,只有挑战与质疑传统,突破囿于历史局限的故步自封或僵化保守,在面向时代、面对他者中,使理论内容、理论范式得以更新,才有目标、有希望,才能防止历史复古主义的滥觞,从而使民族哲学富有时代感和生命活力。

传承与创新,体现了文化意识的二维,它们之间的相互联系、相互作用,共同构成了哲学文化意识的整体。这一整体的核心便是,如何认识哲学的民族性,如何处理哲学与文化传统的关系问题。

第二节 断裂与复兴:当代俄罗斯哲学

文化意识在当代俄罗斯哲学中的体现是:学界反思苏联解体之初沉迷于"西化"之因的反思,意识到"西化"不仅不能引领整个社会走出

---

① 钱穆:《中国历史研究法》,2~3页。
② 同上书,7页。
③ 《江泽民文选》,第3卷,537页。

第七章 断裂复古与传承创新:"文化意识"比较

困境,而且可能会引发更多的问题。由此,学界将走出困境的目光,转向了俄国的传统哲学与传统文化。

苏联解体在引发当代俄罗斯思想界重新审视其历史和理论的发展轨迹、总结经验教训的同时,也引发了当代俄罗斯哲学对其传统理论的回归之兴趣。这种"回归",要求哲学研究在传承和弘扬俄罗斯哲学的历史传统中,为当代俄罗斯社会发展提供能够解决实际问题的精神工具和道德价值观。这种传承,被学界和社会视为走出精神黑夜的"北斗七星",它体现为断裂、复古、复兴的交织。

当代俄罗斯哲学对自己的传统哲学和传统文化经历了从"热情相拥"到"平静相视"的历程,这表明了它对文化意识于哲学发展价值的重视。俄罗斯哲学发展之自信心的重拾,实质上是今日俄罗斯的社会转型过程中,哲学的本土化与西方化、传统与现代、激进与保守等矛盾缠结演化的结果。

何以当代俄罗斯哲学对传统文化有着如此矛盾的心态?理解这一点,需要分析近代俄国传统哲学[①]和 20 世纪苏联马克思主义哲学是如何"传承"俄罗斯民族文化传统的。

一、直接传承:宗教哲学中的民族文化传统

俄罗斯民族的文化历史虽然只逾千余年,但正如每个民族的文化都有其独特性,这种独特性的绵延构成了民族文化传统,并影响了民族的不同文化形式如文学、艺术、宗教一样,俄罗斯的民族文化传统也在近代俄罗斯传统哲学中打上了自己的深深烙印。

从横向建构看,由于俄罗斯独特的地域位置和地缘状况,其文化深受西方文明和东方文明的双重影响,西方文化和东方文化的相互对立与相互渗透"成为俄罗斯文化固有的内容"[②],使"俄罗斯文化既不是纯粹的西方文化,也不是纯粹的东方文化,而是一种具有'欧亚'特征和成分"[③] 的双重性文化。俄罗斯哲学自近代以来,便因与西方哲

[①] 严格意义上的俄罗斯哲学到近代才形成,所以,我们这里谈论的俄罗斯传统哲学主要限于俄罗斯宗教哲学。

[②] 安启念:《东方国家的社会跳跃与文化滞后——俄罗斯文化与列宁主义问题》,128 页。

[③] 任光宣:《俄罗斯文化十五讲》,11 页。

比较研究：当代俄罗斯哲学与中国马克思主义哲学

学和西方文化的交流，乐于并在较大程度上受到"欧风"的侵袭熏陶，而具有明显的西方文化特性。然而，俄罗斯的地理位置和"三位一体"①的传统社会结构，又使俄罗斯文化受东方文化（主要是拜占庭文化）的影响更大，在总体上显示出更为浓厚的东方色彩，从而具有与西方文化迥然相异的特征。俄罗斯文化强烈的东方色彩，也使其哲学的文化意识，无论在精神内容上还是在语言形式上，都在一定程度上传承了民族文化的传统。这种精神内容上的传承，主要体现在五个方面。

（一）传统俄罗斯哲学具有俄罗斯民族文化的斯拉夫主义特质

作为代表与象征俄国②本土文化和民族特性的"纵向"③脉络而兴起于19世纪的斯拉夫主义，"主要的、集中的任务，在于寻找俄罗斯人民的文化在东西方文化系统中的位置。作为对西方主义者的世界主义和П. Я. 恰达耶夫的民族虚无主义的回答，斯拉夫主义者们断然指出，俄罗斯的历史、社会结构、风俗习惯、民族意识，也就是整个俄罗斯文化，不能被归于其他的模式之中。俄罗斯文化拥有自己的生活价值、自己的前景"④。从强烈的民族自尊心与自豪感出发，斯拉夫主义反对俄国文化中的"西方化"和"世界主义"。它复兴俄国文化的主张，传承了俄罗斯民族的精神遗产。它复兴俄罗斯文化的努力，构成了近代"俄罗斯思想和文化的'向心线索'，其特征是它的全部世界观、价值观，所有的哲学观念与哲学体系进行创新的纵向取向"⑤，都一以贯之地强调俄罗斯民族及其文化的特殊性。与之相应，斯拉夫主义强调民族精神和民族文化对于俄罗斯哲学的重要性，认为它们是构建俄罗斯哲学的"必要因素"⑥。

在俄罗斯传统哲学中，斯拉夫主义特质最鲜明地体现为俄罗斯宗

---

① 广大的农村公社、土地国有（实则为沙皇一人所有）、高度集权的中央专制制度（建立在前两者的基础上）。

② 俄国指十月革命前的国家。

③ 与之相应的是俄国的西方主义，被称为俄罗斯文化的"横向"脉络。

④ Галактионов А. А. Русская философия XI-XIX веков / А. А. Галактионов, П. Ф. Никандров., СПб., Изд-во Ленинградского университета, 1989. -С. 283.

⑤ Кондаков И. В. Введение в историю русской культуры., М., Изд-во Аспект Пресс, 1997. -С. 245.

⑥ 徐凤林：《俄罗斯宗教哲学》，"前言"1页。

第七章 断裂复古与传承创新:"文化意识"比较

教哲学蕴含的,与俄罗斯民族文化有着密切联系的东正教传统。这种不同于西方基督教历史传统的东正教传统,给予俄罗斯宗教哲学最直接的影响便是,在契合俄罗斯民族文化中既有的东方色彩的同时,坚持"哲学认识是用完整的精神去认识,在这种精神中理性和意志、感觉结合在一起,而没有唯理论所作的割裂"①。这表明了俄罗斯宗教哲学重直觉体悟而轻理性推导、重生命体验而轻知识经验、重情感信仰而轻思辨分析、重道德价值而轻物质利益的特征。它提出并力图论证俄罗斯民族、文化、历史、语言具有独特性,强调俄罗斯传统文化具有精神优势,提出"德国哲学不可能在我们这里扎根。我们的哲学应当从我们的生活中发展起来,应当从当前的问题中,从我们人民和个人生活的主导利益中创造出来"②,强调俄罗斯宗教哲学"以反对西方思想的方式来寻找自我和确定自我"③,这些都表明了它对传承俄罗斯传统文化的重视。

强调俄罗斯民族文化传统和本土特色的斯拉夫主义,既是俄罗斯哲学保有独创性、特色性之根,也是俄罗斯哲学提升民族自尊心、自信心之源。然而,对哲学的民族性和本土化的过分强调与片面追捧,容易造成民族自尊的过度和泛化,从而导致哲学的封闭保守。在俄罗斯哲学发展史上,从具有独立形态的近代宗教哲学到苏联马克思主义哲学,封闭保守性虽然程度不同,但却一以贯之。这又与其斯拉夫主义特质一脉相承。

(二)传统俄罗斯哲学具有俄罗斯民族文化的理想主义色彩

对俄罗斯民族而言,其文化的民族精神含义是十分丰富的,既饱含高度的道德感、崇尚理想追求,又渴望真善美、致力变革求新。但"重理想轻欲望、重精神轻物质"④ 的理想主义,却是其文化之民族精神的基调和底色。这种理想主义对精神自由、道德、价值、信仰等超越物质经济因素的东西,有着独特的关注,"在俄罗斯民族中深藏着比有着较多自由和受过较高教育的西方民族更大的自由精神","巨大的自由是俄

---

① [俄]尼·别尔嘉耶夫:《俄罗斯思想:十九世纪末至二十世纪初俄罗斯思想的主要问题》,雷永生、邱守娟译,157页。
② Киреевский И. В. Критика и эстетика. , М. , 1979. -С. 68.
③ [俄]尼·别尔嘉耶夫:《俄罗斯思想:十九世纪末至二十世纪初俄罗斯思想的主要问题》,雷永生、邱守娟译,157页。
④ 任光宣:《俄罗斯文化十五讲》,19页。

罗斯民族的最主要的本原之一"①。这种对精神价值的独特关注,使俄罗斯民族的精神特质中弥漫着浓厚的浪漫主义气息,俄罗斯人认为"一切都应当建立在信任、爱和自由的基础上"。这一点,尤为明显地体现于斯拉夫主义者的思想中,"斯拉夫主义者是典型的浪漫主义者,他们认为生活从一开始就超出权力之上"②。这种对精神价值的独特关注,使俄罗斯民族在历史上形成了道德、精神刺激等因素"在事业的成功中起重要作用的传统",这种传统"经过许多个世纪,培养出了俄罗斯人特殊的生物节律、道德伦理和劳动纪律"③。这种理想主义在俄罗斯民族文化中,通过众多文学大师塑造的"多余人"④"新人"⑤"特殊的人"⑥ 等形象,通过现实生活中一些贵族知识分子和平民知识分子出于憎恶农奴制、同情怜悯民众苦难境遇而掀起的"到民间去"运动,通过"十二月党人"出于忧患焦虑国家前途、民族命运而奉献生命的义举等表现出来。

在俄罗斯传统哲学中,俄罗斯民族文化中的理想主义特质最为明显的体现便是俄罗斯宗教哲学中蕴含的浪漫性。这种浪漫性表现为:鄙视世俗生活,视现实世界为"精神被奴役"⑦ 的世界;注重未来世界,将人之自由、价值、理想的实现寄寓于天国和上帝;注重人类救赎,轻慢个体私欲,注重主体感受,厌恶规则约束;将人的崇高品质,归结为"自由、意义、创造的积极性、能动性、完整性、爱、价值、对最高神圣世界的转向以及与它的结合"⑧;将艺术、宗教、哲学,而非自然科学、逻辑,视为解决人生问题、社会问题的真正途径。

俄罗斯传统哲学中的理想主义,彰显了俄罗斯民族精神中的一种可贵气质,它激励着一代又一代的俄罗斯人,为实现理想目标而追求不

---

① [俄]尼·别尔嘉耶夫:《俄罗斯思想:十九世纪末至二十世纪初俄罗斯思想的主要问题》,雷永生、邱守娟译,44页。
② 同上书,50页。
③ 安启念:《俄罗斯向何处去:苏联解体后的俄罗斯哲学》,336页。
④ 如 А. С. 普希金《叶普盖尼·奥涅金》中的奥涅金、М. Ю. 莱蒙托夫《当代英雄》中的毕巧林、И. С. 屠格涅夫《罗亭》中的罗亭等。
⑤ 如 И. С. 屠格涅夫《父与子》中的巴扎罗夫,Н. Г. 车尔尼雪夫斯基《怎么办?》中的薇拉、罗普霍夫、吉尔沙诺夫等。
⑥ 如 Н. Г. 车尔尼雪夫斯基《怎么办?》中的拉赫美托夫。
⑦ [俄]尼古拉·别尔嘉耶夫:《精神与实在——神人精神性基础》,张百春译,63页,北京,中国城市出版社,2002。
⑧ 同上书,33页。

第七章　断裂复古与传承创新："文化意识"比较

息、奋斗不止。然而，作为俄罗斯民族文化精神的理想主义，容易使俄罗斯文化不受理性的"禁锢和束缚"而停留在"'自然'阶段，亦即野蛮阶段"，使得"俄罗斯的灵魂"中"永远有非理性的、无序的、非组织化的因素"① 存在。俄罗斯哲学中重精神轻物质、重理想轻现实的价值取向和理想主义，一旦遭遇生活的拷问和民众的不满，便会遭遇民众的抵触和拒绝。这一点，我们从苏联解体前后马克思主义哲学遭遇的"滑铁卢"，21世纪俄罗斯宗教哲学面临的新"危机"② 中便可看到。进而言之，当这种理想主义将俄罗斯的文化传统视为驶出现代文明苦海的风帆时，这种视人的精神生活与物质生活、文化传统与现代文明如同南北两极的"传统"，则在表明其保守封闭的同时，与其吸取先进的渴望相去甚远；当这种理想主义将俄罗斯传统文化的浪漫性视为脱离现代文明沼泽的路径时，这种将文学、诗歌、艺术、乌托邦与现实、世俗、生活视如冰炭相克的浪漫性，则在表明其空幻化的同时，与其回归现实的愿望咫尺天涯。

（三）传统俄罗斯哲学刻有俄罗斯民族文化的人文主义印迹

沙俄专制制度下的俄国社会，似乎没有人文主义立足的地盘。然而，广泛存在村社制度的俄国传统社会中的人们尤其是广大农民，因长期生活在"温暖的集体怀抱"和融入到"惬意的生活环境"，而使其宗教信仰在带有集体精神特色的同时，乐于人与人之间的相互关照，从而富有人文主义色彩。至于俄罗斯的贵族知识分子，则毫不崇拜西方式的"冷漠的公正"，对他们来说，"人高于所有制原则"，"道德评价决定了对农奴制政权的抗议"；对他们来说，同情弱者、仇恨暴力、蔑视特权、走向民间、为民众服务"并与他们汇合在一起"③，才是体现自身价值的正确选择。因此，尽管在精神层面，俄罗斯没有出现文艺复兴从而"没有体验过西欧意义上的人道主义"，然而，"人性毕竟是俄罗斯具有的特征"，是"俄罗斯思想之最高显现"，它"决定了俄罗斯的社会道德"，也在19世纪俄国文学大家 В. Г. 别林斯基、Л. Н. 托尔斯泰、

---

① ［俄］尼古拉·别尔嘉耶夫：《自我认知》，汪剑钊译，191页，上海，上海人民出版社，2007。
② 无论学界还是政界，其态度都在"降温"，都对它能否引领俄罗斯社会走出精神困境表示怀疑。
③ ［俄］尼·别尔嘉耶夫：《俄罗斯思想：十九世纪末至二十世纪初俄罗斯思想的主要问题》，雷永生、邱守娟译，87~88页。

Ф. М. 陀思妥耶夫斯基等人的作品中得到了充分的反映。人与人之间不应是狼"而是兄弟"①的口号,则最直截了当地表明了俄罗斯思想家的人文主义情怀,表明了俄罗斯人信仰上帝的原初激情之根据所在。作为具有浓厚宗教传统的国家,俄罗斯的传统文化又深受基督教人本主义的影响。视人为上帝的臣民,但又在赋予人"原罪"的同时,将人置于原始平等的地位,并以上帝之名挖掘人之生存、发展的价值,是基督教人本主义的理论主旨之一。"人人皆兄弟"的基督教教义与俄罗斯民族文化中人文主义的契合,在彰显俄罗斯传统文化精神的同时,也对俄罗斯宗教哲学产生了深远的影响。

俄罗斯宗教哲学的人文主义,体现为将"人"视为探究世界本原的重要方面,体现为将人的精神自由、道德价值、生命意义等视为哲学研究的主题,以至每一位宗教哲学家"总是透过人的内在生命来研究外部现实,以'从深处'、'从内向外'的眼光看待世界"②,体现为将人的心灵视为外部世界和社会组织形式的本体论的基础。为此,它批判西方以科学技术为代表的文明类型,认为这类文明是"野蛮"文明,它使人"难以摆脱物品的统治",使人的"整个生存都被客体化于文明中"③,给人文主义、人道主义世界观以及人和文化的人道主义理想带来了可怕的打击,它使"人受科学和艺术的规范的奴役","要求创造的个性完全服从社会团体",使"人把科学、艺术和一切文化之质变成偶像","使他成为奴隶"④,因而就其本性而言,是反人道主义的;它指责科学技术是割裂人与世界的罪魁,是一种"贫乏与错误"的世界观,"只证明了一切'进步中的'人类所达到的目光狭隘、麻木不仁和冷漠无情"⑤;它认为科学因其"不能解决心灵的所有的疑问",因而"在理论思维领域却几乎没有任何建树"⑥。为此,俄罗斯宗教哲学要求文化"赋予人类以生命本

---

① [俄]尼·别尔嘉耶夫:《俄罗斯思想:十九世纪末至二十世纪初俄罗斯思想的主要问题》,雷永生、邱守娟译,86~87页。
② 徐凤林:《俄罗斯宗教哲学》,"前言"3页。
③ [俄]尼古拉·别尔嘉耶夫:《论人的奴役与自由》,张百春译,140页。
④ 同上书,151页。
⑤ [俄]弗兰克:《人与世界的割裂》,方珊、方达琳、王利刚选编,192~193页,济南,山东友谊出版社,2005。
⑥ [俄]舍斯托夫:《深渊里的求告》,方珊、方达琳、王利刚选编,129页,济南,山东友谊出版社,2005。

第七章　断裂复古与传承创新："文化意识"比较

身的内在内容"，与人类生命建立"活生生的精神的有机联系"[1]；强调俄罗斯传统文化能帮助人们"寻找人的精神家园、确定历史发展的新方向"，能使人成为"自己的生活的创造者"，永远告别那"把人变成螺丝钉，变成自我发展着的巨大机器的附属物"的"唯物主义"[2]。

俄罗斯传统哲学中的人文主义，无疑充满了对人的深切关怀，它无论对人类认识在现实世界中的地位还是对人类认识现代性的弊端，都具有重要价值。然而，当这种人文主义将俄罗斯传统文化的"人本性"，视为去现代文明、科学理性之魅的利器时，这种视俄罗斯传统文化为精神文明、人文精神，视现代文化为物质文明、科学理性的"二分"理论，就在表明其褊狭的民族心态的同时，与其"多元文明"的初衷渐行渐远。它浓厚的前现代化色彩，则无论对正确认识人与客观现实世界的关系还是对正确理解人的精神世界本质，都具有明显的局限性。

（四）传统俄罗斯哲学具有俄罗斯民族文化的救世主义色彩

与俄罗斯民族精神中理想主义相伴随的是俄罗斯民族文化中的救世主义，"如同欧洲的民族一样，弥赛亚[3]说也是俄罗斯民族所固有的"[4]，它既是理想主义的延伸，又是俄罗斯社会宗教情结的折射。这种救世主义，强烈关注人类命运，视俄罗斯民族为上帝的选民，认为俄国是"唯一负有使命而否定整个欧洲的国家，在它看来，欧洲已经腐化，是魔鬼的产物，注定应该毁灭"[5]，而以俄罗斯为代表的斯拉夫民族则负有拯救人类的责任和义务，"救世使命的标签与俄罗斯已经完全融为一体，成为在俄罗斯民族自我意识中斩之不断的情结"[6]。这一在俄国历史上绵延千余年[7]的救世主义，到19世纪成为贯穿俄国思想史的主线，为

---

[1] ［俄］Вл. 索洛维约夫：《西方哲学的危机》，李树柏译，187页。
[2] 安启念：《俄罗斯向何处去：苏联解体后的俄罗斯哲学》，338页。
[3] 弥赛亚：基督教术语，意指受上帝指派来拯救世人的救主。
[4] ［俄］尼·别尔嘉耶夫：《俄罗斯思想：十九世纪末至二十世纪初俄罗斯思想的主要问题》，雷永生、邱守娟译，32页。
[5] ［俄］尼古拉·别尔嘉耶夫：《俄罗斯的命运》，汪剑钊译，8~9页。
[6] 张昊琦：《俄罗斯帝国思想初探》，126页，北京，知识产权出版社，2012。
[7] 从公元476年西罗马帝国灭亡，以及后来的拜占庭帝国灭亡后，俄国就出现了称莫斯科为"第三罗马"，负有捍卫和发扬基督教的历史使命的说法，"自此'莫斯科—第三帝国'理念将救世使命贴在俄罗斯身上后，就再也没有取下来，而且随着历史的进程，'这一理念衍经斯拉夫主义，绵延至陀思妥耶夫斯基、弗拉基米尔·索洛维约夫，再赓续到现代的斯拉夫主义'"（同上书，125~126页）。

455

比较研究：当代俄罗斯哲学与中国马克思主义哲学

俄罗斯文学抹上了浓墨重彩。Н. В. 果戈理、А. И. 赫尔岑、И. С. 屠格涅夫、Ф. М. 陀思妥耶夫斯基、Л. Н. 托尔斯泰，这些世界文学巨匠的作品无不表现出对人类命运深切关注的救世情怀，弥散着"对拯救全人类的艰苦思考"①的气息。俄国马克思主义者的国际主义情怀，同样"呈现出俄罗斯的弥赛亚主义的某些特点"②。

在俄罗斯传统哲学中，俄罗斯民族文化的救世主义特质最为鲜明地体现在俄罗斯宗教哲学中。它要求"从宗教的高度俯察人世"③，认为只有宗教信仰，才能使人通过"作为绝对幸福、永恒生命和永恒真理之光的上帝的存在"，使人在"加入上帝的生命、人在上帝的生命之上确立自己的生命"④的过程中，唤回人类精神中最宝贵的东西——人的自由的实现。它强调只有东正教理想才是摆脱西方的科技、社会、生态等消极后果，拯救世界的唯一良方，这是对俄罗斯宗教哲学中"救世主义"最为集中的折射和最为充分的体现。当这种救世主义与宗教意识"金风玉露一相逢"⑤时，它便在"寻找上帝"⑥中，致其哲学在传承俄罗斯文化浓厚的宗教传统之时，使救世主义与宗教性获得了一种新的结合形式，即不需要外部物质力量而只需要内在精神自由，便可以实现人类的救赎。于是，"白银时代富有叛逆精神，寻找上帝，热衷于美，就是今天它也不会被遗忘。……这最好地说明了传统得到了继承"⑦。当这种救世主义转向对俄罗斯的历史与现实的批判，对未来命运的思考时，它便在反映俄罗斯民族心智特点的同时，表达了俄罗斯宗教哲学家们通过对"俄罗斯向何处去？"的拷问，而体现了拯救俄罗斯的使命感。

---

① Бердяев Н. А. Истоки и смысл русского коммунизма. , М. , 1990. -С. 63.
② [俄] 尼·别尔嘉耶夫：《俄罗斯思想：十九世纪末至二十世纪初俄罗斯思想的主要问题》，雷永生、邱守娟译，58～59 页。
③ 安启念：《东方国家的社会跳跃与文化滞后——俄罗斯文化与列宁主义问题》，135 页。
④ [俄] 弗兰克：《人与世界的割裂》，方珊、方达琳、王利刚选编，194 页。
⑤ 秦观：《鹊桥仙》。
⑥ 19 世纪末 20 世纪初，以 Д. С. 梅列日科夫斯基、В. С. 索洛维约夫、Н. А. 别尔加耶夫、С. Н. 布尔加科夫、В. В. 罗扎诺夫、Л. 舍斯托夫等为代表的宗教哲学家发起的新宗教运动，揭开了"文化复兴"运动的序幕。他们出版的《路标》和《自深处》文集，则在由反对暴力、呼吁放弃乌托邦思想、强调精神新生中，转向了呼唤上帝，从人的内心深处与上帝对话，以寻求解脱。
⑦ [俄] 弗·阿格诺索夫主编：《白银时代俄国文学》，石国雄、王加兴译，407 页，南京，译林出版社，2001。

第七章 断裂复古与传承创新:"文化意识"比较

俄罗斯传统哲学中的救世主义,既是俄罗斯民族对人类命运的关怀感、使命感的体现,又极易沦为大国沙文主义的理论温床,"成为俄罗斯人灵魂深处'大俄罗斯主义'思想的理论基础"[①]和心理依据。在俄罗斯历史上,俄国军队大败拿破仑大军而拯救欧洲、苏联红军战胜纳粹德国而拯救世界,这类历史功绩既强化着俄罗斯民族的救世主义情怀,也为俄罗斯民族性格中的扩张心理注入了养分。因此,历代沙皇的侵略扩张政策,二战后苏联在国际关系中的大国沙文主义战略,实质上都是以救世主义为根源的泛斯拉夫主义历史传统的延续。俄罗斯哲学中的救世主义,又在无形中成为这类扩张行为与大国沙文主义的理论依据和辩护工具。例如,近代俄国统治者往往从俄罗斯宗教哲学的"万物统一论"中,寻求俄罗斯民族在精神方面对世界的使命,自认世界精神生活的中心将移至俄国。苏联时期的当权者们,也善于从苏联马克思主义哲学的"物质统一论""结构系统论"中,找寻苏联"老子"对社会主义大家庭"子民"的权利,"正是这种俄罗斯救世论思想,无论以官方意识形态出现,还是以经过加工后的知识分子的理论出现,或者是作为群众的'大国'心理,过去是、现在仍然是领土扩张的思想基础"[②]。当这种救世主义与宗教性相结合或具有宗教性特征时,它便极易导致自我与依附的奇妙组合、幻想与现实的急剧冲突。至于俄罗斯社会何以如此容易接受马克思主义的"弥赛亚"启示,有学者将其归于俄罗斯宗教哲学的救世主义对民众心理的影响、对民族性格的塑造,认为"恰恰是因为索洛维约夫、费奥多罗夫、别尔嘉耶夫和梅列日科夫斯基已经把这个民族的灵魂调到了末世论期望的位置"[③],这的确不无道理。

(五)传统俄罗斯哲学具有俄罗斯民族文化的集体主义和爱国主义特征

俄国传统社会结构的"基础是互相帮助、村社精神、劳动组合以及相应的号召并准备为共同目标牺牲"[④],因此在俄罗斯的传统文化中,集体主义是其社会精神的支柱,个人依赖集体似乎是天经地义的。但

[①] 安启念:《东方国家的社会跳跃与文化滞后——俄罗斯文化与列宁主义问题》,136页。
[②] Хорос В. Русская идея на историческом перекрестке//Свободная мысль.-1992.-No6.
[③] 马寅卯:《俄罗斯哲学的现状和趋势》,见中国社会科学院哲学研究所编:《中国哲学年鉴2007》。
[④] 安启念:《俄罗斯向何处去:苏联解体后的俄罗斯哲学》,336页。

是，历史上的俄国，"国家是全部社会生活的主宰"①，它往往作为集体的代表出现，依赖集体就是依赖国家，热爱集体就是热爱国家。因此，个人对集体的崇尚又与对国家的崇拜紧密相连。爱集体就是"爱国家"。这个"国"，虽然随着时序更替、朝代改换而名称会变，但人们对它的热情和依恋却矢志不移。② 集体主义与爱国主义密不可分。这就是俄罗斯人浓厚爱国主义情结的来源。

贯穿于俄罗斯历史的爱国主义，是俄罗斯文化传统的主线。19 世纪斯拉夫主义与西方主义之间的激烈争论，尽管思想理论上存在巨大的对立和分歧，尽管斯拉夫主义者把俄罗斯"当作母亲"，西方主义者把俄罗斯"当作孩子"，但这不能改变"两派都热爱自由，两派都热爱俄罗斯"③，都关心俄罗斯的前途命运，都对俄罗斯的民族发展有一种强烈的使命感，都致力于寻求一条适合俄罗斯的发展道路。爱国主义作为俄罗斯文学作品的主题之一，更是从古至今始终如一。从俄国古代英雄史诗《伊戈尔远征记》④ 到 18 世纪 M. B. 罗蒙诺索夫的抒情诗《伊丽莎白女皇登基日颂》⑤，从 19 世纪俄国文学大家那些对黑暗专制的无情揭露鞭笞、对民众悲苦命运的哀思叹息、对自由的极度渴望、对家乡的无比热爱，到苏联时期文学家对社会主义祖国的尽情讴歌⑥，从中都能发

---

① 安启念：《东方国家的社会跳跃与文化滞后——俄罗斯文化与列宁主义问题》，141 页。

② 例如，20 世纪 20 年代，苏联大批杰出的哲学家、作家、作曲家、音乐演奏家、画家离开祖国，是出于被驱逐出境的不得已。这些知识分子虽然身在他乡，但其作品中对故土家园的深深眷念表达的仍然是浓郁的爱国情怀。"1923 年，阿列谢·托尔斯泰在移民美国多年之后返回祖国；在 30 年代，先后返回祖国的作家有斯基塔列茨、酷普林和茨维塔耶娃。"（[俄] T. C. 格奥尔吉耶娃：《俄罗斯文化史——历史与现代》，焦东建、董茉莉译，563 页，北京，商务印书馆，2006）

③ [俄] 尼·别尔嘉耶夫：《俄罗斯思想：十九世纪末至二十世纪初俄罗斯思想的主要问题》，雷永生、邱守娟译，38 页。

④ 《伊戈尔远征记》：著者不详。成书于 1185—1187 年俄罗斯公国林立、相互残杀的时代。该诗以 12 世纪罗斯王公伊戈尔的一次失败远征为史实依据，充满爱国主义精神地叙述英雄业绩。全诗由序诗、中心部分和结尾组成，被誉为俄罗斯古代文学史上的英雄主义史诗。

⑤ 《伊丽莎白女皇登基日颂》：M. B. 罗蒙诺索夫作于 1747 年。M. B. 罗蒙诺索夫认为，诗歌最重要的任务不是咏唱醇酒和爱情，而是培养崇高的爱国精神。该诗奉彼得一世为楷模，希望伊丽莎白女皇继承父业，开发资源，发展科学，培养人才，实际上是一首颂扬英雄业绩、赞美彼得一世、满怀俄罗斯之热爱的赞歌。

⑥ 这类"讴歌"虽不乏意识形态色彩，而且评价标准缺乏客观性，但是却不能否认大多数自新政权诞生后培养的苏联作家作品中流露的热爱社会主义祖国的真挚感情。

第七章 断裂复古与传承创新:"文化意识"比较

现和体会俄罗斯文学家浓烈、深沉的爱国主义情怀。

在俄罗斯宗教哲学中,占据俄罗斯文化传统主导地位的东正教"完整性"原则,不仅决定了"俄罗斯历史和俄罗斯民族性格的价值"[①],而且"极权性和追求完整性"还成了俄罗斯宗教哲学的"独创性特征"[②]。"精神完整性""聚合性""整体性",这些蕴含集体主义性质的价值原则,与爱国主义可谓一脉相承,且本身就是一种爱国主义。这种爱国主义体现在,具有斯拉夫主义思想,强调俄罗斯传统文化的独特精神优势,强调创造发展新哲学思想应当扎根于本民族的文化传统,并将其视为创造新哲学原理之关键。这一思想集中体现在 И.В.基列耶夫斯基、А.С.霍米亚科夫等人的理论中。这种爱国主义同样体现在,具有西方主义思想,但又赞同斯拉夫主义提出的建立"俄罗斯独特哲学"的纲领,并在批判西方哲学缺陷、总结和清理其积极因素的同时,致力于实施这一建立"俄罗斯独特哲学"纲领的思想家如 В.С.索洛维约夫等人的理论中。这种爱国主义还体现在,那些虽然远离祖国,但仍然对祖国充满感情,在既批判俄罗斯爱国主义的狭隘性又赞颂它的纯朴性,既批判西方科技理性的弊端又承认西方文明因科学理性支撑而显现出"灵魂"是"理性的、有序的,被文明的理智所组织过的",是俄罗斯文明走出"野蛮阶段"的必经之路[③]的思想家如 С.Л.弗兰克、Н.А.别尔嘉耶夫等人的理论中。

如同俄罗斯民族文化的斯拉夫主义、理想主义、救世主义具有双重性一样,俄罗斯的爱国主义既是俄罗斯民族向心力的凝固剂,又在历史上因夸大渲染其作用而在一定程度上成为导致大国沙文主义、大俄罗斯主义的温床和根源。

语言形式上的传承主要表现为,传统俄罗斯哲学在挖掘俄罗斯民族语言的潜力中寻求哲学的民族精神。

与俄罗斯哲学具有的斯拉夫主义特质相应,19世纪40—60年代斯拉夫主义与西方主义的激烈争论,在成为俄罗斯社会思想的时代性

---

① [俄]格·弗洛罗夫斯基:《俄罗斯宗教哲学之路》,吴安迪、徐凤林、隋淑芬译,320页,上海,上海人民出版社,2006。
② [俄]尼·别尔嘉耶夫:《俄罗斯思想:十九世纪末至二十世纪初俄罗斯思想的主要问题》,雷永生、邱守娟译,158页。
③ 参见[俄]尼古拉·别尔嘉耶夫:《自我认知》,汪剑钊译,191页。

标志的同时，使斯拉夫主义者在强调俄罗斯民族文化、历史传统的特殊性中，十分强调俄罗斯语言对于确保俄罗斯在历史发展中的主导地位的价值。语言形式是民族个性最真实的"物化形式"，是社会集体心智的"形式化结合手段"，是民族自我意识的"形式化表现手段"①，因此，它是民族性记忆和精神性体验的标记。在斯拉夫主义者看来，俄罗斯语言同样如此：对俄罗斯民族意识而言，它是其体现形式，发挥着民族自我认识的作用；对俄罗斯民族精神而言，它同样是其体现形式，发挥着充实民族精神财富的作用，"民族精神不可能具有语言结构形式以外的其他结构形式，因为不存在任何没有语言的精神力量"②。

斯拉夫主义者对语言形式及其本质的关注，对俄罗斯语言对于民族意识崛起、民族精神跃升的价值的强调，在俄罗斯宗教哲学中所激起的回应，便是将精神价值的寄寓置于东正教的传统文化观，将哲学的关注点置于精神的绝对性作用。这种"精神的绝对性"在不同哲学家那里，尽管是自己的内在信念与直觉基础的融合而各有特点，但强调精神的实在性、注重生命与世界的完整性、宣扬应有的理想性等，却是其共同特征。这种共性，在一定程度上传承了立足于俄罗斯语言之上的斯拉夫主义的"团契性"③思想。

二、变异传承：苏联哲学中的民族文化传统

十月革命以后，作为俄国哲学史链条中之一环的苏联哲学，受国家意识形态性质的决定，在传承俄罗斯文化传统方面形成了"断裂"，其文化意识的传承发生了变异。

这种变异最直接的体现便是，苏联哲学尤其是苏联马克思主义哲学，出于政治意识形态斗争的需要，以无产阶级的党性原则作为衡量俄罗斯一切传统哲学和传统文化的标准，导致了以历史虚无主义看待其历史文化传统，拒绝研究与探讨对俄罗斯历史和民族心理性格产生重大影响的传统哲学，无视其中的合理成分，简单地为其贴上"唯心主义"的标签，以"去除封建糟粕"之名否定其历史的与理论的价值，视其是科

---

① 隋然：《俄罗斯早期语言哲学的形成与发展》，载《中国俄语教学》，2006（1）。
② Рамишвили Г. В. Вопросы знергетической теории языка. -Тби лиси. , Мецниереба, 1978.
③ соборность，即"一群人在精神上的共性、一体性"。

第七章 断裂复古与传承创新:"文化意识"比较

学进步和社会发展的绊脚石。① 于是,在那个 20 世纪初既拥有广大文盲又拥有兴旺出版业②的国家,那些本应传承下来的俄罗斯历史文化传统,尤其是那些代表俄罗斯文化"传承象征"的白银时代的文本资料,却在 20 世纪 20 年代末消失了。苏联政府采取强制措施,将那些被认为完全教育不好的旧俄国知识分子驱除出境③,这割断了那些承载着俄罗斯历史文化传统的学者与苏联的联系,也割断了苏联哲学与俄罗斯传统哲学的关系。这样,在近 70 年的苏联哲学发展史上,人们几乎找不到苏联哲学对俄罗斯传统哲学尤其是宗教哲学的研究踪影。④ 或者,苏联哲学虽然也承认俄国的"传统"哲学,但其范围的理解却极其片面,认为它绝不包括宗教哲学和唯心主义,而仅限于无神论和唯物主义,并将后者视为俄罗斯历史文化的真正传统或传统的主流。于是,苏联马克思主义哲学与俄罗斯文化传统之间,就只与一种传统即唯物主义有关,而"在俄国哲学史中,突出加以叙述的就是罗蒙诺索夫为代表的自然科学唯物主义和以车尔尼雪夫斯基等为代表的革命民主主义者的唯物主义"⑤。虽然,在苏联解体的前夜,苏联当局试图改变这种片面理解和评价俄国哲学历史传统的做法⑥,然而,随着苏联局势的剧变,这一决议最终付之东流。这样,文化意识在苏联哲学尤其是在苏联马克思主义哲学那里,总体上是断裂的。

尽管如此,作为俄国哲学一个历史环节的苏联哲学,既不可能从根本上彻底割断与自己历史的联系,也不可能从根本上摆脱俄罗斯文化的

---

① 最典型的,莫过于苏联哲学对俄罗斯宗教哲学的态度。十月革命后,苏联马克思主义哲学在俄罗斯大地上广泛传播,这同它与俄罗斯传统宗教哲学的"殊死搏斗"分不开。于是,最能体现俄罗斯文化传统的宗教哲学便自然被排斥于苏联哲学的研究范围之外。如果它还与苏联哲学有联系,那也只是由于它还能够充当反面教材和批判的靶子。

② 一战前后,俄国出版业经历了迅猛发展时期:1907 年有 9 600 种图书出版;1913 年的图书出版超过了 34 000 种。在当时,这样的成绩足以让俄国出版业名列世界前茅。(Peter Kenez, *The Birth of the Propaganda: State Soviet Methods of Mass Mobilization, 1917—1929*, London, Cambridge University Press, 1985, p. 96)

③ 即 1922 年的"哲学船事件"。

④ 除了苏联解体前的 20 世纪 80 年代中后期。

⑤ 贾泽林等:《二十世纪九十年代的俄罗斯哲学》,236 页。

⑥ 1988 年,苏共中央政治局做了出版"祖国哲学遗产丛书"的决议,虽然其初衷是改正先前片面的"俄罗斯哲学史观",但这一举措在表明苏联当局开始较为如实地看待和评价苏联学术问题的同时,也表明苏联开始重视俄罗斯的传统哲学文化。

461

遗传基因。这样，以马克思主义和社会主义的意识形态为核心的苏联哲学，又不能不以一种变异的形式传承俄罗斯的历史文化传统。

之所以说它"变异"，是因为它对俄罗斯民族文化传统的表达，不似俄罗斯传统哲学那般直接明确，而往往是在主流意识形态外衣的遮掩下间接、隐晦地显露出来。

就俄罗斯民族文化的斯拉夫主义传统来看，表面上，历史上的俄国马克思主义哲学，尤其是苏联马克思主义哲学，由于重理论的客观性、规律性、整体性、体系性，更由于对包括俄罗斯宗教哲学在内的一切旧俄哲学的决绝之态，而似乎与斯拉夫主义特质关联甚小，谈不上对俄罗斯传统文化的多少传承。然而，考察苏联马克思主义哲学，我们可以发现其中的斯拉夫主义传统的痕迹。（1）就苏联马克思主义哲学的内容看，唯物主义与辩证法作为其基本内核，源于俄罗斯民族传统文化中的朴素唯物主义与朴素辩证法。这一理论的先驱 M. B. 罗蒙诺索夫，是俄国先进自然科学和唯物主义的奠基人，另一理论先驱 A. H. 拉吉舍夫则秉承了前者的俄国哲学唯物主义传统。虽然两人都接受过西方哲学和西方文化的启蒙，但其思想却围绕着当时俄国社会的主要问题，即农奴制的废存问题展开。这无疑是斯拉夫主义注重俄国社会特殊性这一文化传统的体现。（2）就苏联马克思主义哲学的形成过程而言，在其理论萌芽之初，探索者们①出于寻求解决俄国问题的强烈愿望，在其理论中都或多或少地显露了"马克思主义哲学要俄国化，就必然发生与俄国传统文化的碰撞、对接以及交融的问题"②。在苏联马克思主义哲学的初创时期，列宁在致力于将马克思主义哲学俄国化的过程中，十分强调运用马克思主义的辩证法，有针对性地分析和揭示俄国不同于西方国家的特殊性，表明了列宁哲学在一定程度上，对注重俄国社会特殊性的斯拉夫主义传统的承袭。在苏联马克思主义哲学的理论框架构建时期，斯大林为使马克思主义哲学能为民众接受，致力于将其通俗化、简明化，竭力用俄罗斯民族习惯的语言方式来表述马克思主义哲学③，这同样在一定程度

---

① 俄国马克思主义的创始人 Г. B. 普列汉诺夫等，以及曾经一度认同马克思主义的宗教哲学家如 H. A. 别尔嘉耶夫、C. H. 布尔加科夫、C. Л. 弗兰克等。
② 李尚德编著：《20世纪马克思主义哲学在苏联》，28页。
③ 只有两万字的《论辩证唯物主义和历史唯物主义》，几乎囊括了马克思主义哲学的主要内容。

第七章 断裂复古与传承创新:"文化意识"比较

上显示出苏联马克思主义哲学所蕴藏的强调俄国社会特殊性的斯拉夫主义传统。在苏联马克思主义哲学中,斯大林时期从 20 世纪 30—40 年代对西方哲学的拒斥和批判①,则是一种变异的斯拉夫主义特质的"传承"。至于苏联从 20 世纪 60 年代至解体前,对斯大林个人崇拜的批判②,对苏联马克思主义何以具有保守性、封闭性、教条性的反思,强烈要求与西方和国际进行学术交流,则无疑是对这种"变异传承"的反思和矫正。

俄罗斯民族文化的理想主义传统,在苏联时期社会生活中直接明确的表现方式是:通过"带有纯真的和旺盛的爱国主义情绪"的歌曲、电影、诗歌、绘画等艺术形式,以及电台、新闻媒体等宣传形式,号召人们为了实现共产主义理想,"为了光明的未来而抛头颅、洒热血,死而无憾"③;苏联社会主义建设早期,在共产主义理想的鼓舞下,"人民大众的精神异常振奋",他们以冲天的干劲、忘我的劳动,以物质生活水平的下降④为代价,换来国家重工业的迅猛发展,教育、文化、医疗、保险事业的大规模普及等。在苏联马克思主义哲学中,社会主义工业化高速发展的需要,使它注重认识自然界的客观规律,无论其体系还是其内容,皆强调世界的客观必然性、认识的可知性,因而从表面与形式上看,它与理想主义似乎没有多少关系。但是,我们只要考察自 20 世纪 60 年代直至苏联解体的整个 20 多年中,随着反思斯大林时期哲学的政治意识形态化和教条主义化而在整个学界出现的人道主义浪潮,考察这股浪潮是如何促发和推动苏联马克思主义哲学研究,以人性论、人本主义,去淡化、

---

① 1947 年,斯大林批评 Г.Ф. 亚历山大洛夫的《西欧哲学史》陷入了资产阶级客观主义和背离了党性原则,A. A. 日丹诺夫则在列出该书的五大罪状之一时,认为"许多哲学工作领导者所犯的客观主义错误的根源","就是没有充分了解马克思列宁主义和存留有资产阶级思想影响底残余"([苏]日丹诺夫:《在关于亚历山大洛夫著"西欧哲学史"一书讨论会上的发言》,李立三译,33~34 页)。

② 例如,在 1987 年《哲学问题》杂志编辑部和编委会召开的"哲学与生活"讨论会上,许多学者对苏联哲学存在的问题,从社会体制进行反思,认为"有什么样的生活,就有什么样的哲学……当今我国哲学的一切特点、问题、'秘密',都植根于我国社会的特点、问题和'秘密'之中"[安启念:《哲学的新思维——苏联"哲学与生活"会议材料补译》,载《哲学译丛》,1988 (5)]。

③ [俄] T.C. 格奥尔吉耶娃:《俄罗斯文化史——历史与现代》,焦东建、董茉莉译,527 页。

④ 20 世纪 30 年代的苏联,人民的物质生活水平"一直没有达到 1913 年的高度"(同上书,536 页)。

反对、否定甚至取代先前重客观规律性、科学理性的理论偏向的，便不难嗅到其中弥漫着的俄罗斯传统文化的气息，不难发现其中蕴藏着的理想主义特质。至于苏联哲学在很长一个时期中，几乎全部从"同一""统一"的观点去认识社会主义辩证法，将其归为"和谐辩证法"，并以矛盾"应该消灭"的观点去认识社会主义社会，导致了哲学界对现实问题的集体失语，则既是苏联哲学生态政治化的一种反映，也在一定程度上显示了苏联马克思主义哲学所具有的理想主义色彩：只要将矛盾束之高阁，便可运用哲学意义上的"矛盾同一性"来解决或替代现实社会中的矛盾，实现社会生活的和谐与政治统治的一统。

俄罗斯民族文化的救世主义传统，在苏联马克思主义哲学中，虽然不是也不可能是以宗教的上帝、救世主等形式出现[①]，但是它却体现为以大一统的体系和方式，在对不同学科的研究对象和内容的越俎代庖中所展示的至尊至上、包揽一切的"救世"之态。它在将斯大林哲学捧上"神坛"的过程中，将其视为金科玉律、绝对真理，视为评判哲学乃至一切学科争议的标准，它对于一切非马克思主义哲学的非科学批判态度，其"唯我独尊""舍我其谁"的做法，本身就向世人表明了一种类似宗教"俯视尘世""普度众生"的救世主义。这种将斯大林及其哲学奉为人间救主的救世主义，一旦成为意识形态的主导，便在随着领袖至上权威的确立而成为"现世神明"的同时，不可避免地具有了宗教性质。

虽然俄罗斯民族的爱国主义传统，在苏联马克思主义哲学中具有完全不同于传统文化的指向，但是，透过20世纪初马克思主义哲学东渐俄国的过程中，Г. В. 普列汉诺夫、列宁等俄国马克思主义者关注国家前途命运和寻求民众新生的拳拳之心，以及他们始终紧扣俄国社会现实

[①] 十月革命以后，苏联当局一直对民众实行科学的无神论教育，这种教育在卫国战争爆发前的主要特征是，"注重反宗教宣传的进攻性和战斗性"（施船升：《马克思主义宗教观及其相关动向》，161页，成都，四川人民出版社，1998），"具有鲜明的政治色彩和阶级斗争性质，宗教被视为反动落后的东西，神职人员被视为地主、资产阶级的走狗，许多神职人员被逮捕、拘留、逼供，尤其在30年代以后，大批宗教界人士和信众被无辜地镇压"（同上书，163页）。卫国战争期间，科学无神论教育基本陷于停顿。二战后，苏联重启的无神论宣传和教育基本放弃了先前的反宗教性，但那种视宗教为"为了巩固自己的地盘，因而更加危险"（同上书，166页）的指导思想，导致了理论研究方面"局限于教条式的马克思列宁主义宗教观的研究和无神论的宣传，对具体的宗教史、宗教教义等方面的研究则以批判为主"（同上书，167页）。

第七章 断裂复古与传承创新:"文化意识"比较

问题的大量理论探索和理论著述,便不难看到充溢其中的爱国主义激情。透过 20 世纪 20—30 年代,苏联马克思主义哲学原理体系的形成过程中,哲学家们出于国家普及马克思主义哲学理论的需要,致力于将马克思主义哲学原理从系统化与通俗化相结合的角度所做的努力①,以及基于民众接受程度而展开的其他理论探索,同样可以发现其中隐含的爱国主义意蕴。透过苏共 20 大前后,哲学界对斯大林个人迷信和个人崇拜的批判,在对马克思主义哲学在苏联发展曲折历程的反思中,出于对国家发展前景之忧而掀起的人道主义研究热潮和大量研究成果的面世,以及一批"60 年代人"基于现代西方社会和科技发展新趋势,对苏联马克思主义哲学研究范围的拓展,研究主题的发掘,研究角度的提升,所获得的数量可观并为国内外公认的研究成果②,便不难看到其中彰显的爱国主义情怀。透过 20 世纪 60—80 年代,苏联兴起的部门哲学研究中,对社会主义社会道路、发展的再认识,对社会主义社会改革的哲学思考,同样不难发现苏联马克思主义哲学中富含的爱国主义之素。只是这种爱国主义,不是如同文学、艺术之类的社会意识形式,以直接的、具体的方式表现的,而是以间接的、抽象的方式表现的。

至于俄罗斯民族文化的人文主义传统,在苏联马克思主义哲学发展的不同阶段,表现形式则不尽相同。总体而言,斯大林时代的苏联马克思主义哲学,出于应和高度集权的政治统治的需要,在将哲学党性③视为哲学研究的准则、将科学理性④视为哲学应当具备的特质的同时,视西方人道主义为资产阶级意识形态而竭力排斥,视俄罗斯传统文化中人文主义为旧时代残余而简单否定,因而谈不上对俄罗斯民族文化之人文主义传统的承袭。斯大林去世后,出于国内"拨乱反正"的需要和迎合国际范围内将马克思哲学人道主义化的浪潮,苏联马克思主义哲学在近

---

① Г. В. 普列汉诺夫在使马克思主义原理系统化方面迈出了第一步;Н. И. 布哈林则既是这一理论"系统化"的先驱之一,又是将其"通俗化"的尝试者。两次哲学大论战则在极大推动马克思主义哲学原理体系的形成中,同样推动了马克思主义哲学原理的普及。至于斯大林,无疑同样是这一"通俗化"的践行者。

② 参见李尚德编著:《20 世纪马克思主义哲学在苏联》,170 页。

③ 简单地以唯物主义和唯心主义作为确定哲学的进步与反动、正确与谬误的标准,并进而将其作为政治斗争的棍子、帽子。

④ 一味强调世界物质客观性、必然性、规律性及其可知性。

465

40年的时间中，通过强调哲学是"认识的认识"，只能以人的认识为中介而不能认识整个世界的本体①，通过强调把现实作为人的"活动形式"去思考②，通过从"人的问题的综合研究"③到"人的研究"的历程，以及研究基本原则的确立④和相关研究的开展，苏联马克思主义哲学在挑战辩证唯物主义和历史唯物主义的传统视域，并在力图实现研究的视角从客观向主观、从物性向人性、从科学理性向人文价值转变的同时，在一定程度上"复归"了俄罗斯民族文化的人文主义传统。

然而，由于宣称将以无产阶级的利益愿望为宗旨，将在阶级立场、观念形态、理论本性、话语方式等各个方面，与一切旧传统、旧观念彻底决裂，将以社会主义的全新面貌打造苏联哲学，这样，基于对旧时代俄罗斯传统文化批判否定的基本立场，苏联马克思主义哲学对俄罗斯民族文化的"变相"传承，便不能不始终处于蛰伏状态。

三、断裂、复古、复兴：当代俄罗斯哲学的文化意识

从19世纪后期至20世纪苏联解体前后，俄罗斯的民族文化传统经历了从宗教哲学的传承到苏联哲学的断裂的曲折历程。对"曲折"的痛定思痛，导致当代俄罗斯哲学界的众人在愤怒讨伐苏联哲学"罪愆"的同时，产生了通过全面复归宗教哲学、欧亚主义、传统俄罗斯思想以传承民族文化传统的激情。于是，苏联解体前后，在整个社会的民主、自由的风暴席卷下，学界在"热情向洋"的同时，也对俄罗斯传统哲学尤其是秉承了俄罗斯民族精神特质的宗教哲学空前推崇，并表现出强烈的复古色彩。随着21世纪俄罗斯的经济复苏和社会稳定，学界开始重新认识和评价传统哲学对当代俄罗斯社会构建精神世界的价值，并结合俄罗斯社会发展的现实矛盾，选择其中的

---

① 1955年，З. В. 伊利因科夫等人提出的"认识主义纲领"，在学界引发了"认识论主义"与"本体论主义"的论战。

② 20世纪70年代由 И. С. 阿列克谢耶夫提出。

③ 20世纪70年代，苏联《知识就是力量》杂志开设的"комплексное исследование о человеке"专栏即是指此。

④ 20世纪80—90年代，以 И. Т. 弗罗洛夫为代表的一批学者，就确定了"人的研究"的基本原则，即从整体上研究人的存在、本质、人性、人的活动和发展的一般规律，人生的价值、目的、发展路径等。

第七章 断裂复古与传承创新："文化意识"比较

"为我可用"之物，这体现出学界对俄罗斯传统哲学渐趋理性的认知态度。

苏联剧变后，俄罗斯政府一改苏联时期割断历史与否定文化遗产的文化政策，将保护民族文化遗产和传承民族文化传统作为国家文化政策的基本方针。从20世纪90年代到21世纪，俄罗斯联邦政府先后实施了保护和发展文化艺术的专项纲要。① 其中，"保护文化遗产"成为重要组成部分。② 如今，俄罗斯政府已明确将"保护俄罗斯联邦文化遗产"③ 作为俄罗斯未来文化发展的具体目标。"2007年，依照俄罗斯总统普京令，俄罗斯外交部和教科部共同组建了一个全俄社会组织'俄罗斯世界'基金会。该组织创立的宗旨是'普及作为俄罗斯国家财富和俄罗斯与世界文化重要元素的俄语，以及支持境外俄语学习计划'。为了开展工作，基金会同世界各地的教育机构合作，至今已经在全球44个国家和地区建立了100个俄罗斯中心。"④ 近年来，"俄罗斯世界"基

---

① 主要有：(1) 俄罗斯联邦政府1996年6月19日颁发的关于《发展和保护俄罗斯文化和艺术（1997—1999年）专项纲要》的N715号文件；(2) 俄罗斯联邦政府2000年12月14日颁发的关于《俄罗斯文化（2001—2005年）专项纲要》的N955号文件；(3) 俄罗斯联邦政府2005年12月8日颁发的关于《俄罗斯文化（2006—2010年）专项纲要》的N740号文件。

② 如《俄罗斯文化（2001—2005年）专项纲要》，由《文化发展和保护文化遗产》《俄罗斯档案》《俄罗斯新电影艺术》三个子纲要组成。(Кощман Л. В. История русской кулы IX-XX веков., М., Издательство КДУ, 2011. -С. 453)

③ 2014年，在俄罗斯政府颁布的《关于实施俄罗斯联邦文化年的活动计划条例》中，特别增加了举办"俄罗斯歌曲金典"传统民歌艺术节、"高地"民间传说国际艺术节、"罗斯工匠"全俄民间艺人、俄罗斯传统民歌国际艺术节、"金戒指"民间工艺国际艺术节、"西伯利亚的世界"民族音乐和手工艺品国际艺术节、"俄罗斯套娃"传统民俗文化艺术节、西伯利亚和远东地区土著民族传统文化的国际艺术节等26项涉及民间音乐、民间文学、传统手工艺的农村文化宣传推广活动。[参见张文文：《普京时期俄罗斯文化政策的历史视角》，载《俄罗斯东欧中亚研究》，2017 (1)] 2016年2月，俄罗斯联邦政府颁布了《2030年前俄罗斯联邦国家文化政策战略》，其重点之一是，"保护传统文化遗产，促进文化发展。通过立法和激励措施，吸引民间资本进入文化领域，建设文化设施，改造修复文化遗产项目；设立历史文化遗产保护区，发展文化旅游事业，提高文化资源的开发力度；促进文化古迹的规划和保护，加强文化遗产的立法和规制；在民众中大力推广文化传统和文化遗产，支持民间手工艺品的传承；加大古典音乐、歌剧、芭蕾舞剧、话剧等职业教育体系的发展，提高俄罗斯艺术专业水平，提升其在国际艺术舞台的影响力"[李琳：《俄罗斯联邦国家文化战略解析》，载《红旗文稿》，2016 (8)]。

④ 戴桂菊：《加强社会与文化问题研究　全面认识俄罗斯发展轨迹》，载《俄罗斯学刊》，2015 (2)。

比较研究：当代俄罗斯哲学与中国马克思主义哲学

金会正逐步成为俄罗斯向世界各地输出俄罗斯文化，以及提升俄罗斯软实力的重要平台。与之相应，当代俄罗斯哲学也将回归民族哲学传统，视为恢复俄罗斯哲学在世界哲学中的地位，实现俄罗斯哲学与世界哲学"一体化"的重要途径。当代俄罗斯哲学认为，虽然"民族文化可能存在的根本条件是具备超种族和超阶级的交流空间"，但是，民族哲学文化传统又是"民族国家建立的根基"，它与民族国家彼此不可分割，"民族文化的繁荣时代与民族国家的繁荣相吻合"，为此，必须珍视民族哲学文化传统，视其为维护民族国家文化主权的重要保障，既要反对文化民族主义，又要反对文化帝国主义，因为两者"都是一场败局"，将导致俄罗斯的文化主权变为"虚无"①。由此，当代俄罗斯哲学踏上了复兴传统俄罗斯哲学的历程，并由此显示出对文化意识的传承。然而，这种"传承"体现出的却是断裂、复古、复兴等因素的复杂交织。

这里的"断裂"，指当代俄罗斯哲学在文化意识上，努力割断与苏联哲学的联系，竭力抹杀其在俄罗斯哲学史中的地位，全盘否定其理论价值。

苏联解体导致了苏联哲学的"覆灭"。与整个社会一度盛行的历史虚无主义相应，俄罗斯哲学界也一度盛行"不写历史"。这种"不写历史"，既不是没有相应的人力、物力、财力②，也不是担心来自官方的干预③，而是出于极度反感苏联时期的马克思主义哲学，尤其是由官方主导编写的《马克思主义哲学原理》教科书。由此，这里"不写历史"的对象，就具有强烈的针对性，即不写属于"主流哲学"或"官方哲学"的苏联马克思主义哲学及其相关代表人物的历史。例如，当代俄罗斯哲学涉及苏联哲学史的相关著述《哲学并未中断……》④和"20世纪的俄罗斯哲学家丛书"⑤，虽然时间跨度从20世纪20年代到80年代，其中也涉及苏联时期的众多哲学家，但受到肯定、推崇并认为有突出作

---

① Малахов В. С. Национальное государство, национальная культура и культурный суверенитет// Вопросы философии. -2011. -No9.

② 苏联解体后的20多年，俄罗斯出版了海量的俄国宗教哲学家、西方哲学家的著作。

③ 叶利钦、普京、梅德韦杰夫等前后任俄罗斯总统，都曾明确表态：反对恢复与建立任何由官方认同和国家支持的意识形态。

④ 两卷本，俄罗斯科学院通讯院士 B. A. 列克托尔斯基主编，1998年出版。

⑤ 共13本。由俄罗斯科学院院士、哲学研究所所长 B. C. 斯焦宾主编。

第七章 断裂复古与传承创新:"文化意识"比较

为的哲学家①,却"几乎全属于'主流哲学'(或'官方哲学')之外的哲学家。他们在不同时期和在不同问题上,几乎全都受到过不同程度的冲击、打压和批判"②。另一部涉及苏联哲学史内容的《俄罗斯哲学百科全书》③,虽然收入了苏联时期著名的哲学人物④的条目,但却拒绝收入那些反映苏联马克思主义哲学的核心概念⑤。由此,俄罗斯哲学从一个侧面表明了其对苏联哲学尤其是苏联时期的马克思主义哲学的拒斥态度,也表明了其"不写历史"的指向性。于是,"从1991年苏联解体到2007年的16年间,我们遇到了一种罕见的现象:俄国哲学界竟然没有出版一本系统阐述'苏联时期'哲学历史的专著"⑥。

需要提及的是,"没有出版一本系统阐释"苏联哲学的"专著",不等于完全没有相关论著。因为将苏联哲学排斥于俄罗斯哲学史之外的做法,在俄罗斯进入21世纪后的10多年里,已经有所改变。这主要体现为:收录苏联时期"非官方哲学"的代表人物及其著作;出版《斯大林全集》,再版列宁原著,深入讨论列宁主义和列宁哲学,以及重新评价列宁哲学,在一定程度上肯定其价值;一些持客观立场的当代俄罗斯学者,承认了苏联马克思主义哲学在俄罗斯哲学历史上的一席之地。这样,自21世纪起,一些俄罗斯学者在相关高校的哲学教科书和哲学史教材中,已经加入了苏联马克思主义哲学的内容。例如,2001年,俄罗斯出版的由М.А.马斯林主编的《俄罗斯哲学史》⑦,第十章"19世纪末—20世纪初俄罗斯的马克思主义哲学"⑧就论及了Г.В.普列汉诺夫哲学、马克思主义哲学发展的非传统说法、作为哲学家的列宁等内容,第十一章"苏联及后苏联时期俄罗斯哲学思想"⑨则包括了苏联哲学的形成、20世纪30—50年代苏联哲学思想、20世纪60—90年代哲学研究的新趋势及方向等涉及马克思主义哲学和

---

① 如М.М.巴赫金、Б.М.凯德洛夫、В.Ф.阿斯穆斯、С.Л.鲁宾斯坦、П.В.科普宁、З.В.伊利因科夫、М.К.马马尔达什维利等。
② 贾泽林等:《二十世纪九十年代的俄罗斯哲学》,251~252页。
③ М.А.马斯林主编,2007年出版。
④ 如М.Б.米丁、П.Ф.尤金、Ф.В.康斯坦丁诺夫。
⑤ 如辩证唯物主义等。
⑥ 贾泽林:《1991—2007年间的俄国哲学解读》,载《中共福建省委党校学报》,2007(12)。
⑦ Маслин М.А. История русской философии. ,М. ,2001.
⑧ Часть 10. Философия марксизма в России конца 19-начала 20в.
⑨ Часть 11. Философская мысль в России советского и постсоветского периода.

469

苏联马克思主义哲学的内容。2004 年，在由 П. В. 阿列克谢耶夫和 А. В. 巴宁主编的国立莫斯科大学哲学教科书《哲学》① 中，第十一章就题名为"苏维埃及俄罗斯的马克思主义哲学"②。2005 年，为纪念国立莫斯科大学成立 250 周年，俄罗斯出版了由 В. В. 米洛诺夫编写的《哲学——高校教科书》③，该书第三部分第五章就题名为"苏联及后苏联时期哲学"④。同样是在 2005 年，俄罗斯出版了由 В. В. 瓦西里耶夫编写的《哲学史：高校教科书》⑤，该书第七部分"俄罗斯哲学"的第三章题名为"20—30 年代苏维埃时期哲学"⑥，第五章题名为"40—80 年代苏维埃时期哲学"⑦。2006 年，由 Г. П. 卡瓦列娃编著的《俄罗斯哲学史》⑧，其第三章第四节题名为"1883—1924 年期间俄罗斯的马克思主义哲学"⑨，第四章则题名为"苏联及后苏联时期俄罗斯哲学"⑩。

尽管如此，从总体上看，哲学界依然对苏联马克思主义哲学作为俄罗斯哲学的合法性表示质疑。学界这种普遍不愿写苏联哲学史甚至将它排斥于俄罗斯哲学史之外的心态和做法，在割断当代俄罗斯哲学与苏联哲学关系的同时，显示了一种非文化意识之态。因为任何哲学的存在和发展，都不可能切断与先前哲学之间的联系，即便先前的哲学是它的对立面。它还表明，当代俄罗斯哲学缺乏相应的自信心和责任感。因为只有敢于和善于总结历史经验教训的哲学，才有希望和有能力使自己的国家、民族的哲学站在新的历史制高点上，创立富有民族特色的新哲学。同时，当代俄罗斯哲学史的撰写抹去了苏联哲学这一段，无疑有悖于其奉行的"多元主义"研究准则，从而难免具有重回先前自己激烈反对的一元主义、集权主义的嫌疑，也不能不表明俄罗斯哲学文化意识的一种断裂。

---

① Алексеев П. В. Панин А. В. УчебникФилософия. МГУ философского факультета. 3-е издание // П. В. Алексеев, А. В. Панин. , М. , 2004.
② Глава 11. Марксистская философия в России и СССР.
③ Миронов В. В. Философия -учебник для вузов. 250-летию основания МГУ. , М. , 2005.
④ Глава 5. Философия в советской и постсоветской России.
⑤ Васильев В. В. История философии: учебник для вузов. , М. , 2005.
⑥ Философия в СССР в 1920-1930-х гг.
⑦ Философия в СССР в 1940-1980-х гг.
⑧ Ковалева. Г. П. История русской философии. , Кемерово. , 2006.
⑨ Глава 3.4, Марксистская философия в России (1883-1924гг) .
⑩ Глава 4. Философия в советской России и в постсоветский период.

第七章 断裂复古与传承创新："文化意识"比较

这里的"复古",指当代俄罗斯哲学在文化意识上,回归苏联时期被迫退出哲学舞台的宗教哲学、传统俄罗斯思想、传统欧亚主义,充分肯定其在俄罗斯哲学史上的地位。其中,尤以对宗教哲学的追捧引人注目。

由于苏联哲学已被视为俄罗斯哲学传统的断裂,所以苏联解体后,与社会和学界抛弃苏联哲学相应,19世纪末20世纪初的俄罗斯宗教哲学就立刻被视为俄罗斯哲学真正意义上的传统哲学,俄罗斯的宗教哲学家则被当作俄罗斯文化和俄罗斯哲学传统的真正传承者。[①]

如前所述,俄罗斯传统宗教哲学中蕴含着丰富的斯拉夫主义、救世主义、人本主义、理想主义、爱国主义等俄罗斯民族文化的传统精神。欧亚主义对俄罗斯社会特殊性的强调,对俄罗斯文化中的传统特质和东方特质的注重,对俄罗斯作为独特的欧亚国家对世界负有拯救使命的自诩,同样散发着浓郁的斯拉夫主义、救世主义气息。至于"俄罗斯思想",它作为俄罗斯民族特有思维方式和独特历史道路的理论表达,更是延续了俄罗斯传统文化中的爱国主义、集体主义。因此,基于"还历史本来面目"而对俄罗斯宗教哲学、欧亚主义、俄罗斯思想等传统哲学和文化理论的"复古",无论对完善俄罗斯文化、传承俄罗斯传统,还是对补上俄罗斯哲学缺失的链条、展现俄罗斯哲学的内涵、丰富俄罗斯人的哲学思维,都具有重要意义。更重要的是,它们的"复归"在给予人们提供不同于苏联马克思主义哲学的景观和思维范式的同时,也激励哲学家们打破教条思维方式,在符合哲学本性的自由精神推动下,在继承民族哲学文化传统的基础上,思考哲学、推进哲学,体现了一种自觉的文化意识。学者们在传承俄罗斯宗教哲学、欧亚主义、俄罗斯思想中蕴含的传统文化因素时,结合21世纪俄罗斯社会现实和世界发展潮流,尝试给这些传统文化注入时代新元素,这表明了这种"复古"具有"复古"与"复兴"的相通性。

[①] 近20多年来,俄罗斯出版了大批宗教哲学家著作。它们包括:19世纪40年代早期的斯拉夫主义者 A.C. 霍米亚科夫、И.В. 基列耶夫斯基的著作;19世纪下半叶的 B.C. 索洛维约夫、К.Н. 列昂季耶夫、Н.Ф. 费奥多罗夫、Н.С. 特鲁别茨科伊等的著作;20世纪俄罗斯"宗教哲学复兴"时代的代表 В.В. 罗扎诺夫、Д.С. 梅列日科夫斯基、Н.А. 别尔嘉耶夫、С.Н. 布尔加科夫、Г.В. 弗洛连斯基、Л. 舍斯托夫、С.Л. 弗兰克、Н.О. 洛斯基、Л.П. 卡尔萨文、В.Н. 伊里因等的著作。

总体来说，俄罗斯学界对宗教哲学的兴趣已由20世纪80年代末至90年代的狂热走向了21世纪的冷静与理性：既揭示其历史局限性，分析其在大半个世纪后风行俄罗斯的原因，指出其不可能成为未来俄罗斯哲学的主流；又揭示其历史合理性，肯定其对俄罗斯文化传统传承的作用，指出其是俄国哲学史上不可或缺的一环，强调它至今仍然对俄罗斯社会的精神重建具有重要价值，并将其更多地置于学理层面进行研究。但是，由于当代俄罗斯对宗教哲学的热衷主要源于填补精神空场和反感马克思主义的需要，所以这一切这并不能改变当下相当的俄罗斯哲人，仍然"几乎把俄罗斯哲学完全等同于俄罗斯宗教哲学，仿佛在他们的历史中不曾存在过其他倾向的哲学，他们把曾经在19世纪的俄国存在了很长一段时间并对俄国的社会生活发生了巨大影响的唯物主义、实证主义、民粹主义等置于他们的视野之外"[①] 的片面性。在前文提到的那几本有限涉及苏联哲学的哲学理论和俄国哲学史的教科书中，宗教哲学也仍然是其中篇幅最大、作者着墨最多的内容。

可见，当代俄罗斯哲学的文化意识，是"断裂"与"复古"并存。当然，这里的"复古"，是打引号的"复古"，因为其中包含着对俄罗斯文化传统的传承；这里的"传承"，同样是打引号的"传承"，因为它在"复活"俄罗斯宗教哲学的同时，除了否定存在了长达70余年的苏联哲学，还在一定程度上对当今俄罗斯社会神秘主义的泛滥推波助澜。苏联解体后，俄罗斯东正教的复兴，唯心主义思潮、后现代主义思潮的涌动，在搅动人们怀疑科学真理的客观性、逻辑性、可验证性的同时，也为社会伪科学、反科学、神秘主义的流行提供了机遇。在这一过程中，一些学人也不甘寂寞，以学术方式鼓吹伪科学、反科学的论调，参与了以"复兴"神秘主义为核心的"合唱"[②]。神秘主义无论在何种意义上，都是一种与科学格格不入甚至逆科学、反科学的文化意识，它不仅无助

[①] 马寅卯：《俄罗斯哲学的现状和趋势》，见中国社会科学院哲学研究所编：《中国哲学年鉴2007》。

[②] 曾任苏联科学院首席哲学家的A. 斯皮尔金（Спиркин, A. 苏联科学家、心理学家、哲学家，《苏联大百科全书》编著者之一，曾任苏联绝密的透视眼实验室第一任主席），在苏联时期写作并再版过多部辩证唯物主义的权威教材。苏联解体后，"他却一反常态，大力支持超感官知觉、巫医、天眼通和现代伪科学的传播"，其行为及所代表的哲学倾向，为俄罗斯人的神秘主义信仰提供了哲学支撑。[参见申振钰：《对俄罗斯神秘主义泛滥原因的思考》，载《科普研究》，2010（3）]

第七章　断裂复古与传承创新:"文化意识"比较

于反而会阻碍俄罗斯社会的民主化、现代化。当代俄罗斯哲学如果限于这种文化意识的复兴,则必将有害于社会精神的健康发展。苏联解体至20世纪90年代中期的俄罗斯民众将推动社会民主的希望寄托于彻底否定斯大林主义、马克思主义,90年代中期以后至21世纪的俄罗斯部分民众将恢复社会公平的希望寄托于复活斯大林主义,都是不现实的。与此一样,学界这种唯宗教哲学为传统"正宗""唯一"的价值取向,除了表明当代俄罗斯哲学仍然未能彻底跳出"戾换式"思维方式的窠臼,仍然未能摆脱非历史主义思维模式的纠缠,以至文化意识仍然具有强烈保守性,还表明宗教哲学永远适应俄罗斯社会的这种观点是不现实的。

这里,还需要强调的是,当代俄罗斯学界更为强调和注重从当代俄罗斯整个社会体系的现代化需要出发来传承与吸取自己传统文化中爱国主义、集体主义等精神传统,认为俄罗斯现代化进程的难度,不在于根除私有制的价值观和个人利益,也不在于这类价值观与俄罗斯传统文化难以融合,而在于重建融合传统爱国主义、集体主义与现代个人观念、个人利益的新价值观,从而既冲破传统爱国主义价值体系的樊篱,又能利用爱国主义和集体主义的价值观"制约社会内部的个人利益"[①]。

就此而言,当代俄罗斯哲学对民族哲学文化传统已经开始超越复古而正在走向复兴。

四、苏联哲学和当代俄罗斯哲学文化意识的启示

历史是复杂而多面的。苏联哲学和当代俄罗斯哲学文化意识变异、断裂、复古、复兴的曲折历程便是明证。

苏联哲学因其政治意识形态化,在"创建无产阶级新文化"的号角声中,将一切不符合政治需要的传统哲学统统打入另册,在与传统决裂中割断了与自己哲学文化历史传统的联系,即便有所"传承",也是以极端变异的形式出现的。因此,苏联哲学虽是一种全新的哲学,但这种看似创新的理论却植根于历史虚无主义之土。苏联哲学之树既没有充分获得民族哲学文化传统的滋养,又不能有效吸取域外文明精华的养分,以至国家解体之风初起之时,它便因根基不牢而被连根拔起、颓然倒地。

[①] Глинчикова А. Г. Частная собственность и общественный интерес -дилемма России// Вопросы философии.-2011.-№3.

苏联解体后，20世纪90年代的俄罗斯哲学，在逆袭苏联哲学的"重创新轻传承"中，踏上了回归传统哲学的文化意识之旅。然而，这种回归主要基于对传统的非批判性反思，在很大程度上难以摆脱非理性的情绪化倾向，导致了既因否定苏联哲学在俄罗斯哲学传统中的地位而陷入历史虚无主义误区，又因过度夸大和肯定宗教哲学在俄罗斯哲学传统中的价值而难免历史复古主义嫌疑。21世纪的俄罗斯，"强国梦"在极大唤醒俄罗斯的民族自尊的同时，也驱使当代俄罗斯哲学走向民族复兴。于是，当代俄罗斯哲学在反对盲目西化中，对何谓民族哲学文化传统有了较为深入的理解，并清醒地认识到保持和维护哲学的民族性是哲学走向世界的前提。学界在致力于哲学的自我重建中，既"回归"传统，又为传统注入时代元素，避免了重蹈历史虚无主义与历史复古主义的覆辙。当代俄罗斯哲学对自己民族哲学文化传统，从"热情相拥"到"平静相视"，表明了它对文化意识于哲学发展价值的重视，对民族哲学自信心的重拾，表明俄罗斯的社会转型为俄罗斯哲学处理本土化与西方化、传统与现代、激进与保守等之间的矛盾提供了舞台条件。

然而，我们又不能不看到，21世纪的俄罗斯哲学总体上依然质疑苏联马克思主义哲学作为俄罗斯哲学的合法性。因此，虽然当代俄罗斯哲学力图回归传统并为传统注入时代元素，但这种"回归"与"注入"仍然力图与苏联哲学划清界限，故而在实质上它在视而不见苏联哲学"传承"俄罗斯民族哲学文化传统的同时，也将苏联哲学是否是俄罗斯哲学传统中一脉的问题拒之门外。这就使它的文化意识仍然难免非历史主义的理论倾向。

今日世界，跨国资本的全球化在抹平民族文化的差异化、多元化的同时，使文化霸权与文化自主的矛盾显得尤为突出，民族哲学文化正面临与遭遇空前的挑战和生存危机。世界文化霸权的存在，警示具有悠久历史文化传统的俄罗斯与中国，必须认真思考在西方文化霸权的重围中如何"独善其身"与"兼善天下"。这一问题，对于已然身不由己地全方位介入全球化的当代中国马克思主义哲学，显得尤为严峻。它要求中国马克思主义哲学在坚持哲学开放意识的同时，坚守哲学的文化意识，即充分而有效地传承和弘扬民族哲学文化传统的精华，避免历史复古主义和历史虚无主义。苏联哲学和当代俄罗斯哲学文化意识的曲折历程表明,只有在全面审视传统中实现传承与创新的统一,才能有效维护哲学的自我,在强化民族哲学的"独善其身"中实现民族哲学的"兼善天下"。由此,吸取苏联哲学和当代俄罗斯哲学文化意识的经验教训,便成为当代中国马克思主义哲学研究备受关注的领域。

第三节 传承与创新：当代中国马克思主义哲学

与当代俄罗斯哲学相似,当代中国马克思主义哲学面临着怎样认识和处理哲学与传统文化的关系问题。然而,与当代俄罗斯哲学奉行多元主义、自由主义的文化发展理念,因而在文化意识上较强的"复古"色彩不同,当代中国马克思主义哲学因对"理论服务现实"的强调而在文化意识上主要表现为：随着改革开放的深入、社会问题的凸显,提出了马克思主义哲学与中国传统哲学的"融通",以及通过融通,在吸取和传承民族哲学文化传统之精华的过程中,使中国马克思主义哲学在具备开放意识的同时,更富有民族特色。

一、互为表里的中国传统哲学与传统文化

中国与俄罗斯都经历了漫长的封建社会[①],并且两国的封建制都不是建立在对异族的征服上,而是主要源于内部的斗争与分化,这致使两国的传统文化都具有封闭性、保守性的特征。然而不同的是,俄罗斯社会既受东方专制主义的集权统治,又包含了原本属于西方资本主义制度的许多要素,从而具有"半亚细亚社会"（马克思语）的性质,但中国在历史上是典型的东方社会。因此,中国传统文化没有俄罗斯传统文化所具有的多种双重性特质：既不拒绝物欲、热衷世俗生活,又追求浪漫情怀、理想主义；既崇尚整体原则、集体主义,又注重个体价值、自由主义；既注重自我利益、本土需要,又奉行沙文主义、热衷救世主义等。然而,以"经世致用"的实践理性、以"内圣外王"的道德教化为特征的中国传统文化,又不乏类似俄罗斯传统文化中的那种爱国主义、

---

① 中国是2 000多年,俄罗斯是1 000多年。

理想主义、集体主义、人文主义等元素和传统。只是,较之俄罗斯,中国离西方更远,又没有受到西方宗教的强烈影响,因而较之俄罗斯传统文化,上述中国传统文化元素的东方色彩也就更浓、更重。

就爱国主义而言,在中国传统文化中,源远流长的爱国主义是中华民族历史悠久、文化灿烂、自强不息、生生不已的重要动力。它要求面对外辱、强权,在关乎国家和民族之命运、存亡的关头,"以天下为己任","先天下之忧而忧,后天下之乐而乐",以"天下兴亡,匹夫有责"的担当,能做到"苟利国家生死以,岂因祸福避趋之"。每到国家危难、民族危亡的关头,总有无数中华儿女以国家、民族利益为重,浴血奋战,舍生忘死,"宁为玉碎,不为瓦全",即使肝脑涂地,也不辱国恩,不负民愿。这种以国家、民族利益为至上原则的爱国主义,既是中华民族求存图强的精神力量,也是中国传统文化的生动写照。至于近代中国以"夷夏之辩"为核心的民族主义思潮,其实质仍然是被西方列强野蛮侵略所激活的传统爱国主义。只是这种具有浓厚民族主义情结的爱国主义,其"主流是弱小民族追求解放的民族自救"[①],有别于俄罗斯传统文化中那种具有民族扩张性质或大国沙文主义的爱国主义。

就理想主义来看,在中国传统文化中,它表现为"大道之行也,天下为公"[②] 的"大同社会"理想。从孔子"均无贫"的政治主张、"不患寡而患不均"[③] 的价值理念,到陶渊明田园诗似的"世外桃源"……建立一个人人平等且富有崇高道德的社会是中国古代知识分子的梦想。到了近代,这种理想主义则表现为中国人"天下一家""四海之内皆兄弟"的世界愿景。实现这一具有浓郁而古朴理想主义色彩的社会,需要坚定的信念。因此,这种理想主义通过提倡为"道义"献身的精神而体现:从孔子的"三军可夺帅也,匹夫不可夺志也"[④]、孟子的"乐其道而忘人之势"[⑤]、荀子的"从道不从君"[⑥],到张载的"为生民立命……为万世开太平"[⑦],都是对这种理想主义的呼唤。这种理想主义,通过

---

① 高瑞泉主编:《中国近代社会思潮》,13页,上海,上海人民出版社,2007。
② 《礼记·礼运》。
③ 《论语·季氏》。
④ 《论语·子罕》。
⑤ 《孟子·尽心上》。
⑥ 《荀子·臣道》。
⑦ 《横渠语录》。

第七章 断裂复古与传承创新:"文化意识"比较

自强不息的民族精神来体现:从屈原的"上下求索"而"九死未悔"①,到孔子的"知其不可而为之"②,从曹操的"老骥伏枥,志在千里。烈士暮年,壮心不已"③,到孙中山的"吾志所向,一往无前,愈挫愈奋,再接再厉"……中华民族崇敬勇往直前的猛士,蔑视萎靡不振的懦夫,颂扬居安思危的担当,鄙弃行尸走肉的恶行,成则再接再厉,挫则卧薪尝胆。追求崇高、壮怀激烈,既是中华民族精神风貌的反映,也是对中国传统文化中理想主义的具体诠释。到了近代,康有为依据进化论写了《大同书》,将理想社会定位于未来而非远古,无疑是对传统文化中以天命观为理论基础的复古理想主义的反叛,是理想主义的近代表达。至于近代中国以"冲决罗网""毕其功于一役""彻底革命"为核心的激进主义思潮,以及以"全盘西化"、"全盘反传统"、热衷"积极自由"、向往平等为宗旨的自由主义思潮,则都可以被视为理想主义的表现形式。只是这种具有浓厚民族主义情结的理想主义,更多是出于改变国家命运、民族民生的现实需要,而不似俄罗斯传统文化那般具有更重的浪漫情怀、更多的乌托邦气质、更浓的基于价值理性的理想主义。这种理想主义,虽然也具有准宗教性的对世界整体的关注情怀,但又不似俄罗斯传统文化那般直接建立在宗教理想的基础上。

就集体主义而言,在中国传统文化中,集体主义通过强调和重视国家利益、群体利益来体现。它要求当个人的、局部的利益与整体的、全局的利益发生矛盾时,以后者为重。传统文化的义利观,将"利"归属于个体感性欲望,"义"指向于整体理性精神,强调"义"重于"利","利"从属于"义",要求将"义"作为规范主体的道德行为、维护整体利益的标准,"正其谊不谋其利,明其道不计其功"④,便是这种义利观的明确表达。重义轻利、重集体轻个体,中国传统文化的集体主义,在抹杀个性自由和人权,从而具有明显历史局限性的同时,又因提倡个人为了民族大义应当不惜牺牲自我,而对发展社会共同利益具有一定的积极意义。至于近代中国以大同团结、戮力同心、为国民谋幸福等为行为准则的先进知识分子,其无论以民族主义,还是以激进主义、自

---

① 《离骚》。
② 《论语・宪问》。
③ 《龟虽寿》。
④ 《汉书・董仲舒传》。

由主义、人道主义为底蕴的思想，都不过是国家、民族、民众利益至上的集体主义的一种变形。只是这种具有浓厚民族色彩的集体主义，其对整体利益的关注往往更胜于对个性人格和个体价值的关注，而不似俄罗斯传统文化中那种集体与个体常常处于极度分裂状态的集体主义。

就人文主义来看，在中国传统文化中，人文主义通过"仁者爱人"中的与民同乐、以民为本的思想体现出来。这种"民本"思想，强调"国"非抽象符号，而是百姓组成的实体；"国"不仅是君子的"家天下"，更是民众生存的家园。因此，"爱民"即是"爱国"，"爱国"体现在"爱民"上。这种"民本"思想，奉劝当权者不要沉溺于一己利益的追求，而应以天下万民的利益为重，因此，"民惟邦本，本固邦宁"。从老子"圣人无常心，以百姓心为心"[1] 的认知，到孔子"因民之所利而利之"[2] 的"仁政"，从孟子"民为贵，社稷次之，君为轻"[3] 的诉求，到荀子"君者，舟也；庶人者，水也。水则载舟，水则覆舟"[4] 的告诫，从屈原"哀民生之多艰"[5] 的浩叹，到黄宗羲"盖天下之治乱，不在一姓之兴亡，而在万民之忧乐"[6] 的感慨，传统文化中重民心向背、顺民意施政、问民生苦乐的理论，既是有良知的中国知识分子恒久的精神追求，又是中国传统文化中人文主义的充分体现。至于近代从改良运动时期到新文化运动时期，中国先进的知识分子和早期革命家们[7]，在批判封建道德的同时，极力弘扬个性主义的价值，将个性独立发展的前提指向群体的普遍幸福，"把个性主义与博爱主义结合起来"，并将"互助与爱上升为民族与国家之间的关系原则"[8]，强调为减轻民众的疾苦，为改善民众的生存状况，要"不惜于献自己的一生"[9] 的献身精神[10]等理论，则既是对中国传统人本主义文化遗产的继承，又为它赋予了近代西方人道主义和启蒙思想的时代之素。只是这种具有浓厚民族色彩的人本主义，

---

[1] 《老子》第四十九章。
[2] 《论语·尧曰》。
[3] 《孟子·尽心下》。
[4] 《荀子·王制》。
[5] 《离骚》。
[6] 《明夷待访录·原臣》。
[7] 从康有为、严复、梁启超，到邹容、孙中山等，莫不如此。
[8] 高瑞泉主编：《中国近代社会思潮》，39页。
[9] 同上书，40页。
[10] 如李大钊、鲁迅等，莫不如此。

第七章 断裂复古与传承创新："文化意识"比较

出于现实的考虑，对中国传统人本主义及其道德观更具否定色彩，而与俄罗斯传统文化中那类需要以宗教名义去维护"人道"的人本主义不同。

当然，就中俄两国各自的传统文化来看，其相似处与差异性还有很多，但上述几点，却是其主要方面。

由于哲学是民族文化传统内核的高度概括和集中展现，所以民族文化之历史的长短在一定程度上决定了哲学与文化传统之间的亲疏远近关系。

俄罗斯民族的文化历史只逾千年，其传统哲学只具有民族文化传统的印迹。与此不同，中华民族的文化历史已逾五千年，其传统哲学与传统文化是二而一的关系。俄罗斯传统文化虽然具有浓厚的东方色彩，但因俄罗斯介于东西方之间，其文化在历史上主要是借鉴和吸收其他民族的文化，从而被打上了深深的"欧亚双重性"烙印。与此不同，源远流长的中国传统文化，虽然在历史长河中始终具有开放的元素，并在一定程度的开放中实现了与其他民族文化的融合①，但是作为典型的东方国家，独立形成的中国传统文化无疑具有更为明显的本土特征和更为浓厚的民族色彩。与之相应，作为本土文化抽象思维的结晶并历经两千多年独立发展的中国传统哲学，无论先秦时代的百家争鸣还是汉代的独尊儒术，无论宋元时代的理学体系构建还是明清时代对传统哲学的总结，始终存在相对集中的哲学论争主题，如先秦之际的"天人之辩""名实之辩"、魏晋之际的"动静之辩"、隋唐之际的"心物之辩"、宋元之际的"理气之辩"或曰"道器之辩""知性之辩"等。与之相应的是：中国传统哲学关于世界本原、统一和发展的本体论思想，如天道观的探讨、动与静的争论；关于人生和为人之道的人道观探讨，如孔子政治上"克己复礼"与道德上"仁知统一"的理想人格，孟子关于仁义礼智的"四端"说，董仲舒关于仁义礼智信的"五常"论，韩愈关于"修齐治平"的"内圣外王"之道等；关于认识的来源、可能、能力等认识论研究，如形神关系论、格物致知论、知行关系论等；关于人类自身思维形式及其规律的逻辑学探究，如《墨经》中关于说、辩、类、推的探究，名家对概念的内涵和外延的界定，儒家的"正名"要求等；关于认识世界与实践活动的方法论探寻，如阴阳二气、相反相成、物极必反、一物两

---

① 1—8世纪的第一次文化交流，集中体现为汉唐时期的通西域。16世纪末至18世纪初的第二次文化交流，集中体现为明清时期的下西洋。

比较研究：当代俄罗斯哲学与中国马克思主义哲学

体、推陈出新等。中国传统哲学的本体论、人道观、认识论、方法论思想，在证明中国哲学历史悠久的同时，也渗透着民族主义、爱国主义、理想主义、集体主义、人本主义的传统文化气息，从而表明较之俄罗斯传统哲学，中国传统哲学与传统文化之间具有更为密切的关系。

近代以来，中俄两国尽管在"向西开放"中有"被动"与"主动"之别，但都开始了"向西学习"的历程。与之相应，近代俄罗斯爆发了斯拉夫主义与西方主义的激烈争论，近代中国则在中国文化和西方文化的源与流、本与末、体与用、优与劣等问题上形成了争辩热潮。在这场争辩中，具有两千多年漫长历史的儒学理论，在先后历经了从人格革命[1]到帝王革命[2]再到公民革命[3]的历程之后，终于完成了对自身的三次否定[4]。然而，中国传统文化（主要是儒家文化）在近代的跌落，并不意味着中国传统哲学的消解。相反，自宋明以来，由理气（道器）之辩演变而来的近代历史观争论，在回答"中国向何处去"时，探讨了变异、进化、革命等问题。[5] 自唐宋以来，由心物（知行）之辩演变而来的近代认识论争论，在结合古今中西和"中国向何处去"之争时，从唯物论、朴素辩证法、经验论等角度，研究了知与行的问题。[6] 由古代名实之辩演变而来的近代逻辑学思想争论，在结

---

[1] 春秋时期的"礼崩乐坏"，需要统治者"以德为政"。于是，在"亲情人伦"的感召中，孔子实现了由"君子修养"到"人格完善"的转换，以实现"公天下的大同之治"。

[2] 暴秦以后建立的大一统国家，需要对专制君主的绝对服从。于是，在"王道专制"的呼唤中，专制帝王实现了由孔子的"圣王"向专制的"王圣"，由"孝亲"为上的"五伦"人格道德向"忠君"为上的"三纲"的转变，以便巩固其专制统治。

[3] 辛亥革命推翻了帝皇专制，需要民主自由的社会制度。于是，以孙中山为代表的近代资产阶级，在"民主政宪"中发起并实现了"革命尚未成功，同志仍需努力"的民主革命。

[4] 第一次否定始自鸦片战争以后，从先进儒生们的"师夷制夷""中体西用"，到清末新政的废除科举，这一国家指导思想的重大改变表明：以读经为核心的儒学，已难以继续担当指导国家政治的重任。第二次否定始自辛亥革命以后，革命后建立的共和国废除祭孔，废除读经，学校教育的内容完全是现代的。第三次否定始自五四运动时期，"打倒孔家店"在对儒学残余作战时，彻底关闭了孔家店。

[5] 龚自珍、魏源等强调变异，康有为、严复等主张进化，陈独秀、李大钊等则主张革命。

[6] 王夫之从唯物论出发，将认识过程理解为知与行、理性与感性的统一；魏源既反对空谈理性也不满汉学专搞训诂，强调实践观察；严复、康有为、谭嗣同、章太炎、孙中山强调开民智；胡适讲实用主义、梁漱溟讲王学和柏格森主义、冯友兰讲新实在论和新理学，"他们分别夸大了认识过程中的经验、直觉（意欲）或理智（思维）的环节"（冯契：《中国近代哲学的革命进程》，见《冯契文集》，第 7 卷，21 页，上海，华东师范大学出版社，1997）。

第七章 断裂复古与传承创新："文化意识"比较

合社会原因如封建专制强大、认识论原因如占统治地位的理学尚空谈性理，分析了中国传统哲学与西方哲学在逻辑思维方式上的差异。[①] 由传统天人之辩演变而来的近代人道观争论，则结合时代需要论证了人的自由以及培养理想人格的问题。[②] 这些表明，近代中国哲学既传承了中国古代哲学的传统，又在封建社会日趋没落之时，顺应时代需要，将中国古代哲学与西方近代哲学的思想资源结合起来，使中国传统哲学具有时代气息，并在与社会思潮的互动中[③]，一度成为政治革命的先导。

二、传承与缺憾：改革开放前的中国马克思主义哲学

从新中国诞生到改革开放前，中国马克思主义哲学虽然深受苏联教科书式马克思主义哲学的影响，但并未完全陷于盲目追捧的极端。相反，它在努力将马克思主义哲学与中国革命和建设的实践相结合，在与中国传统文化的冲突和融合中，形成了鲜明的民族特色。

因此，当谈论改革开放前中国马克思主义哲学的文化意识时，我们不能不承认中国马克思主义哲学研究者，在致力于将马克思主义哲学中国化、大众化的过程中，其成果所体现的对中国优秀文化传统的传承要素。我们不仅可从李达、杨献珍、艾思奇等著名哲学家对一些中国古

---

① 近代中国人在接触西方文化中发现，中国传统哲学与西方哲学在逻辑思想上存在明显差异：前者较早地发展了朴素辩证逻辑，后者较早地发展了形式逻辑，这种逻辑思维方式上的差异是中国人思维方式的弱点。因此，近代以来的思想家都强调学习西方的形式逻辑。徐光启翻译《几何原本》，强调数学方法的重要性；康有为注意到方法论的近代化问题；严复赞誉培根的归纳法，强调中国人要自强必须抛弃经学方法而学习西方的形式逻辑，其翻译的《穆勒名学》使传统名实之辩变为近代逻辑学论争；章太炎则注重形式逻辑的演绎法。（参见冯契：《中国近代哲学的革命进程》，见《冯契文集》，第7卷，22～24页）

② 在自由问题上，龚自珍崇尚"心之力"，谭嗣同主张以"心力挽劫运"，章太炎强调"依自不依他"，他们都认识到自由、平等、博爱与意志自由相关，并形成了近代的唯意志论传统。在理想人格问题上，龚自珍期望"不拘一格降人才"，梁启超强调民众"自新"在于既养成独立自尊人格又树立国家、群体观念，他们都将理想人格平民化而不赞成朱熹培养"醇儒"的主张。（参见上书，26～30页）

③ 一方面，中国近代哲学走出了书斋、象牙塔，直接演变为社会思潮。另一方面，社会思潮或深或浅地包含有哲学意蕴，例如，"自由主义者常倾心于英美经验论或实证论（包括杜威哲学），崇拜工具理性；激进主义思潮的内核是马克思主义的历史辩证法；而文化保守主义如现代新儒家则较多地取法于宋明理学与欧洲大陆哲学，包括非理性主义（如柏格森的直觉主义）"（高瑞泉主编：《中国近代社会思潮》，20页）。

481

比较研究：当代俄罗斯哲学与中国马克思主义哲学

代哲学和文学典故的自如运用、对百姓语言的灵活选用中看到这一点，还可从一般哲学工作者在实际的教学和研究中，对教科书哲学通俗生动的讲解、对深奥哲理明白畅晓的解读中发现这一点。

然而，改革开放前的中国马克思主义哲学研究者被要求经常与头脑里的保守落后思想做斗争，需要随时清理教学与研究中的"封建文化残余"。改革开放前的中国马克思主义哲学研究受制于意识形态的强力控制，必须以领袖意志为转移，并且深受苏联马克思主义哲学模式的影响。因此，在整体上，谈不上对中国传统文化有多大的传承。有鉴于此，我们只能选取这一时期最具代表性且最具民族特色的中国马克思主义哲学——毛泽东哲学，作为文化意识的传承对象，以便"管中窥豹"，看清这一时期的中国马克思主义哲学，是如何传承中国传统哲学和传统文化的，以及存在哪些缺憾与不足。

无疑，中国现代哲学革命的完成，是以毛泽东哲学的诞生为标志的。

在中国革命战争时期，以毛泽东为代表的中国共产党人致力于将马克思主义理论与中国革命实践相结合，高度重视"中华民族新文化"的探索。在对待外国文化的问题上，毛泽东既反对一概拒绝的排外主义，又反对盲目搬用的崇洋主义，而强调"以中国人民的实际需要为基础，批判地吸收外国文化"，作为"发展中国新文化的借镜"①。与此一样，在对待中国古代文化的问题上，尽管毛泽东"看到中国古老的、不易改变的思想方式是中国进步的障碍，但他并不主张用'全盘西化'来作为一种补救方法"②，而是既反对一概否定的历史虚无主义，又反对盲目推崇的历史复古主义，强调"批判地接收它，以利于推进中国的新文化"③，即民族的、科学的、大众的新民主主义文化。毛泽东强调，新民主主义文化是"洋为中用"和"古为今用"的统一。因此，必须既批判"全盘西化"，使"中国文化应有自己的形式，这就是民族形式"，又"清理古代文化的发展过程，剔除其封建性的糟粕，吸收其

---

① 毛泽东：《论联合政府》，见《毛泽东选集》，2 版，第 3 卷，1083 页，北京，人民出版社，1991。
② [美] 斯图尔特·R. 施拉姆：《毛泽东的思想》，田松年等译，8 页，北京，中国人民大学出版社，2005。
③ 毛泽东：《论联合政府》，见《毛泽东选集》，2 版，第 3 卷，1083 页。

第七章 断裂复古与传承创新:"文化意识"比较

民主性的精华"①。毛泽东对中国新民主主义文化吸取传统文化精华的强调,既表明了中国共产党人对中国传统文化的扬弃而非抛弃的科学态度,又阐明了中国传统文化对于社会主义文化建设的必要性和价值。

毛泽东在"文化大革命"时期对传统文化、儒家学说有过某些偏激言论和否定结论,一些人据此断言毛泽东全盘反对传统,其哲学谈不上传承中国传统文化。然而,晚年毛泽东将中国传统文化划分为"封建主义的"与"民主的"两类,并视正统的儒家为前一类,视墨家、法家、儒学异端为后一类。由此来看,毛泽东并未全盘反对传统文化,而只是对传统文化的具体内容、文化价值取向的认同发生了改变,即由正统的儒家思想转向了非正统的思想。这种"转向",虽然与毛泽东在现实政治中的需要相吻合,但并不表明他放弃了传统文化,更不表明他是"全盘反传统"的。这种"转向",不过是表明毛泽东试图"以新的立场观点去重释传统,重构传统"② 而已。因此,尽管从表面上看,毛泽东哲学与传统儒家学说之间,因属于两种意识形态而似无共同点,但是"谁要是不懂得一些儒家思想的传统,他就不能理解毛泽东思想"③ 却是不争的事实。通观毛泽东哲学,我们更不难发现,儒家经世致用的"实事求是之学"、伦理化认识论的"知行之辩"、"大同社会"的价值理想、"内圣外王"的思维模式、民本主义的"仁政"观念,都曾对其产生影响。毛泽东在坚持马克思主义唯物论和辩证法的理论基础上,通过吸取中国传统哲学和传统文化的命题、范畴、义理,使其哲学无论在致思趋向④、基本精神⑤上,还是在理论内容⑥、表达形

---

① 毛泽东:《新民主主义论》,见《毛泽东选集》,2版,第2卷,707页,北京,人民出版社,1991。
② 何显明、雍涛:《毛泽东哲学与中国文化精神》,90页。
③ [美]费正清:《美国与中国(第四版)》,张理京译,41页,北京,商务印书馆,1987.
④ 中国传统哲学缺乏自然本体论的思辨,没有多少对自然及其规律的理性抽象,思域专注于"经邦纬国、济世安民"的政治伦理哲学。毛泽东哲学延续了这一哲学传统,只是其哲学思考的对象由传统的政治伦理哲学转变为了中国革命和建设的实践经验。
⑤ 中国传统哲学没有单纯的本体论,而是奉行本体论与方法论对接的"体用合一"原则。毛泽东哲学延续了这一基本精神,强调并致力于将马克思主义哲学的世界观转化为具体的思想方法、工作方法。
⑥ 中国传统哲学不热衷逻辑抽象思辨,而注重实践理性,主张主体的"躬行践履"。毛泽东哲学延续了这一类似经验论的理论方式,将实事求是、知行的统一、理论与实践的统一,视为最为重要的认识论、方法论内容。

式①上，都充分体现出它与中国传统哲学和传统文化的内在联系，从而在鲜明展现马克思主义哲学的中国风格和中国气派中，实现了对中国传统哲学和传统文化的传承。

毛泽东哲学对中国传统哲学和传统文化在致思趋向、基本精神、理论内容、表达形式等方面的传承，具体体现为：

其一，深沉的传统爱国主义情怀。传统爱国主义在毛泽东哲学中的体现为：毛泽东哲学的价值指向是，为解答"中国向何处去""民族怎样独立""人民如何获得解放"而致力于探索马克思主义的中国化；毛泽东哲学对传统哲学经世致用的"实事求是之学"进行新解，对传统伦理化认识论的"知行之辩"进行改造。这种"新解"是，毛泽东在批判教条主义与经验主义中，运用中国传统术语"实事求是"去概括和反映马克思主义哲学的基本立场、观点、方法；在将中国传统文化的求真务实学风，改造为本体论与方法论、自然观与历史观、世界观与人生观相统一的哲学理论，从而在充分体现传统哲学的实践理性特质中，使马克思主义哲学具有了强烈的应用性和实践性。这种"改造"是，毛泽东哲学的认识论，在扎根于传统哲学知行观土壤的同时，既批判了程朱理学"重知轻行"的唯心论，又扬弃了颜李学派②"重行轻知"的经验论，将辩证法引入知行关系的探讨，在知与行的相互渗透、相互影响、相互作用的动态发展过程中揭示其辩证关系，得出"主观和客观、理论和实践、知和行的具体的历史的统一"③是能否实现马克思主义普遍真理与中国具体实践相结合的关键和根本原则的结论。"新解"和"改造"为中国人科学地认识中国的社会、民众、历史、传统，并将这种认识付诸行动，提供了理论引领。毛泽东通过这种对传统哲学和传统文化致思趋向、基本精神、理论内容、表达形式的传承，表明了自己对中国五千年传统文化的深厚情感，表明了毛泽东哲学在理论内涵上与中国传统哲学和传统文化的血脉渊源关系。

其二，浓烈的传统理想主义色彩。这种理想主义表现为，毛泽东哲

---

① 中国传统哲学善于借助生动、形象、比喻、寓意等形式，用语录、格言等言简意赅的方式，在表达对人生、社会的体验中阐释哲理。毛泽东哲学直接传承了中国传统哲学的语言风格，其著述言谈中随处可见的历史典故、成语、谚语、俚语、习语，不仅使玄妙深奥的哲理变得通俗易懂，而且让百姓喜闻乐见。
② 清初由北方著名学者颜元与李塨创立。
③ 毛泽东：《实践论》，见《毛泽东选集》，2版，第1卷，296页，北京，人民出版社，1991。

第七章　断裂复古与传承创新："文化意识"比较

学的价值目标具有中国传统文化"大同社会"的理想成分。财产公有、男女平等、幼有所养、老有所依，既是中华民族对理想社会的企盼，也是伴随毛泽东一生的理想。作为马克思主义理论与中国实际相结合之结晶的毛泽东哲学，高扬共产主义的理想价值，强调"惟独共产主义的思想体系和社会制度，正以排山倒海之势，雷霆万钧之力，磅礴于全世界，而葆其美妙之青春"[1]，宣告"我们的将来纲领或最高纲领，是要将中国推进到社会主义社会和共产主义社会去的，这是确定的和毫无疑义的"[2]。毛泽东思想深刻理解中国百姓内心深处对"大同社会"的憧憬向往，通过比较中国传统"大同社会"与马克思主义"未来社会"，指出两者具有体现"极端贫苦农民广大阶层梦想平等、自由，摆脱贫困，丰衣足食"[3]社会愿望的共性。于是，毛泽东哲学从理论上巧妙结合马克思主义的"共产主义"理想与中国传统文化的"大同社会"观念，通过一种民众喜闻乐见的共产主义形式，将马克思主义置于中国传统文化土壤，通过"唤起工农千百万，同心干"[4]的革命实践和"一大二公"的建设实践[5]，实现了对中国传统文化理想主义的传承。

其三，强烈的传统道德主义气息。这种道德主义表现为，毛泽东哲学的伦理诉求打上了中国传统文化"内圣外王"思维模式的印记。孔子的"我欲仁，斯仁至矣"[6]、孟子的"浩然之气"[7]、张载的"大其心则能体天下之物"[8]等以道为己任的传统文化，将锤炼陶冶主体之道德人格视为认识与实践的根本前提，它在对主体道德人格的高扬中所彰显的传统哲学伦理本位主义，为毛泽东欣赏并吸收。于是，在毛泽东哲学中，传统文化"重义轻利"的伦理观被改造为"全心全意为人民服务"[9]的道德理想，传统文化以群体为本的"大一统"价值取向被改造

---

[1] 毛泽东：《新民主主义论》，见《毛泽东选集》，2版，第2卷，686页。
[2] 毛泽东：《论联合政府》，见《毛泽东选集》，2版，第3卷，1059页。
[3] 《建国以来毛泽东文稿》，第7册，628页，北京，中央文献出版社，1992。
[4] 毛泽东：《渔家傲·反第一次大"围剿"》。
[5] 新中国成立以后，从"人民公社"到"大寨模式"，毛泽东推行的一系列社会主义建设举措，无不显露出传统大同社会的理想色彩。
[6] 《论语·述而》。
[7] 《孟子·公孙丑上》。
[8] 《正蒙·大心篇》。
[9] 在《为人民服务》(1944)、《论联合政府》(1945)、《坚持艰苦奋斗，密切联系群众》(1957)等文中，皆有所述。

为"个人利益服从集体利益"① 的道德原则，传统文化"士志于道"②的弘道传统和"苟利社稷，生死以之"③ 的爱国情怀被改造为"五爱"和"尊重社会公德"④ 的道德规范，传统文化"贵人、尽性、无类"的教育观念⑤被改造为"用共产主义理想教育人民"⑥ 的道德教育理念，传统文化"三省吾身"⑦、推己及人等自我道德修养以及"修齐治平"的人生价值观被改造为提高自觉能动性、改造主观世界、注重个人的道德修养、提高个人的道德境界，做有共产主义道德的人的道德实践⑧。这样，毛泽东哲学在道德层面，将马克思主义的共产主义道德标准与中国传统文化的理想人格理论有效融合，通过系统阐释道德理想、道德原则、道德规范、道德教育、道德修养、道德实践等理论，从价值论、伦理观、认识论等层面，传承了中国传统文化的道德理想主义。

其四，厚重的传统民本主义思想。在毛泽东哲学中，群众史观、人民主权思想是其民本主义政治哲学的核心。但这一思想却与中国传统文化的民本主义有着天然的联系。作为一位信仰马克思主义革命理论的政治家，毛泽东认同几千年来民众抗争社会不公之史；作为一位了解马克

---

① 在《关心群众生活，注意工作方法》（1934）、《中国共产党在民族战争中的地位》（1938）、《整顿党的作风》（1942）、《论十大关系》（1956）等文中，皆有所述。

② 《论语·里仁》。

③ 《左传·昭公四年》。

④ 1949 年 10 月毛泽东为《〈新华月报〉1949 年创刊号的题词》"爱祖国、爱人民、爱劳动、爱护公共财产为全体公民的公德"。同期《新华月报》还发表了毛泽东亲自起草并经中国人民政治协商会议第一届全体会议通过的《中国人民政治协商会议共同纲领》，其第 42 条规定："提倡爱祖国、爱人民、爱劳动、爱科学、爱护公共财物为中华人民共和国全体国民的公德。"（中共中央文献研究室编：《建国以来重要文献选编》，第 1 册，11 页，北京，中央文献出版社，1992）

⑤ 中国教育史撰写第一人黄绍箕在《中国教育史》一书中指出："古圣人教育大义有三：一曰贵人，二曰尽性，三曰无类。虽帝王迭兴，文质相代，周衰礼废，庠序不修，而此三义未之或湮也。"（转引自薛明扬主编：《中国传统文化概论》中，658～659 页，上海，复旦大学出版社，2000）。

⑥ 《新民主主义论》（1940）、《关于正确处理人民内部矛盾的问题》（1957）等文中皆提及此。

⑦ 《论语·学而》。

⑧ 这一点，不仅从毛泽东早年关于改造和普及哲学伦理学的主张、"新民"的道德实践中可见，而且在他《关于纠正党内的错误思想》（1929）、《纪念白求恩》（1939）、《在延安文艺座谈会上的讲话》（1942）、《为人民服务》（1944）、《愚公移山》（1945）、《关于正确处理人民内部矛盾的问题》（1957）等文中皆有论述。

第七章 断裂复古与传承创新:"文化意识"比较

思主义历史观的理论家,毛泽东深知人民是历史发展的动力之理;作为一位志在人民解放事业的实践者,毛泽东熟知将人民利益置于何处的重要性;作为一位深受传统文化熏陶的哲学家,毛泽东深谙"水可载舟,亦可覆舟"之道。于是,传统文化为民、惠民的民本意识在毛泽东政治哲学中体现为,要以"全心全意为人民服务",作为执政党的理论宗旨和衡量共产党员是否合格的标准。传统文化乐民、忧民的民心思想在毛泽东政治哲学中体现为,要以"一切从人民的利益出发",要以是否符合人民的利益和愿望,作为决定党的路线、方针、政策、策略的基点。传统文化爱民、亲民的平民观念在毛泽东政治哲学中体现为,"一刻也不脱离群众"[①]、"向人民负责。每句话,每个行动,每项政策,都要适合人民的利益"[②] 的责任意识,警惕"党内的骄傲情绪,以功臣自居的情绪,停顿起来不求进步的情绪,贪图享乐不愿再过艰苦生活的情绪"[③] 的滋长,强调共产党是"民众的朋友,而不是民众的上司,是诲人不倦的教师,而不是官僚主义的政客"[④]。传统文化重民、贵民的治国理念在毛泽东政治哲学中体现为,"人民,只有人民,才是创造世界历史的动力"[⑤] 的历史主体观,体现为将人民群众视为现代民主政体的建设主体、视为一切政治权威的终极源泉等价值理念和实践主张。传统文化仁民、信民的策略方法在毛泽东政治哲学中体现为,尊重群众的首创精神、"信任人民"、"依靠人民"[⑥]、爱护人民、尊重人民,以及要善于宣传群众、发动群众、组织群众,要走"从群众中来,到群众中去"[⑦] 等一整套群众路线的理论。由此,毛泽东哲学在政治层面,将马克思主义的群众史观、人民主权思想、人道主义精神与中国传统文化的民本思想相结合,通过全面论述中国共产党的理论宗旨、路线策略、执政理念、主体动力、群众路线等理论,从历史观、方法论、认

---

① 毛泽东:《论联合政府》,见《毛泽东选集》,2版,第3卷,1094页。
② 毛泽东:《抗日战争胜利后的时局和我们的方针》,见《毛泽东选集》,2版,第4卷,1128页,北京,人民出版社,1991。
③ 毛泽东:《在中国共产党第七届中央委员会第二次全体会议上的报告》,见《毛泽东选集》,2版,第4卷,1438页。
④ 毛泽东:《中国共产党在民族战争中的地位》,见《毛泽东选集》,2版,第2卷,522页。
⑤ 毛泽东:《论联合政府》,见《毛泽东选集》,2版,第3卷,1031页。
⑥ 同上书,1096页。
⑦ 毛泽东:《切实执行十大政策》,见《毛泽东文集》,第3卷,71页,北京,人民出版社,1996。

识论等角度,传承了中国传统文化的民本主义思想。

毛泽东哲学吸取中国传统哲学的"实事观"① 而在本体论上传承了传统唯物论,吸取中国传统哲学的"知行观"② 而在认识论上传承了传统认识论思想,吸取中国哲学的阴阳辩证法、"一分为二"、"相反相成"而在方法论上传承了传统辩证法,汲取中国传统哲学的"荣辱、礼义"观③而在历史观上传承了古代朴素唯物史观,体现了其哲学中民族文化元素所蕴含的文化意识。鉴于学界既有的毛泽东哲学研究成果着墨甚多,在此不再赘述。

尽管如此,我们又不能不承认,由于政治环境、时代局限、传统影响、主体认知等原因,以毛泽东哲学为代表的中国马克思主义哲学的文化意识也存在诸多缺憾与不足。这主要体现为:以"实事求是"传承"经世致用"文化传统,因过于强调实用性,其爱国主义隐含着强烈的功利化色彩;以共产主义的奋斗目标和现实运动传承"大同社会"文化传统,因对主观意志和主体能动性的过于强调与夸大,其理想主义渗透着空想意识;以"具体的、历史的统一"传承"知行合一"文化传统,因过于强调以共产主义道德人格的塑造④代替实践之"行",其道德哲学具有"消知归行"片面性⑤,同时,又因以是否投入政治运动、阶级斗争作为实践的唯一内容,其道德哲学具有强烈的意识形态性和贬低知识文化价值的极端性⑥;以人民主权思想传承"民本思想"文化传统,因以阶级斗争为纲而混淆了社会学与政治学的官僚主义,其政治哲学有着崇尚"大民主"式民众集体造反形式,以及走向"反资产阶级法权"

---

① 荀子的"天行有常"、王充的"疾虚妄"、范缜的"神不灭"批判、张载的"气一元论"等,都体现出这种"实事观"。
② 《尚书·说命中》的"知之非艰,行之惟艰",程颐、朱熹、陆九渊的"知先行后",以及后人的"知难行易"与"知易行难"之争、"知行合一"论等,都对此进行了说明。
③ 以管仲的"仓廪实则知礼节,衣食足则知荣辱"最具代表性。
④ 为了确立无产阶级的世界观和共产主义的人生道德观,必须斗私批修,狠斗私字一闪念,在灵魂深处爆发革命,进行脱胎换骨的改造。
⑤ 这在晚年毛泽东思想中表现得最为直接和明显。
⑥ 这一点,从新中国成立以后的历次政治运动如反右派斗争、"文化大革命",以及历次文化批判运动(如文艺界对电影《武训传》、《红楼梦》研究、胡风文艺思想等的批判;史学界对《武训传》、胡适思想、华岗史学观、翦伯赞吴晗历史观等的批判;哲学界则除了新中国成立初期对《武训传》、胡适思想、梁漱溟文化保守主义、胡风文艺思想中的唯心主义批判,还包括其后对杨献珍"合二为一"的批判等)中,皆可看到。

第七章　断裂复古与传承创新："文化意识"比较

等偏激性，同时，又因在现代人民主权理论与传统民本思想之间界限理解上的含混，其在"惠民、护民"中突出的民众民主和致力于培养"清官"的政治实践，难免德治、人治的影响和危险。

虽然毛泽东哲学的文化意识有着上述缺憾与不足，但是我们必须看到和承认，它对中国传统哲学和传统文化的传承是主流。更重要的是，这种传承创造了将马克思主义哲学中国化的典范，即提炼百姓丰富的生活经验，用中国百姓了解、熟知、喜欢的典故、成语、俗语、俚语等语言方式，阐释和表达欧化的马克思主义哲学，从而在将中国优秀的传统哲学和传统文化与马克思主义哲学的融合贯通中，将深奥的哲理转换为具有中华民族特色、为民众能够接受并乐于接受的理论——中国化的马克思主义哲学。这就是毛泽东哲学文化意识的价值所在。

如果将苏联马克思主义哲学与改革开放前的中国马克思主义哲学（以毛泽东哲学为代表）的文化意识加以比较，那么我们就可以发现，两者之间虽然具有诸多共性，但又存在不少差异。

就过程看，尽管两者都曾由于政治意识形态之因而对各自的传统哲学和传统文化基本采取了批判、否定的政策，但这种"批判与否定"的路径却不尽相同。苏联马克思主义哲学经历了从先前的简单否定和直接抛弃（斯大林当政时期），到后来的暗中接受和悄然研究（赫鲁晓夫及其继任者主政时期），及至自由民主和多元放开（戈尔巴乔夫当政至苏联解体时期）的过程。中国马克思主义哲学（主要是毛泽东哲学）则经历了"重在吸取"（新中国诞生前的青年、中年毛泽东时期），到"重在批判"（新中国诞生后到"文化大革命"时期），再到全面收缩[①]的过程。

就形式看，尽管两者都对各自的传统哲学和传统文化有所传承，但传承的方式却不尽相同。苏联马克思主义哲学，以或变异或间接或赤裸的方式，实现了对俄罗斯的传统唯物主义、斯拉夫主义、宗教哲学、传统欧亚主义、传统俄罗斯思想等思潮与理论中所体现的民族文化传统的传承。中国马克思主义哲学尤其是毛泽东哲学，则以或直接或变化或拒斥的方式，实现了对中国的传统儒家、墨家、道家、法家等思想中所彰显的民族文化元素的传承。

---

① 尽管"文化大革命"期间毛泽东提倡和赞美传统法家思想，但这并不代表他的基本价值取向，即他对以儒家为代表的主流传统文化所秉持的根本否定立场。

就内容看，尽管两者的传承都没有离开爱国主义、理想主义、道德主义、人本主义等基本内容，但各自国情、历史、文化传统等的差异却致使各自传承的内容不尽相同。在苏联马克思主义哲学中，爱国主义、理想主义、救世主义，都或多或少地与斯拉夫主义强烈民族意识中弥漫的大国沙文主义相联；中国马克思主义哲学尤其是毛泽东哲学，其视界基本限于本国、本民族，没有也不受这类东西的浸染。苏联马克思主义哲学中的理想主义，若以20世纪50年代中期为界，之前以革命形式表现的理想主义，主要与俄罗斯传统文化尤其是宗教哲学文化的精神至上性崇拜情结相关，之后以人道主义形式表现的理想主义，则更多地与俄罗斯传统文化中的浪漫人文主义相联；中国马克思主义哲学尤其是毛泽东哲学，尽管具有强烈的理想主义甚至空想主义的元素，但受"经世致用"传统哲学和传统文化的熏陶与影响，其理想主义中更多贯穿的是，强调从中国实际国情出发、解决中国现实问题的实用性和实证性。后斯大林时期的苏联马克思主义哲学，为适应苏联当局掩盖社会矛盾的需要，热衷对矛盾同一性的论证；毛泽东哲学则热衷运用矛盾的斗争性理论去认识与解决社会矛盾和问题。至于苏联马克思主义哲学中的人文主义，除了本土文化传统的元素，还因受到西方哲学文化的影响而兼具西方元素，这与毛泽东哲学主要来自中国传统民本意识从而具有强烈的本土色彩亦不相同。

改革开放前以毛泽东哲学为代表的中国马克思主义哲学对中国传统哲学和传统文化的传承，为改革开放后的中国马克思主义哲学在吸取先辈文化意识上的经验与教训中创新中国马克思主义哲学提供了极其有效的启迪。沿着先辈开创的马克思主义哲学中国化之路，改革开放后的中国马克思主义哲学，在将中国传统哲学和传统文化融入时代精神中，踏上了致力于使马克思主义哲学真正成为"中国的哲学"之新途。

三、传承与创新：改革开放后的中国马克思主义哲学

改革开放既为中国传统哲学和传统文化走向世界，让国际学界了解与认识中国传统哲学和传统文化，承认其对世界文明的贡献和对人类社会发展的价值提供了契机，也向中国马克思主义哲学提出了新的要求，即通过传承民族文化优秀传统，走出中国马克思主义哲学的创新之路，使其既被民众真正接受，又为改革开放提供有效导航。30多年来，中

国马克思主义哲学界通过吸取中国传统哲学和传统文化的精华,在凸显文化意识中,在一定程度上融合马克思主义哲学与中国传统哲学精华的过程中,既彰显了中国马克思主义哲学的民族特色,又展现了不同于当代俄罗斯哲学的文化意识。

(一)中国传统哲学和传统文化:当代中国马克思主义哲学文化意识的基本维度

学界尽管对于如何利用中国传统哲学和传统文化来构建当代中国马克思主义哲学的看法不尽一致,但是却普遍赞同中国传统哲学和传统文化对于构建当代中国马克思主义哲学所具有的价值。

欲知大道,必先为史。这个"史",既指中华民族的发展历史,也包括中华民族悠远绵长的传统哲学和传统文化。

改革开放以前相当长的时期内,中国马克思主义哲学因政治意识形态的关系而忽略了对中国优秀的传统哲学和传统文化的吸取;改革开放以来,不少人仍然抱有"传统与现代势不两立"的认知偏见。针对以上事实,学界辩证地指出:一方面,中国传统哲学和传统文化属于历史,具有极大的被动适应性,中国传统哲学和传统文化中有代表自然经济、专制集权、愚昧迷信的封建糟粕,它们使"传统"在一定程度上成为民族精神脊背上的沉重负担,因而其能否适应当代中国的价值选择,能否为当代中国马克思主义哲学人文精神的重塑提供理论创新的资源,是尚需考察的问题;另一方面,我们又必须看到与承认那些代表民族精神、民族智慧的哲学和文化是"传统"中的瑰宝,是中华五千年文明中最富生命力的东西。中国传统哲学和文化思想的厚重性、典型性,始终为中华民族引以为豪。其理论的影响力、感染力,始终是维系国家统一和民族团结的精神纽带。这种思想和理论,与现代精神和现代思维,不是非此即彼的对立,而是具有通融性与互补性,在本质上不会随着时代变迁、时序更替而走远和消亡,反而因其在中华民族长久、艰难的奋斗历程中,不断转换为前行的不竭动力而具有永恒活力和持久魅力。中华民族正是在这种传统哲学和传统文化的光耀下,创造了自己辉煌灿烂的文明文化,并且也将继续沿着这条文明、文化之旅,在与现代精神接轨与学习借鉴国外优秀的文明和文化中使传统日进日新。

马克思主义哲学既是历史的思想,又是思想的历史。它不仅"活在当下"即具有时代性,而且"激活过去"即具有历史性。当代中国马克思主义哲学恢复理论的自信与自觉，必须将其"根"植于中国传统哲学和传统文化之土。否定传统哲学和传统文化，意味着中国马克思主义哲学的无根；没有传统哲学和传统文化的合理内涵与积极因素的支撑，预示着中国马克思主义哲学源头的枯竭。中国马克思主义哲学的无根与枯竭，将直接导致其理论之自信、自觉的丧失。因此，坚持中国马克思主义哲学的文化意识，首先需要在肯定传统哲学和传统文化之价值的基础上，传承"凝聚着中华民族自强不息的精神追求和历久弥新的精神财富"[①]的中国优秀的传统哲学和传统文化。中国马克思主义哲学构建的目的是，为中国特色社会主义建设提供理论引领；中国马克思主义哲学构建的实质是，培育和弘扬民族精神的灵魂。两者都基于中国国情，都需要在超越中复归中华传统文明。为此，中国马克思主义哲学就必须激活中华民族的传统哲学和传统文化，有效地传承与吸收民族优秀的哲学和文化元素，在助力中华民族文化之自尊、自信、自立、自豪感的提升中，使自己获得民族文化的身份认同，在现代与传统之间保持和维系适度的张力，使自己真正成为一种"中国的"而非"在中国"的哲学，使自己真正能够担当引领中国特色社会主义建设和重塑民族价值观的重任。

欲成大器，必须考察实际。这个"实"，既指当下中国在改革开放和社会转型中的矛盾，又指当今世界复杂国际关系中的问题。

改革开放一个时期以来，学界存在着某种言必曰西方，一味将生吞活剥的西方哲学和文化思想视为中国马克思主义哲学"走向新生"的唯一正确路径的价值取向。针对此事实，学者指出，这不仅不可取，而且还有将当代中国马克思主义哲学导向脱离国情民意之实际的危险。唯西方哲学和文化为先进优越[②]，蔑视或贬低中国传统哲学和传统文化对构建中国马克思主义哲学新形态的价值，将导致中国马克思主义哲学的无根状态。与此同理，轻视中华民族的历史传统，忽略诸子百家哲学和文化的价值，将导致中国马克思主义哲学在丧失理论自信与理论自觉的同时，陷入无现实生活旨趣、无具体生命体验的"无情状态"[③]。这不仅

---

① 中共中央文献研究室编：《十七大以来重要文献选编》下，572 页，北京，中央文献出版社，2013。

② 文明和文化，内涵丰富深刻，形式多样各异，其先进与落后、高下与优劣，绝非科学技术和物质发展水平的一把尺子可以衡量。

③ 无论孔孟的求"圣"，还是禅宗的求"佛"、老庄的求"仙"，都肯定了向往现世生活、追求世俗价值的意义。

第七章　断裂复古与传承创新："文化意识"比较

不利于社会主义核心价值观的确立和深入人心，而且会使中国马克思主义哲学在失去对民族文化认同感的同时，丧失其理论的感染力和影响力。

马克思主义哲学既是当下的思想，又是思想的当下。它不仅源自现实问题，而且要解释、引导现实问题。改革开放带来了中华民族思想观念、精神追求的巨大转变。① 当下中国，中国特色社会主义建设有声有色，大国崛起和中国模式的探索让世界刮目相看。然而，随之而来的更为复杂的国内外环境、更为错综的矛盾关系，又亟须思想价值的重新整合，亟须反思先前唯有西方模式天经地义的价值取向，亟须回应不合理的国际秩序对中国的责难，亟须应对西方文化的霸权态势和话语压力。② 中国传统哲学和传统文化既是民族文化自我认同的基础，也是构建当代中国马克思主义哲学的思想资源和现实起点。它将为当代中国马克思主义哲学，通过批判性地反思而有效发掘其历史财富，在复合与更新中国传统哲学和传统文化中更贴近社会现实，更具有生活气息，更为有效地处理中国问题和国际关系提供理论素材与依据。为此，中国马克思主义哲学必须理顺自己与西方哲学、中国传统哲学之间的关系，在理顺关系、恰当定位中国哲学和中国文化的历史与现实、自我与他者、当下与未来之中，通过吸取与传承民族哲学和文化之精华，为中国特色社会主义建设，为社会主义核心价值体系的构建，为国家意识防御西方哲学和西方文化的消极影响，提供价值支撑和理论盾牌。

（二）辨析与定位中国传统哲学和传统文化：当代中国马克思主义哲学文化意识的基本要求

肯定中国传统哲学和传统文化是当代中国马克思主义哲学文化意识的维度，这不能止于对其的单向评价，还须运用马克思主义哲学的基本方法，辨析其双重性并给予科学定位。

---

① 从以名正实到以实正名，从重义轻利到义利并重，从民贵君轻到民主政治，从因循守旧到开拓创新，从求同去异到有同有异，皆是其典型表现。（参见俞吾金：《寻找新的价值坐标——世纪之交的哲学文化反思》，153～160页，上海，复旦大学出版社，1995）

② 20世纪末21世纪初，国内持续不断兴起的，包括孔子热、儒学热、读经热、讲坛热、祭祖热、寻根热、汉服热等在内的"国学热"，在表明传统哲学和传统文化在当代中国仍然具有现实需要与价值的同时，也表明在这种具有文化复古趋向的现象中隐含着的对西方哲学和文化侵袭的警惕心理，以及对本土文化的忧患意识和危机意识。（参见张允熠：《中国主流文化的近现代转型》下，606～607页）

比较研究：当代俄罗斯哲学与中国马克思主义哲学

就现存状态而言，中国传统哲学和传统文化因缺乏阶级载体而不能成为统治思想，因没有全社会的自觉认同而不能成为大众行为规范和价值准则①，所以已被边缘化；同时，又因其特定内涵融入民族精神而成为被赞誉、被景仰的集体意识，所以仍然具有持久的感染力和影响力。当代中国马克思主义哲学必须从中国传统哲学和文化这一"边缘化与持久性"②俱存的双重地位出发，既理性承认它是"历史"，又客观正视它的当代价值。

就理论整体而言，中国传统哲学和传统文化因理论元素的浩繁庞大、林林总总③，理论历史的悠久漫长、绵延不绝，而成为被推崇、被夸赞的文化瑰宝；同时，又因理论内容及其形式的瑕瑜互见、精糟共存、各种元素的相互影响④，而难以分析辨别。当代中国马克思主义哲学必须从中国传统哲学和传统文化这一"多样与复杂"并存的基本态势出发，既辩证分析各自在历史发展中所起作用，又理性承认其间的相互作用。

就理论层次而言，中国传统哲学和传统文化因政治的、生活的、文化的、审美的多种表现形态而丰富多彩；同时，又因各种形态的交织，各种形态对社会发展形成的或正面或负面或正负兼而有之的影响，而难以取舍。例如，在传统的生活文化中，仁义廉耻、诚实守信、尊老爱幼等基本为人处世之道，虽然需要补充现代契约、法制的精神，但在当今社会同样具有现实价值，需要发扬光大。当代中国马克思主义哲学，必须从中国传统哲学和传统文化这一"分明与混杂"并存的层次出发，既区分各类文化在历史发展中的正负影响，又必须看到其间的相互影响，承认各层次之间的相互影响，杜绝随意拔高褒扬或恣意矮化贬低某一层次、某一类型的文化。⑤

---

① 参见李宗桂：《传统与现代之间——中国文化与现代化的哲学省思》，420页，北京，北京师范大学出版社，2011。
② 孙燕青：《文化自觉与文化自信视野下的传统文化定位》，载《哲学动态》，2012（8）。
③ 诸子百家的论著、自然科学的著作、民间哲学文化，都是其构成要素。
④ 虽然儒学是其主流和支柱，但道家、法家、佛教以及其他各家思想都位列其中，并在长期的历史发展中对儒学产生影响。反过来，儒学也是吸取诸子百家和各派反孔思想的结果。此外，即便作为传统哲学和传统文化主流的儒学，其中也是唯心论与唯物论、主观唯心论与客观唯心论、经验论与唯理论的并存且相互影响。
⑤ 如《老子》中"物极必反""适可而止"等生存智慧和哲理，仍然可为今人提供行为指导，但其消极的人生观却不符合当今时代的奋发进取精神。其他如儒学，更是如此。

第七章 断裂复古与传承创新:"文化意识"比较

就理论属性而言,中国传统哲学和传统文化在价值取向上具有多元性,既因带有自然经济、封建政治的时代烙印等消极因素而应当被否定和舍弃,又因具有某些超越时空、特定时代的普遍价值等积极因素而应当被肯定和传承。例如,作为既是传统哲学和传统文化主体又是封建宗法社会主导意识形态的儒家学说,就既有为封建政治服务的天命论、为封建道德服务的纲常论,又有以人为本的人道观、和谐中庸的处世理念,而后两者却不啻是当今人类社会仍然需要的精神财富。然而,这种消极与积极、否定与肯定的因素,不是"楚河汉界"的阵营分野,也不是非此即彼的界限分明,两者之间的关系如同形与影,本身就是"二而一"的。当代中国马克思主义哲学必须从中国传统哲学和传统文化这一"积极性与消极性"并存的状态出发,不以绝对的"精华"或"糟粕"标准简单定性传统哲学和传统文化,而是基于其生成的历史境遇,承认两者作为思想体系构成要素的互为前提性。

就社会功能而言,中国传统哲学和传统文化因包含某些鲜活的、能为现代社会需要、能为解决现代化过程中的问题提供异样的、有益的思考路径和解决方式而具有"化现代"的作用;同时,又因其价值观念、思维方式、审美情趣的核心理念属于历史而与现代社会无法"兼容",而必须被"现代化"。当代中国马克思主义哲学必须从中国传统哲学和传统文化这一"化现代与现代化"[①]并行的特点出发:不以其历史印迹、特定内涵而将它与保守、落后画等号,正视它与现代化之间在某种范围内、一定程度上的同构性及其解疑释惑的价值;不偏离当代社会而无限引申、随意发挥、人为嫁接它与现代化之间那些"貌合"实则"神离"的东西,在还其"本真"中,了解它与现代化之间的"异质性"及其社会功能的范围、限度。

可见,在如何认识民族传统哲学和传统文化的问题上,当代俄罗斯哲学与中国马克思主义哲学都强调应当辩证分析。但是,与当代俄罗斯哲学无须运用马克思主义辩证分析方法对民族传统哲学和传统文化进行辨析与定位不同,当代中国马克思主义哲学对自己民族传统哲学和传统文化价值的肯定,既不表明放弃对它的辩证分析,更不意味着对它的过度诠释和过高评价,而是强调必须运用马克思主义哲学的方法,实事求

[①] 孙燕青:《文化自觉与文化自信视野下的传统文化定位》,载《哲学动态》,2012(8)。

是地分析和定位，以便从现实需要出发，明晰并抉择对传统哲学和传统文化的取舍。

（三）传承与创新：当代中国马克思主义哲学文化意识的基本共识

中国马克思主义哲学首先是"中国的"，没有对中国传统哲学乃至中国传统文化的传承，它便无法"根深"。中国马克思主义哲学同时又是"当代的"，没有创新，它便无法"叶茂"。缺失了这两种属性，中国马克思主义哲学便既不能传承传统哲学和传统文化的精华，也不能在适应时代发展中实现其社会功能。因此，当代中国马克思主义哲学需要正确认识文化意识的传承与创新。

1. 创新基于传承

针对传统哲学和传统文化"能否适应现代社会的价值选择"，"能否成为中国马克思主义哲学的创新基础"之类的质疑，学界强调中国优秀的传统哲学和传统文化是中国马克思主义哲学提高理论自信与理论自觉的根据，强调它具有包容性和改造力。有传统才有现代。中国传统哲学和传统文化历经数千年而不衰，除了因为它所蕴含的人文价值和人文情怀，还在于它具有开放性，即随着时代变化、人类认识的发展，赋予观念新内涵，给予形式新改变，在"扬弃旧义，创立新知"中既体现传统的魅力，又承载新的时代精神。因此，它不仅是中国马克思主义哲学的理论源泉，而且是后者进行理论创新的基地。

鉴于此，学界指出，必须警惕那种将中国传统哲学和传统文化与马克思主义哲学的现代性、批判性、反思性绝对对立的倾向，那种简单地在"前者即落后、后者即先进"之间画等号的做法，那种"凡传统即坏、凡马克思主义哲学即好"的极端结论，那种以马克思主义哲学的反思批判之名，行对中国传统哲学和传统文化的恶意批判与肆意解构的做法。例如，流行于今的文化热、国学热、读经热等，虽然看上去分外热闹风光，但却仍然不免止于表面、流于肤浅，"在当今中国的知识界和社会各界，各种形式的'西化'仍是大多数国人骨子里的意识形态。实际上，整个社会仍弥漫着对传统文化的恶意。一百多年，批臭和恶意解构传统文化，是文人获得思想声誉的终南捷径，至今依然如此"[1]。换言之，在这个问题上，必须反对那种只要批判不要继承的文化虚无主

---

[1] 陈乔见：《传统文化教育急需摆正的几种心态》，载《社会科学报》，2014-05-22。

第七章 断裂复古与传承创新:"文化意识"比较

义。当然,这里的"虚无",指极端而独断的反历史、反传统。在这个问题上,还必须反对那种只讲创新不讲传承的文化激进主义。当然,这里的"激进",指极端而独断的反传统主义,而不包含其在"反传统精神"中所内蕴的文化批判精神。

2. 传承必须创新

针对中国马克思主义哲学新形态构建的唯一出路"是复兴中国传统哲学和传统文化"的观点,学界在强调中国马克思主义哲学从中国现实需要出发,吸取传统哲学和文化资源的必要性、可能性的同时,又强调正因为有现代,所以必须审视传统,在正视中国传统哲学和传统文化的价值与合理性的同时,认识其重超验、信仰、经验、顿悟、人治、道德内化等非理性、排他性内容,与现代社会的世俗、理性、科学、法制等要求,以及与之相应的现代哲学文化的普适性、开放性等特点的差距。当今世界,"创新"逐渐成为时代主流和社会发展的主要驱动力。当代中国,市场经济、民主政治、先进文化,都需要在吸取中国传统哲学和传统文化的人文精神、认识西方工具理性价值观之弊端的基础上,超越传统,需要哲学的发展主题更加多元化、路径更加民族化、风格更加个性化。传承传统,除了在尽可能掌握前人遗产的基础上辨析与定位其理论价值,更需要站在传统的肩膀上登高望远,用时代精神充实其内涵外延即创新。因此,当代中国马克思主义哲学的创新,不能满足于单纯的文本[①]解读和解释。当然,这并不意味着否定创造性解释文本对哲学创新的意义,更不否认这种解释本身就是哲学的创新。相反,哲学因其对人类活动深层结构普遍性认识的特点,决定了其创新根据往往是在"回到"前人智慧中"阐述**真理**"和"发现**真理**"[②],因而其"创新"在很大程度上属于解释学范围。但是,哲学的创新局限于此,是远远不够的。因为即便传统自身,也在努力适应时代,在走向现代中吸取时代精神,在变革自身中实现着创新。因此,真正的哲学创新,应当像马克思那样,面对现实,立足实践,在研究新材料、提出新问题、开拓新领域、总结新经验中得出新结论。

鉴于此,学界强调必须警惕那种将马克思主义哲学的批判反思性与

---

① 既包括中国传统哲学和传统文化典籍,也包括马克思主义哲学的经典文本。
② [德]黑格尔:《法哲学原理》,范扬、张企泰译,"序言"2页,北京,商务印书馆,1961。

中国传统哲学和传统文化绝对对立，并以此否定马克思主义哲学对中国传统哲学和传统文化的历史性、社会性、阶级性等特定属性进行辩证分析的必要性与合理性的观点。必须警惕那种将马克思主义哲学归入西方哲学和西方文化传统，借口弘扬中国传统哲学和传统文化，而否定中国传统哲学和传统文化吸取包括马克思主义哲学在内的西方哲学和西方文化的必要性的观点。简言之，在这个问题上，必须警惕那种只要传承而不讲创新的文化复古主义。当然，这里的"复古"，指从纵向维度，站在旧文化立场上，否定与批判一切现实流行的或主流意识形态的文化观念和文化思潮。在这个问题上，还必须反对那种只讲继承而不讲批判的文化保守主义。当然，这里的"保守"，指从横向维度，以极端而独断的方式反对一切外来文化，而不是指其在对西方现代化过程中负面现象的批判中所蕴含的某种求变精神。

可见，在如何处理民族传统哲学和传统文化与当下哲学的关系问题上，当代俄罗斯哲学与当代中国马克思主义哲学都强调并重视民族传统哲学和传统文化对构建当代哲学形态的价值。但是，与当代俄罗斯哲学更注重将是否吸取西方哲学和西方文化作为衡量传承传统的标准，更强调在与西方哲学和西方文化的交流中实现其民族哲学新的形态构建不同[①]，当代中国马克思主义哲学对文化意识的认知更注重对本民族传统哲学和传统文化的自我认同、自我肯定，更强调文化意识的传承，更强调创新基于传承以及传承与创新的统一。

（四）马克思主义哲学中国化：当代中国马克思主义哲学文化意识的根本途径

对此的理解，主要体现在下述六个方面：

其一，马克思主义哲学与中国传统哲学和传统文化的关系，是马克思主义哲学中国化面临的极其重要的问题。针对20世纪90年代出现的马克思主义哲学中国化是"封建化"、马克思主义传入中国是中国启蒙的"中断论"、马克思主义是"无用论""过时论""取消论"，学界指出，要证明马克思主义传入中国的必然性、合理性，要正确地回答近代中国何以在纷至沓来、五花八门的西方思潮和学说中选择了马克思主义等问题，除了需要探讨马克思主义哲学与中国社会现实、与民众心理的关

[①] 即便具有典型俄罗斯传统哲学特色的宗教哲学、历史哲学、俄罗斯思想，也难掩其中浓郁的西方哲学和西方文化气息。

第七章　断裂复古与传承创新："文化意识"比较

系，还必须重新认识、理解马克思主义哲学与中国传统哲学和传统文化的关系。自此，学界开始了马克思主义哲学与中国传统哲学和传统文化之间关系的探讨，并将重心放在马克思主义哲学与中国古代哲学的唯物论和辩证法传统的关系上。21世纪以来，为回应对马克思主义哲学能否作为"中国的哲学"的质疑，学界进而拓展了对两者关系渊源的探讨，指出马克思主义哲学的中国化，除了吸取和改造中国古代的哲学和文化，还包括对中国近现代哲学和文化的吸取；强调当下中国坚持和发展马克思主义哲学，必须在总结马克思主义哲学中国化的历史经验教训的同时，正视和总结马克思主义哲学在中国传统哲学和传统文化问题上的经验教训，看到和承认马克思主义哲学与中国传统哲学之间的精神契合点，充分肯定中国传统哲学和传统文化对于构建当代中国马克思主义哲学的价值。

其二，马克思主义哲学的民族化，是马克思主义哲学中国化的题中之义。"哲学是最具民族特色的"[①]，马克思主义哲学同样如此，它的理论创始人就是传承民族传统哲学的典范。中国马克思主义哲学的首要定语是"中国的"，它应当成为中华民族的哲学，因此，它不能脱离而应扎根于中华民族五千多年的历史与文化传统，应该具有中国的哲学文化特色。这不仅涉及如何将具有普适性的马克思主义哲学转换为中华民族的思维方式、价值理念、行为规范，即马克思主义哲学民族化的问题，而且涉及马克思主义哲学能否在解决中国现实问题中获得新的思想资源并与时俱进的问题。

针对众说纷纭的马克思主义哲学中国化之论，学界从一般意义和特殊含义两个层面，揭示其不同内涵。前者即马克思主义的世界观、方法论与中国具体实际相结合，在被中华民族接受和认同中，形成和创造出的具有中国特点、符合中国实践需要的马克思主义哲学。后者包括马克思主义哲学的民族化、具体化、通俗化。[②] 因此，马克思主义哲学中国化内蕴了马克思主义哲学的民族化，而"民族化"即运用马克思主义哲学的观点、方法，对中国传统哲学和传统文化的学理传统、价值取向、精神意蕴、形式风格的扬弃（反思批判与继承发扬的统一）。这就从根

[①] 陈先达：《处在夹缝中的哲学》，473页。
[②] 参见雍涛：《关于马克思主义哲学中国化的几个问题》，见武汉大学马克思主义哲学研究所主编：《2003马克思主义哲学研究》，194页。

源上厘清了马克思主义哲学与中国传统哲学和传统文化之间所存在的文化意识，所应具有的传承与创新关系。

其三，马克思主义哲学中国化的举措，是对中国传统哲学和传统文化的整体性研究。针对一个时期以来的马克思主义哲学中国化研究中，注重或局限于时代性（历史、现实）、资源性（理论、实践）、合法性（必要、可能）、功能性（价值、地位）、内涵性（内容、本质）、方法性（范式、路径）等学理层面的研究，学界强调，防止研究中理论与实践的脱节需要凸显"问题意识"，将政治层面（以意识形态的解读和宣传为主）与学术层面（以创建马克思主义哲学中国化新形态为主）、理论层面（中国化马克思主义哲学）与实践层面（马克思主义哲学中国化）结合起来，将它们作为相互结合、相互作用的整体来进行研究。

其四，马克思主义哲学中国化的关键，是在精神实质上实现马克思主义哲学与中国传统哲学和传统文化的融合。注重中国语言、中国风格的形式，忽略中国传统哲学和传统文化的精神实质，曾经是马克思主义哲学中国化中一种比较流行的做法。因此，不仅应在语言形式，更应从内在理论和文化结构的整体，思考与探索两者之间的对接和融合。中国传统哲学和传统文化是外在语言形式与内在理论框架相统一的整体。无论形式还是内容，都为马克思主义哲学中国化所必须，都是检验和衡量是否达到"中国化"的标准。但是，马克思主义哲学的中国化，既不意味着只是文本文献的溯源、语词的对接、话语的转换、范畴的变化[①]，也不能限于对马克思主义哲学在中国传播和发展"对接历史"的理解路径。这是因为前者虽然实现了形式上的吸取，但却没有摆脱停留于点缀或包装的表层；后者虽然力图从精神内涵角度来理解两者的结合，但实质上仍然停留于视马克思主义哲学为"外来"而非"内化"的东西。因此，只有突破语言形式和语言风格的表层，进入中国传统哲学和传统文化的内在精神结构与理论内涵，才能实现马克思主义哲学与中国传统哲学和传统文化之精神实质的对接及融合。

其五，马克思主义哲学中国化的基本环节，是中国传统哲学和传统文化的传承与创新的统一。针对将马克思主义哲学的中国化，或仅视为马克思主义哲学与传统哲学和传统文化的"结构"（融入），或仅看作马

[①] 将"矛盾变为阴阳、物质与意识变为形与神、规律变为理、物质变为气，这只能是哲学游戏"（陈先达：《处在夹缝中的哲学》，474页）。

第七章 断裂复古与传承创新:"文化意识"比较

克思主义哲学对传统哲学和传统文化的"解构"(变革)之说,学者指出,两者缺一不可。作为具有现代性的外来理论,马克思主义哲学与中国传统哲学和传统文化,虽然具有民族性、时代性的差异,但又在终极认识(自然观)、终极价值(社会观)、终极关怀(人生观)等方面具有理论内涵的相通性,在逻辑前提(都以考察现实世界为理论起点)、认识方法(都具有辩证性)、理论目的(都着眼于社会平等的大同世界)等方面具有理论形式的相似性;马克思主义哲学要在中国社会生根、开花、结果,为中国百姓所认同,就必须研究中国社会问题,研究中华民族的精神世界和心理习性,寻求"入心"之径。因此,马克思主义哲学需要文化意识的传承,即在继承中国传统哲学和传统文化的优秀元素、与中国优秀的传统哲学和传统文化的结合中,实现马克思主义哲学的中国化。没有对中国传统哲学和传统文化的传承,马克思主义哲学将无根无基,更谈不上发展传统哲学和传统文化。换言之,只有在传承与融合的基础上,才谈得上中国马克思主义哲学的建构与创新。反过来,作为前现代的、本土的理论,中国传统哲学和传统文化与马克思主义哲学之间,虽然具有理论内涵的相通性和理论形式的相似性,但前者除了由于精华与糟粕并存①,更由于它与时代的间距、与"世界文化"的距离,以及受民族意识中根深蒂固之思维惯性的制约和影响,而需要变革和升华。因此,中国传统哲学和传统文化需要文化意识的创新,即以马克思主义哲学为导向,在将时代元素与现代精神融入中国传统哲学和传统文化,建构中国化的马克思主义哲学。没有运用马克思主义哲学对中国传统哲学和传统文化的改造,中国传统哲学和传统文化将与时代渐行渐远,更谈不上沿革。②换言之,只有在"解构与变革"的基础上,才谈得上中国马克思主义哲学的传承与融合。

其六,马克思主义哲学中国化的基本路径,是中国传统哲学和传统文化的大众化。马克思主义哲学与中国哲学和文化虽然具有相通性,但毕竟是不同于东方文化的西方文化。两种文化之间"隔膜"的存在,决

---

① 尽管近代以来尤其是五四以来,人们对此进行了深刻的反省和批判。
② 在这个问题上,学界从性质、功能、关系等角度,重点探讨了马克思主义哲学与传统儒家文化之间对立和传承的关系:就性质看,两者作为官方哲学,有科学的思想体系与封建的观念形态之分;就功能看,两者作为意识形态,有科学世界观方法论与农耕社会道德形而上学智慧之别;就关系看,两者既有形式上属于不同类型、内容上属于对立阶级意识的差异,又存在一定的相通性。

定了马克思主义哲学必须以中国的民族形式表达,与中华民族的特点结合,才能走出"中国化"的第一步。为此,它除了需要找到与中国传统哲学和传统文化相融合的实践平台,还需找到融合的入口。中国传统文化因扎根于社会生活土壤,具有丰富的民本内涵、浓厚的大众情怀、世俗的精神养分、多样的表现形态,而具有大众化的特质,它为马克思主义哲学中国化提供了路径。但是,中华民族历经数千年凝聚而成的传统哲学和传统文化,在铸就、影响和支配中华民族的心理活动、精神世界、思维方式、语言习惯的同时,也形成了民众认同马克思主义哲学的文化屏障,限制和阻碍着对它的认识与理解。因此,在发掘与弘扬中国传统哲学和传统文化的大众化资源中,构建马克思主义哲学通俗化、大众化的平台;在阐释马克思主义哲学理论中,寻求既具有民族特色又与时俱进的话语表达方式,使其适合于不同层面的受众;在深入百姓的精神家园,关注其在民族文化中的内心体验、心理情绪中,营造马克思主义哲学的生活气息,是马克思主义哲学中国化路径的一体两面。为此,除了需要广泛利用传媒、学校等,还需要学习与借鉴中国传统哲学和传统文化对民众的教化方式[①],需要掌握中国传统哲学和传统文化中,以词汇丰富而言简意赅、对偶得当而富于想象为特征的书面语言,以生活化、生动化、形象化为特征的口头语言,以及体态语言、无声语言等在内的表达艺术,以激发受众的兴趣。

(五)基于现实传承与创新传统:当代中国马克思主义哲学文化意识的重要举措

对自己民族传统哲学和传统文化的传承,当代俄罗斯哲学与当代中国马克思主义哲学都基于各自社会实践的需要而有所选择。当代俄罗斯哲学既通过文本"轰炸"[②]而致全力于回归传统,又否定苏联哲学所蕴含的民族哲学和文化之价值而割裂了哲学文化传统;既希望通过吸引整个社会的目光去关注民族文化传统,又反对举国上下崇尚某种单一的哲学和文化传统习俗[③];既要求国家政策对传统文化给予更多的支撑扶

---

① 儒家的有教无类、因材施教、寓教于乐,传统文化的知书达理、六艺兼通、琴棋书画,民间文化的礼仪习俗、方圆规矩等,都是这种教化方式的大众化体现。[参见徐剑雄:《传统文化与马克思主义大众化的文化路径》,载《毛泽东邓小平理论研究》,2011(4)]

② 如大量出版认为最能体现民族传统哲学和传统文化的宗教哲学著作。

③ 如对东正教的顶礼膜拜。

第七章 断裂复古与传承创新："文化意识"比较

持,又反对国家对复兴传统进行干预而主张复兴之路的多元选择。与当代俄罗斯哲学的这些两难困惑和矛盾选择不同,当代中国马克思主义哲学文化意识的路径选择相对执着和坚定,并采取了多种举措。

1. 重视历史传统的沿革

这里的"传统",指作为马克思主义哲学与中国传统哲学和传统文化相结合的改革开放前的中国化马克思主义哲学。

苏联解体、社会剧变,致使当代俄罗斯哲学与苏联哲学之间的"传统"中断(最明显的是在苏联解体之初对斯大林哲学的决然否定)。与此不同,中国稳定和循序渐进的社会转型,使当代中国马克思主义哲学延续了自己的马克思主义哲学"传统"。它不仅没有完全否定,反而充分肯定了既往的中国化马克思主义哲学。改革开放以来,学界对毛泽东哲学的研究从未间断。这些研究除了充分肯定毛泽东哲学作为中国化的马克思主义哲学,对中国传统哲学和传统文化的传承,还论证了毛泽东哲学中体现的中国传统哲学和传统文化与马克思主义哲学的关联性问题。例如,从本体论层面,阐释毛泽东哲学"经世致用的实践理性"与马克思主义哲学实践范畴的关系;从认识论层面,揭示毛泽东哲学"实事求是之学"与马克思主义认识论的关系;从辩证法层面,阐述毛泽东哲学"对立统一观"与马克思主义方法论的关系;从历史观层面,论证毛泽东哲学"仁学"思想与马克思主义哲学历史主体论的关系;从伦理学层面,分析毛泽东哲学"义利"思想与马克思主义功利观的关系;等等。在肯定毛泽东哲学对民族传统哲学和传统文化的传承与创新的同时,学界又揭示了其缺陷与不足,分析了缺陷与不足产生的认识根源和社会原因。这就使当代中国马克思主义哲学能够在吸取既往经验教训中,得以避免当代俄罗斯哲学在对待苏联哲学尤其是马克思主义哲学的历史时,一度落入的非此即彼的"两极跳"陷阱。

在此基础上,学界还将包括邓小平理论、"三个代表"重要思想、科学发展观等在内的中国特色社会主义理论,都视为对这一"历史传统"的传承,认为上述理论在将中国传统哲学和传统文化视为中国国情之重要组成部分的同时,用中国传统哲学和传统文化的精华充实与发展了中国特色社会主义理论。例如,社会发展的目标上,"初级阶段社会主义"与传统文化的"小康社会"思想、社会主义的"共同理想"与儒学的"大同"思想;社会秩序的治理上,社会主义的"以德治国"与儒学的"内圣外王"、"以人为本的和谐社会"理念与儒学的"和为贵"及中庸观；社会道德的培育上，改革创新的时代精神与儒学"自强不息"的君子人格、爱国主义的民族精神与传统文化"天下兴亡，匹夫有责"的担当意识、社会主义的功利观与传统文化的义利观、社会主义的荣辱观与传统文化的廉耻观和诚信观；社会分配问题上，社会主义的平等观与传统文化的"公平正义"、社会主义的"共同富裕"与传统文化的"富国富民"等。这些探讨在阐释中国特色社会主义理论与中国传统文化的关系中，揭示了中国特色社会主义理论传承中国传统文化的特质。

2. 挖掘与改造为当下改革开放可资利用的传统哲学和传统文化资源

哲学资源的挖掘。改革开放在将中国融入全球化和改变国人的思维方式与价值观的同时，也向学界提出了创造现代形态的中国马克思主义哲学必须吸取民族哲学智慧的要求。为此，学界在寻找中国传统哲学与马克思主义哲学的精神契合点中，致力于两者之间的整合尝试，挖掘了中国传统哲学可资利用的资源：将传统"实事求是"的唯物论，融入并改造为马克思主义哲学的本体论（包括物质本体论、实践本体论、社会关系本体论等）、认识论（包括党的基本路线的出发点）、方法论（包括党的思想方法和工作方法）；将传统"阴阳交合"的辩证法，融入并改造为马克思主义哲学的实践辩证法；将传统"天人合一"的宇宙观，融入并改造为马克思主义哲学的自然观；将传统"知行合一"的实践观，融入并改造为马克思主义哲学唯物辩证的实践论；将传统"生生不息"的轮回论，融入并改造为马克思主义哲学的可持续发展观；将传统"注重综合"的整体观，融入并改造为马克思主义哲学的系统整体观；等等。

政治资源的挖掘。近年来，深化政治体制改革的吁求及实践，在表明改革的复杂与艰难的同时，也促使人们在借鉴西方经验和吸取先前教训的同时，将目光转向了中国传统哲学和传统文化，从中挖掘可资借鉴的政治资源：将传统"均平共富"的思想，批判地融入马克思主义的政治平等观，构架适应社会主义市场经济的马克思主义公正理论；将传统"为政以德"的观念，融入马克思主义哲学的政治理念，提出"德治与法治"相统一的治国理念；将传统"经世致用"的理论与实践、理想与现实相统一的学理精神，融入马克思主义哲学的政治范畴，提出"理性

第七章 断裂复古与传承创新："文化意识"比较

精神与批判精神"相统一的政治诉求；将传统"整体主义"① 的价值观，批判地融入马克思主义哲学的意识形态观，提出了"个体与整体、多样性与主导性"相统一的国家政治意识；将传统"仁者爱人"的互动主体观，批判地融入马克思主义民主观，提出了顺应社会主义市场经济的民主政治思想；将传统"以民为本"的思想，融入并改造为马克思主义政治治理观，提出了适应改革开放的人民主体论和人本政策导向观；将传统"协和万邦"的天下大同观，融入并改造为马克思主义的国际关系观，提出了适应和平与发展时代主流的和谐世界政治构想；等等。当然，由于中国传统哲学和传统文化的政治观念主要是为大一统的专制统治服务的，所以对它的传承，学界更多是以批判的眼光来审视的。

道德资源的挖掘。近年来，市场经济的推进在展示现代性的优势和长处的同时，也暴露了其弊端和弱点。人们精神追求的功利化、世俗化、物质化、工具化倾向，导致了日盛一日的道德灾难。针对道德虚无主义和道德复古主义这两种极端认识，学界在强调传统道德既受封建专制制约而具有历史局限性，又对现代性弊端具有矫正价值的同时，呼吁重视传统哲学和传统文化的伦理价值，并尝试从中挖掘对现代化建设具有价值的道德资源。这类"挖掘"包括：（1）整体框架上，以中国传统哲学和传统文化为根基，在以马克思主义哲学为理论引领和引入现代性观念的同时，传承包括人生理想、人生态度、意识追求、价值观念、情感趋向在内的中国传统哲学和传统文化的精华；以马克思主义哲学和现代化理念为核心，在抛弃中国传统哲学和传统文化之道德理论糟粕的同时，构建包括社会公德、职业道德、家庭美德、个人品德在内的社会主义道德体系。（2）具体问题上，在批判传统伦理"重整体轻个体"的本位价值观的同时，将传统群体本位思想融入马克思主义哲学的集体主义理论，论证了具有时代性的马克思主义群体观；在批判传统爱国主义"忠君卫君"思想的同时，将传统君子品格论融入马克思主义哲学的主体理论，用以阐释当代意蕴的马克思主义主体观；在反思传统诚信观"重自律轻他律"的局限中，将其融入马克思主义哲学的价值观，用以阐发富有现代特色的马克思主义道德规范；在审视传统修养观"修己以安人"之单向性的同时，将传统身性修养思想融入马克思主义哲学的伦理学，

---

① 在不同的历史时期，表现为国家主义、民族主义、群体主义、集体主义等不同形式。

用以论证具有现代性的马克思主义人格论;在审视传统"经世致用"实践理性的同时,将传统的入世关怀思想融入马克思主义哲学的道德观,用以阐述具有现代意蕴的马克思主义人道理论;在审视传统"以和为贵"价值观的同时,将传统"兼爱非攻"的和谐、中庸理念融入马克思主义哲学的关系范畴,用以阐释具有现代意义的处理人与自然、人与社会、人与他人,以及国与国、民族与民族、地区与地区之间关系的价值理念;等等。

3. 研究与宣传并举,"化"马克思主义哲学为"中国的哲学"

这种"化"在于,中国马克思主义哲学在理论研究上,从过去的马克思主义哲学史的视域,转变为20世纪中国哲学的视域[①],从一个时期以来成为时尚的"对话"研究,转变为既直面现实又扎根中国哲学的历史,寻求马克思主义哲学的民族文化身份的认同,而研究马克思主义哲学的中国化问题,以便确证中国马克思主义哲学作为"中国的哲学"的合法性。

这种"化"在于,学界在致力于将民族传统哲学和传统文化元素纳入马克思主义哲学的内容及形式,以提升马克思主义哲学在民众中的吸引力的过程中,尝试通过各种渠道,使其在中国化、大众化的宣传方式中得以普及。例如,将传统哲学和传统文化中具有对立性的"荣"与"辱",融入马克思主义哲学的价值体系所构建的"八荣八耻"社会主义荣辱观,在实现传统哲学和传统文化与马克思主义哲学伦理观的结合中进入百姓语境而实现了文化意识的传承、创新。

这种"化"还在于,当代中国马克思主义哲学除了注重从中国传统哲学和传统文化典籍中寻求为马克思主义哲学所需的思想资源,还强调不能只关注精英文化,以防止中国马克思主义哲学成为学理层面、思辨层面的漂浮物。为此,学界在强调中国传统哲学和传统文化对建构当代中国马克思主义哲学新形态同样具有重要价值的同时,尝试从其优秀成分中吸取为马克思主义哲学所需的思想资源,从"采用旧形式反映新内容"[②] 方面入手,在消除民众对马克

[①] 包括马克思主义哲学与中国哲学现代传统、20世纪中国哲学思潮、马克思主义社会思潮三个方面。

[②] 正如邓小平所言,"旧形式在民间具有根深蒂固的潜势力,深为群众所喜爱,且其本身亦有可利用的价值"(《邓小平文选》,2版,第1卷,27页,北京,人民出版社,1994)。

第七章 断裂复古与传承创新:"文化意识"比较

思主义哲学的认同隔阂中,努力使中国马克思主义哲学富有生气,成为百姓易于和乐于接受的理论。

由此,当代中国马克思主义哲学,一方面在走向现实、深入生活中获得了理论发展的动力,一方面又在回归与创新民族传统哲学和传统文化中获得了社会需要以及民众认可,从而避免像当代俄罗斯哲学一样因理论与现实需要脱节而陷入窘境。

四、当代俄罗斯哲学与当代中国马克思主义哲学:文化意识比较归结

比较当代俄罗斯哲学与当代中国马克思主义哲学的文化意识可见,两者无论在程度还是范围上都既相似又相异。

世界格局发生重大变化,各自社会出现巨大转型,导致涌现出大量的社会新矛盾,当代俄罗斯与当代中国意识到民族传统哲学和传统文化对于解决社会矛盾、安抚社会心理、振兴民族精神、发展民族文化具有重大价值,从而主张回归传统。在"回归"过程中,两国都存在认同还是否定、接受还是拒绝的矛盾心理:认同者主张,民族传统哲学和传统文化是解决人类危机、化解国内矛盾的福音与利器;反对者则认为,传统在过去不能救国,在当下也不能引领时代。但是,两者矛盾心态的程度却有着差异。

当代俄罗斯学界,因曾经剧烈的社会动荡而更多地将传统视为填补精神空场、抚慰民众心理的灵丹,所以力图在理论上阐释和说明它的价值。因此,俄罗斯学界对民族传统哲学和传统文化的肯定与认同,大于对它的拒斥与否定。

当代中国马克思主义哲学界,因社会转型的相对平稳而对民族传统哲学和传统文化持一种相对客观冷静的分析态度[1],即在反思其局限、批判其糟粕、揭示其不足的同时,强调将其提升到哲学的高度,"使之成为包含着划界思维和视角融合双重维度的总体性框架"[2],在为马克

---

[1] 在20世纪80年代末90年代初,受社会思潮的影响,中国哲学界一度出现全面"复兴儒学",进而要求以儒学取代马克思主义哲学,使之成为中国正统意识形态的观点。但是,这种观点遭到了马克思主义哲学界多数学者的反对和驳斥,学者们认为这种所谓"复兴"不过是一种复古和倒退。

[2] 张曙光:《国学论争与文化自觉》,载《哲学动态》,2011(2)。

思主义哲学中国化提供所需资源，为中国现代化建设提供理论工具中，显示了其在文化意识上的自信自觉。

当然，肯定中国马克思主义哲学自信自觉的文化意识，并不意味着当代中国马克思主义哲学已经很好地解决了这一矛盾。实际上，中国马克思主义哲学在文化意识上，虽然对传统哲学和传统文化的传承与创新有了较为清醒的认识，但无论在理论上还是在实践中，都仍然存在诸多困惑。其中最主要的问题是，它在获得国家政策的全力支持时，自然地将适应国家的需要与吸取民族传统哲学和传统文化的融合视为其使命，力图在贯彻理论导向的一元性与吸收消化的多样性中寻求平衡。这虽然使中国马克思主义哲学避免了当代俄罗斯哲学那种既渴望国家政策支持又害怕行政力量干预的尴尬，但也使中国马克思主义哲学的理论研究必须更多地思考，如何在有效传承民族传统哲学和传统文化的同时实现创新，如何既得益于国家政策的扶持又不至于在回归传统中因丧失马克思主义哲学的批判本质而沦为复古传统的工具。

第八章 当代中国马克思主义哲学：问题与思考

比较分析当代俄罗斯哲学与当代中国马克思主义哲学的不同存在状态，不在于评判孰是孰非，而在于如何走好我们自己的路。因此，我们在看到改革开放 30 多年来的中国马克思主义哲学在获得良性发展的同时，也必须承认今日中国的马克思主义哲学仍然面临着严峻的挑战，研究中存在诸多问题。问题的解决，有赖于中国马克思主义哲学研究者的共同努力。

第一节 面临的挑战

对中国马克思主义哲学研究而言，挑战既源于国际社会在经济、政治、文化等领域中出现的各种新情况，又来自中国在改革开放过程中社会的经济、政治、文化、思想观念、社会心理等层面形成的各种新问题。

一、国际范围的挑战

这种挑战有学术层面的挑战和意识形态层面的挑战。

学术层面的挑战主要体现在：中国马克思主义哲学研究必须与国际接轨，但在这种接轨中面临着西方哲学和西方文化的价值观、话语范式以其"先进性、优越感"而对中国马克思主义哲学的全面渗透，从而使中国马克思主义哲学的研究成果不得不被深深地打上西方哲学和西方文化知识的示范烙印。

意识形态层面的挑战主要表现为：当今世界全球化的纵深发展，使西方国家利用全球化、运用高科技、借助新媒体，在拓展信息的广度和强度，推进文化对话的范围和深度，从而使全球范围内信息沟通和思想交流更为便捷的同时，也为西方国家在政治领域宣扬"社会制度趋同论""意识形态淡化论""普世价值论"，在经济领域传播新自由主义论、市场决定论、国际经济秩序合理论，在文化领域推行文化霸权、西方价值观和价值标准，在社会生活领域推广西方的生活方式、消费理念，在思想观念领域推崇解构本质、消解崇高、淡化意义的后现代理论等，提供了便捷条件。这一切，在渗入我国民众精神世界和思想观念的同时，也对马克思主义哲学在我国民众中的影响产生了淡化和消解的作用。尤其是，当具有追求宏大叙事、探索本质规律特征的马克思主义哲学，面对世界范围内社会主义运动仍然处于低潮和"资强社弱"的总体态势，而对全球化时代的资本主义何以"垂而不死"反而富有生机的现实，不能做出令人信服的解答时；当富有经验的西方政治家，力图以西方社会的政治意识形态、文化价值观念独占世界意识形态高地，而通过各种方式对中国主流意识形态主动出击和进行挑衅时，中国马克思主义哲学面临的挑战就似乎更为严峻。

当下，世界范围内主动挑战中国主流意识形态的社会思潮主要是，流行于当代西方世界的新自由主义、新保守主义、民主社会主义、后现代主义、后意识形态论等。

新自由主义在苏东剧变后成为了一种全球化的主流意识形态，代表着国际垄断资产阶级的根本利益。为资本主义政治服务的新自由主义，极力主张国家职能的最小化、市场作用的最大化、金融贸易的自由化，并以此作为动摇发展中国家的意识形态，促使其在价值观念上向"西化"靠拢的法宝。

新保守主义崛起于20世纪70年代的美国，在20世纪80年代主宰了西方的政治舞台。作为当代西方发达国家的一种主流思潮，新保守主义的重要特征是，信奉"观念比枪杆致命"的理念，特别重视意识形态尤其是西方价值观在实现美国霸权中的作用。新保守主义的意识形态外交战略是，高举理想主义、道德主义的大旗，以"普世价值"的政治哲

第八章　当代中国马克思主义哲学：问题与思考

学，即强调存在超越历史、民族、特定文化传统的普遍价值，采取相应的政治手段，去干涉有异议的社会和"野蛮丑恶"的文化；以天赋使命论，即认为美国的民主精神和民主制度，是美国政治中最大的资本和最优越的制度，美国负有向全世界宣传和推广美国式民主的义务，用道德和精神的感召力去打"观念战争"。总之，新保守主义的主要目标之一便是，利用各种手段输出美国的价值观，以及承载这一价值观的美国式民主，以遏制中国的崛起。

民主社会主义缘于欧洲革命时期，随着东西方冷战时代结束后全球紧张对峙状态的缓解，而逐渐成为当代西方社会极具影响力的思潮之一。民主社会主义无论从社会主义的指导思想（多元的：基督教伦理、传统人道主义、古典哲学、新实在论、马克思主义皆可）、制度特征（基本特征是社会全体成员实现对社会各项事务的自由参与，包括在经济上主张以私有制为主的混合经济，限制垄断、保护竞争、适度计划的市场经济，在政治上主张反对阶级专政的完全议会民主，各党派权利平等、自由竞争）、运动形态（以民主化为手段和目的的争取人类解放运动）上看，还是从其实现方式（通过和平的、合法的、民主的改良，逐步实现社会主义）、源泉（对自由、公正、平等、人权等价值的选择和道义的追求）、动力（人向往与追求美好事物和美好社会的天性）、目标（社会主义没有任何最终目标，永远都是一项不断追求美好社会的持久任务）上看，都与马克思主义的科学社会主义理论有本质的区别。[1] 以多元化、开放性著称的民主社会主义，其理论实质即以自由主义作为衡量未来美好社会的基本价值尺度和标准，其实践策略则是典型的实用主义。

后现代主义主张无中心意识和多元价值。在解构文本、意义、符号、表征，反对本质主义、基础主义、中心主义的基础上，后现代主义反对以特定的方式继承了固有的或既定的理念，反对以各种约定俗成的形式来界定或规范概念本身。

至于后意识形态论，则断言由于人类无法从整体上认识社会和历史发展，因此那种坚持理性主义一元论的意识形态理想将陷入"虽然不相信，但仍然要说"的内在分裂状态，意识形态必然被多元主义撕裂，而

---

[1] 参见郑忆石：《民主社会主义思潮评析》，396～399页，郑州，河南人民出版社，1994。

由经验主义、非理性主义主导的价值诉求所取代。[①]

上述流行于西方的社会思潮，其基本点都在于以多元主义、自由主义的理念和价值观，通过宣扬和鼓吹西方资本主义价值观念的优越性，否定马克思主义和科学社会主义。受这些在世界范围内流行的西方思潮的影响，国内无论社会上还是理论界，都有相当一部分的人在对中国特色社会主义信念产生动摇的同时，强化了自己对马克思主义哲学的抵触、反感和否定的情绪。

二、国内现实的挑战

新中国成立之初，以马克思主义哲学为核心的国家意识，面对西方帝国主义的各种封锁和国内的各种实际困难，是通过共产主义远大目标的确立和领袖个人权威魅力的支撑，以及高度集中统一的政治、经济体制的维系，而发挥其理论功能和社会功能的。因此，在当时的历史条件下，作为国家意识的马克思主义及其哲学，的确在抵御西方意识形态侵扰、团结民众齐心协力建设社会主义中发挥了极其重要的作用。

改革开放带来了市场经济的发展，带来了经济体制的变革、社会结构的变动、利益格局的调整、阶层分化的加深，带来了政治体制的改革、政治生活民主化的重建，带来了文化体制的改革、多元文化的存在。社会生活各个领域的一系列变革，在促使人们的生活方式、思维方式发生多样变化的同时，也导致了人们价值选择的多元。多元化的价值取向，既是人们思想开放、思维活跃的体现，又在一定程度上与马克思主义的"三观"和社会主义的核心价值具有不相容性。于是，多元的"差异价值"开始消减一元的"本位价值"。

改革开放带来了社会剧变，也突出了社会矛盾，使热点、焦点、难点等问题不断涌现。在这一过程中，一些资本主义价值观如物欲主义、拜金主义、享乐主义、消费主义、自由主义、极端个人主义得以流行，一些错误思潮如历史虚无主义、极端民族主义、新欧洲中心主义开始泛滥。在新的时代背景下，历史虚无主义以消解历史，并且主要是消解中国共产党领导中国人民革命的历史为核心；极端民族主义以否认中华民族精神的统一性，而极力宣扬地方民族特殊性为重点；新欧洲中心主义

---

① 参见侯惠勤：《侯惠勤自选集》，"自序" 2 页，北京，学习出版社，2012。

第八章 当代中国马克思主义哲学：问题与思考

以宣扬西方社会的优越性、西方价值观念的普世性，否定中华民族爱国主义的必要性、中国特色社会主义制度的合理性、中国民族文化精华的价值性为目的。

此外，在如何理解改革开放的问题上，一些错误观点产生了。"客观自然论"切断改革开放与中国共产党、社会主义制度的内在联系，将改革开放视为无论哪个政党领导、无论在哪种社会制度下，都会发生的纯粹历史必然，以此否认中国共产党的领导和社会主义制度。"主观夸大论"切断社会主义制度与改革开放成果之间的内在联系，过度夸大改革开放过程中出现的社会矛盾和问题，将其归咎为对社会主义的侵蚀和毁坏，认为过大于功，得不偿失。受此影响，一些弱势群体在享受改革开放成果的同时却否认改革开放的合理性。[①]"重写历史论"认为改革开放的历史不是中国社会的进步而是倒退，社会问题出现的根本原因是政治制度和政党制度，应当否定改革开放，重新书写历史。

一些社会问题仍然存在且有加重趋势。如贫富差距与分配不公的问题。尽管近年来我国贫富差距扩大出现了趋缓的态势[②]，但是，由于城乡二元结构没有改变，地区之间差距扩大趋势没有扭转，社会成员之间收入差距仍在扩大。因而在实际上，无论在城镇内部、农村内部，还是在城乡之间、地区之间，由收入差距扩大、收入分配不公而导致的贫富差距仍然是严重的社会问题：（1）城镇内部的收入差距仍然扩大明显。相关研究表明，城镇居民收入差距的基尼系数在 2000 年为 0.32，2010 年超过了 0.4。[③] 导致这种差距扩大的因素，如城镇房地产价格上升使高收入人群的财产性收入大幅度增加，通货膨胀率较高，城市化进程进一步提升了高收入人群的收入水平，行业间收入差距持续扩大等，又因

[①] 参见程恩富等：《近年社会主义核心价值体系建设情况的调查研究报告》，载《毛泽东邓小平理论研究》，2011（2）。

[②] 首先，农村内部收入差距扩大趋势有所缓解。据国家统计局住户调查数据显示，2000—2010 年的 10 年中，农村内部收入差距的基尼系数上升了 0.03。其中 2000—2002 年上升 0.02，其后 8 年的增幅则不足 0.02，且近两年已出现了收入差距缩小的状况。其次，城乡之间收入差距扩大趋势得到抑制。据国家统计局调查表明，2000—2003 年，城乡居民收入比率从 2.78 倍升至 3.23 倍，2009 年，该比率达到峰值，为 3.33 倍，其后回落至 2010 年的 3.23 倍和 2011 年的 3.13 倍。最后，全国收入差距扩大缓慢。据北京师范大学中国收入分配研究院估计，近三四年来，全国收入差距处于相对稳定状态。（参见李实：《近年我国收入差距扩大态势趋缓》，载《中国社会科学报》，2012-08-24）

[③] 参见上书。

经济和政治体制中存在的问题而在短期内不易被消除。(2) 农村内部因收入差距而导致的贫富差距, 近年来日益扩大。① 导致农村贫富差距扩大的根源是务工与务农之间收入差距的巨大。这是中国社会城乡之间、工农之间的差距在农村的集中反映。(3) 城乡之间, 虽然近年来的收入差距略有变化, 但仍然处于高位。而且, 由于计算的仅仅是货币收入或显性收入, 而没有将城市人的隐性收入、能享受到的各种社会福利、社会保障计算在内, 因而实际上城乡之间的收入差距远高于统计数字。城乡之间的收入差距是我国收入分配不公中最大的问题。

如腐败问题。尽管对于官员的腐败, 中央出台了一系列政策规定, 且近年来一直采取高压态势严厉打击, 并随着国家法制化治理的推进而收效明显。但是, 由于各种原因, 多年来以权谋私、钱权交易、贪污腐败、收受贿赂等现象仍然严重, 且在总体上有越演越烈之势, "腐败分子包括党政军各系统的不少高级干部, 而且包括本应守护社会正义底线的大法官。新闻媒体几乎每天都有新的腐败案件报道, 人们通常已经见多不怪了"②。官员腐败对民众心理造成的恶劣影响是显而易见的。据调查显示, 人们在回答"您认为对共产主义理想信念产生危机的原因是什么"时, 高达76.03%的人认为是"干部腐败问题"③。

如阶层固化的问题。尽管对于当下中国社会结构是否出现了阶层固化的问题, 还需遵循更严格的方法和规范加以研究, 但这无疑是当前中国社会问题的重要议题之一。由于各种原因, 我国目前不同阶层之间的流动性日渐降低, 不同利益集团之间的边界愈益清晰, 代与代之间的继承性越发固定等现实, 都在表明社会中阶层固化的严峻性。从人们对社会生活中"二代"的普遍指称中, 便可发现这一现象的客观存在和问题的严重性。正因如此, 有学者就"农村学生何以难以进入好大学"为例指出, 一个经济迅速发展的社会, 应该是富有活力、充满机会、贫困阶

---

① 据华中师范大学中国农村研究院发布的《中国农民经济状况报告》, 对6 000多户农村居民过去三年的现金收入的抽样调查发现, 收入最高的20%样本农户与收入最低的20%样本农户的人均收入差距有10倍之多。分区域来看, 西部地区农民之间的收入差距为8.81∶1、东部为7.71∶1、中部为7.61∶1。(参见程云杰、吴植、张辛欣:《研究报告指农村贫富差距扩大》, 载《新华每日电讯》, 2012-08-22)

② 董德刚:《马克思主义价值观构建的问题与出路》, 载《哲学动态》, 2011 (3)。

③ 程恩富等:《近年社会主义核心价值体系建设情况的调查研究报告》, 载《毛泽东邓小平理论研究》, 2011 (2)。

第八章 当代中国马克思主义哲学：问题与思考

层不断缩小、中产阶级不断扩大的社会。经济发展应该为社会流动创造机会并带动社会大规模地向上流动，社会流动则为经济的进一步发展提供动力，由此产生两者之间相互支撑的双赢局面。如果经济发展和社会转型背离这一模式，则发展难以为继。①

如民生问题。主要包括劳动就业、社会保障、教育、医疗、住房、物价、治安、食品安全、生产安全、环境资源、自然灾害等。

这些问题的存在和凸显在相当大的程度上弱化了人们对共同理想的认同感，如怀疑社会主义必然战胜资本主义的可能性，质疑中国特色社会主义道路成功的可行性，缺乏对中华民族伟大复兴的信心。尤其是当代大学生的理想信念"更多地集中在生活和职业理想上，而对社会和道德理想则关注很少，只占10%左右"②。这些问题的存在与凸显也极大地淡化了人们的马克思主义和共产主义信念。例如，党内部分党员干部虽然也承认马克思主义是共同思想的基础，但却认为它只有政治宣传的意义而没有实际的应用价值，有的则在内心深处早就不认同马克思主义甚至对其冷嘲热讽。例如，在"对西方发达国家在发展中国家推行'民主'、自由价值观的目的的看法"的调查问卷中，就有47.65%的人认为它将"使这些国家的人民享受真正的民主和自由"，"还有少部分人恶意攻击马克思主义，诅咒马克思主义是僵尸，已经死亡，要扫进历史的垃圾堆"③。在回答"您认为对共产主义理想信念产生危机的原因是什么"的问题时，"选择'部分领导干部和教育者自己不信仰共产主义'占调研对象总人数的52.40%"④。部分民众则直接质疑主流意识形态。

这一切，在表明整个社会仍然存在普遍的信仰危机的同时，也削弱和消解了马克思主义哲学作为一种国家意识的影响力。

作为国家意识的马克思主义哲学，其影响力被消解，固然是社会大环境使然，但环境非外在于人，恰恰是人之实践行动的作品。因此，在分析民众何以怀疑马克思主义哲学时，不能忽略作为精神生产主体的知识分子在其中的作用。

如果说，计划经济时代作为社会群体的知识分子尤其是人文知识分

---

① 参见赵力涛：《农村学生上好大学越来越难》，载《中国社会科学报》，2012-03-21。
②③④ 程恩富等：《近年社会主义核心价值体系建设情况的调查研究报告》，载《毛泽东邓小平理论研究》，2011（2）。

子，在政治高压下的理论研究，只能接受组织垄断、组织调控、组织安排，因而对以马克思主义哲学为核心的国家意识，只能或缄默不语或人云亦云或言不由衷或盲目信仰，从而在或被动或主动或消极或积极的状态下，维护着主流意识形态的话，那么改革开放和市场经济则在本质上去政治化、组织化中，给予了知识分子前所未有的活动空间和话语权。经济的发展、政治环境的宽松、媒体资讯的发达、自身地位的提高，这一切在给予广大知识分子从事科学研究（自然科学、人文社会科学）的良好条件、提升其研究自信中，催生出难以计量的研究成果。其中，人文社会科学知识分子对科学研究的贡献，同样意义非凡。改革开放以来，我国广大哲学社会科学研究者出于对改革开放的真心拥护和社会责任感，大多能自觉拥护和维护以马克思主义哲学为代表的国家意识。然而，我们又不能否认，由于各种原因（社会大环境的制约、社会思潮的影响、自身生活工作条件的困难等），部分知识分子尤其是青年知识分子，对国家意识和主流价值观产生了严重困惑甚至抵触反感：部分理论工作者和高校教师放弃了马克思主义，有的甚至公开在课堂上提出马克思主义基本原理已经过时，应当用非马克思主义的思想取代马克思主义。在马克思主义哲学研究者中，淡化马克思主义的暗流，也使相当一部分青年学者，在怀疑马克思主义中找出路，于是纷纷转向国外马克思主义研究而回避对中国现实问题作答。这样，中国马克思主义哲学的研究队伍中，便出现了不仅一些中青年学者缺乏必要的理论自信，而且一些老年学者也放弃了理论信念的现象。至于少数以"公共"著称的人文知识分子，受制于高度市场化的传媒和特殊的利益集团，产生了人格分裂①，在"借助体制内的声望权威，去猎取体制外的丰厚利润"②中，以具有双重性和欺骗性的话语表达，一方面诱导和迷惑了公众的视听，一方面又因"拿人钱财、替人消灾"的真相被揭露而对国家意识的威望和公信力产生了极为不利的影响。他们中的另一些人，"无视我国改革开放以来所取得的巨大成就，对执政党因缺乏市场实践经验而犯下的各种错误，对转型期业已出现的腐败猖獗、世风堕落现象，深感愤懑和绝

---

① 传统士大夫的人格缺陷，是一面大谈"士不可不弘毅，任重而道远"，一面又"三日不见君，惶惶若丧家之犬"。它在今日一些知识分子身上则体现为，一面猛批"官本位"意识，一面又想方设法甚至不择手段地为自己谋一官半职。

② 童世骏主编：《意识形态新论》，283页，上海，上海人民出版社，2006。

望",于是,这些人"不自觉地丧失了依靠和紧跟中国共产党,用与时俱进的马克思主义指导实践,去战胜困难赢得胜利的信心,生发了另寻他路、病急乱投医甚至巴不得改朝换代的病态想法"[①] 和言论。当这些想法和言论在公共媒体上以激情声讨与强烈谴责的情绪化形式加以宣泄时,其对马克思主义哲学影响力的淡化和消解似乎就变得更为有效、更为有力。

第二节 问题思考

与当代俄罗斯哲学研究没有国家经费的"力挺"相比,当代中国马克思主义哲学可谓得天独厚,大量科研经费不断涌入中国马克思主义哲学的研究领域。然而,一个不可回避的基本事实却是,在当代中国马克思主义哲学的实际研究中仍然存在许多尚待思考和探讨的问题。这里,我们首先需要躬身自问的是:当代俄罗斯哲学在基本失去国家经费支撑的状况下,通过自身的努力而重归哲学研究的繁荣,且在多元化的异质研究中呈现出持续发展的势头;假设当代中国马克思主义哲学没有国家经费的鼎力相助,我们能够达到当代俄罗斯哲学研究的这种程度吗?在哲学探索这条充满神思玄妙、深奥艰涩的学术之旅中,中国马克思主义哲学能在这座人类思维的峰峦攀多高?走多远?中国马克思主义哲学能为这一人类智慧的宝库提供多少独特的思想?奉献多少有价值的精神财富?

一、研究视域的"重微轻宏"

改革开放伊始,当代中国马克思主义哲学在反思既往研究中重宏观化和整体性的叙事方式的同时,十分强调研究的微观性、局部性等对马克思主义哲学研究的重要性。考察当下中国马克思主义哲学,我们可以发现,重抽丝剥茧轻提纲挈领、重精雕细刻轻整体把握、重管窥蠡测轻纵横寰宇的研究倾向已经成为一种时尚。这一重微观轻宏观、重个别轻整体的研究时尚,无论在理论研究领域还是在理论研究范式中,都有不

[①] 童世骏主编:《意识形态新论》,281 页。

同程度的存在。

(一) 理论研究领域的"重微轻宏"

其一,马克思主义哲学基本理论研究中的"重微轻宏"。它除了表现在一个时期以来,基本理论的整体阐释仍然相对薄弱且呈现出泛本体论的倾向,更表现在以马克思主义哲学的某一方面或个别概念为基点来阐释马克思主义哲学的全部。以文本考证、历史语境还原、历史线索的梳理,代替对马克思主义哲学原理的整体阐释和理论体系的系统建构。

其二,马克思主义哲学史研究中的"重微轻宏"。它集中表现为虽然成果不断涌现,但却呈现出史论分离的状况,即或者离开"文本"谈马克思主义哲学史,或者只关心马克思说了什么的现象。"离开文本谈马克思主义哲学史",虽然突出了马克思主义哲学发展的历史逻辑,但却忽略了其理论的发展逻辑。"只关心马克思说了什么",虽然重视在概念框架和叙述范式中"重写马克思",从而凸显了马克思哲学在马克思主义哲学史中的地位,但却因忽略或淡化了恩格斯、列宁以及马克思主义哲学其他后继者的理论,而难免将一部马克思主义哲学史缩小为只是具有马克思哲学个性特色的历史。而且,由于这类研究往往将马克思哲学归于"现代哲学"的范畴,将恩格斯、列宁的哲学归于"近代哲学"的范畴,这就不仅割断了马克思主义哲学史的内在联系,而且使马克思主义哲学史碎片化而失去了其整体风貌。

其三,国外马克思主义研究中的"重微轻宏"。它表现为虽然繁花似锦、多姿多彩,但却存在下述问题:过多关注人物而缺乏自觉的"问题意识"和纵横结合的思考维度;过多关注文本复述而缺乏现实关怀的维度;过于热衷理论的求新立异而缺乏对理论与现实相结合的深度探究;过多借助西方哲学的主体性思维范式来阐释理论,力求淡化和抹去唯物与唯心、主体与客体、主观与客观之间的界线,而忽略唯物主义与唯心主义之间的能否超越以及超越的范围、领域、界限等,涉及马克思主义哲学基本原则的问题在何种领域与何种范围内的超越;简单地以唯物史观为批判工具,却在批判中往往割裂了资本逻辑的批判与形而上学批判之间的关系。这些问题不能不成为深化国外马克思主义哲学研究的瓶颈。

其四,马克思主义哲学中国化研究中的"重微轻宏"。它主要体现为研究中的分层次研究与立体性研究相结合的不足,即未将马克思主义

第八章　当代中国马克思主义哲学：问题与思考

哲学中国化文本的探讨、国外相关成果的批判借鉴、中国传统文化的批判吸取、当代中国化马克思主义哲学的经验教训总结等方面融为一体。在马克思主义应用哲学的研究上，又存在分化有余而综合不足的问题。

（二）研究范式的"重微轻宏"

其一，"文本研究"① 中的"重微轻宏"。20 世纪 80 年代，学界基于弄清马克思主义哲学变革之所在及其价值的思考，提出了回到马克思哲学"特殊语境"的要求。自此以来，重读马克思文本的呼声和尝试从未间断。对于这类尝试，有学者以理论依据的不同，将之归结为"五种模式"② 论；有学者以基本趋向的不同，得出了"三个支流"③ 说。对于这类"以马解马"的文本解读尝试，学界存在不同的评价：有学者认为这种"从马克思的原本中找出一句半句话，然后按照自己的观点进行所谓的重构重建"，将"既曲解了马克思主义哲学，也很难在哲学上有所建树"，因此"不赞赏'以马解马'的方法"④；在"能否'回到马克思'"的问题上存在"客观马克思"和"主观马克思"之争；在"'回到马克思'的价值"问题上存在"文本的深度解读"与"现实问题研究的弱化"之辩；等等。然而，毫无疑问的是，学者们对马克思文本的深度解读，无论对正确认识何谓"真正的马克思主义哲学"还是对规范和深化马克思主义的哲学研究，都意义重大且影响深远。

然而，在这类"文本研究"中也仍然存在"重微轻宏"的局限。这体现为：在文本方面，限于马克思而忽略其他马克思主义经典作家如恩格斯、列宁、Г.В.普列汉诺夫等；在语境方面，重视国外马克思主义而忽略历史上的国际共产主义运动；等等。即便对马克思哲学的文本研究，也因过于注重微观层面、漠视宏观视角而产生了两个极端倾向：或者以量化的自然科学标准，将马克思的唯物史观视为凭借生产力发展的

---

① 主要为一些马克思主义经典著作和马克思主义哲学史的研究者所倡导与重视。

② 西方马克思学的"两个马克思"模式、西方马克思主义人道派的"人本学马克思主义"模式、西方马克思主义科学派的"意识形态与科学的异质论"模式、传统的列宁与苏联"量变进化说"模式，以及国内学者的"两次转变论""两次逻辑论"模式。（参见张一兵：《回到马克思——经济学语境中的哲学话语》，"导言"2～10 页）

③ "重读马克思"并提出诸如马克思恩格斯思想的差异问题；"重塑马克思"，即重新考察马克思哲学与德国古典哲学的关系，重新思考其出场路径问题；"反观马克思"，即从西方马克思主义理论演变的考察中反观马克思与现代西方哲学的关系，以确定其理论属性。（参见赵剑英、孙正聿主编：《中国化马克思主义哲学新形态》，8～9 页）

④ 陈先达：《处在夹缝中的哲学》，"代序" 15 页。

比较研究：当代俄罗斯哲学与中国马克思主义哲学

自然运作方式而得出的理论，而马克思对资本逻辑的批判不过是充满实证主义分析色彩的经验理论；或者以预设的价值理想去规范现实，将马克思对共产主义的吁求视为如同基督教的天国理想，而人类解放的目标不过是个人从迷失的"世界体验"异乡之中返归至上价值之旅的灵知主义。① 因此，"文本研究"中，能否将马克思主义哲学的"语境回归"对象仅仅限于马克思本人②，马克思主义哲学的"语境未来"对象能否仅仅聚焦于西方马克思主义或国外马克思主义，马克思哲学的文本解读能否摆脱经验性的和规范性的两极，文本解读的范式究竟有哪些，怎样才能达到相对合理的解读效果等，便是当代中国马克思主义哲学深化"文本研究"所需要进一步思考的问题。

其二，"对话研究"③中的"重微轻宏"。20世纪80年代，学界基于推进马克思主义哲学创新的渴望，要求引进和研究国外马克思主义文本。在此基础上，对之进行比较分析的探索从未中断。这类探索使中国马克思主义哲学"同自己时代的现实世界接触并相互作用"④，吸取现当代西方哲学对实践智慧的存在论升华（存在主义），从微观视角关注人的心理、精神、文化层面（各种意识论、心理学），在强调语境化方法（语言学与逻辑分析）从对人类意识的始源境遇（现象学与诠释学）的把握中，开启了马克思主义哲学与现当代西方哲学的"对话"之门，实现了两者之间的"视界融合"，推进了马克思主义哲学的研究。

然而，在这类"对话研究"中也仍然存在"重微轻宏"的不足。这体现为：在对话进程上，作为"对话对象"的，主要限于现当代西方哲学而中国传统哲学缺位；在对话内容上，笼统强调现当代西方哲学的对话价值而缺乏辩证反思和具体分析。因此，中国化的马克思主义哲学在与现当代西方哲学的"对话"中能否真正实现"视界融合"，"中、西、马"哲学之间能否真正实现"对话"，中国马克思主义哲学的民族文化

---

① 参见孙亮：《马克思主义哲学研究范式：一个批判性建构》，81~82页。
② 近年来也有学者强调需要注重恩格斯哲学原著的研究，但较之学界对马克思哲学的偏重，这种呼吁就显得十分苍白乏力。而且，受西方马克思主义创始人卢卡奇的影响，这种研究也往往将关注点置于强调马克思与恩格斯的对立上。
③ 主要为一些西方马克思主义、国外马克思主义、近现代西方哲学的研究者所倡导与从事。
④ ［德］马克思：《〈科隆日报〉第179号的社论》，见《马克思恩格斯全集》，中文2版，第1卷，220页。

第八章 当代中国马克思主义哲学：问题与思考

身份认同问题能否通过所谓"对话"解决等，便是当代中国马克思主义哲学拓展"对话研究"所不能不思考的问题。

其三，"问题研究"[①]中的"重微轻宏"。20世纪80年代，学界基于发挥马克思主义哲学之社会功能的需要，致力于在直面现实实践中提炼马克思主义哲学。时至今日，这种研究风气仍然十分浓厚。这类研究淡化和消除了先前中国马克思主义哲学研究中理论与实践、观念与问题、具体与抽象之间的隔膜，在"现实化"还是"思辨化"的纠结中抓住了中国、世界在发展过程中的具体问题，从具体问题中抽象和提炼出涉及人类根本命运的哲学问题，从回答这类问题中形成了哲学层面的观念与理论的共识，使得以"问题研究"为主导的研究范式源于问题而又高于问题，凸显了马克思主义哲学现实性与学理性相统一的特质，为马克思主义哲学焕发时代生命力展示了新的研究路径。

然而，在这类"问题研究"中也仍然有"重微轻宏"的欠缺。这体现为：在问题域上，存在着非此即彼或顾此失彼的现象，即应以"中国问题为重"还是应以"世界问题为重"的疑问和诘难；在问题探讨中，存在着无论关注中国问题还是关注国际社会问题，都相对缺乏纵与横的比较维度，以及侧重于现象性描述而轻视学理性抽象等问题。因此，中国马克思主义哲学的"问题研究"中，能否在强调"中国问题"研究价值的同时，承认"外国问题"的研究价值，以及两者之间对比分析的重要性，能否在强化中国"模式、道路、文化、意识"的形而上探讨层次的同时，肯定和重视全球意识，便是当代中国马克思主义哲学强化"问题研究"所不能不关注的问题。

其四，"形态研究"[②]中的"重微轻宏"。20世纪80年代至今，学界针对既往马克思主义哲学原理的表述形态中流行的"以恩解马""以苏解马"的教科书模式，以及割裂马克思主义哲学的理论形成史、发展史，简单抽取某一观点的以偏概全，一直在致力于通过"回归马克思"的哲学文本来超越传统教科书模式，重构马克思主义哲学新理论形态。不可否认，学界的这类尝试，在借助马克思哲学的文本原典，从而克服传统教科书模式的片面性，构建新的马克思主义哲学理论形态（如实践唯物主义等）方面，已结出累累硕果，且为深入探讨马克思主义哲学的

---

① 主要为一些部门哲学、应用哲学的研究者所倡导与从事。
② 主要为一些马克思主义哲学原理和当代中国马克思主义哲学的研究者所倡导与从事。

新形态打通了前行之径。

然而，在这类"形态研究"中也仍然有着"重微轻宏"的局限。这体现为：在话语的表述方面，抽象思辨有余而具体形象不足；在体系的构建方面，重范式创新而轻传统的传承；等等。因此，在"形态研究"中，能否为重建马克思主义哲学的叙述体系而完全否定"传统教科书"模式的价值，中国化马克思主义哲学新形态的构建中视域的转换与拓展究竟包括哪些范围和领域①，中国化马克思主义哲学新形态的构建，学者与学界当有怎样的自觉和担当，仍然是当代中国马克思主义哲学推进"形态研究"所需要认真思考的问题。

二、研究意识的"价值中立化"

在前面的分析比较中，我们指出了：当代俄罗斯哲学因主张多元化而否认任何主流价值对哲学研究的引领，当代中国马克思主义哲学却始终坚持马克思主义理论的引领作用。然而，我们又不能不承认，当代中国马克思主义哲学同样存在着以中立化的价值取向否认马克思主义哲学的理论内核和理论基质，以学术研究的自由性和包容性否认马克思主义理论引领的必要性的现象。

这里的"价值中立"（value free），即认为哲学研究作为一种学术研究，不能带有任何价值立场，应当保持中立态度，按照客观资料的引导做出自己的结论。这一最早源于休谟②、后被韦伯③详尽阐述的研究原则，也被当下中国一些主张哲学研究应当"纯粹"的学者视为合理的研究意识和基本原则。

无疑，"价值中立"倾向的出现，与学界乘着改革开放之风，反思

---

① 对此，有从历史的角度，强调国际共运史、马克思主义哲学史、近现代西方哲学史、中国哲学史、世界文化史、中国文化史等对于这一构建的作用；有从中国社会的实际角度，强调结合中国的现代化进程、中国自身文化传统对于这一构建的必要性；有从特点的角度，强调时代性、民族性、人类性、全球性对于这一构建的价值。

② 休谟提出了"是"与"应该"的划分，认为事实判断与道德等价值判断之间有着不可逾越的鸿沟，因而不能简单地从"是"与"不是"，推论出"应该"与"不应该"。（参见［英］休谟：《人性论》，第3卷，关文运译，495~516页，北京，商务印书馆，1980）

③ 韦伯在题为"以学术为业"的演讲中，提出事实世界和价值世界的区别，认为科学家应该受科学精神的支配，在科学研究中，科学家一旦根据自己的价值观念选定了研究课题，就必须遵循所发现资料的引导，而不能将自己的价值观念强加于资料，不能从实然的判断推导出应然的判断。这种方法论原则，同样是社会学、人类学等社会科学研究的准则。

第八章 当代中国马克思主义哲学：问题与思考

和矫正我国学界过去长期存在的马克思主义哲学被严重政治意识形态化，以及与之相伴的思想启蒙和自我救赎分不开。如同苏联哲学曾经被政治绑架而窒息了生机一样，当年的中国马克思主义哲学同样在政治高压和政治"呵护"下步履维艰。这一点，笔者在前述的相关探讨中已有说明。今天，当学界以开放的心态，深度反思哲学的这种曾经"被绑架"，承认它通过制度化传播方式，使马克思主义哲学的一些理论在一定程度上获得了发展，使马克思主义哲学的一些话语走进了基层民众，但又对其在被教条化、政治化过程中导致的压制思想探索、扼杀理论创新，感到痛切。出于对曾经备受政治权力的支撑和呵护，失去这一切便瓦解崩溃的苏联哲学之命运的回望，出于对中国马克思主义哲学未来前景的担忧，学界自然产生出希望哲学与政治意识形态保持距离的强烈愿望和一致吁求。愿望和吁求对于中国马克思主义哲学保持思考的独立性、研究的创造性，无疑具有重要意义。但是，当这种认识走向极端，并以"价值中立"为由而拒绝或根本否定马克思主义对于哲学研究的价值导向作用时，它便不能不对中国马克思主义哲学的正常发展产生消极影响。

当下，"价值中立"已成为学术研究的一种潮流。受它影响，一些马克思主义哲学的研究者也主张：中国的马克思主义哲学研究不应当被赋予任何价值立场。于是，学界出现了东拼西凑或原封不动地照搬照抄各种西方哲学观点，在"补充"马克思主义哲学理论内容中代替马克思主义哲学的现象；出现了以意识形态中立或回避意识形态的争论为由，竭力避免涉及一些关系到马克思主义哲学基本原则或尖锐分歧的问题，在淡化马克思主义哲学的批判本性和价值取向中，抹平马克思主义意识形态与资产阶级意识形态的裂隙的现象；出现了以普世价值的超验性或个体价值的实用性，抹杀马克思主义哲学与西方哲学、西方价值观的差异，否认社会主义核心价值存在的必要性的现象；出现了以知识分子应抵制御用哲学、追求人格独立或尖锐批判现实政治的精英之态，力图疏远和摆脱马克思主义哲学的束缚的现象。

从表面看，"价值中立"的观点似乎并不涉及马克思主义哲学研究的理论导向问题，因为它对中国马克思主义哲学应当坚持还是应当放弃马克思主义的基本立场和理论基质这一问题是不置可否的。然而，以人类解放为宗旨的马克思主义哲学，其基本立场和理论基质就表明了其鲜明的价值指向性。以"价值中立"为基本取向的无价值立场，实则同样是一种理论导向。疏远或逃避马克思主义的基本立场和理论基质将导致的可能是对马克思主义哲学价值关切的淡化，对马克思主义哲学理论导向作用的疏离。

三、"两张皮"现象与"中国问题"缺失

这里的"两张皮"现象，是就理论研究的内容而言的。

在前面的分析比较中，我们得出了无论当代俄罗斯哲学还是当代中国马克思主义哲学，都在面对社会现实问题，质疑纯哲学、学院哲学的存在意义中，通过应用哲学、领域哲学的研究，实现了理论与实践的对接。但是，我们在承认中国马克思主义哲学这一长足进步的同时，又不能不看到其中依然普遍存在的理论与实践相脱节的现象，它主要体现为两类。

其一，以哲学是从经验事实中概括提炼带有普遍性、本质性的抽象思维为据，坚持只有"哲学的理论建构"才是马克思主义哲学研究的发展方向，从而极端化地强调哲学作为理论的学理性一面。对此，一些学者提出了如下观点：教条化的、政治化的马克思主义哲学留给我们的最大教训是，理论以所谓"实践需要"为由而对现实亦步亦趋，这导致了马克思主义哲学的简单化、肤浅化；哲学较之其他学科，因其更强的学术性、抽象性，而与实践有着天然间距；哲学不是现实的传声筒和应声器，其理论使命决定它应与现实保持一定的距离；等等。以此为由，他们视概念、范畴、纯理论研究为提升马克思主义哲学学术性的唯一正道，否认结合现实实践研究马克思主义哲学的理论同样是提升其学术性的重要方面。这类现象，较为明显地体现在致力于西方马克思主义和马克思文本的研究中。在"让思想家下台，让学问家上台"的口号中，一些学者将淡出政治、告别意识形态、远离社会现实，视为凸显马克思主义哲学学术性的研究宗旨，视为提升马克思主义哲学学术品位的必由之路。如果说，这种情况在那些以纯文本为研究对象的马克思主义哲学研究中，尚是说得过去的理由的话，那么对那些以中国问题为研究对象的马克思主义哲学研究而言，其作为理由就难以成立了。事实上，在这类研究成果中一些远离社会实践，既不研究也不揭露现实问题的现象普遍存在：一味搬用一些西方时髦的概念、术语、观点去解读中国现实；侧重

第八章 当代中国马克思主义哲学：问题与思考

于对马克思主义哲学原理的某一内容，做出纯学理性的"新"解释、"新"阐发；只是对马克思主义哲学原理进行纯学理性的推究和体系的编排，进行从哲学原理到哲学原理的逻辑推演。这种拒绝甚至反感研究现实和联系实践，缺乏强烈现实针对性的"从理论到理论"的研究状态，使中国的马克思主义哲学研究或多或少带有如同马克思批评德国古典哲学的"爱好宁静孤寂，追求体系的完满，喜欢冷静的自我审视"[①]的弊病。于是，理论脱离于实践的研究，便使得一些中国马克思主义哲学的研究成果，因阐释力不足而难以应对不断变化的社会现实，难以成为民众的精神武器。

其二，以哲学归根结底源于生活实践，哲学发挥干预现实和改造实践的社会功能是最终回到生活实践为由，坚持只有"哲学的实际运用"才是马克思主义哲学研究的正确途径，从而极端化地强调哲学作为工具的现实性一面。为此，一些学者提出了如下观点：主观经验论马克思主义哲学留给我们的最大启示是，实践以"生动生活"之名而对理论敬而远之，这导致了马克思主义哲学的狭隘化、庸俗化；马克思主义哲学较之其他学科，因其更强的现实性、实践性，而应杜绝纯思辨的理论抽象；中国马克思主义哲学不是概念库和逻辑圈，其实践功能决定了它对所谓纯粹理论应当保持警惕；等等。以此为由，他们视对日常生活经验、情感意愿、具体事实的描述和表达，为维护马克思主义哲学之实践功能的坦途，忽略从马克思主义哲学的学理层面分析和研究现实问题同样是提升其现实性的重要方面。这类现象集中表现为：一些研究似是贴近社会现实，但却不揭露问题，只是一味地歌功颂德；一些研究虽然既贴近现实也揭露问题，但却不注重理论的深入思考和潜心挖掘，只是热衷于政治性的宣传说教；一些研究虽然看起来既贴近现实又揭露问题还有理论思考，但或者对现实问题的思考不是来自实际调查而是来自主观设想，或者对问题的揭露不是提升到理性层面而是就事论事，或者论证方式不是遵循逻辑规范而是情绪表达，或者得出的结论不是深度剖析而是软弱无力的辩白。这类缺乏从哲学高度总结中国革命和建设的实践经验，丧失了对现实反思批判性的"就事论事"的研究状态，使中国的马克思主义哲学研究或多或少

---

① ［德］马克思：《〈科隆日报〉第179号的社论》，见《马克思恩格斯全集》，中文2版，第1卷，219页。

带有实用主义的色彩。一些只是歌功颂德或政治宣传的成果，在无形中降低了中国马克思主义哲学的声誉，除了应付检查审核的一时之需，根本谈不上有多少学术水平和理论品位。

不可否认，那种将马克思主义哲学的研究范围，仅限于解决中国现实问题的定位，认为中国马克思主义哲学只能面对现实感性的生活世界，而无须关注理论构建的观点，具有使马克思主义哲学被过度世俗化的潜在可能性。因此，必须对那种以研究"中国问题"为名，否定对"中国问题"进行学理层面探讨的必要性的观点进行分析，对这类可能因此淡化马克思主义哲学的研究特质、消解其理论深度的研究倾向保持警醒。因为它的归宿，极有可能与改革开放前的中国马克思主义哲学，因政治性的过度世俗化而削弱其理论质地的恶果殊途同归。但是，"中国问题"作为当代中国理论研究中的最大对象，又不能不成为中国马克思主义哲学研究的重心。缺失这一研究重心，马克思主义哲学理论与实践之间的关联，终将在理论的自我喧嚣和自我陶醉中淡出中国马克思主义哲学的研究视域，导致它在缺乏现实感中丧失理论的说服力。

四、市场化、工具化倾向

在前面的分析比较中，可以得出当代俄罗斯哲学较之当代中国马克思主义哲学，"带有更为明显的实用主义特征"的结论，但是，这不等于我们否认当代中国马克思主义哲学没有这一问题。事实上，当代中国马克思主义哲学研究中存在的这一问题，在某种程度上或许更甚于当代俄罗斯哲学。

所谓"工具化"，指在马克思主义哲学研究中，以有用性取代学理性，在过分夸大其社会实践功能而淡化其理论功能的致思趋向中，变马克思主义哲学为单纯的现实利益服务的手段和目的。因此，它与极端强调马克思主义哲学的学术性、思辨性的观点相反，是由凸显马克思主义哲学的实践现实性而走向极端的一种理论表现。

事实上，在中国马克思主义哲学中，工具化的研究倾向始终存在，不同的只是其表现形式。

在改革开放前的中国马克思主义哲学研究中，工具化的典型表现是哲学属性上的高度依附性，即在哲学与政治的关系上，因强烈的意识形态色彩而导致前者沦为意识形态的工具。这一点在此不再赘述。

当代中国马克思主义哲学研究中,工具化的典型特征是:哲学功能上的极端现实性,即在哲学与经济的关系上,因对经济利益的过度关注而导致前者沦为追名逐利的手段。

随改革开放而来的经济市场化,在促使人们用经济理性的眼光尺度衡量一切时,也使贵为庙堂的哲学研究不得不被打上世俗化的烙印,其在适应市场化之需的同时,越来越具有工具理性的色彩。

在认识领域,这类观点集中体现为:认为马克思主义哲学在西方哲学史上实现革命变革的关键在于,其拒斥在思辨王国中叠床架屋而直面现实,并以此为由,否定学理思辨和逻辑抽象对于提升马克思主义哲学之理论内涵的价值;认为主观唯心论和唯意志论留给中国马克思主义哲学研究的最大教训是,以主观臆想思考现实而导致哲学与生活世界相隔绝,并以此为由,主张马克思主义哲学与现实的"无缝链接"而否定理论思考对"问题意识"之形成的作用。上述观点,虽然正确地强调了马克思主义哲学的实践现实性特质,肯定了这一特质是马克思主义哲学得以发挥其社会实践功能的基础、前提和条件,但是,这类观点强调只有坚持"哲学的实际运用"才是马克思主义哲学研究的唯一正确途径,只见其社会功能而忽略其理论功能,更未看到后者为前者的正确发挥提供导航作用,故而在对马克思主义哲学功能的片面化理解中,形成了以功利化、工具化眼光看待马克思主义哲学的认识误区。

与之相应,工具化的研究现象表现在:(1)形式时髦而实质空乏的研究成果。受市场化大潮的裹挟和利益的驱使,为了拿课题、出成果、评职称、获奖金,研究目的不得不围绕功利的指挥棒旋转,从而使研究走上短、平、快之路。于是,使研究形式在追求新异时髦中"看起来很美",使研究内容在应对考核中"显得丰富厚重",逐渐在中国马克思主义哲学研究中潜滋暗长。由此,较之其他学科,中国马克思主义哲学研究中雕琢精品和埋头磨剑的学术成果似不多见。更有甚者,罔顾学术道德和社会影响,推出学术快餐,制造学术泡沫,从而直接影响到中国马克思主义哲学的声誉,导致中国马克思主义哲学研究的学理性蜕化和学术水平降低。(2)似是而非的问题意识。随着改革开放的纵深发展,是否具有强烈的问题意识,是否提出和回答实践提出的现实问题,已经成为衡量学术研究是否具有现实针对性、实践价值的重要维度。然而，由于各种原因，实际研究中的这种"问题意识"往往发生了变异。于是，一些看似从问题出发的研究，却止于问题的表面，回避揭露问题的实质；一些看似紧扣现实的研究，却没有充分的现实依据，不能回答现实问题；一些看似实现了现实与理论"结合"的研究，却缺乏对现实问题的准确把握和理论的深度耕犁，既不具备问题的典型普遍性又缺乏理论的深度；一些看似富含问题意识的思考，却并非来自实践和现实而往往是自己的主观设想，没有相关的依据。

因此，这类将马克思主义哲学限于工具性、有用性层面的研究，在重蹈亦步亦趋追随现实的覆辙中，导致了这一研究的肤浅和表面。

悖于学术性、思辨性的"工具化"研究倾向，同样是"两极跳"非辩证思维方式的表现。"工具化"研究倾向的形成，有着多种原因。

就历史来看，与我国过去长期形成的对马克思主义哲学功能的定位中，过于突出其"改变世界"的功能性和实效性有关。由于马克思主义哲学在指导中国革命中的成功，其理论的实效性一面自然受到人们的刻意追捧。新中国成立后，马克思主义哲学的一些基本原理，随着广泛宣传而在民众中获得了普及。然而，被简化了的马克思主义哲学原理，虽然简单明了易记易背，但却在注重活学活用和实际效果中被彻底工具化了。以至长期以来，我国民众认识和理解的马克思主义哲学，就是几条类似自然科学公式和定理的概念、名称，马克思主义哲学在被人挂在嘴上而凸显其"大众化"特征的同时，在工具化中被庸俗化了。与之相应，人们在强调马克思主义哲学之终极关怀的维度时，将它转换为对劳苦大众翻身求解放的直接利益诉求。这种转换，对于唤起民众的阶级觉悟功不可没，而且，它也符合马克思主义哲学本身所要求的具体而非抽象的价值诉求目标。但是，这种转换如果走向极端，以至将马克思主义哲学的终极关怀、终极价值，完全等同于某些具体的利益诉求，便难免在使马克思主义哲学在利益化中被彻底地工具化。新中国成立后，为形势所需，马克思主义哲学研究者接受和理解马克思主义哲学的目的，主要是将其视为一种诠释时代问题与解决现实矛盾的策略和手段，而没有同时将其看作一种学术对象。这种功利化的做法，必然反过来促使马克思主义哲学沦为现实的"应声虫""追风影"，也使对它的解读与评价，具有浓厚的主观色彩，泛滥着功利的权衡与考虑。研究者虽然

第八章 当代中国马克思主义哲学：问题与思考

也到马克思主义的哲学文本中寻找论据，但往往是从既有政治立场出发，注重和突出那些与现实政治需要相吻合的或实用的东西，并以此作为支撑和强化政治意图的利器。这种为我所用，自然使马克思主义哲学对现实问题的解答难免流于形式，也致其退化为单纯的政治工具。

就现实来看，与市场化相伴的利益追求强化相关。改革开放使民众长期被压抑的物质利益诉求得到了空前释放。适应实践发展需要的马克思主义哲学，自然将维护民众合法利益、为其合理性呼吁辩护，视为义不容辞的责任和使命。马克思主义哲学这一贴近民众生活的特征，在把准社会心理脉搏从而为自己赢得声誉的同时，也为对它的研究提供了鲜活素材。但不可否认的是，改革开放和经济市场化，在极大满足人们物质需求并带来生活及其观念世俗化的同时，也使整个社会的精神价值体系受到了空前的冲击。与物质欲望和利益需求的强化相伴随的，则是人们精神需要和道德追求的弱化。马克思主义哲学研究者不是活在真空而是活在尘世。面对拜金主义、享乐主义的冲击，少数学者难以"守身如玉"，在将研究目标聚焦并只书写"大写的利益"，以及在拒斥形而上学中，模糊与淡化了马克思主义哲学的终极关怀和终极价值。这样，马克思主义哲学在市场化大潮中再度沦为"工具"，便是再自然不过的事情。此外，简单化、数字化等重量轻质的学术评价机制，以及一些学术刊物为追求经济效益和社会反响，追捧一些貌似有现实感实则肤浅、看似有问题意识实则是伪问题的文章，在助长不良文风的同时，催生了学者急功近利的研究心态，导致了研究成果中，复制品、翻拍品的批量涌现和低水平的重复。这一切，在淡化马克思主义哲学研究理论性的同时，也成为将马克思主义哲学变异为工具的推手。

就理论来看，与中国哲学和中国文化的"经世致用"传统有关。与西方传统哲学和传统文化注重本体论、认识论、逻辑学等领域，并对之长期地、系统地、深入地探讨与研究不同，中国传统哲学和传统文化的关注点与侧重处不在这类抽象的"形上"领域，而在政治、伦理、道德等与社会生活关系更为密切的"形下"领域。即便是哲学，也十分注重研究的功用，强调其现实作用的一面。"经世致用"既是中国传统哲学和传统文化的研究目的，也是中国传统哲学和传统文化的研究旨向。中国传统社会长期形成的注重文化功利性的传统，在马克思主义哲学与中国革命实践的结合中，同样得到了充分的体现。这一传统在现代中国马克思主义哲学研究中的体现便是，我们十分注重马克思主义哲学必须为中国的现实实践所需能用，这一点我们以马克思主义哲学中国化结晶的毛泽东哲学中便不难看到。"实事求是"① 是毛泽东哲学的理论核心和理论精髓。"实事求是"这一借用中国传统文化又体现马克思主义哲学基本观点和基本方法的术语，在"将马克思主义的世界观、方法论转化成了具有很强的可操作性的思想路线、工作方法、工作态度乃至行为准则"，从而"极大地拓展了马克思主义哲学的现实运用前景"② 的同时，也充分体现了中国传统文化基于世俗经验基础的"重实践轻思想、重实用轻思辨、近人事远鬼神"③ 的实践理性精神。毛泽东哲学在理论取向上，明确肯定功利主义④；在理论目的上，主张具体的操作运用而非为理论而理论；在理论评价上，强调从运用效果而非单纯从真理性出发评估理论的价值等观点，更是对中国传统哲学和传统文化"经世致用"的发挥。历史文化传统和马克思主义哲学强烈现实性的理论特质的双重因素，决定了置身于中国传统哲学和传统文化大背景，中国的马克思主义哲学研究，不可能游离于这种"实践理性"的氛围之外。在这个过程中，出现因强调哲学研究的效用而推崇实用主义和工具化，便不仅可能而且成为现实。

就认知来看，与国人反思既往研究的失误，思维方式易走两个极端有关。在马克思主义哲学研究中，现实性与学理性、效用性与规范性、工具性与价值性，这两个研究维度历来为学者所关注。两者孰轻孰重，何者更为根本，更是改革开放以来学界激辩的论题之一。改革开放带来了人们思想的大解放，过去那种简单片面地理解哲学的本质、属性、功能，将哲学的意识形态性等同于政治性，将西方哲学与马克思主义哲学的关系，简单归结为两个阶级、两条道路斗争在意识形态领域中的反映，导致了马克思主义哲学不仅没有发挥其应有功能，反而沦为政治之工具的历史悲剧，这一研究方式遭到了学者的普遍唾弃和反思批判。痛

---

① 1941年，毛泽东在《改造我们的学习》一文中，第一次从哲学角度概括了"实事求是"。
② 何显明、雍涛：《毛泽东哲学与中国文化精神》，116页。
③ 同上书，117页。
④ 参见毛泽东：《在延安文艺座谈会上的讲话》，见《毛泽东选集》，2版，第3卷，864页。

第八章　当代中国马克思主义哲学：问题与思考

定思痛的研究者在作别与抛弃"闻政起舞"的研究路径和研究目的中，将目光和重心转向了研究的纯学术性、思辨理性以及表达的规范性等学理层面，并将其视为提升马克思主义哲学研究水平和理论水准的正道。然而，在这一过程中，一些研究却剑走偏锋，将思辨性、学理性视为马克思主义哲学研究的唯一路径，拒绝对当下中国面临的诸多现实问题展开学理性分析。这类将研究导向书斋化和象牙塔的做法，随后遭到了学界的质疑。然而，在反思这种研究的纯学术化倾向中，一些研究又走向了另一极端，以研究的现实性、实用性、功效性，淡化或否认研究的学理性、规范性、价值性，同样对马克思主义哲学的必要性，在使马克思主义哲学走向流俗、肤浅中，加剧了其沦为"工具"的危险。

五、"两极跳"现象

在前面的阐述中，我们发现当代俄罗斯哲学在其发展过程中常常出现从一个极端走向另一个极端的现象。当代中国马克思主义哲学也并未杜绝这种现象。

改革开放以来，学界一直将解放思想、实事求是、与时俱进视为马克思主义哲学的固有内涵，致力于对教条化研究模式的批判。然而，在实际研究中，囿于教条化的思维模式和缺乏辩证思维的"两极跳"现象，仍然不时出现。

研究内容上，例如，前述揭示的那种或只重视理论或只重视实践的研究。例如，在凸显马克思主义哲学之人文价值时，出现了走向否定其科学理性的另一极的倾向：虽然强调了马克思主义哲学，尤其是马克思哲学在超越认识论（或知识论）的模式中实现了生存论、存在论、日常生活的转向，但却走向了否认马克思主义哲学之认知理性、认识论的另一极，在一种似乎马克思主义哲学可以无视科学发展，可以忽略认识论路向而自说自话的理论错觉中，使马克思主义哲学与当代人类主流话语的科学理性疏远隔膜；在强调人的价值、主体性时，以抽象的人道主义历史观作为评价现实问题的唯一标准，走向了否定唯物史观从客观环境、现实条件出发的科学性的另一极；在将马克思主义哲学出发点的"现实的人"等同于生存论哲学的"此在"时，走向了消解马克思主义哲学对资本主义人学根据的批判与超越、对"现存"进行改造的另一极。

研究方法上，一些领域存在着过度依赖西方哲学解读路径的倾向，如国外马克思主义的研究，关注较多的是如何与西方哲学接轨的问题，而对如何将这些理论与中国现实问题联系起来思考不足。一些领域又存在借鉴、吸取西方成果不足的问题，如中国特色社会主义理论和马克思主义中国化的研究，就对西方哲学社会科学研究中常用的分析方法（文本阐释学、选择理论、话语分析法等）和研究成果借鉴有限。这种"有限"尤其体现为，对于当今世界一些影响较大的西方哲学和西方文化与国外马克思主义的研究成果，如何在对其批判性的反思基础上将它们纳入中国问题的研究视域，尚缺乏深入的思考和积极的探索。

六、过度的语词包装

无疑，马克思主义哲学的诉说表达，不是仅仅通过语言的通俗化就可以充分展现其理论魅力的。而且，过度"通俗化"的表达，还可能是使马克思主义哲学通向庸俗化的暗河。这一点，在改革开放前，尤其是在"文化大革命"中的标语口号语录式的马克思主义哲学表述中可谓比比皆是。然而，马克思主义哲学的通俗化，又是马克思主义哲学走向大众的有效途径，它不仅关系到民众对于马克思主义哲学的接受程度，而且涉及马克思主义哲学将"批判的武器"转化为"武器的批判"的方式，即马克思主义哲学的文风问题。

改革开放以来，中国马克思主义哲学研究中，与通俗性、开放式、重内容的文风不同的是三类新文风的存在：（1）只关注自身感悟的"自语式"。这种研究风格以内容上的"高雅"问题、独特视域，表述上的概念抽象、词语生僻为特征，用大家都不明白的话，讲大家都明白的道理，在貌似高雅实则玄虚、貌似深邃实则偏激之中，将哲学的个性变成了学者的个人独白。（2）只关注文本客体的"注经式"。这种研究风格过分倚重对文本"客体"的引证，在引经据典中，忽略了对文本的系统论证和整体阐释，以至在貌似客观实则主观、貌似大众实则私人的话语体系中，回避了哲学的是非对错，远离了马克思主义哲学的真理性与科学性。（3）只依赖外文资料的"包装式"。与前两者虽然偏重或主体或客体但并未游离于马克思主义哲学话语不同，这类研究风格只关注外文资料，在大量使用西方哲学的概念术语、话语方式包装理论的同时，还生造一些连自己都不甚了了的新名词、新概念、新术语，以至在貌似新颖实则离奇、貌似创新实则怪异中，将马克思主义哲学变成故弄玄虚的文字游戏。

尽管不良文风的形成，与外在环境及其压力有关。例如，学术评价机制的量化而致使学者急功近利；庞大的研究队伍，僧多粥少的现实，使一些人不顾学术水平、学术道德而热衷于学术快餐；学术刊物为了追求社会效应、提升期刊档次，热捧一些艰深晦涩、新奇怪异之作，纵容和刺激了不良文风。但是，它又与学者自身的学术品位相联。中国马克思主义哲学研究中存在的文风问题，虽然并不直接对国家意识形成消解作用，但是过于华丽的语言，在包装马克思主义哲学时却容易与马克思主义哲学的社会功能产生抵牾，不仅不利于后者走进生活、贴近社会、进入民心，而且容易导致两者之间的渐行渐远，以至在无形中减弱了马克思主义哲学的理论力量。

第三节　对策思考

"前事不忘后事之师"。苏联哲学和当代俄罗斯哲学在国家意识上的波澜起伏、阴晴不定，当代俄罗斯哲学的起起落落、中国马克思主义哲学研究中的经验教训，当代中国马克思主义哲学面临的挑战和存在的问题，促使我们思考：如何使马克思主义哲学真正成为中国改革开放和现代化建设的引领？对这一关乎马克思主义哲学命运的问题，我们需要深化认识，辩证地看待和处理相关关系。

一、宏观视域与微观辨析

必须承认，当下中国马克思主义哲学研究视域中那种注重微观的研究视角和研究方式，对于克服先前那种凿空蹈虚的研究方式和玄虚空幻的研究结论，对于从思维的抽象展现马克思主义哲学的本真，对于从多维视角呈现马克思主义哲学的全貌，对于从辩证的具象看清马克思主义哲学的个性，不仅价值明显而且功不可没。但是，物极必反，在马克思主义哲学的研究中，如果由偏重个别而走向否认整体、由强调微观而走向否定宏观，那么中国马克思主义哲学研究将难免陷入重枝节而漠视整体、见树木而不见森林的误区。因此，如何在看清树木的基础上进而提炼出具有全局性、宏观性的问题，使中国马克思主义哲学研究在宏观视野中见微知著、在微观视野中识别整体，便是当代中国马克思主义哲学研究中亟须思考和正确处理的问题。

首先，正确认识"整体性"是马克思主义哲学研究方法论的基本维度。

作为一种哲学概念和哲学研究方法，"整体性"的研究方法无疑是西方概念论哲学长期发展之果。古希腊哲学虽然因其将世界的本源本质归于某一抽象概念，而难以避免消解异质性的理论困境；因其强调存在"没有过去和未来"[①] 而具有静止性局限；因其强调"存在物是不动地局限在无始无终的巨大锁链之内"[②] 而具有封闭性局限。更重要的是，这种整体性的思维方式具有因其过于强调观念的同质性，而将复杂性与异质性的思维方式排除在理解丰富多彩的世界万象之外的危险，从而易在由对抽象概念的绝对推崇中，落入以整体消解部分、由宏观代替微观的陷阱。然而，古希腊哲学却又因其强调存在的"完整、唯一"性和"整个联系"[③] 性（如巴门尼德）；因其强调理念是原型而具体事物是摹本、个体勇敢离不开整体美德、整体正义与公民正义是统一的（如柏拉图）；因其主张"整体又不同于部分的东西"[④]，认为国家高于个人、家庭、村社，而个人只有在国家之中并作为国家的一部分才能发展他的能力（如亚里士多德）[⑤]，而以极其抽象的形式从方法论维度，提出和凸显了整体性作为一种哲学思维方式，对于系统地把握研究对象的极端重要性。

德国古典哲学的集大成者黑格尔，在以"绝对精神"延续古希腊哲学的"整体性"理路中，将其提炼为辩证思维方法的重要方面。在黑格尔看来，尽管整体是绝对精神的自我运动、自我发展与自我认识，但整体又涵盖具体与杂多并在其演化过程中，和具体与杂多有着不可分割的内在联系；整体与部分，既相互区别又相互联系，部分中蕴含整体，部分即是整体，整体不过是高度分化并表现为世界万物的有机综合体；"真理作为具体的，它必定是在自身中展开其自身，而且必定是联系在

---

① 北京大学哲学系外国哲学史教研室编译：《古希腊罗马哲学》，52页，北京，商务印书馆，1961。
② 同上书，53页。
③ 同上书，52页。
④ 同上书，263页。
⑤ 参见全增嘏主编：《西方哲学史》上册，211页，上海，上海人民出版社，1983。

第八章 当代中国马克思主义哲学：问题与思考

一起和保持在一起的统一体，换言之，真理就是全体"①。因此，在黑格尔看来，认识事物的本质，即是从个性、异质中，把握其共性和同质性，同时又从普遍性与整体性中，获得认识事物之特殊性、偶然性的理性根基。不仅如此，黑格尔还从规律的角度，论证了自然界、人类社会、人类思维是具有过程的整体性、统一性的问题。这样，尽管黑格尔的整体性思想仍然限于思辨哲学的窠臼，然而，他却从本体论、历史观的维度，阐明了"整体性"作为一种认识方法的辩证性，以及这一方法对于系统地把握研究对象的重要性。

将黑格尔的辩证法"真正变成了赫尔岑所说的'革命代数学'"② 的马克思，则不仅通过维护辩证法的本质是"总体的观点"，即"把所有局部现象都看作整体——被理解为思想和历史的统一的辩证过程——的因素"③，而且通过运用这一方法考察人类社会及其历史的具体结构、形态变迁，以及在这种结构和变迁中所体现的局部与整体、宏观与微观之间的辩证关系，才真正破译了"历史之谜"。在马克思哲学的创立期，马克思在《德意志意识形态》中通过对历史科学的哲学概括，对历史上不同社会形态之演变逻辑的宏观阐释，实现了对人类社会历史的基础、动力、本质、规律的揭示。在马克思哲学的成熟期，马克思在《资本论》中通过对经济学的实证分析，对资本主义之社会结构与社会形态的纵横剖析，实现了对人类社会及其历史发展的基础、动力、本质、规律的论证。因此，我们可以毫不夸张地说，离开整体与宏观的研究视角，马克思不可能发现唯物史观，也不可能创立并构建自己具有独特性的新哲学理论。

马克思之后的西方马克思主义，因各不相同的马克思哲学解读而形成了"千面马克思"的研究现实。然而，在西方马克思主义的马克思哲学研究中，一个不可否认的基本事实是，无论人本主义的还是科学主义的西方马克思主义，都没有从根本上否认马克思哲学"整体性"（又称为总体性）的方法论价值，相反却对这一理论欣赏有加。这一点，我们无论从人本主义的代表卢卡奇、葛兰西、柯尔施、萨特，还是从科学主义的代表阿尔都塞的相关理论中，都能得到证实。至于当下西方的各种后马克思主义者基于后现代主义的非逻各斯、非中心、非本质的研究趋

---

① ［德］黑格尔：《小逻辑》，贺麟译，"导言"56页，北京，商务印书馆，1980。
②③ ［匈］卢卡奇：《历史与阶级意识》，杜章智、任立、燕宏远译，78页，北京，商务印书馆，1999。

向,虽然既肢解了马克思又提供了研究马克思的多元视角,但却从反向表明,从整体维度重构"立体"马克思,无论对恢复马克思哲学的理论形象还是对推进马克思主义哲学的研究,都是十分必要的。

对马克思主义哲学而言,作为研究重要原则之一的"整体性",要求对研究对象的把握应当立足于宏观与微观、整体与部分的辩证关系。一方面,强调部分构成整体、部分体现整体。因此,马克思主义的哲学研究无疑需要种类繁多、异彩纷呈、多维角度的研究视角。另一方面,整体统摄部分,整体高于部分。因此,无论何种具体研究,都存在着如何在对具体问题的研究中提炼出带有全局性、本质性、基础性的问题。把握了这些基于整体性的问题,无论对认识该研究的全貌,还是对深化和拓展研究的内容与形式,都有着"寻路入境"的作用。

其次,从"整体性"的研究维度着眼,当下中国马克思主义哲学研究需要我们将研究对象,置于主体与客体、对象与环境等复杂关系和多重结构中,从逻辑与历史、微观与宏观相统一的视域进行考察,以得出相对客观、相对全面的解答和评价。

就理论领域而言,应当基于马克思主义哲学是一个发展着的有机整体的理念,从系统的、综合的角度从事研究:(1)整体视域上,强调不同学科之间的融通,注重在分析马克思主义哲学中蕴含的经济学、社会学、文化学、人类学、社会主义理论等要素,并揭示要素之间的内在联系的同时,凸显马克思主义哲学的整体性。(2)基本方向上,强调不同内容的互补,注重在分析马克思主义基本原理、传播历史、发展过程、文献版本、中国化等方面,并揭示各方面之间的内在关系的同时,显示马克思主义哲学的整体性。(3)现实关照中,强调理论与现实的结合,注重在提出和阐释理论问题时,在理论与实践的双向互动中,表明马克思主义哲学的整体性。(4)历史追溯中,强调理论与历史的结合,注重在阐述理论发展的历史时,在理论与历史的相互映照(如马克思主义哲学与国际共产主义运动的关系)、理论本身的历史逻辑(如马克思的思想和文本的早期、中期、晚期之间的联系)关系的分析中,揭示马克思主义哲学的整体性。

就理论范式而言,应当借助研究范式的转换和反思创新意识的强化,注重研究的个性化、多样性与整体性的统一。

其一,马克思主义哲学的"文本研究",需要实现由相对"主观化"向相对"客观化"的转变,即以更为严谨的科学态度,在破除不合理的

第八章 当代中国马克思主义哲学：问题与思考

学科疆界中，更多依据马克思主义经典作家的第一手文献，对马克思主义哲学理论做出更加接近历史真相的翻译和解读。为此，在对马克思的文本解读中，要注重结合其理论提出的历史背景、马克思本人的经历，以及其理论来源、理论起点、理论逻辑、理论内涵，以图最大限度地还原文本、抓住马克思思想的精神实质；需要将朴素式阅读、征候式阅读、互文式阅读[①]相结合，在凸显解释活动之复杂性的同时，坚持阅读的客观性；需要在文本研究与现实研究的互动中，强调两者的"结合"对于合理解读的重要性[②]；需要在扬弃一边倒的"以西解马"标准中，肯定传统马克思主义文本解读模式的合理性[③]，以便使马克思主义哲学的文本研究更为客观，也更有科学依据。

其二，马克思主义哲学的"对话研究"，需要实现由相对"向外"（强调与国际，实则与西方的接轨）向相对"对内"的转变，即在注重吸取西方哲学和西方文化的理论资源，借鉴其研究方法的同时，注重吸取中国传统哲学和传统文化的理论精华，如对人生尤其是内在生命的价值安顿、道德自觉、心性修养，人与自然和人与人之间的和谐境界的关照，对于除却物欲化、功利化、拜金主义、极端个人主义等现代化之魅的价值，对于重塑中华民族"哲学自我"[④]之魂的价值。同时，需要针对一个时期以来，强调"对话"而缺乏对于"对话"之反思[⑤]的不足，因为

---

① 参见张立波：《阅读马克思的三种方式》，载《现代哲学》，2002（3）。
② 参见丰子义：《如何看待文本研究与现实问题研究》，载《学术月刊》，2003（1）。
③ 参见孙亮：《马克思主义哲学研究范式：一个批判性建构》，169页。
④ 贺来：《中国哲学、西方哲学、马克思主义哲学：价值信念层面的对话》，载《中国社会科学》，2008（5）。
⑤ 针对21世纪以来中国马克思主义哲学界流行的"中、西、马"哲学之间的"对话"时尚，有学者指出，它仍然表明了中国马克思主义哲学的不自信，显示出中国马克思主义哲学与中国哲学的互为"他者"，因为既是"对话"，当然只能在"他者"之间进行，而这恰恰明确地表明，马克思主义哲学在中国经过了近百年的传播、发展与中国化之后，仍然没有成为中国哲学的一个部分。解决中国马克思主义哲学所面临的民族文化身份认同问题，必须实现研究视域的大转换，即从20世纪中国哲学视域研究马克思主义哲学中国化，向马克思主义哲学与中国哲学的现代传统、马克思主义哲学与20世纪中国哲学思潮、马克思主义哲学与社会思潮这三者之间关系研究的转换。[参见李维武：《从20世纪中国哲学的视域看马克思主义哲学中国化》，载《学术月刊》，2003（11）；《形态、问题与思潮：20世纪中国哲学研究的方法论思考》，载《学术月刊》，2004（9）；《20世纪中国哲学传统与21世纪中国哲学发展》，载《学术月刊》，2006（3）]当然，也有学者明确反对"不能对话"的观点，认为"对话"是哲学"家族内部"不同形态之间的沟通和交流，其所揭示的是整个人类的真理。[参见张曙光：《开显"天地之大德"——中、西、马哲学对话的旨趣之我见》，载《学术月刊》，2008（3）]

没有反思的"对话",除了可能陷入仅以其某一流派的观点、方法、框架"套用"或"反注"马克思主义哲学的陷阱,还有可能落入唯西方观点为真的窠臼。由此,使马克思主义哲学的对话研究更接地气,也更有吸引力。

其三,马克思主义哲学的"问题研究",既需要实现由相对"学院化"向相对"现实化"的转变,又需要回归马克思主义哲学的"原理"和原典。由此,既需要深入挖掘马克思主义哲学的文本资源和基本理论,体现其分析现实问题的方法论价值,又需要紧扣当代中国的重大现实问题,在集中展开对中国马克思主义的标志性成果即中国特色社会主义理论体系及其哲学思想的研究中,拓展马克思主义哲学的理论视野。在对比分析中国问题与外国问题、中国传统哲学和传统文化与西方哲学和西方文化之差异的原因、当代影响中,促使中国马克思主义哲学的应用研究,在更有方向感和脚踏实地的同时,更具有国际视域。

其四,马克思主义哲学的"形态研究",需要重建马克思主义哲学的叙述体系和话语方式。但不能因为传统教科书在模式上的某些缺陷而完全否定其模式的价值,更不能因为模式的问题而否定马克思主义哲学原理中的物质观、认识论、辩证法、历史观等基本理论,与马克思主义哲学的人学理论、价值理论、文化理论、社会发展理论之间的内在联系。需要在发掘马克思主义哲学的实践唯物主义内蕴的同时,承认它与辩证唯物主义、历史唯物主义的高度统一。需要在强调马克思主义哲学的批判特质[①]的同时,看到它与无产阶级解放和人类解放的高度统一。

从整体性维度研究马克思主义哲学,要求我们站在包容与自信的新研究平台,从宏观与微观相统一的角度继续这一研究。如此,才能从学科对象、内在结构、功能方法的整体维度,为马克思主义哲学研究的深化提供更为开阔的视域。

二、理论基质与研究异质

"价值中立"的理论倾向,使当代中国马克思主义哲学研究再次面对如何看待理论基质(即理论导向的一元性)与研究异质(即理论研究

---

① 如形而上学批判、意识形态批判、资本主义批判等。

第八章 当代中国马克思主义哲学：问题与思考

的多样性）的问题。

这里的"理论基质"，指马克思主义哲学的理论内核和基本价值。这里的"研究异质"，指马克思主义哲学研究中内容、范式、风格、层次等的多样化和个体性。

毫无疑问，我们反对以所谓理论导向的一元性代替对马克思主义哲学的多样化研究，反对以所谓哲学研究的同质性取代哲学研究的异质性。因为这只会扼杀马克思主义哲学的理论生机。这一点，改革开放前的中国马克思主义哲学研究可谓教训深刻。但是，以后者否定前者，会导致中国马克思主义哲学的生存危机。这一点，马克思主义哲学所具有的一些哲学基本特性便可说明。

从存在方式来看，哲学研究是同质性与异质性的统一。就整体而言，作为一种现象而存在的哲学研究，以复数形式展现其研究形态的异质性、多样性。就个别而言，每一具体的哲学研究又因处于复杂社会关系的网络结构中，因而"极端相反的性能能在同一个别事物里相互结合"①，而致其在异质性研究中体现着研究的某种同质性，使在异质性的哲学研究中寻求同一的理论基质具有可能性。这种具有共性的理论基质，虽然因其舍弃对现实世界杂多事实的展示而具有抽象性，而使异质的哲学研究有陷入空洞思辨的危险，但其由抽象构筑的理论方法却又具有避免使异质性的哲学研究陷入"鸡对鸭讲"之窘境的价值。这一点，对作为哲学研究理论导向的马克思主义哲学而言，亦是如此。西方解读者并没有因其个性化差异的解读结论，而认为其研究游离于马克思哲学的理论范围之外否认马克思哲学的基本理论品质。国内外学界之所以将这股流行于20世纪的西方思潮定义为西方马克思主义，其重要的原因就在于，这些异质性、个体化的西方学者的研究品性能够基于或旨归于马克思哲学的这一理论基质。

从研究方法来看，随着现代自然科学方法对社会科学研究的渗透，自然科学的实证方法在影响哲学研究的同时，也使哲学日渐显露出对价值导向的淡漠，似乎价值导向对于哲学研究可有可无。但是，社会科学研究毕竟不同于自然科学研究。在与价值判断的关系上，如果说自然科学是外在的（因为科学家必须根据自然现象的客观本性，进行纯客观的

---

① ［古希腊］柏拉图：《巴曼尼德斯篇》，陈康译注，47页，北京，商务印书馆，1982。

研究）的话，社会科学就是内在的（因其研究对象本身包含价值属性）。因此，即便纯粹具有学术性的社会科学研究，也存在着运用何种基本的立场、观点、方法，进行分析、做出判断的价值取向问题。这一点，也为强调"价值中立"的韦伯所承认。在区分自然科学与人文社会科学的研究方法时，韦伯在继承康德思想的基础上，将理性区分为工具理性与价值理性，认为自然科学运用工具理性的思维形式，人文社会科学研究中由于要使用禁欲主义、责任、正当性等包含价值含义的术语，因而其研究方法中不仅有工具理性的思维形式，而且有价值理性的思维形式。① 可见，作为人文社会科学的哲学，其研究方法同样跳不出价值取向的窠臼。以人类解放为导向的马克思主义哲学，强调与注重历史唯物论和历史辩证法作为基本方法对研究结果的举足轻重的作用，这更表明了马克思主义哲学对研究方法蕴含的价值指向的重视。

从研究层次来看，哲学研究有学术层面与应用层面之别，两者在研究的学理性程度上又有深浅之分。以何为立论基础，以何为研究的基本方法，即以何为价值取向的问题，仍然是两个层次研究中不可回避也无法回避的问题。我们强调马克思主义哲学研究应当而且必须具有学术性，不对马克思主义哲学做学术性研究，就看不清其理论的本来面目，也就无法用以引导实践，更无法真正坚持和推进其理论。但是，强调研究的学术性，不等于否定研究中的基本价值取向，不等于应以"不偏不倚"的中性立场去回避马克思主义理论的原则问题，也不等于应以绝对主义的态度"吸取"自然科学实证主义方法，并以此作为马克思主义哲学研究的基本方法论，更不能以此作为拒斥马克思主义理论基质的理由。

当下中国，马克思主义哲学研究的多样化、个性化已然成景，"千面马克思"更是让人眼花缭乱。"满庭芳花"在展示马克思主义哲学研究繁荣景象的同时，也潜藏着怎样坚持马克思主义哲学的理论基质的问题。无疑，中国马克思主义哲学研究必须百花齐放、百家争鸣，但"鸣放"不应成为拆解马克思主义哲学整体性的理由。中国马克思主义哲学研究需要进一步繁荣，但"繁荣"不是在人为圈定的个人学术领地信马由缰，不应成为背离马克思主义价值导向的依据。中国马克思主义哲学

---

① 参见［德］马克斯·韦伯：《社会科学方法论》，李秋零、田薇译，北京，中国人民大学出版社，1999。

第八章 当代中国马克思主义哲学：问题与思考

研究需要继续存疑存异，但"疑异"不是照搬未经反思的西方价值观，更不是以此否定马克思主义哲学的理论内涵。对中国马克思主义哲学研究而言，不能在马克思主义哲学的理论内核中和理论基质上探索与思考问题，便谈不上这一理论研究所应有的马克思主义性质，显示不出马克思主义哲学作为一个理论整体所具有的理论魅力，难以实现这一研究内部异质观点的交锋对话，无法达到马克思主义哲学所主张的"思想力求成为现实"与"现实本身应当力求趋向思想"①的统一。

无疑，我们必须对于那种将马克思主义理论引导作用的发挥，视为只能靠意识形态化了的政治方式才能实现的观点，继续保持高度警惕。因为时至今日，一些人尤其是一些官员，仍然将马克思主义哲学理解为解释领导言论、解读政治文献、提炼宣传口号、总结形势经验，即为政治服务的工具。如若照此发展逻辑，中国马克思主义哲学将难免重新沦为权力鼓手、政策工具，从而丧失马克思主义哲学的反思批判、人文意识、理想超越等特性。而且，事实上我们也不难发现，在当下中国的马克思主义哲学研究中，这类现象并不少见。但是，当我们反对将马克思主义哲学"改变世界"即社会功能的发挥，简单等同于政治的宣传、灌输、鼓动、革命，而强调哲学的思维和观念变革同样是马克思主义哲学"改变世界"的使命时，我们又必须看到和承认，无论在哪里，现实政治都对哲学产生着深刻影响。尤其在当代中国，任何哲学研究哪怕是最远离现实的纯哲学学术研究，都不可能完全彻底地挣脱或避开意识形态的"纠缠"而"独善其身"，因为它在做出某种结论时就已经内蕴某种价值取向了。承认这一点，不是肯定政治意识形态对于哲学研究的价值，更不表明可以以理论引导的一元代替哲学研究的异质多元性，而只是表明一个基本事实。至于作为理论引导的马克思主义哲学，其鲜明的政治性更是毋庸置疑的。如今，马克思本人的哲学思想，就因明显的政治意图性，而被许多西方学者视为政治哲学。②

在中国，马克思主义哲学是执政党和国家的思想建设之基，正是

---

① ［德］马克思：《〈黑格尔法哲学批判〉导言》，见《马克思恩格斯文集》，第1卷，13页。
② 即便在西方后现代学者眼中，马克思形象也是以政治性写作的面目出现的。（参见［美］卡弗：《政治性写作：后现代视野中的马克思形象》，张秀琴译，237页，北京，北京师范大学出版社，2009）

比较研究：当代俄罗斯哲学与中国马克思主义哲学

这一为党纲和国法所确定的特性，使中国马克思主义哲学打上了"先天"的政治烙印。以马克思主义为核心的"国家意识"作为中国现代化建设的精神导向，是中国作为社会主义国家的必然选择。马克思主义哲学作为马克思主义的理论基础，又在其中具有举足轻重的地位，起着极其关键的作用。因此，对中国马克思主义哲学本身而言，坚持理论基质即坚持理论导向的一元性，自是题中之义。可见，这一"坚持"本身就表明了中国马克思主义哲学研究与政治的联系。承认这一联系，并不意味着对马克思主义哲学理解的非学术化，更不表明马克思主义哲学的异质多元化研究只有回避现实政治，才能回归理论研究的学术本性。

无疑，当下中国的马克思主义哲学研究，必须继续解放思想，反对教条主义。但是，思想解放的出发点和立足地是从实际出发、实事求是，"解放思想，就是使思想和实际相符合，使主观和客观相符合，就是实事求是"①。当代中国最大的实际就是，建设中国特色社会主义。这个前提决定了，中国马克思主义哲学的理论研究不能有违马克思主义、社会主义这一价值核心。因此，中国的马克思主义哲学研究，需要始终坚持国家意识的一元性，而不能以解放思想、反对教条主义为由，放弃马克思主义和社会主义的意识形态，也不应以社会价值取向的自由性、多元化为由，抹杀和否定国家意识一元引导的必要性。

如今，我们可以发现，主张思想文化的一元而非多元正在成为西方国家奉行的思想导向。例如，以"自由"观念为立国之基的美国，虽然在思想文化上坚决反对一元化而奉行多元化，但在现实中却总是否定思想文化的多元化，因为它的主流文化、它崇尚的美国精神是绝对不容置疑的。在其他西欧国家如德国、法国、英国、荷兰等，其领导人近来都在宣布"在他们的国家'多元化已经结束'，甚至说'多元化已经死亡'"②。即便一度极为推崇西方思想文化"多元化"观念的俄罗斯，如今也对西方的这种文化理念持明确的否定态度。对此，普京就明确表示，多元文化论虽然承认了不同文化的差异，但同时又因承认文化的平

---

① 《邓小平文选》，2版，第2卷，364页。
② 陈奎元：《信仰马克思主义，做坚定的马克思主义者》，载《马克思主义研究》，2011（4）。

权而带有浓厚的政治色彩，它的实质在于矛头直指政治权力的中心，要求国家政府权力部门承认不同文化群体的政治权力，因此，"这种论点正在把'少数人享有特权'绝对化，但是没有同等地考量这种权利相应的责任，即当地居民和当地社会应当承担的民事、行为和文化方面的责任"①。这里，我们无意通过与"国际接轨"来为自己要坚持马克思主义的国家意识进行辩护，更不希望以此去提升自己坚持国家意识一元引导的理论底气，而是旨在说明，即便在一向标榜信仰自由的西方国家，也会出于自身利益的考虑而反对指导思想的多元而主张一元。既如此，以马克思主义为国家意识核心的中国马克思主义哲学研究者，便没有理由自暴自弃，也没有理由不自强自信。

三、学术诉求与现实关照

理论与实践的"两张皮现象"和"中国问题的缺失"，使当代中国马克思主义哲学不得不再次面对如何看待学术诉求与现实关注之关系的问题。改革开放以来的学术界，对这一问题（学术性与现实性、规范性与实用性、价值性与工具性、学理性与通俗性等，都是这一问题的不同表达）曾有过多次热烈讨论。尤其是涉及马克思主义哲学的中国化问题时，这类讨论就更为激烈。

毫无疑问，马克思主义哲学不能放弃学术诉求。马克思明确反对那种"爱好宁静的孤寂，追求体系的完整，喜欢冷静的自我审视"的思辨哲学，强调用"头脑立于世界"的哲学应当"不仅在内部通过自己的内容，而且在外部通过自己的表现，同自己时代的现实实践接触并相互作用"，从而强调了哲学的学术性与现实性之间不可分割的联系，哲学的理论内容和表达形式贴近民众的必要性。但是，马克思并未否认作为汇集"人民的最美好、最珍贵、最隐蔽的精髓"②的哲学，是通过"在哲学家的头脑中建立哲学体系"③的，强调"哲学就其性质来说，从未打算把禁欲主义的教士长袍换成报纸的轻便服装"④，从而在强调"哲学

---

① [俄]普京：《普京文集（2012—2014）》，13页。
② [德]马克思：《〈科隆日报〉第179号的社论》，见《马克思恩格斯全集》，中文2版，第1卷，219～220页。
③ 同上书，220页。
④ 同上书，219页。

比较研究：当代俄罗斯哲学与中国马克思主义哲学

的世界化"之必要性、可能性的同时，又强调了"世界哲学化"的必要性、可能性。就此而言，作为一种思想体系的马克思主义哲学，其认识世界维度上的形上超越性、理论构建上的抽象思辨性、思想表达上的学术规范性，与其他任何形式的哲学并无根本区别。在这个问题上，希望体现"时代精神的精华"的中国马克思主义哲学，在理论的阐释、构建、教化、宣传等方面，都应当警惕和反对那种以现实性否认学术性、以世俗性否认规范性、以实用性取代价值性、以经验性取代超越性的极端做法，因为这只能降低马克思主义哲学的理论水准，致其浅薄化、流俗化。

然而，理论的生命力在于现实关切性，以及由此获得的创造源泉和动力。尽管哲学理论的研究有学术性与现实性之别，但是马克思主义哲学的理论特质决定了其研究是学术性与现实性的相互影响和相互渗透，而不是相互排斥和相互对立。现实应用层面的研究必须提升自己的学术性，没有学术性支撑，中国马克思主义哲学的研究不仅难以深化，而且有沦为现实应景镜甚至政治应声虫的危险。同样，马克思主义哲学的学术性研究，也必须注入现实生活的活力，没有对现实问题的回应，中国马克思主义哲学难以产生持久而广泛的影响力。脱离马克思主义方向的"纯学术"研究，则有可能在使马克思主义哲学与现实的渐行渐远中，重新陷入被马克思一再批判的思辨哲学和书斋哲学的困境。因此，如同马克思主义哲学的应用层面研究需要强化其学理性以增强理论的穿透力一样，马克思主义哲学的学术层面研究必须关照现实，彰显其"解释世界"和"改变世界"的双重功能。对此，马克思主义哲学创始人强调，自己的理论只是提供研究的"某些方便"而"绝不提供可以适用于各个时代的药方或公式"[1]，是"研究历史的指南"而不是"现成的公式"[2]，

---

[1] 马克思恩格斯在谈到自己创立的唯物史观时指出，它"充其量不过是从对人类历史发展的考察中抽象出来的最一般的结果的概括。这些抽象本身离开了现实的历史就没有任何价值。它们只能对整理历史资料提供某些方便，指出历史资料的各个层次的顺序。但是这些抽象与哲学不同，它们绝不提供可以适用于各个历史时代的药方或公式"[[德] 马克思、恩格斯：《德意志意识形态》，见《马克思恩格斯文集》，第1卷，526页)。

[2] 恩格斯在批评一些人对唯物史观的教条式理解时指出，"我首先必须说明：如果不把唯物主义方法当做研究历史的指南，而把它当做现成的公式，按照它来剪裁各种历史事实，那它就会转变为自己的对立物"[[德] 恩格斯：《恩格斯致保尔·恩斯特（1890年6月5日）》，见《马克思恩格斯文集》，第10卷，583页]。

第八章 当代中国马克思主义哲学：问题与思考

是"方法"而"不是教义"①。因此，这一方面要求研究者将自己的理论化为研究方法，得出符合现实并对现实问题具有指导价值的研究结果；另一方面又要求研究者将自己的理论化为改造世界的行动，强调理论的最终目的不在于"用不同的方式**解释**世界"而在于"**改变世界**"②。

马克思主义哲学研究，不是学术游戏而是实践智慧。对于当下中国的马克思主义哲学研究来说，重要的不仅在于要重视研究的学术性与现实性的关系，而且在于要打通这种关系。如今，"面向中国的现实问题"已经成为学者的共识。但是，学院化的致思趋向，不是将一切理论置于现实问题中化解，而是将一切现实问题置于理论中消弭；对文本过度青睐，不以对问题的探讨为主而以文本引证和经典引述的数量为荣，这种研究遮蔽了中国马克思主义哲学研究这一"面向现实"的视域。

现状的改变，需要深入认识马克思主义哲学的"现实"与"思想"的关系，需要强调马克思主义哲学的"现实"概念与一般哲学的"现实"（指"对历史发展趋势的表征，内涵了总体性的理论把握和理想性的价值诉求"概念）是一致的，而"'现实'本身就内蕴着'思想'"③。在这个问题上，即便代表德国思辨哲学顶峰的黑格尔也明白无误地指出，"哲学是探究理性东西的，正因为如此，它是了解现在的东西和现实的东西的，而不是提供某种彼岸的东西"④。因此，避免以"面向现实"之名，忽视从马克思主义哲学层面提出和分析问题，避免以"学术研究"之名，拒绝马克思主义哲学的现实关怀，实现学术性与现实性的一体性，是中国马克思主义哲学回归马克思主义哲学本性的必经之路。

现状的改变，需要继续强调"面向文本"向"面向现实"转变的迫切性，在寻求理论研究的公共学术话语中，寻求中国马克思主义哲学之学术研究走向生活的途径。而这，除了将研究目标瞄准"马克思主义哲学中国化"这一极具涵盖力和凝聚力的研究方向，似乎没有更好的选

---

① 恩格斯在批评一些人对唯物史观的教条式理解时还说："马克思的整个世界观不是教义，而是方法。它提供的不是现成的教条，而是进一步研究的出发点和**供**这种研究**使用**的方法。"[[德] 恩格斯：《恩格斯致韦尔纳·桑巴特（1895年3月11日）》，见《马克思恩格斯文集》，第10卷，691页]
② [德] 马克思：《关于费尔巴哈的提纲》，见《马克思恩格斯文集》，第1卷，506页。
③ 孙正聿、杨晓：《哲学研究的理论自觉》，载《哲学研究》，2011（3）。
④ [德] 黑格尔：《法哲学原理》，范扬、张企泰译，"序言"10页。

择。在这个问题上,国外马克思主义研究者为我们提供了启示。因此,我们在反思自己沉溺于西方理论的框架、范式、概念、范畴,而在哪怕是对中国现实问题的研究,都认为似乎只有经过西方知识框架的过滤或改造,方才具有合理性、合法性[①]时,不妨学学西方马克思主义研究者对待现实问题的态度,看看他们是如何将自己的学术研究融入对现实问题的关注和把握中的。我们认定"学院化"是西方马克思主义的基本研究特征,但是,这里的"学院化",主要指西方马克思主义各个流派的代表人物几乎都是大学教授或专业研究者,社会地位和职业身份决定了他们的理论位置在讲台与书斋,注定了他们作为比较纯粹的学者,在用比较晦涩、深奥的话语表述其理论时,其理论矛头不是如马克思那样直指推翻资本主义制度的"武器批判",而是在否定中肯定、摧毁中建构资本主义社会秩序的"社会批判"。然而,这并不等于否认西方马克思主义的研究是"背对现实"的。相反,西方马克思主义者研究的所有问题,无不是在紧扣当代资本主义的现实问题中,思考和探索马克思主义面临的新问题,是在努力使其理论研究贴近现实中,使其理论更具有说服力和阐述力。

总之,以研究的学术性否定或代替对现实问题尤其是对当代中国现实问题的关照,将在导致中国马克思主义哲学研究失去方向、激情和活力的同时,使其与社会实践、民众生活渐行渐远。因此,它是当代中国马克思主义哲学研究中必须警惕和防止的思想倾向,也是必须克服和解决的问题。

四、扩大包容与批判反思

马克思主义哲学是全球性的。它的理论中与生俱来的批判本性、强烈的实践品格、厚重的人文精神、鲜活的理想色彩,为当下处于资本全球化时代的人们提供了治疗各种制度性顽疾、摆脱金钱或权力的宰制、提升自己的价值最具变革的力量。当马克思主义哲学以其反思批判与寻求建构相统一的历史高度和宏阔视域向我们展示理论力量时,它同时也向中国马克思主义哲学的研究者表明,当代中国马克思主义哲学新形态

[①] "亦即根据西方的既有概念或理论对这些研究及其成果作语境化或路径化的'裁剪'或切割,进而使得这些研究成果都不得不带上西方知识示范的烙印。"(孙亮:《马克思主义哲学研究范式:一个批判性建构》,47页)

第八章 当代中国马克思主义哲学：问题与思考

的构建，既需要吸取西方哲学和西方文化的理论资源，又不能完全依附这些资源，既需要传承中国传统哲学和传统文化，又不能完全迷恋这些传统，而是需要扩大包容与批判反思的统一。

扩大包容与批判反思的统一，首先需要在研究中坚持阐述正面与批判反面的结合。

理论的阐述正面，即继续结合历史的和现实的问题，说明马克思主义哲学作为一种思想体系，何以在人类思想史和人类历史中产生如此巨大、广泛、持久的影响；说明这一在实现了哲学社会科学伟大变革并经过160多年世界社会主义实践证明的理论，其世界观、认识论、历史观、方法论的科学性究竟体现在哪些方面；说明这一仍然具有现实性的理论，对于当今世界和当下中国，究竟具有哪些价值。

理论的批判反面，即面对国外那些可能从根本上分化国家意识、国内那些可能从基础上瓦解国家意识的思潮和观念，马克思主义哲学应当保持应有的警惕并采取切实可行的对应之策。当务之急，是以中国特色社会主义理论体系筑牢国家意识的安全屏障，对各种反马克思主义的思潮和学说，做出有说服力的分析和评价。

没有理论的阐述正面，理论难以获取人心；没有理论的批判反面，理论难以增强说服力。但无论阐述正面还是批判反面，都应是建立在事实基础上的推理，而不是就事论事的罗列或空对空的论辩。

扩大包容与批判反思的统一，还需要在吸取西方哲学和西方文化、中国传统哲学和传统文化的同时，警惕各种形式的西化思潮和复古思潮对构建当代中国马克思主义哲学新形态的负面影响。

马克思主义哲学必须提高包容度，一味地控制只能物极必反。从苏联马克思主义哲学的历史中，我们可见，斯大林时期高度控制的意识形态，以及由这一控制导致的苏联马克思主义哲学的意识形态化、政治化、教条化的结果，导致了赫鲁晓夫时期意识形态的"解冻"，以及由"解冻"引发的苏联马克思主义哲学的"人道主义化"。勃列日涅夫面对整个理论界愈来愈失控的"人道主义化"趋势，重新强化对意识形态的控制（采取各种措施与异端思想做斗争，甚至将那些不满政府的人宣布为精神病患者，将之强行送进医院接受治疗[①]），结果引发的却

[①] 参见［俄］Т.С.格奥尔吉耶娃：《俄罗斯文化史——历史与现代》，焦东建、董茉莉译，613~614页。

是戈尔巴乔夫时期意识形态的全面开放化、彻底自由化，以及苏联马克思主义哲学研究中，对自己既往研究结论和研究方法的反思与批判，对人道主义的新的研究热情，以及对马克思主义哲学的各种质疑甚至否定。因此，中国马克思主义哲学提高包容度的前提是，防止利用政权对其的强制性控制。扩大马克思主义哲学研究的包容性，即基于当代中国社会和人们思想的多元化这一不可回避的现实，按照党的十八大报告提出的"建设面向现代化、面向世界、面向未来的，民族的科学的大众的社会主义文化"① 的基本要求，使哲学社会科学研究具有博大胸怀和世界眼光。

在对待西方哲学和西方文化问题上，必须发扬民主，博采众长，善于学习和借鉴国外的先进文明成果，善于吸取一切有利于中国特色社会主义建设的文明成果，使马克思主义哲学的基本立场和基本观点能为社会大多数人心悦诚服地接受，为国家意识真正发挥整合多元化社会利益，成为消解社会矛盾和利益冲突的"社会水泥"与"黏合剂"，发挥引导作用。防止西化，即在学习和借鉴国外的观念方法时，必须要有内涵与外延的边际意识，分清哪些可以包容，哪些必须反对，不能放任那些挑战党和国家的基本理论、根本制度的政治文化肆意泛滥。

不扩大包容性，马克思主义哲学便难以为国家意识吸取各种对巩固执政党地位有利的理论和主张，难以为应对多元化的社会现实提供理论支持；不对西化保持相应警惕，马克思主义哲学便难免在包容中被偷梁换柱（用民主社会主义偷换社会主义，用自由主义偷换马克思主义）。但无论扩大还是警惕，马克思主义哲学研究都应当建立在对中国变化发展的现实的理性分析上，而不是丧失立场地拥抱或神经过敏地鄙弃。

在对待中国传统哲学和传统文化问题上，必须警惕那种将马克思主义哲学的现代性与中国传统哲学和传统文化绝对对立的倾向，必须警惕那种简单地在"前者即先进、后者即落后"之间画等号的做法，必须警惕那种"凡传统即坏、凡马克思主义哲学即好"的极端结论，必须警惕那种以马克思主义哲学的反思批判之名，行对中国传统哲学和传统文化的恶意批判与肆意解构的做法。换言之，在这个问题上，必须反对只要

---

① 胡锦涛：《坚定不移沿着中国特色社会主义道路前进 为全面建成小康社会而奋斗——在中国共产党第十八次全国代表大会上的报告》，31页。

第八章 当代中国马克思主义哲学：问题与思考

批判不要继承的文化虚无主义，必须反对只讲创新不讲传承的文化激进主义。

此外，还必须警惕那种将马克思主义哲学的反思批判性与中国传统哲学和传统文化绝对对立的倾向，必须警惕那种否定马克思主义哲学对中国传统哲学和传统文化历史性、社会性、阶级性等特定属性进行辩证分析的必要性、合理性的观点，必须警惕那种将马克思主义哲学归入西方哲学和西方文化传统，否定中国传统哲学和传统文化吸取包括马克思主义哲学在内的西方哲学和西方文化的必要性，得出只有以中国传统哲学和传统文化为根基，才能构建先进的社会文化和精神世界的观点。简而言之，在这个问题上，必须警惕只要传承而不讲创新的文化复古主义，必须警惕只讲继承而不讲批判的文化保守主义。

五、增强实用性与防止工具化

无疑，马克思主义哲学需要增强实用性，这是由马克思主义哲学强调自己哲学的本性"在于**改变世界**"① 决定的。马克思批判思辨哲学，完成哲学革命，实现由理论哲学向实践哲学的转换，其着眼点之一也是旨在强调这一理论在改变世界中所具有的实用性价值。然而，我们在突出和强调马克思主义哲学实践理性的一面时，又不能仅仅从实用性角度为马克思主义哲学的理论功能定位，又不能仅仅强调其理论的实用性一面。因为这只能导致以技术化、实证化的工具之用否定马克思主义哲学的人文价值之用，在消解这一理论的深刻性、前瞻性中否定其理论的导向作用。因此，增强实用性与防止工具化，是当代中国马克思主义哲学研究中需要恰当处理的问题。

增强实用性与防止工具化，关乎正确处理坚持马克思主义哲学的基本原则与增强马克思主义理论运用的灵活性之间的关系。

马克思主义哲学必须增强其灵活性，一味地刚性化（即在意识形态的强力控制下，对社会现实的解释只能按照马克思主义的哲学文本，从而导致理论与现实的人为脱节），只能降低其作为社会意识引领的解释力。增强马克思主义哲学的灵活性，即强化其时代性，强调理论研究的内容和问题，与人类社会和各国具体国情的发展与需要息息相关，既肯定根

---

① ［德］马克思：《关于费尔巴哈的提纲》，见《马克思恩格斯文集》，第 1 卷，506 页。

比较研究：当代俄罗斯哲学与中国马克思主义哲学

据人类社会的发展，对马克思主义不断再认识的必要性，也承认各国根据实践需要，对马克思主义进行取舍和实现从内容到形式之转换的正当合理性，因为两者都是马克思主义哲学研究之灵活性的体现。经验证明，"大凡成功的意识形态必须是灵活的，以便能得到新的团体的忠诚拥护，或者作为外在条件变化的结果而得到旧的团体的忠诚拥护"①。因此，回应世界和当代中国在发展中的新问题，使马克思主义哲学跟上时代的步伐，根据实践需要不断调整与转变研究方向和研究重心，是当代中国马克思主义哲学研究的重要问题。但是，调整与转变，不意味着放弃马克思主义哲学的基本立场，灵活性不是随心所欲，更不是为我所用、为我所需。

没有灵活性的增强，马克思主义哲学难以满足复杂多变的社会现实和实践发展的需要，现实生命力将会衰退；没有原则性的坚持，马克思主义哲学会发生变异而不成其自我，理论生命力将难以持续。因此，随时代和实践的发展而创新，在创新中推进基本理论，是中国马克思主义哲学研究的需要。

增强灵活性，意在强化马克思主义哲学的实践功能，使其更具实用性。但这种实用性的增强，不是如前所述的那种丧失了对现实进行反思批判能力的"就事论事型"马克思主义哲学，也不是指马克思主义哲学沦为单纯论证现实之合理性的工具，而是强调马克思主义哲学作为一种国家意识，其得以发挥功能的途径，除了研究对象必须真实而非虚假，还必须在反思批判中使研究具有实际效用即能够解决实际问题（不管是学理问题还是现实问题）。重视研究之实际效用的途径很多，比如，对与国家意识的相关理念，就需要善于辨析其内容与形式的关系，在肯定内容决定形式的同时，巧妙地使形式服务于内容，利用形式促进内容的发展，提升内容的水准。这里以"公平"为例。就内容而言，"公平"作为一种价值观念，反映社会存在，因时代不同而内容不同，即便在同一时代，其内容也随社会发展而变化。就形式而言，"公平"作为一个价值符号，可以指称各不相同的时代内涵，可以通用于资本主义和社会主义两个时代。当下中国，公平作为社会主义价值体系的核心理念之一，具有区别于资本主义的社会主义实质，但因市场经济的基础尚不稳

---

① ［美］道格拉斯·G. 诺思：《经济史中的结构与变迁》，陈郁等译，58页，上海，上海三联书店、上海人民出版社，1994。

第八章 当代中国马克思主义哲学：问题与思考

定坚实、人们意识中还残存着封建意识，暂时难以达成共识。这样，理念中的"坚持公平"与实践中的"体现公平"之间，便不可避免地存在距离。因此，巧妙利用"公平"的符号形式，适时提升其所表现的内涵，使之因可操作性而更具实用价值，便是实现公平的内容与形式相统一的重要方面。但是，增强马克思主义哲学的实用性，不是将马克思主义哲学视为能够带来实际利益的牟利工具而抛弃马克思主义哲学的理想价值，不是将是否带来实际效果当作检验马克思主义价值性的唯一标准，不是将马克思主义哲学视为为达到某种预期目的而设计的工具。

不增强实用性，马克思主义哲学难以为国家意识根据各种社会需要，灵活地变换策略，提供理论支撑；不防止工具化，马克思主义哲学难免沦为为长官意志或主观需要服务的政治工具，难免丧失自身的风格品性。因此，为现实提供理论说明和信念支撑，在提供理论需要中坚守理论本性，是中国马克思主义哲学研究的需要。

防止当代中国马克思主义哲学研究中的"工具化"倾向，需要作为研究主体的中国马克思主义哲学研究者，正确认识和处理"自在与自为"的辩证关系。

这里的"自在"，指受个人利益驱使或完全为环境所左右的研究。这里的"自为"，指自觉地将个人志趣与社会责任、历史使命相结合的研究。

作为马克思主义哲学的研究者，其研究对象决定了研究者应当更具批判意识和反思精神，决定了其作为社会批判者和良知代言人，应当更有历史担当和社会责任感。然而，研究者不是飘在真空而是活在尘世中，这一现实决定了马克思主义哲学研究的主体不能不受功名利禄的纠缠纷扰，从而难免落入将马克思主义哲学研究当作追名逐利之工具的陷阱。为改变这一现状，需要正确认识主体与客体的相互关系。就主体而言，需要强化其道德意识和社会责任感：从理想主义维度，激励其"树立为人民做学问"[1]的志向；从道德修养层面，提倡"个人学术追求同国家和民族发展紧紧联系"[2]的自觉性；从学术追求角度，要求"崇尚精品、严谨治学"[3]。就客体而言，除了要充分考虑和解决研究者尤其

---

[1] 习近平：《在哲学社会科学工作座谈会上的讲话》，13页，北京，人民出版社，2016。
[2] 同上书，13页。
[3] 同上书，29页。

是青年研究者在工作与生活中的实际困难,提高他们的物质生活待遇,还需要学术评价机制的更为科学化和学术法规规则的强化。如此,才可能使马克思主义哲学在实现"出产品"与"出精品"、"为自己"与"为人民"的统一中,避免研究中的工具化倾向。

六、理论自信与中国风格

这里的理论自信,首先指作为主体的马克思主义哲学研究者,应当坚定马克思主义信仰,以维护马克思主义哲学的理论威信为己任。

马克思主义哲学在苏联后期被全面抛弃,在当代俄罗斯被社会冷落,在当下中国被部分人质疑,其重要原因之一是,一些理论研究者丧失了对马克思主义的信仰。当代中国的马克思主义哲学研究者,作为受中国社会大环境制约的"剧中人",又作为以研究马克思主义哲学为生存之道的"剧作者",应当说负有义不容辞地维护马克思主义之理论威信的责任。维护理论威信的前提,除了改变大环境①,更需要研究者以理性的态度带着当今世界和当代中国的现实问题来研究马克思主义的哲学文本,在历史的、全面的文本考察中深化对马克思主义哲学之理论本质的认识,在现实实践与文本理论的穿梭出入中推进马克思主义理论与实践的结合并推进发展这一理论。如此,才能在"因真而信"而非"因信而真"的基础上,对马克思主义的信仰具有"不管风吹浪打,胜似闲庭信步"②的自信。

这里的理论自信,还指研究者要转变文风,尽量以中国化的语言表述马克思主义的哲学理论,以引起民众的兴趣,吸引其注意力并为其接受。文风集中展现研究者作品中的问题意识、思想倾向、思维方式、语言运用。因此,文风的好坏直接关系到理论表达的效果。文风不同,则效果迥异。

如前所述,与一般哲学一样,作为"哲学"的马克思主义哲学,同样具有艰深哲理性和理论思辨性的一面。因而,其理论的学术性和体系的系统性,不是仅靠通俗易懂、简明扼要的哲学读本或哲学讲坛就能得以实现或建构的。毕竟,作为"研究"的马克思主义哲学不能等同于作

---

① 执政党坚持马克思主义、走社会主义道路、深化体制改革、不断完善社会主义制度、有效解决各种社会矛盾等。
② 毛泽东:《水调歌头·游泳》。

第八章 当代中国马克思主义哲学：问题与思考

为"教化"的马克思主义哲学。同样，与一般哲学不同，作为民众改造现实的武器工具的马克思主义哲学，其深奥哲理需要转化为通俗化的大众语言，才能发挥作用。然而，"通俗化"固然是马克思主义哲学走向民众的正确途径，但却不是唯一途径。当下中国，随着资讯信息的发达便捷，民众知识面的扩大、理解能力的提升、理论水平的提高，一些先前被认为难解的概念范畴和深奥的哲理已经没有多少难解深奥可言。因此，即便作为宣传教育的马克思主义哲学，也不能一味地强调表达的通俗化、生动性、形象性，而完全放弃表达的思想性、思辨性、学理性。因为这可能使马克思主义哲学在改变语言形式中导致思想的变形，从而不仅降低了它的学术深度，而且矮化了它的理论形象。

但是，强调马克思主义哲学的理论形象，不等于马克思主义哲学的表述应当越晦涩、越思辨越好。作为哲学家，马克思的思想不可谓不深邃，其理论的学术化、思辨性程度不可谓不高，但这一切并不妨碍马克思在文风上仍然保持着对朴实简明、通俗易懂的语言风格的追求。换言之，马克思对深邃思想的表达、对学术性规范的遵从，从来没有导致他的语言表述风格拘泥于纯粹的思辨性、推理性之一种。在马克思眼中，"希腊艺术的前提是希腊神话"，后者"能够给我们以艺术享受，而且就某方面说还是一种规范和高不可及的范本"①。在马克思浩如烟海的文章著述中，他善于巧妙运用古希腊罗马神话中有关神的故事、英雄传说、历史传说和古代东方的神话②，信手拈来如莎士比亚、歌德、海涅、席勒等近代西欧文学大师的经典名言，在阐释和论证艰深晦涩的哲学理论中，力求以丰富、生动、形象的语言来展示哲学的魅力。尽管进入哲学沉思的马克思曾经喊出"消灭哲学"的口号，但马克思要"消灭"的不是体现人类意识自我反思、自我实现、自我超越的哲学本身，而是那种在理论上倚重抽象思辨和概念演绎而远离生活、在文风上故弄玄虚而晦涩难懂的哲学。至于作为"第二小提琴手"的恩格斯，他那些力图将马克思著作以一种工人都能读懂的语言进行表达的作品③，更是对马克思主义哲学

---

① [德] 马克思：《〈政治经济学批判〉导言》，见《马克思恩格斯文集》，第8卷，35页。
② 参见戈宝权：《〈马克思恩格斯选集〉中的希腊罗马神话典故》，北京，三联书店，1978。
③ 如《路德维希·费尔巴哈和德国古典哲学的终结》《反杜林论》等。

创始人追求简明朴实、通俗易懂文风的写照。列宁对自己不过是一个"普通的"马克思主义者的强调，既表明了作为一个马克思主义者应当面向群众、面向生活的理论态度，也是对马克思主义哲学的文风应当努力回归自然平实，在通俗化、大众化中为民众所了解和掌握的通俗说明。

在以中国化的语言表述马克思主义哲学理论上，中国革命和建设的领导人堪称楷模。这主要体现为：毛泽东用中国哲学和百姓经验总结的传统习语"实事求是""量体裁衣""看菜下饭""因地制宜"等来说明辩证唯物论，用"一分为二""两点论""对子"等来表述唯物辩证法，用"去粗取精、去伪存真、由此及彼、由表及里"①"从群众中来，到群众中去"②等来描述辩证唯物认识论，用"调查就像'十月怀胎'，解决问题就像'一朝分娩'"③来说明唯物辩证法的工作方法；邓小平用"黄猫、黑猫，只要捉住老鼠就是好猫"④"摸稳石头过河"⑤等形象生动的口语来表述改革开放的历史辩证法；习近平用"打铁还需自身硬"⑥"众人拾柴火焰高"⑦等民间俗语和俚语，用"千磨万击还坚劲，任尔东西南北风"⑧等对联和格言来表达中国共产党的基本信念，用"雄关漫道真如铁""人间正道是沧桑""长风破浪会有时"⑨等诗句来描绘中华民族的过去、现在、未来，用"国家好、民族好，大家才会好"⑩等大白话来阐明个人的前途命运与国家、民族的关系，用"'缺钙'，就会得'软骨病'"⑪"圆滑官""老好人""推拉门""墙头草"⑫等群众语言来批评干部队伍中的不良作风。这些简洁明快又为民众耳熟能详或喜闻乐见的语言，对于宣传和理解马克思主义哲学，无疑具有事半功倍的效果。

---

① 毛泽东：《中国革命战争的战略问题》，见《毛泽东选集》，2 版，第 1 卷，180 页。
② 毛泽东：《在扩大的中央工作会议上的讲话》，见《毛泽东文集》，第 8 卷，290 页，北京，人民出版社，1999。
③ 毛泽东：《反对本本主义》，见《毛泽东选集》，2 版，第 1 卷，110 页。
④ 《邓小平文选》，2 版，第 1 卷，323 页。
⑤ 《邓小平文集（一九四九——一九七四年）》下卷，296 页，北京，人民出版社，2014。
⑥ 习近平：《习近平谈治国理政》，378 页，北京，外文出版社，2014。
⑦ 同上书，227 页。
⑧ 同上书，172 页。
⑨ 同上书，35 页。
⑩ 同上书，49 页。
⑪ 同上书，414 页。
⑫ 同上书，416 页。

第八章　当代中国马克思主义哲学：问题与思考

其实，注重语言表达的流畅通俗，也为那些以思想深奥著名的哲学家所倡导和追求。哲学思辨能力堪称一流的康德，就在坚持哲学研究应当高深的同时，坚持哲学的语言表述应当通俗，并对自己著作中那些晦涩表述深感不满，承认人们指责其著作"缺乏通俗性"是"公正的"，谈到自己在闲暇之时"总在考虑各门一般科学中的尤其是哲学中的通俗性的基本原理"①，强调"事实上任何哲学著作都必须是能够通俗化的，否则，就有可能是在貌似深奥的烟幕下，掩盖着连篇废话"②。

可见，中国马克思主义哲学研究要深化其理论，除了科学的学术性话语，同样需要通过将这些学术性话语转化为民众的日常生活语言，并在转化中发现更多的问题，以深化理论，以掌握社会生活的话语主动权，达到中国马克思主义哲学理论研究深化与实践功能发挥的双赢。实现这一目标，除了文风上的平实朴素，语言表达形式上的大众化、通俗化，似乎别无他途。研究者能够自觉自愿又灵活自如地用中国的话语、范式、风格去解释和界说马克思主义哲学，便将在推动当代中国马克思主义哲学研究者的理论自觉中提升中国马克思主义哲学的理论自信。

可喜的是，21世纪以来的中国马克思主义哲学界，正以强烈的责任感和使命感，致力于在新形势下推动马克思主义哲学的大众化、通俗化，并取得了相应成果。最近，作为国家社会科学基金特别委托项目，由众多资深哲学家历时4年通力合作完成的7卷本《新大众哲学》（王伟光主编，人民出版社、中国社会科学出版社2014年9月联合出版），除了在内容上，针对当代中国的重大现实，以问题为导向，从总论、唯物论、辩证法、认识论、历史观、价值观、人生观七个方面，阐述马克思主义哲学的精髓要义并力求理念创新外，更是在表达方式上，"用群众听得懂的语言，讲群众听得懂的道理"③，在彰显马克思主义哲学的理论魅力与实践特色，为阐释、传播、普及马克思主义哲学树立了新标杆的同时，也通过将马克思主义哲学大众化、通俗化，彰显了中国马克思主义哲学研究者的理论自觉与理论自信。

---

① ［德］康德：《彼岸星空——康德书信选》，李秋零译，101～102页，北京，经济日报出版社，2001。
② 同上书，122页。
③ 吕莎：《马克思主义哲学中国化、大众化的群众读本》，载《中国社会科学报》，2014-09-29。

结　语

　　哲学"**是被把握在思想中的它的时代**"①，这一断语无疑适用于当代俄罗斯哲学与当代中国马克思主义哲学。当代俄罗斯和当代中国的社会转型，导致了俄罗斯哲学和中国马克思主义哲学发生了前所未有的变革。这种"变革"在各自国度经历了怎样的历程？有何特点？有无共性与差异？其根源何在？它能为中国马克思主义哲学的未来发展提供怎样的借鉴与启示？这一切都是我们比较分析当代俄罗斯哲学与当代中国马克思主义哲学的核心问题。基于两者的研究现状、所获成就、存在的问题、面临的挑战，我们从理论逻辑的梳理与学理问题的阐释相统一的维度，做了相应的探讨。

　　问题是研究的先导。社会转型导致了当代俄罗斯哲学的剧变，马克思主义哲学在苏联的全面落败和在当代俄罗斯的彻底遇冷，迫使中国马克思主义哲学研究者思考如何守住马克思主义哲学理论阵地的问题。苏联哲学和当代俄罗斯哲学虽然表现形式有天壤之别，但背后却有相似性。当代中国马克思主义哲学如何从中获得教益和启示，认清未来的发展方向，是我们的比较研究首先面临的问题，也是最为根本的问题。

　　追溯当代俄罗斯哲学何以"遇冷"，让我们不得不面对俄罗斯哲学的前世今生，以便在从学理上认清其来龙去脉的同时，认清其历史上的

---

① ［德］黑格尔：《法哲学原理》，范扬、张企泰译，"序言"12页。

结　语

各种思想学说特别是马克思主义哲学，对于包括苏联哲学在内的俄罗斯哲学理论品质的形塑作用和至关重要的影响。俄罗斯哲学是俄国思想史上多重人类文明交互作用之果，独特的地理位置和历史文化传统，使它既保持着民族文化的特殊性，又较早被打上了西方哲学和西方文化的烙印。同时，东正教追求最高境界和终极关怀而形成的群体意识、救世观念、人道主义、神秘主义等，又成为俄罗斯哲学中具有独创性思想的来源。此外，俄罗斯哲学的独特性还在于，它与文学有着错综复杂的联系，正是对于俄罗斯传统文学和民间文化的广泛吸收，才使俄罗斯哲学具有独特而形象的表达方式。至于马克思主义哲学，它能够落户俄国并最终结出俄国化的果实——列宁哲学，绝非因为少数理论家的一时兴起或革命者的一味鼓动，而是因为社会现实的刺激，因为马克思主义理论适应了俄国的"水土"，满足了俄国民众和知识分子的心理需求。

"思现"基于"溯往"，"溯往"为了"开来"。全景式地展现当代俄罗斯哲学与当代中国马克思主义哲学，必须基于时间维度来做纵向分析。

本书用"裂变"与"归真"两个术语，来概括20世纪80年代末90年代初俄罗斯哲学与中国马克思主义哲学各自的研究状况。在俄罗斯，苏联哲学的消亡标志着俄罗斯哲学研究取消了马克思主义的引领和奉行多元化。辩证分析和客观评价苏联哲学，是中国马克思主义哲学对待苏联哲学的基本态度。苏联解体之际的俄罗斯哲学以"戾换式"的态度和方式对待一切既往哲学，为其后俄罗斯哲学留下了诸多亟待反思的问题。但受社会意识发展规律的制约，当代俄罗斯哲学与苏联哲学无论在内容、形式还是在推行国家意识形态的方式上，都有"剪不断，理还乱"的关系。在中国，马克思主义哲学前30年的发展，因政治运动和极左观念的影响，难免具有公式化、简单化、绝对化的弊病，但仍然取得了不可忽视也不能抹杀的成就。看不到这一点，就无法理解改革开放以后中国马克思主义哲学的走向新生。关于真理标准问题、人道主义与异化问题的两场大讨论，揭开了中国马克思主义哲学向马克思主义哲学"本真精神"回归的序幕，学界从多个向度反思和讨论马克思主义哲学的一些最基本的理论，为辨明马克思主义哲学"究竟为何？"提供了理论根据，使主客体关系、实践唯物主义、真理观、价值观、中介论、矛盾统一性等过去被屏蔽或忽略的问题，成为这一时期的研究主题；文本

比较研究：当代俄罗斯哲学与中国马克思主义哲学

研究、对话研究、问题研究的初步呈现，为20世纪90年代的中国马克思主义哲学打开"回到马克思"和"睁眼看世界"之门做了理论准备；对现实的思考、对传统教科书模式的反思、对"何谓马克思主义哲学？"的追问、对研究进路的探寻，开辟了在认识论、价值论、辩证唯物主义体系等领域重构马克思主义哲学的新天地。这一时期的俄罗斯哲学与中国马克思主义哲学的主要差异在于：放弃还是坚守哲学的功能，在民族传统哲学与西方哲学之间是"两极跳"还是寻求融合，在研究生态上是萧条落寞还是复苏繁荣。导致差异的原因在于，各自在反思自身历史上的哲学时所持的价值取向不同。

本书用"复苏"与"特色"两个术语，来归结20世纪90年代俄罗斯哲学与中国马克思主义哲学各自的典型特征。在俄罗斯，当代俄罗斯哲学在反思苏联哲学和马克思主义哲学并揭露苏联哲学之致命弱点的同时，也向当代俄罗斯哲学提出了如何摆脱"有序"与"无序"、"入世"与"出世"、"超越"与"回归"、"封闭"与"开放"、"科学性"与"人文性"等两极思维的问题。这一时期俄罗斯哲学的显著特征是盛行多元主义，但多元理念下的俄罗斯哲学重建，并不意味着或体现了俄罗斯哲学研究水平的降格，而是具有民族传统的俄罗斯哲学逐渐复兴的标志，表明新的俄罗斯哲学正在形成中。在中国，处于承上启下过渡阶段的马克思主义哲学，在问题意识引领下的研究指向、研究内容、研究传统的转变，既为21世纪中国马克思主义哲学的深化提供了条件，又提出了深入推进马克思主义哲学研究的新问题。这一时期，以自由、多元为理念的俄罗斯哲学研究，表面否认实则不可能回避哲学研究的导向问题，而放弃还是坚守"理论引导"的不同价值取向，导致了俄罗斯哲学与中国马克思主义哲学在研究方法上的"西化"与"融合"之异。

本书用"复兴"与"自信"两个术语，来描述21世纪俄罗斯哲学与中国马克思主义哲学的基本状况。在俄罗斯，应对社会发展而复兴传统思想和传统哲学，实质是将西方普世价值融入其中而非单纯回归原点，因而其复兴传统具有强烈的现实性和时代感。出于强国情结而重新评价斯大林及其思想和体制，虽然社会的激辩与学界的冷静形成对比，但众说纷纭并没有改变对其的基本认知。多元研究氛围和研究现状之最明显的体现是，研究态度上对马克思主义及其哲学的关注，多元的马克思主义哲学研究如同双刃剑，既使研究得以深入又使之不免受到任意曲

结　语

解。在中国，马克思主义哲学研究在历史领域、基本理论领域、应用领域、国外领域都进入了路径分化的新阶段；马克思主义理论一级学科的设立，为研究提供了更为坚实的平台；构建中国化马克思主义哲学新形态，成为研究发展的新方向。21世纪是中俄哲学研究的繁荣之季：理论指向上，都具有更强的现实性；研究心态上，都具有更强的开放性；理论重心上，都注重回归文化传统；价值取向上，都具有更浓的人文意蕴。但两国哲学对于哲学研究是否需要以及需要何种核心价值，仍然存在认知差异。

抓住几个带有全局性的问题，将其置于历史的经纬线上进行分析比较，对于深度理解和把握当代俄罗斯哲学与当代中国马克思主义哲学是至关重要的。基于此，本书从国家意识、全球意识、文化意识三个方面，整体性地展现了当代俄罗斯哲学与当代中国马克思主义哲学的研究历史和研究现状。

用"主题变奏"与"贯穿主题"两个术语，来指称当代俄罗斯哲学与当代中国马克思主义哲学在国家意识上的差异，目的在于揭示当代俄罗斯哲学和当代中国马克思主义哲学，在对于理论研究是否需要核心价值的引领，以及需要怎样的核心价值的引领等问题上，的确存在着不同的价值取向和处理方式，而哲学研究要避免独断主义、乌托邦主义、自由主义、虚无主义，就必须正确认识和处理哲学与国家意识的关系。当代俄罗斯哲学与当代中国马克思主义哲学在国家意识上的分水岭是，坚持还是放弃马克思主义对哲学研究的引导。对马克思主义哲学而言，避免被边缘化命运的出路之一是，在研究中必须既反对保守主义和教条主义，又防止绝对自由主义和多元主义。当代俄罗斯哲学的核心价值，始终处于"行走中"而难以确定，这既表明其哲学的"无主题"特征，也显示其国家意识正处于"形成中"。它在摒弃苏联哲学依靠行政权力自上而下推行国家意识方式的同时，由于文化发展的惯性和文化传递的规律性，没有也不可能彻底摆脱苏联哲学的影响以及与之的联系。马克思主义哲学在当代俄罗斯被去意识形态化、边缘化和重新研究，是俄罗斯社会经历的危机、转型、复苏过程的折射，其实质是俄罗斯社会历史进程中本土化与西方化、传统与现代、激进与保守等矛盾的缠结演变之果。马克思主义哲学在当代俄罗斯的曲折历程，当代俄罗斯哲学核心价值的"主题变奏"对当代中国马克思主义哲学研究的警示是，既需要从

比较研究：当代俄罗斯哲学与中国马克思主义哲学

顶层确立马克思主义作为国家意识的核心地位，又需要研究者坚定信念、开放视野，在拓展学术路径中夯实理论创新之基。

用"两极跳跃"与"借鉴包容"两个术语，来阐释当代俄罗斯哲学与当代中国马克思主义哲学的全球意识现状，不等于两者的全球意识只能限于这种界定，而是仅就大致情况而言。近代俄罗斯哲学与近代中国哲学对待西方哲学和西方文化的态度，当代俄罗斯哲学与当代中国马克思主义哲学的全球意识变化历程都表明：中俄哲学本质上都属于东方文明，特征上都具有不同于西方哲学和西方文化的特点，因而都需要通过全球意识，寻找适合自身的发展模式和路径。俄罗斯特殊的地理位置和独特的文化环境，使它在历史上从未中断过对西方文明的吸收。历史上的俄罗斯哲学已经具备了"全球"的意识和眼光，但在苏联哲学时期遭遇了"滑铁卢"。但是，斯大林时期的苏联哲学不能代表苏联哲学的全部，且它自20世纪50年代下半期起，出于国家发展的需要而为西方哲学和西方文化进入苏联打开了一扇窗。当代俄罗斯哲学中，那些看似具有强烈俄罗斯民族特征的理论对西方哲学和西方文化及其价值观的大量吸取，表明了当代俄罗斯哲学的包容性。当代中国马克思主义哲学与俄罗斯哲学在全球意识上的差异主要体现为，它在基本方向上，走的不是向西的"大门洞开"而是"有限开门"之路，即在坚持马克思主义和社会主义核心价值观的引领下，对西方哲学和西方文化有鉴别的包容与开放。坚持在国家意识基础上的全球意识，使中国马克思主义哲学在避免闭关自守或全盘西化的两极对立中，得以在反思批判与合理选择、抵御有害与吸取有益的有机统一中找到了丰富马克思主义哲学的有效方式。

用"断裂复古"与"传承创新"两个术语，来表征当代俄罗斯哲学与当代中国马克思主义哲学的文化意识现状，不等于两者的文化意识只限于这一表征，而是仅就基本状况而言。近代俄罗斯哲学与近代中国哲学对待本民族传统哲学和传统文化的态度，当代俄罗斯哲学与当代中国马克思主义哲学在文化意识上体现的哲学民族性及其传承和创新历程都在表明：哲学的民族性是哲学走向世界的前提，而是否具有文化意识，则是哲学是否具有民族性的标志之一。中俄哲学的安身立命之所在，不仅在于核心价值观上是否确立以及确立怎样的国家意识，也不仅在于学术视域上是否拥有以及拥有怎样的开放意识，而且在于其知识谱系上是否具有以及具有怎样的文化意识。历史上的中俄哲学，相似之处在于都具有传统文化的爱国主义、理想主义、集体主义、人文主义特征。但民族文化之历史的长短，在一定程度上决定了哲学与文化传统之间的亲疏远近关系。俄罗斯民族的文化历史只逾千年，其传统文化虽然具有浓厚的东方色彩，但又因介于东西方之间而被打上了"欧亚双重性"烙印。中华民族的文化历史已逾五千年，作为典型的东方国家，其传统文化具有更为明显的本土特征和更为浓厚的民族色彩，其传统哲学与传统文化是二而一的关系。苏联哲学与改革开放前的中国马克思主义哲学，其文化意识虽然具有共性，但由于各自国情、历史、文化传统等的差异，各自传承的内容又不尽相同。当代俄罗斯和当代中国，都是在世界格局发生重大变化，各自社会出现巨大转型而导致涌现大量新社会矛盾中，意识到民族传统哲学和传统文化的价值而回归传统的。两国尽管都存在认同还是否定、接受还是拒绝的矛盾心理，但表现却不同。当代俄罗斯学界肯定与认同其民族传统哲学和传统文化，大于对它的拒斥和否定。当代中国马克思主义哲学对民族传统哲学和传统文化，则在反思其局限、批判其糟粕的同时，强调要在具有划界思维和视角融合的总体性框架中，为马克思主义哲学中国化和中国现代化建设提供所需资源。

"他山之石，可以攻玉"。将当代俄罗斯哲学与当代中国马克思主义哲学进行比较研究，不在于评判孰是孰非、孰长孰短，而在于希望通过"以俄为镜"，走好中国马克思主义哲学的未来发展之路。如何看清其生存发展的内外部环境和存在的问题，是当下中国马克思主义哲学所面临的巨大挑战。当代俄罗斯哲学是在基本失去国家经费支撑的状况下，开始重归哲学繁荣的。获得国家经费鼎力相助的当代中国马克思主义哲学，理应在充满深奥玄妙的学术之途上，为人类理论宝库提供有价值的精神财富。当代中国马克思主义哲学研究中，避免"重微观轻宏观、重个别轻整体"的研究时尚，需要认识"整体性"作为哲学研究方法，既是西方哲学长期发展的成果，也是马克思主义哲学研究方法论的基本维度；需要在实际研究中，基于宏观与微观、整体与部分的辩证关系，将研究对象置于主体与客体、对象与环境等复杂关系和多重结构中，从逻辑与历史、微观与宏观相统一的视域进行考察。当代中国马克思主义哲学研究中，避免"价值中立化"的研究意识，需要正确认识理论基质与研究异质的关系，坚持学术研究的百家争鸣与马克思主义理论内核的融合，坚持"思想力求成为现实"与"现实本身应当力求思想"的统一。当代中国马克思主义哲学研究中，解决理论与实践的"两张皮"和"中国问题"缺失的问题，需要正确处理学术诉求与现实关照的关系，正确认识这一研究不是学术游戏而是实践智慧，其实质不仅在于重视研究的学术性与现实性的关系，而且在于打通这种关系，而将一切现实问题置于理论中消弭，过度青睐文本及其引证数量的学院化的致思趋向，将遮蔽中国马克思主义哲学研究"面向现实"的视域。当代中国马克思主义哲学研究中，避免研究的"西化"与"复古"两极，需要正确处理扩大包容与批判反思的关系。认识到当代中国马克思主义哲学新形态的构建，既需要吸取西方哲学和西方文化的理论资源，又不能完全依附于这些资源；既需要传承中国传统哲学和传统文化，又不能完全迷恋于这些传统。当代中国马克思主义哲学研究中，避免研究的市场化、工具化倾向，需要正确处理增强实用性与防止工具化的关系，认识到增强马克思主义哲学的实用性不是抛弃其理想价值，不是视其仅是带来实际利益的牟利工具，其价值完全取决于目的是否达到。当代中国马克思主义哲学研究中，避免语词包装的过度倾向，需要坚持理论自信与中国风格，研究者应当将坚定马克思主义信仰和维护马克思主义哲学的理论威信，与用中国的话语、范式、风格解释和界说马克思主义哲学的文风转变，自觉有机地结合起来。

本书力求以全景式视角，在展现当代俄罗斯哲学与当代中国马克思主义哲学的现状中，对比分析两者。但是，依然存在研究的限度问题和有待开放的视域问题。关于前者，受课题研究主题范围本身的限制，比较的内容虽然就俄罗斯哲学研究而言，涉及了马克思主义哲学以外的学科，但中国马克思主义哲学研究主要围绕与马克思主义哲学关系较为密切的西方哲学、中国哲学，而较少涉及其他哲学学科，这在一定程度上多少影响了比较的对称性。关于后者，其一，有些问题的比较尚待拓展。例如，当代俄罗斯哲学如何研究国外马克思主义，有些什么观点和看法，就因研究资料的缺乏而没有对两国关于国外马克思主义的研究状况做出相应的比较分析，而这种比较分析的欠缺，无疑妨碍了我们对于当代俄罗斯哲学与当代中国马克思主义哲学，究竟在多大程度上受当代西方哲学和西方文化的影响，以及两者之间差异原因的形式等问题的深入考察。其二，一些研究内容尚待深化。例如，如何在对国家意识、全

结语

球意识、文化意识的比较中,提炼出两者的"自我意识"并对其进行对比分析。这一分析的缺位,在一定程度上影响了我们对当代俄罗斯哲学与当代中国马克思主义哲学在当今世界哲学全局中所占地位,以及两者在整体上有哪些同于又异于现当代西方哲学的特质的理解。

对人类思想发展史而言,当代俄罗斯哲学与当代中国马克思主义哲学的历史无疑是短暂的。然而,期间的风风雨雨、呈现的多样变幻,又不免让人感叹其曲折漫长。掩卷之余,不禁想起了黑格尔在论及哲学史时,将其喻为"充满着已经推翻了的和精神上的死亡了的系统",是一个"堆满着死人的骨骼"的"战场"① 之语。当代俄罗斯哲学与当代中国马克思主义哲学,当它们各自以其特有的批判精神,反思既往哲学发展的历史,在自我否定中不断推翻那曾经在各自历史上独领风骚,又随着社会转型而看似"死亡了的系统"时,并未"死去",而是在适应时代之需中,最终找到了自己哲学的归属,最终在自我批判中实现了自我超越。

然而,我们在从时空纵横的维度,对比分析了当代俄罗斯哲学与当代中国马克思主义哲学的诸多同异,并为后者30多年的斐然成就欣喜之余,又不能不清醒地看到,它之所以能够平稳顺利地发展,很大程度上得益于其得天独厚的生存环境。在当下多元化价值取向的时代背景下,当代中国马克思主义哲学要真正成为普照国人的心灵之光,仍然"路漫漫其修远兮"。就此而言,当代俄罗斯哲学与当代中国马克思主义哲学的比较研究,仍然"在路上"。

---

① [德]黑格尔:《哲学史讲演录》,第1卷,贺麟、王太庆译,21~22页。

后 记

要对当代俄罗斯哲学与当代中国马克思主义哲学的研究现状、发展历程、未来趋势，乃至历史源头，从纵向与横向的交错、微观与宏观的互显、逻辑与历史的对应中，做出相对客观的阐释和相对系统的揭示，无疑是一个较大的理论课题。因为它不仅涉及相关资料的梳理和辨析，而且更需要在理论与现实的相互映照中提炼有针对性的主题，在做出实质性的对比分析中得出结论。后者无疑是一个更重要也更困难的事情。好在无论在苏联哲学和当代俄罗斯哲学还是在中国马克思主义哲学的研究领域中，都有众多的学术前贤和当代精英。他们的艰难探索、辛勤耕耘、独立思考、丰硕成果，为我的研究提供了大量的宝贵资料，使我得以在这座暂时还无人涉足的学术之山上攀爬前行。

尽管如此，在具体研究过程中，尽可能地收集到更多、更新的资料，读懂并正确理解俄罗斯哲学的原始文献，完成海量的文献综述和分析归纳，厘清和辨析中俄两国哲学之间相似又相异的复杂关系……重重困难如座座大山，仍然横亘于我研究的漫漫之途上。安维复教授、潘斌教授对研究课题的出谋划策，孙亮教授对一些理论问题的提示点拨，蒋国辉先生、李海燕博士后对俄文资料的收集、查找、翻译和校对，唐艳梅博士、洪燕妮博士对相关资料的收集，都为我的研究得以顺利完成提供了有效的助力。

学术研究是枯燥而辛苦的，它需要研究者心无旁骛，最大限度地调动脑力甚至体力。面前这个跨度大、内容多、问题深的课题更是如此。

后 记

正因如此,早起晚睡,放弃娱乐,几乎成为我近五年来的生活常态。其间,不断产生的困惑疑虑让我沮丧泄气,但随着研究深入而不断收获的思想果实又让我兴奋不已。这一切,最终都化为我在艰难的探索之旅中咬牙坚持的动力。这一国家社科基金项目,最终的鉴定结论为"优秀",这让我为自己几年的付出多少感到欣慰。

学无止境,学术研究亦无止境。"在路上"的当代俄罗斯哲学与当代中国马克思主义哲学,为一切有志于对两者进行比较分析的学人提供了宏阔而崭新的思维空间。希望眼前这部难免疏漏甚至谬误的研究之砖,在引来新研究之玉的同时,得到学者们的斧正。

这一耗时近五年的成果得以出版,得益于华东师范大学哲学系的资助,得益于中国人民大学出版社学术出版中心主任杨宗元编审的大力支持,得益于本书责任编辑罗晶女士严谨细致的高质量审校和悉心编排。

衷心感谢所有关心、支持、帮助、爱护我的人!

郑忆石

2017 年 8 月 30 日于上海

图书在版编目（CIP）数据

比较研究：当代俄罗斯哲学与中国马克思主义哲学/郑忆石著. —北京：中国人民大学出版社，2018.4
（马克思主义研究论库. 第二辑）
ISBN 978-7-300-25072-4

Ⅰ.①比… Ⅱ.①郑… Ⅲ.①哲学-研究-俄罗斯-现代 ②马克思主义哲学-研究-中国-现代 Ⅳ.①B512.5 ②B0-0

中国版本图书馆CIP数据核字（2017）第254975号

国家出版基金项目
马克思主义研究论库·第二辑
比较研究：当代俄罗斯哲学与中国马克思主义哲学
郑忆石 著
Bijiao Yanjiu：Dangdai Eluosi Zhexue yu Zhongguo Makesi Zhuyi Zhexue

出版发行	中国人民大学出版社		
社　　址	北京中关村大街31号	邮政编码	100080
电　　话	010-62511242（总编室）	010-62511770（质管部）	
	010-82501766（邮购部）	010-62514148（门市部）	
	010-62515195（发行公司）	010-62515275（盗版举报）	
网　　址	http://www.crup.com.cn		
	http://www.ttrnet.com（人大教研网）		
经　　销	新华书店		
印　　刷	北京联兴盛业印刷股份有限公司		
规　　格	160 mm×235 mm 16开本	版　次	2018年4月第1版
印　　张	36.75 插页3	印　次	2018年4月第1次印刷
字　　数	616 000	定　价	118.00元

版权所有　侵权必究　印装差错　负责调换